E-Book inside.

Mit folgendem persönlichen Code erhalten Sie die E-Book-Ausgabe dieses Buches zum kostenlosen Download.

```
67018-uow6p-
56r00-2nodi
```

Registrieren Sie sich unter
www.hanser-fachbuch.de/ebookinside
und nutzen Sie das E-Book
auf Ihrem Rechner*, Tablet-PC
und E-Book-Reader.

* Systemvoraussetzungen:
Internet-Verbindung und Adobe® Reader®

Bergmann/Priebsch
Softwarequalität in PHP-Projekten

Bleiben Sie auf dem Laufenden!

Der Hanser Computerbuch-Newsletter informiert Sie regelmäßig über neue Bücher und Termine aus den verschiedenen Bereichen der IT. Profitieren Sie auch von Gewinnspielen und exklusiven Leseproben. Gleich anmelden unter

www.hanser-fachbuch.de/newsletter

sharing experience **thePHP.cc**

Sebastian Bergmann, Stefan Priebsch und Arne Blankerts kooperieren nicht nur in diesem Buch. Unter dem Namen thePHP.cc sind sie tagtäglich da, wo IT-Probleme auftreten. Was sie wissen, haben sie aus jahrelanger Praxis gelernt. Sie ersparen ihren Auftraggebern nicht die Wahrheit. Aber viel Zeit und Lehrgeld. Wenn sie gehen, bleiben ihre Erfahrungen vor Ort.

Schnell und klar zeigt der thePHP.cc CheckUp, ob und wo in Ihrem Unternehmen konkreter Handlungsbedarf besteht. Näheres dazu im Internet oder im persönlichen Kontakt.

thePHP.cc • The PHP Consulting Company
Poignring 24 • 82515 Wolfratshausen • Germany
+49.8171.428058 • team@thePHP.cc • http://thePHP.cc

Sebastian Bergmann
Stefan Priebsch

Softwarequalität in PHP-Projekten

2., aktualisierte und erweiterte Auflage

HANSER

Die Autoren:
Sebastian Bergmann & Stefan Priebsch, the PHP.cc, Wolfratshausen

Alle in diesem Buch enthaltenen Informationen, Verfahren und Darstellungen wurden nach bestem Wissen zusammengestellt und mit Sorgfalt getestet. Dennoch sind Fehler nicht ganz auszuschließen. Aus diesem Grund sind die im vorliegenden Buch enthaltenen Informationen mit keiner Verpflichtung oder Garantie irgendeiner Art verbunden. Autoren und Verlag übernehmen infolgedessen keine juristische Verantwortung und werden keine daraus folgende oder sonstige Haftung übernehmen, die auf irgendeine Art aus der Benutzung dieser Informationen – oder Teilen davon – entsteht. Ebenso übernehmen Autoren und Verlag keine Gewähr dafür, dass beschriebene Verfahren usw. frei von Schutzrechten Dritter sind. Die Wiedergabe von Gebrauchsnamen, Handelsnamen, Warenbezeichnungen usw. in diesem Buch berechtigt deshalb auch ohne besondere Kennzeichnung nicht zu der Annahme, dass solche Namen im Sinne der Warenzeichen- und Markenschutz-Gesetzgebung als frei zu betrachten wären und daher von jedermann benutzt werden dürften.

Bibliografische Information der Deutschen Nationalbibliothek:
Die Deutsche Nationalbibliothek verzeichnet diese Publikation in der Deutschen Nationalbibliografie; detaillierte bibliografische Daten sind im Internet über http://dnb.d-nb.de abrufbar.

Dieses Werk ist urheberrechtlich geschützt.
Alle Rechte, auch die der Übersetzung, des Nachdruckes und der Vervielfältigung des Buches, oder Teilen daraus, vorbehalten. Kein Teil des Werkes darf ohne schriftliche Genehmigung des Verlages in irgendeiner Form (Fotokopie, Mikrofilm oder ein anderes Verfahren) - auch nicht für Zwecke der Unterrichtsgestaltung - reproduziert oder unter Verwendung elektronischer Systeme verarbeitet, vervielfältigt oder verbreitet werden.

© 2013 Carl Hanser Verlag München, www.hanser-fachbuch.de
Lektorat: Sieglinde Schärl
Herstellung: Irene Weilhart
Copy editing: Sandra Gottmann, Münster-Nienberge
Layout: Sebastian Bergmann & Stefam Priebsch mit LaTeX
Umschlagdesign: Marc Müller-Bremer, www.rebranding.de, München
Umschlagrealisation: Stephan Rönigk
Druck und Bindung: Kösel, Krugzell
Ausstattung patentrechtlich geschützt. Kösel FD 351, Patent-Nr. 0748702
Printed in Germany

Print-ISBN: 978-3-446-43539-1
E-Book-ISBN: 978-3-446-43582-7

Inhalt

Geleitwort XV

Vorwort XVII

Teil I Grundlagen 1

1 Softwarequalität 3
1.1 Was ist Softwarequalität? 3
1.2 Externe Qualität 4
1.3 Interne Qualität 4
1.4 Technische Schulden 5
1.5 Konstruktive Qualitätssicherung 7
1.6 Sauberer Code 8
    1.6.1 Explizite und minimale Abhängigkeiten 9
    1.6.2 Klare Verantwortlichkeiten 9
    1.6.3 Keine Duplikation 9
    1.6.4 Kurze Methoden mit wenigen Ausführungszweigen 9
1.7 Software-Metriken 9
    1.7.1 Zyklomatische Komplexität und NPath-Komplexität 10
    1.7.2 Change Risk Anti-Patterns (CRAP) Index 10
    1.7.3 Non-Mockable Total Recursive Cyclomatic Complexity 11
    1.7.4 Global Mutable State 11
    1.7.5 Kohäsion und Kopplung 12
1.8 Werkzeuge 12
1.9 Fazit 14

2 Testen von Software 17
2.1 Einführung 17

2.2	Systemtests		19
	2.2.1	Testen im Browser	19
	2.2.2	Automatisierte Tests	20
	2.2.3	Testisolation	22
	2.2.4	Akzeptanztests	23
	2.2.5	Grenzen von Systemtests	23
2.3	Unit-Tests		24
	2.3.1	Rückgabewerte	26
	2.3.2	Abhängigkeiten	28
	2.3.3	Seiteneffekte	29
	2.3.4	Stub- und Mock-Objekte	29
2.4	Die Softwaretestpyramide		31
2.5	Integrationstests		36
	2.5.1	Kollaborierende Systeme ersetzen	37
	2.5.2	Datenbanken ersetzen	38
	2.5.3	Die GUI (zunächst) ignorieren	38
	2.5.4	Frontend-Tests	39
	2.5.5	PHPUnit als Infrastruktur	39
	2.5.6	Realisierung	40
2.6	Fazit		52
3	**Testen von Legacy Code**		**53**
3.1	Einführung		53
3.2	Praxisbeispiel		55
	3.2.1	Vorbereitungen	58
	3.2.2	Globale Abhängigkeiten	62
	3.2.3	Datenquellen	63
	3.2.4	Asynchrone Vorgänge	69
	3.2.5	Änderungen in der Datenbank	74
	3.2.6	Nicht vorhersagbare Ergebnisse	75
	3.2.7	Eingabedaten	78
	3.2.8	Weiterführende Überlegungen	79
3.3	Fazit		80
Teil II	**Fortgeschrittene Themen**		**81**
4	**Bad Practices in Unit-Tests**		**83**
4.1	Einführung		83

4.2		Warum guter Testcode wichtig ist	83
4.3		Bad Practices und Test-Smells	84
	4.3.1	Duplizierter Testcode	85
	4.3.2	Zusicherungsroulette und begierige Tests	86
	4.3.3	Fragile Tests	89
	4.3.4	Obskure Tests	91
	4.3.5	Lügende Tests	97
	4.3.6	Langsame Tests	98
	4.3.7	Konditionale Logik in Tests	100
	4.3.8	Selbstvalidierende Tests	101
	4.3.9	Websurfende Tests	102
	4.3.10	Mock-Overkill	103
	4.3.11	Skip-Epidemie	105
4.4		Fazit	105
5		**Kontinuierliche Integration**	**107**
5.1		Einführung	107
	5.1.1	Kontinuierliche Integration	108
	5.1.2	Statische Analyse	111
5.2		Installation und Inbetriebnahme	123
5.3		Konfiguration	123
	5.3.1	Statische Tests	125
	5.3.2	Dynamische Tests	131
	5.3.3	Reporting	132
	5.3.4	Deliverables erzeugen	133
5.4		Betrieb	135
5.5		Weiterführende Themen	135
	5.5.1	Continuous Deployment	135
	5.5.2	Einen Reverse Proxy nutzen	137
	5.5.3	Kontinuierliche Integration und agile Paradigmen	137
5.6		Fazit	138
6		**Testen von Datenbank-Interaktionen**	**141**
6.1		Einführung	141
6.2		Pro und Kontra	142
	6.2.1	Was gegen Datenbanktests spricht	142
	6.2.2	Warum wir Datenbanktests schreiben sollten	143
6.3		Was wir testen sollten	144
6.4		Datenbanktests schreiben	145

		6.4.1	Die Datenbankverbindung mocken	145
		6.4.2	Die Datenbankerweiterung von PHPUnit	146
		6.4.3	Die Klasse für Datenbanktestfälle	147
		6.4.4	Die Verbindung zur Testdatenbank aufbauen	148
		6.4.5	Datenbestände erzeugen	151
		6.4.6	Operationen auf den Daten	166
		6.4.7	Tests schreiben	169
		6.4.8	Den Datenbanktester benutzen	176
	6.5	Testgetriebene Entwicklung und Datenbanktests		179
	6.6	Datenbanktests als Regressionstests		179
		6.6.1	Probleme mit den Daten testen	180
		6.6.2	Probleme testen, die durch Daten sichtbar werden	181
	6.7	Fazit		182

7 Gebrauchstauglichkeit — 183

7.1	Einführung			183
7.2	Anything goes – aber zu welchem Preis?			185
7.3	Designaspekte			186
	7.3.1	Barrierefreiheit		186
	7.3.2	Lesbarkeit		187
	7.3.3	Label für Formularelemente		188
	7.3.4	Tastaturbedienbare Webseite		188
	7.3.5	Gute Farbkontraste		189
	7.3.6	Logo zur Startseite verlinken		190
	7.3.7	Alternativtexte für Bilder		190
	7.3.8	Hintergrundbild mit Hintergrundfarbe		190
	7.3.9	Druckversion nicht vergessen		190
	7.3.10	Erkennbare Links		190
	7.3.11	Gute Bookmarks		191
	7.3.12	Keine Frames		191
	7.3.13	Skalierbare Schrift		191
7.4	Technische Aspekte			192
	7.4.1	Performanz		192
	7.4.2	JavaScript		194
7.5	Benutzerführung			195
	7.5.1	Der Mythos des Falzes		195
	7.5.2	Feedback bei Interaktionen		196
	7.5.3	Navigation		196

	7.5.4	Popups und andere Störenfriede	197
	7.5.5	Gewohnheiten bedienen, Erwartungen nicht enttäuschen	198
	7.5.6	Fehlertoleranz und Feedback	199
7.6	Testen der Usability		199
7.7	Fazit		200

8 Performanz ... 203

8.1	Einführung		203
	8.1.1	Werkzeuge	204
	8.1.2	Umgebungsbezogene Gesichtspunkte	205
8.2	Lasttests		206
	8.2.1	Apache Bench	207
	8.2.2	Pylot	209
	8.2.3	Weitere Werkzeuge für Lasttests	211
8.3	Profiling		212
	8.3.1	Callgrind	213
	8.3.2	APD	217
	8.3.3	Xdebug	219
	8.3.4	XHProf	219
	8.3.5	OProfile	222
8.4	Systemmetriken		223
	8.4.1	strace	223
	8.4.2	Sysstat	224
	8.4.3	Lösungen im Eigenbau	226
8.5	Übliche Fallstricke		227
	8.5.1	Entwicklungsumgebung gegen Produktivumgebung	227
	8.5.2	CPU-Zeit	227
	8.5.3	Mikro-Optimierungen	228
	8.5.4	PHP als *Glue Language*	228
	8.5.5	Priorisierung von Optimierungen	229
8.6	Fazit		230

9 Sicherheit ... 231

9.1	Was ist eigentlich Sicherheit?		231
9.2	Secure by Design		232
	9.2.1	Der Betrieb	232
	9.2.2	Physikalischer Zugang	233
	9.2.3	Software-Entwicklung	234
9.3	Was kostet Sicherheit?		237
9.4	Die häufigsten Probleme		238
9.5	Fazit		247

10 Testbasierte Entwicklung verkaufen 249

10.1 Vom prozeduralen Code zum testbasierten Vorgehen 249
10.2 Ziele der testbasierten Entwicklung 251
10.3 Aufwände für Software-Entwicklung 252
10.4 Möglichst wenige technische Schulden aufnehmen! 254
10.5 Offenlegung von Risiken mit ATAM 255
    10.5.1 Diskutieren und entscheiden 258
    10.5.2 Mit ATAM transparente Entscheidungen herbeiführen 258
10.6 Kalkulation testbasierter Entwicklung 258
    10.6.1 Risiken als Argumentationshilfe berechnen 259
    10.6.2 Langsamere Entwicklung bei höherer Qualität 259
    10.6.3 Automatisierungs- und Abdeckungsgrad durch Tests bestimmen 261
10.7 Strategische Argumente für die Einführung testbasierter Entwicklung 262
    10.7.1 Qualität und Nachhaltigkeit als Teil des Leistungsversprechens 262
    10.7.2 Initiale Mehraufwände, die sich für den Auftraggeber lohnen 263
10.8 Das Angebot richtig verhandeln 264
10.9 Formulierung des Angebots 268
    10.9.1 Inhalte des Angebots 269
    10.9.2 Ein Angebot ohne Verhandlung abgeben? 269
10.10 Fazit 270

Teil III Fallstudien: Open-Source 271

11 TYPO3: die agile Zukunft eines schwergewichtigen Projekts 273

11.1 Einführung 273
    11.1.1 Die Geschichte von TYPO3 – 13 Jahre in 13 Absätzen 273
    11.1.2 Den Neuanfang wagen! 275
    11.1.3 Unsere Erfahrungen mit dem Testen 276
11.2 Grundsätze und Techniken 277
    11.2.1 Bittersüße Elefantenstückchen 277
    11.2.2 Testgetriebene Entwicklung 278
    11.2.3 Tests als Dokumentation 279
    11.2.4 Kontinuierliche Integration 280
    11.2.5 Saubererer Code 281
    11.2.6 Refaktorierung 282
    11.2.7 Programmierrichtlinien 283
    11.2.8 Domänengetriebenes Design 285
11.3 Vorgehen bei der Entwicklung 285

11.3.1	Neuen Code entwickeln	286
11.3.2	Code erweitern und ändern	286
11.3.3	Code optimieren	287
11.3.4	Fehler finden und beheben	289
11.3.5	Alten Code fachgerecht entsorgen	289
11.4	Testrezepte	290
11.4.1	Ungewollt funktionale Unit-Tests	290
11.4.2	Zugriffe auf das Dateisystem	291
11.4.3	Konstruktoren in Interfaces	292
11.4.4	Abstrakte Klassen testen	293
11.4.5	Testen von geschützten Methoden	293
11.4.6	Verwendung von Callbacks	295
11.5	Auf in die Zukunft	297

12 Testen von Symfony und Symfony-Projekten ... 299

12.1	Einführung	299
12.2	Ein Framework testen	300
12.2.1	Der Release-Management-Prozess von Symfony	300
12.2.2	Verhältnis von Testcode und getestetem Code	302
12.2.3	Die Ausführung der Testsuite muss schnell sein	302
12.2.4	Gesammelte Erfahrungen	303
12.3	Testen von Webanwendungen	308
12.3.1	Die Hemmschwelle für das Testen abbauen	308
12.3.2	Unit-Tests	309
12.3.3	Funktionale Tests	314
12.4	Fazit	318

13 Testen von Grafikausgaben ... 319

13.1	Einführung	319
13.2	Entwicklungsphilosophie	320
13.3	Die ezcGraph-Komponente	320
13.3.1	Architektur	322
13.3.2	Anforderungen an die Tests	323
13.4	Ausgabetreiber durch Mock-Objekt ersetzen	323
13.4.1	Mehrfache Erwartungen	325
13.4.2	Structs	326
13.4.3	Generierung der Erwartungen	327
13.4.4	Zusammenfassung	328
13.5	Binäre Ausgaben testen	328

	13.5.1 Die Ausgabetreiber	329
	13.5.2 Generierung der Erwartungen	329
	13.5.3 SVG	330
	13.5.4 Bitmap-Erzeugung	331
	13.5.5 Flash	334
13.6	Fazit	337

14 Testen von serviceorientierten APIs 339

14.1	Die Probleme	341
14.2	API-Zugangskennungen	342
14.3	API-Beschränkungen	345
14.4	Service-Protokolle offline testen	346
14.5	Konkrete Services offline testen	351
14.6	Fazit	356

15 Wie man einen WebDAV-Server testet 357

15.1	Über die eZ WebDAV-Komponente	357
	15.1.1 WebDAV	357
	15.1.2 Architektur	359
15.2	Herausforderungen bei der Entwicklung	361
	15.2.1 Anforderungsanalyse	361
	15.2.2 TDD nach RFC	362
	15.2.3 Den Server testen	363
15.3	Automatisierte Akzeptanztests mit PHPUnit	365
	15.3.1 Test-Trails aufzeichnen	367
	15.3.2 Das Testrezept	368
	15.3.3 Integration mit PHPUnit	369
15.4	Fazit	378

Teil IV Fallstudien: Unternehmen 379

16 swoodoo – eine wahrhaft agile Geschichte 381

16.1	Einführung	381
16.2	Evolution: Nur die Starken überleben	381
16.3	Wie wir die „eXtreme Seite" erreichten	386
	16.3.1 Kontinuierliche Integration	387
	16.3.2 Testgetriebene Entwicklung	388
	16.3.3 Tägliche Standup-Meetings	388
16.4	Wo wir schon einmal dabei sind ...	390

	16.4.1	User Storys und Story Points	390
	16.4.2	Velocity	391
	16.4.3	Iterationsplanung	392
	16.4.4	Programmieren in Paaren	392
	16.4.5	Kollektives Eigentum	393
	16.4.6	Offenheit für Änderungen	395
	16.4.7	Überstunden	396
16.5	Die Kunst der Evolution		396
16.6	KISS und YAGNI – zwei Seiten einer Medaille		402
16.7	Evolutionstheorie und Fazit		402

17 Qualitätssicherung bei studiVZ ... 405

17.1	Einführung		405
17.2	Akzeptanztests		407
17.3	Selenium		408
	17.3.1	Die Selenium-Erweiterung von PHPUnit	410
17.4	Technisches Setup von studiVZ		411
	17.4.1	Codeumgebung	411
	17.4.2	Testumgebung	412
17.5	Best Practices		413
	17.5.1	Jugendsünden	413
	17.5.2	Strategiewechsel	415
17.6	Eine DSL muss her		425
	17.6.1	Interne DSL	426
	17.6.2	Testing_SeleniumDSL 1.0	427
	17.6.3	Testing_SeleniumDSL 2.0 – ein Entwurf	429
17.7	Fazit		431

18 Qualitätssicherung bei Digg ... 433

18.1	Die Ausgangssituation		433
	18.1.1	Unsere Probleme	433
	18.1.2	Code-Altlasten	434
	18.1.3	Wie lösen wir unsere Probleme?	435
	18.1.4	Ein Test-Framework wählen	437
	18.1.5	Mit einem Experten arbeiten	438
18.2	Das Team trainieren		438
18.3	Testbaren Code schreiben		442
	18.3.1	Statische Methoden vermeiden	442
	18.3.2	Dependency Injection	445

18.4 Mock-Objekte 445
    18.4.1 Überblick 445
    18.4.2 Datenbank 445
    18.4.3 Lose gekoppelte Abhängigkeiten 446
    18.4.4 Beobachter für klasseninternes Verhalten 447
    18.4.5 Memcache 449
    18.4.6 Mocken einer serviceorientierten Architektur 450
18.5 Der Qualitätssicherungsprozess bei Digg 454
    18.5.1 Testen 454
    18.5.2 Vorteile 456
    18.5.3 Herausforderungen 457
18.6 Fazit 458

Schlussbetrachtungen 459

Literatur 461

Stichwortverzeichnis 467

Geleitwort

Die Entwicklung qualitativ hochwertiger Software sowie das Sicherstellen der Softwarequalität sind keine neuartigen Konzepte, und kaum jemand wird widersprechen, dass diese Konzepte für die Software-Entwicklung von enormer Bedeutung sind. Ich hatte das Privileg, über viele Jahre wirklich missionskritische Software zu entwickeln. Ich meine die Art von Software, von der Menschenleben abhängen.

Während dieser Zeit habe ich eine Menge darüber gelernt, wie man einen Prozess für die Qualitätssicherung zu Beginn eines Projektes einführt und bis zum unternehmenskritischen Einsatz in der Produktion vorantreibt. Das Gestalten eines Entwicklungsprozesses, der zu qualitativ hochwertiger Software führt, ist nicht trivial und erfordert nicht nur Unterstützung durch das Management, sondern auch dessen eigenes Engagement. Dies hat Einfluss auf die Aufbauorganisation des Unternehmens sowie seine Mitarbeiter, Systeme und Prozesse.

Meiner Meinung nach stellen die Probleme, die sich aus der großen Reichweite sowie aus der hohen Entwicklungsgeschwindigkeit des Internets ergeben, die Probleme in den Schatten, denen ich mich bei der Entwicklung der oben erwähnten missionskritischen Software stellen musste. Während viele dieser neuen Software-Systeme „nur" unternehmenskritisch sind, sind sie in Wahrheit nicht weniger wichtig und müssen zusätzliche Schwierigkeiten wie beispielsweise Internationalisierung, Schutz vor bekannten und neuen Angriffen im Web sowie die Arbeit in verteilten Teams und mit immer kürzeren Release-Zyklen bewältigen.

Im E-Commerce-Bereich schlägt sich ein Ausfall der Anwendung direkt in einem Ausfall von Einnahmen nieder; daher ist dort der Bedarf der Softwarequalität noch größer. Besonderes Augenmerk liegt hierbei auf Compliance sowie der Möglichkeit, eventuelle Fehler schnell beheben und diese Fehlerbehebung sofort testen und umgehend bereitstellen zu können. Die Anwendung muss nicht nur „online", sondern tatsächlich in der Lage sein, Transaktionen in Echtzeit zu verarbeiten.

Die wachsende Bedeutung der *User Experience* führt außerdem dazu, dass die durch die Benutzer der Anwendung wahrgenommene Qualität unternehmenskritisch wird: Die Software muss nicht nur korrekt funktionieren, sondern auch den Erwartungen der Benutzer genügen. Ist dies nicht der Fall, müssen die entsprechenden Änderungen in kürzester Zeit so umsetzbar sein, dass die Softwarequalität nicht beeinträchtigt wird. Sowohl die Prozesse für die Entwicklung und Qualitätssicherung der Software als auch die eingesetzten Systeme müssen diese schnellen Entwicklungen unterstützen.

Diese Herausforderungen haben zu signifikanten Änderungen im Bereich der Qualitätssicherung geführt, besonders im Vergleich dazu, wie früher auftragsentscheidende Software entwickelt wurde. Die Software-Entwicklung hat in den letzten Jahren große Fortschritte gemacht. Best Practices wurden etabliert und das Bewusstsein für Softwarequalität wurde gestärkt. Zu den wichtigsten Fortschritten gehört hierbei die Erkenntnis, dass die Entwickler in die Qualitätssicherung einbezogen werden müssen und die entsprechende Verantwortung nicht alleine bei der QA-Abteilung liegen darf. Die Methodik der kontinuierlichen Integration entschärft eines der größten Probleme – und einen der größten Flaschenhälse – bei der Entwicklung von qualitativ hochwertiger Software: die Integrationsphase. Der strategische Fokus auf automatisiertes Testen ermöglicht es, Fehlerbehebungen schneller ausliefern zu können. Hierdurch können Dienstgütevereinbarungen (englisch: *Service Level Agreements*) nicht nur eingehalten, sondern meist auch übererfüllt werden, was zu einer höheren Kundenzufriedenheit führt.

Dieses Buch behandelt die verschiedenen Disziplinen der Qualitätssicherung und ihre Auswirkungen auf Menschen, Systeme, Prozesse sowie Werkzeuge. Hierbei liegt der Fokus auf der praktischen Anwendung in PHP-basierten Projekten. Die in diesem Buch zusammengetragenen Fallstudien sind von unschätzbarem Wert. Sie erlauben das Lernen von anderen Entwicklerteams, beispielsweise wie diese Best Practices und Werkzeuge „in der richtigen Welt" einsetzen. Die Autoren verfügen über eine beispiellose Mischung aus theoretischem Hintergrundwissen und praktischer Erfahrung aus dem Alltag großer Projekte, die mit PHP realisiert wurden. Darüber hinaus leisten sie durch die Entwicklung von Werkzeugen für die Qualitätssicherung einen entscheidenden Beitrag für das PHP-Ökosystem. Ich kann mir keine besseren Autoren für ein solches Buch vorstellen.

Ich bin mir sicher, dass Ihnen dieses Buch dabei helfen wird, die Qualität Ihrer Projekte zu steigern, sodass sowohl Ihr Entwicklerteam als auch das Management auf die entwickelte Software stolz sein können.

Andi Gutmans, CEO Zend Technologies Ltd.

Vorwort

*„Experience: that most brutal of teachers.
But you learn, my God do you learn."*— C.S. Lewis

■ Über dieses Buch

78% aller Webseiten, von denen bekannt ist, in welcher Programmiersprache sie realisiert sind, setzen PHP ein [W3Techs 2012]. Gartner geht davon aus, dass viele neue, geschäftskritische Projekte von Unternehmen in einer dynamischen Sprache realisiert werden, und sieht PHP als derzeit stärksten Vertreter dieser Art von Programmiersprache [Gartner 2008]. PHP war von Anfang an für die Webprogrammierung konzipiert und dürfte um die Jahrtausendwende einer der wesentlichen Motoren des Dotcom-Booms gewesen sein.

Mittlerweile ist PHP zu einer Mehrzweckprogrammiersprache gereift und unterstützt sowohl die prozedurale als auch die objektorientierte Programmierung. Waren in der Vergangenheit Themen wie Performanz, Skalierbarkeit und Sicherheit Dauerbrenner in der PHP-Community, so sind in den letzten Jahren neben Buzzwords wie Cloud und NoSQL auch Themen wie Architektur und Qualität in den Fokus gerückt.

Es gibt heute eine Fülle an PHP-Frameworks. Diese wollen beim Lösen wiederkehrender Probleme und bei der Standardisierung der Anwendungsentwicklung helfen. In letzter Zeit sind auch viele leichtgewichtige Micro-Frameworks entstanden. Bei mehr und mehr Entwicklern setzt sich allerdings die Erkenntnis durch, dass ein Framework allein keine Architektur ausmacht. Im Sinne der Entkopplung und Wiederverwendbarkeit sollte man ohnehin die zentrale Geschäftslogik außerhalb eines Frameworks implementieren. Vor diesem Hintergrund ist das Thema Qualitätssicherung wichtiger denn je.

Dynamische und statische Testverfahren sowie automatisierte Builds und kontinuierliche Integration sind für viele PHP-Entwickler längst keine Fremdwörter mehr. Aus PHP-Programmierung ist, gerade in unternehmenskritischen Projekten, Software-Engineering mit PHP geworden.

Anmerkungen zur zweiten Auflage

Wir waren sehr erfreut, als uns der Verlag mitteilte, dass die erste Auflage dieses Buches bald vergriffen sei, und uns nach einer zweiten Auflage fragte. Am liebsten hätten wir das halbe Buch neu geschrieben – nicht etwa, weil der Inhalt schlecht ist, sondern vielmehr weil man heute viele Dinge noch besser erklären könnte.

Leider ist der Zeitplan für eine zweite Auflage deutlich enger gesteckt, als dies bei einer Erstauflage der Fall ist. Allein deshalb ist es vielen Fallstudienautoren nicht möglich, ihre Fallstudien zu überarbeiten oder gar neu zu verfassen, um beispielsweise geänderten Rahmenbedingungen oder neuen Software-Versionen Rechnung zu tragen. Hinzu kommt, dass viele unserer Kontributoren heute in neuen Firmen oder Projekten arbeiten.

Die Versionen einiger Software-Produkte, auf die in Fallstudien Bezug genommen wird, sind nicht mehr aktuell, wenn Sie dieses Buch lesen. Symfony ist ebenso wie Zend Framework in Version 2 erschienen. Symfony 2 nutzt, wie bereits in der Fallstudie angedeutet, im Gegensatz zu Symfony 1 PHPUnit anstelle von Lime.

Die eZ Components waren zeitweise unter dem Namen Zeta Components ein Projekt der Apache Software Foundation. Es ist schade, dass die Zukunft dieses Projekts derzeit unklar ist, denn die Qualität dieser Software ist sehr gut.

Die in Kapitel 5 beschriebene Software phpUnderControl wird nicht mehr weiterentwickelt. Nichtsdestotrotz sind die in diesem Kapitel vorgestellten Konzepte richtig und wichtig. Das heute am häufigsten eingesetzte Werkzeug für die kontinuierliche Integration ist Jenkins. Eine gute Einführung in den Einsatz von Jenkins für PHP-Projekte bietet [Bergmann 2011a].

Die in Kapitel 17 in Aussicht gestellte Veröffentlichung einer domänenspezifischen Sprache zur Realisierung von Systemtests ist niemals erfolgt, da die beiden Autoren der Fallstudie das Unternehmen verlassen haben, bevor sie die Implementierung fertig stellen konnten.

Wir sind davon überzeugt, dass die beschriebenen Probleme und Lösungsansätze auch heute noch mindestens so relevant sind wie zum Zeitpunkt der Erstveröffentlichung. Nichtsdestotrotz haben wir uns – und hat sich die Welt – in den letzten Jahren weiterentwickelt. In der ersten Ausgabe schrieben wir:

> „Wir hoffen, dass dieses Buch das gegenseitige Verständnis zwischen den verschiedenen an Software-Projekten beteiligten Gruppen fördert und allen Lesern eine Motivation bietet, die interne Qualität [...] ihres Codes zu verbessern."

Damals waren wir uns noch nicht bewusst, dass wir mit diesem Satz ein Grundproblem der Software-Entwicklung angesprochen haben. Zu wenig *gegenseitiges Verständnis* ist eine Folge von Kommunikationsproblemen, die nach unserer Erfahrung durch den Einsatz von noch mehr Software-Werkzeugen nicht gelöst werden können.

Gelingt es den Entwicklern nicht, dem eigenen Management oder dem Kunden den Wert von Qualitätssicherung zu vermitteln, so stimmt das Rollenbild, das die beteiligten Parteien vom Entwicklungsteam haben, vermutlich nicht überein.

Wir haben deshalb dieses Buch um ein Kapitel ergänzt, das Ansätze dafür liefert, wie Entwickler einem internen oder externen Kunden den Wert von Qualitätssicherung vermitteln können.

Ist dies ein PHP-Buch?

Anhand von Beispielen aus der PHP-Welt vermittelt dieses Buch die Planung, Durchführung und Automation von Tests für die unterschiedlichen Software-Schichten, die Messung von Softwarequalität mithilfe von Software-Metriken sowie den Einsatz geeigneter Methoden wie beispielsweise kontinuierlicher Integration. Wir gehen davon aus, dass unsere Leser entweder erfahrene PHP-Entwickler sind, die sich für die Qualitätssicherung in PHP-Projekten interessieren, oder Entwickler, die mit einer anderen Programmiersprache so weit vertraut sind, dass sie den Beispielen folgen können.

Dieses Buch kann und will keine Einführung in die (objektorientierte) Programmierung mit PHP 5 sein. Und obwohl sich viele Unternehmen im Rahmen der Migration von PHP 4 nach PHP 5 zum ersten Mal intensiver mit Qualitätssicherung in einem PHP-Projekt auseinandersetzen, so kann auch die Migration von PHP-Umgebungen und -Anwendungen in diesem Buch nicht behandelt werden. Für diese beiden Themen sei auf [Bergmann 2005] und [Priebsch 2008] verwiesen.

Neben den Entwicklern müssen sich auch Projektleiter und Qualitätsbeauftragte mit dem Thema Softwarequalität befassen. Wir hoffen, dass dieses Buch das gegenseitige Verständnis zwischen den verschiedenen an Software-Projekten beteiligten Gruppen fördert und allen Lesern eine Motivation bietet, die interne Qualität (siehe Abschnitt 1.3) ihres Codes zu verbessern.

■ Vorstellung der Autoren

Sebastian Bergmann

Wenn der Launch neuer PHP-Projekte zu unerfreulichen Überraschungen führen könnte, ist das Know-how von Sebastian Bergmann gefragt. Der Diplom-Informatiker ist einer der Pioniere für Qualitätssicherung in PHP-Projekten. Die von ihm entwickelten Werkzeuge, darunter PHPUnit, sorgen weltweit dafür, dass PHP-Entwickler besser arbeiten können und Unternehmen Software mit weniger Fehlern generieren.

Seine Leistungen haben ihm einen exzellenten Ruf in der Fachwelt und bei seinen Kunden eingetragen. Zu Recht, hat er doch entscheidend daran mitgewirkt, dass PHP sich zu einer ernst zu nehmenden und zuverlässigen Plattform für große kritische Projekte entwickelt hat. Er besitzt die seltene Gabe, seine außergewöhnlichen technischen Fähigkeiten für jedermann nachvollziehbar zu vermitteln. Das macht ihn als Autor viel gelesener Bücher und Fachartikel ebenso beliebt wie als Redner, Coach oder Trainer.

Sebastian Bergmann entwickelt PHP aktiv weiter und ist Mitbegründer von thePHP.cc, die namhafte Firmen auf der ganzen Welt zu ihren Kunden zählt. Dass er nicht nur Kopf-, sondern auch Genussmensch ist, zeigt seine Vorliebe für feine Schokoladen und guten Tee. Sie kommt besonders dann zum Tragen, wenn ihn unberechtigte Bugreports für PHPUnit erreichen.

Stefan Priebsch

Spätestens dann, wenn PHP-Architekturen ein unerwünschtes Eigenleben entwickeln, suchen viele Unternehmen den Kontakt zu Stefan Priebsch. Der Diplom-Informatiker ist seit vielen Jahren auf die Entwicklung PHP-basierter Software für Unternehmen spezialisiert. In der Branche gilt er als die Kapazität für Fragen der Software-Architektur und der Objektorientierten Programmierung.

Komplexes Fachwissen und breite Praxiserfahrung gehen bei ihm mit der Fähigkeit einher, genau zu erfassen, was sein Gegenüber benötigt. Ob als Berater von Unternehmen, als interessanter Redner für Fachauditorien oder als Trainer für IT-Entwickler – Stefan Priebsch ist ein gefragter Spezialist. Seine Fähigkeit, technische und unternehmerische Aspekte thematisch perfekt auszubalancieren, macht ihn zu einem viel gelesenen Autor von Publikationen, die in der Fachwelt ein nachhaltiges Echo gefunden haben.

Geschätzt wird er als geduldiger, ermutigender Ausbilder und Coach, der stets bereit ist, anderen seinen breiten Erfahrungsschatz zugänglich zu machen. Stefan Priebsch ist Mitbegründer von thePHP.cc, die namhafte Firmen auf der ganzen Welt zu ihren Kunden zählt. Als Vater von Zwillingen beschäftigt er sich übrigens auch privat intensiv mit Skalierungsproblemen.

Benjamin Eberlei

Benjamin Eberlei arbeitet als IT-Berater bei der Qafoo GmbH im Bereich Qualitätssicherung für PHP-Anwendungen und Software-Architektur. Er ist Projektleiter der Open-Source-Bibliothek Doctrine und ist an zahlreichen Projekten im Symfony-Umfeld beteiligt.

In Kapitel 4 zeigt Benjamin Eberlei, welche Fehler man beim Schreiben von Tests vermeiden sollte, um den größtmöglichen Nutzen aus dem Testen von Software ziehen zu können.

Manuel Pichler und Sebastian Nohn

Manuel Pichler kam erstmals 1999 mit der Programmiersprache PHP in Kontakt und ist ihr bis heute treu geblieben. Während seines Studiums sammelte er erste Erfahrungen im Bereich Qualitätssicherung. Im Anschluss an das Studium arbeitete er als Software-Architekt und entwickelte im Rahmen dieser Tätigkeit verschiedene Erweiterungen für CruiseControl, die dann 2007 die Grundlage für phpUnderControl bildeten. Neben diesem Projekt ist er auch der Schöpfer von PHP_Depend und Werkzeugen zur statischen Analyse von PHP-Code. Im Sommer 2010 hat er zusammen mit Kore Nordmann und Tobias Schlitt die Qafoo GmbH gegründet und bietet darüber Support und Schulungen rund um das Themengebiet Qualitätssicherung an.

Sebastian Nohn beschäftigt sich seit 1996 mit dynamischen Websites und seit 2002 mit Qualitätssicherung im kommerziellen und Open-Source-Bereich. Er war einer der ersten, der CruiseControl für die Nutzung in PHP-Projekten adaptierte, und gab den Anstoß für die Entwicklung von phpUnderControl. Zurzeit ist er bei der Ligatus GmbH, einem der führenden Performance-Marketing-Anbieter, beschäftigt, wo er den Bereich Qualitätssicherung aufbaute und die Verantwortung als Teamleiter für die Bereiche Qualitätssicherung und

Infrastruktur trägt. Sebastian Nohn ist Wirtschaftsinformatiker und schreibt in unregelmäßigen Abständen in seinem Weblog über IT-Themen.

In Kapitel 5 berichten Manuel Pichler und Sebastian Nohn, wie kontinuierliche Integration, nachträglich eingeführte Unit-Tests, Software-Metriken und weitere statische Testverfahren dazu beigetragen haben, die Qualität einer Legacy-Applikation deutlich zu erhöhen.

Michael Lively

Michael Lively arbeitet seit 2001 mit PHP und bringt sich seit 2005 in der PHP Testing Community ein. Er ist der Schöpfer der Erweiterung für Datenbanktests in PHPUnit, zu dem er auch weitere Patches beigetragen hat. Michael Lively arbeitet als Lead Developer und Application Architect für die SellingSource LLC mit Sitz in Las Vegas. Zu seinem Arbeitsbereich gehört die Entwicklung einer mit PHP realisierten Enterprise-Plattform für Kreditmanagement, die von Hunderten Maklern für Millionen von Kunden verwendet wird.

In Kapitel 6 dokumentiert Michael Lively die Funktionalität der Datenbankerweiterung von PHPUnit und zeigt, wie dieses mächtige Werkzeug effektiv eingesetzt werden kann.

Jens Grochtdreis

Jens Grochtdreis ist selbstständiger Frontend-Entwickler und bringt die Erfahrung von zehn Jahren Arbeit in Agenturen mit. Er hat 2005 die Webkrauts gegründet und wirbt mit ihnen für ein modernes Web. Neben seinem Blog schreibt er für Zeitschriften, berät Verlage und hält Vorträge. Wenn er nicht gerade bloggt, twittert, surft oder codet, dann entspannt er sich bei Comics, Krimis, hört Blues oder kocht.

In Kapitel 7 zeigt Jens Grochtdreis, wie einfach nutzbare und verständliche Webseiten entwickelt werden können und wie die Gebrauchstauglichkeit getestet werden kann.

Brian Shire

Brian Shire entdeckte das Programmieren im Alter von acht Jahren auf einem Apple IIe. Wenn er keine Spiele spielte, lernte er die Programmiersprache BASIC. Während der Arbeit an der Fallstudie für dieses Buch arbeitete er bei Facebook Inc., wo er für die Skalierung der PHP-Infrastruktur verantwortlich war. In seinen vier Jahren bei Facebook wuchs die Plattform von 5 Millionen Nutzern auf 175 Millionen Nutzer. In dieser Zeit wurde Brian zu einem Kernentwickler von APC, einem Bytecode- und Daten-Cache für PHP. Er trug außerdem zur Entwicklung des PHP-Interpreters sowie verschiedenen Erweiterungen in PECL bei. Brian teilt seine Erfahrung und sein Wissen als Referent auf internationalen Konferenzen und in seinem Blog. Zurzeit lebt er in San Francisco.

In Kapitel 8 motiviert Brian Shire das Testen der Performanz von Webanwendungen und führt in die wichtigsten Werkzeuge und Methoden dafür ein.

Arne Blankerts

Arne Blankerts löst IT-Probleme, lange bevor viele Firmen überhaupt merken, dass sie sie haben. Seine Themenschwerpunkte sind IT-Sicherheit, Performanz und Ausfallsicherheit von Infrastrukturen. Mit fast magischer Intuition findet er dafür Lösungen, die unverkennbar seine Handschrift tragen. Weltweit vertrauen Unternehmen auf seine Konzepte und seine Linux-basierten Systemarchitekturen.

In Kapitel 9 zeigt Arne Blankerts, wie einfach das Schreiben grundsätzlich sicherer Anwendungen ist, wenn man die gängigen Angriffsvektoren kennt und einige wichtige Regeln beachtet.

Judith Andresen

Judith Andresen kombiniert exzellente Projektmanagement-Kompetenz mit dem Knowhow der strategischen Firmenleitung. Sie vermittelt als Projektcoach Fertigkeiten wie Kommunikation und Projektmanagement; als Beraterin unterstützt sie Entwicklung guter Projekt- und Unternehmenskulturen. Mit der Organisation der „PHP Unconferences" (Germany, Europe) unterstützt sie auch ehrenamtlich den Austausch zwischen PHP-Entwicklern.

Der Wechsel in die testgestützte Programmierung erzeugt zunächst höhere Entwicklungskosten. Wie diese vorübergehenden Mehrkosten gegenüber Management und Auftraggeber argumentiert werden können, zeigt Judith Andresen in Kapitel 10. Neben einer Anleitung zur betriebswirtschaftlichen Überprüfung des Vorgehens werden dem Leser Optionen aufgezeigt, wie eine testgestützte Programmierung erfolgreich als Projektmethode vereinbart werden kann.

Robert Lemke und Karsten Dambekalns

Robert Lemke ist Gründungsmitglied der TYPO3 Association und leitet die Entwicklung des Rewrites von TYPO3 sowie des Frameworks FLOW3. Er hat eine besondere Vorliebe für agile Entwicklungsmethoden und es sich zum Ziel gesetzt, neue Ansätze wie Domain-Driven Design oder aspektorientiertes Programmieren in der PHP-Welt zu etablieren. Robert lebt in Lübeck, zusammen mit seiner Frau Heike, seiner Tochter Smilla und Vibiemme, ihrer Espressomaschine.

Karsten Dambekalns programmiert seit 1999 in PHP und entdeckte 2002 die immensen Möglichkeiten von TYPO3. Er ist heute einer der Kernentwickler von TYPO3 und FLOW3 sowie Mitglied im Steering Committee der TYPO3 Association. Nach der Gründung einer eigenen Firma im Jahre 2000 steht Karsten Dambekalns seit 2008 wieder als Freelancer voll im Dienst der TYPO3-Entwicklung. Außerdem ist er Autor, spricht auf Konferenzen und verbringt den Großteil seiner Freizeit mit seiner Frau und seinen drei Kindern.

In Kapitel 11 stellen Robert Lemke und Karsten Dambekalns Grundsätze und Techniken vor, mit denen das TYPO3-Projekt die Softwarequalität nachhaltig verbessern konnte.

Fabien Potencier

Fabien Potencier entdeckte das Web 1994, zu einer Zeit, als das Verbinden mit dem Internet noch von kreischenden Tönen eines Modems begleitet wurde. Als passionierter Entwickler begann er sofort mit der Entwicklung von Webseiten mit Perl. Mit der Veröffentlichung von PHP 5 legte er seinen Fokus auf PHP und startete 2004 das Symfony Framework, um in seiner Firma die Mächtigkeit von PHP für Kunden voll nutzen zu können. Fabien ist ein „Serienunternehmer", der 1998 neben anderen Firmen auch Sensio, einen auf Webtechnologien und Internet-Marketing spezialisierten Dienstleister, gegründet hat. Ferner ist er der Schöpfer mehrerer Open-Source-Projekte, Autor, Blogger und Referent auf internationalen Konferenzen sowie stolzer Vater von zwei wundervollen Kindern.

In Kapitel 12 berichtet Fabien Potencier von seinen Erfahrungen aus dem Symfony-Projekt und zeigt unter anderem, wie das Testen von Symfony zu besseren Programmierschnittstellen geführt hat.

Kore Nordmann

Kore Nordmann entwickelt, leitet und plant seit mehreren Jahren verschiedene PHP-basierte Open-Source-Projekte. Im Sommer 2010 hat er zusammen mit Manuel Pichler und Tobias Schlitt die Qafoo GmbH gegründet und steht darüber Unternehmen zur Verfügung, um die Architektur und Qualität von Software-Projekten zu verbessern. Seine Expertise teilt er regelmäßig auf verschiedenen Konferenzen sowie in Artikeln und Büchern mit. Neben der Entwicklung der eZ Components leitet er die Entwicklung von Arbit, einer neuen Software für die Verwaltung von Software-Projekten, inklusive der Integration von Werkzeugen für die Qualitätssicherung.

In Kapitel 13 beschreibt Kore Nordmann, wie es mit einer guten Architektur und dem Einsatz von Mock-Objekten möglich ist, selbst eine Komponente, die binäre Grafikausgaben erzeugt, umfassend zu testen.

Matthew Weier O'Phinney

Matthew Weier O'Phinney arbeitet als Project Lead für das Zend Framework. Zu seinen Aufgaben zählen das Release-Management ebenso wie die Implementierung und Verbreitung von Best Practices sowie die Kommunikation mit der Community. Matthew ist ein aktiver Befürworter von Open-Source-Software und PHP. Seit 2000 programmiert er in PHP und anderen Sprachen. Für Magazine wie PHP Architect und in seinem eigenen Blog sowie in der Zend DevZone schreibt er über aktuelle Themen.

In Kapitel 14 geht Matthew Weier O'Phinney auf die besonderen Herausforderungen beim Testen von Webdiensten ein und präsentiert Ansätze und Lösungen, die sich im Zend Framework-Projekt bewährt haben.

Tobias Schlitt

Tobias Schlitt ist ausgebildeter Fachinformatiker und Diplom-Informatiker. Er beschäftigt sich seit 1999 mit der Entwicklung von Webanwendungen auf Basis von PHP und war, nach mehrjähriger Aktivität im PEAR-Projekt, maßgeblich an Architektur und Entwicklung der eZ Components beteiligt. Daneben beteiligt er sich dauerhaft an verschiedenen Open-Source-Projekten rund um PHP. Als anerkannter Experte ist er beratend in den Bereichen Software-Architektur und Qualitätssicherung tätig. Tobias Schlitt gründete Mitte 2010 zusammen mit Manuel Pichler und Kore Nordmann, beide ebenfalls als Autoren in diesem Buch vertreten, die Qafoo GmbH, welche Experten-Consulting, Training und Support rund um die Entwicklung von qualitativ hochwertigem PHP-Code und Qualitätssicherung in Software-Projekten anbietet.

In Kapitel 15 zeigt Tobias Schlitt, dass man beim Testen manchmal unkonventionelle Wege gehen muss, um seine Ziele erreichen zu können.

Lars Jankowfsky

Lars Jankowfsky ist CTO der Yatego GmbH. Davor war er als CTO der Swoodoo AG verantwortlich für den PHP-basierten Flug- und Hotel-Preisvergleich. Seit mehr als 15 Jahren entwickelt er Webanwendungen und nutzt PHP seit den frühen Anfängen. Neben der Entwicklung von Software ist die Leitung von eXtreme Programming-Teams eine seiner Leidenschaften.

In Kapitel 16 zeigt Lars Jankowfsky, wie agile Methoden und eine serviceorientierte Architektur die sanfte und kontinuierliche Evolution einer Anwendung ermöglicht haben.

Christiane Philipps und Max Horváth

Christiane Philipps ist Fachinformatikerin und hilft Startups als „Interim CTO". Ihr Herz schlägt besonders für Agile Testing und Agile Leadership, Themen, über die sie auch in ihrem Blog regelmäßig schreibt. Von Frühjahr 2008 bis Herbst 2009 arbeitete sie bei VZnet Netzwerke, davon ein Jahr lang als Leiterin des Bereichs Quality Assurance & Deployment.

Max Horváth ist Mobile Software Architect bei der AGT Group GmbH und beschäftigt sich seit über zehn Jahren mit Webentwicklung. In dieser Zeit hat er mit Unternehmern, Entwicklern und Designern zusammengearbeitet, um Webprojekte für große und kleine Unternehmen umzusetzen. Während der Arbeit an der Fallstudie für dieses Buch war er Team Lead Mobile Development bei VZnet Netzwerke.

In Kapitel 17 berichten Christiane Philipps und Max Horváth, wie sie PHPUnit und Selenium RC erfolgreich in einem der größten sozialen Netzwerke Europas eingeführt haben.

Robert Balousek, Matt Erkkila, Ian Eure, Bill Shupp, Jeremy McCarthy und Brian O'Neill

Robert Balousek ist CTO von Numote, Matt Erkkila ist Infrastructure Team Lead bei Rdio, Ian Eure ist Entwickler bei BankSimple, Bill Shupp ist Engineering Manager bei OpenDNS, Jeremy McCarthy ist Test Engineering Manager bei Workday und Brian O'Neill ist Senior Automation QA Engineer bei Eventbrite.

In Kapitel 18 berichten Robert Balousek, Matt Erkkila, Ian Eure, Bill Shupp, Jeremy McCarthy und Brian O'Neill über die Einführung von testgetriebener Entwicklung sowie kontinuierlicher Integration bei Digg. Während der Arbeit an der Fallstudie für dieses Buch waren sie alle bei Digg Inc. beschäftigt.

TEIL I

Grundlagen

1 Softwarequalität

„Engineering seeks quality; software engineering is the production of quality software."
— Bertrand Meyer

■ 1.1 Was ist Softwarequalität?

Dieses Buch widmet sich dem Thema Softwarequalität in PHP-Projekten. Doch was verstehen wir eigentlich unter der Qualität von Software? Das bei Hewlett-Packard entwickelte FURPS [Grady 1987] ist ein Beispiel für ein Softwarequalitätsmodell, das verschiedene Aspekte von Softwarequalität berücksichtigt. Die Buchstaben des Akronyms stehen für

- Functionality (Funktionalität)
- Usability (Gebrauchstauglichkeit)
- Reliability (Zuverlässigkeit)
- Performance (Effizienz)
- Supportability (Wartbarkeit)

Neben den Qualitätsmerkmalen von FURPS, die für sämtliche Arten von Software gelten, werden von einer Webanwendung zusätzlich unter anderem Auffindbarkeit, Barrierefreiheit sowie Rechtskonformität verlangt [Franz 2007].

Auch in der Einleitung von [Liggesmeyer 2009] kann man lesen, dass Softwarequalität facettenreich ist:

> „Jedes Unternehmen, das Software entwickelt, bemüht sich, die beste Qualität auszuliefern. Man kann ein Ziel aber nur dann nachweisbar erreichen, wenn es präzise definiert ist, und das gilt für den Begriff „beste Qualität" nicht. Softwarequalität ist facettenreich. Viele Eigenschaften einer Software ergeben gemeinsam die Softwarequalität. Nicht alle diese Eigenschaften sind gleichermaßen für den Benutzer und den Hersteller einer Software wichtig."

Die Benutzer einer Software haben also eine andere Sicht auf die Qualität als die Entwickler, wir sprechen von *externer* beziehungsweise *interner* Qualität. Nigel Bevan erläutert diesen Ansatz aus [ISO/IEC 9126-1] in [Bevan 1999]. Im Folgenden wollen wir diese unterschiedlichen Sichtweisen genauer betrachten.

1.2 Externe Qualität

Der Kunde beziehungsweise der Benutzer einer Anwendung interessiert sich für diejenigen Qualitätsaspekte, die für ihn greifbar sind. Diese machen die sogenannte *externe Qualität* der Anwendung aus und umfassen unter anderem:

- **Funktionalität** bezeichnet die Fähigkeit der Anwendung, die an sie gestellten Aufgaben den Anforderungen entsprechend zu erfüllen.
- **Gebrauchstauglichkeit** meint, dass ein Nutzer eine Anwendung effizient, effektiv und zufriedenstellend nutzen kann. Hierzu gehört auch die Barrierefreiheit.
- **Reaktionsfreudigkeit** bedeutet, dass die Antwortzeiten einer Anwendung auch unter Last die Benutzer zufrieden stellen.
- **Sicherheit**, gerade auch die gefühlte Sicherheit der Benutzer, ist ein weiterer wichtiger Faktor für den Erfolg einer Anwendung.
- **Verfügbarkeit** und **Zuverlässigkeit** sind im Umfeld von Web-Plattformen mit hohem Nutzeraufkommen wichtige Themen. Die Anwendung muss auch unter großer Last funktionstüchtig sein und selbst in ungewöhnlichen Situationen sinnvoll funktionieren.

Den Aspekten der externen Qualität ist gemeinsam, dass sie durch End-to-End-Tests, also Tests, die eine gesamte Anwendung testen, überprüft werden können.

So können beispielsweise die Anforderungen, die der Kunde an sein Produkt stellt, in sogenannten Akzeptanztests aufgeschrieben werden. Diese Akzeptanztests verbessern zum einen die Kommunikation zwischen dem Kunden und dem Entwickler der Software, zum anderen lässt sich mit ihnen automatisch verifizieren, ob die Anwendung die an sie gestellten funktionalen Anforderungen erfüllt.

Für Verbesserungen in Bezug auf die Reaktionsfreudigkeit ist unter anderem das Messen der Antwortzeit relevant. Man benötigt Werkzeuge und Techniken, mit denen man diejenigen Optimierungen finden kann, die bei minimalem Aufwand und minimalen Kosten den größten Nutzen versprechen. Sowohl Administratoren als auch Entwickler sind beim *Capacity Planning* dafür verantwortlich, diejenigen Teile der Anwendung zu identifizieren, die zukünftig möglicherweise zu Flaschenhälsen werden können, wenn die Anwendung geändert wird oder das Nutzeraufkommen wächst. Diese Informationen sind unverzichtbar, um die Qualität einer Anwendung in Bezug auf Verfügbarkeit und Zuverlässigkeit dauerhaft zu sichern.

1.3 Interne Qualität

Die Bedürfnisse der Entwickler beziehungsweise der Administratoren einer Anwendung machen deren *interne Qualität* aus. Für Entwickler ist es beispielsweise wichtig, dass der Code einfach zu lesen, zu verstehen, anzupassen und zu erweitern ist. Ist dies nicht der Fall, so wird es mit der Zeit immer schwieriger und damit teurer, die kontinuierlich gestellten und meist unvorhersehbaren Änderungswünsche des Kunden umzusetzen. Irgendwann führen selbst minimale Änderungen zu unerwarteten Seiteneffekten.

Die interne Qualität von Software ist für die Auftraggeber und Endbenutzer zunächst kaum wahrnehmbar. Für den Endbenutzer muss Software primär die an sie gestellten funktionalen Anforderungen weitestgehend erfüllen, und sie muss leicht zu bedienen sein. Sofern das Produkt bei der Abnahme dann noch „schnell genug" ist, sind viele Auftraggeber zufrieden.

Mangelnde interne Qualität wird erst auf längere Sicht spürbar. Man stellt nämlich fest, dass es lange dauert, bis scheinbar triviale Fehler behoben sind. Änderungen oder Erweiterungen sind nur mit großem Aufwand zu realisieren. Oftmals bitten die Entwickler früher oder später um Spielräume, um den Code zu refaktorieren, also „aufzuräumen". Oftmals wird eine solche Refaktorierung des Codes allerdings nicht (regelmäßig) durchgeführt, weil Auftraggeber oder Management den Entwicklern nicht die notwendigen Spielräume einräumen.

> Eine **Refaktorierung** ist eine Änderung an der internen Struktur einer Software [...] ohne ihr beobachtbares Verhalten zu ändern. [Fowler 2000]

Automatisierte Entwicklertests auf Modulebene (englisch: *Unit Tests*), wie wir sie im nächsten Kapitel diskutieren werden, ermöglichen die unmittelbare Überprüfung, ob durch eine Änderung neue Fehler eingeführt wurden. Ohne sie ist die Refaktorierung von Code nur unter hohen Risiken möglich.

Ein Ziel der Qualitätssicherung, oder genauer genommen des Qualitätsmanagements, muss daher sein, für alle am Projekt beteiligten Parteien die Kosten und den Nutzen von interner Qualität transparent zu machen. Gelingt es, die Kosten zu quantifizieren, die durch schlechte interne Qualität langfristig entstehen, kann man davon ausgehend im Rückschluss die Kostenersparnis aufzeigen, die Code von hoher interner Qualität ermöglichen würde. Das ist eine wichtige Voraussetzung dafür, das Management beziehungsweise den Auftraggeber dazu zu bewegen, ein offizielles Budget für Code-Refaktorierung genehmigen.

■ 1.4 Technische Schulden

Auf Ward Cunningham geht der Begriff der „technischen Schulden" (englisch: *Technical Debt*) [Cunningham 1992] zurück:

> „Although immature code may work fine and be completely acceptable to the customer, excess quantities will make a program unmasterable, leading to extreme specialization of programmers and finally an inflexible product. Shipping first time code is like going into debt. A little debt speeds development so long as it is paid back promptly with a rewrite. Objects make the cost of this transaction tolerable. The danger occurs when the debt is not repaid. Every minute spent on not-quite-right code counts as interest on that debt. Entire engineering organizations can be brought to a stand-still under the debt load of an unconsolidated implementation, object-oriented or otherwise."

Cunningham vergleicht schlechten Code mit einem Darlehen, für das Zinsen fällig werden. Es kann durchaus sinnvoll oder gar notwendig sein, ein Darlehen aufzunehmen, wenn dadurch das Produkt schneller vermarktungsfähig ist. Wird aber das Darlehen nicht getilgt, indem die Codebasis refaktoriert und damit die interne Qualität erhöht wird, dann entstehen langfristig erhebliche Kosten für die Zinszahlungen. Häufen sich die Schulden erst einmal an, dann nehmen einem die Zinszahlungen mehr und mehr den Spielraum, bis man schließlich Konkurs anmelden muss. Bezogen auf die Software-Entwicklung bedeutet dies, dass man eine Anwendung als unwartbar bezeichnet. Die Kosten für jede noch so kleine Änderung sind so hoch geworden, dass es nicht mehr wirtschaftlich ist, den Code weiter zu pflegen.

Mangelnde interne Qualität von Software wird oft besonders dann zu einem Problem, wenn die Entwicklung einer Anwendung an externe Dienstleister ausgelagert wird, da die Qualitätssicherung und insbesondere das Schreiben von Unit-Tests die Kosten im Projekt zunächst erhöhen, ohne dass dem ein unmittelbar messbarer Nutzen gegenübersteht. Ist dem Auftraggeber primär an niedrigen Kosten und einer kurzen *Time-to-Market* gelegen, hat der Dienstleister kaum Spielräume und daher Motivation, um qualitativ hochwertigen Code zu liefern. Den Schaden hat der Auftraggeber in Form von längerfristig deutlich höheren Wartungskosten.

Es ist daher für jedes Software-Projekt und insbesondere beim Outsourcing besonders wichtig, dass nicht nur die zu erfüllenden Kriterien bezüglich der externen Qualität festgelegt werden, sondern vom Auftraggeber auch ein sinnvolles Maß an interner Qualität gefordert wird. Selbstverständlich muss der Auftraggeber dazu dem Dienstleister im Projekt auch einen gewissen finanziellen und zeitlichen Spielraum zugestehen.

Die Betriebs- und Wartungskosten für Software werden zumeist unterschätzt. Ein mittelgroßes Software-Projekt dauert vielleicht ein oder zwei Jahre an, die entstandene Anwendung ist aber Jahrzehnte in Betrieb, zumeist viel länger als ursprünglich gedacht[1]. Der größte Kostenblock für langlebige Anwendungen sind meist der Betrieb und die Wartung, insbesondere für Anwendungen, die häufig geändert werden müssen. Gerade für Webanwendungen sind häufige Änderungen typisch und letztlich einer der stärksten Motivatoren, diese in dynamischen Sprachen wie PHP umzusetzen.

Andere Anwendungen, beispielsweise solche für Großrechner im Finanzsektor oder hochverfügbare Telefonvermittlungen, müssen dagegen nur selten geändert werden. Während hier eine Änderung pro Quartal schon hektisch wirkt, sind für viele Webanwendungen mehrere Releases pro Monat schon längst die Regel.

[Jeffries 2010] mahnt uns, nicht an der internen Qualität zu sparen, um die Entwicklung zu beschleunigen:

> „*If slacking on quality makes us go faster, it is clear evidence that there is room to improve our ability to deliver quality rapidly.*"

Es liegt auf der Hand, dass der Wert von interner Qualität mit zunehmender Änderungshäufigkeit von Anwendungen deutlich zunimmt. Die Abbildung 1.1 zeigt, dass die relativen Kosten für das Beheben eines Fehlers in der *Code*-Phase zehnmal, in der *Operations*-Phase sogar mehr als hundertmal höher sind als in der *Requirements*-Phase. Das zeigt, dass

---

[1] Erinnern Sie sich noch an das Jahr-2000-Problem?

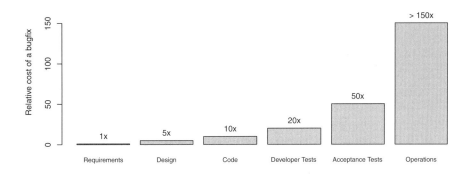

ABBILDUNG 1.1 Relative Kosten von Fehlerbehebungen nach [Boehm 2008]

es schon rein betriebswirtschaftlich gesehen nicht sinnvoll ist, Kosten in einem Software-Projekt dadurch in die Zukunft zu verlagern, dass man notwendige Tätigkeiten aufschiebt.

1.5 Konstruktive Qualitätssicherung

Die *Capability Maturity Model Integration (CMMI)* [Wikipedia 2012o] und die *Software Process Improvement and Capability Determination (SPICE)* [ISO/IEC 15504] sowie [ISO/IEC 12207] fassen den Begriff der Qualitätssicherung enger, als er oft verwendet wird, denn das Testen wird nicht eingeschlossen [Foegen 2007]. Die Maßnahmen von CMMI und SPICE für die Aufbau- und Ablauforganisation sind jedoch die Voraussetzung für den Erfolg von analytischen Maßnahmen wie Test und Review der fertigen Software sowie konstruktiven Maßnahmen der Qualitätssicherung. [Schneider 2007] definiert konstruktive Qualitätssicherung als *Maßnahmen, die bereits bei der Konstruktion von Software auf die Verbesserung ausgewählter Qualitätsaspekte abzielen und nicht erst nachträglich durch Prüfung und Korrektur.*

Die Erkenntnis, dass das Vermeiden von Fehlern besser ist als das nachträgliche Finden und Beheben von Fehlern, ist nicht neu. Schon in [Dijkstra 1972] können wir lesen:

> „Those who want really reliable software will discover that they must find means of avoiding the majority of bugs to start with, and as a result the programming process will become cheaper. If you want more effective programmers, you will discover that they should not waste their time debugging – they should not introduce bugs to start with."

Ein Ansatz, der das Schreiben von fehlerhafter Software verhindern soll, ist die *Test-First*-Programmierung. Sie gehört zu den technisch geprägten Praktiken, die als Bestandteil moderner Software-Entwicklungsprozesse zur konstruktiven Qualitätssicherung beitragen. Der Testcode wird hierbei vor dem getesteten Code, dem sogenannten Produktionscode, geschrieben. Die hierauf aufbauende *testgetriebene Entwicklung* (englisch: *Test-Driven Development*) führt im Idealfall dazu, dass …

- es keinen Produktionscode gibt, der nicht durch einen Test motiviert ist. Dies reduziert das Risiko, Produktionscode zu schreiben, der nicht benötigt wird.
- es keinen Produktionscode gibt, der nicht durch mindestens einen Test abgedeckt (*Code-Coverage*) ist, und damit Änderungen am Produktionscode nicht zu unbemerkten Seiteneffekten führen können.
- testbarer Produktionscode, und damit *sauberer Code* (siehe nächster Abschnitt), geschrieben wird.
- die „Schmerzen", die bestehender *schlechter Code* verursacht, verstärkt werden, da dieser nicht oder nur mit unverhältnismäßig hohem Aufwand getestet werden kann. Dies motiviert dazu, bestehenden schlechten Code durch Refaktorierung konsequent zu verbessern.

Studien wie [Janzen 2006] zeigen, dass die testgetriebene Entwicklung zu signifikanten Verbesserungen der Produktivität der Entwickler sowie der Softwarequalität führen kann.

Der Übergang zwischen konstruktiver Qualitätssicherung und normaler Software-Entwicklung ist fließend. So wird die Anpassbarkeit der Software beispielsweise durch den Einsatz von objektorientierter Programmierung und die Verwendung von Entwurfsmustern verbessert. Das Schreiben von *sauberem Code* (siehe nächster Abschnitt) sowie die Verwendung von architekturellen Mustern wie *Schichtenarchitektur, serviceorientierte Architektur* oder *Domain-Driven Design* führen, sofern sie richtig umgesetzt werden, zu deutlichen Verbesserungen in Bezug auf Testbarkeit, Wartbarkeit und Wiederverwendbarkeit der einzelnen Komponenten der Software.

1.6 Sauberer Code

Die Frage *Was ist sauberer Code?* lässt Robert C. Martin in seinem Buch *Clean Code* [Martin 2008] unter anderem Dave Thomas beantworten:

> „Sauberer Code kann von anderen Entwicklern gelesen und verbessert werden. Er verfügt über Unit- und Acceptance-Tests. Er enthält bedeutungsvolle Namen. Er stellt zur Lösung einer Aufgabe nicht mehrere, sondern eine Lösung zur Verfügung. Er enthält minimale Abhängigkeiten, die ausdrücklich definiert sind, und stellt ein klares und minimales API zur Verfügung."

Steve Freeman und Nat Pryce führen den Gedanken in [Freeman 2009] mit der Aussage fort, dass Code, der einfach zu testen ist, gut sein muss:

> „For a class to be easy to unit-test, the class must have explicit dependencies that can easily be substituted and clear responsibilities that can easily be invoked and verified. In software-engineering terms, that means that the code must be loosely coupled and highly cohesive – in other words, well-designed."

Im Folgenden wollen wir diese Punkte genauer betrachten.

1.6.1 Explizite und minimale Abhängigkeiten

Die Abhängigkeiten einer zu testenden Methode müssen klar und explizit in der API definiert sein. Das bedeutet, dass benötigte Objekte entweder an den Konstruktor der entsprechenden Klasse oder an die Methode selbst übergeben werden müssen (*Dependency Injection*). Die benötigten Objekte sollen nicht im Rumpf der Methode erzeugt werden, da die Abhängigkeiten sonst nicht gekapselt sind und daher nicht gegen Stub- oder Mock-Objekte ausgetauscht werden können. Je weniger Abhängigkeiten eine Methode hat, desto einfacher gestaltet sich das Schreiben ihrer Tests.

1.6.2 Klare Verantwortlichkeiten

Das *Single Responsibility Principle (SRP)* [Martin 2002] verlangt, dass eine Klasse nur eine fest definierte Aufgabe zu erfüllen hat und lediglich über Methoden verfügen soll, die direkt zur Erfüllung dieser Aufgabe beitragen. Es sollte nie mehr als einen Grund geben, eine Klasse zu ändern.

Ist die Verantwortlichkeit einer Klasse klar definiert und lassen sich ihre Methoden einfach aufrufen und über ihre Rückgabewerte verifizieren, so ist das Schreiben der entsprechenden Unit-Tests einfach.

1.6.3 Keine Duplikation

Eine Klasse, die versucht, zu viel zu tun, und keine klare Verantwortlichkeit hat, ist eine *hervorragende Brutstätte für duplizierten Code, Chaos und Tod* [Fowler 2000]. Duplizierter Code erschwert die Wartung der Software, da die Konsistenz zwischen den einzelnen Duplikaten gewährleistet sein muss und ein Fehler, der in dupliziertem Code gefunden wird, nicht nur an einer einzigen Stelle behoben werden kann.

1.6.4 Kurze Methoden mit wenigen Ausführungszweigen

Eine Methode ist umso schwerer zu verstehen, je länger sie ist. Eine kurze Methode lässt sich nicht nur einfacher verstehen und wiederverwenden, sondern ist auch einfacher zu testen. Je weniger Ausführungspfade eine Methode hat, desto weniger Tests werden benötigt.

1.7 Software-Metriken

Für das Messen der internen Qualität gibt es verschiedene Software-Metriken. Sie sind eine Grundlage für das Quantifizieren der Kosten, die durch schlechte interne Qualität langfristig entstehen.

Eine **Software-Metrik** ist allgemein eine Funktion, die eine Software-Einheit in einem Zahlenwert abbildet. Dieser Wert ist interpretierbar als der Erfüllungsgrad eines Qualitätsziels für die Software-Einheit. [Schneider 2007]

Testbarkeit ist ein wichtiges Kriterium für die Wartbarkeit im Softwarequalitätsmodell von [ISO/IEC 9126-1]. [Bruntink 2004] und [Khan 2009] sind Beispiele für Ansätze zur Quantifizierung von Testbarkeit basierend auf objektorientierten Software-Metriken. Einen Überblick über objektorientierte Software-Metriken gibt beispielsweise [Lanza 2006].

Man darf jedoch niemals vergessen, dass Metriken lediglich Indikatoren für Qualitätsprobleme sind. Wir haben Teams erlebt, die ihren Code sklavisch auf bestimmte Metriken optimiert haben. Anstelle nachhaltigen, wartbaren Code zu schreiben, haben diese Teams durch ihre „Verbesserungen" das genaue Gegenteil erzielt.

Metriken sollten immer als Hinweise auf bestimmte Stellen im Code verstanden werden, die man sich als Mensch ansehen sollte, um jeweils selbst zu beurteilen, ob und im welchem Maße der Code tatsächlich problematisch ist.

Im Folgenden betrachten wir einige Software-Metriken, die für die Testbarkeit besonders relevant sind.

1.7.1 Zyklomatische Komplexität und NPath-Komplexität

Die zyklomatische Komplexität (englisch: *Cyclomatic Complexity*) ist die Anzahl der möglichen Entscheidungspfade innerhalb eines Programms beziehungsweise innerhalb einer Programmeinheit, normalerweise einer Methode oder Klasse [McCabe 1976]. Sie wird durch Zählen der Kontrollstrukturen und booleschen Operatoren innerhalb der Programmeinheit berechnet und sagt etwas über die strukturelle Schwierigkeit einer Programmeinheit aus. McCabe geht davon aus, dass die einfache Abfolge von sequenziellen Befehlen einfacher zu verstehen ist als eine Verzweigung im Programmfluss.

Eine hohe zyklomatische Komplexität ist ein Indikator dafür, dass eine Programmeinheit anfällig für Fehler und schwer zu testen ist. Je mehr Ausführungspfade eine Programmeinheit hat, desto mehr Tests werden benötigt. Die NPath-Komplexität [Nejmeh 1988] zählt die azyklischen Ausführungspfade. Um die Anzahl der Ausführungspfade endlich zu halten und redundante Informationen auszuschließen, berücksichtigt die NPath-Komplexität nicht jeden möglichen Schleifendurchlauf.

1.7.2 Change Risk Anti-Patterns (CRAP) Index

Der *Change Risk Anti-Patterns (CRAP) Index*, ursprünglich als *Change Risk Analysis and Predictions Index* bekannt, sagt nicht direkt etwas über die Testbarkeit aus. Er soll an dieser Stelle aber nicht unerwähnt bleiben, da er sich neben der *Cyclomatic Complexity* auch aus der durch die Tests erreichten *Code-Coverage* berechnet.

Code, der nicht zu komplex ist und über eine ausreichende Testabdeckung verfügt, weist einen niedrigen CRAP-Wert auf. Das Risiko, dass Änderungen an diesem Code zu unerwarteten Seiteneffekten führen, ist geringer als bei Code, der einen hohen CRAP-Wert aufweist. Letzteres ist für komplexen Code mit wenigen oder sogar gar keinen Tests der Fall.

Der CRAP-Wert kann entweder durch das Schreiben von Tests oder durch eine geeignete Refaktorierung gesenkt werden. Beispielsweise helfen die Refaktorierungen *Methode extrahieren* und *Bedingten Ausdruck durch Polymorphismus ersetzen* dabei, eine Methode zu verkürzen und die Anzahl der möglichen Entscheidungspfade – und damit die zyklomatische Komplexität – zu verringern.

1.7.3 Non-Mockable Total Recursive Cyclomatic Complexity

Miško Hevery definiert für den von ihm entwickelten Testability Explorer[2], ein Werkzeug, das die Testbarkeit von Java-Code misst, unter anderem die *Non-Mockable Total Recursive Cyclomatic Complexity*-Software-Metrik. Der Name setzt sich wie folgt zusammen:

- **Cyclomatic Complexity** – Die strukturelle Schwierigkeit einer Methode (siehe Abschnitt 1.7.1).
- **Recursive** – Wir betrachten nicht nur die zyklomatische Komplexität einer einzelnen Methode, sondern beziehen auch die zyklomatische Komplexität des von einer Methode aufgerufenen Codes mit in die Berechnung ein.
- **Total** – Wir beziehen die strukturelle Schwierigkeit der Objekterzeugung ebenfalls mit in die Berechnung ein.
- **Non-Mockable** – Code von Abhängigkeiten, die durch ein Mock-Objekt ersetzt werden können, wird für die Berechnung nicht betrachtet. Ein Mock-Objekt ersetzt ein reales Objekt zu Testzwecken (siehe Kapitel 2).

Die *Non-Mockable Total Recursive Cyclomatic Complexity* misst also die Menge an komplexem Code, der für Unit-Tests nicht durch Mock-Objekte ersetzt werden kann. Diese komplexen Abhängigkeiten, von denen eine zu testende Programmeinheit nicht durch Verwendung eines Mock-Objekts isoliert werden kann, führen zu „Schmerzen" beim Testen. Durch entsprechende Refaktorierungen, beispielsweise durch Einführung von *Dependency Injection*, sollten diese Abhängigkeiten gekapselt und gegen Mock-Objekte austauschbar gemacht werden.

1.7.4 Global Mutable State

Bei der *Global Mutable State*-Metrik handelt es sich um eine weitere Software-Metrik, die Miško Hevery für den Testability Explorer definiert hat. Sie zählt die Bestandteile des *Global State*, auf den eine Programmeinheit verändernd zugreift beziehungsweise zugreifen kann. Hierzu gehören in PHP globale und superglobale Variablen sowie statische Attribute in Klassen.

Änderungen am *Global State* sind ein Seiteneffekt, der nicht nur einen einzelnen Test erschwert, sondern von dem sämtliche anderen Tests zu isolieren sind. Hierfür bietet PHPUnit beispielsweise die Möglichkeit, eine Sicherung von globalen und superglobalen

---
[2] http://code.google.com/p/testability-explorer/

Variablen sowie statischen Attributen in Klassen vor jedem Test anzulegen und nach jedem Test wiederherzustellen, damit die Änderungen eines Tests am *Global State* nicht zu einem Fehlschlagen eines anderen Tests führen. Diese Isolation, die durch die Ausführung jedes Tests in einem jeweils eigenen PHP-Prozess noch weiter getrieben werden kann, ist jedoch ressourcenintensiv und sollte vermieden werden, indem man auf *Global State* verzichtet.

1.7.5 Kohäsion und Kopplung

Ein System mit starker Kohäsion besteht aus Komponenten, die nur für genau eine spezifizierte Aufgabe zuständig sind. Eine lose Kopplung ist dann erreicht, wenn Klassen voneinander weitgehend unabhängig sind und nur durch wohldefinierte Schnittstellen miteinander kommunizieren [Yourdon 1979].

Das Gesetz von Demeter [Lieberherr 1989] verlangt, dass eine Methode eines Objekts nur Methoden desselben Objekts sowie von an die Methode per Parameter übergebenen und in der Methode erzeugten Objekten aufrufen darf. Die Einhaltung dieses Gesetzes führt zu loser Kopplung. Für die Testbarkeit ist es wichtig, auf das Erzeugen von Objekten im Rumpf einer Methode zu verzichten, um so alle ihre Abhängigkeiten gegen Stub- oder Mock-Objekte austauschen zu können. [Guo 2011] belegt empirisch, dass Verstöße gegen das Gesetz von Demeter Indikatoren für die erhöhte Fehleranfälligkeit einer Software sind.

1.8 Werkzeuge

So facettenreich wie die Softwarequalität ist, so vielfältig sind die Werkzeuge, die PHP-Entwicklern zur Verfügung stehen, um die Softwarequalität von PHP-Projekten zu messen und zu verbessern.

PHPUnit

PHPUnit[3] ist der De-facto-Standard für Unit-Tests in PHP. Das Framework unterstützt das Schreiben, Organisieren und Ausführen von Tests. Beim Schreiben der Tests können die Entwickler unter anderem auf Mock-Objekte (siehe Kapitel 2 und Kapitel 13) und Funktionalität für das Testen von Datenbank-Interaktionen (siehe Kapitel 6) sowie eine Integration mit Selenium (siehe Kapitel 17) für browser-gestützte End-to-End-Tests zurückgreifen. Für die Verwendung in der kontinuierlichen Integration können die Testergebnisse als JUnit XML und die Code-Coverage als Clover XML protokolliert werden (siehe Kapitel 5).

phploc

phploc[4] misst mithilfe unterschiedlicher Ausprägungen der *Lines of Code (LOC)* Software-Metrik den Umfang eines PHP-Projekts. Darüber hinaus zählt es die Anzahl der Namensräume, Klassen, Methoden und Funktionen in einem Projekt und berechnet Werte wie

---

[3] *http://phpun.it/*
[4] *http://github.com/sebastianbergmann/phploc*

durchschnittliche Komplexität und Länge von Klassen und Methoden. Kapitel 5 zeigt ein Beispiel für die Verwendung von phploc.

PHP Copy-Paste-Detector (phpcpd)

Der PHP Copy-Paste-Detector (phpcpd)[5] durchsucht ein PHP-Projekt nach dupliziertem Code, sogenannten *Code Clones*. Kapitel 5 zeigt, wie phpcpd im Rahmen der kontinuierlichen Integration für die automatisierte und regelmäßige Suche nach dupliziertem Code eingesetzt werden kann.

PHP_Depend (pdepend)

PHP_Depend (pdepend)[6] ist ein Werkzeug für die statische Analyse von PHP-Code. Es ist in seiner Funktion an JDepend angelehnt und kann unter anderem eine Vielzahl von Software-Metriken, beispielsweise auch die in diesem Kapitel erwähnte zyklomatische Komplexität sowie die NPath-Komplexität, berechnen sowie verschiedene Aspekte der Softwarequalität visualisieren. Kapitel 5 zeigt, wie PHP_Depend im Rahmen der kontinuierlichen Integration eingesetzt werden kann, um relevante Software-Metriken während der Entwicklung im Auge behalten zu können.

PHP Mess Detector (phpmd)

Der PHP Mess Detector (phpmd)[7] setzt auf PHP_Depend auf und erlaubt es, Regeln zu definieren, die auf den von PHP_Depend gesammelten Rohdaten der Software-Metriken operieren. Wird eine solche Regel verletzt, überschreitet der Wert für eine Software-Metrik wie beispielsweise die zyklomatische Komplexität einen vorgegebenen Schwellenwert, so wird eine Warnung beziehungsweise ein Fehler ausgelöst. Kapitel 5 zeigt, wie der PHP Mess Detector im Rahmen der kontinuierlichen Integration eingesetzt werden kann.

PHP_CodeSniffer (phpcs)

Der PHP_CodeSniffer (phpcs)[8] ist das am häufigsten eingesetzte Werkzeug für die statische Analyse von PHP-Code. Seine unzähligen Sniffs, mit denen es am Code schnuppert (um im Bild des *übel riechenden Codes*, englisch *Code Smell*, von [Fowler 2000] zu bleiben), reichen von Formatierungsregeln über Software-Metriken bis hin zur Erkennung von potenziellen Fehlern und Performanzproblemen. Kapitel 5 zeigt, wie der PHP_CodeSniffer in der kontinuierlichen Integration genutzt werden kann, um unter anderem die Einhaltung eines Coding-Standards durchzusetzen.

bytekit-cli

bytekit-cli[9] bietet ein Kommandozeilen-Frontend für die Bytekit-Erweiterung[10] für den PHP-Interpreter, die Introspektion auf Bytecode-Ebene erlaubt. Mit bytekit-cli ist es unter

---

[5] *http://github.com/sebastianbergmann/phpcpd*
[6] *http://pdepend.org/*
[7] *http://phpmd.org/*
[8] *http://pear.php.net/php_codesniffer/*
[9] *http://github.com/sebastianbergmann/bytekit-cli*
[10] *http://github.com/Mayflower/Bytekit/*

anderem möglich, während eines Code-Reviews die Bereiche des untersuchten Quelltextes zu identifizieren, in denen eine Ausgabe erzeugt wird. Auch lässt sich PHP-Bytecode disassemblieren und visualisieren.

PHP_CodeBrowser (phpcb)

Der PHP_CodeBrowser (phpcb)[11] ist ein Report-Generator, der die XML-Protokolle anderer Werkzeuge wie beispielsweise PHP Copy-Paste-Detector, PHP_CodeSniffer und PHP Mess Detector in einem einheitlichen Report darstellt. Dies ist vor allem für die kontinuierliche Integration (siehe Kapitel 5) hilfreich.

Jenkins

Jenkins[12] ist eine populäre Open-Source-Lösung, mit der man eine Umgebung für kontinuierliche Integration schaffen kann. In der Java-Welt hat Jenkins das in die Jahre gekommene CruiseControl weitgehend abgelöst. Dies ist nicht verwunderlich, da Jenkins deutlich robuster und einfacher zu betreiben ist sowie aktiv weiter entwickelt wird. Das Jenkins PHP[13]-Projekt bietet eine Vorlage für die Konfiguration von PHP-Projekten in Jenkins.

■ 1.9 Fazit

Ein Qualitätsziel für Software lässt sich nur dann nachweisbar erreichen, wenn es präzise definiert ist. Das Akronym *SMART* fasst zusammen, welchen Kriterien eine Zieldefinition genügen sollte:

- Spezifisch
- Messbar
- Akzeptiert
- Realistisch
- Terminierbar

Bei der Definition von Qualitätszielen helfen unter anderem die in diesem Kapitel vorgestellten Software-Metriken. Diese entfalten ihren Nutzen aber erst dann, wenn man sie zur Beantwortung konkreter Fragen über die Qualität der untersuchten Software heranzieht – und sie nicht „einfach nur so" erhebt, weil dies beispielsweise vom verwendeten Continuous-Integration-Server angeboten wird. Hierbei kann der *Goal-Question-Metric (GQM)* Ansatz von [Basili 1994] zweckdienlich sein. [Schneider 2007] fasst ihn in einem Satz wie folgt zusammen:

> „Man soll nicht das messen, was leicht zu messen ist, sondern das, was man braucht, um seine Verbesserungsziele zu erreichen."

---

[11] http://github.com/Mayflower/PHP_CodeBrowser
[12] http://jenkins-ci.org/
[13] http://jenkins-php.org/

Dieses Kapitel hat einige Verbesserungsziele für die interne Qualität von Software vorgestellt, beispielsweise Testbarkeit, Wartbarkeit und Wiederverwendbarkeit. Es wurden Software-Metriken eingeführt, mit denen diese Aspekte gemessen werden können. Die Diskussion der „technischen Schulden" hat hoffentlich das gegenseitige Verständnis zwischen den verschiedenen an Software-Projekten beteiligten Gruppen gefördert und deutlich gemacht, welche zentrale Bedeutung die interne Qualität von Software hat.

Die meisten Webanwendungen müssen häufig und schnell angepasst und erweitert werden. Auch ihr Umfeld, beispielsweise die Größe und das Verhalten der Nutzerbasis, ändert sich laufend. Sowohl die interne als auch die externe Qualität einer Webanwendung sind daher immer nur Momentaufnahmen. Was noch gestern gut genug war, genügt mitunter den Anforderungen von heute schon nicht mehr. Es ist daher gerade im Webumfeld wichtig, die Qualität einer Anwendung nicht nur schon während der Entwicklung, sondern auch in der Wartungsphase laufend zu überwachen und zu verbessern.

Besonders interessant ist, dass der Begriff *Qualitätsziel* ein Synonym für *nicht-funktionale Anforderung* ist; das sind diejenigen Anforderungen, die eine Software-Architektur wesentlich prägen. Hier zeigt sich, dass Architektur und Qualität eng miteinander zusammen hängen. Ein Softwarearchitekt definiert die Qualitätsziele und ein QA-Verantwortlicher sorgt dafür, dass diese auch eingehalten werden. Letztlich sind Architektur und Qualität damit lediglich zwei unterschiedliche Sichtweisen auf das gleiche Problem.

2 Testen von Software

> „Testing is an infinite process of comparing the invisible to the ambiguous
> in order to avoid the unthinkable happening to the anonymous."
>
> — James Bach

2.1 Einführung

In der klassischen, nicht-iterativen Software-Entwicklung sind Programmierung sowie Integrations- und Systemtests zwei getrennte Phasen im Projekt, die oft von unterschiedlichen Teams durchgeführt werden. Es ist durchaus sinnvoll, wenn die Entwickler nicht ihre eigene Arbeit testen. Ein unabhängiger Tester hat eine ganz andere Sichtweise auf die zu testende Anwendung, da er die Implementierung nicht kennt. Er kann also nur die Bedienoberfläche (oder Schnittstelle) einer Anwendung testen. Dabei bedient er die Anwendung ganz anders als ein Entwickler, der beim Test noch den Code vor Augen hat und daher intuitiv vorwiegend die Funktionalität überprüft, von der er eigentlich weiß, dass sie funktioniert. Ein unabhängiger Tester – bewährt haben sich übrigens auch Tests durch Personen, die zum ersten Mal mit der zu testenden Anwendung arbeiten – entwickelt im Idealfall ausreichend destruktive Kreativität, um die Arbeit des Entwicklers auf eine harte Probe zu stellen und die Anwendung etwa mit wirklich unsinnigen Eingaben, abgebrochenen Aktionen oder etwa manipulierten URLs herauszufordern.

Tests, die ohne Kenntnis der Implementierung durchgeführt werden, nennt man *Black-Box-Tests*. Tests, die anhand des Quellcodes der zu testenden Anwendung entwickelt werden, nennt man dagegen *White-Box-Tests*.

Auf den ersten Blick scheint das Testen von Webanwendungen besonders einfach zu sein. Das zu testende Programm erhält einen HTTP-Request, also einen String, vom Browser und erzeugt einen HTML-String, der an den Browser zurückgesendet und dort dargestellt wird. Natürlich können auch andere Ausgabeformate wie JSON oder XML erzeugt werden, aber auch diese sind nur Zeichenketten. Ein Test der Webanwendung muss überprüfen, ob das Programm für eine bestimmte Eingabe-Zeichenkette die korrekte erwartete Ausgabe-Zeichenkette erzeugt.

Während es in der Tat relativ einfach ist, die Korrektheit der Ausgabe für *eine* Eingabe zu prüfen, macht es bereits die unüberschaubar große Anzahl von möglichen Eingaben unmöglich zu überprüfen, ob das Programm für *alle* möglichen Eingaben eine korrekte Ausgabe erzeugt. Ein Programm erhält (leider) nicht nur sinnvolle Eingaben, deshalb kann man sich nicht einfach darauf zurückziehen, nur einige wenige sinnvolle Eingaben zu testen. In einer URL sind 73 verschiedene Zeichen (die alphanumerischen Zeichen in Klein- und Großschrift sowie einige Sonderzeichen) erlaubt, alle weiteren Zeichen müssen URL-kodiert werden. Würde man versuchen, alle URLs bis zu einer Länge von 20 Zeichen aufzuzählen (es gibt mehrere Sextillionen solcher URLs, das ist eine Zahl mit 37 Nullen), und könnte pro Sekunde eine Million URLs aufzählen, dann bräuchte man dafür rund 10^{23} Jahre. Das bedeutet in der Praxis, dass man diese Aufgabe niemals fertigstellen wird, da die Sonne in voraussichtlich 10^9 Jahren zu einer Supernova wird und dabei die Erde vernichtet.

Durch Bildung von Äquivalenzklassen kann man die Anzahl der zu testenden Eingaben erheblich reduzieren. Unter einer Äquivalenzklasse versteht man eine Menge von Eingaben, für die der Programmablauf identisch ist, auch wenn mit anderen Variablen gerechnet wird. Nehmen wir an, Sie wollen ein Programm testen, das eine gegebene ganze Zahl inkrementiert. Es ist egal, ob dieses Programm eine Inkrement-Operation oder eine Addition verwendet (oder ganz anderes implementiert ist). Wenn wir davon ausgehen, dass PHP korrekt funktioniert, dann reicht es, eine einzige repräsentative Eingabe zu testen. Liefert das Programm für diese Eingabe ein richtiges Ergebnis, dann können wir davon ausgehen, dass es korrekt funktioniert, ohne dass wir es für *alle* ganzen Zahlen aufgerufen haben.

Besondere Beachtung verdienen Grenzwerte und unzulässige Eingaben. Diese bilden neben den „normalen" Eingaben weitere Äquivalenzklassen, die ebenfalls jeweils einen Test erfordern. Was geschieht beispielsweise, wenn wir die höchste darstellbare Integer-Zahl inkrementieren? Und was geschieht, wenn wir versuchen, nichtnumerische Werte, beispielsweise eine Zeichenkette, zu inkrementieren?

In der Praxis ist es nicht immer ganz einfach, die Äquivalenzklassen zu identifizieren beziehungsweise mit repräsentativen Eingaben zu testen. Als Faustregel gilt, dass man immer zuerst den Erfolgsfall, den sogenannten *Happy Path*, testen sollte. Danach widmet man sich Grenzwerten, also beispielsweise dem höchsten zulässigen Wert sowie dem höchsten zulässigen Wert plus eins beziehungsweise dem niedrigsten Wert und seinem Vorgänger. Nun kann man unsinnige Eingaben testen, etwa `NULL`-Werte oder falsche Datentypen.

Für Black-Box-Tests ist das Identifizieren von Äquivalenzklassen schwieriger als für White-Box-Tests, bei denen man sich an den Fallunterscheidungen beziehungsweise den verschiedenen Ausführungspfaden orientieren kann.

Da HTTP ein zustandsloses Protokoll ist, gibt es per Definition keinerlei Abhängigkeiten zwischen zwei aufeinanderfolgenden HTTP-Requests. Das Testen einer auf HTTP basierenden Anwendung scheint also wiederum besonders einfach, da jeder HTTP-Request, also jede Eingabe, nur ein einziges Mal getestet werden muss.

Wie wir aber alle wissen, wird die Zustandslosigkeit von HTTP in den meisten Webanwendungen durch die Verwendung von Cookies und eine serverseitige Session-Verwaltung durchbrochen. Ohne einen Zustand könnte die Anwendung nicht zwischen einem anonymen und einem angemeldeten Benutzer unterscheiden, beziehungsweise man müsste die Zugangsdaten mit jedem HTTP-Request erneut übertragen.

Da eine zustandsbehaftete Anwendung je nach ihrem Zustand unterschiedlich auf Eingaben reagieren kann, reicht es noch nicht einmal mehr aus, *alle* möglichen Eingaben zu testen, obwohl wir schon wissen, dass es davon deutlich mehr gibt, als uns lieb sein kann. Um eine zustandsbehaftete Anwendung vollständig zu testen, müssten wir das Programm auch mit allen möglichen Abfolgen von Eingaben testen.

Ein typisches Beispiel für zustandsabhängig variables Verhalten ist etwa der Versuch, auf nicht öffentliche Inhalte zuzugreifen. Ein anonymer Besucher wird aufgefordert, sich anzumelden, während ein angemeldeter Benutzer die entsprechenden Inhalte zu sehen bekommt, zumindest wenn er die dazu nötigen Berechtigungen besitzt.

Es bedarf wohl keiner weiteren Überschlagsrechnungen, um zu zeigen, dass es unmöglich ist, einen umfassenden Test einer Webanwendung vor dem Weltuntergang zu Ende zu bringen, wenn es uns noch nicht einmal annähernd gelingt, in dieser Zeit alle möglichen Eingaben aufzuzählen.

2.2 Systemtests

2.2.1 Testen im Browser

Einer der großen Vorteile von PHP-Anwendungen ist, dass man gerade geschriebenen Code direkt ausführen und das Ergebnis im Browser ansehen kann. Dieses direkte Feedback ist vermutlich einer der Hauptgründe, warum viele Entwickler PHP gegenüber einer übersetzten Sprache wie Java bevorzugen. Was liegt also näher, als die Anwendung insgesamt im Browser zu testen?

Heutzutage generieren PHP-Anwendungen längst nicht mehr nur statisches HTML. Mittels JavaScript kann im Browser der DOM-Baum des HTML nahezu beliebig manipuliert werden. So können jederzeit Seitenelemente geändert, hinzugefügt oder verborgen werden. In Verbindung mit asynchron abgesetzten HTTP-Requests an den Server, auf die als Antwort meist XML- oder JSON-Datenstrukturen zum Browser zurückgesendet werden, lässt sich das ansonsten nötige Neuladen der Seite vermeiden. Dank AJAX erlebt der Benutzer heute im Web teilweise einen Bedienkomfort, wie es bis vor einigen Jahren ausschließlich klassischen GUI-Anwendungen vorbehalten war.

Durch den Einsatz von AJAX wird allerdings auch im Browser die Zustandslosigkeit des HTTP-Protokolls aufgehoben. Das dargestellte HTML-Dokument wird mehr und mehr zu einer eigenen Client-Anwendung, die über AJAX-Anfragen mit dem Server kommuniziert und ihren eigenen, technisch gesehen vom Server völlig unabhängigen Zustand hat. Der Programmierer sieht sich plötzlich mit zusätzlichen Aufgaben konfrontiert, die zuvor in der Webprogrammierung keine große Rolle gespielt haben, beispielsweise mit Locking-Problemen sowie dem Umgang mit Verklemmungen (englisch: *Deadlocks*) und Timeouts.

Es genügt also in den meisten Fällen längst nicht mehr, das durch eine PHP-Anwendung generierte HTML-Dokument statisch zu analysieren, um die syntaktische Korrektheit beziehungsweise, wenn XHTML zum Einsatz kommt, die Wohlgeformtheit zu überprüfen und durch mehr oder minder aufwendiges Parsing sicherzustellen, dass die Seite (nur) die gewünschten Informationen enthält.

Da heute ein zunehmender Teil der Funktionalität einer Anwendung in JavaScript implementiert wird, muss für einen umfassenden Test auch der JavaScript-Code ausgeführt werden. Man könnte dazu eine JavaScript-Engine wie Rhino, SpiderMonkey oder V8 verwenden. Da man aber früher oder später auch die Darstellung der Seite überprüfen möchte, führt letztlich am Test im Browser kein Weg vorbei. Wie wir wissen, hat jede Browser-Familie beziehungsweise jede Browser-Version ihre Eigenheiten nicht nur bezüglich der Darstellung, sondern auch bezüglich der Ausführung von JavaScript-Code. Obwohl sich die Situation in den letzten Jahren deutlich gebessert hat, können die kleinen Browser-Unterschiede den Entwicklern einer Webanwendung das Leben ganz schön schwer machen.

Verhält sich eine Anwendung im Browser-Test nicht wie erwartet, ist es oft nur schwer möglich, die tatsächliche Fehlerquelle zu lokalisieren. Ist das Problem auch in anderen Browsern vorhanden? Ändert sich das Verhalten eventuell mit anderen Sicherheitseinstellungen? Ist die Ursache des Fehlers ungültiges HTML oder ein Fehler im JavaScript- oder PHP-Code? Spielt etwa die Datenbank eine Rolle?

Es ist ein generelles Problem von Systemtests, an denen naturgemäß viele Komponenten beteiligt sind, dass man die Ursache von Fehlern nur schwer einkreisen kann. Ein fehlgeschlagener Test, egal ob manuell oder automatisiert durchgeführt, zeigt zwar, dass die getestete Software nicht wie erwartet funktioniert, gibt aber keine Auskunft darüber, wo der Fehler liegen könnte.

Im letzten Abschnitt wurde bereits ausgeführt, dass es unmöglich ist, eine Anwendung auch nur annähernd mit allen möglichen Eingaben zu testen. Selbst wenn wir uns darauf beschränken, alle Geschäftsvorfälle oder Geschäftsregeln mit jeweils einer repräsentativen Eingabe zu testen, erreichen wir schnell eine nicht mehr beherrschbare Komplexität. In einem sozialen Netzwerk muss beispielsweise jeder Freund den neuesten Blog-Eintrag eines Benutzers kommentieren dürfen. Kommt Moderation ins Spiel, dann darf ein Kommentar zunächst für niemanden sichtbar sein (außer vielleicht für den Moderator und den Autor des Kommentares), muss aber nach der Freischaltung sichtbar werden. Darf der Autor des Kommentares diesen nun löschen oder ändern? Muss eine Änderung erneut moderiert werden?

Um Geschäftsregeln wie diese zu testen, müsste man sich abwechselnd mit mindestens zwei verschiedenen Benutzerkonten an der Anwendung anmelden. Selbst wenn man sich diese Mühe macht, steht man spätestens vor dem nächsten Release der Anwendung vor der Frage, ob man nun alle Tests wiederholen möchte oder einfach riskiert, dass die Anwendung aufgrund von unerwünschten Nebeneffekten einer Änderung nicht mehr wie erwartet funktioniert.

Allein das Erstellen eines Testplanes, der beschreibt, welche Geschäftsvorfälle beziehungsweise Geschäftsregeln zu testen sind, welche Aktionen dazu notwendig und welche Ergebnisse zu erwarten sind, ist eine langwierige Arbeit. Auf der anderen Seite dient ein Testplan auch dazu, die funktionalen Anforderungen an die Anwendung zu dokumentieren. Der Testplan ist damit die Basis für Akzeptanztests, mit denen der Kunde prüft, ob die Software die an sie gestellten Anforderungen erfüllt.

2.2.2 Automatisierte Tests

Da das manuelle Testen einer Anwendung zeitintensiv und nervenaufreibend ist, bietet es sich an, Tests so weit wie möglich zu automatisieren. Durch Automation wird nicht nur die

Ausführungsgeschwindigkeit erhöht, sondern auch Flüchtigkeitsfehler werden vermieden. Abgesehen vom Stromverbrauch entstehen keine Mehrkosten, wenn man die Tests wiederholt ausführt. Testautomation ist damit eine wichtige Voraussetzung, um Anwendungen mit verschiedenen Betriebssystemen, Datenbanken, PHP-Versionen und -Konfigurationen testen zu können.

Ein erster Ansatz, Tests im Browser zu automatisieren, sind die sogenannten „Capture and Replay"-Werkzeuge. Im einfachsten Fall zeichnen diese die Mausbewegungen und Eingaben auf und können diese später wiedergeben. Da gerade Webanwendungen mit verschiedenen Fenstergrößen und Bildschirmauflösungen betrieben werden, sollte die Aufzeichnung nicht auf Bildschirmpositionen abstellen, sondern besser die im Browser ausgelösten Ereignisse auf DOM- beziehungsweise JavaScript-Ebene aufzeichnen.

Die freie Software Selenium ist ein Werkzeug, das in Form einer Firefox-Erweiterung die Aufzeichnung und Ausführung von Browser-Tests ermöglicht. Ein in Java geschriebener Proxy-Server ermöglicht im Zusammenspiel mit PHPUnit auch die Fernsteuerung eines Browsers aus einem PHPUnit-Test. Somit können Browser-Tests auch im Rahmen von kontinuierlicher Integration ausgeführt werden.

In den Selenium-Tests kann man mit Zusicherungen auf den DOM-Baum sicherstellen, dass die gerade dargestellte HTML-Seite bestimmten Prüfkriterien genügt. Da der Test direkt im Browser ausgeführt wird, wird der JavaScript-Code in der Seite ausgeführt, somit lassen sich auch AJAX-Anwendungen mit Selenium testen.

In den Zusicherungen kann unter anderem das Vorhandensein oder der Inhalt beliebiger HTML-Elemente geprüft werden. Der Zugriff auf die einzelnen Elemente beziehungsweise DOM-Knoten erfolgt entweder über HTML-IDs, CSS-Selektoren, mittels JavaScript-Code oder mit einem XPath-Ausdruck. Da die Fernsteuerung des Browsers in JavaScript, das in die zu testende Seite injiziert wird, realisiert ist, gibt es beim Testen allerdings einige Einschränkungen, die auf Sicherheitsbeschränkungen zurückzuführen sind. Es ist beispielsweise nicht möglich, einen Datei-Upload zu testen, da dazu das im Browser ausgeführte JavaScript auf das Dateisystem des Rechners zugreifen müsste, um die hochzuladende Datei auszuwählen. Man möchte aus naheliegenden Gründen normalerweise nicht, dass der JavaScript-Code einer Website Zugriff auf das lokale Dateisystem hat. In manchen Browsern lassen sich Einschränkungen in speziellen Betriebsmodi umgehen. Firefox etwa kann man in den Chrome-Modus schalten, in dem deutlich weniger Sicherheitsbeschränkungen für JavaScript-Code gelten.

Systemtests, die eine Anwendung durch die Benutzeroberfläche testen, sind wie alle indirekten Tests eher fragil. Eine scheinbar harmlose Änderung am Layout der Benutzeroberfläche, etwa weil die Werbung eines wichtigen Kunden prominent platziert werden muss, kann schon dafür sorgen, dass Zusicherungen fehlschlagen, obwohl eigentlich nur eine kosmetische Änderung an der Anwendung vorgenommen wurde. Es bedarf einiger Vorsicht und einer umsichtigen Planung sowohl der Seitenstruktur als auch der Zusicherungen, um vor zu häufig zerbrechenden Tests einigermaßen geschützt zu sein. Das Kapitel 17 enthält zahlreiche wertvolle Praxiserfahrungen zum Einsatz von Selenium. Fragile Tests sind auch ein Thema von Kapitel 4.

In den meisten Fällen werden Sie Systemtests nicht gegen ein Live-System laufen lassen, schließlich wären die Benutzer vermutlich wenig begeistert darüber, wenn ihre Daten wie von Geisterhand geändert würden. Für manche Anwendungen ist es allerdings schwieriger, als man denkt, ein Testsystem aufzusetzen, etwa weil das Produktivsystem so komplex oder leistungsfähig und damit teuer ist, dass man es sich nicht leisten kann oder will, ein nahezu identisches Testsystem vorzuhalten. Oftmals ist die Produktivdatenbank schlichtweg zu groß für das Testsystem, oder es gibt juristische Gründe, die es verbieten, beim Testen echte Benutzerdaten zu verwenden, beispielsweise, weil Kreditkartendaten im Spiel sind.

2.2.3 Testisolation

Für jede Webanwendung zentrale Funktionalitäten sind das Anlegen eines Benutzerkontos und das Anmelden eines Benutzers. Sobald sich keine Benutzer mehr am System anmelden können, verliert man Geld. Daher gehören Login und Sign-Up vermutlich zu den am besten getesteten Funktionen bei Webanwendungen. Um das Anlegen eines Benutzerkontos zu testen, müssen normalerweise ein noch nicht vergebener Benutzername und eine noch nicht benutzte E-Mail-Adresse verwendet werden. Läuft der Test gegen eine Anwendung, in deren Datenbank bereits Benutzer gespeichert sind, ist dies eine erste Fehlerquelle, denn ist entweder Benutzername oder E-Mail-Adresse des Testbenutzers bereits in Benutzung, ernten wir direkt eine Fehlermeldung.

Nehmen wir an, der erste Test, das Anlegen eines Benutzers, hat funktioniert. Bevor wir testen können, ob sich dieser auch tatsächlich am System anmelden kann, müssen wir zuerst die E-Mail-Adresse bestätigen, indem wir eine URL mit einem eindeutigen Bestätigungscode besuchen. Dann können wir testen, ob sich der Benutzer anmelden kann. Wenn allerdings das Anlegen des Benutzers fehlschlägt, wird als direkte Konsequenz auch die Bestätigung fehlschlagen, vermutlich allein deshalb, weil der Test keinen Bestätigungscode in der Antwortseite finden konnte. Auch die Anmeldung wird fehlschlagen, da es kein Benutzerkonto gibt, zu dem die angegebenen Zugangsdaten passen.

Wenn es Abhängigkeiten zwischen den einzelnen Tests gibt, löst unter Umständen ein einzelner fehlschlagender Test eine Kaskade von weiteren fehlschlagenden Tests aus. Das macht es nicht nur sehr schwer, das eigentliche Problem zu finden, auch das Vertrauen in die Tests und die Codequalität der Anwendung wird untergraben, da ein einziger kleiner Fehler so (scheinbar) große Auswirkungen zeigt.

Ein wichtiges Ziel beim Testen von Software ist es daher, die einzelnen Tests voneinander zu isolieren. Idealerweise hat jeder Test eine eigene, möglichst minimale Test-Umgebung. In der Praxis bedeutet dies, dass für jeden Test die Datenbank der Anwendung mit den entsprechenden Testdaten bestückt werden muss. Nur so kann man auch komplexere Workflows wie Registrieren, Bestätigen und Anmelden zuverlässig testen. Jeder Schritt darf dabei nicht vom vorherigen Test abhängen, sondern benötigt eine Testdatenbank mit passenden Inhalten.

Es ist natürlich nicht nur ein immenser Verwaltungsaufwand, eine solche Anzahl von Test-Umgebungen, die auch Testinventar genannt werden, zu verwalten. Der Aufwand mag sich für einige wenige zentrale Funktionalitäten lohnen, ob es allerdings sinnvoll ist, die gesamte Funktionalität der Anwendung, womöglich noch unter Berücksichtigung möglicher Fehleingaben, auf diese Weise zu testen, sei dahingestellt.

Ganz abgesehen vom Verwaltungsaufwand für die Testinventare dauert auch das Einrichten der Test-Umgebung, normalerweise ein Füllen der Testdatenbank mit hinterlegten Inhalten, eine gewisse Zeit. Je nach Anwendung kann es auch nötig sein, Dateien im Dateisystem oder bestimmte Daten in Caches zu hinterlegen, um einen Test vorzubereiten. Spätestens wenn man in einem sozialen Netzwerk testen möchte, wie sich die Anwendung verhält, wenn ein Benutzer 50.000 Freunde hat, können auch Testinventare sehr umfangreich werden. Gerade nicht-funktionale Aspekte wie Antwortzeit lassen sich mit einem stark reduzierten Datenbestand nicht realistisch testen.

2.2.4 Akzeptanztests

Systemtests sind normalerweise Black-Box-Tests, sie werden also ohne Kenntnis von Interna der zu testenden Software erstellt und durchgeführt. Akzeptanztests sind Systemtests, die aus der Sicht des Endbenutzers beziehungsweise des Kunden erstellt werden und prüfen, ob eine Anwendung die Spezifikation erfüllt und die erwartete Funktionalität hat.

Zumindest bezüglich der funktionalen Aspekte sind die Akzeptanztests mit einem Werkzeug wie Selenium einfach automatisierbar. Akzeptanztests sind auch dann sinnvoll, wenn Sie Software nur für die eigene Verwendung entwickeln, da Sie auf diese Weise im Sinne der testgetriebenen Programmierung gezwungen sind, sich von vornherein Gedanken über die Funktionalität aus Endbenutzersicht zu machen, ohne über die konkrete Implementierung nachzudenken.

Die wichtigste Eigenschaft von Akzeptanztests ist, dass diese Abweichungen von der Spezifikation aufzeigen können. White-Box-Tests orientieren sich am vorhandenen Code und man nutzt Metriken für die Codeabdeckung (englisch: *Code-Coverage*) wie *Statement Coverage*, *Line Coverage* und *Path Coverage*, um fehlende Testfälle zu finden. Wenn eine von der Software geforderte Funktionalität nicht realisiert ist, dann gibt es dafür allerdings keinen zu testenden Code, also kann ein White-Box-Test nicht aufdecken, dass die Software von der Spezifikation abweicht. Ein Black-Box-Test dagegen, der sich von vornherein nur an der geforderten Funktionalität orientiert, kann auch auf fehlenden Code hinweisen.

2.2.5 Grenzen von Systemtests

Gewisse nicht-funktionale Aspekte wie Layout-Defekte oder mangelnde Gebrauchstauglichkeit lassen sich nicht automatisiert testen. Zwar ist es denkbar, etwa beim Testen Screenshots zu erstellen und diese automatisiert zu vergleichen. Allerdings kann bis heute keine Maschine das menschliche Auge ersetzen, wenn es darum geht, die Harmonie eines Entwurfes oder die subjektive Wahrnehmbarkeit eines Designelements zu beurteilen.

Gerade in Projekten, die über mehrere Monate oder gar Jahre andauern, ist es problematisch, wenn man mit dem Testen erst dann beginnen kann, wenn die Software weitgehend fertiggestellt ist. Wenn man die Tests automatisiert und auf manuelles Testen verzichtet, ist es zwar kein Problem, die Tests beliebig oft zu wiederholen, während die Software wächst. Es wird aber dennoch einige Zeit dauern, bis die ersten Tests durchgeführt werden können. Es wäre wünschenswert, mit dem Testen schon deutlich früher im Entwicklungsprozess beginnen zu können.

Systemtests sind relativ langsam, da sie eine komplexe Test-Umgebung benötigen und alle Komponenten der Anwendung vom Browser über den Webserver bis zur Datenbank beteiligt sind. Es mag kein Problem sein, vor dem Release einer neuen Software-Version einen mehrstündigen Test durchzuführen. Immerhin sind automatisierte Tests deutlich schneller als manuelle Tests. Will man aber den Entwicklern im Rahmen ihrer täglichen Arbeit ein schnelles Feedback darüber geben, ob sie mit einer Änderung unerwünschte Nebeneffekte eingeführt haben, stößt man schnell an die Grenzen von Systemtests, zumal diese nicht einfach parallel ausgeführt werden können, da sie Abhängigkeiten von einer Datenbank, Caches und möglicherweise Dateien im Dateisystem haben. Kommen sich dabei mehrere Tests in die Quere, führt dies schnell zu Fehlern, die sich nicht reproduzieren lassen. Das ist das genaue Gegenteil von dem, was Systemtests eigentlich leisten sollen.

■ 2.3 Unit-Tests

Im Gegensatz zu End-to-End-Tests, die eine gesamte Anwendung testen, testet man mit Unit-Tests nur einen Teil (englisch: *Unit*) einer Anwendung, meist nur eine einzelne Klasse, manchmal aber auch ein Aggregatobjekt. Unit-Tests sind normalerweise White-Box-Tests, da man sie unter Berücksichtigung des zu testenden Quelltextes schreibt.

Viele Entwickler haben das Ziel, mit Unit-Tests eine hohe Codeabdeckung zu erreichen, also im Rahmen der Tests möglichst jede Zeile des Produktionscodes auszuführen. Mit der PHP-Erweiterung Xdebug können beim Testen Informationen über die *Line Coverage* gesammelt werden, die von PHPUnit aufbereitet und im HTML-Format visualisiert oder als Text oder XML gespeichert werden können.

Diese zeilenbasierte Codeabdeckung berücksichtigt nicht, dass der getestete Code im Allgemeinen mehrere Ausführungspfade hat. Die in Abschnitt 1.7.1 vorgestellte NPath-Komplexität ist ein Maß für die Anzahl der Ausführungspfade in einem Codeabschnitt. Sie gibt an, wie viele Tests nötig sind, um eine vollständige Pfadabdeckung zu erreichen, also um nicht nur jede Codezeile, sondern auch jeden Ausführungspfad mindestens einmal zu durchlaufen.

Die zeilenbasierte Codeabdeckung allein ist also kein Nachweis für umfassende Tests, sondern dient im Gegenteil an sich nur dazu, zu zeigen, welche Teile des Codes noch vollständig ungetestet sind. Es gibt derzeit kein Werkzeug für PHP, mit dem sich Pfadabdeckungsstatistiken erstellen lassen. Es gibt allerdings Bestrebungen Xdebug und PHPUnit in diese Richtung weiterzuentwickeln [Bergmann 2011b]. Bis auf Weiteres ist man als Entwickler daher gezwungen, sich anhand des zu testenden Codes zu überlegen, welche Ausführungspfade es gibt und wie man diese durch Tests durchlaufen kann. Je komplexer der Produktionscode ist, desto schwieriger wird dies.

Durch ein Herunterbrechen des Codes in kleinere Einheiten kann man die Anzahl der notwendigen Tests deutlich reduzieren, wie das folgende Beispiel zeigt:

```
function a($a, $b, $c, $d)
{
  if ($a) {
    // ...
  }
```

```
    if ($b) {
      // ...
    }

    if ($c) {
      // ...
    }

    if ($d) {
      // ...
    }
}
```

Die Funktion a() hat eine NPath-Komplexität von 16, da jedes if zu einer Verdopplung der Anzahl der Ausführungspfade führt. Es sind also 16 Testfälle nötig, um für die vorliegende Funktion eine vollständige Pfadabdeckung zu erreichen.

Teilt man die Funktion in zwei kürzere Funktionen auf, haben diese jeweils nur noch eine NPath-Komplexität von 4.

```
function a($a, $b)
{
    if ($a) {
      // ...
    }

    if ($b) {
      // ...
    }
}

function b($c, $d)
{
    if ($c) {
      // ...
    }

    if ($d) {
      // ...
    }
}
```

Nun genügen acht Tests. Es lohnt sich also tatsächlich, kurze Methoden mit wenigen Ausführungszweigen zu schreiben und diese isoliert voneinander zu testen.

Unit-Tests sollen schnell ablaufen, damit sie vom Entwickler nach Änderungen am Code immer wieder ausgeführt werden und unmittelbar darüber Auskunft geben, ob der Code noch wie erwartet funktioniert. Arbeitet man testgetrieben, dann werden die Tests sogar vor der zu entwickelnden Funktionalität geschrieben. Das hat den Vorteil, dass man gezwungen wird, über die API anstelle über die Implementierung nachzudenken. Man beginnt die eigentliche Programmierung mit fehlschlagenden Tests, da die getestete Funktionalität noch nicht implementiert ist. Per Definition ist ein Feature fertig programmiert, wenn alle Tests erfolgreich durchlaufen werden.

Testgetriebene Entwicklung (englisch: *Test-Driven Development*, kurz *TDD*) hilft Entwicklern dabei, das konkrete Problem zu lösen anstelle zu generalisieren. Insofern kann TDD die Produktivität von Programmierern erheblich steigern, da auf spekulative Features und zukünftig eventuell notwendige Spezialfälle verzichtet wird.

Selbst wenn man nicht testgetrieben entwickelt, sollte man die Unit-Tests immer am selben Tag wie den Produktionscode schreiben. Wir werden später sehen, dass Code mit architekturellen Schwächen in den meisten Fällen schwer testbar ist. Viele Entwickler machen an dieser Stelle den Fehler, auf Unit-Tests zu verzichten, anstelle die Architektur des Produktionscodes so zu verändern, dass man leicht Unit-Tests dafür schreiben kann. Dies ist ein Fehler, der unbedingt vermieden werden sollte, da es auch später ohne Änderungen am Code nicht möglich sein wird, sinnvolle Unit-Tests dafür zu schreiben. Da es aber nun keine Tests gibt, mit denen man bei einer Refaktorierung des Codes sicherstellen könnte, dass Änderungen keine unerwünschten Nebeneffekte haben, traut sich niemand mehr, den Produktionscode zu überarbeiten. Man hat ein Stück unwartbaren Legacy Code geschaffen.

Schwierigkeiten beim Testen sind also ein deutlicher Hinweis auf schlechten Code. Im Umkehrschluss gilt, dass guter Code leicht testbar ist. Gute Unit-Tests sind damit ein starker Indikator für eine hohe interne Qualität der Software.

2.3.1 Rückgabewerte

Im Grunde genommen ist jeder automatisierte Test nur ein Vergleich zwischen einem berechneten Wert und einem hinterlegten, bekanntermaßen korrekten Ergebnis. Betrachten wir zum Beispiel eine Funktion, die zwei Werte addiert:

```php
function add($a, $b)
{
  if (!is_numeric($a) || !is_numeric($b)) {
    throw new InvalidArgumentException('Not a number');
  }

  return $a + $b;
}
```

Einen Unit-Test für Code zu schreiben, der keine weiteren Abhängigkeiten hat, ist trivial:

```php
class CalculatorTest extends PHPUnit_Framework_TestCase
{
  public function testAddReturnsSumOfTwoIntegers()
  {
    $this->assertEquals(7, add(3, 4));
  }
```

```
/**
 * @expectedException InvalidArgumentException
 */
public function testAddThrowsExceptionWhenFirstParameterIsNotNumeric()
{
    add('nonsense', 4);
}

/**
 * @expectedException InvalidArgumentException
 */
public function testAddThrowsExceptionWhenSecondParameterIsNotNumeric()
{
    add(3, 'nonsense');
}
}
```

Das Beispiel zeigt die grundlegenden Schritte für das Schreiben von Tests mit PHPUnit:

- Die Tests für einen *Calculator* werden in einer Klasse `CalculatorTest` zusammengefasst.
- `CalculatorTest` erbt von `PHPUnit_Framework_TestCase`.
- Die Tests sind öffentliche Methoden, deren Name mit `test` beginnt.
- Innerhalb der Testmethoden werden Zusicherungsmethoden wie `assertEquals()` verwendet, um tatsächliche Werte mit erwarteten Werten zu vergleichen.

Am Beispiel von `CalculatorTest` sieht man, dass man Unit-Tests durchaus auch für prozeduralen Code schreiben kann. Wäre `add()` eine Methode einer Klasse `Calculator`, müssten wir den Test nur unwesentlich verändern.

Auf den ersten Blick mag es übertrieben erscheinen, für eine einfache Funktion oder Methode wie `add()` einen Unit-Test zu schreiben. Der Unit-Test stellt aber nicht nur sicher, dass die Funktion einen korrekten Rückgabewert liefert, sondern lässt sich auch jederzeit wieder ausführen, um nach etwa einer Refaktorierung sicherzustellen, dass der getestete Code noch immer korrekt funktioniert. So lassen sich nach Änderungen Regressionen vermeiden. Oft zeigt sich der wahre Wert von Unit-Tests erst mit der Zeit, wenn nämlich die Tests nach einer scheinbar harmlosen Änderung am Code dem Entwickler unmittelbar zeigen, dass er einen Fehler gemacht hat.

Ein weiterer Vorteil von Unit-Tests für scheinbar einfache Funktionen wie `add()` ist, dass man – sozusagen in sicherem Umfeld – herausfinden kann, wie sich die Funktion für unerwartete Eingaben verhält. Wenn etwa nichtnumerische Werte als Parameter übergeben werden, sollte eine Exception geworfen werden.

Auch hier ist es interessant, sich Gedanken über Grenzwerte zu machen. Was geschieht beispielsweise, wenn der erste Parameter die höchste mit 32 beziehungsweise 64 Bit darstellbare Integer-Zahl ist? Man würde in diesem Fall vielleicht einen Überlauf erwarten, aber tatsächlich verwendet PHP an dieser Stelle zur Berechnung Gleitkommazahlen, die einen deutlich größeren Wertebereich haben, dafür aber konzeptbedingt Rechenungenauigkeiten mit sich bringen, die sich unter Umständen zu massiven Fehlern fortpflanzen können.

Es ist sicherlich besser, im Rahmen eines einfachen, isolierten Tests herauszufinden, wie sich Code verhält, als in einer Anwendung einen Folgefehler zu debuggen.

Exceptions sind eigentlich keine Rückgabewerte, wir können sie beim Testen aber wie normale Rückgabewerte behandeln. Die Annotation `@expectedException` sorgt dafür, dass PHPUnit eine implizite Zusicherung erzeugt. Diese entspricht ungefähr dem folgenden Code:

```php
public function testAddThrowsExceptionWhenFirstParameterIsNotNumeric()
{
  try {
    add('nonsense', 4);
    $this->fail('...');
  }
  
  catch (Exception $e) {
    $this->assertInstanceOf('InvalidArgumentException', $e);
  }
}
```

Wird beim Aufruf von `add()` keine Exception geworfen, schlägt der Test direkt fehl.

2.3.2 Abhängigkeiten

Leider programmieren wir nicht in einer idealen Welt, in der alle Unit-Tests so einfach wie im letzten Abschnitt sind. Im echten Leben hat Code Abhängigkeiten, und zwar meistens mehr, als uns lieb ist:

- Konstanten (globale Konstanten oder Klassenkonstanten)
- Globale Variablen (Zugriff mittels `global` oder `$GLOBALS`)
- Superglobale Variablen
- Funktionen (benutzerdefiniert oder eingebaut)
- Klassen (benutzerdefiniert oder eingebaut)
- Statische Methoden
- Statische Attribute
- Objekte

Damit wir Code testen können, müssen alle seine Abhängigkeiten erfüllt sein. Da alle genannten Abhängigkeiten bis auf Objekte implizit, also kein Bestandteil der API sind, müssen sie durch das Studium des zu testenden Quellcodes ermittelt werden. Besser ist es, explizite Abhängigkeiten in Form von mit Type Hints versehenen Konstruktor- oder Methodenparametern zu verwenden. Dies nennt man auch *Dependency Injection*. Kommen dabei als Type Hints Schnittstellen (englisch: *Interfaces*) anstelle von Klassennamen zum Einsatz, koppelt man eine Klasse nicht an eine bestimmte Implementierung, sondern nur an die Zusicherung, dass das übergebene Objekt bestimmte Fähigkeiten hat, nämlich die von der Schnittstelle festgelegten öffentlichen Methoden.

Während es für eine einzelne Klasse, Methode oder Funktion noch relativ problemlos möglich ist, mit impliziten, globalen Abhängigkeiten umzugehen, werden diese mit zunehmender Komplexität des Codes schnell zum Albtraum. Dank der kaskadierenden globalen

Abhängigkeiten führen harmlose Änderungen am Code oft zu Fehlern, die sich an einer ganz anderen Stelle im Programm manifestieren. In der Quantenmechanik werden ähnliche Phänomene als „spukhafte Fernwirkung" bezeichnet, in der Programmierung ist es einfach nur eine Auswirkung von globalen Abhängigkeiten.

Explizite Abhängigkeiten verbessern nicht nur die Testbarkeit des Codes, sondern helfen dabei, Objekte mit einer einzigen, klar definierten Verantwortung zu schreiben (englisch: *Single Responsibility*). Der Code ist leichter zu benutzen und besser wiederverwendbar, da man schon anhand der Methodensignaturen herausfinden kann, welche Abhängigkeiten eine Klasse hat. Die Verwendung von Interfaces fördert die lose Kopplung von Code.

2.3.3 Seiteneffekte

Sowohl die prozedurale als auch die objektorientierte Programmierung leben von Seiteneffekten. Unter Seiteneffekt[1] versteht man eine Änderung einer Variablen im globalen oder in einem übergeordneten Wertebereich. Dies entspricht einer Änderung des Systemzustands, der in prozeduralen und objektorientierten Programmen immer durch die Gesamtheit aller Variablen repräsentiert wird.

Der vorangehend beschriebene einfache Fall, dass eine Funktion einen Rückgabewert liefert, aber ansonsten keinen Einfluss auf die Welt nimmt, ist in der Praxis leider eher selten. In der Realität ruft Code immer wieder Methoden in Objekten auf und erzeugt so Seiteneffekte, die sich im Allgemeinen nicht in Rückgabewerten des getesteten Codes widerspiegeln. Für die Testbarkeit von Code sind Seiteneffekte daher grundsätzlich problematisch.

Sämtliche globalen und impliziten Abhängigkeiten wie statische Methodenaufrufe erschweren nicht nur das Testen, sondern machen das Verhalten der Anwendung mit zunehmendem Umfang immer weniger vorhersagbar. Gelingt es aber, die Seiteneffekte einer Funktion oder Methode auf die Interaktion mit anderen Objekten zu beschränken, die an den ausgeführten Code als Parameter übergeben wurden (*Law of Demeter*), dann sind diese in Unit-Tests gut beherrschbar.

2.3.4 Stub- und Mock-Objekte

Die Tatsache, dass Objekte mit anderen Objekten kollaborieren, lässt sich beim Testen nicht ignorieren. Möchte man also ein Objekt isoliert von seinen Kollaboratoren testen, so muss man diese durch Objekte ersetzen, die so aussehen wie die echten Objekte, deren Code aber nicht ausführen. Diese Objekte nennt man *Test Doubles*. Prinzipiell unterscheidet man fünf Varianten von Test Doubles. In der Praxis sind nur die Varianten Stub- und Mock-Objekt relevant.

---

[1] Das Wort Seiteneffekt hat sich im Deutschen eingebürgert, ist aber eigentlich eine falsche Übersetzung des englischen Begriffes *Side Effect* (Nebenwirkung).

Ein **Stub** ist ein Objekt, das zu Testzwecken anstelle des eigentlichen Objekts verwendet wird und für das beispielsweise ein Rückgabewert für eine Methode konfiguriert werden kann. Darüber hinaus bietet ein **Mock-Objekt** die Möglichkeit, Erwartungen an ein solches Stellvertreter-Objekt zu stellen.

Stub- und Mock-Objekte sind zwei mögliche Varianten, um ein Objekt zu Testzwecken durch einen Stellvertreter zu ersetzen. [Meszaros 2007] definiert ferner die Varianten *Fake Object*, *Dummy Object* und *Test Spy*.

Stubs und Mocks können von Hand geschrieben werden, indem man beispielsweise eine Klasse `StubType` von der durch ein Test Double zu ersetzenden Klasse `Type` ableitet und sämtliche öffentliche Methoden durch Methoden ohne Rumpf überschreibt. Test-Frameworks wie PHPUnit bieten aber einen komfortableren Weg, Stubs und Mocks zu erzeugen und zu benutzen.

Mithilfe von `$stub = $this->getMock('Type');` kann in einem Test ein Objekt erzeugt werden, das vom Typ `Type` (dies kann der Name einer Klasse oder einer Schnittstelle sein) ist. Über ein *Fluent Interface* [Fowler 2005] kann dieses Stub-Objekt nun so konfiguriert werden, wie es für den Test erforderlich ist:

```
$stub->expects($this->any())
    ->method('doSomething')
    ->will($this->returnValue('foo'));
```

- `expects()` konfiguriert eine Erwartung, die zum Ende des Tests erfüllt sein muss. Andernfalls schlägt der Test fehl.
- `$this->any()` konfiguriert, dass wir ein beliebiges Ereignis (*anything*) erwarten. Wir erwarten nichts, da wir ja nur einen Stub und keinen Mock benötigen.
- `method('doSomething')` leitet die Konfiguration des Verhaltens der Methode `doSomething` des Stubs ein.
- `will()` legt fest, was bei einem Aufruf der Methode passieren soll.
- `$this->returnValue('foo')` konfiguriert den Rückgabewert der Methode `doSomething` des Stubs.

Nach dieser Konfiguration liefert `$stub->doSomething()` den String `foo` als Ergebnis zurück.

Im folgenden Beispiel wollen wir testen, dass ein Aufruf der Methode `doSomething()` der Klasse `Object` dazu führt, dass die Methode `update()` des Kollaborators aufgerufen wird.

```
public function testCollaboratorIsUpdated()
{
    $collaborator = $this->getMock('Collaborator');
    $collaborator->expects($this->once())
                ->method('update')
                ->with($this->equalTo('something'));

    $object = new Object($collaborator);
    $object->doSomething();
}
```

Mit `$this->getMock('Collaborator')` erzeugen wir ein Mock-Objekt vom Typ `Collaborator`. Für dieses konfigurieren wir die Erwartung, dass die Methode `update()` bis zum Ende des Tests mit dem String `something` als Argument aufgerufen werden muss, damit der Test erfolgreich ist. Dann erzeugen wir ein Objekt der Klasse `Object` und übergeben den Kollaborator als Konstruktor-Parameter.

- `expects()` konfiguriert eine Erwartung, die zum Ende des Tests erfüllt sein muss. Andernfalls schlägt der Test fehl.
- `$this->once()` konfiguriert, dass wir ein bestimmtes Ereignis genau einmal erwarten.
- `method('update')` leitet die Konfiguration der Erwartung an beziehungsweise des Verhaltens der Methode `update` des Mocks ein.
- `with()` legt fest, mit welchen Argumenten die Methode `update` aufgerufen werden muss, um die Erwartung zu erfüllen.
- `$this->equalTo('something')` konfiguriert den erwarteten Wert des ersten Arguments für die Methode `doSomething` des Mocks.

Das Kapitel *Test Doubles* des PHPUnit-Handbuchs [PHPUnit] dokumentiert die von PHPUnit gebotenen Möglichkeiten in Bezug auf Stub- und Mock-Objekte.

2.4 Die Softwaretestpyramide

Eine der wichtigsten Aufgaben beim Testen von Software ist es, für jeden spezifizierten Testfall eine minimale Umgebung zu finden, in der dieser Test sinnvoll ausgeführt werden kann.

Die Klassen beziehungsweise Objekte einer Software stellen die Bausteine dar, aus denen die Funktionalität der Anwendung zusammengesetzt wird. Durch ein ausreichendes Maß an Unit-Tests kann man sicherstellen, dass sich die einzelnen Bausteine wie erwartet verhalten. Mit Systemtests betrachtet man die gesamte Anwendung als eine Einheit, ohne sich damit zu befassen, aus welchen Bausteinen das System im Einzelnen besteht und wie diese interagieren.

Jason Huggins, der Schöpfer des Testwerkzeuges Selenium, sagt über den Unterschied zwischen Systemtests, die er als *Functional Tests* bezeichnet, und Unit-Tests in [Huggins 2009]:

„*Functional tests can tell you something broke. Unit-Tests can tell you what broke.*"

Der Zusammenhang zwischen den verschiedenen Arten von Tests wird oft als Pyramide dargestellt. Abbildung 2.1 zeigt drei Beispiele einer solchen Visualisierung. Auf den unteren Ebenen der Pyramide werden jeweils mehr Tests geschrieben als auf den höheren Ebenen. Je näher man der Spitze der Pyramide kommt, desto größer werden die Tests, dafür werden immer weniger Tests benötigt.

Alister Scott [Scott 2011] sieht technologiegetriebene Tests als Basis der Pyramide, während fachlich getriebene Tests den oberen Teil bilden. Die Tests auf der Technologie-Ebene beantworten die Frage, ob man das System richtig entwickelt, während die Tests auf der Fachebene die Frage beantworten, ob man das richtige System entwickelt.

[Freeman 2009] beschreibt sehr schön den Bezug von End-to-End- sowie Unit-Tests zur externen und internen Qualität der getesteten Software:

„Running *end-to-end tests tells us about the the external quality of our system, and* writing *them tells us something about how well we [...] understand the domain, but* end-to-end tests don't tell us how well we've written the code.
Writing *Unit-Tests gives us a lot of feedback about the quality of our code, and* running *them tell us that we haven't broken any classes [...]"*

Martin Fowler [Fowler 2012] spricht von einer dreischichtigen Pyramide, deren Basis aus Unit-Tests besteht. Die mittlere Schicht sind Tests, bei denen die Anwendung nicht durch die Benutzeroberfläche, sondern durch eine Service-API getestet wird. Die Spitze der Pyramide bilden die Tests der Benutzeroberfläche.

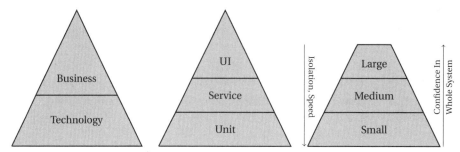

ABBILDUNG 2.1 Softwaretestpyramide nach Alister Scott [Scott 2011], Martin Fowler [Fowler 2012] und Google [Whittaker 2012] (von links nach rechts)

Bei Google [Whittaker 2012] unterscheidet man drei Größen von Tests. Auf der unteren Ebene der Pyramide decken kleine Tests (englisch: *Small Tests*) jeweils eine einzige Code-Einheit ab. Diese Code-Einheit wird dabei vollständig isoliert von ihren Abhängigkeiten und Kollaboratoren ausgeführt. In der mittleren Schicht decken mittelgroße Tests (englisch: *Medium Tests*) mehrere kollaborierende Code-Einheiten ab. In der Spitze der Pyramide decken große Tests (englisch: *Large Tests*) eine beliebig große Anzahl von Code-Einheiten ab. Hierbei werden keine Stubs mehr verwendet, um die getesteten Code-Einheiten von Abhängigkeiten und Kollaboratoren sowie anderen verwendeten Ressourcen zu isolieren. Analog zu Scott schreiben Whittaker und seine Koautoren:

„*Small tests lead to code quality. Medium and large tests lead to product quality.*"

Alle drei gezeigten Darstellungsformen der Softwaretestpyramide sind sinnvoll und richtig, gehen uns in ihrer Aussagekraft allerdings noch nicht weit genug. Daher visualisieren wir die unterschiedlichen Testarten wie in Abbildung 2.2 gezeigt, indem wir sie einerseits nach der Größe und andererseits nach dem Geschäftswert der getesteten Funktionalität klassifizieren.

Die x-Achse stellt hierbei den Geschäftswert eines Tests dar. Je höher der Geschäftswert eines Tests ist, desto weiter rechts wird er eingetragen. Für viele nicht direkt sichtbare Features einer Software wie beispielsweise Maßnahmen zur Erhöhung der Sicherheit ist es oft nicht einfach, ihren Geschäftswert zu bestimmen oder zumindest zu schätzen. In diesem Fall muss man beispielsweise entgangenen Gewinn oder Umsatzrückgänge in Folge von Vertrauensverlust betrachten.

Auf der y-Achse werden die Tests nach ihrer Größe sortiert. Hierbei gilt die folgende Einteilung:

- **Klasse** – Tests führen nur Code einer Klasse aus
- **Klassen** – Tests führen nur Code von kollaborierenden Klassen aus
- **Paket** – Tests führen nur Code eines Pakets[2] aus
- **Pakete** – Tests führen nur Code von kollaborierenden Paketen aus
- **Schicht** – Tests führen nur Code einer Schicht aus
- **Schichten** – Tests führen Code von mehreren Schichten aus
- **System** – Ein Software-System wird in seiner Gesamtheit getestet
- **Systeme** – Die Kollaboration von mehreren Software-Systemen wird getestet
- **Geschäftsprozesse** – Die Tests decken Geschäftsprozesse ab, die nicht nur in Software abgebildet sind

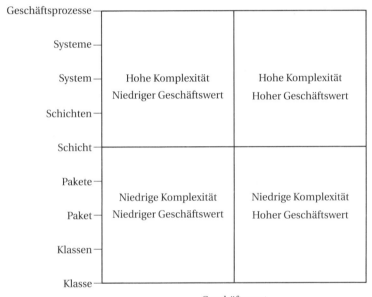

ABBILDUNG 2.2 Klassifizierung von Softwaretests nach den Kriterien Geschäftswert (der getesteten Funktionalität) und Größe (Art und Anzahl der getesteten Software-Bestandteile)

Je nach ihrer Position in dieser Matrix lassen sich Tests in vier Klassen einteilen:

- **Tests mit niedriger Komplexität und niedrigem Geschäftswert**

  Diese Tests sind einfach zu schreiben und können schnell ausgeführt werden. Sie benötigen keine komplexe Test-Umgebung, decken aber nur Funktionalität von geringem Geschäftswert ab. Auch wenn es deshalb verlockend erscheinen mag, an diesen Tests zu sparen, so sind sie doch ein unverzichtbarer Bestandteil einer jeden Teststrategie. Nur solche „kleinen" Tests können nämlich aufzeigen, an welcher Stelle in der getesteten Software ein Fehler vorliegt. Je größer ein Test ist, desto weniger Aussagen über die Ursache eines Fehlers erhält man von einem fehlgeschlagenen Test.

---

[2] Unter einem Paket verstehen wir eine wohldefinierte Menge von Klassen.

Kommen ein ungetestetes Framework oder nicht hinreichend getestete zentrale Basiskomponenten zum Einsatz, wird man bei auftretenden Problemen verstärkt nach der ursprünglichen Fehlerursache (Englisch: *root cause*) suchen müssen, da es zu wenige Tests in diesem Quadranten gibt.

- **Tests mit niedriger Komplexität und hohem Geschäftswert**

  Je mehr dieser Tests man hat, desto besser, denn sie benötigen keine besonders komplexe Test-Umgebung und sind daher relativ einfach zu schreiben und können schnell ausgeführt werden. Dennoch decken sie Funktionalität von hohem Geschäftswert ab.

- **Tests mit hoher Komplexität und hohem Geschäftswert**

  Diese Tests sind aufwendig in der Realisierung und helfen nicht dabei, einen Fehler zu lokalisieren, da sie nur aussagen können, dass etwas nicht wie erwartet funktioniert. Nichtsdestotrotz können zuverlässige und belastbare Aussagen über Systemlandschaften oder teilautomatisierte Geschäftsprozesse nur von Tests mit hoher Komplexität gemacht werden. Dafür wird durch die Tests ein hoher Geschäftswert abgedeckt.

  Der Betreiber eines Online-Shops könnte beispielsweise testen wollen, ob eine Bestellung nicht nur von der Software korrekt erfasst, sondern auch im Logistikzentrum korrekt gepackt und verschickt wird. Tests im linken oberen Quadranten will man vermeiden, da sie keinen Mehrwert gegenüber anderen Tests bieten, aber eine komplexe Test-Umgebung und viele Systemressourcen zur Ausführung benötigen.

- **Tests mit hoher Komplexität und niedrigem Geschäftswert**

  Für diese Tests werden komplexe Test-Umgebungen benötigt, was das Schreiben der Tests mühsam und die Ausführung langsam macht. Dennoch decken die Tests nur einen geringen Geschäftswert ab und sind daher in den meisten Fällen eine Verschwendung von Ressourcen.

  Wenn Anwendungen nur durch die Benutzeroberfläche getestet werden können, befindet man sich meist in diesem Quadranten. Ist man dann auch noch gezwungen, in die Breite zu testen und beispielsweise verschiedene gültige und ungültige Eingaben in HTML-Formulare im Rahmen eines Systemtests zu prüfen, hat man die Wahl zwischen sehr langsamen voneinander isolierten Tests und etwas schnelleren Tests, bei denen man Abhängigkeiten zwischen den Tests in Kauf nimmt. Langsame Tests verhindern ein zeitnahes Feedback an die Entwickler, Tests mit Abhängigkeiten sind fragil und neigen dazu, in Folge eines Defektes gleich reihenweise fehlzuschlagen, weil sich Folgefehler ergeben.

Abbildung 2.3 zeigt eine Verteilung von Tests, wie wir sie in unserer Beratungspraxis leider immer wieder vorfinden. Insbesondere zwei Aspekte fallen bei dieser „entarteten Pyramide" ins Auge: Zum einen fehlen in der linken unteren Ecke Tests im Fundament. Dies deutet auf nicht getestete Infrastrukturfunktionalität wie beispielsweise ein Framework hin. Da man über keine automatisierten Tests für diese grundlegenden Klassen verfügt, manifestieren sich Fehler in diesen Klassen erst in komplexen Testszenarien. Zum anderen fehlen Tests in der rechten oberen Ecke und Funktionalität mit dem höchsten Geschäftswert ist daher nicht durch Tests abgesichert. Man könnte hier zwar mehr testen, durch die Lücken in den Ebenen darunter beziehungsweise das mangelhafte Fundament der Pyramide würde die gesamte Konstruktion – bildlich gesprochen – nach rechts umfallen.

Die Konstruktion der Pyramide in Abbildung 2.4 ist deutlich besser und eine entsprechende Verteilung von Tests sollte angestrebt werden. Das Testen fängt „ganz unten" an und

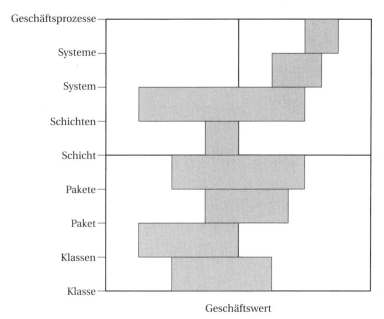

ABBILDUNG 2.3 Entartete Pyramide mit ungünstiger Verteilung der Tests

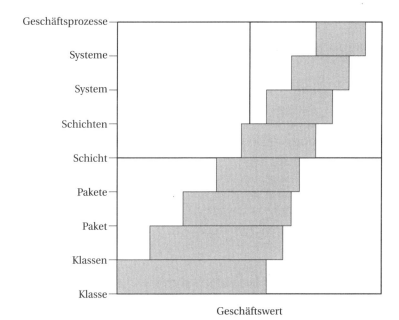

ABBILDUNG 2.4 Pyramide mit günstigerer Verteilung der Tests

so sind die Infrastrukturfunktionalitäten der Software in kleinem Scope vollständig durch Tests abgedeckt. Jede Stufe baut auf einem guten Fundament von kleineren Tests auf und testet Aspekte vom höherem Geschäftswert als die vorherige Stufe. Da man in die rechte obere Ecke strebt, neigt sich das Konstrukt nach rechts. Dadurch ist die Pyramide nicht so stabil, wie sie sein könnte: Weitere Tests, die in kleinem Scope mehr Geschäftswert testen, würden das Fundament verstärken.

■ 2.5 Integrationstests

Mit Systemtests wird ein System in seiner Gesamtheit unter Bedingungen getestet, die nah am realen Betrieb liegen. Ein Systemtest soll zeigen, dass sich das System in den verschiedenen Nutzungsfällen so verhält, wie man es laut Spezifikation erwartet. Der Gegenpol dazu sind Unit-Tests, mit denen Code in möglichst kleinen Einheiten isoliert getestet wird. Dabei möchte man sicherstellen, dass die einzelnen Einheiten jeweils für sich alleine wie erwartet funktionieren.

Integrationstests schließen die Lücke zwischen diesen beiden Testkonzepten, indem sie auf die Schnittstellen zwischen Komponenten fokussieren und sicherstellen, dass ihr Zusammenspiel wie erwartet funktioniert. Sie stellen den in der Praxis vielleicht wichtigsten Baustein im Testkonzept dar, denn Systemtests sind zu groß, um eine hinreichend genaue Aussage über die Quelle eines Fehlers zu machen. Unit-Tests dagegen sind zu klein, um eine verwertbare Aussage über das Verhalten der gesamten Anwendung zu machen.

Hinzu kommt, dass Systemtests eine komplexe Test-Umgebung und viele Systemressourcen zur Ausführung benötigen. Sie sind damit zu langsam und zu teuer, um als Fundament einer Teststrategie zu dienen. Wir kennen Unternehmen, in denen die Ausführung aller Systemtests mehrere Stunden dauerte. Für ein zeitnahes Feedback besonders über diejenigen Fehler, die im Rahmen der Pflege oder Weiterentwicklung gerade neu eingeführt wurden, werden Tests in einem kleineren Wirkungsbereich benötigt. Nur diese helfen den Entwicklern dabei, aufgetretene Fehler unmittelbar den kürzlich vorgenommenen Änderungen zuzuordnen. Dauert es zu lange, bis das Feedback beim Entwickler eintrifft, ist Testen im Sinne agiler Software-Entwicklung nicht mehr möglich.

Integrationstests stellen sicher, dass mehrere Code-Einheiten, deren korrektes Verhalten in Isolation voneinander bereits durch Unit-Tests sichergestellt wurde, wie erwartet zusammenarbeiten. Testet man dabei von einer System- oder Komponentengrenze bis zu einer anderen solchen Grenze, spricht man von Edge-to-Edge-Tests.

Aufbauend auf den Ergebnissen der Integrationstests stellt man mit End-to-End-Systemtests in Form von Akzeptanztests sicher, dass das System sich so verhält, wie es der Auftraggeber erwartet.

Generell gilt, dass jeder Test in einer möglichst minimalen Test-Umgebung ausgeführt werden sollte. Ein Systemtest beispielsweise benötigt normalerweise eine mit sinnvollen Testdaten initialisierte Testdatenbank, hat Abhängigkeiten auf externe Systeme etwa für Bonitätsprüfungen, zur Zahlungsabwicklung oder zum Datentransfer von und in ERP-Systeme wie SAP oder Navision. In der Realität ist es alles andere als einfach, ein solches Testsystem aufzusetzen, zumal regelmäßig aktuelle Daten aus dem Produktionssystem in das Testsystem transferiert werden sollten, da oftmals Tests mit veralteten Daten nicht richtig funktionieren.

Selbst wenn man die Installation eines Testsystems vollständig automatisiert hat, dauert diese relativ lange. Nach der Ausführung eines Tests hat man dann entweder die Möglichkeit, ganz im Sinne von Unit-Tests das Testinventar (und damit das gesamte Testsystem) wieder zu verwerfen und für den nächsten Test neu zu installieren. Selbst wenn man, was durchaus empfehlenswert ist, zu diesem Zweck mit Schnappschüssen (Snapshots) von virtuellen Maschinen arbeitet, so wird die Ausführung der Systemtests insgesamt doch quälend langsam.

Eine andere Möglichkeit ist es, mehrere Tests gegen ein Testinventar auszuführen und die Veränderungen, die jeder Test am System vornimmt, hinzunehmen. Hierbei verzichtet man allerdings auf die Testisolation, was zu Wechselwirkungen zwischen Tests führen kann. Spätestens wenn ein Test fehlschlägt und das System in einem inkonsistenten und unerwarteten Zustand hinterlässt, ist die Wahrscheinlichkeit hoch, dass – gewissermaßen als Folgefehler – weitere nachfolgende Tests ebenfalls fehlschlagen. Das macht es nicht gerade einfach, die ursprüngliche Fehlerquelle zu finden.

Man sieht, dass es sehr sinnvoll ist, Tests in einer minimalen Umgebung auszuführen. Es gibt einige Strategien, dies zu erreichen, die wir im Folgenden näher beschreiben.

2.5.1 Kollaborierende Systeme ersetzen

Es empfiehlt sich, Systemtests weitestgehend zu vermeiden und stattdessen auf Integrationstests zu setzen. Hierbei können beispielsweise entfernte Systeme auf der Serverseite durch Stubs ersetzt werden. Das bedeutet, dass die Anwendung ganz normal mit einem Client über das Netzwerk mit einem Server kommuniziert, nur dass dieser nicht der echte Server des Anbieters ist, sondern ein minimaler Stub, der so aussieht und sich für einen einzigen Test so verhält wie der echte entfernte Service.

Das ist einfacher zu realisieren, als man glauben mag. Man erweitert dazu den Client um eine Protokollierungsfunktion, die die gesendete Anfrage und die erhaltene Antwort speichert. Danach schreibt man einen minimalen Server, der genau den zuvor aus der Kommunikation der echten Systeme aufgezeichneten Request erwartet und daraufhin die hinterlegte Antwort zurückliefert. Beachten Sie, dass der Stub auch die korrekten Header senden muss.

Der Client in Ihrer Applikation muss für einen solchen Test nicht geändert werden. Sie müssen lediglich die Applikation mit der URL des Server-Stubs konfigurieren, aber da ein Testsystem auch nicht die Live-Datenbank nutzt, beötigen Sie dafür ohnehin eine eigene Konfiguration.

Man kann in einem solchen Test sogar die Netzwerkkommunikation einsparen, indem man den Server-Stub auf dem gleichen Rechner ablegt, auf dem die zu testende Applikation installiert wird. Wenn die Applikation dann den Server anspricht, dann sollte diese Kommunikation über das Loopback-Gerät erfolgen und nicht über das Netzwerk.

Entfernte Systeme haben die unangenehme Eigenschaft, sich hin und wieder auch ohne Vorankündigung zu ändern. Daher ist es wichtig, mit eigenen Tests regelmäßig auch Anfragen an die echten Server zu senden und zu vergleichen, ob die Antwort noch der hinterlegten Antwort entspricht. Wenn nicht, sollte ein Entwickler alarmiert werden, der entscheiden muss, ob und welcher Handlungsbedarf besteht. Möglicherweise ist aufgrund eines Fehlers beim Dienstleister aktuell auch der Produktionsbetrieb beeinträchtigt. Vielleicht handelt es sich aber auch nur um eine harmlose rückwärtskompatible Änderung und die in den Integrationstests verwendeten, hinterlegten und erwarteten Server-Antworten müssen lediglich aktualisiert werden.

Wir haben schon Fälle erlebt, in denen man in Produktion im wahrsten Sinne des Wortes irgendwann festgestellt hatte, dass manche Schnittstellen zu anderen Systemen plötzlich nicht mehr funktionierten. Das ist selbstverständlich ein Fall, der niemals auftreten sollte, denn entweder sind alle Änderungen an einer Schnittstelle rückwärtskompatibel, oder es wird eine neue Version der Schnittstelle veröffentlicht und beide Versionen für eine definierte Zeit parallel betrieben. Leider hält sich nicht jedermann an solche Spielregeln, was nicht selten darin begründet ist, dass die eingesetzte Software nicht modular ist und eine sinnvolle, evolutionäre Weiterentwicklung nicht unterstützt.

2.5.2 Datenbanken ersetzen

Auch eine Datenbank ist letztlich nichts anderes als ein kollaborierendes System. Da zwischen Datenbank-Client und Server aber normalerweise nicht HTTP, sondern ein binäres Protokoll zum Einsatz kommt, lassen sich Anfragen und Antworten nicht so einfach abgreifen. In diesem Fall ist es besser, im Client die SQL-Anfrage und die dadurch von der Datenbank abgerufenen Daten zu protokollieren. Sie tauschen also den Datenbank-Client, das heißt die Klasse, mit der die Datenbankverbindungen aufgebaut und die Anfragen gesendet werden, durch einen Stub aus.

Je nach Architektur der Anwendung kann es auch sinnvoll sein, bereits „weiter oben" in der Anwendung einen Stub zu injizieren. Verwendet Ihre Anwendung etwa das Repository-Entwurfsmuster, um an persistente Daten beziehungsweise Objekte zu gelangen, so können diese womöglich deutlich einfacher gestubbt werden.

2.5.3 Die GUI (zunächst) ignorieren

Es ist ein weit verbreiteter Irrglaube, dass man Integrationstests durch die Bedienoberfläche der Software durchführen sollte. HTML-basierte Bedienoberflächen sind heimtückisch, weil sie letztlich als eine einzige Zeichenkette ausgeliefert werden, was manchen Entwicklern nahelegt, durch Parsen dieser Zeichenkette, meist mit regulären Ausdrücken, auf das Vorhandensein oder die Abwesenheit von bestimmten Schlüsselworten oder Identifikatoren zu prüfen. Eine bessere Idee ist es, einen DOM-Baum aus der Zeichenkette aufzubauen und dann beispielsweise mit XPath-Ausdrücken die gleichen Prüfungen durchzuführen. Es gibt Testwerkzeuge wie Selenium, die genau dies im DOM-Baum des Browsers tun. Das häufigste Argument für solche Tests ist, dass nur dann auch der JavaScript-Code sinnvoll getestet werden kann.

Viele moderne Webanwendungen nutzen sehr intensiv JavaScript und bieten in Verbindung mit asynchronen Aufrufen ein Benutzererlebnis, das sich vor einer klassischen GUI-Anwendung nicht mehr zu verstecken braucht. Je intensiver eine Anwendung JavaScript-

Code nutzt, desto wichtiger ist es, auch den JavaScript-Code in einer möglichst minimalen Test-Umgebung zu testen. Ein Systemtest als minimale Umgebung ist, wie man sich denken kann, eine schlechte Wahl. Genauso wie PHP-Code sollte auch JavaScript-Code hauptsächlich mit Unit- und Integrationstests getestet werden.

Davon ausgehend, dass der JavaScript-Code an anderer Stelle in einem sinnvollen Maß getestet ist, müssen Tests, die sicherstellen, dass der PHP-Code der Anwendung korrekt funktioniert, nicht unbedingt durch die Benutzeroberfläche erfolgen. Da Webanwendungen auf dem textbasierten HTTP-Protokoll basieren, lassen sich beliebige Anfragen beziehungsweise Abfolgen von Anfragen an die Anwendung leicht erzeugen, ohne dass ein Browser benötigt wird.

Die Frage ist nun, ob man tatsächlich gut daran tut, die von der Anwendung erzeugte HTML-Zeichenkette zu analysieren, um herauszufinden, ob sich die Anwendung wie erwartet verhält. Besonders vor dem Hintergrund, dass sich Benutzeroberflächen beziehungsweise Webseiten als Benutzeroberflächen relativ häufig ändern können, empfiehlt es sich, die Benutzeroberfläche bei möglichst vielen Integrationstests auszuklammern. Viel besser ist es, wenn es gelingt, die Daten, aus denen die Ansichten erzeugt werden, aus der Anwendung abzugreifen und darauf Zusicherungen zu machen.

2.5.4 Frontend-Tests

Irgendwann muss natürlich auch das Frontend, also die Bedienoberfläche getestet werden. Aber muss man dazu tatsächlich einen Systemtest durchführen? Wenn es das Design der Anwendung erlaubt, kann man überlegen, das PHP-Backend dafür zu stubben. Es dann viel einfacher, unabhängig von Datenquellen und den dafür notwendigen komplexen Testdaten die gewünschten Bedienabläufe zu testen. Zudem erspart man sich die zeitaufwendige Installation der Anwendung inklusive Test-Datenquellen als Testinventar.

2.5.5 PHPUnit als Infrastruktur

Integrationstests unterscheiden sich von Unit-Tests nicht nur durch die größere Komplexität des ausgeführten Codes, sondern auch wesentlich durch den Ablauf des Tests. Ein Unit-Test sollte einfach und kurz sein und idealerweise nur eine einzige Zusicherung enthalten. Eine zweite Zusicherung ist in PHP akzeptabel, sofern sie eine Typprüfung darstellt. Ein Integrationstest dagegen hat normalerweise mehrere Zusicherungen, da ein komplexerer Vorgang abgearbeitet wird. Oftmals wechseln sich sogar Testcode und Zusicherungen ab, was für Unit-Tests als Bad Practice gilt.

Wir werden im Folgenden PHPUnit als Infrastruktur für Integrationstests verwenden. Das hat einige Vorteile:

- PHPUnit bietet zahlreiche Zusicherungen, kann Code-Coverage-Statistiken erstellen und führt die Tests voneinander isoliert aus.
- Die Testergebnisse können in verschiedenen standardisierten Formaten protokolliert werden.
- Der getestete Code wird im gleichen Prozess ausgeführt wie der Test. Somit ist die Testausführung schnell, da keine Interprozesskommunikation nötig ist.

Wichtig ist, dass für Unit-Tests andere Regeln gelten als für Integrationstests. Lassen Sie sich nicht dazu verleiten, die für Unit-Tests geltenden Regeln zu brechen, nur weil Sie Integrationstests gesehen haben, die dies tun. Sie werden immer beide Testarten brauchen, denn Tests der einen Art können nicht ohne massive Einschränkungen durch Tests der anderen Art ersetzt werden.

2.5.6 Realisierung

In diesem Abschnitt zeigen wir anhand von Beispielcode, wie man Integrationstests als Edge-to-Edge-Tests realisieren kann. Die Voraussetzung dafür ist allerdings eine moderne, stark entkoppelte Anwendungsarchitektur. Die beschriebene Vorgehensweise eignet sich nicht für Legacy Code. Wir zeigen aber in Kapitel 3, wie man nicht sinnvoll testbaren Legacy Code so refaktorieren kann, dass das Schreiben von aussagekräftigen Unit-Tests realistisch wird. Für eine so transformierte Legacy-Codebasis könnten nach weiterer Refaktorierung auch mit den hier vorgestellten Techniken Integrationstests realisiert werden.

Der gezeigte Code ist aus Gründen der Übersichtlichkeit teilweise gekürzt und vereinfacht. Die Beispiele sind daher nicht als Produktionscode zu verstehen.

In den meisten modernen Applikationen wird jeder eingehende HTTP-Request, der nicht statische Inhalte abruft, auf einen zentralen Einstiegspunkt umgeleitet. Normalerweise ist dies die Datei `index.php`. Idealerweise ist dieser Einstiegspunkt, vor allem aus Sicherheitsüberlegungen, die einzige PHP-Datei in einem Verzeichnis, das aus dem Internet zugreifbar ist. Der restliche Code liegt außerhalb des *Document Root* und wird entsprechend nachgeladen.

Das `index.php`-Skript initialisiert entweder selbst die Applikation oder lädt eine sogenannte Bootstrap-Datei, die dies übernimmt. Oftmals ist der Bootstrap-Vorgang einfach prozeduraler Code, bei dem Objekte erzeugt und miteinander verdrahtet werden. Für unsere Integrationstests müssen wir zunächst den gesamten Code aus der Bootstrap-Datei in eine Klasse verschieben. Diese Klasse können wir dann aus einem PHPUnit-Test heraus instantiieren und somit die Applikation initialisieren und ausführen.

Um Abläufe zu testen, die sich über mehrere HTTP-Requests erstrecken, können wir in einem Testfall auch mehrmals hintereinander die Applikation ausführen. Die Verbindung zwischen den einzelnen Instanzen schaffen wir über die Session, die den serverseitigen Zustand hält. Wie wir alle wissen, bringt PHP mit der standardmäßig vorhandenen Session-Erweiterung die Funktionalität mit, um den Zustand der Session jeweils am Ende der HTTP-Request-Verarbeitung zu speichern und bei der Verarbeitung des folgenden HTTP-Requests automatisch wieder zu laden, sodass die Applikation wieder auf den Session-Zustand zugreifen kann.

Der folgende Code zeigt die Schnittstelle der Session in unserer Beispielapplikation:

```php
interface SessionInterface
{
  public function setUserId($id);
  public function getUserId();
  public function setCsrfToken($token);
  public function getCsrfToken();
}
```

Sobald ein Benutzer angemeldet ist, wird durch die Methode `setUserId()` dessen ID in der Session gespeichert. Damit ist die Sitzung mit diesem Benutzer verknüpft. Diese Information kann in den nachfolgenden HTTP-Requests zur Authentifizierung und Autorisierung des Benutzers verwendet werden.

Darüber hinaus kann ein Token zum Schutz vor Cross-Site Request Forgery (CSRF, siehe Abschnitt 9.4) in der Session abgelegt werden. Dieses Token wird auch in jedes HTML-Formular der Anwendung eingebaut. Sobald die Eingaben aus einem HTML-Formular verarbeitet werden sollen, wird geprüft, ob der POST-Request das gleiche Token enthält wie die Session. Ist dies nicht der Fall, so ist der HTTP-Request ungültig.

Die gezeigte Session-API ist höchst anwendungsspezifisch und hat normalerweise ein Backend, das die Daten in dieser Session-Instanz mit den Daten in der PHP-Session abgleicht. Für unsere Integrationstests ist dies allerdings gar nicht notwendig, denn wir müssen den Session-Zustand nur innerhalb eines Unit-Tests bewahren.

Wir schreiben uns daher einen Session-Stub, der die Daten einfach im Arbeitsspeicher hält, sodass eine andere Instanz der Applikation, wenn sie die gleiche Session-Instanz verwendet, die Daten wieder lesen kann, ohne dass dafür externe Ressourcen wie Dateisystem oder Datenbank benötigt werden.

```php
class IntegrationTestSessionStub implements SessionInterface
{
  private $userId;
  private $csrfToken;

  public function setUserId($id)
  {
    $this->userId = $id;
  }

  public function getUserId()
  {
    return $this->userId;
  }

  public function setCsrfToken($token)
  {
    $this->csrfToken = $token;
  }

  public function getCsrfToken()
  {
    return $this->csrfToken;
  }
}
```

Die Idee ist nun, diese Implementierung des `SessionInterface` mittels Dependency Injection an die Applikation zu übergeben. Ein Erzeugen der Session innerhalb der Applikation beziehungsweise in ihrer Factory würde nicht funktionieren, da wir mehrere Instanzen der Applikation mit der gleichen Instanz der Session konfigurieren müssen, um den Serverzustand zu transportieren.

Wir beginnen mit einem einfachen Test, der nur aus einem einzigen HTTP-Request besteht. Wir möchten prüfen, ob die Anwendung ein Token zum Schutz vor CSRF-Angriffen erzeugt:

```php
class LoginIntegrationTest extends PHPUnit_Framework_TestCase
{
  // ...

  protected function setUp()
  {
    $this->session = new IntegrationTestSessionStub();
  }

  public function testHtmlFormsContainCsrfProtectionToken()
  {
    $this->sendGetRequest('/');

    // ...
    $this->assertNotEmpty($this->presentationModel->getCsrfToken());
  }

  // ...
}
```

Sehen wir uns zunächst die Methode sendGetRequest() näher an:

```php
class LoginIntegrationTest extends PHPUnit_Framework_TestCase
{
  // ...

  private function sendGetRequest($uri, array $data = array())
  {
    $this->sendRequest(new HttpGetRequest($uri, $data));
  }

  private function sendPostRequest($uri, array $data = array())
  {
    $this->sendRequest(new HttpPostRequest($uri, $data));
  }

  private function sendRequest(HttpRequest $request)
  {
    $this->application = new IntegrationTestApplication(
      $this->session
    );

    $this->renderResult = $this->application->run($request);

    $this->presentationModel =
      $this->application->getPresentationModel();
  }
}
```

Sowohl `sendGetRequest()` als auch `sendPostRequest()` delegieren an die Methode `sendRequest()`. Diese erzeugt eine Instanz der Applikation, die mit dem vorangehend beschriebenen Session-Stub konfiguriert wird. Die Klasse `IntegrationTestApplication` ist von `AbstractApplication` abgeleitet. Dies ermöglicht es auf einfache Weise, alle Unterschiede zwischen der echten `ProductionApplication` und der Variante, die wir in den Integrationstests benutzen, in einer Klasse zu isolieren. Wir testen also nicht unbedingt exakt den gleichen Code, der auch in Produktion ausgeführt wird.

Die Applikation wird ausgeführt, indem die Methode `run()` aufgerufen wird. Wichtig ist nun, dass die Applikation selbst keinerlei Ausgaben erzeugt, sondern alle ihre Ausgaben in ein Objekt vom Typ `RenderResult` schreibt. Dieses sieht etwa wie folgt aus:

```php
class RenderResult implements RenderResultInterface
{
  private $headers = array();
  private $body;

  public function render()
  {
    $this->sendHeaders();
    print $this->getBody();
  }

  public function setBody($body)
  {
    $this->body = $body;
  }

  public function getBody()
  {
    return $this->body;
  }

  public function addHeader(HttpHeader $header)
  {
    $this->headers[] = $header;
  }

  private function sendHeaders()
  {
    foreach ($this->headers as $header) {
      // ...
    }
  }
}
```

Wir sehen, dass `RenderResult` nur ein einfaches Datenobjekt ist, das beim Aufruf der Methode `render()` erst die gesetzten HTTP-Header sendet und danach mit `print` die eigentliche Ausgabe erzeugt. Damit brauchen wir kein Output Buffering, um das erzeugte HTML in einem Test "abzufangen" und das echte Senden von Headern, das den globalen Systemzustand von PHP verändert, entfällt.

In unseren Integrationstests sind wir natürlich nicht gezwungen, die Methode `render()` auch tatsächlich aufzurufen. Stattdessen können wir mit einer speziellen Version von `RenderResult` direkt prüfen, ob beispielsweise bestimmte Header vorhanden sind:

```php
class IntegrationTestRenderResult implements RenderResultInterface
{
  // ...

  public function hasHeader(HttpHeader $header)
  {
    // ...
  }

  // ...
}

class LoginIntegrationTest extends PHPUnit_Framework_TestCase
{
  // ...

  public function testSendsRedirectAfterSuccessfulLogin()
  {
    // ...

    $this->assertTrue(
      $this->renderResult->hasHeader(
        new RedirectHeader(new Uri('http://example.com')
      )
    );

    // ...
  }

  // ...
}
```

In diesem Beispiel wird geprüft, ob ein Redirect-Header vorhanden ist, der den Browser auf die URI *http://example.com* umleitet. Da sowohl `HttpHeader` als auch `Uri` Wertobjekte sind, können wir im Test einfach neue Instanzen erzeugen, denn der entsprechende Vergleich in `RenderResult` prüft lediglich die Gleichheit der Attribute.

Neben der Instanz der Applikation selbst und dem `RenderResult` stellt die Methode `sendRequest()` auch noch ein sogenanntes *Presentation Model* zur Verfügung, das aus der Applikation abgerufen wird. Die Methode `getPresentationModel()` existiert tatsächlich nur für die Integrationstests; im normalen Betrieb wird das Presentation Model außerhalb der Applikation nicht benötigt und sollte daher dort eigentlich nicht bekannt sein.

Wir verletzen in diesem Fall also bewusst die Kapselung der Applikation, um die Integrationstests zu begünstigen. Ein solcher "Fehler" an dieser Stelle scheint jedoch durch die Vorteile, die wir dadurch haben, mehr als gerechtfertigt, denn das Presentation Model ist von zentraler Bedeutung für unsere Integrationstests.

Die Idee eines Presentation Models ist, sämtliche Daten, die auf einer Seite dargestellt werden sollen, in einem Objekt zu kapseln. Auf diese Weise werden Präsentation und Geschäftslogik entkoppelt, da die Geschäftslogik nur noch das Presentation Model kennen muss und nicht mehr die Präsentation selbst. Für die Integrationstests bedeutet dies, dass wir uns nicht mit der HTML-Ausgabe der Applikation herumschlagen müssen. Stattdessen können wir mit einfachen Zusicherungen gegen das Presentation Model prüfen, ob die Geschäftslogik der Anwendung die richtigen Daten für die Präsentation bereitgestellt hat.

Natürlich klammern wir dabei die gesamte Darstellungslogik aus unseren Tests aus. Auf Basis eines als Testinventar erzeugten Presentation Models kann allerdings die Darstellungslogik auch relativ einfach mit Unit-Tests abgedeckt werden. Hierfür sind dann natürlich Tests nötig, die – zumindest bis zu einem gewissem Maß – HTML-Code parsen. Dadurch, dass im Presentation Model individuell für jeden Testfall beliebige Daten bereitgestellt werden können, werden die Tests der Präsentationslogik relativ generisch.

Anstelle etwa den von der Anwendung erzeugten HTML-Code nach einem CSRF-Token zu durchsuchen, sehen wir einfach im Presentation Model nach:

```php
class WelcomePagePresentationModel
{
    private $csrfToken;
    private $username;

    public function setCsrfToken($token)
    {
        $this->crsfToken = $token;
    }

    public function getCsrfToken()
    {
        return $this->csrfToken;
    }

    public function setUsername($username)
    {
        $this->username = $username;
    }

    public function getUsername()
    {
        return $this->username;
    }

    // ...
}
```

```php
class LoginIntegrationTest extends PHPUnit_Framework_TestCase
{
  // ...

  public function testHtmlFormsContainCsrfProtectionToken()
  {
    // ...

    $this->assertNotEmpty($this->getPresentationModel()->getCsrfToken());
  }

  // ...
}
```

Nochmals: Wir prüfen in diesem Test nicht, ob das Token zum Schutz vor CSRF-Angriffen auch tatsächlich in die erzeugten HTML-Formulare eingebunden wird. Hierfür ist ein anderer Test zuständig.

Da wir nun aber das Token zum CSRF-Schutz ohne großen Aufwand herausgefunden haben, können wir komplexere Tests schreiben. Im folgenden Beispiel wollen wir prüfen, ob sich ein Benutzer erfolgreich anmelden kann. Die Anmeldung muss per POST-Request erfolgen, wobei das CSRF-Token mit übermittelt werden muss.

Wir senden daher einen ersten GET-Request gegen die Anwendung, damit diese das Token erzeugt. Alternativ wäre es auch möglich, ein „gefälschtes" Token bei der Erzeugung des Testinventars im Session-Stub abzulegen. Da wir aber nicht sicher sind, ob das Token zusätzlich validiert wird, ist es besser, wenn die Applikation selbst das Token erzeugt.

Nach erfolgreichem Login muss die ID des Benutzers in der Session stehen. Auch dies prüfen wir durch eine einfache Zusicherung, anstelle etwa im HTML-Code nach „Willkommen"-Texten zu suchen:

```php
class LoginIntegrationTest extends PHPUnit_Framework_TestCase
{
  // ...

  public function testLoginWithValidCredentialsWorks()
  {
    $this->sendGetRequest('/');

    $username = 'Herr Mustermann';
    $token = $this->getPresentationModel()->getCsrfToken();

    $this->sendPostRequest(
      '/login',
      array(
        'csrf'     => $token,
        'username' => $username,
        'password' => '*****'
      )
    );
```

```
    $this->assertEquals(3215, $this->session->getUserId());

    $this->assertEquals(
      $username,
      $this->getPresentationModel()->getUsername()
    );
  }

  // ...
}
```

Mit dem ersten Request wird das Token erzeugt, das wir zusammen mit dem (gefälschten) POST-Request zum Login übermitteln. Die Applikation wird versuchen, Benutzername und Passwort zu authentifizieren und im Erfolgsfall die ID des Benutzers in die Session sowie den Benutzernamen in das Presentation Model zu schreiben.

Wir können für diesen Test entweder das echte Authentifizierungs-Backend verwenden oder uns einen Stub schreiben, der entweder nur Herrn Mustermann kennt oder – noch einfacher – immer mit einer hinterlegten ID, in unserem Beispiel 3215, antwortet.

Damit der Austausch von Klassen wie `Session`, `RenderResult` oder auch dem Authentifizierungs-Backend reibungslos funktioniert, müssen wir für unsere Integrationstests eine eigene Fabrik (*Factory*) schreiben, die von der Fabrik der Applikation abgeleitet ist:

```
class Factory
{
  private $session;

  public function createSession()
  {
    if ($this->session === null) {
      $this->session = new Session($this->createSessionBackend());
    }

    return $this->session;
  }

  public function createFrontController(HttpRequest $request)
  {
    if ($request instanceof HttpRequest) {
      return new HttpFrontController(
        $this->createRouter($request)
      );
    }
    // ...
  }

  public function createRouter(HttpRequest $request)
  {
    return new HttpRouter($this);
  }
  // ...
}
```

```
class IntegrationTestFactory extends Factory
{
  private $session;

  public function __construct(SessionInterface $session)
  {
    $this->session = $session;
  }

  public function createSession()
  {
    return $this->session;
  }
}
```

Die Klasse `Factory` hat mehrere `create`-Methoden, die jeweils ein Objekt instantiieren und dabei nach Bedarf mit Abhängigkeiten versorgen können. Die abgeleitete Klasse `IntegrationTestFactory` überschreibt die `create`-Methoden derjenigen Klassen, die zum Zwecke des Integrationstests ersetzt werden sollen.

Konkret liefert die `IntegrationTestFactory` immer die Instanz von `SessionInterface`, die an den Konstruktor der Fabrik übergeben wurde, anstelle selbst eine Instanz von `SessionInterface` zu erzeugen.

Die Applikation selbst kapselt den gesamten Bootstrap-Prozess und zerlegt ihn, wo nötig, in einzelne Teilschritte:

```
abstract class AbstractApplication
{
  private $factory;
  private $presentationModel;
  private $renderResult;

  public function run(HttpRequest $request)
  {
    $this->factory = $this->createFactory();
    $this->initializeErrorHandlers();

    $frontController = $this->factory->createFrontController(
      $request
    );

    $this->renderResult = $frontController->execute($request);
    $this->presentationModel =
      $frontController->getPresentationModel();

    return $this->renderResult;
  }
```

```php
  public function renderOutput()
  {
    $this->renderResult->render();
  }

  public function getPresentationModel()
  {
    return $this->presentationModel;
  }

  protected function createFactory()
  {
    return new Factory();
  }

  abstract protected function initializeErrorHandlers();
}
```

Beim Ausführen der Applikation wird zunächst in einer eigenen Methode `createFactory()` die Fabrik erzeugt. Dies ermöglicht es uns, in abgeleiteten Klassen nach Bedarf eine andere Fabrik zu verwenden.

Danach werden die Error Handler initialisiert. Für Integrationstests entfällt dies normalerweise, da PHPUnit eigene Error Handler registriert, die einen Test automatisch fehlschlagen lassen, wenn ein Fehler auftritt.

Im nächsten Schritt wird die Kontrolle an den Front Controller der Anwendung übergeben. Das Ergebnis der `execute()`-Methode ist eine Instanz von `RenderResult`. Zusätzlich wird – mit Integrationstests im Hinterkopf – der Zugriff von außen auf das Presentation Model ermöglicht.

Normalerweise werden nun zwei Klassen von `AbstractApplication` abgeleitet, und zwar `Application` für den Live-Betrieb und `IntegrationTestApplication` für die Integrationstests:

```php
class Application extends AbstractApplication
{
  protected function initializeErrorHandlers()
  {
    // Register error handlers ...
  }
}

class IntegrationTestApplication extends AbstractApplication
{
  private $session;

  public function __construct(SessionInterface $session)
  {
    $this->session = $session;
  }
```

```
  protected function createFactory()
  {
    return new IntegrationTestFactory($this->session);
  }

  protected function initializeErrorHandlers()
  {
    // Nothing to do, PHPUnit handles the errors
  }
}
```

Falls die Anwendung für einzelne Integrationstests anders konfiguriert werden soll, kann die Fabrik zu einem Konstruktorparameter der Applikation gemacht werden:

```
class IntegrationTestApplication extends AbstractApplication
{
  private $factory;

  public function __construct(Factory $factory)
  {
    $this->factory = $factory;
  }

  protected function createFactory()
  {
    return $this->factory;
  }

  protected function initializeErrorHandlers()
  {
    // Nothing to do, PHPUnit handles the errors
  }
}
```

Wir haben gesehen, dass es relativ einfach ist, einen Prozess zu testen, der aus zwei oder mehreren HTTP-Requests besteht. Es ist wichtig zu wissen, dass solche Tests keine Unit-Tests sind, auch wenn wir PHPUnit verwenden, um sie auszuführen. Abhängig davon, was man konkret testen will, sollte man für Integrationstests jeweils möglichst viele externe Systeme durch Stubs ersetzen. Je weniger Kommunikation der Anwendung über das Netzwerk erforderlich ist, desto schneller können die Tests ausgeführt werden.

Mit der beschriebenen Art, Integrationstests zu realisieren, können einige Aspekte der Anwendung relativ einfach und schnell getestet werden, die ansonsten gerne vergessen werden:

- Ist ein Session-Fixation-Angriff möglich? Hierzu wird ein HTTP-Request mit einem „gefälschten" Session-Cookie an die Anwendung gesendet. Die Anwendung darf keine Session mit dieser Session-ID starten, sondern muss eine neue Session-ID vergeben.
- Ändert sich die Session-ID zu den richtigen Zeitpunkten, etwa wenn sich durch Login oder Logout die Privilegien des Benutzers ändern? Hierzu muss unter anderem geprüft werden, wann die Anwendung HTTP-Header zum Setzen von Session-Cookies sendet.

- Forciert die Anwendung zu den richtigen Zeitpunkten den Wechsel von HTTP auf HTTPS? Kann man eventuell durch „manuellen" Wechsel auf HTTP die Verschlüsselung aushebeln? Die Benutzung des HTTPS-Protokolls muss durch Setzen der entsprechenden superglobalen Variablen (beziehungsweise der Datenobjekte, welche diese für die Anwendung zur Verfügung stellen) simuliert werden.
- Werden (bestimmte) HTML-Formulare auch akzeptiert, wenn diese per GET-Request an den Server gesendet werden? Für Interaktionen, die den Zustand des Servers ändern, sollte dies gemäß HTTP-Spezifikation nicht möglich sein. Für Formulare, die sensitive Daten enthalten, sollte dies nicht möglich sein, ansonsten tauchen die übermittelten Daten direkt in den Protokolldateien des Webservers auf. Hierzu wird jeweils ein GET-Request anstelle eines POST-Requests simuliert; die Anwendung muss daraufhin mit einer Fehlermeldung reagieren.
- Sind alle relevanten Seiten der Website korrekt abrufbar? Hierzu iteriert man beispielsweise über eine hinterlegte Liste von URLs und prüft, ob die Anwendung dafür jeweils eine gültige HTML-Seite mit korrekten HTTP-Headern, insbesondere für HTTP-Status, MIME-Typ und Encoding liefert.
- Können passwortgeschützte Seiten nur dann abgerufen werden, wenn der Benutzer eingeloggt ist? Hierzu wird über eine hinterlegte Liste von URLs iteriert, die geschützt sein müssen. Für jede dieser URLs muss die Anwendung entweder auf die Login-Seite umleiten oder eine Fehlermeldung ausgeben.
- Werden einem Benutzer beim Logout auch tatsächlich alle Privilegien entzogen? Bleibt die Session an sich erhalten, damit der Benutzer auch nach dem Abmelden korrekt getrackt werden kann? Hierzu muss ein Benutzer zuerst angemeldet werden. Dies kann entweder über einen POST-Request zum Login erfolgen oder (abhängig von der Implementierung) durch das Setzen der entsprechenden Benutzer-ID in der Session. Nun wird der Benutzer mittels HTTP-Request abgemeldet. Danach wird versucht, geschützte Seiten abzurufen oder Kommandos auszuführen, die Privilegien erfordern. Die Anwendung muss daraufhin zum Login auffordern oder eine entsprechende Fehlermeldung anzeigen.
- Sendet die Anwendung zu den richtigen Zeitpunkten Redirect-Header, etwa, um nach einem POST-Request den Browser auf eine andere URL umzuleiten, damit ein Reload der Seite nicht zu einer Browser-Meldung wie „POST-Daten erneut senden?" führt? Auch und gerade mehrstufige Redirects, sofern diese notwendig sind und unterstützt werden, sollten hier explizit getestet werden. Für diese Tests muss die URL aus dem von der Anwendung gesendeten Redirect-Header geparsed und der nächste HTTP-Request mit dieser URL simuliert werden.
- Sofern es Workflows oder Assistenten gibt, die vorschreiben, dass Seiten in einer bestimmten Reihenfolge besucht werden, sollte man testen, dass es nicht möglich ist, aus dieser Reihenfolge auszubrechen. Für solche Tests bietet sich der Einsatz von Data Providern in PHPUnit an, um mehrere verschiedene korrekte und falsche URL-Reihenfolgen zu testen.

Die in den hier skizzierten Tests beschriebenen Funktionalitäten – oder besser gesagt, die Bausteine, aus denen diese Funktionalitäten zusammengesetzt sind – wurden zum Teil sicherlich bereits durch Unit-Test auf ihr korrektes Verhalten hin geprüft. Die Integrationstests stellen sicher, dass das Zusammenspiel der Bausteine richtig funktioniert, und sind streng genommen bereits ein Teil der Akzeptanztests, mit denen man sicherstellt, dass die Anwendung als Ganzes wie erwartet arbeitet.

Wer daran zweifelt, dass trotz erfolgreicher Integrationstests die Anwendung als Ganzes korrekt arbeitet, ist kein Pessimist, sondern ein guter Entwickler, der erst glaubt, dass etwas funktioniert, wenn es ihm wiederholbar demonstriert wurde. Es spricht ja auch nichts dagegen, einen oder einige wenige der beschriebenen Integrationstests mit einem veränderten HTTP-Client auch von remote gegen eine vollständige Anwendung auszuführen. Man sollte an der Spitze der Testpyramide lediglich nicht zu sehr in die Breite testen, sondern dies den kleineren Tests überlassen.

■ 2.6 Fazit

Programmieren heißt, Fehler zu machen. Wenn man agil arbeitet und Software iterativ in kleinen Schritten entwickelt sowie frühzeitig und kontinuierlich testet, dann ist die Chance groß, dass man Fehler frühzeitig während der Entwicklung findet und nicht erst in Produktion. Je früher man testet, desto früher werden Fehler aufgedeckt und desto geringer sind die Kosten für ihre Behebung, da ihre Ursache schnell und zielsicher aufgespürt werden kann.

In diesem Kapitel wurden unterschiedliche Kategorien von Tests – automatisiert und manuell, Black-Box und White-Box, Unit-Tests, Integrations- und Systemtests – vorgestellt. Tests jeder dieser Kategorien sind sinnvoll und notwendig, für sich alleine genommen aber nicht hinreichend, um eine Software vollständig zu testen. Es kommt auf die richtige Balance zwischen diesen verschiedenen Tests an. Kleine Unit-Tests sollten genutzt werden, um so viel Funktionalität wie möglich einfach, schnell und isoliert zu testen. Zusätzlich sollte man so viele Systemtests schreiben wie möglich, aber so wenige wie nötig. Systemtests stellen das korrekte Verhalten sowie die Qualität der gesamten Anwendung sicher. Dazwischen stellen die mittelgroßen Integrationstests sicher, dass mehrere Code-Einheiten wie erwartet zusammenarbeiten. Das korrekte Verhalten der einzelnen Einheiten wurde allerdings in Isolation voneinander bereits durch Unit-Tests sichergestellt.

Erlaubt es die Architektur der Software, dass sowohl kleine Unit-Tests als auch mittelgroße Edge-to-Edge-Tests ohne großen Aufwand möglich sind, dann steht dem Einsatz von *Experiment-Driven Development* oder *Testing in Production* nichts mehr im Wege. Bei diesen neuen Ansätzen, die unter anderem auf Ideen in [Ries 2011] basieren, wird ein neues Feature zunächst als Experiment implementiert, das – möglicherweise nur für eine Untermenge der Nutzer einer Webseite – in Produktion auf seinen Geschäftswert getestet wird. Möglicherweise wird ein Feature sogar erst dann so implementiert, dass es den Qualitätszielen wie beispielsweise Performanz, Skalierbarkeit oder Wartbarkeit genügt, wenn es seinen Geschäftswert bewiesen hat. Die Entscheidung erfolgt mithilfe von statistischen Methoden auf Daten und Metriken, die in Produktion gesammelt werden. Allein die Aussicht, sowohl das Geschäftsmodell als auch die Software agil und durch Experimente getrieben weiterentwickeln zu können, dürfte für viele Unternehmen schon Grund genug sein, auf eine moderne, stark entkoppelte Anwendungsarchitektur zu setzen.

3 Testen von Legacy Code

> „*Legacy code is code that works.*" — Robert C. Martin
> „*To me, legacy code is simply code without tests.*" — Michael Feathers

3.1 Einführung

Früher oder später arbeitet jede Firma mit veraltetem Code. Und obwohl dieser Code nicht mehr gut läuft und nur mit großem Aufwand angepasst oder erweitert werden kann, ist er noch von Wert für das Unternehmen. Andernfalls würde es die entsprechende Anwendung nicht mehr betreiben.

In seinem Artikel *Architektur heißt umbauen* [Köhntopp 2012] schreibt Kristian Köhntopp:

> „*Junger Informatiker, hoffnungsvolle Uni-Abgängerin!*
>
> *Hier ist, was Dich in Deinem Beruf erwartet: Du wirst mit altem Code zu tun haben, der offensichtliche Schwächen hat. Du wirst mit Werkzeugen und Umgebungen arbeiten müssen, die Deiner Meinung nach nicht Stand der Technik sind. Eine Deiner Hauptaufgaben wird sein, den alten Code zu refaktorieren. Dabei wird die Zeit nicht reichen, diese Aufgabe zu Ende zu führen. Du wirst die Versuchung verspüren, den alten Kram wegzuwerfen und auf der grünen Wiese neu anzufangen. [...]*
>
> *Weder wirst Du jemals auf der grünen Wiese neu anfangen dürfen, noch würde es viel helfen, das zu tun. Der komplizierte Code-Wirrwarr, mit dem Du es zu tun hast, ist hässlich und besteht aus einem Haufen ekeliger Sonderfälle. Wenn Du auf der grünen Wiese neu anfängst, wirst Du ein Design haben, das die Hauptfälle in einem schönen Modell abdeckt und an den Sonderfällen umfassend versagt.*"

Code, der zwar im Wesentlichen funktioniert, von dem aber keiner so recht weiß, warum und wieso er so funktioniert, wie er geschrieben ist, wird allgemein als Legacy Code bezeichnet. Legacy Code ist in der Regel kein *sauberer Code* (siehe Abschnitt 1.6) und weist daher unter anderem die folgenden Merkmale auf: Geschäftsregeln und -konzepte sind an mehr als einer Stelle im Code verteilt implementiert und nicht in einer Code-Einheit gekapselt, Verantwortlichkeiten von Code-Einheiten sind nicht klar, Abhängigkeiten sind implizit und nicht minimal, Dokumentation und Tests sind nicht ausreichend oder fehlen gänzlich. Diese Eigenschaften machen Änderungen an Legacy Code riskant.

Die große Herausforderung beim Umgang mit einem Software-System, das Legacy Code enthält, besteht darin, Änderungen an der Software so durchzuführen, dass die Software dadurch nicht „schlechter" wird. Selbst harmlose Änderungen am Verhalten einer eingeführten Anwendung werden von Anwendern schnell als Fehler empfunden. Manche Anwender sind bereits verärgert, wenn sie ohne einen für sie erkennbaren Grund ein eingeschliffenes Bedienmuster ändern müssen.

Sogenannte *Characterization Tests* [Feathers 2004] können helfen sicherzustellen, dass sich die Software nach einer Änderung an Legacy Code genauso verhält wie vorher – ohne jedoch eine Aussage darüber zu treffen, ob das im Test erwartete Verhalten korrekt ist. Hierbei werden Tests gegen den existierenden Code geschrieben, die dessen Rückgabewerte (oder im Extremfall sogar die gesamte Ausgabe) aufzeichnen. Diese Ergebnisse werden dann als Erwartungswerte für die Tests verwendet, mit denen der refaktorierte Code getestet wird.

In vielen Unternehmen herrscht die Meinung vor, dass es kostengünstiger sei, mit den Problemen von Legacy Code zu leben, als diesen zu refaktorieren oder durch neuen Code zu ersetzen. Ein Grund hierfür ist das fehlende Verständnis für das in Abschnitt 1.4 behandelte Konzept der technischen Schulden. Die Tatsache, dass es nicht gelingt, die Kosten für die Wartung von Code transparent zu machen, trägt ebenfalls dazu bei. Genau wie der Betrieb der Server fixe Kosten hat, fallen auch für die Wartung von Code laufende Kosten an.

Belady und Lehman beobachteten schon vor fast vier Jahrzehnten, dass die Zahl der Fehler in Legacy Code unbegrenzt wächst, wenn dieser kontinuierlich geändert wird. Dabei ist es egal ob man eine Änderung durchführt, um bekannte Fehler zu beheben oder um neue Funktionalität zu implementieren [Belady 1976] [Belady 1985]. Abbildung 3.1 zeigt ein mathematisches Modell, den sogenannten *Belady-Lehman-Graph*, das die erwartete Anzahl an Fehlern in einer Software als Funktion über die Zeit zeigt.

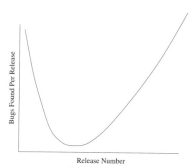

ABBILDUNG 3.1 Belady-Lehman-Graph nach [Belady 1976] und [Belady 1985]

[Berry 2002] fasst die Beobachtungen von Belady und Lehman wie folgt zusammen:

> „[A]s programs undergo continual change their structure decays to the point that it is very hard to add something new or change something already there without affecting seemingly unrelated parts of the program in a way that causes errors. It can be difficult even to find all the places that need to be modified. The programmers make poor guesses and the program, if it even runs, behaves in strange and unpredicted ways."

An dieser Stelle darf natürlich nicht unterschlagen werden, dass die Begründer der objektorientierten Programmierung einst mit dem Anspruch angetreten sind, genau dieses Problem zu lösen. Wir glauben, dass die Beobachtungen von Belady und Lehman auf sauberen objektorientierten Code (siehe Abschnitt 1.6) nicht zutreffen.

Den technischen Beschränkungen von PHP 3 und PHP 4, unter anderem Schwächen beim Objektmodell, ist es geschuldet, dass es heute sehr viel PHP-Code gibt, der zwar objektorientierte Sprachkonstrukte verwendet, aber nicht wirklich als objektorientiert bezeichnet werden kann. Im günstigsten Fall schöpft solcher Code das Potenzial von objektorientiertem Design (OOD) und objektorientierter Programmierung (OOP) nicht aus. Im schlimmsten Fall setzt er die Konzepte von OOD und OOP fehlerhaft um, was zu unwartbarem (da unverständlichem) Code führt. Auf eine Codebasis mit einer solchen Historie treffen die Beobachtungen von Belady und Lehman sehr wohl zu.

■ 3.2 Praxisbeispiel

Im weiteren Verlauf dieses Kapitels wollen wir am Beispiel einer fiktiven Webanwendung, die weder mit einem Fokus auf Testbarkeit implementiert noch bislang automatisiert getestet wurde, zeigen, wie man Legacy Code testbar – und damit beherrschbar – machen kann, indem man ihn modernisiert.

Wir wollen Unit-Tests für einen Controller der fiktiven Webanwendung schreiben und uns ansehen, wie das Entkoppeln von Code und das Vereinfachen von Abhängigkeiten die Testbarkeit verbessern. Wie auf magische Weise wird es dabei mit jeder Refaktorierung immer einfacher, Unit-Tests für den Code zu schreiben.

Der Controller, den wir testen und dessen Legacy Code wir refaktorieren wollen, ist für den ersten Schritt beim Zurücksetzen eines vergessenen Benutzerpasswortes zuständig. Dabei wird eine E-Mail an den Benutzer verschickt, die einen zu klickenden Link mit einem zufälligen Code enthält. Im zweiten Schritt, den wir hier nicht zeigen, wird, nachdem die URL aus der E-Mail besucht wurde, ein neues Passwort generiert und übermittelt.

Wir zeigen Ihnen nicht den vollständigen Code des Controllers, sondern nur die Methode, die wir testen wollen. Um den abgedruckten Beispielcode nicht unnötig zu verkomplizieren, zeigen wir auch für die weiteren Klassen jeweils nur den Code, der für das Verständnis unbedingt notwendig ist.

Bitte beachten Sie, dass das folgende Beispiel kein Produktionscode ist. Legacy Code sollte generell nicht als Vorbild dafür dienen, wie man neuen Code schreibt.

```php
class UserController
{
    public function resetPasswordAction()
    {
        if (!isset($_POST['email'])) {
            return new ErrorView(
                'resetPassword', 'No email specified'
            );
        }
```

```php
    $db = new PDO(Configuration::get('DSN'));

    $statement = $db->prepare(
      'SELECT * FROM Users WHERE email=:email;'
    );

    $statement->bindValue(
      ':email', $_POST['email'], PDO::PARAM_STR
    );

    $statement->execute();

    $record = $statement->fetch(PDO::FETCH_ASSOC);

    if ($record === FALSE) {
       return new ErrorView(
         'resetPassword',
         'No user with email ' . $_POST['email']
       );
    }

    $code = CryptHelper::getConfirmationCode();

    $statement = $db->prepare(
      'UPDATE Users SET code=:code WHERE email=:email;'
    );

    $statement->bindValue(
      ':code', $code, PDO::PARAM_STR
    );

    $statement->bindValue(
      ':email', $_POST['email'], PDO::PARAM_STR
    );

    $statement->execute();

    mail(
      $_POST['email'],
      'Password Reset',
      'Confirmation code: ' . $code
    );

    return new View('passwordResetRequested');
  }
}
```

Zunächst wird geprüft, ob eine POST-Variable email übergeben wurde. Ist dies nicht der Fall, wird eine Instanz von ErrorView mit einer entsprechenden Fehlermeldung zurückgegeben. Dies ist natürlich eine Vereinfachung, denn normalerweise werden Fehlermeldungen nicht unbedingt durch einen speziellen View dargestellt, zumal bei der Verarbeitung von Formularen oft mehr als eine Fehlermeldung dargestellt werden muss.

Wurde eine E-Mail-Adresse per `POST` übergeben, dann wird versucht, den Benutzer, dem diese E-Mail-Adresse zugeordnet ist, aus der Datenbank zu lesen. Falls kein Benutzer gefunden wurde, wird eine Instanz von `ErrorView` mit einer entsprechenden Fehlermeldung zurückgegeben. Andernfalls wird ein zufälliger Bestätigungscode berechnet, der zum zuvor geladenen Benutzer in der Datenbank gespeichert wird. So ist es möglich, den Benutzer später anhand dieses Codes wieder zu finden.

Als Nächstes wird eine Benachrichtigungs-E-Mail an den Benutzer gesendet, die den Bestätigungscode enthält. In der Realität würde die E-Mail einen erläuternden Text und einen klickbaren Link mit dem Bestätigungscode als URL-Parameter enthalten. Wir haben aus Gründen der Vereinfachung darauf verzichtet und senden einfach nur den Bestätigungscode.

Schließlich wird eine Instanz der Klasse `View` zurückgegeben, die mit dem Namen eines geeigneten View-Skripts parametrisiert wurde. Dieses View-Skript würde normalerweise einen Text darstellen, der den Benutzer auf die gerade versendete E-Mail hinweist.

Das Beispiel ist unvollständig. Es wird nicht geprüft, ob das Speichern in die Datenbank erfolgreich war. Ebenso wird nicht darauf geachtet, ob bereits ein Bestätigungscode zum Benutzer gespeichert ist. Wir gehen davon aus, dass beim eigentlichen Zurücksetzen des Passwortes der in der Datenbank gespeicherte Bestätigungscode wieder gelöscht wird.

Die zentrale Konfiguration enthält eine statische Methode, die den Zugriff auf die einzelnen Einstellungen erlaubt. Die Einstellungen werden in einem statischen, assoziativen Array gespeichert:

```php
class Configuration
{
    protected static $values = array();

    public static function init(array $values)
    {
        self::$values = $values;
    }

    public static function get($key)
    {
        if (!isset(self::$values[$key])) {
            throw new Exception('No such key');
        }

        return self::$values[$key];
    }
}
```

Wie in den gängigen MVC-Frameworks üblich, gibt es eine generische Klasse `View`, die mit einem View-Skript, das die eigentliche darzustellende Seite enthält, parametrisiert wird.

```php
class View
{
    protected $viewScript;

    public function __construct($viewScript)
    {
        $this->viewScript = $viewScript;
    }
}
```

Die davon abgeleitete Klasse `ErrorView` hat als zusätzlichen Konstruktorparameter eine Fehlermeldung:

```php
class ErrorView extends View
{
    protected $errorMessage;

    public function __construct($viewScript, $errorMessage)
    {
        $this->errorMessage = $errorMessage;
        parent::__construct($viewScript);
    }
}
```

Die eigentliche Implementierung der Klasse `View` und das View-Skript interessieren uns für unser Beispiel nicht weiter.

Die Berechnung des Bestätigungscodes ist in eine eigene Methode in der Hilfsklasse `CryptHelper` ausgelagert:

```php
class CryptHelper
{
    protected static $salt = '...';

    public static function getConfirmationCode()
    {
        return sha1(uniqid(self::$salt, TRUE));
    }
}
```

Der Bestätigungscode darf nicht fortlaufend oder ratbar sein. Er muss zumindest für den Zeitraum, in dem Passwort-Resets unbestätigt sind, eindeutig sein.

3.2.1 Vorbereitungen

Den zu testenden Code analysieren

Der zu testende Controller hat, abgesehen von den eingebauten PHP-Funktionen, auf die wir uns stillschweigend verlassen, einige Abhängigkeiten:

- Die `POST`-Variable `email`
- Der Schlüssel `DSN` in `Configuration`
- Die Klasse `PDO` (und damit die PDO-Erweiterung)
- Abhängig vom Inhalt der `POST`-Variablen `email` die Klassen `CryptHelper` und `View` beziehungsweise die Klasse `ErrorView`
- Versand von E-Mail

Diese Abhängigkeiten sind alle implizit, wir können sie also zuverlässig nur in einem White-Box-Test berücksichtigen. Streng genommen gibt es sogar noch weitere implizite Abhängigkeiten: Der Code benötigt eine Datenbank mit einer Tabelle `Users`, die zumindest über die Spalten `code` und `email` verfügen muss. Je nach Situation muss es in der Datenbank einen Datensatz zu der angegebenen E-Mail-Adresse geben.

Der Controller gibt eine Instanz der Klasse `View` zurück, erzeugt aber auch Seiteneffekte, denn gegebenenfalls wird die Datenbank aktualisiert und eine E-Mail versendet.

Bei Ausführung der Methode `resetPasswordAction()` könnten die folgenden Fehler auftreten:

- Im `POST`-Request wurde keine E-Mail-Adresse übergeben.
- Die Konfiguration enthält keine `DSN`.
- Die Datenbank ist nicht verfügbar.
- Die Datenbank enthält keine Tabelle `Users`, oder diese Tabelle enthält nicht die Spalten `email` oder `code`.
- In der Datenbank existiert kein Benutzer mit der angegebenen E-Mail-Adresse.
- Das `UPDATE`-Statement schlägt in der Datenbank fehl.
- Das Versenden der E-Mail schlägt fehl.

Der vorhandene Controller-Code ignoriert bisher einige dieser Fehler. Beispielsweise wird nicht geprüft, ob das `UPDATE`-Statement erfolgreich war oder ob die Mail erfolgreich versendet wurde.

In der Aufzählung ist ebenfalls nicht berücksichtigt, dass eine oder mehrere der Klassen `Configuration`, `CryptHelper`, `View` oder `ErrorView` nicht definiert sein könnten. Dies würde direkt zu einem fatalen Fehler führen, daher müssen wir für diese Fälle keine Unit-Tests schreiben. Streng genommen handelt es sich dabei ohnehin um Integrationsprobleme. Ähnliches gilt für schwerwiegende Fehler im Datenbankschema. Die unweigerlich resultierenden SQL-Fehler würden einen schnellen Rückschluss auf die Ursache des Fehler zulassen, sofern man natürlich die Fehlermeldungen auswertet und nicht, wie wir bisher im Beispiel, einfach geflissentlich ignoriert.

Der Controller hat eine NPath-Komplexität von 4. Da die beiden `if`-Statements jeweils ein `return` enthalten, sind für uns die folgenden drei Ausführungszweige relevant:

- Keine E-Mail-Adresse angegeben
- Kein Benutzer für die angegebene E-Mail-Adresse gefunden
- Happy Path

Eine Testumgebung aufbauen

Jeder Unit-Test benötigt eine Testumgebung, auch Testinventar (englisch: *Fixture*) genannt. Die Testumgebung eines Unit-Tests sollte so einfach wie möglich sein. Komplexe Testinventare sind ein starker Indikator für schlechte interne Qualität des getesteten Codes.

Um den Controller beziehungsweise die Methode `resetPasswordAction()` zu testen, benötigen wir eine Datenbank mit einer Tabelle `Users`, die mindestens die beiden Spalten `email` und `code` enthält. Wir benutzen eine SQLite-Datenbank, da die SQLite-Erweiterung standardmäßig in PHP verfügbar ist und der Test so keinen externen Datenbankserver benötigt. Das stark vereinfachte Datenbankschema, das in der Datei `schema.sql` gespeichert sei, sieht wie folgt aus:

```sql
CREATE TABLE "Users" (
    "id"        INTEGER PRIMARY KEY AUTO_INCREMENT NOT NULL,
    "username"  VARCHAR UNIQUE                     NOT NULL,
    "email"     VARCHAR UNIQUE                     NOT NULL,
    "code"      VARCHAR
);
```

Nun benötigen wir eine SQLite-Datenbank mit diesem Schema. Idealerweise arbeiten wir mit einer Datenbank, die direkt im Arbeitsspeicher gehalten wird. So läuft der Test schneller und ist nicht vom Dateisystem abhängig, zudem müssen wir uns am Ende des Tests nicht darum kümmern, die Datenbank wieder zu löschen. Ein weiterer, nicht zu unterschätzender Vorteil ist, dass wir beliebig viele Unit-Tests parallel ausführen können, ohne dass wir befürchten müssen, dass mehrere Tests versuchen, auf die gleiche Datenbank zuzugreifen.

```php
$db = new PDO('sqlite::memory:');
$db->exec(file_get_contents(__DIR__ . '/schema.sql'));
```

Als Nächstes legen wir in der Datenbank einen Testbenutzer an:

```php
$db->exec(
    "INSERT INTO Users (username, email)
    VALUES ('John Doe', 'user@example.com');"
);
```

Damit der Controller den *Data Source Name (DSN)* aus der Konfiguration lesen kann, müssen wir diese entsprechend bestücken:

```php
Configuration::init(array('DSN' => 'sqlite::memory:'));
```

Um zu simulieren, dass eine E-Mail-Adresse angegeben wurde, etwa in einem Formular, das mittels POST übermittelt wurde, setzen wir `$_POST['email']` auf eine geeignete E-Mail-Adresse:

```php
$_POST['email'] = 'user@example.com';
```

Nun können wir den Controller ausführen:

```php
$controller = new UserController;
$view = $controller->resetPasswordAction();
```

Die meisten dieser Initialisierungen wären normalerweise die Aufgabe des Front Controllers der Anwendung. Da wir den Controller isoliert testen wollen, benutzen wir hier keinen Front Controller. Gute Frameworks unterstützen den Programmierer dabei, einzelne Objekte unabhängig voneinander zu testen.

Der Rückgabewert lässt sich leicht prüfen, denn im Erfolgsfall gibt `resetPasswordAction()` eine Instanz von `View` zurück, im Fehlerfall eine Instanz von `ErrorView`.

Wir schreiben also zwei Tests:

```php
class UserControllerTest extends PHPUnit_Framework_TestCase
{
    protected function setUp()
    {
        $this->db = new PDO('sqlite::memory:');

        $this->db->exec(
          file_get_contents(__DIR__ . '/schema.sql')
        );

        $this->db->exec(
          "INSERT INTO Users (username, email)
          VALUES ('John Doe', 'user@example.com');"
        );

        Configuration::init(array('DSN' => 'sqlite::memory:'));
        $this->controller = new UserController;
    }

    protected function tearDown()
    {
        unset($this->db);
        unset($this->controller);
        Configuration::init(array());
        $_POST = array();
    }

    public function testDisplaysErrorViewWhenNoEmailAddressGiven()
    {
        $_POST['email'] = '';
        $view = $this->controller->resetPasswordAction();

        $this->assertInstanceOf('ErrorView', $view);
    }

    public function testDisplaysViewWhenEmailAddressGiven()
    {
        $_POST['email'] = 'user@example.com';
        $view = $this->controller->resetPasswordAction();

        $this->assertInstanceOf('View', $view);
    }
}
```

Zurzeit können wir zwischen einer fehlenden E-Mail-Adresse und einem nicht gefundenen Benutzer nicht unterscheiden. In beiden Fällen wird eine Instanz der Klasse `ErrorView` zurückgegeben. Man könnte natürlich den Text der Fehlermeldung auswerten, würde in der Realität aber entweder Subklassen von `ErrorView` bilden oder ein Objekt einführen, das eine Fehlermeldung repräsentiert, und davon zwei Subklassen bilden. Im Wissen, dass die Unterscheidung, wenn wir sie später benötigen, einfach zu realisieren ist, ignorieren wir das Problem einfach.

Die einzelnen Testmethoden werden isoliert voneinander ausgeführt. PHPUnit führt vor jeder Testmethode die Methode `setUp()` aus, in der die Testumgebung aufgebaut wird. Nach Ausführung der Testmethode wird die Methode `tearDown()` ausgeführt, um die Testumgebung wieder zu zerstören. Da wir `$_POST` für jeden Testfall anders belegen müssen, geschieht dies nicht in `setUp()`.

Im ersten Testfall übergeben wir keine E-Mail-Adresse, um die Beendigung der Methode in der ersten `if`-Abfrage zu erzwingen. Im zweiten Testfall übergeben wir eine E-Mail-Adresse, damit die Methode erfolgreich durchlaufen wird. Wir hatten ja zuvor „John Doe" in der Datenbank gespeichert.

Wichtig ist, dass man in `tearDown()` die Testumgebung sauber wieder zurücksetzt, besonders wenn der zu testende Code globale Abhängigkeiten wie `$_POST` oder `Configuration` hat. Unterlässt man es, nach jedem Testfall wieder sauber aufzuräumen, können die Testergebnisse verfälscht werden, da die Testisolation durchbrochen wird.

3.2.2 Globale Abhängigkeiten

Unser Controller braucht eine zentrale Konfiguration, um von dort eine DSN zu lesen. Wir müssen daher für jeden Test `Configuration` sinnvoll initialisieren. Das ist gar nicht so einfach, denn man muss dazu den zu testenden Code durchsehen, um herauszufinden, welche Werte der Controller aus der `Configuration` lesen will.

Es stellt sich die Frage, ob der Controller wirklich die Konfiguration kennen muss. Da nur ein einziger Wert gelesen wird, scheint die Abhängigkeit von einer zentralen Klasse wie `Configuration` nicht unbedingt gerechtfertigt. Es ist besser, wenn man die DSN zu einem Konstruktorparameter des Controllers macht:

```
class UserController
{
    protected $dsn;

    public function __construct($dsn)
    {
        $this->dsn = $dsn;
    }

    // ...
}
```

Nun muss der Controller `Configuration` nicht mehr kennen, daher müssen wir diese in `setUp()` nicht mehr bestücken und entsprechend in `tearDown()` nicht mehr zurücksetzen:

```
class UserControllerTest extends PHPUnit_Framework_TestCase
{
    protected function setUp()
    {
        $this->db = new PDO('sqlite::memory:');

        $this->db->exec(
          file_get_contents(__DIR__ . '/schema.sql')
        );

        $this->db->exec(
          "INSERT INTO Users (username, email)
          VALUES ('John Doe', 'user@example.com');"
        );

        $this->controller = new UserController('sqlite::memory:');
    }

    protected function tearDown()
    {
        unset($this->db);
        unset($this->controller);
        $_POST = array();
    }
}
```

Wir haben das Design der Anwendung verbessert, da wir eine Abhängigkeit des Controllers entfernt haben. Die Verantwortung, eine sinnvolle DSN zu bestimmen, ist auf das Codestück übergegangen, das später in der Anwendung den Controller instanziiert.

3.2.3 Datenquellen

Die Abhängigkeit des Controllers von der Datenbank ist ein großes Problem, da hier in einer Klasse zwei unterschiedliche Schichten der Anwendungsarchitektur verschmelzen, und zwar der Datenzugriff und die Logik. Daher können wir einen Controller nicht ohne Datenbank testen. Zwar sind die Unit-Tests dank SQLite bereits nicht mehr von einem externen Datenbankserver abhängig, aber spätestens wenn Sie speziell für MySQL oder eine andere Datenbank geschriebenen Code testen wollen, stehen wir wieder vor einem Problem.

Da wir nur auf eine einzelne Datenbanktabelle zugreifen, bietet sich der Einsatz des Entwurfsmusters *Table Data Gateway* an, um eine Trennung der beiden Belange Datenzugriff und Logik zu erreichen. Nun können wir die Unit-Tests unabhängig von der Datenbank ausführen.

Ein **Table Data Gateway** ist ein Objekt, das als *Gateway* zu einer Datenbanktabelle dient. Ein Exemplar verwaltet alle Zeilen in der Tabelle. [Fowler 2003]

Wir nennen die von `TableDataGateway` abgeleitete Klasse `UsersTableDataGateway`. Die Basisklasse, die für unser Beispiel nicht weiter von Interesse ist, könnte Hilfsmethoden für die Ersetzung von Parametern oder das Zusammensetzen von `WHERE`-Klauseln enthalten.

```
class UsersTableDataGateway extends TableDataGateway
{
    protected $db;

    public function __construct(PDO $db)
    {
        $this->db = $db;
    }

    public function findUserByEmail($email)
    {
        $statement = $this->db->prepare(
           'SELECT * FROM Users WHERE email=:email;'
        );

        $statement->bindValue(':email', $email, PDO::PARAM_STR);
        $statement->execute();

        return $statement->fetch(PDO::FETCH_ASSOC);
    }

    public function updateUserWithConfirmationCode($email, $code)
    {
        $statement = $this->db->prepare(
           'UPDATE Users SET code=:code WHERE email=:email;'
        );

        $statement->bindValue(':code', $code, PDO::PARAM_STR);
        $statement->bindValue(':email', $email, PDO::PARAM_STR);
        $statement->execute();
    }
}
```

In der zweiten Methode fehlt noch immer die Prüfung, ob das `UPDATE`-Statement fehlgeschlagen ist. Wir müssen dazu entweder den SQL-Fehlercode auswerten oder PHP so konfigurieren, dass Datenbankfehler direkt Exceptions auslösen. In PDO kann man dies einfach einstellen:

```
$this->db->setAttribute(PDO::ATTR_ERRMODE, PDO::ERRMODE_EXCEPTION);
```

Nun würde ein fehlgeschlagenes `UPDATE`-Statement eine `PDOException` auslösen, die wir an geeigneter Stelle im aufrufenden Code behandeln müssten.

Interessant ist, dass der Controller auch keine Datenbankverbindung mehr benötigt, da er nun selbst nicht mehr mit der Datenbank kommuniziert. Stattdessen hängt er nur noch von `TableDataGateway` ab:

```php
class UserController
{
    protected $gateway;

    public function __construct(TableDataGateway $gateway)
    {
        $this->gateway = $gateway;
    }

    public function resetPasswordAction()
    {
        // ...

        $record = $this->gateway->findUserByEmail(
          $_POST['email']
        );

        // ...

        $this->gateway->updateUserWithConfirmationCode(
          $_POST['email'], $code
        );

        // ...
    }
}
```

Da die Methoden, die mit der Datenbank interagieren, nun in einer eigenen Klasse gekapselt sind, können wir diese zu Testzwecken durch eine Klasse ersetzen, die überhaupt nicht mit einer Datenbank spricht:

```php
class StubUsersTableDataGateway extends TableDataGateway
{
    public function findUserByEmail($email)
    {
        return FALSE;
    }
}
```

Wir erzeugen dazu eine weitere Subklasse von TableDataGateway, in der wir die Methode findUserByEmail() überschreiben, sodass immer FALSE zurückgegeben wird. Stub-Objekte wie dieses sind einfache „Wegwerf-Objekte", die keine Logik enthalten oder Entscheidungen treffen, sondern nur eine bestimmte API bieten und die entsprechenden Type Hints erfüllen, da sie eine Subklasse des zu ersetzenden Objektes sind.

Stub-Objekte geben fest hinterlegte, hartkodierte Daten zurück, anstelle mit externen Ressourcen zu kommunizieren. Man verwendet Stub-Objekte in Unit-Tests deshalb anstelle der echten Objekte, um Zeit zu sparen und möglichst wenig nicht direkt getesteten Code auszuführen. Im Idealfall testet man nur ein einziges Objekt und ersetzt alle Abhängigkeiten durch Stub-Objekte. Dies reduziert die Anzahl der Fehlerquellen für einen Test erheblich.

Unser Unit-Test braucht nun keine Datenbank mehr. Es ist nun auch völlig egal, welche E-Mail-Adresse wir angeben, denn das Stub-Objekt gibt ohnehin vor, diese nicht in der Datenbank zu finden. Wir testen also nun den Ausführungszweig, in dem die angegebene E-Mail-Adresse nicht gefunden wird:

```php
class UserControllerTest extends PHPUnit_Framework_TestCase
{
    protected function setUp()
    {
        $this->gateway = new StubUsersTableDataGateway;
        $this->controller = new UserController($this->gateway);
    }

    protected function tearDown()
    {
        unset($this->controller);
        unset($this->gateway);
        $_POST = array();
    }

    public function testDisplaysErrorViewWhenNoUserFound()
    {
        $_POST['email'] = 'nonsense';
        $result = $this->controller->resetPasswordAction();
        $this->assertInstanceOf('ErrorView', $result);
    }
}
```

Hätten wir das Gateway mit statischen Methoden realisiert, dann könnten wir es im Controller nicht gegen ein Stub-Objekt austauschen, da im Quellcode des Controllers der Klassenname hartkodiert wäre. Dank *Late Static Binding* könnte man als Gedankenexperiment seit PHP 5.3 zwar den hartkodierten Klassennamen durch eine Variable ersetzen, um die statischen Methoden zu Testzwecken durch Aufrufe in einer anderen Klasse zu ersetzen:

```php
class UserController
{
    protected $gatewayClass = 'UsersTableDataGateway';

    public function setGatewayClass($className)
    {
        $this->gatewayClass = $className;
    }

    public function resetPasswordAction()
    {
        $gatewayClass = $this->gatewayClass;

        // ...
        $record = $gatewayClass::findUserByEmail($_POST['email']);
        // ...
```

```php
            $gatewayClass::updateUserWithConfirmationCode(
              $_POST['email'], $code
            );

            // ...
        }
    }

    class UserControllerTest extends PHPUnit_Framework_TestCase
    {
        protected function setUp()
        {
            $this->controller = new UserController;

            $this->controller->setGatewayClass(
              'StubUsersTableDataGateway'
            );
        }

        // ...
    }
```

Wir würden uns durch dieses Vorgehen allerdings einige Probleme einhandeln. Zunächst einmal ist nicht sichergestellt, dass der an `setGatewayClass()` übergebene Wert überhaupt ein gültiger Klassenname ist. Es ist auch nicht sichergestellt, dass die gesetzte Klasse überhaupt die Methoden `findUserByEmail()` und `updateUserWithConfirmationCode()` mit entsprechenden Signaturen besitzt.

Beim Ersetzen eines Objektes zu Testzwecken stellen sich diese beiden Probleme nicht, da PHP durch die Type Hints im Konstruktor von `UserController` sicherstellt, dass das übergebene (Mock-)Objekt einen sinnvollen Typ hat.

Nicht zuletzt hat ein statisches Gateway möglicherweise einen Zustand, der unsere Testisolation verletzt. PHPUnit führt die einzelnen Testfälle zwar isoliert voneinander, aber normalerweise innerhalb eines einzigen PHP-Prozesses aus. Eine einmal initialisierte Klasse müsste daher entweder im `tearDown()` mit einer `reset()`-Methode explizit zurückgesetzt werden, oder man würde einen *Global State* in Kauf nehmen.

Man sieht, dass die Verwendung von statischen Klassen keine Vorteile, aber einige Risiken und Nachteile mit sich bringt. Es ist daher am besten, immer so zu programmieren, als ob es statische Methoden gar nicht gäbe.

Um in einem weiteren Testfall zu überprüfen, wie sich der Controller verhält, wenn beim UPDATE-Statement ein Fehler auftritt und eine Exception geworfen wird, könnten wir das folgende Mock-Objekt verwenden, das einfach unkonditional eine entsprechende Exception wirft:

```php
class StubUsersTableDataGateway extends TableDataGateway
{
    public function findUserByEmail($email)
    {
        return array(
            'id'       => 42,
            'username' => 'John Doe',
            'email'    => 'user@example.com',
            'code'     => NULL
        );
    }

    public function updateUserWithConfirmationCode($email, $code)
    {
        throw new PDOException(/* ... */);
    }
}
```

Ein Stub-Objekt wird normalerweise nur für einen einzigen Testfall benutzt. Das führt zu einer großen Anzahl von Stub-Objekten, die alle geschrieben und verwaltet werden wollen, und nach einer Änderung an der API des zugrunde liegenden realen Objektes müssten womöglich alle davon abgeleiteten Stub-Objekte angepasst werden.

In Abschnitt 2.3.4 haben wir die Stub- und Mock-Funktionalität von PHPUnit bereits behandelt. Diese programmgesteuerte Definition von Stub- und Mock-Objekten zur Laufzeit ist robuster, da sich Änderungen an der realen Klasse weniger auf das Stub-Objekt auswirken, und führt außerdem zu deutlich besser lesbarem Testcode:

```php
class UserControllerTest extends PHPUnit_Framework_TestCase
{
    protected $usersGateway;

    protected function setUp()
    {
        $this->usersGateway =
        $this->getMockBuilder('UsersTableDataGateway')
            ->disableOriginalConstructor()
            ->getMock();

        // ...
    }

    public function testDisplaysErrorViewWhenNoUserFound()
    {
        $this->usersGateway
            ->expects($this->once())
            ->method('findUserByEmail')
            ->will($this->returnValue(FALSE));

        // ...
    }
}
```

In `setUp()` weisen wir PHPUnit an, ein Objekt zu erzeugen, das aussieht wie ein Objekt der Klasse `UsersTableDataGateway`. Standardmäßig werden alle Methoden durch leere Methoden überschrieben, die nichts tun.

Natürlich kann (und muss) man einem solchen Objekt wenigstens ein wenig Leben einhauchen. PHPUnit bietet dazu ein sogenanntes *Fluent Interface*, mit dem Methodenaufrufe zur Konfiguration von Verhalten und Definition von Erwartungen (englisch: *Expectations*) so verschachtelt werden, dass ein beinahe lesbarer Satz dabei herauskommt. Ein Stub-Objekt, für das Erwartungen definiert sind, wird Mock-Objekt genannt.

Im obigen Beispiel erwartet das Mock-Objekt, dass die Methode `findUserByEmail()`, die den Wert `FALSE` zurückliefern wird, genau einmal aufgerufen wird. PHPUnit generiert im Hintergrund den Quellcode für dieses Mock-Objekt, der vermutlich dem vorhin von Hand geschriebenen Code sehr ähnlich sieht. Da das Mock-Objekt eine Subklasse der gemockten Klasse ist, erfüllt es alle Type Hints und kann jederzeit anstelle des realen Objektes verwendet werden.

PHPUnit erzeugt aus den Erwartungen implizite Zusicherungen. Wenn also während der Ausführung des Tests die Methode `findUserByEmail()` gar nicht oder mehr als einmal aufgerufen wird, dann schlägt der Test fehl.

Wir haben nun das Problem, für einen Test einen Benutzer mit einer gegebenen E-Mail-Adresse aus einer Datenbank zu lesen, vereinfacht dazu, dass ein Objekt gefragt wird, ob es einen Benutzer mit einer bestimmten E-Mail-Adresse gibt. Ob dieses Objekt dazu nun eine Datenbank oder eine andere Datenquelle befragt, interessiert uns nicht wirklich.

Durch eine einfache Refaktorierung, nämlich das Verschieben einiger Zeilen Code in eine eigene Klasse, haben wir die Architektur der Anwendung wieder deutlich verbessert. Die beiden Belange Datenzugriff und Logik sind nun sauber voneinander getrennt. Dies erhöht die Testbarkeit der Anwendung deutlich. Wir können nun die Logik ohne Aufwand unabhängig von der Datenquelle testen und brauchen uns nicht mehr mit Datenbanktestinventaren herumzuplagen.

3.2.4 Asynchrone Vorgänge

Wenden wir uns dem nächsten Problem zu, nämlich dem Senden der E-Mail aus dem Controller. Auch hier handelt es sich offensichtlich um eine Kommunikation mit einem externen System, die zudem noch asynchron abläuft. Die `mail()`-Funktion übergibt nämlich die zu sendende E-Mail lediglich an den *Mail Transfer Agent (MTA)*, auf UNIX-Systemen normalerweise durch einen Aufruf von `sendmail`.

Wann und ob der MTA diese Mail auch tatsächlich sendet, können wir im PHP-Programm nicht feststellen, denn der boolesche Rückgabewert von `mail()` gibt nur an, ob die zu sendende E-Mail erfolgreich an den MTA übergeben wurde. Der Rückgabewert `FALSE` bedeutet, dass der Versand der Mail fehlgeschlagen ist, da die Mail nicht an den MTA übergeben werden konnte. Der Rückgabewert `TRUE` bedeutet dagegen aber nicht, dass die Mail erfolgreich versendet wurde, sondern nur, dass die Mail zum Versand an den MTA übergeben wurde.

Der asynchrone Versand von E-Mails hat den Vorteil, dass das PHP-Programm nicht warten muss, bis die E-Mail tatsächlich versendet wurde. Bei einem beschäftigten Mailserver könnte das eine längere Wartezeit bedeuten, als dem Endbenutzer vor dem Browser, der auf den Aufbau der nächsten HTML-Seite wartet, lieb ist. Ein umfassender Test des Mailversands erfordert also Integrationstests. Man könnte dazu ein spezielles E-Mail-Konto einrichten, das automatisiert oder auch manuell überprüft wird. Aufgrund der Asynchronität des Mailversandes ist aber auch ein automatisierter Abruf nicht so ganz einfach zu realisieren, da man zu keinem Zeitpunkt zuverlässig entscheiden kann, wie lange man noch auf eine Mail warten soll beziehungsweise ob diese bereits empfangen wurde.

Da der Versand von E-Mails an die User in den meisten Webanwendungen eine kritische Funktionalität ist, kann man sich auch überlegen, den Versand laufend im Live-System zu überprüfen. Das Produktivsystem könnte etwa alle fünf Minuten eine E-Mail an eine speziell dafür eingerichtete Adresse senden, die wiederum von einem Testprogramm überwacht wird, das laufend die Mails abfragt. Erhält das Programm etwa zehn Minuten lang keine E-Mails, schlägt es Alarm. Dieser Alarm bedeutet allerdings nicht unbedingt, dass auch tatsächlich der Versand der E-Mails unterbleibt. Es könnte auch ein Problem mit dem empfangenden MTA oder lediglich ein Netzwerkproblem geben.

Es ist in vielen größeren Anwendungen durchaus üblich, essenzielle Funktionalitäten wie beispielsweise die Registrierung oder den Login von Benutzern laufend gegen das Live-System zu überwachen. Abgesehen vom entgangenen Gewinn beziehungsweise dem geschädigten Ruf gibt es nicht viele Dinge, die für eine Internet-Company peinlicher sind, als wenn die Benutzer telefonisch mitteilen, dass die Site nicht funktioniert.

Wenn wir den Versand einer E-Mail indirekt testen, indem wir einen Server beauftragen, die Mail zu versenden, und später mit einem Client einen anderen Server abfragen, ob er diese Mail empfangen hat, dann sind an diesem Test so viele verschiedene Komponenten beteiligt, dass ein fehlgeschlagener Test keinen Hinweis mehr darauf geben kann, wo der Fehler aufgetreten ist. Wir können die Zuverlässigkeit und Aussagekraft des Tests nur erhöhen, indem wir die Anzahl der beteiligten Komponenten verringern und indirektes Testen möglichst vermeiden.

Man könnte PHP für die Unit-Tests so konfigurieren, dass anstelle eines echten MTA die zu sendenden Mails nur protokolliert werden. Dadurch fällt die Asynchronität weg, und man kann ohne große Zeitverzögerung testen, ob die Mails „gesendet" wurden. Allerdings hätte der Unit-Test dann eine Abhängigkeit zum Dateisystem. Wenn mehrere Tests, die Mails versenden, gleichzeitig laufen, kann man möglicherweise nicht mehr eindeutig zuordnen, wer eine bestimmte E-Mail versendet hat. Die Abhängigkeit vom Dateisystem verletzt also die Testisolation.

Deutlich einfacher ist es, den Aufruf der `mail()`-Funktion in eine eigene Funktion oder Methode auszulagern. Viele Entwickler benutzen dabei zusätzlich eine Fallunterscheidung, die abhängig von einer global definierten Konstante das Programm in einen Testmodus schaltet:

```php
function send_mail()
{
    if (TEST_MODE) {
        log(/* ... */);
    } else {
        mail(/* ... */);
    }
}
```

Eine solche Lösung funktioniert an sich, hat aber den Nachteil, dass es nun beim Deployment eine zusätzliche Fehlerquelle gibt, nämlich die falsche Konfiguration der Konstante TEST_MODE. Wenn noch weitere Teile der Anwendung ähnliche Fallunterscheidungen enthalten, dann funktioniert das System eventuell nicht mehr wie erwartet, sobald man den Testmodus einschaltet. Im Beispiel würden keine Mails mehr versendet. Es wäre daher besser, im Testmodus nur *zusätzlich* zu loggen:

```
function send_mail()
{
    if (TEST_MODE) {
        log(/* ... */);
    }

    mail(/* ... */);
}
```

Das führt allerdings dazu, dass man auch im Rahmen von Tests E-Mails versendet. Da man in den meisten Fällen keine echten Kunden mit Test-E-Mails beglücken möchte, ersetzen wir den Mailversand zu Unit-Testzwecken durch ein Mock-Objekt, das keine Mail versendet. Ähnlich wie im letzten Abschnitt prüfen wir im Rahmen des Tests nur, ob der Auftrag, eine E-Mail zu versenden, erteilt wurde.

Die Klasse Mailer ist besonders einfach:

```
class Mailer
{
    public function send($recipient, $subject, $content)
    {
        return mail($recipient, $subject, $content);
    }
}
```

Der Controller hat nun eine weitere Abhängigkeit, nämlich Mailer. Wir müssen den Konstruktor entsprechend anpassen:

```
class UserController
{
    protected $gateway;
    protected $mailer;

    public function
    __construct(TableDataGateway $gateway, Mailer $mailer)
    {
        $this->gateway = $gateway;
        $this->mailer  = $mailer;
    }

    // ...
}
```

In der Methode resetPasswordAction() ersetzen wir den Aufruf von mail() durch einen Aufruf der send()-Methode in Mailer:

```php
class UserController
{
    public function resetPasswordAction()
    {
        // ...
        $this->mailer->send(
          $_POST['email'],
          'Password Reset',
          'Confirmation code: ' . $code
        );
        // ...
    }
}
```

Die Klasse `Mailer` kann nun mit gesonderten Unit-Tests getestet werden, um sicherzustellen, dass sie auch wirklich Mails verschicken kann. Der Vorteil dabei ist, dass die Mails an einen einzelnen Testaccount gesendet werden müssen und nicht an die E-Mail-Adressen, die für die Benutzer in der Anwendung hinterlegt sind. Sofern `Mailer` SMTP anstelle der `mail()`-Funktion zum Versand benutzt, könnte man zum Test auch die Kommunikation zwischen `Mailer` und einem realen Mailserver aufzeichnen, um diesen dann für den Unit-Test durch ein Mock-Objekt zu ersetzen. Die Kapitel 13 und 15 beschreiben diesen Vorgang im Detail.

Wieder haben wir durch eine einfache Refaktorierung die Architektur unseres Beispielcodes deutlich verbessert. Die Implementierung von `Mailer` kann nun jederzeit geändert werden, um etwa Mail per SMTP zu versenden. Dazu eventuell nötige weitere Angaben werden zu Konstruktorparametern der alternativen Implementierung, sodass sich `UserController` nicht damit auseinandersetzen muss. Dies funktioniert sehr gut, solange man die Erzeugung von Objekten strikt von ihrer Verwendung trennt. Würden wir `Mailer` direkt innerhalb des Controllers instanziieren, dann müsste entweder der Controller dessen Abhängigkeiten kennen, oder wir wären wieder gezwungen, in `Mailer` auf eine zentrale Konfiguration zuzugreifen.

Wir können nun einen Unit-Test schreiben, der prüft, ob der Controller eine Mail an den Benutzer schickt. Hierzu erzeugen wir zunächst ein Mock-Objekt für `Mailer` in der `setUp()`-Methode von `UserControllerTest`:

```php
class UserControllerTest extends PHPUnit_Framework_TestCase
{
    protected function setUp()
    {
        $this->mailer = $this->getMockBuilder('Mailer')
                              ->disableOriginalConstructor()
                              ->getMock();

        $this->controller = new UserController(
          $this->usersGateway, $this->mailer
        );

        // ...
    }
```

```php
    protected function tearDown()
    {
        // ...
        unset($this->mailer);
        // ...
    }
```

Für diesen Test benötigen wir ein Mock-Gateway, das einen Datensatz für die gegebene E-Mail-Adresse zurückliefert. Mittels `with('user@example.com')` stellen wir sicher, dass der Controller die richtige E-Mail-Adresse an das Gateway übergibt. Das Mock-Gateway tut so, als ob es einen passenden Datensatz in der Datenbank gefunden hätte, und liefert diesen zurück.

Der Mock-Mailer erwartet beim Aufruf der Methode `send()` ebenfalls als ersten Parameter `user@example.com`. Die weiteren Parameter ignorieren wir im Rahmen dieses Beispiels zunächst einmal.

```php
    public function testSendsEmailToTheUser()
    {
        $_POST['email'] = 'user@example.com';

        $this->usersGateway
            ->expects($this->once())
            ->method('findUserByEmail')
            ->with('user@example.com')
            ->will($this->returnValue(
                array('id'       => 42,
                      'username' => 'John Doe',
                      'email'    => 'user@example.com',
                      'code'     => NULL)));

        $this->mailer
            ->expects($this->once())
            ->method('send')
            ->with('user@example.com');

        $this->controller->resetPasswordAction();
    }
}
```

Wir prüfen allerdings noch immer nicht, ob der Versand der E-Mail fehlgeschlagen ist. Dazu müsste die getestete Controller-Methode ein wenig angepasst werden. Der Mock-Mailer kann einfach durch einen Aufruf von `will($this->returnValue(FALSE))` so konfiguriert werden, dass er einen booleschen Wert zurückgibt. Auf diese Weise können wir simulieren, dass der Versand einer E-Mail fehlgeschlagen ist, obwohl wir gar keine Anstalten gemacht haben, überhaupt eine E-Mail zu versenden.

3.2.5 Änderungen in der Datenbank

Wenn von unserem Controller ein Benutzer zur per POST angegebenen E-Mail-Adresse gefunden wird, dann wird ein zufälliger Bestätigungscode per E-Mail versendet. Damit wir diesen später, wenn der per E-Mail versendete Link mit dem Bestätigungscode besucht wurde, wieder dem Benutzer zuordnen können, muss resetPasswordAction() den Code in der Datenbank speichern.

Die gesamte Interaktion mit der Datenbank ist bereits in eine eigene Klasse ausgelagert. Wir müssen also nur noch sicherstellen, dass der Controller auch tatsächlich die Methode updateUserWithConfirmationCode() mit den richtigen Parametern aufruft. Wir definieren dazu einfach eine weitere Erwartung unseres Mock-Gateways:

```
class UserControllerTest extends PHPUnit_Framework_TestCase
{
    public function testStoresConfirmationCode()
    {
        $_POST['email'] = 'user@example.com';

        $this->usersGateway
          ->expects($this->once())
          ->method('findUserByEmail')
          ->with('user@example.com')
          ->will($this->returnValue(
            array('id' => 42,
                  'username' => 'John Doe',
                  'email' => 'user@example.com',
                  'code' => NULL)));

        $this->usersGateway
          ->expects($this->once())
          ->method('updateUserWithConfirmationCode')
          ->with('user@example.com');

        // ...
    }
}
```

Da wir die Seiteneffekte des Controllers und nicht dessen Implementierung testen wollen, spielt die Reihenfolge, in der die Methoden im Mock-Gateway aufgerufen werden, keine Rolle.

Beachten Sie, dass wir einen neuen Testfall testStoresConfirmationCode() erstellt haben, anstelle die zusätzliche Erwartung einfach zu testSendsEmailToUser() hinzuzufügen. Es ist eine gute Idee, für jeden einzelnen Aspekt der Funktionalität einen eigenen Testfall zu erstellen. Fehlschlagende Tests geben so eine genauere Information darüber, welche Funktionalität defekt ist, und die Unit-Tests können als Dokumentation der Eigenschaften des getesteten Codes verstanden werden, wenn man für die Testmethoden entsprechende Namen vergeben hat. Ruft man PHPUnit mit dem Schalter --testdox auf, wird aus den Namen der Testmethoden eine solche Testdokumentation generiert.

Unser Unit-Test stellt sicher, dass `updateUserWithConfirmationCode()` für den per POST übergebenen Benutzer aufgerufen wird, ignoriert allerdings bisher den zweiten Parameter, nämlich den Bestätigungscode, vollständig.

3.2.6 Nicht vorhersagbare Ergebnisse

Wie können wir sicherstellen, dass der Methode `updateUserWithConfirmationCode()` auch tatsächlich ein (sinnvoller) Bestätigungscode übergeben wird?

Die naheliegende Lösung wäre es, die Erwartung des Mock-Gateways so zu erweitern, dass auch ein sinnvoller zweiter Parameter erwartet wird. Da aber `CryptHelper` einen zufälligen Wert zurückliefert, können wir keine entsprechende Erwartung notieren. Wir können noch nicht einmal eine Zusicherung auf den Bestätigungscode machen, da er nur als lokale Variable im Controller gespeichert wird.

Die Lösung des Problems ist natürlich nicht, den Bestätigungscode etwa als Attribut des Controllers öffentlich zu machen oder dafür eine Zugriffsmethode zu schreiben, sondern den zufälligen Wert zu Testzwecken durch einen vorhersagbaren Wert zu ersetzen, den wir dann in der Erwartung verwenden können.

Die Klasse `CryptHelper` sieht bisher wie folgt aus:

```
class CryptHelper
{
    protected static $salt = '...';

    public static function getConfirmationCode()
    {
        return sha1(uniqid(self::$salt, TRUE));
    }
}
```

Da die Methode `getConfirmationCode()` statisch ist, haben wir den Namen der Klasse `CryptHelper` im Controller hartkodiert:

```
class UserController
{
    public function resetPasswordAction()
    {
        $code = CryptHelper::getConfirmationCode();

        // ...
    }
}
```

Da wir statische Methoden nicht mocken können, ohne uns die weiter oben beschriebenen Nachteile ins Haus zu holen, ändern wir daher `CryptHelper` so ab, dass Instanzmethoden anstelle von statischen Methoden verwendet werden:

```php
class CryptHelper
{
    protected static $salt = '...';

    public function getConfirmationCode()
    {
        return sha1(uniqid(self::$salt, TRUE));
    }
}
```

Nun wird `CryptHelper` zu einer weiteren Abhängigkeit von `UserController`, die wir leicht durch ein Mock-Objekt ersetzen können:

```php
class UserControllerTest extends PHPUnit_Framework_TestCase
{
    protected function setUp()
    {
        $this->cryptHelper = $this->getMockBuilder('CryptHelper')
                                  ->disableOriginalConstructor()
                                  ->getMock();

        $this->controller = new UserController(
          $this->usersGateway, $this->mailer, $this->cryptHelper
        );
        // ...
    }

    protected function tearDown()
    {
        // ...
        unset($this->cryptHelper);
        // ...
    }

    public function testStoresConfirmationCode()
    {
        // ...

        $this->cryptHelper
            ->expects($this->once())
            ->method('getConfirmationCode')
            ->will($this->returnValue('123456789'));

        $this->usersGateway
            ->expects($this->once())
            ->method('updateUserWithConfirmationCode')
            ->with('user@example.com', '123456789');

        // ...
    }
}
```

Natürlich müssen wir `UserController` entsprechend anpassen:

```
class UserController
{
    protected $gateway;
    protected $mailer;
    protected $cryptHelper;

    public function __construct(TableDataGateway $gateway,
                                Mailer $mailer,
                                CryptHelper $cryptHelper)
    {
        $this->gateway     = $gateway;
        $this->mailer      = $mailer;
        $this->cryptHelper = $cryptHelper;
    }

    public function resetPasswordAction()
    {
        // ...

        $code = $this->cryptHelper->getConfirmationCode();

        // ...
    }
}
```

Der Unit-Test ist jetzt nicht mehr von zufälligen Werten abhängig. Stattdessen verwenden wir einen hinterlegten Bestätigungscode, den wir an anderer Stelle im Test als erwarteten Wert verwenden können. Falls wir im Rahmen eines Unit-Tests mehrere Bestätigungscodes benötigten, könnten wir ein Mock-Objekt schreiben, das eine Sequenz von Bestätigungscodes liefert:

```
class MockCryptHelper
{
    protected $index = -1;
    protected $codes = array('...', '...', '...', ...);

    public function getConfirmationCode()
    {
        $this->index++;

        return $this->codes[$this->index];
    }
}
```

Um das Beispiel einfach zu halten, ignorieren wir hier den Fall, dass in einem Test mehr Bestätigungscodes angefordert werden, als hinterlegt sind. Da das Mock-Objekt aber ohnehin für jeden Testfall neu erzeugt wird, dürfte dieser Fall normalerweise nicht eintreten.

3.2.7 Eingabedaten

An sich ist der `UserController` nun vollständig getestet. Das soll aber nicht bedeuten, dass es kein Verbesserungspotenzial mehr gäbe. Zwar hat der Controller keinerlei implizite Abhängkeiten auf andere Klassen mehr, er liest aber eine Eingabe aus dem superglobalen Array `$_POST`.

Um auch diese letzte globale Abhängigkeit zu beseitigen, führen wir ein `HttpRequest`-Objekt ein, das alle Eingabedaten enthält:

```php
class HttpPostRequest
{
    protected $parameters = array();

    public function __construct(array $parameters)
    {
        $this->parameters = $parameters;
    }

    public function getParameter($key)
    {
        return $this->parameters[$key];
    }

    public function hasParameter($key)
    {
        return empty($this->parameters[$key]);
    }
}
```

Das Beispiel ist wie immer vereinfacht und zeigt nur den `POST`-Request. In Wirklichkeit würden wir eine abstrakte Basisklasse `HttpRequest` erzeugen, von der entsprechende Klassen für `GET`- und `POST`-Requests abgeleitet sind. Wir ignorieren für den Moment Cookies sowie die weiteren superglobalen Variablen `$_SERVER`, `$_ENV` und `$_FILES`.

Durch die Verwendung eines Request-Objekts werden die Controller und damit die hoffentlich gesamte Anwendung unabhängig von den superglobalen Variablen. Wir haben eine weitere explizite Abhängigkeit des Methodenparameters geschaffen, dafür aber keinerlei implizite, globale Abhängigkeiten mehr im Controller:

```php
class UserController
{
    public function resetPasswordAction(HttpPostRequest $request)
    {
        // ...
    }
}
```

Anstelle `HttpPostRequest` an die Action-Methode zu übergeben, könnten wir es auch zu einem Konstruktor-Parameter des Controllers machen. Wir erzeugen aber das Request-Objekt nicht in `setUp()`, sondern erst in der Testmethode, daher ist es besser, das Objekt an die Action-Methode zu übergeben. Andernfalls müsste man `HttpPostRequest` so ändern, dass die Eingaben nicht als Konstruktorparameter übergeben werden.

Es ist nun besonders einfach geworden, beliebige Eingabedaten zu fälschen:

```
class UserControllerTest extends PHPUnit_Framework_TestCase
{
    public function testDisplaysErrorViewWhenNoUserFound()
    {
        $request = new Request(
          array('email' => 'user@example.com')
        );

        $result = $controller->resetPasswordAction($request);

        // ...
    }
}
```

Durch die Kapselung aller Eingaben wird es deutlich einfacher, auch komplexe Eingaben wie Datei-Uploads isoliert zu testen. Außerdem können nun die Eingaben nicht mehr nachträglich verändert werden, es sei denn, man stattet die Objekte mit entsprechenden Setter-Methoden aus. Man könnte nach der Initialisierung der Request-Objekte in der Bootstrap-Datei der Anwendung nun sogar die superglobalen Variablen löschen, um alle Entwickler zu zwingen, Eingaben nur aus den Objekten zu lesen.

3.2.8 Weiterführende Überlegungen

Ähnlich wie wir alle Eingabedaten in einem `HttpRequest`-Objekt kapseln, können wir auch alle Ausgaben in einem `HttpResponse`-Objekt kapseln. Auf diese Weise werden die Controller vollständig von den Views entkoppelt. Anstelle Ausgaben direkt im View zu setzen, werden diese in der `Response` gesetzt. Später wird abhängig von Erfolg oder Misserfolg des Controllers ein geeigneter View instanziiert, der sich alle Daten aus `Response` holt. `Response` ist damit ein Mediator zwischen Controller und View und macht es besonders einfach, jederzeit Cookies und Header zu generieren, da diese jeweils zwischengespeichert und nicht direkt ausgegeben werden. Erst am Ende des Requests wird unter Verwendung der Informationen in `Response` die eigentliche Ausgabe generiert.

```
class Response
{
    public function addError(/* ... */)
    {
    }

    // ...
}
```

Auch alle Fehlermeldungen werden in `Response` gesammelt. Unser Controller muss nun keine Instanz von `ErrorView` zurückgeben, um Fehler anzuzeigen, sondern setzt einfach nur eine entsprechende Fehlermeldung. Wir können dann zum Test entweder das reale `Response`-Objekt oder ein Mock-Objekt verwenden, bei dem wir entsprechende Fehlermeldungen als Erwartungen definieren. Die einzelnen Fehlermeldungen können selbst

Objekte sein, die Informationen darüber beinhalten, zu welchen Formularen beziehungsweise Formularfeldern die Fehler angezeigt werden müssen.

3.3 Fazit

Legacy Code bedeutet technische Schulden. Das macht die Weiterentwicklung einer Software zunehmend schwieriger und damit unwirtschaftlicher. Die mit Legacy Code verbundenen Probleme sind den Entwicklern meist intuitiv klar. Die Kosten, die für die Wartung von Code anfallen, müssen jedoch transparent gemacht werden, damit diese Probleme allen Projektbeteiligten klar werden.

In diesem Kapitel haben wir gezeigt, wie Legacy Code durch kleinschrittige Refaktorierungen testbar und wartbar gemacht werden kann. Weitere Techniken für das effektive Arbeiten mit Legacy Code findet man in [Feathers 2004]. Diese Techniken sind für jede Programmiersprache anwendbar. Dies gilt auch für die Refactorings, die Martin Fowler in seinem Buch [Fowler 2000] vorstellt, um bereits geschriebene Software im Entwurf zu verbessern, ohne ihr Verhalten zu ändern.

Unserer Erfahrung nach können sich Unternehmen durch das Entsorgen von Legacy Code enorme Freiräume schaffen, um die Software – und damit das Geschäft – agil und flexibel weiterentwickeln zu können. Zur Vermeidung der Risiken, die durch Änderungen von nicht durch Tests abgedecktem Legacy Code entstehen, empfehlen wir in der Beratungspraxis oft, Legacy Code nicht zu ändern, sondern schrittweise einzelne Funktionalitäten durch neu geschriebenen Code abzulösen.

TEIL II

Fortgeschrittene Themen

4 Bad Practices in Unit-Tests

von Benjamin Eberlei

■ 4.1 Einführung

Das Thema Softwarequalität in PHP-Projekten hat in den letzten Jahren erheblich an Bedeutung zugenommen. Dies hat dazu geführt, dass auch in PHP-basierten Projekten verstärkt auf Unit-Testing gesetzt wird. Das Schreiben von Unit-Tests ist ähnlich komplex wie das Schreiben von Produktionscode, verlangt aber einen völlig anderen Fokus, andere Fähigkeiten des Programmierers und andere Vorgehensweisen, um zum Erfolg zu führen.

Diese Fallstudie zeigt einige der häufigsten Fehler, die beim Schreiben von Unit-Tests gemacht werden, und zeigt Beispiele dafür aus den Testsuites populärer PHP-Frameworks.

■ 4.2 Warum guter Testcode wichtig ist

Man mag sich die Frage stellen, weshalb die Qualität der Tests selbst wichtig ist. Da der Testcode niemals in Produktion geht, wird er oft als Code zweiter Klasse angesehen, der ruhig unschön sein darf, solange er sicherstellt, dass der Produktionscode erstklassig ist und korrekt arbeitet.

Diese Sichtweise mag in den ersten Wochen und Monaten eines Projektes noch Gültigkeit haben, wird aber später zu Wartungsproblemen führen, wenn sich die Anforderungen an den Produktionscode ändern. Gut getestete Software sollte aus mindestens so viel Testcode wie Produktionscode bestehen. Bei jeder Änderung im Produktionscode müssen die Unit-Tests, die sich explizit und implizit auf das geänderte Verhalten verlassen, ebenfalls geändert werden, da sie ansonsten fehlschlagen würden. Das bedeutet, dass Änderungen am Produktionscode möglicherweise sogar noch mehr Änderungen am Testcode nach sich ziehen.

Da sich die Anforderungen in den meisten Software-Projekten schnell und unerwartet ändern, müssen Entwickler oft die Art und Weise, wie Produktionscode arbeitet, überdenken. Wenn die von der Änderung am Produktionscode betroffenen Tests schwer zu warten sind, verlängert sich der Release-Zyklus der Software. Nichtsdestotrotz haben Programmierer die Erfahrung gemacht, dass Unit-Tests normalerweise die Qualität der Software erheblich verbessern und Stresslevel, Überstunden und Zeit für die Fehlersuche reduzieren. So wächst auch das Vertrauen in das Deployment der Anwendung.

Um von Unit-Tests zu profitieren, muss das Entwicklungsteam den Testcode auf einem hohen Niveau halten, um produktiv arbeiten zu können. Man kann Testaufwände nur dann vor dem Management und vor dem Kunden rechtfertigen, wenn die Tests Wartungskosten langfristig senken und die Release-Zyklen verkürzen.

Gelingt es nicht, eine gute Qualität von Testcode sicherzustellen, kann das zu einem umgekehrten Effekt führen, der für Entwickler sehr frustrierend ist. Die Symptome dafür sind, dass Entwickler fehlgeschlagene Tests ignorieren oder einfach keine neuen Tests schreiben. Eine schlechte Teststrategie schlägt dann fehl, wenn das Management oder die Entwickler das Unit-Testen gänzlich aufgeben, da es sich negativ auf den Geschäftswert ausgewirkt hat.

■ 4.3 Bad Practices und Test-Smells

Diese Fallstudie diskutiert Bad Practices und Test-Smells und gibt Empfehlungen, wie man diese vermeiden kann. Für jeden Test-Smell werden Beispiele aus bekannten PHP-Open-Source-Projekten gezeigt[1]. Bitte seien Sie sich bewusst, dass diese Fallstudie in keiner Weise eine Kritik an den Projekten beziehungsweise deren Entwicklern ist, sondern nur zeigen will, dass in vielen Fällen die Qualität des Testcodes erheblich verbessert werden könnte und dies auch positive Effekte auf die Qualität des Produktionscodes hat. Es gibt mehr Codebeispiele aus dem Zend Framework als aus anderen quelloffenen Frameworks. Dies liegt daran, dass ich selbst an der Entwicklung des Zend Frameworks beteiligt bin und daher einen tieferen Einblick in die Testsuite dieses Projekts habe.

Einige der Bad Practices und Vermeidungsstrategien mögen dem Leser offensichtlich erscheinen, aber nach meiner Erfahrung werden die Bestrebungen, sauberen Code zu schreiben, oft nur auf Produktionscode angewendet. Das, was sich in Jahren der Erfahrung bewährt hat, wird oftmals plötzlich ignoriert, wenn es darum geht, Testcode zu schreiben.

Die Aufzählung der Bad Practices und Test-Smells für Unit-Tests ist weder innovativ noch vollständig. [Meszaros 2007] führt in seinem Buch über xUnit-Test Patterns eine große Anzahl von Unit-Test-Smells auf. Wenn Sie daran interessiert sind, Testen in ein Projekt einzuführen, ist dieses Buch ein guter Anfang. Eine weitere Zusammenstellung von Bad Practices und Test-Smells jeweils mit einer kurzen Beschreibung gibt der Blog-Eintrag von James Carr zu TDD-Antipatterns [Carr 2006].

---

[1] Für Entwickler von Geschäftsanwendungen mögen Beispiele aus PHP-Open-Source-Frameworks auf den ersten Blick nicht ausreichend erscheinen. Frameworks haben nämlich die Eigenschaft, dass sich deren APIs in Minor-Versionen nicht ändern dürfen, was im Prinzip bedeutet, dass das Refactoring von Testcode wegen API-Änderungen niemals notwendig wird. Geschäftsanwendungen dagegen haben meist zentralen, domänenspezifischen Code, der sich zwischen den Iterationen oft drastisch ändert. Daher ist die Qualität der Tests hier wesentlich wichtiger.

Dieses Kapitel ist nach Mustern strukturiert und enthält einen Abschnitt zu jeder Bad Practice mit einer Beschreibung, einem Codebeispiel, weiteren Hinweisen und Ratschlägen, wie man diesen Test-Smell vermeiden kann.

4.3.1 Duplizierter Testcode

Es ist eine bekannte Regel in der Software-Entwicklung, Codeduplikation auf jeden Fall zu vermeiden. Dennoch wenden viele Programmierer dieses Prinzip nicht auf Testcode an. Die negative Auswirkung von dupliziertem Testcode ist, dass der Wartungsaufwand steigt, wenn sich die vom duplizierten Testcode getestete API ändert. Nehmen wir an, dass die öffentliche Schnittstelle einer Klasse wegen neuer Anforderungen geändert werden muss. Sofern die Tests für diese Klasse viel duplizierten Code enthalten, muss eine große Anzahl von Testfällen umgeschrieben werden, um diese Änderung zu ermöglichen. Falls die betroffene Klasse häufigen Änderungen unterworfen ist, werden die Änderungen an der Testsuite schnell zeitaufwendig. Das kann dazu führen, dass der Programmierer die Tests insgesamt ignoriert.

Ein besonderes Problem der Codeduplikation ist das Aufsetzen der Testumgebung[2] (Testinventar) von abhängigen Klassen. Wenn eine Klasse in der gesamten Codebasis genutzt wird, muss sie vermutlich in zahlreichen Tests instanziiert und konfiguriert werden. Das verkompliziert Änderungen am Konstruktor oder an den öffentlichen Methoden der Klasse und mag zu Kompromissen in der API und im Objektmodell führen, nur um Änderungen am Testcode zu vermeiden.

Ein Beispiel, in dem der Code zum Aufsetzen der Testumgebung mehrfach dupliziert wurde, ist `Zend_Controller_ActionTest`[3]. Hier ist das Setup von Request, Response und das Test-Controller-Testinventar mehrmals implementiert, aber die Unterschiede zwischen den Tests sind marginal. Listing 4.1 zeigt das erste Vorkommen dieses Testinventar-Setups[4].

Ursprünglich war der Code, der diese Testumgebung aufsetzt, sieben Zeilen lang, wurde in zehn Tests dupliziert und in den meisten Fällen für Zusicherungen genutzt, die nur zwei Zeilen lang sind. Codeduplikation im Testinventar ist ein häufiger Test-Smell, der leicht beseitigt werden kann, indem man den entsprechenden Code entweder in die `setUp()`-Methode, die vor jedem Test ausgeführt wird, verschiebt oder eine weitere Methode einführt, bei der mit Parametern die Unterschiede zwischen den Tests gesteuert werden. Es ist auch möglich, dafür ein Hilfsobjekt zu verwenden.

Wie man **duplizierten Testcode** vermeidet:

- Verschieben Sie das Testinventar in eigene Hilfsmethoden innerhalb der Testfälle. Erwägen Sie, eine Superklasse oder Hilfsklasse zu schreiben, die Objekte erzeugt, die in der Anwendung regelmäßig benötigt werden. Man kann Parameter verwenden, um auf die möglichen Unterschiede beim Setup für verschiedene Testfälle Rücksicht zu nehmen.

---

[2] Das Testinventar (englisch: *Fixture*) ist der Code, der Objekte für einen isolierten Test in einen definierten Anfangszustand versetzt.
[3] *http://framework.zend.com/svn/framework/standard/trunk/tests/Zend/Controller/ActionTest.php*, Revision 15295
[4] Dieses und andere Codebeispiele wurden umformatiert, um der Seitenbreite dieses Buches zu entsprechen.

LISTING 4.1 Zend_Controller_ActionTest

```php
class Zend_Controller_ActionTest extends PHPUnit_Framework_TestCase
{
    //[..]
    public function testRender()
    {
        $request = new Zend_Controller_Request_Http();
        $request->setControllerName('view')
                ->setActionName('index');
        $response = new Zend_Controller_Response_Cli();
        Zend_Controller_Front::getInstance()
            ->setControllerDirectory(
            dirname(__FILE__) . DIRECTORY_SEPARATOR . '_files'
        );
        require_once(dirname(__FILE__) . DIRECTORY_SEPARATOR .
            '_files' . DIRECTORY_SEPARATOR . 'ViewController.php'
        );
        $controller = new ViewController($request, $response);
        //[..]
    }
    //[..]
}
```

- Programmieren Sie eigene Zusicherungen für wiederkehrende Aufgaben wie die Überprüfung von Zustand oder Verhalten. Dies ist ein erster Schritt in Richtung der Verwendung einer *Domain Specific Language (DSL)*[5] für Tests, die eventuell sogar für geschäfts- oder domainspezifische Anforderungen eingesetzt werden kann.
- Verwenden Sie phpcpd[6], den PHP Copy Paste Detector, um Ihre Testsuite regelmäßig auf größere duplizierte Codeblöcke zu untersuchen.

Wie im Produktionscode werden Sie es vermutlich nicht schaffen, Codeduplikation vollständig zu vermeiden, aber Sie sollten sie so weit wie möglich vermeiden.

4.3.2 Zusicherungsroulette und begierige Tests

Es ist oftmals verlockend, mehrere verschiedene Aspekte einer Klasse in einem einzigen Test zu überprüfen, um den Zeitaufwand beim Schreiben der Tests zu verringern. Aus verschiedenen Gründen sollten Sie dieser Verlockung widerstehen:

- Bei Tests mit vielen verschiedenen Zusicherungen für unterschiedliches Verhalten ist es nicht mehr möglich, klar zuzuordnen, welcher Code für die fehlgeschlagenen Tests verantwortlich ist (*Defect Localization*).

---

[5] Eine DSL ist eine formale Sprache für ein bestimmtes Problemfeld, die sogenannte Domäne.
[6] *http://github.com/sebastianbergmann/phpcpd*

- Der Test kann das beabsichtigte Verhalten des Produktionscodes nicht mehr klar kommunizieren, da verschiedene Aspekte getestet werden.
- Das Testen von verschiedenen Zuständen im Lebenszyklus eines Objektes kann das Prinzip der Testisolation verletzen, da sich einzelne Aspekte des Verhaltens gegenseitig beeinflussen können. Solche Tests sind zwar notwendig, um zu zeigen, dass das Objekt auch in einer komplexen Umgebung wie erwartet arbeitet, aber sie sind sensitiv gegenüber Veränderungen zu irgendeinem Zeitpunkt im Lebenszyklus des Objekts. Falls möglich, sollten verschiedene Eigenschaften und Verhalten des Objektes jeweils in isolierten Testmethoden überprüft werden.

Zusicherungsroulette und begierige Tests hängen eng zusammen. Ein begieriger Test versucht, verschiedene Aspekte des Verhaltens und Zustände auf einmal zu testen, sodass ein fehlgeschlagener Test dem Entwickler nicht dabei hilft, den Fehler im getesteten Code zu finden. Der Entwickler muss den Test auseinandernehmen und herausfinden, was eigentlich getestet wird. Das kann sogar zu Debugging-Sitzungen von Testcode führen, obwohl einer der Vorteile von Unit-Tests sein soll, dass weniger Zeit für Debugging benötigt wird.

Unter Zusicherungsroulette versteht man einen Test, der viele verschiedene Zusicherungen für ein Verhalten macht, sodass ein fehlgeschlagener Test nicht mehr ohne Weiteres einer bestimmten Zusicherung zugeschrieben werden kann.

Ein mittelgroßes Beispiel für begierige Tests ist der Test für die Klasse ezcUrl[7] in der Url-Komponente der eZ Components:

```
class ezcUrlTest extends ezcTestCase
{
    //[..]
    public function testRemoveOrderedParameter()
    {
        $urlCfg = new ezcUrlConfiguration();
        $urlCfg->addOrderedParameter( 'section' );
        $urlCfg->addOrderedParameter( 'module' );
        $urlCfg->addOrderedParameter( 'view' );

        $url = new ezcUrl(
            'http://www.example.com/doc/components',
            $urlCfg
        );
        $this->assertEquals(
            array(
                'section' => 0, 'module' => 1, 'view' => 2
            ),
            $url->configuration->orderedParameters
        );
        $this->assertEquals('doc', $url->getParam( 'section' ) );
        $this->assertEquals('components', $url->getParam('module'));

        $url->configuration->removeOrderedParameter( 'view' );
```

---

[7] http://svn.ezcomponents.org/viewvc.cgi/trunk/Url/tests/url_test.php?view=log, Revision 10236

```php
            $this->assertEquals(
                array(
                    'section' => 0, 'module' => 1
                ),
                $url->configuration->orderedParameters
            );

            try
            {
                $this->assertEquals( null, $url->getParam( 'view' ) );
                $this->fail( 'Expected exception was not thrown.' );
            }
            catch ( ezcUrlInvalidParameterException $e )
            {
                $expected = "The parameter 'view' could not be set/get".
                    " because it is not defined in the configuration.";
                $this->assertEquals( $expected, $e->getMessage() );
            }

            // try removing again - nothing bad should happen
            $url->configuration->removeOrderedParameter( 'view' );
            try
            {
                $this->assertEquals( null, $url->getParam( 'view' ) );
                $this->fail( 'Expected exception was not thrown.' );
            }
            catch ( ezcUrlInvalidParameterException $e )
            {
                $expected = "The parameter 'view' could not be set/get".
                    " because it is not defined in the configuration.";
                $this->assertEquals( $expected, $e->getMessage() );
            }
        }
        //[..]
}
```

Dieser Test prüft fünf verschiedene Funktionalitäten, die mit geordneten Parametern in `ezcUrl` zusammenhängen. Zuerst wird zugesichert, dass die beiden ersten geordneten Parameter über ihren Namen angesprochen werden können. Dann wird zugesichert, dass der Parameter `view` aus der Liste der geordneten Parameter entfernt werden kann und dass diese Liste diese Änderung auch reflektiert. Laut dem Namen des Tests `testRemoveOrderedParameter` ist die dritte Zusicherung die eigentlich getestete Funktionalität, und zwar der Test, ob eine Exception ausgelöst wird, wenn versucht wird, auf den entfernten Parameter zuzugreifen. Im vierten Schritt wird sichergestellt, dass keine Exception ausgelöst wird, wenn man ein zweites Mal versucht, den Parameter `view` zu entfernen. Im fünften Schritt wird schließlich wieder eine Exception erwartet, wenn erneut auf den entfernten Parameter zugegriffen wird.

Wenn eine dieser fünf verschiedenen Funktionalitäten nicht wie erwartet arbeitet, wird der gesamte Test fehlschlagen. Ein Entwickler, der sich mit dem fehlgeschlagenen Test auseinandersetzen muss, wird Probleme damit haben, das eigentliche Problem zu erkennen. Dies wäre nicht der Fall, wenn man den Test in mehrere kleinere Tests aufteilt.

Wie man **Zusicherungsroulette und begierige Tests** vermeidet:

- Widerstehen Sie der Versuchung, verschiedene Funktionalitäten einer Klasse in einem Test zu testen.
- Wenn Sie der Versuchung nicht widerstehen konnten oder es mit begierigen Tests eines anderen Entwicklers zu tun haben, nutzen Sie die Möglichkeit, in den Zusicherungen Fehlermeldungen zu verwenden, die Ihnen helfen, den Defekt zu lokalisieren. Solche Fehlermeldungen werden von allen bekannten Test-Frameworks unterstützt.
- Unit-Test-Puristen würden sogar so weit gehen zu fordern, dass ein Test nur eine einzige Zusicherung haben sollte. Das ist nicht immer praktikabel, aber zu viele Zusicherungen in einem Test sind ein guter Indikator dafür, dass man den Test in mehrere kleine Tests aufteilen sollte.

4.3.3 Fragile Tests

Ein fragiler Test schlägt auch dann fehl, wenn sich die eigentlich getestete Funktionalität wie erwartet verhält. Das ist oft dann der Fall, wenn Geschäftslogik durch die Benutzerschnittstelle getestet wird, etwa durch den generierten HTML-Code.

Sowohl Zend Framework als auch Symfony unterstützen diese Art zu testen, und zwar durch `Zend_Test_PHPUnit_Controller` beziehungsweise Lime in Verbindung mit der Klasse `sfTestBrowser`. Hier wird intern ein Browser simuliert, der alle Stufen der Anwendung wie das Starten einer Dispatching-Schleife für Controller, die auf Models zugreift, und das Erzeugen der Ausgabe im View durchläuft. Dann überprüft man die erzeugte Ausgabe (HTML, XML oder andere Formate), indem man mittels CSS oder XPath-Selektoren zusichert, dass gewisse Elemente existieren. Selenium-Tests gehen hier noch einen Schritt weiter und führen Tests in echten Browsern aus, um auch die JavaScript-bezogene Funktionalität zu testen.

Wenn sich allerdings die erzeugte Ausgabe der Webseite ändert, kann der Test fehlschlagen, obwohl die zugrunde liegende Geschäftslogik noch immer korrekt arbeitet. Dazu genügt es, wenn ein Designer eine XHTML-ID oder ein `class`-Attribut entfernt, die für die Tests benötigt werden, oder wenn sich die Authentifizierungsmethode ändert und der Testbrowser eine Fehlerseite anstelle der erwarteten Seite sieht.

Testen durch die Benutzerschnittstelle führt auch dazu, dass relativ viele Fehler unentdeckt bleiben. Da die Wartung fragiler Tests sehr zeitaufwendig sein kann, ist man oft besser beraten, stattdessen Tests zu schreiben, die direkt Ergebnisse der Geschäftslogik überprüfen, anstelle durch mehrere Schichten der Anwendung zu gehen, um die gleiche Funktionalität zu testen.

Ein Beispiel für einen fragilen Test stammt aus der Dokumentation des Testbrowsers von Symfony:

```php
$b = new sfTestBrowser();
$b->get('/foobar/edit/id/1')
  ->checkResponseElement(
      'form input[type="hidden"][value="1"]', true
  )
  ->checkResponseElement(
      'form textarea[name="text1"]', 'foo'
  )
  ->checkResponseElement(
      'form input[type="submit"]', 1
  );
```

Dieses Beispiel ist sehr einfach. Der Testbrowser fragt nach einer Seite der Symfony-Anwendung und überprüft drei verschiedene Elemente der Antwort. In der Praxis wird jedoch oft komplexe Geschäftslogik getestet, indem der HTML-Code der zugehörigen Views untersucht wird. Dies ist eine Form von indirektem Test, die sehr fehleranfällig ist. Das führt meist zu hohen Wartungskosten, da die fehlschlagenden Tests wegen kleiner Änderungen an der Anwendung ständig angepasst werden müssen.

Ein Beispiel aus der Dokumentation des `Zend_Test_PHPUnit_Controller` sieht sehr ähnlich aus:

```php
public function testAuthenticatedUserShouldHaveCustomizedProfile()
{
    $this->loginUser('foobar', 'foobar');
    $this->request->setMethod('GET');
    $this->dispatch('/user/view');
    $this->assertNotRedirect();
    $this->assertQueryContentContains('h2', 'foobar');
}
```

Dieser Test führt eine Hilfsmethode aus, um den Benutzer `foobar` anzumelden. Danach wird versucht, auf die `user/view`-Action zuzugreifen. Die Zusicherungen stellen sicher, dass kein Redirect ausgeführt wird und dass die Seite ein h2-HTML-Element mit dem Benutzernamen `foobar` enthält.

Beide Beispiele zeigen das Testen von Zuständen einer Anwendung, die sich leicht ändern können, ohne allerdings direkt das getestete Verhalten zu betreffen. Sie sollten sich den Unterschied zwischen Unit-Tests und Tests der Benutzerschnittstelle verdeutlichen. Es ist keine gute Idee, Geschäftslogik allein durch die Benutzerschnittstelle zu testen.

Integrationstests stellen sicher, dass sich mehrere Komponenten oder die gesamte Anwendung wie erwartet verhalten. Diese Tests sollten nur übergeordnete Funktionalitäten testen und sich darauf konzentrieren sicherzustellen, dass die Teile der Anwendung zusammen funktionieren. Integrationstests, die feingranular Teile der Geschäftslogik testen, werden schnell zu fragilen Tests.

Gute Unit-Tests prüfen isoliert das Verhalten einer einzelnen Komponente und ersetzen alle Abhängigkeiten durch Test-Doubles. Man experimentiert gewissermaßen mit allen möglichen Seiteneffekten. Der Kern der Geschäftslogik sollte immer durch Unit-Tests und nicht durch Integrationstests getestet werden. Das stellt sicher, dass die Tests unabhängig vom aktuellen Zustand der Anwendung arbeiten und flexibel verwendbar sind.

Sowohl Unit-Tests als auch Integrationstests haben jeweils Vorteile. Man muss lernen, sauber zwischen den beiden zu trennen, um hohen Wartungsaufwand für Tests zu vermeiden.

Wie man **fragile Tests** vermeidet:

- In der Praxis sind fragile Tests schwer zu vermeiden. Man braucht immer irgendwelche Tests, die sicherstellen, dass die gesamte Anwendung als Kombination aus verschiedenen Teilen richtig funktioniert.
- Versuchen Sie, komplexe Geschäftslogik nicht durch die Benutzerschnittstelle zu testen, sondern verwenden Sie dafür Unit-Tests.
- Verwenden Sie Integrationstests, um sicherzustellen, dass die Anwendung im Zusammenspiel funktioniert, aber nicht, um Ergebnisse der Geschäftslogik zu überprüfen.
- Wenn Sie Tests für vorhandenen Code schreiben, ist es oft unvermeidbar, Geschäftslogik durch Integrationstests zu testen. Stellen Sie sicher, dass solche Teile des Codes schnell refaktoriert werden, damit die Integrationstests durch Unit-Tests ersetzt werden können.

4.3.4 Obskure Tests

Unter dem Begriff obskur werden verschiedene Test-Smells zusammengefasst. Gemeint ist damit im Prinzip, dass Tests nicht leicht zu verstehen sind und eine der folgenden Fragen über den Zweck nicht leicht beantwortet werden kann:

- Was wird getestet?
- Warum zeigt eine Zusicherung von X, dass Y funktioniert?
- Welche Abhängigkeiten müssen erfüllt sein, damit der Test funktioniert, und weshalb?

Obskure Tests sollten vermieden werden, da sie Ihre Testsuite verschiedener Vorteile berauben. Tests dienen nicht mehr als Dokumentation für Sie selbst und andere Entwickler, wenn sie schwer zu verstehen sind. Zudem sind obskure Tests schwer zu warten, da ein Entwickler zunächst den Test verstehen muss, bevor er ihn ändern kann. Diese Probleme können dazu führen, dass obskure Tests einfach ignoriert werden, was gefährlich ist.

Obskure Tests sind oft auch eine Fehlerquelle im Testcode. Wenn schwer zu verstehen ist, was geschieht, dann ist der Testcode zweifelsohne nicht gerade einfach und könnte fehlerhaft sein. Fehler im Testcode sind besonders gemein, da sie an einer Stelle auftreten, an der sie am wenigsten erwartet werden. Wenn ein Test wegen eines Fehlers im Testcode fehlschlägt, werden Sie vermutlich zuerst den Produktionscode auseinandernehmen und wertvolle Zeit verlieren, bevor Sie die eigentliche Ursache des Problems finden.

Ein Test sollte so einfach und kurz wie möglich sein, um es jedem Entwickler zu ermöglichen, in wenigen Sekunden eine fundierte Aussage über die Funktionsweise und die Plausibilität eines Tests zu treffen.

Im folgenden Abschnitt werden die verschiedenen Gründe für obskure Tests aufgezählt.

Probleme mit Global State

Wenn der Global State die getestete Anwendung beeinflusst, ist das besonders ärgerlich für den Entwickler, denn Tests können fehlschlagen, weil globale Variablen nicht richtig gesetzt sind. Besonders Singleton- und Registry-Patterns bedeuten Abhängigkeiten, die Code schwer testbar machen, da es nicht möglich ist, die Abhängigkeiten durch Mock-Objekte[8] zu ersetzen. Sie können auch tief im getesteten Code verborgen sein, sodass man beim Aufsetzen eines Tests nach allen globalen Abhängigkeiten suchen muss.

Wenn globale Abhängigkeiten ihrerseits weitere Abhängigkeiten zu globalen Objekten haben, kann die Umgebung, die man benötigt, um Testisolation zu erzielen, schnell komplex werden. Manchmal ist es auch schon schwer, einfach nur das zu testende Objekt zu instanziieren, ohne dabei Fehler, Warnungen oder Exceptions zu erzeugen.

Komplexe statische Methoden oder globale Funktionen, die beträchtliche Logik ausführen, sind ebenfalls schwer zu testen. Jeder Aufruf einer statischen Methode oder einer globalen Funktion kann nicht durch Test-Doubles ersetzt werden. Jeder Test eines Objektes, das statische Methoden oder Funktionen nutzt, kann schwierig aufzusetzen sein, da der Code Befehle ausführen kann, die auf einem Testsystem niemals ausgeführt werden sollten. Dies können beispielsweise teure Aufrufe von externen Systemen, Webservices oder Datenbanken sein, die man in diesem Zusammenhang besser vermeidet.

Wie man sieht, ist ein unangenehmer Nebeneffekt des Testens mit Global State, dass man alle globalen Abhängigkeiten kontrollieren muss. Die Setup-Methoden der Tests müssen vor jedem Testlauf Singleton-Instanzen und Registries zurücksetzen und globale Objekte konfigurieren. Für einen weniger erfahrenen Entwickler kann dies eine kaum zu bewältigende Aufgabe sein, da die globalen Abhängigkeiten willkürlich und ohne direkten Bezug zum eigentlich getesteten System sind.

Ein weiterer negativer Aspekt von Global State ist, dass die globalen Abhängigkeiten leicht vergessen werden können, was dazu führt, dass nahezu alle Tests aus nicht nachvollziehbaren Gründen fehlschlagen, beispielsweise abhängig von der Ausführungsreihenfolge der Tests. Wenn zwischen mehreren Tests der Global State beibehalten wird, können ziemlich gemeine Fehler entstehen, die nur schwer zu finden sind.

Ein Beispiel für die Komplexität von Tests wegen Global State ist der Front Controller des Zend Frameworks. Da dieser Front Controller ein Singleton[9] ist, müssen verschiedene Abhängigkeiten und Konfigurationseinstellungen in den Ausgangszustand zurückversetzt werden, damit die Tests korrekt ausgeführt werden können. Das beinhaltet auch Klassen wie die Request- und Response-Objekte, die Abhängigkeiten des Front Controllers sind. Das Beispiel zeigt auch, dass Global State auch Abhängigkeiten, die selbst nicht global sind, sowie deren Verwendung in Tests betrifft.

Das Test-Setup für den Front Controller ist zwar noch nicht besonders komplex, aber alle Tests, die Teile des Zend Framework MVC als Testinventar benutzen, benötigen für die globalen Variablen das gleiche Test-Setup. So ist der View-Renderer beispielsweise eine Klasse außerhalb des Front Controllers, die mit dem Rendering des View-Templates und der Konfiguration des Views betraut ist. Im folgenden Beispiel betrachten wir die Methode `setUp()` des View Renderer-Tests.

---

[8] Ein Mock-Objekt ersetzt ein echtes Objekt durch einen Dummy. Es simuliert Verhalten, sodass man durch gefälschte Rückgabewerte auch für Objekte mit Abhängigkeiten Testisolation erzielen kann.
[9] Da so vieles gegen Global State spricht, soll der Front Controller im nächsten Major-Release nicht mehr als Singleton implementiert werden.

```php
class Zend_Controller_Action_Helper_ViewRendererTest extends //[..]
{
    protected function setUp()
    {
        $this->basePath = realpath(dirname(__FILE__) .
            str_repeat(DIRECTORY_SEPARATOR . '..', 2)
        );

        $this->request  = new Zend_Controller_Request_Http;
        $this->response = new Zend_Controller_Response_Http;
        $this->front    = Zend_Controller_Front::getInstance();
        $this->front->resetInstance();

        $this->front->addModuleDirectory(
          $this->basePath .
          DIRECTORY_SEPARATOR . '_files' .
          DIRECTORY_SEPARATOR . 'modules'
        )
            ->setRequest($this->request)
            ->setResponse($this->response);

        $this->helper =
        new Zend_Controller_Action_Helper_ViewRenderer;

        Zend_Controller_Action_HelperBroker::addHelper(
          $this->helper
        );
    }
}
```

Eine weitere globale Abhängigkeit ist der `Zend_Controller_Action_HelperBroker`, der ebenfalls passend konfiguriert werden muss, damit der View Renderer getestet werden kann. Besonders das letzte Statement ist für Leser, die nicht mit der Funktionsweise von Zend Controller vertraut sind, schwer zu verstehen. Es zeigt, dass Global State es schwer macht, das Zusammenspiel von Klassen zu verstehen. Würde man diese Methode nicht aufrufen, würden einige Tests fehlschlagen und ein fataler Fehler auftreten.

Das Beispiel verdeutlicht noch ein weiteres Problem von Global State: Objekte, die von Global State abhängen, können kaum isoliert getestet werden, sondern hängen auch vom betroffenen Code ihrer globalen Abhängigkeiten ab. Der Global State koppelt Komponenten sehr stark aneinander und verhindert das Unit-Testen. Nach meiner Erfahrung können Anwendungen, die sich auf globale Funktionen und statische Methoden verlassen, nur durch Integrationstests getestet werden, da es keine Möglichkeit gibt, Teile der Anwendung zu ersetzen.

Da `Zend_Controller_Front` auch in verschiedenen anderen Klassen der Komponente `Zend_Controller` verwendet wird, müssen deren Tests ebenfalls den Global State zurücksetzen.

Global State an den zentralen Punkten Ihrer Anwendung öffnet die Büchse der Pandora und verschlechtert die Testqualität deutlich.

Wie man **Probleme mit Global State** vermeidet:

- Es ist eine wohlbekannte Best Practice, in der Anwendungsentwicklung Global State zu vermeiden, allerdings scheint es immer einen guten Grund zu geben, zentrale Abhängigkeiten wie eine Datenbankverbindung oder Validierung nur durch statische Methoden zugreifbar zu machen. Versuchen Sie, Global State um jeden Preis zu vermeiden, und verwenden Sie das Dependency-Injection-Pattern, um Abhängigkeiten tief in den Objektgraphen zu injizieren.
- PHPUnit bietet seit Version 3.4 die Möglichkeit, den Global State, der in statischen Attributen enthalten ist, zu sichern. Obwohl dieses Feature die Nutzung von Global State in Ihrer Anwendung erleichtert, sollten Sie es dennoch vermeiden. Anstelle sich auf Global State zu verlassen, ist es besser, Abhängigkeiten explizit zu machen. Dies erhöht die Qualität von Produktionscode und Testcode.

Das Zend Framework und Symfony ersetzen jeweils im nächsten Major-Release Global State durch eine Dependency-Injection-Lösung, da sowohl Entwickler als auch Benutzer schlechte Erfahrungen mit den negativen Konsequenzen von Global State gemacht haben.

Indirektes Testen

Das Testen einer Klasse durch die Seiteneffekte, die sie in abhängigen Klassen erzeugt, nennt man indirektes Testen. Oft denken Entwickler, ihre Klassen könnten nicht ohne Interaktion mit anderen Klassen getestet werden. Das ist eine andere Spielart von fragilen Tests durch die Benutzerschnittstelle.

Indirekte Tests sind deshalb undurchsichtig, da es Zusicherungen gibt, die den Zustand einer abhängigen Klasse überprüfen, die aber in keiner expliziten Beziehung zur getesteten Klasse steht.

Ein gutes Beispiel für indirektes Testen sind Teile der Testklasse für `ezcMvcDispatcherConfigurable`. Hier wird die Klasse `simpleConfiguration` verwendet, um den MVC Dispatchter mit Routen, Views und Controllern zu konfigurieren. Das Verhalten des Dispatchers wird getestet, indem man auf bestimmte Antworten prüft, die in der Klasse `simpleConfiguration` aufgerufen werden. Während des gesamten Dispatching-Vorgangs werden Inhalte in die Variable `$config->store` geschrieben und mittels String-Vergleichen geprüft, ob der Test erfolgreich war.

```
class ezcMvcToolsConfigurableDispatcherTest extends ezcTestCase
{
    //[..]
    function testExternalRedirect()
    {
        $config = new simpleConfiguration();
        $config->route = 'IRController';
        $dispatcher = new ezcMvcConfigurableDispatcher( $config );
        $dispatcher->run();
        self::assertEquals(
            "BODY: Name: name, Vars: array ([CR] ".
            " 'nonRedirVar' => 4,[CR]   'ReqRedirVar' => 4,[CR])",
            $config->store
        );
    }
```

```
function testRoutingException()
{
    $config = new simpleConfiguration();
    $config->requestParser = 'FaultyRoutes';
    $dispatcher = new ezcMvcConfigurableDispatcher( $config );
    $dispatcher->run();
    self::assertEquals(
        "BODY: Name: name, Vars: array ([CR] ".
        " 'fatal' => 'Very fatal',[CR])",
        $config->store
    );
}
//[..]
}
```

Die Tests machen nicht sofort deutlich, weshalb die Zusicherungen zeigen, dass ein externer Redirect oder eine Routing-Exception aufgetreten ist. Von den Interna der Konfigurationsklasse – immerhin 4000 Zeilen ungetesteter Code – hängt eine ganze Menge Logik ab. Wenn man sich die kryptische Ausgabe ansieht, dann kann man nicht sicher sein, ob der Test wirklich gültig ist oder einfach wegen eines Fehlers in simpleConfiguration fälschlicherweise als erfolgreich erscheint.

Wie man **indirektes Testen** vermeidet:

- Indirektes Testen wird oft verwendet, um Objekte zu testen, welche die Arbeit an andere delegieren, beispielsweise an Observer. Ein besserer Ansatz, ein solches Szenario zu testen, ist die Verwendung von Mock-Objekten, die zur Laufzeit die abhängigen Klassen ersetzen können.
- Die beiden großen PHP-Test-Frameworks PHPUnit[10] und SimpleTest[11] beinhalten beide eine Bibliothek für Mock-Objekte, die einfach zu benutzen ist. Zudem gibt es Mockery[12], ein relativ neues, unabhängiges Mocking-Framework, das eine sehr einfache Syntax hat und in jedes Test-Framework integriert werden kann.

Undurchsichtige Testnamen

Es gibt verschiedene Fälle, in denen die Namen von Tests zur Undurchsichtigkeit beitragen. Im günstigsten Fall kommuniziert der Name einer Testmethode klar, was getestet wird und wie das erwartete Ergebnis aussehen sollte. Wenn dies nicht der Fall ist, ist es unnötig schwer, den Test zu verstehen. Der Name einer Testmethode sollte den Entwickler zumindest in die richtige Richtung lenken.

Ein mögliches Problem ist die Aufzählung von Testmethoden. Hier wird ein sehr allgemeiner Name gefolgt von einer Nummer als Name einer Testmethode verwendet. Einem Entwickler, der diese Tests ansieht, sendet das die Botschaft: „Es gibt viele verschiedene Verhaltensweisen der Funktionalität, nach der Sie suchen, aber bitte raten Sie, welche das sind."

---

[10] http://www.phpunit.de
[11] http://www.simpletest.org
[12] http://github.com/padraic/mockery

Das ist deshalb besonders ärgerlich, da PHPUnit bei fehlgeschlagenen Tests jeweils den Namen der Testmethode ausgibt, was bei der Lokalisation des Defekts eine große Hilfe ist.

Ein Beispiel für aufgezählte Testmethoden findet sich in `ezcWorkflowTest`:

```
class ezcWorkflowTest extends ezcWorkflowTestCase
{
    public function testProperties() { /** [..] */ }
    public function testProperties2() { /** [..] */ }
    public function testProperties3() { /** [..] */ }
    public function testProperties4() { /** [..] */ }
    public function testProperties5() { /** [..] */ }
    public function testProperties6() { /** [..] */ }
    public function testProperties7() { /** [..] */ }
    public function testProperties8() { /** [..] */ }
}
```

Wenn man sich den vollständigen Code ansieht, erkennt man, dass jeder Test auf eine gültige Bedingung der Eigenschaften prüft und die anderen Tests spezielles Verhalten prüfen, das auftreten kann. Während das Beispiel sehr schön zeigt, wie man alle möglichen Randfälle testen kann, wäre es für das Verständnis hilfreich, wenn man eine Beschreibung der erwarteten Ausnahme zum Namen des Tests hinzufügen würde.

Ein weiterer Fall von obskuren Testnamen sind extrem lange Beschreibungen in der CamelCase-Notation. Das ist das genaue Gegenteil des Test-Smell, den wir zuvor gesehen hatten. Diesen Smell findet man in den Testsuites eines jeden der größeren PHP-Frameworks. Hier sind einige Testmethoden aus der Model Testsuite von CakePHP:

1. `testHabtmDeleteLinksWhenNoPrimaryKeyInJoinTable()`
2. `testHabtmSaveKeyResolution()`
3. `testHabtmSavingWithNoPrimaryKeyUuidJoinTable()`
4. `testHabtmSavingWithNoPrimaryKeyUuidJoinTableNoWith()`

Je mehr CamelCase-Worte der Name einer Testmethode hat, desto schwieriger ist dieser zu lesen. Oft unterscheiden sich die Namen nur in den letzten Worten, sodass es schwierig ist, den Unterschied auf den ersten Blick zu erkennen. Die Verständlichkeit der Tests kann verbessert werden, wenn man an dieser Stelle eine Ausnahme vom Coding-Standard macht und Unterstriche verwendet, um Teile des Methodennamens voneinander abzugrenzen.

In Symfony gibt es noch einen weiteren Fall von undurchsichtigen Testnamen, da das Lime-Framework gar keine Testmethoden unterstützt. Das führt zu prozeduralen Testsuites, in denen man überhaupt keine Trennung zwischen den einzelnen Tests mehr erkennen kann. Um dieses Problem hier zu zeigen, müsste ein vollständiger Test abgedruckt werden, etwa `sfFormTest.php`, der aus ca. 900 Zeilen prozeduralem Code besteht und 138 verschiedene Verhaltensweisen untersucht, ohne dass eine Trennung sichtbar wäre. Der folgende Schnipsel ist ein Auszug aus dieser Testsuite:

```
$f = new FormTest();
$f->setValidatorSchema(new sfValidatorSchema(array(
    'first_name' => new sfValidatorString(array('min_length' => 2)),
    'last_name' => new sfValidatorString(array('min_length' => 2)),
)));
```

```
$t->ok(!$f->isBound(),
    '->isBound() returns false if the form is not bound');
$t->is($f->getValues(), array(),
    '->getValues() returns an empty array if the form is not bound');
$t->ok(!$f->isValid(),
    '->isValid() returns false if the form is not bound');
$t->ok(!$f->hasErrors(),
    '->hasErrors() returns false if the form is not bound');

$t->is($f->getValue('first_name'), null,
    '->getValue() returns null if the form is not bound');
$f->bind(array('first_name' => 'Fabien', 'last_name' => 'Potencier'));
$t->ok($f->isBound(), '->isBound() returns true if the form is bound');
$t->is($f->getValues(),
    array('first_name' => 'Fabien', 'last_name' => 'Potencier'),
    '->getValues() returns an array of cleaned values if ...');
$t->ok($f->isValid(),
    '->isValid() returns true if the form passes the validation');
$t->ok(!$f->hasErrors(),
    '->hasErrors() returns false if the form passes the validation');
$t->is($f->getValue('first_name'), 'Fabien',
    '->getValue() returns the cleaned value for a field name ...');
$t->is($f->getValue('nonsense'), null,
    '->getValue() returns null when non-existant param is requested');
```

Man muss Symfony zugutehalten, dass die Umformatierung des Codes, damit er auf diese Seite passt, den Code noch weniger lesbar macht. Allerdings zeigt das Beispiel das Problem der fehlenden Testnamen. Zahlreiche Verhaltensweisen des `TestForm`-Objektes werden getestet, und man hat kaum eine Möglichkeit, den Gesamtzusammenhang zu erkennen. Für Symfony 2 wird Lime übrigens durch PHPUnit ersetzt.

Wie man **undurchsichtige Testnamen** vermeidet:

- Es gibt eigentlich nur einen Rat, um undurchsichtige Testnamen zu vermeiden. Geben Sie Ihren Tests gute Namen, und zögern Sie nicht, Unterstriche zu verwenden, um sehr lange CamelCase-Namen zu separieren.

4.3.5 Lügende Tests

Manchmal ist es schwierig, für ein Programmstück ein bestimmtes Verhalten zuzusichern. Manche Entwickler programmieren an dieser Stelle einige Interaktionen mit anderen Klassen und sichern nichts zu außer der Tatsache, dass keine Exceptions oder Fehler aufgetreten sind. So etwas ist kein echter Unit-Test. Er trägt nur dazu bei, dass unverdient Code-Coverage erzielt und damit eine falsche Sicherheit über die Funktionalität einer Komponente vorgegaukelt wird. Die bloße Ausführung von Code sagt noch nichts darüber aus, ob eine Komponente richtig arbeitet.

Ein Beispiel für einen lügenden Test ist der folgende Teil der `Zend_Db_Table`-Testsuite:

```php
abstract class Zend_Db_Table_TestCommon extends // [..] {
    public function testTableConstructor() {
        $bugs = $this->_table['bugs'];
        $info = $bugs->info();

        $config = array(
            'db'              => $this->_db,
            'schema'          => $info['schema'],
            'name'            => $info['name'],
            'primary'         => $info['primary'],
            'cols'            => $info['cols'],
            'metadata'        => $info['metadata'],
            'metadataCache'   => null,
            'rowClass'        => $info['rowClass'],
            'rowsetClass'     => $info['rowsetClass'],
            'referenceMap'    => $info['referenceMap'],
            'dependentTables' => $info['dependentTables'],
            'sequence'        => $info['sequence'],
            'unknownKey'      => 'testValue');

        $table = new Zend_Db_Table_TableBugs($config);
    }
    // [..]
}
```

Dieser Test tut nichts außer sicherzustellen, dass eine neue Instanz von `Zend_Db_Table` erzeugt werden kann, wenn man ein Array von Parametern übergibt. Schlimmer noch, die Eingabe wird von einer bereits existierenden Instanz der gleichen Klasse übernommen und sollte daher definitionsgemäß valide sein. Leser, die mit den Interna von `Zend_Db_Table` vertraut sind, können sehen, dass dieser Test in der Code-Coverage sehr viele Zeilen Code als ausgeführt markiert. Im schlimmsten Fall könnten andere Programmierer, die Unit-Tests schreiben, fälschlicherweise annehmen, dass diese ausgeführten Zeilen bereits durch einen Test abgedeckt sind, obwohl sie nur zufälligerweise ausgeführt worden sind.

Wie man **lügende Tests** vermeidet:

- Stellen Sie sicher, dass immer eine Zusicherung am Ende des Codes steht, entweder durch den Aufruf einer entsprechenden Methode oder durch indirekte Zusicherungen mithilfe von Mock-Objekten. Wenn Sie keine Zusicherung finden, können Sie den Test löschen, da er keinen praktischen Nutzen hat.

4.3.6 Langsame Tests

Einer der großen Vorteile von Unit-Tests ist die Tatsache, dass sie schnell auf Fehler im Code hinweisen. Wenn allerdings die Tests langsam sind, wird ihnen dieser Vorteil genommen. Es gibt verschiedene Gründe für langsame Tests:

- Sie haben zahlreiche Tests, die mit einer Datenbank, dem Dateisystem oder einem anderen externen System interagieren.
- Ihr Code verwendet häufig `sleep()` oder `usleep()`.

- Es werden komplexe Berechnungen durchgeführt.

Gegen den dritten Punkt können Sie vermutlich nicht viel tun, außer Sie finden einen besseren Algorithmus. Eine gute Systemarchitektur kann aber helfen, die Kommunikation mit externen Systemen und den „Schlafbedarf" von Unit-Tests zu reduzieren.

Durch die Trennung von Domänenlogik und Datenzugriff kann man die Geschäftslogik testen, ohne für jeden Test eine Datenbank aufsetzen und diese nach dem Test wieder zu löschen zu müssen. Das Repository-Pattern hilft dabei, dieses Ziel zu erreichen.

Für den zweiten Punkt gibt es ein Beispiel aus `Zend_Service_Amazon`, das zeigt, wie `sleep()` aufgrund von schlechten Testdesigns notwendig sein kann:

```
public function setUp()
{
    $this->_amazon = new Zend_Service_Amazon(
      constant(
        'TESTS_ZEND_SERVICE_AMAZON_ONLINE_ACCESSKEYID'
      )
    );
    $this->_query = new Zend_Service_Amazon_Query(
      constant(
        'TESTS_ZEND_SERVICE_AMAZON_ONLINE_ACCESSKEYID'
      )
    );

    $this->_httpClientAdapter = new Zend_Http_Client_Adapter_Socket;

    $this->_amazon->getRestClient()
              ->getHttpClient()
              ->setAdapter($this->_httpClientAdapter);

    // terms of use compliance: no more than one query per second
    sleep(1);
}
```

Da die Amazon Service-Tests mit den echten Amazon-Services sprechen, anstelle deren Antworten mit vordefinierten Ergebnissen zu ersetzen, muss `sleep()` verwendet werden, um den Nutzungsbedingungen zu entsprechen. Diese verlangen, dass der Service nicht mit Anfragen überflutet wird. Es wäre besser, eine Reihe von Antworten des Webservice aufzuzeichnen und einen gemockten HTTP-Client diese zurückliefern zu lassen. Dadurch könnte man die teuren Aufrufe von `sleep()` sowie HTTP-Anfragen einsparen, die diese Testsuite so langsam machen.

Wie man **langsame Tests** vermeidet:

- Trennen Sie Code, der bekanntermaßen langsam ist, von der Geschäftslogik, die ihn benutzt. So können Sie die Geschäftslogik testen, ohne die langsamen Teile des Codes auszuführen.
- Für den Datenbankzugriff verwenden Sie das Repository- oder ein anderes Data-Mapping-Pattern [Fowler 2003], um die Geschäftslogik vollständig von der Persistenzschicht zu trennen.

- Für entfernte Dienste trennen Sie Client, Antwort und Parser in eigene Objekte, sodass die Testantworten einfach an den Webservice-Client übergeben werden können.

4.3.7 Konditionale Logik in Tests

Konditionale Logik sollte in Tests generell vermieden werden. Der Grund dafür ist einfach. Die Tests selbst können nicht auf Korrektheit getestet werden, also sollte ihre Komplexität möglichst gering sein. Konditionale Logik und Schleifen sollten daher vermieden werden, da sie Komplexität schaffen. Das reduziert auch die Wahrscheinlichkeit von Fehlern, die in Schleifen oder Bedingungen eingeführt werden und fehlerhafte Tests erzeugen, die erfolgreich sind, obwohl sie fehlschlagen müssten.

Ein weiteres Argument gegen konditionale Logik ist die Möglichkeit, dass abhängig von den Vorbedingungen verschiedene Testpfade durchlaufen werden. Wenn Vorbedingungen bestimmen, welcher Teil der Tests ausgeführt wird, gibt es keine Garantie dafür, dass ein durchgeführter Test auch tatsächlich den erwünschten Ausführungspfad abdeckt. Außerdem können wegen konditionaler Logik möglicherweise Tests fehlschlagen, wenn sie alleine ausgeführt werden, aber funktionieren, wenn sie in einer Gruppe ausgeführt werden oder umgekehrt.

Ein gutes Beispiel dafür, warum konditionale Logik in Tests vermieden werden sollte, ist die Testsuite für Zend_Session. Abhängig davon, ob zuvor eine Session gestartet wurde, wird dieser Test nicht ausgeführt, oder es wird eine andere Funktionalität getestet:

```
class Zend_SessionTest extends PHPUnit_Framework_TestCase {
    // [..]
    public function testRegenerateId() {
        // Check if session hasn't already been started
        // by another test
        if (!Zend_Session::isStarted()) {
            Zend_Session::setId('myid123');
            Zend_Session::regenerateId();
            $this->assertFalse(Zend_Session::isRegenerated());
            $id = Zend_Session::getId();
            $this->assertTrue($id === 'myid123',
                'getId() reported something different '.
                'than set via setId("myid123")'
            );
            Zend_Session::start();
        } else {
            // Start session if it's not actually started
            // That may happen if Zend_Session::$_unitTestEnabled
            // is turned on while some other
            // Unit tests utilize Zend_Session functionality
            if (!defined('SID')) {
                session_start();
            }

            // only regenerate session id if session
            // has already been started
```

```
            Zend_Session::regenerateId();
        }

        $this->assertTrue(Zend_Session::isRegenerated());

        try {
            Zend_Session::setId('someo-therid-123');
            $this->fail(
                'No exception was returned when trying to '.
                'set the session id, after session_start()'
            );
        } catch (Zend_Session_Exception $e) {
            $this->assertRegexp(
              '/already.*started/i', $e->getMessage()
            );
        }
    }
    // [..]
}
```

Obwohl die Natur von Sessions vermutlich solche konditionale Logik notwendig macht, zeigt das Beispiel, warum diese in Tests gefährlich sein kann.

Wie man **konditionale Logik in Tests** vermeidet:

- Extrahieren Sie das Aufsetzen des Testinventars und Zusicherungen, die konditionale Logik oder Schleifen benötigen, in eine eigene Hilfsmethode, und testen Sie diese auf Korrektheit.
- Vermeiden Sie in Ihrer Anwendung Global State, der die Verwendung von konditionaler Testlogik erfordert.

4.3.8 Selbstvalidierende Tests

Ein bequemer Weg, einen Test zu schreiben, ist es, die zu testende Klasse eine Ausgabe erzeugen zu lassen, die dann als korrekt zugesichert wird. Das ist oft dann der Fall, wenn der Code nicht testgetrieben entwickelt und der Testcode vom gleichen Entwickler wie der Produktionscode geschrieben wird.

Nehmen wir an, das zu testende System erzeugt umfangreiches XML als Ausgabe, parst Strukturen und erzeugt ein PHP-Array oder -Objekt als Ausgabe oder erzeugt einfach eine Menge an Ausgaben aus anderen Quellen. Klassen, die solche komplexen Rückgabewerte erzeugen, werden oft getestet, indem man das Ergebnis mit der ungetesteten Klasse erzeugt und verwendet, um die Zusicherungen zu programmieren.

Tests, die so entstehen, haben die unangenehme Eigenschaft, Fehler als korrektes Verhalten der Anwendung auszuweisen. Wenn eine getestete Methode eine sehr komplexe Ausgabe erzeugt, werden Entwickler oft dazu verführt, den Test zu programmieren, indem die Ausgabe einfach kopiert wird, ohne sicherzustellen, dass sie auch tatsächlich korrekt ist.

Es ist kaum möglich, in einem Buch Beispiele für selbstvalidierende Tests zu zeigen, da diese meist mindestens 50–100 Zeilen Code haben. Ich kann den interessierten Leser allerdings auf einige Beispiele verweisen, die er selbst nachschlagen kann.

In der Testsuite von CakePHP hat die `ModelTest`-Klasse über 400 Zeilen Code, die das Testinventar und die Erwartungen definieren. Dieser Test stellt sicher, dass Model-Komponenten korrekt in die Datenbank geschrieben und von dort gelesen werden können. Die Methode `testFindAllThreaded()` ist ein Beispiel für ein solches riesiges Test-Setup. Dieses wurde erzeugt, indem man das Ergebnis der Methoden mit `var_export()` ausgab und mit diesen Informationen die Zusicherung programmierte. Ich kann mir kaum vorstellen, dass der Autor dieses Tests diesen Setup-Code selbst geschrieben oder zumindest die gesamte Ausgabe bis ins Detail auf Korrektheit überprüft hat.

Im `Zend_Soap_AutoDiscoverTest` wird die Erzeugung von WSDL-Dateien basierend auf Eingaben an eine Funktion oder Klasse überprüft. Dabei wird die gesamte erzeugte WSDL-Ausgabe auf String-Gleichheit zugesichert. Bedenkt man die Komplexität von WSDL als Beschreibungssprache, mag man daran zweifeln, ob diese Ausgabe durch einen Menschen geschrieben oder zumindest überprüft wurde. So wurden denn auch in früheren Versionen verschiedene Bugs in `Zend_Soap_AutoDiscover` gefunden, welche durch die selbstvalidierenden Tests als korrektes Verhalten ausgewiesen worden waren.

Wie man **selbstvalidierende Tests** vermeidet:

- Widerstehen Sie der Erzeugung von Ausgaben für Tests und Zusicherungen, auch wenn es sehr verlockend ist (und das dürfte meist der Fall sein).
- Strategien, um Komponenten mit sehr komplexer Ausgabe zu testen: Bitten Sie einen Kollegen, die Tests zu schreiben, oder schreiben Sie diese im Rahmen von testgetriebener Entwicklung vorab.

4.3.9 Websurfende Tests

Ein websurfender Test benötigt eine HTTP-Verbindung zu einer anderen Webseite, um zu funktionieren. Da es PHP-Funktionen wie `file_get_contents()` gibt, um auf einfache Weise eine vollständige HTML-Site, einen RSS-Feed oder anderen Content aus dem Web zu holen, kann es leicht vorkommen, dass eine solche Funktionalität tief in einer Klasse versteckt und es nicht möglich ist, diesen externen Aufruf zu ersetzen oder zu mocken. Jeder Test der Klasse wird dann über eine TCP/IP-Verbindung Inhalte von einem entfernten Ort holen.

In Unit-Tests sollte man die Nutzung von externen Ressourcen, sei es Netzwerk, Datenbank oder Dateisystem, generell vermeiden. Es ist zeitaufwendig, mit solchen Ressourcen zu kommunizieren, was die Laufzeit der Unit-Tests erheblich vergrößern kann. Eine langsame Testsuite wird vermutlich weniger oft ausgeführt und verliert daher ihre Vorteile für den Entwickler.

Ein weiterer negativer Aspekt von surfenden Tests ist die Tatsache, dass man sich nicht auf den Inhalt von externen Ressourcen verlassen kann, was es schwer macht, auf bestimmte Rückgabewerte zu testen. Man kann dann nur einige sehr generelle Aspekte anstelle von spezifischer Funktionalität testen und daher nur schwerlich beweisen, dass die Komponente korrekt arbeitet. Ein gutes Beispiel für einen solchen Test-Smell ist wieder der Testfall für `Zend_Service_Amazon_OnlineTest`.

```php
class Zend_Service_Amazon_OnlineTest extends // [..]
{
    // [..]
    public function testItemSearchMusicMozart()
    {
        $resultSet = $this->_amazon->itemSearch(array(
            'SearchIndex'   => 'Music',
            'Keywords'      => 'Mozart',
            'ResponseGroup' => 'Small,Tracks,Offers'
        ));

        foreach ($resultSet as $item) {
            $this->assertTrue(
                $item instanceof Zend_Service_Amazon_Item
            );
        }
    }
    // [..]
}
```

In diesem Listing wird nicht gezeigt, dass die `setUp()`-Methode dieses PHPUnit-Tests eine Verbindung zu den echten Amazon Web Services aufbaut, damit der Aufruf von `itemSearch()` eine echte Anfrage nach Mozart-Produkten in der Amazon-Kategorie Musik absetzt.

Da verschiedene CDs mit Musik von Mozart zurückgeliefert werden können, ist das Ergebnis dieser Abfrage nicht in jedem Testdurchlauf gleich. Die einzig mögliche Zusicherung für diesen Test ist daher, dass auch tatsächlich über die Ergebnisse iteriert werden kann. Das beweist, dass der Ergebnis-Parser korrekt funktioniert, prüft aber nicht, ob alle Felder und Werte auch wirklich in die Ergebniselemente eingefügt werden. Dieser Test schafft es also nicht zu überprüfen, ob eine Musiksuche korrekt funktioniert.

Wie man **websurfende Tests** vermeidet:

- Stellen Sie sicher, dass externe Aufrufe wie TCP/IP-Verbindungen, Dateisystem- oder Datenbankaufrufe gemockt werden können. Das setzt die Verwendung einer objektorientierten Abstraktionsschicht oder eines zentralen Gateways voraus, die zum Testen neu konfiguriert werden können. Versuchen Sie, PHP-Funktionen, die auf Ressourcen zugreifen, in Objekte zu kapseln, da Funktionen zur Laufzeit nicht ersetzt werden können.
- Benutzen Sie Beispielausgaben der externen Ressourcen, um konkrete Nutzungsfälle Ihres Codes zu testen und dessen korrektes Verhalten zuzusichern.

4.3.10 Mock-Overkill

Es ist eine übliche Vorgehensweise, in Unit-Tests die Aufrufe von abhängigen Objekten zu mocken. So kann man die Umgebung und die Abhängigkeiten der zu testenden Klasse besser kontrollieren. Wenn für einen einzelnen Test allerdings zahlreiche Komponenten gemockt werden müssen, ist es mitunter schwer zu verstehen, warum und wie genau diese Mock-Objekte genutzt werden. Es kann passieren, dass man eigentlich nur testet, ob sich verschiedene Mock-Objekte gegenseitig Parameter und Rückgabewerte übergeben können.

Generell lässt sich sagen, dass Mock-Objekte ein zu wenig genutztes Feature von Unit-Testumgebungen sind. Es gibt aber auch Beispiele dafür, wie zu viele Mock-Objekte genutzt werden, etwa im Dispatcher des FLOW3-Frameworks:

```
class DispatcherTest extends \F3\Testing\BaseTestCase {
    //[..]
    public function dispatchCallsTheControllersProcessRequest...() {
        $mockRequest = $this->getMock('F3\FLOW3\MVC\Request');
        $mockRequest->expects($this->any())
            ->method('getControllerObjectName')
            ->will($this->returnValue('FooController'));
        $mockRequest->expects($this->at(0))
            ->method('isDispatched')
            ->will($this->returnValue(FALSE));
        $mockRequest->expects($this->at(2))
            ->method('isDispatched')
            ->will($this->returnValue(FALSE));
        $mockRequest->expects($this->at(4))
            ->method('isDispatched')
            ->will($this->returnValue(TRUE));

        $mockResponse = $this->getMock('F3\FLOW3\MVC\Response');

        $mockController =
            $this->getMock('F3\FLOW3\MVC\Controller\ControllerInterface',
                array('processRequest', 'canProcessRequest')
        );
        $mockController->expects($this->exactly(2))
            ->method('processRequest')
            ->with($mockRequest, $mockResponse);

        $mockObjectManager =
            $this->getMock('F3\FLOW3\Object\ManagerInterface',
            array(), array(), '', FALSE
        );
        $mockObjectManager->expects($this->exactly(2))
            ->method('getObject')
            ->with('FooController')
            ->will($this->returnValue($mockController));

        $dispatcher = $this->getMock('F3\FLOW3\MVC\Dispatcher',
            array('dummy'), array($mockObjectManager), '', TRUE
        );
        $dispatcher->dispatch($mockRequest, $mockResponse);
    }
    //[..]
}
```

Zur Verteidigung von FLOW3 muss man sagen, dass die Umformatierung diesen Code noch komplexer aussehen lässt. Man kann aber sehen, dass in den letzten beiden Statements der eigentliche Test durch ein Mock-Objekt durchgeführt wird, was die Frage aufwirft, ob hier echter Code getestet wird oder nur die Interaktion von Mock-Objekten.

Wie man **Mock-Overkill** vermeidet:

- Versuchen Sie, die Anzahl der Abhängigkeiten eines Objektes zu minimieren, indem Sie einen tiefen Objektgraphen erzeugen. Es ist einfacher, drei Abhängigkeiten eines Objektes mit jeweils drei weiteren Abhängigkeiten zu mocken, als wenn Sie neun Mock-Objekte auf einmal benötigen, um eine Klasse für einen Unit-Test zu instanziieren.
- Delegieren Sie die Erzeugung von Mock-Objekten an erzeugende Methoden, deren Namen ihr Verhalten deutlich machen. Das verkürzt Testcode, der mehrere Mock-Objekte benötigt, erheblich. Es hilft auch, Codeduplikation zu vermeiden.
- Stellen Sie sicher, dass zumindest ein wenig Produktionscode verbleibt, wenn Sie Mock-Objekte verwenden. Andernfalls testen Sie womöglich nicht wirklich, dass der Produktionscode richtig funktioniert, sondern nur, dass die Mock-Objekte einander Parameter und Ausgaben richtig übergeben.

4.3.11 Skip-Epidemie

Wenn ein Test fehlschlägt und der Entwickler nicht weiß weshalb, entscheidet er sich vielleicht dafür, den Test erst einmal zu überspringen. Obskure oder fragile Tests werden oft als übersprungen markiert, da es viel Zeit kosten kann, fehlgeschlagene Tests zu reparieren. Zahlreiche übersprungene Tests sind daher generell ein Anzeichen für das Vorhandensein von Smells. Wenn die Programmierer dabeibleiben, ihre Tests als übersprungen zu markieren, wird die Code-Coverage langsam absinken. Zudem wird es immer schwieriger, einen übersprungenen Test wieder ins Lot zu bringen, je länger er nicht ausgeführt wurde.

PHPUnit zählt für jeden Testlauf die Anzahl der übersprungenen Tests. Wenn diese Zahl relativ hoch ist, sollte das für Sie eine Warnung sein, dass Ihre Testsuite mehr und mehr zu einem Schweizer Käse wird, wobei die großen Löcher der fehlenden Test-Coverage entsprechen.

4.4 Fazit

Diese Fallstudie zeigt, dass Bad Practices in Tests relativ weit verbreitet sind und auch in großen Open-Source-Frameworks vorkommen. Wir haben die jeweiligen Auswirkungen von schlechter Testqualität und Test-Smells auf die Wartung, die Release-Zyklen und die Qualität des Produktionscodes gezeigt und mögliche Lösungen diskutiert. Um den größtmöglichen Nutzen aus dem Testen von Software zu ziehen, sollte es selbstverständlich werden, die beschriebenen Bad Practices und Test-Smells zu vermeiden.

5 Kontinuierliche Integration

von Manuel Pichler und Sebastian Nohn

5.1 Einführung

Nach dem Erfolg dynamischer Testverfahren haben in den letzten Jahren auch die kontinuierliche Integration und statische Testverfahren ihren Siegeszug in der PHP-Welt angetreten.

Die statische Analyse gehört zu den statischen Testverfahren, bei der das Testobjekt im Gegensatz zu den in Kapitel 2 beschriebenen dynamischen Testverfahren nicht ausgeführt wird. Bei der statischen Analyse wird das Testobjekt vor allem auf formale Qualitätskriterien wie korrekte Codeformatierung oder die Abwesenheit von Codeduplikaten überprüft. Zudem werden von einfachen Metriken wie die Anzahl der ausführbaren Codezeilen bis hin zu komplexen Metriken wie der zyklomatischen Komplexität oder dem Code-Rank die verschiedensten Kennzahlen berechnet. Da eine vollständige Automatisierung der Überprüfung einfach ist, kann man die Abwesenheit von Fehlern nachweisen, während mit dynamischen Verfahren nur die Anwesenheit von Fehlern gezeigt und allenfalls auf Basis von Testendekriterien auf eine ausreichende Qualität geschlossen werden kann. Einwandfreier Code ist eine notwendige Bedingung von hochwertiger Software. Mit statischer Analyse können viele stilistische Fehler, die häufig auch ein Hinweis auf semantische Fehler sind, kostengünstig gefunden werden.

Kontinuierliche Integration führt im Idealfall nach jeder Änderung an der Software alle ihre Teile unter Überprüfung aller Qualitätskriterien zu einer Gesamtsoftware zusammen, die ausgeliefert beziehungsweise in Betrieb genommen werden kann. Durch die zeitnahe Ausführung der Tests in einer definierten Umgebung und die rasche Bereitstellung von weiter testbarer Software steigt die Qualität mit der Einführung deutlich. Einmal eingerichtet, leistet die kontinuierliche Integration einen wichtigen Beitrag zur Erhöhung der Softwarequalität und erlaubt durch die Aufzeichnung einer Historie von Metriken auch Langzeitanalysen über die Qualität der Entwicklungsprozesse.

Das in diesem Kapitel beschriebene Vorgehen zur Einführung von statischer Analyse und kontinuierlicher Integration beruht unter anderem auf Erfahrungen, die in einem als Auftragsarbeit durchgeführten Software-Projekt gesammelt wurden. Die Umsetzung der Software begann 2003 und war mit einer Entwicklungszeit von annähernd zwei Jahren angesetzt.

Die technische Grundlage dieses Projektes bildete eine bereits seit einigen Jahren im Unternehmen eingesetzte Bibliothek, die verschiedene Basisfunktionalitäten zur Objektpersistierung, zum Templating und zur Sessionverwaltung bereitstellte. Die Anfänge dieser Bibliothek wurden bereits zu Zeiten von PHP 3 entwickelt. Dabei erfolgte die Weiterentwicklung kontinuierlich in verschiedenen Projekten, häufig auch mittels *Copy and Paste* oder *Copy, Paste, Adapt*. An diesem Prozess waren im Laufe der Zeit verschiedenste Entwickler beteiligt, die mangels klarer Programmierkonventionen im Quelltext ihre ganz persönliche Handschrift hinterlassen haben.

Als 2005 mit den ersten qualitätssichernden Maßnahmen begonnen wurde, betrug der Umfang des Projekts annähernd 50.000 – meist undokumentierte – Zeilen Quelltext. Eine erste Analyse zeigte sehr schnell, dass eines der Kernprobleme das vielfach praktizierte Kopieren und Adaptieren von Funktionalitäten war. Infolgedessen konnten Änderungswünsche des Kunden häufig nicht einmalig an zentraler Stelle vorgenommen werden, sondern erforderten eine Vielzahl kleinerer Anpassungen. Diese Verteilung identischer Logik führte regelmäßig zu unvorhersehbaren Implikationen in anderen Teilen der Software.

Der Hauptgrund für das praktizierte *Copy, Paste, Adapt* dürfte wohl in der Komplexität vieler Methoden und Klassen gelegen haben. Zum Teil erstreckten sich diese über mehrere Hundert Zeilen. Die Folge aus diesem Zustand war, dass nach jeder Änderung ein aufwendiger manueller Test durchgeführt werden musste, um mögliche Seiteneffekte zu entdecken. Selbstverständlich wiederholte sich dieses Testen nach jeder Entdeckung und Behebung eines Fehlers. Neben der Tatsache, dass dies ein mühseliges und fehleranfälliges Vorgehen war, entstanden auch erhebliche Kosten für Auftraggeber und Auftragnehmer, denn für jede Änderung wurden durchschnittlich 40% auf die kalkulierten Zeiten aufgeschlagen.

Die genannten Faktoren führten bei allen Projektbeteiligten zu einer gewissen Unzufriedenheit mit dem Produkt. Dies begann bei den eigentlichen Nutzern der Anwendung, die sich häufig wie Tester einer Software im Betastadium gefühlt haben müssen, und bewirkte vor allem, dass die eigentlich gute Arbeit der Entwickler immer wieder durch ungewollte Seiteneffekte zunichte gemacht wurde. Durch die sukzessive Einführung qualitätssichernder Prozesse, wie kontinuierliche Integration, statische Analyse und automatisierte Tests, konnte diese allgemeine Unzufriedenheit im Laufe der Zeit abgestellt werden.

5.1.1 Kontinuierliche Integration

In der Software-Technik [Balzert 2001] ist die Integration das Zusammenführen von Komponenten zu einer bekannten Konfiguration.

> Eine durch Integration entstandene Kombination bekannter Versionen von Komponenten nennt man **Konfiguration**. Wir können zwischen Konfigurationen unterscheiden, die unsere Qualitätsanforderungen erfüllen, und solchen, die unsere Qualitätsanforderungen nicht erfüllen. Bekannte Konfigurationen sind für Aufgaben wie die Installation auf Produktivsystemen oder die Reproduktion von Fehlern jederzeit wieder erzeugbar.

Häufig versteht man unter Integration auch das Kompilieren und Linken der verschiedenen Komponenten und Bibliotheken zu einem installierbaren System. Bei einer interpretierten Programmiersprache wie PHP entfallen diese Schritte, sofern man von Code-Generatoren, wie sie beispielsweise Propel oder Symfony verwenden, oder Code-Transformatoren wie HipHop[1] absieht. Grundvoraussetzung, um unter Qualitätsgesichtspunkten einen Mehrwert durch Integration zu erlangen, sind bekannte Versionen der zu integrierenden Komponenten. Diese nun bekannte Konfiguration kann getestet werden. Tritt in diesen Tests eine Regression auf, können auf Basis der letzten als funktionierend bekannten Konfiguration Rückschlüsse auf die Ursache der Fehler gezogen werden. Des Weiteren kann ein Entwickler die erste als fehlerhaft bekannte Konfiguration als Basis für die Fehlerbehebung nutzen.

Bei den vier Säulen des Konfigurationsmanagements [Whitgift 1991] basiert die kontinuierliche Integration auf dem Versions- und Build-Management und verbindet und unterstützt diese in einem gemeinsamen Prozess.

Den Prozess der Integration nennt man auch *Builden*. Der Wert dieser Builds lässt sich durch weitere Maßnahmen deutlich vergrößern: Automatisierte Tests helfen, die Qualität des Builds zu steigern. Die Einführung einer Regel, dass Entwickler ihre Arbeit nur dann abgeschlossen haben, wenn der Build nach Bereitstellung der Arbeitsergebnisse im Repository erfolgreich verläuft, wird dazu führen, dass stets ein lauffähiger Stand der Software verfügbar ist. Um die Arbeit der Entwickler nicht zu sehr zu verzögern, sollte die Erzeugung eines Builds aber auch nur wenige Minuten dauern.

Mithilfe von Build-Werkzeugen wie Make, Ant oder phing lässt sich der **Buildprozess** automatisieren. Automatisierte Buildprozesse sind leicht reproduzierbar und eine Grundvoraussetzung für kontinuierliche Integration. Automatisierte Tests helfen dabei, die Qualität eines Builds zu steigern.

Ein typisches PHP-Projekt besteht aus direkt zum Projekt gehörenden PHP-Quellcodedateien sowie externen PHP-Bibliotheken und Konfigurationsdateien. Werden alle projekteigenen Dateien in einem Versionsverwaltungssystem wie Subversion gepflegt, also auch die Anweisungen zur Integration, zum Beispiel als Makefile oder Ant-Skript, können Software-Versionen jederzeit wiederhergestellt und zurückverfolgt werden. Insbesondere können konsistente Systeme erzeugt und historische Versionen nicht mehr verändert werden.

Zwingende Voraussetzung für kontinuierliche Integration ist ein **Versionsmanagement** aller zur Erzeugung einer Konfiguration benötigten Komponenten mithilfe eines Versionsverwaltungssystems wie Subversion.

Nun haben wir alle Voraussetzungen, um unsere Software automatisch, zum Beispiel zeitgesteuert oder ausgelöst durch inhaltliche Ereignisse, integrieren zu können. Zu den Vorteilen der kontinuierlichen Integration gehören ein sehr schnelles Feedback über den Erfolg oder Misserfolg von Änderungen. Insbesondere lassen sich durch diese Beschleuni-

---

[1] http://wiki.github.com/facebook/hiphop-php/

gung Fehler und Ursachen von Fehlern deutlich schneller identifizieren und Code-Freeze-Zeiten, in denen keine Änderungen am Code vorgenommen werden dürfen, verhindern oder zumindest verringern.

Der einfachste und vermutlich meist praktizierte Weg, regelmäßige Integration zu implementieren, sind über Cron und ähnliche Mechanismen gesteuerte Buildprozesse, häufig unter dem Stichwort *Daily Build*. Für kontinuierliche Integration sind ausgefeiltere Mechanismen und spezialisierte Werkzeuge nötig. In dieser Case Study verwenden wir das auf CruiseControl basierende phpUnderControl.

 Unter **kontinuierlicher Integration** versteht man die durch externe Ereignisse gesteuerte, automatische Erzeugung von Builds. Zu den Vorzügen von kontinuierlicher Integration gehört vor allem ein schnelleres Feedback über die Folgen von Änderungen.

Kontinuierliche Integration fordert die Disziplin von allen am Code Beteiligten. Sie ist allerdings auch mehr als nur das Aufsetzen von ein paar Werkzeugen. Durch das sehr zeitnahe Feedback des Continuous-Integration-Servers lässt sich die Änderung, die zum Fehlschlagen eines Builds geführt hat, gut eingrenzen. Das erfordert aber auch ein frühes und häufiges Committen von Änderungen durch die Entwickler. Damit dieser Vorteil erhalten bleibt, müssen Fehler schnellstmöglich festgestellt und die Ursachen von fehlschlagenden Builds mit höchster Priorität behoben werden. Durch testgetriebene Entwicklung und automatisierte Akzeptanz- und Integrationstests werden Fehler in dem Moment detektierbar, in dem sie eingebaut werden. Dies führt fast automatisch dazu, dass Entwickler ihren Code vor dem Einchecken ins Versionsverwaltungssystem testen.

Formale Kriterien werden mit jeder Änderung geprüft, die Ergebnisse werden aufgezeichnet und sind somit auch über Zeiträume hinweg auswertbar. Da Verletzungen der Richtlinien per E-Mail oder durch ähnliche Kommunikationsmechanismen an alle Projektbeteiligten gemeldet werden, wird die Hemmschwelle, Verletzungen zu begehen, deutlich erhöht. Sich wiederholende Aufgaben werden automatisch und reproduzierbar ausgeführt. Der Anreiz, weitere Schritte im Produktzyklus zu automatisieren, steigt.

Automatisierbare und häufig wiederholte Aufgaben im Software-Entwicklungsprozess sollten zur Entlastung aller Projektbeteiligten automatisiert und kontinuierlich ausgeführt werden. Dadurch kann auch sichergestellt werden, dass der vorgesehene und im Build-Skript manifestierte Ablauf stets eingehalten wird.

Zu guter Letzt liefert ein Continuous-Integration-System stets den letzten Stand der Software, der ausgeliefert beziehungsweise in Betrieb genommen werden kann. Neuere Ansätze gehen bereits in die Richtung von echten Continuous-Deployment-Systemen. Diese erfordern jedoch weitere Anpassungen an den Entwicklungs- und Testprozessen. Wir gehen in Abschnitt 5.5.1 kurz darauf ein.

Insgesamt bietet kontinuierliche Integration allen Projektbeteiligten eine höhere Sicherheit bei ihrer täglichen Arbeit.

5.1.2 Statische Analyse

Codeduplikate

Eines der größten Probleme in Software-Projekten liegt in dupliziertem Quelltext. Unter dem Begriff *Codeduplikat* bzw. dem häufiger anzutreffenden englischen Begriff *Code Clone* versteht man im Allgemeinen gleiche beziehungsweise stark korrelierende Programmfragmente, die in einer Software mehrfach innerhalb des Quelltextes auftauchen.

Eines der Hauptprobleme von dupliziertem Code besteht darin, dass zu keinem Zeitpunkt sichergestellt ist, dass an einem Teil der Software durchgeführte Änderungen auf die gesamte Applikation ausschließlich die gewünschte Auswirkung haben. Dies liegt daran, dass das Verhalten der Anwendung nicht gekapselt vorliegt, sondern an verschiedenen Stellen im System existiert. Durch diesen Zustand können schnell neue Fehler entstehen, denn meist fehlt der vollständige Überblick über die gesamte Software, und der kopierte Quelltext selbst enthält normalerweise keinerlei Hinweise auf vorhandene Duplikate. In aller Regel kommen solche Inkonsistenzen erst während ausgiebiger Abnahmetests zutage. Im schlimmsten Fall werden sie erst durch den Anwender entdeckt.

Laut Martin Fowler [Fowler 2000] handelt es sich bei Codeduplikaten um die Nummer eins der *Bad Smells*, denn ein aufgedeckter Fehler in kopiertem oder mehrfach entwickeltem Quelltext erschwert eine spätere Wartung erheblich. Der bevorzugte Lösungsansatz, um dem Problem der Codeduplikate und der damit verbundenen schlechten Wartbarkeit Herr zu werden, ist die Refaktorierung.

Refaktorierung bedeutet, Verbesserungen an vorhandenem Code durchzuführen, um ihn lesbarer oder leichter erweiterbar zu machen. Dabei wird keine neue Funktionalität hinzugefügt und das nach außen wahrnehmbare Verhalten des Codes darf sich nicht ändern.

In der diesem Kapitel zugrunde liegenden Software waren Codeduplikate keine Seltenheit. Ein großer Teil der verwendeten Bibliothek war im Lauf der Zeit unzählige Male kopiert und adaptiert worden. Aber auch in verschiedenen Teilen der eigentlichen Software hatten sich während der Entwicklung einige Duplikate eingeschlichen.

Die auffallendste und am leichtesten zu entdeckende Form von Codeduplizierung war in der Komponente zur Template-Verarbeitung zu finden. Es existierten insgesamt drei unterschiedliche Implementierungen zur Behandlung der Templates. Der einzige Unterschied der Klassen bestand darin, dass die Templates aus unterschiedlichen Datenquellen geladen wurden. Ansonsten war die Funktionalität weitgehend identisch. Einen solchen *Clone* kann man recht problemlos mit den entsprechenden Werkzeugen aufdecken, beispielsweise PMD-CPD[2] oder `phpcpd`[3].

Das nachstehende Beispiel zeigt, wie einfach es mit `phpcpd` möglich ist, die exakten Duplikate in der vorhandenen Codebasis aufzudecken. Im Fallstudienprojekt wurden für die detektierten Duplikate in einem späteren Refactoring Testfälle geschrieben. Anschließend

---

[2] http://pmd.sf.net/cpd.html
[3] http://github.com/sebastianbergmann/phpcpd

konnten Teile des Quelltextes gefahrlos in eine abstrakte Basisklasse herausgezogen werden.

```
$ phpcpd /home/case-study/lib/template
phpcpd 1.3.0 by Sebastian Bergmann.

Found 7 exact clones with 99 duplicated lines in 3 files:

  - /home/case-study/lib/template/db.php:24-30
    /home/case-study/lib/template/string.php:19-25

  - /home/case-study/lib/template/db.php:28-36
    /home/case-study/lib/template/string.php:45-53

  - /home/case-study/lib/template/db.php:167-193
    /home/case-study/lib/template/string.php:71-97

  - /home/case-study/lib/template/db.php:79-88
    /home/case-study/lib/template/file.php:65-74

  - /home/case-study/lib/template/string.php:127-142
    /home/case-study/lib/template/file.php:85-100

  - /home/case-study/lib/template/db.php:132-149
    /home/case-study/lib/template/file.php:130-147

  - /home/case-study/lib/template/db.php:244-262
    /home/case-study/lib/template/file.php:170-188

14.73% duplicated lines out of 672 total lines of code.
```

Das Aufdecken von Duplikaten ist wesentlich komplizierter, wenn es sich nicht mehr um exakte Kopien handelt. Dies geschieht, sobald an einer der beteiligten Stellen Änderungen durchgeführt wurden. Ein sehr einfacher, aber häufig anzutreffender Fall ist die Umbenennung einer Laufvariablen, wie sie in `for`-Schleifen anzutreffen ist. Beruht nun der Quelltext innerhalb des Schleifenrumpfs auf dieser Variablen, kann er nicht mehr so einfach als Duplikat erkannt werden. Um dieses Problem zu umgehen, bieten die meisten Werkzeuge weitere Optionen an. Beispielsweise kann man einen eigenen Wert für die Anzahl der identischen Token[4] definieren, die mindestens erforderlich sind, um als Duplikat erkannt zu werden. Eine weitere Möglichkeit besteht in der Normalisierung von Bezeichnern für Variablen, Methoden und Klassen. Bei diesem Prozess werden vor der Analyse alle frei vergebenen Namen durch einen einheitlichen Wert ersetzt.

Software-Metriken

Bei Software-Metriken handelt es sich um statisch ermittelte Messwerte zur Bewertung und Überprüfung der Qualität einer Software. Eines der Hauptziele von Metriken ist das Auffinden all jener Stellen in einer Anwendung, die höchstwahrscheinlich anfällig für Defekte sind oder die Wartung der Software wesentlich erschweren.

Da Software-Metriken in den meisten Fällen mithilfe spezieller Werkzeuge ermittelt werden, bieten sie sich gut für den Einsatz innerhalb eines automatisierten Buildprozesses

---

[4] Ein Token ist eine Einheit im Quelltext, beispielsweise eine einzelne Klammer, ein Pluszeichen oder ein Schlüsselwort der Programmiersprache.

an. Die gewonnenen Informationen können dann als Grundlage für ein manuelles Code-Review herangezogen werden, in dem die detektierten Code-Abschnitte einer genaueren Analyse unterzogen werden.

Neben der reinen Unterstützung von Code-Reviews bringt der Einsatz eines Analysewerkzeugs noch weitere Vorteile mit sich:

- Ein Analysewerkzeug ist in der Lage, in kürzester Zeit große Mengen an Quelltext zu verarbeiten.
- Die durch Software durchgeführte Analyse ist sehr kostengünstig, da sie beliebig oft wiederholt werden kann und dabei nur wenige Ressourcen verbraucht.
- Eine Software ist immer objektiv. Subjektive oder persönliche Faktoren spielen keine Rolle.
- Flüchtigkeitsfehler, wie sie bei wiederkehrenden Aufgaben häufiger auftreten, sind durch den Einsatz einer Software von vornherein ausgeschlossen.

Die in einem automatisierten Buildprozess ermittelten Metriken können zur kontinuierlichen Kontrolle der Qualität einer Software genutzt werden. Sie helfen dabei, negative Entwicklungen in einem Projekt frühzeitig zu entdecken. Die berechneten Kennzahlen ermöglichen es Software-Architekten und Entwicklern, Teile einer Software zu identifizieren, die der Schwerpunkt späterer Code-Reviews oder Refactoring-Phasen werden sollen.

Klassische Metriken

Software-Metriken sind kein neues Thema. Die Idee, fehleranfällige Software-Artefakte anhand messbarer Werte erkennen zu können, stammt bereits aus den Sechzigerjahren des letzten Jahrhunderts. So wurde beispielsweise die zyklomatische Komplexität durch Thomas J. McCabe [McCabe 1976] bereits im Dezember 1976 beschrieben.

In den folgenden Abschnitten verwenden wir den Begriff *Software-Artefakt* als allgemeine Bezeichnung für eine Gruppe verschiedener Software-Bestandteile wie Dateien, Klassen, Methoden oder Funktionen.

Lines of Code

Eine klassische und leicht zu ermittelnde Metrik ist die Anzahl der Zeilen Quelltext in einem Software-Artefakt. In der Literatur ist diese Metrik unter dem englischen Begriff *Lines of Code* oder dem entsprechenden Akronym *LOC* anzutreffen.

Aufgrund der Tatsache, dass lange Quelltextpassagen einen negativen Einfluss auf Lesbarkeit und Verständlichkeit haben, ist die *Lines of Code*-Metrik ein erstes Indiz dafür, dass ein Software-Artefakt möglicherweise refaktoriert werden sollte. Regelmäßig findet man in diesen Objekten auch eine starke Vermischung verschiedenster Funktionalitäten, was der Aufteilung von Verantwortlichkeiten als Grundprinzip testbarer Software [Beck 2003] widerspricht.

Um die Zeilen in einer Datei zu ermitteln, kann man unter UNIX und Linux auf das Kommandozeilenwerkzeug `wc` zurückgreifen. Mittels der Option `-lines` zählt dies die Zeilen in einer Datei.

```
$ wc --lines /home/case-study/libs/base/*
   283 /home/case-study/libs/base/array.php
   103 /home/case-study/libs/base/date.php
  3210 /home/case-study/libs/base/func.php
   179 /home/case-study/libs/base/session.php
  3775 total
```

Das Beispiel zeigt das *Lines of Code*-Ergebnis für ein Verzeichnis des Fallstudienprojekts. Beim Betrachten der Werte fällt sofort die Datei `func.php` auf, die sich mit 3210 Zeilen deutlich von den restlichen Dateien abhebt. Software-Artefakte, die sich so stark von ihrer Umgebung unterscheiden, sollten immer auf einer Liste suspekter Objekte landen, damit sie später einer genaueren Analyse unterzogen werden können.

Grundsätzlich empfiehlt sich aber der Einsatz eines spezialisierten Werkzeugs für die Ermittlung der *Lines of Code*-Metrik, das neben der reinen Zeilenanzahl noch weitere Zeilenmetriken wie *Comment Lines of Code* (*CLOC*) und *Non Comment Lines of Code* (*NCLOC*) berechnen kann. Häufig bieten sie zusätzlich die Möglichkeit, Metriken auf einzelne Software-Artefakte herunterzubrechen. Mit phploc[5] und PHP_Depend[6] existieren gleich zwei auf PHP spezialisierte Lösungen, um verschiedene Varianten der *Lines of Code*-Metrik zu berechnen.

Mit `phploc` können unter anderem die *LOC*-, *CLOC*- und *NCLOC*-Metriken für ein gesamtes Projekt oder einzelne Verzeichnisse berechnet werden. Zusätzlich informiert es über die Anzahl der im analysierten Quelltext detektierten Klassen (*NOC*), Interfaces (*NOI*) und Methoden (*NOM*).

```
$ phploc /home/case-study/libs/base/
phploc 1.5.1 by Sebastian Bergmann.

Directories:                                       474
Files:                                            2206

Lines of Code (LOC):                            441274
  Cyclomatic Complexity / Lines of Code:          0.17
Executable Lines of Code (ELOC):                159233
Comment Lines of Code (CLOC):                   204514
Non-Comment Lines of Code (NCLOC):              236760

Namespaces:                                          0
Interfaces:                                        104
Classes:                                          2094
  Abstract:                                        189 (9.03%)
  Concrete:                                       1905 (90.97%)
  Lines of Code / Number of Classes:               168
Methods:                                         14990
  Scope:
    Non-Static:                                  13996 (93.37%)
    Static:                                        994 (6.63%)
  Visibility:
    Public:                                      12105 (80.75%)
    Non-Public:                                   2885 (19.25%)
  Lines of Code / Number of Methods:                23
  Cyclomatic Complexity / Number of Methods:      2.84

Anonymous Functions:                                 0
Functions:                                           1

Constants:                                        3623
  Global constants:                                  7
  Class constants:                                3616
```

---

[5] http://github.com/sebastianbergmann/phploc
[6] http://pdepend.org/

Ein wirkliches Alleinstellungsmerkmal von `phploc` ist die Möglichkeit, die *ELOC*-Metrik berechnen zu können. Dabei gibt die *ELOC*-Metrik die Anzahl der Zeilen an, die ausführbare Statements enthalten und vom PHP-Interpreter verarbeitet werden. Dieses Feature setzt allerdings eine installierte Version der PHP-Erweiterung Bytekit[7] voraus.

PHP_Depend bietet neben vielen weiteren Metriken einen mit `phploc` vergleichbaren Umfang an Zeilenmetriken. Allerdings stellt es diese Informationen nicht nur auf Verzeichnis- oder Projektebene bereit, sondern bricht die Metriken auf einzelne Artefakte herunter. Zusätzlich ist es mit PHP_Depend möglich, die ermittelten Metriken in Form eines XML-Dokuments zu exportieren, sodass es sich besonders gut für die Integration in einen automatisierten Buildprozess eignet.

Im Fallstudienprojekt konnte mit der *Lines of Code*-Metrik eine Reihe suspekter Software-Artefakte detektiert werden, die sich deutlich von ihrer Umgebung abhoben. In vielen Fällen zeigten spätere Code-Reviews, dass große Teile des Quelltextes entfernt werden konnten, da sie für das aktuelle Projekt keine Relevanz hatten. Verbleibende Teile wurden zu einem späteren Zeitpunkt noch nach Aufgaben getrennt und in separate Dateien ausgelagert. Ein Werkzeug wie phpdcd[8] kann helfen, nicht mehr benötigte Teile des Quelltextes zu identifizieren.

Eine Reihe weiterer klassischer Metriken erhält man durch schlichtes Aufsummieren der Anzahl der in einem System gefundenen Klassen, Interfaces, Methoden und Funktionen. Obwohl diese Metriken sehr leicht zu ermitteln sind, helfen sie in vielen Fällen, schnell einen tieferen Einblick in ein System zu bekommen, ohne dass ein zeitaufwendiges Code-Review durchgeführt werden muss. Wie schon für die Zeilenmetriken gilt auch hier, dass Software-Artefakte, die sich deutlich von ihrer Umgebung unterscheiden, einen ersten Hinweis auf Verwendungszweck, Wartbarkeit und Verständlichkeit geben. Die folgende Liste enthält die gängigsten Zählmetriken aus dieser Kategorie.

- *NOC, Number Of Classes* – Klassen in einem Paket oder einer Datei
- *NOI, Number Of Interfaces* – Interfaces in einem Paket oder einer Datei
- *NOM, Number Of Methods* – Methoden in einer Klasse oder einem Interface
- *NOF, Number Of Functions* – Funktionen in einem Paket oder einer Datei

Enthält ein Teilsystem beispielsweise sehr viele Klassen, aber im Verhältnis dazu nur wenige bis keine Methoden, so kann man davon ausgehen, dass es sich um reine Datenobjekte handelt, die selbst keine oder nur geringfügig Logik bereitstellen. Stattdessen werden sie von anderen Klassen als Datenspeicher und Transportmedium genutzt. Diese Architektur widerspricht aber einer der Grundregeln von objektorientiertem Software-Design, der *Kapselung von Verhalten und Eigenschaften*. Allerdings muss bei einer Beurteilung immer der Kontext berücksichtigt werden, in dem sich die Klasse bewegt. In verteilten Software-Systemen haben Datenobjekte, die ausschließlich der Kommunikation dienen, durchaus ihre Berechtigung. Ein gutes Beispiel für diesen Klassentyp sind die durch Martin Fowler beschriebenen *Data Transfer Objects* [Fowler 2003].

Ein anderes Extrem sind Klassen mit sehr vielen Methoden, die sich hierdurch von den restlichen Klassen unterscheiden. Dieser Typ Klasse neigt dazu, mehr Logik bereitzustellen, als

---

[7] *http://www.bytekit.org/*
[8] *http://github.com/sebastianbergmann/phpdcd*

für die Erfüllung einer einzelnen Aufgabe nötig wäre. Dabei stehen sie häufig in enger Beziehung zu einer Vielzahl von Datenobjekten, die sie zur Speicherung von Daten zwischen einzelnen Transaktionen benutzen. Da dieser Klassentyp sehr viel Logik an einer Stelle im System zentralisiert, bezeichnet man ihn auch als Gott- oder Kopf-Klasse, wobei die exakte Klassifizierung von weiteren Faktoren abhängt.

Sind in einer Anwendung Klassen zu finden, die diese Merkmale aufweisen, spricht man auch von einer Design- oder genauer Identitätsdisharmonie in der Architektur der Software. Dabei spielt der Begriff Identitätsdisharmonie auf die Anhäufung von Funktionalität an, die eine fachliche Einordnung der Klasse verhindert. Michele Lanza beschreibt in [Lanza 2006] mögliche Lösungsansätze, um Design-Disharmonien mittels Refactoring zu begegnen.

Ein Werkzeug, mit dem für PHP die *NOC*-, *NOM*- und *NOF*-Metriken ermittelt werden können, ist PHP_Depend. Der nachfolgende Aufruf analysiert alle Quelltextdateien unterhalb des Verzeichnisses `/home/case-study/libs/data` und schreibt die berechneten Metriken in ein XML-Dokument.

```
$ pdepend --bad-documentation \
        --suffix=php,inc
        --summary-xml=/tmp/summary.xml \
        /home/case-study/libs/data
```

Listing 5.1 zeigt den Inhalt des generierten XML-Dokuments in reduzierter Form.

LISTING 5.1 XML-Ausgabe von PHP_Depend (gekürzt)

```xml
<?xml version="1.0" encoding="UTF-8"?>
<metrics noc="3" nof="0" noi="0" nom="6">
  <package name="+global" noc="17" nof="0" noi="0" nom="237">
    <class name="data_container" nom="55">
      <file name="/home/case-study/libs/data/container.php"/>
    </class>
    <class name="data_download" nom="10">
      <file name="/home/case-study/libs/data/download.php"/>
    </class>
    <class name="data_element" nom="61">
      <file name="/home/case-study/libs/data/element.php"/>
    </class>
    <class name="data_file" nom="8">
      <file name="/home/case-study/libs/data/file.php"/>
    </class>
    <class name="data_link" nom="10">
      <file name="/home/case-study/libs/data/link.php"/>
    </class>
    <class name="data_text" nom="7">
      <file name="/home/case-study/libs/data/text.php"/>
    </class>
  </package>
</metrics>
```

Beim Betrachten des Reports heben sich die *NOM*-Werte der Klassen `data_container` und `data_element` von den übrigen Klassen ab. Ein Code-Review zeigte, dass diese beiden Klassen viele Verwaltungsoperationen für die restlichen Klassen enthielten. Neben der auffällig großen Anzahl an Methoden enthielten beide Klassen aufgrund der ähnlichen Aufgaben eine Reihe von Codeduplikaten.

In einer folgenden Refactoring-Phase wurden Testfälle für die betroffenen Teile geschrieben. Anschließend konnten Teile der Funktionalität in eigene Methoden der zugehörigen Klassen verschoben werden, während ein anderer Teil der Methoden in jeweils dem Anwendungsfall entsprechende eigene Klassen ausgelagert wurde.

Zyklomatische Komplexität

Nicht nur viele Zeilen machen eine Methode schwer zu verstehen, sondern auch die Menge der verwendeten Kontrollstrukturen sowie die Tiefe, in der diese verschachtelt wurden. Dieses auf den ersten Blick eher menschliche Problem hat in vielen Fällen negative Auswirkungen auf eine Software. Statistisch gesehen kommen in komplexer Logik häufig versteckte Fehler vor, die nur unter ganz bestimmten Umständen auftreten. Zusätzlich besteht auch die Gefahr, dass bei einer späteren Änderung neue Fehler ins System gelangen, da die Zusammenhänge, Abhängigkeiten und die damit verbundenen Implikationen für Entwickler nicht klar erkennbar sind.

Eine Möglichkeit, komplexe Strukturen automatisiert im Quelltext zu entdecken, ist die sogenannte Zyklomatische-Komplexität-Nummer. Häufig auch als *CCN* bezeichnet, das Akronym für den englischen Namen *Cyclomatic Complexity Number*. Erstmalig wurde diese Metrik im Jahr 1976 durch Thomas J. McCabe [McCabe 1976] beschrieben. Bei der zyklomatischen Komplexität handelt es sich um einen numerischen Wert, der die Anzahl der möglichen Entscheidungspfade innerhalb einer Methode oder Funktion beschreibt. Zurzeit existieren drei verschiedene Varianten dieser Metrik.

- *CCN1* zählt alle Kontrollstrukturen innerhalb einer Methode oder Funktion. Hierbei wird jedes `case`-Statement innerhalb einer `switch`-Anweisung ebenfalls als Kontrollstruktur betrachtet.
- *CCN2* zählt neben den Kontrollstrukturen auch boolesche Operatoren wie || und &&.
- *CCN3* zählt sämtliche Kontrollstrukturen, aber im Gegensatz zur CCN1 zählen einzelne `case`-Statements nicht zu den Kontrollstrukturen.

Die in der Praxis am häufigsten anzutreffende Variante dieser Metrik ist *CCN2*. Sie wird von vielen etablierten Analysewerkzeugen, wie PMD[9], Checkstyle[10], JavaNCSS[11] und PHP_Depend[12], unterstützt. Für diese Variante der zyklomatischen Komplexität hat sich im Laufe der Zeit ein Grenzwert von 10 herauskristallisiert. Methoden und Funktionen, die diesen Wert überschreiten, sollten einer genaueren Überprüfung unterzogen werden.

Für PHP existieren, als dieses Buch geschrieben wurde, mit PHP_CodeSniffer und PHP_Depend zwei Werkzeuge, die die zyklomatische Komplexität von Funktionen und Methoden berechnen können.

Objektorientierte Metriken

Ein Problem objektorientierter Software besteht in der engen Vernetzung zwischen den verschiedenen Software-Artefakten innerhalb einer Anwendung. Durch dieses zum Teil komplizierte Geflecht aus Abhängigkeiten können Änderungen an einer Stelle des Systems

---

[9] *http://pmd.sf.net*
[10] *http://checkstyle.sf.net/*
[11] *http://www.kclee.de/clemens/java/javancss*
[12] *http://pdepend.org/*

schnell zu unerwarteten Seiteneffekten in einem anderen Teil der Anwendung führen. Mit der wachsenden Verbreitung objektorientierter Programmierung seit den 1990er-Jahren kam immer häufiger der Wunsch nach neuen Metriken auf. Ziel dieser Metriken sollte es sein, die komplexen Objektnetze in einer Software analysierbar zu machen und existierende Abhängigkeiten auf verständliche Kennzahlen herunterzubrechen.

Instabilität, Abstraktion und Distanz

Die Metriken Instabilität und Abstraktion sowie die daraus ableitbare Distanz sind ein sehr nützliches Hilfsmittel, um auf einfache Weise die Stellen in einer Anwendung zu entdecken, von denen ein großes Risiko bei zukünftigen Änderungen ausgeht.

Die Basis für die Instabilitätsmetrik bilden das sogenannte *Efferent-* und *Afferent-Coupling*. Bei diesen Werten handelt es sich erneut um einfache Zählmetriken, die die Summe der eingehenden bzw. ausgehenden Abhängigkeiten eines Software-Artefakts widerspiegeln. Das *Efferent-Coupling* beschreibt dabei die ausgehenden Beziehungen eines Objektes. Ein hoher Wert für diese Metrik ist ein erster Hinweis dafür, dass aufgrund der Kopplung an dieser Stelle schnell ungewollte Seiteneffekte auftreten können. Das Gegenstück zum *Efferent-Coupling* ist das *Afferent-Coupling*. Dieser ganzzahlige Wert beschreibt die in ein Software-Artefakt eingehenden Abhängigkeiten. Mit einer gewissen Erfahrung lässt sich also aus diesem Wert schnell erkennen, wie groß die Gefahr ist, dass eine Änderung negative Implikationen auf andere Teile der Software hat. Bei einem hohen *Afferent-Coupling*-Wert ist es zu empfehlen, ein besonderes Augenmerk auf automatisierte Tests zu legen.

Aus den *Efferent-* und *Afferent-Coupling*-Werten eines Software-Artefakts lässt sich die Instabilitätsmetrik errechnen. Der Wert dieser Metrik liegt immer zwischen null und eins. Für die Berechnung gilt die Formel

$$Instability = \frac{Efferent\ Coupling}{Efferent\ Coupling + Afferent\ Coupling}$$

Eine Klasse oder Komponente wird als stabil bezeichnet, wenn ihr Wert für die Stabilität in der Nähe von null liegt, während man bei einem Wert, der gegen eins tendiert, von instabil spricht. Wichtig ist, dass der Begriff stabil nicht den qualitativen Istzustand beschreibt, sondern mehr eine Anforderung formuliert: *Diese Komponente muss stabil sein*!

Für die Berechnung der Abstraktion eines Software-Artefakts benötigt man äquivalent zur Instabilität zwei einfache Zählmetriken. Hierbei handelt es sich um die Anzahl der konkreten und abstrakten Artefakte innerhalb eines bestimmten Kontextes, beispielsweise die Methoden in einer Klasse oder die Klassen in einem Paket. Aus diesen beiden Werten wird die Abstraktionsmetrik ermittelt, die das Verhältnis zwischen den abstrakten und allen Artefakten angibt:

$$Abstraction = \frac{Abstract\ Artifacts}{Abstract\ Artifacts + Concrete\ Artifacts}$$

Ein Abstraktionswert von null bedeutet, dass es sich beim analysierten Objekt ausschließlich um konkrete Methoden oder Klassen handelt, während bei einem Wert von eins ausschließlich abstrakte Methoden oder Klassen (inklusive vorhandener Interfaces) vorliegen.

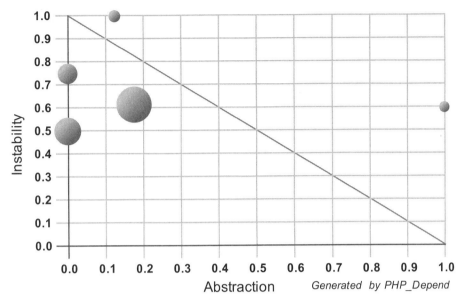

ABBILDUNG 5.1 PHP_Depend-Chart für Instabilität, Abstraktion und Distanz

Überträgt man nun Abstraktion und Instabilität in ein zweidimensionales Koordinatensystem und zeichnet eine Diagonale zwischen den Maximalwerten, so erhält man eine Linie für die idealisierte Annahme *Abstraktion + Instabilität = 1*. Die Distanz beschreibt in diesem Zusammenhang die Entfernung eines analysierten Software-Artefakts von dieser Diagonalen. Die Berechnungsvorschrift für die Distanz lautet:

$$Distance = |Abstraction + Instability| - 1$$

Der so ermittelte Distanzwert dient als Indikator für die Ausgewogenheit zwischen Abstraktion und Instabilität. Objekte, die sich in der Nähe dieser Diagonalen bewegen, sind in den meisten Fällen ein guter Kompromiss zwischen Abstraktion und Instabilität [Fleischer 2007].

PHP_Depend ist ein Werkzeug, mit dem man die in diesem Abschnitt beschriebenen Metriken ermitteln kann. Für die Ausgabe bietet PHP_Depend zwei Formate, und zwar einen XML-Report und eine Grafik, die die Abstraktion, Instabilität und Distanz in Form eines Graphen darstellt.

```
$ pdepend --bad-documentation \
        --suffix=php,inc
        --jdepend-xml=/tmp/jdepend.xml \
        --jdepend-chart=/tmp/jdepend.svg \
        /home/case-study
```

Abbildung 5.1 zeigt den PHP_Depend Chart für Instabilität, Abstraktion und Distanz.

Code-Rank

Die Code-Rank-Metrik gehört zur neuesten Generation der objektorientierten Software-Metriken. Für diese Metrik wurden Konzepte moderner Suchmaschinen adaptiert, um die

Kopplung zwischen Software-Artefakten bewerten zu können. Auch wenn dieses Vorgehen auf den ersten Blick keinen Sinn ergeben mag, so fällt die Erklärung für diesen Ansatz sehr leicht. Moderne Suchmaschinen wie Google sind in der Lage, in einer unendlich großen Anzahl an Dokumenten die für einen Suchbegriff passenden Informationen zu finden und Resultate nach deren Relevanz sortiert anzuzeigen. Die Bewertung beruht dabei auf der Verlinkung zwischen allen gefundenen Dokumenten. Denkt man nun an eine objektorientierte Software mit vielen Komponenten, Klassen und Methoden und dem damit verbundenen komplexen Netz aus Abhängigkeiten, ist eine deutliche Ähnlichkeit zu den unzähligen, untereinander verlinkten Dokumenten im Internet zu erkennen.

Dieser Abschnitt gibt einen kurzen Ausblick auf den Algorithmus, der für die Berechnung der Code-Rank-Metrik verantwortlich ist. Eine detaillierte Beschreibung dieses Algorithmus ist in der IEEE-Veröffentlichung zur Code-Rank-Metrik [Neate 2006] und dem Wikipedia-Artikel zum Google-PageRank [Wikipedia 2009b] zu finden.

Vor der eigentlichen Berechnung der Metrik erhält jede Klasse im System einen initialen Wert, der ihre Relevanz für die gesamte Software angibt. Für die Berechnung dieses Initialwerts dividiert man beispielsweise die Zahl 1 durch die Anzahl aller Klassen in einem System. Nach der Vergabe des Initialwertes werden anhand der ausgehenden Kanten die Gewichtungen der Klassen aktualisiert. Dieser Vorgang wird einige Male wiederholt, und nach einer gewissen Anzahl an Iterationen konvergieren die so berechneten Werte. Bei diesem Vorgehen beruht die ermittelte Relevanz der Klasse nicht nur auf den direkten Abhängigkeiten, sondern sie spiegelt auch indirekte Verbindungen über mehrere Ebenen hinweg wider. Aus diesem Grund ist diese Metrik gut geeignet, die Klassen in einem System zu entdecken, die potenzielle Fehlerquellen bei Änderungen sind.

Äquivalent zum beschriebenen Algorithmus kann auch der umgekehrte Weg ausgewertet werden. Damit ist es möglich, die Klassen mit vielen direkt oder indirekt eingehenden Abhängigkeiten zu entdecken.

```
$ pdepend --bad-documentation \
        --suffix=php,inc
        --summary-xml=/tmp/summary.xml \
        --coderank-mode=inheritance,property,method \
        /home/case-study
```

Mit PHP_Depend können beide Varianten der Code-Rank-Metrik für Klassen berechnet werden. Dabei wird eine Reihe verschiedener Berechnungsstrategien unterstützt. Die Standardstrategie berücksichtigt ausschließlich die Vererbungshierarchie, es ist aber problemlos möglich, Eigenschaften, Methoden und Parameter in die Berechnung einzubeziehen. Dies geschieht über die Kommandozeilenoption `-coderank-mode`, die eine kommaseparierte Liste einzelner Analysestrategien akzeptiert und so eine individuelle Anpassung ermöglicht.

Schnell einen ersten Überblick gewinnen

PHP_Depend bietet die Möglichkeit, eine sogenannte Übersichtspyramide für ein gesamtes Projekt oder einzelne Pakete zu erstellen. Bei dieser Form der Visualisierung handelt es sich um eine stark komprimierte Zusammenfassung der detektierten Metriken. Die Idee hinter dieser Art der Darstellung ist, dass verschiedene Metriken wie *Lines of Code* und *Cyclomatic Complexity* in einer Grafik angezeigt werden, wobei als weitere Information das Verhältnis für verschiedene Paare angezeigt wird. Über die Hintergrundfarbe für diese Zusatzinformationen findet bereits eine erste Einstufung, nach den Kriterien niedrig, durch-

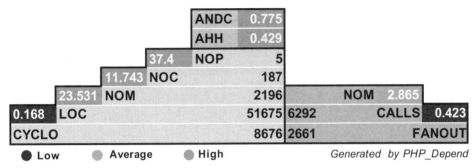

ABBILDUNG 5.2 Mit PHP_Depend erzeugte Übersichtspyramide

schnittlich oder hoch, statt. Somit eignet sich diese Form der Visualisierung, einen ersten, schnellen Überblick über Komplexität und Struktur eines Projekts zu erhalten, ohne zuvor ein zeitaufwendiges Code-Review durchführen zu müssen.

Abbildung 5.2 zeigt ein Beispiel einer solchen Übersichtspyramide.

RATS

Ein einfaches, aber nützliches Werkzeug, um Sicherheitslücken in Projekten frühzeitig entdecken zu können, ist RATS. Dieses Programm wird von der Firma *Fortify Software Inc.*[13] entwickelt und als Open-Source-Software unter der GPL angeboten. Es dient der Entdeckung sicherheitskritischer Funktionsaufrufe in einem Projekt. Neben einigen stark typisierten Programmiersprachen wie C und C++ unterstützt RATS zusätzlich eine Reihe dynamisch typisierter Sprachen, unter anderem PHP.

Der Name RATS steht für *Rough Auditing Tool for Security*, was den gebotenen Funktionsumfang auch sehr gut beschreibt. Obwohl RATS in gewissem Umfang den Kontext berücksichtigt, in dem eine Funktion aufgerufen wird, führt es keine tiefergehende Analyse aller möglichen Ausführungspfade durch. RATS betrachtet ausschließlich den Quelltext einer Software und sucht dort nach Aufrufen potenziell gefährlicher Funktionen. Nach einer durchgeführten Analyse listet es all jene Funktionsaufrufe auf, die möglicherweise sicherheitsrelevant sind. Der erzeugte Report enthält zu jedem Treffer eine Bewertung über dessen potenzielles Risiko, die dann als Hilfe zur Priorisierung genutzt werden können.

Das folgende Beispiel zeigt die Kommandozeilenausgabe von RATS für die Template-Komponente des Fallstudienprojekts[14]:

---

[13] http://www.fortify.com/
[14] Die Ausgabe wurde für den Druck umformatiert.

```
$ rats --language php --warning 3 \
    --input /home/case-study/libs/template/
Entries in perl database: 33
Entries in python database: 62
Entries in c database: 334
Entries in php database: 55
Analyzing /home/case-study/libs/template/db.php
Analyzing /home/case-study/libs/template/string.php
Analyzing /home/case-study/libs/template/file.php
/home/case-study/libs/template/string.php:155: High: eval
/home/case-study/libs/template/string.php:227: High: eval
/home/case-study/libs/template/string.php:249: High: eval
Argument 1 to this function call should be checked to ensure that
it does not come from an untrusted source without first verifying
that it contains nothing dangerous.

/home/case-study/libs/template/file.php:43: Medium: is_readable
A potential TOCTOU (Time Of Check, Time Of Use) vulnerability
exists.
This is the first line where a check has occured.
The following line(s) contain uses that may match up with this
check:
48 (dirname)

/home/case-study/libs/template/file.php:51: High: fopen
Argument 1 to this function call should be checked to ensure that
it does not come from an untrusted source without first verifying
that it contains nothing dangerous.

/home/case-study/libs/template/file.php:51: Low: fopen
A potential race condition vulnerability exists here.  Normally a
call to this function is vulnerable only when a match check
precedes it. No check was detected, however one could still exist
that could not be detected.

Total lines analyzed: 3026
Total time 0.014804 seconds
204404 lines per second
```

Während dieser Analyse wurden insgesamt sechs potenziell sicherheitskritische Stellen im Quelltext erkannt. Drei davon betreffen die allgemein als kritisch angesehene PHP-Funktion `eval()`. Die restlichen Treffer machen auf mögliche Gefahren durch den Einsatz von Dateisystemoperationen aufmerksam.

RATS bietet neben der gezeigten Kommandozeilenausgabe auch die Möglichkeit, Reports in den Formaten XML und HTML auszugeben. Hierdurch gestaltet sich eine Integration in einen automatisierten Buildprozess sehr einfach.

Ein weiteres Einsatzszenario für RATS ergibt sich aus dem Format für die *Vulnerability*-Datenbanken, wobei es sich um einfache XML-Dokumente handelt. Auf Basis einer eigenen Analysedatenbank, kombiniert mit dem sehr schnellen RATS-Parser, lässt sich beispielsweise eine sehr effiziente *Blacklist*-Analyse nach unerwünschten Funktionsaufrufen realisieren.

5.2 Installation und Inbetriebnahme

CruiseControl setzt ein JDK, phpUnderControl und die im letzten Abschnitt beschriebenen statischen Testwerkzeuge für PHP voraus. Weiterhin ist ein Client des verwendeten Versionsverwaltungssystems nötig. Im Folgenden wird davon ausgegangen, dass Java, PHP und Subversion bereits auf dem Zielsystem installiert sind. Für eine erste Testinstallation kann durchaus auch eine schwach ausgestattete Maschine verwendet werden, für den Produktiveinsatz sollte jedoch wenigstens 1 GB Arbeitsspeicher zur Verfügung stehen. Generell sollte nicht am Integrationsserver gespart werden. Jede Investition in bessere Hardware wird durch kürzere Buildzeiten und damit ein schnelleres Feedback belohnt.

Im Folgenden werden CruiseControl[15] in der während der Erstellung dieses Kapitels aktuellen Version 2.8.3 sowie die aktuellste phpUnderControl-Version installiert.

```
$ sudo pear config-set auto_discover 1
$ sudo pear install pear.phpundercontrol.org/phpundercontrol
$ unzip cruisecontrol-bin-2.8.3.zip
$ phpuc install cruisecontrol-bin-2.8.3
```

Damit ist phpUnderControl einsatzbereit. Vor dem Start werden wir jedoch noch das Beispielprojekt `connectfour` durch unser Projekt ersetzen.

5.3 Konfiguration

Kontinuierliche Integration findet bei phpUnderControl in der sogenannten *Build Loop* (siehe Abbildung 5.3) statt. Dabei überprüft das System in einem festgelegten Intervall das Versionsverwaltungssystem auf Änderungen. Stellt CruiseControl diese fest, wird ein Build, zum Beispiel in Form eines Ant-Skripts, angestoßen und im Anschluss das Build-Ergebnis veröffentlicht. Genau hier greift phpUnderControl ein und formatiert das Build-Ergebnis den Anforderungen eines PHP-Projekts entsprechend.

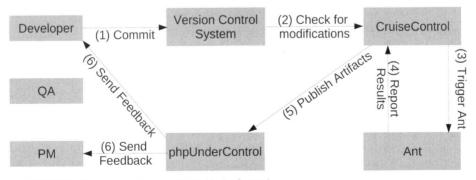

ABBILDUNG 5.3 Die *Build Loop* mit phpUnderControl

---

[15] *http://cruisecontrol.sourceforge.net/download.html*

Die Konfiguration findet in zwei Dateien statt: dem Build-Skript und der Basiskonfiguration von CruiseControl. Das Build-Skript an sich besteht aus sogenannten *Targets*, die in Abhängigkeit zueinander stehen können.

In der Praxis hat sich folgende grobe Struktur bewährt:

```xml
<project name="case-study" default="build" basedir="../">
  <target name="build"
          depends="update, prepare, test, deliv"/>

  <target name="clean">
    <delete dir="${basedir}/build"/>
  </target>

  <target name="prepare" depends="clean">
    <tstamp>
      <format property="build.tstamp" pattern="yyyyddmmhhmmss" />
    </tstamp>

    <mkdir dir="${basedir}/build/logs"/>
    <mkdir dir="${basedir}/build/deliv"/>
  </target>

  <target name="update" depends="prepare">
    <exec dir="${basedir}/src" executable="svn">
      <arg line="up"/>
    </exec>
  </target>

  <target name="test"
          depends="prepare, test_static, test_unit"/>

  <target name="test_static" depends="prepare"/>
  <target name="test_unit" depends="prepare"/>
  <target name="test_acceptance" depends="prepare, test"/>
  <target name="tag"/>
  <target name="deliv" depends="test, tag"/>
  <target name="deploy" depends="test_acceptance, deliv"/>
</project>
```

In den folgenden Abschnitten wird das Skript vervollständigt, und die Targets werden mit Leben gefüllt. Als `build.xml` abgelegt ist die Datei aber bereits ausführbar:

```
$ ant
Buildfile: build.xml
clean:
   [delete] Deleting directory .../projects/case-study/build
prepare:
    [mkdir] Created dir: .../projects/case-study/build/logs
    [mkdir] Created dir: .../projects/case-study/build/deliv
update:
     [exec] Update to revision 1.
test_static:
test_unit:
test:
tag:
deliv:
build:
BUILD SUCCESSFUL
Total time: 0 seconds
```

Wir können nunmehr mit der Konfiguration von CruiseControl beginnen:

```xml
<cruisecontrol>
 <project name="case-study" buildafterfailed="false">
  <listeners>
   <currentbuildstatuslistener file="logs/${project.name}/status.txt"/>
  </listeners>
  <modificationset quietperiod="60">
   <svn repositoryLocation="http://svn.example.com/case/trunk"
        username="cruisecontrol"
        password="secret" />
  </modificationset>
  <schedule interval="60">
   <ant buildfile="projects/${project.name}/src/build.xml"/>
  </schedule>
  <log dir="logs/${project.name}/">
   <merge dir="projects/${project.name}/build/logs"/>
  </log>
  <publishers>
   <artifactspublisher dir="projects/${project.name}/build/logs"
                       dest="artifacts/${project.name}" />
   <execute command="phpuc graph logs/${project.name}"/>
   <currentbuildstatuspublisher
    file="logs/${project.name}/status.txt"/>
   <htmlemail
    mailhost="localhost" xslDir="webapps/cruisecontrol/xsl"
    returnaddress="noreply@example.com" spamwhilebroken="true"
    buildresultsurl="http://cruise.example.com/cruisecontrol">
    <always address="qa@example.com" />
    <failure address="dev@example.com" />
   </htmlemail>
  </publishers>
 </project>
</cruisecontrol>
```

Im Anschluss sollten noch die Überreste des `connectfour`-Projektes entfernt werden:

```
$ phpuc delete --project-name connectfour .
```

Nachdem der Quellcode des Projektes initial aus dem Repository gezogen wurde, kann CruiseControl wieder gestartet werden:

```
$ mkdir projects/case-study
$ svn checkout http://svn.example.com/case/trunk \
      projects/case-study/src
$ ./cruisecontrol.sh
```

5.3.1 Statische Tests

Neben den bereits in Abschnitt 5.1.2 erwähnten statischen Testverfahren ist die Überprüfung der Einhaltung von Programmierkonventionen ein weiteres wichtiges Kriterium für die weiche Qualität von Software.

Programmierkonventionen

Ein sehr wichtiger, doch leider viel zu häufig unterschätzter Aspekt für die Qualität einer Software sind die sogenannten Programmierkonventionen. Hierbei einigen sich alle Entwickler eines Teams (oder im besten Fall alle Entwickler eines Unternehmens) auf gemeinsame Richtlinien für die Namensgebung und Formatierung von Quelltext. Solche Konven-

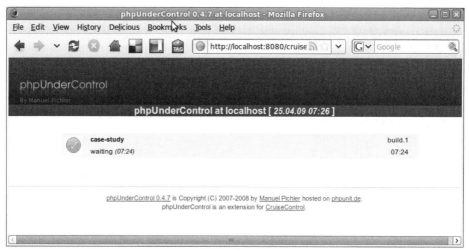

ABBILDUNG 5.4 phpUnderControl nach der Basiskonfiguration für unsere Fallstudie

tionen reichen dabei von sehr einfachen Regeln, wie der Verwendung von Leerzeichen anstelle von Tabulatoren, die Festlegung von Mindestlängen für Bezeichner, bis hin zur exakten Spezifikation von Einrückungen, Zeilenumbrüchen und weiteren Vorgaben zur Strukturierung des Quelltextes. Der große Vorteil solch strikter Richtlinien für Formatierungen liegt darin, dass es Entwicklern wesentlich leichter fällt, den vorhandenen Quelltext zu lesen und dessen Funktionsweise zu verstehen. Dabei spielt es keine Rolle, ob es sich um ein neues Mitglied im Team handelt oder jemanden, der schon lange dem Team angehört und an einem Teil der Anwendung arbeiten muss, den er selbst nicht geschrieben hat [Duvall 2007].

Im Fallstudienprojekt fehlte lange Zeit jegliche Form von Programmierkonvention, wodurch sich im Laufe der Zeit eine Vielzahl an unterschiedlichen Einrückungsvarianten (Tabulatoren oder zwei, vier und in seltenen Fällen auch drei Leerzeichen), verschiedene Schemata für die Namensgebung (CamelCase, Unterstriche, Kombinationen aus beidem oder ohne jegliche visuelle Trennung) und zu guter Letzt unzählige Formen der Klammersetzung (mit Zeilenumbruch, ohne Umbruch oder auch mal ohne Klammer) eingeschlichen haben.

```php
<?php
 for ($i=0;$i<count($ItemList);++$i)
   if($i%2==0)
       if($th<$ItemList[$i]->value) { /* ... */
       }
       else if($th==$ItemList[$i]->value){ /* ... */
       }elseif($th>$ItemList[$i]->value)
         if($highlight_value==c_green) $c='#00ff00';
         elseif($highlight_value==c_red) $c='#ff0000';
           elseif($highlight_value==c_blue) $c='#0000ff';
       else $c='#000000';
 echo $c;
 ?>
```

Aufgrund dieses Wildwuchses unterschiedlicher Stile existierte eine sehr hohe Hemmschwelle, Quelltext zu verändern, der nicht selbst erstellt wurde, denn die Erfahrung hatte gezeigt, dass selbst bei kleineren Änderungen häufig neue Fehler im System auftraten.

Wie aus dem obigen Beispiel ersichtlich ist, führt eine Vermischung unterschiedlichster Formatierungen und Programmierstile dazu, dass die einzelnen Zusammenhänge im Quelltext kaum noch zu durchschauen sind. Neben der vielfältigen Klammersetzung und kreativen Namensgebung weist das Beispiel noch einen weiteren stilistischen Fehler auf: die viel zu kurzen Namen der Variablen $th und $c. Solche Namen erlauben keinerlei Rückschlüsse auf den Verwendungszweck der Variablen, was bei Änderungen zu einem späteren Zeitpunkt zu Problemen führen kann, besonders wenn der ursprüngliche Entwickler dann nicht mehr im Unternehmen tätig ist.

Ein in der PHP-Welt weit verbreitetes Werkzeug zur Validierung von Programmierkonventionen ist PHP_CodeSniffer[16], das sehr einfach über das PEAR-Projekt als fertiges Paket installiert werden kann. Über das mitgelieferte Kommandozeilen-Binary ist PHP_CodeSniffer unmittelbar einsatzbereit und kann einfach auf das vorherige Codebeispiel angewandt werden[17].

```
$ phpcs /home/case-study/examples/coding_conventions.php

FILE: /home/case-study/examples/coding_conventions.php
--------------------------------------------------------------------
FOUND 10 ERROR(S) AND 8 WARNING(S) AFFECTING 9 LINE(S)
--------------------------------------------------------------------
    2 | WARNING | Inline control structures are discouraged
    2 | ERROR   | Missing file doc comment
    3 | WARNING | Inline control structures are discouraged
    4 | ERROR   | Expected "if (...) {\n"; found "if(...) { /* ... */\n"
    4 | ERROR   | Line indented incorrectly; expected 0 spaces, found 6
    6 | ERROR   | Expected "} else if (...) {\n"; found "}\n
      |         | else if(...){ /* ... */\n"
    6 | ERROR   | Expected "if (...) {\n"; found
      |         | "if(...){ /* ... */\n"
    6 | ERROR   | Line indented incorrectly; expected 0 spaces, found 6
    7 | ERROR   | Closing brace indented incorrectly; expected
      |         | 6 spaces, found 5
    8 | ERROR   | Constants must be uppercase; expected C_GREEN but
      |         | found c_green
    8 | WARNING | Inline control structures are discouraged
    8 | WARNING | Equals sign not aligned with surrounding
      |         | assignments; expected 5 spaces but found 0 spaces
    9 | ERROR   | Constants must be uppercase; expected C_RED but
      |         | found c_red
    9 | WARNING | Equals sign not aligned with surrounding
      |         | assignments; expected 3 spaces but found 0 spaces
   10 | ERROR   | Constants must be uppercase; expected C_BLUE but
      |         | found c_blue
   10 | WARNING | Equals sign not aligned with surrounding
      |         | assignments; expected 1 space but found 0 spaces
   11 | WARNING | Inline control structures are discouraged
   11 | WARNING | Equals sign not aligned with surrounding
      |         | assignments; expected 32 spaces but found 0 spaces
```

---

[16] http://pear.php.net/package/PHP_CodeSniffer
[17] Die Ausgabe wurde für den Druck umformatiert.

Ohne Angabe der Option `-standard` verwendet PHP_CodeSniffer die Programmierkonventionen des PEAR-Projekts[18]. Wie man unschwer erkennen kann, widerspricht das vorangegangene Beispiel in vielfältiger Weise diesen Konventionen, und genau dieser Zustand war in viel größerem Umfang auch im Fallstudienprojekt zu finden.

Coding Guidelines

Vor der eigentlichen Einführung von Programmierkonventionen für das Fallstudienprojekt stand eine wichtige Frage: Ein eigenes Regelwerk definieren oder auf einen bereits etablierten Standard setzen? Als Resultat zahlreicher Diskussionen fiel eine Entscheidung zugunsten des sehr weit verbreiteten PEAR-Standards. Diese Entscheidung beruhte auf zwei sehr pragmatischen Gründen. Zum einen hätte die Definition eigener Konventionen höchstwahrscheinlich das vorhandene Projektbudget überstiegen. Zum anderen sah man in der Nutzung eines etablierten Standards den Vorteil, dass viele Entwickler bereits erste Erfahrungen mit diesen Konventionen hatten. Rückblickend war diese Entscheidung von großem Vorteil für das Projekt, denn die Einarbeitung neuer Mitarbeiter gestaltete sich auf Basis eines offenen und gut dokumentierten Standards sehr einfach.

Bei der Wahl eines Standards sollte grundsätzlich erst einmal geprüft werden, ob ein bereits existierendes PHP_CodeSniffer-Regelwerk für das eigene Projekt infrage kommt. Sollte dies nicht der Fall sein, hat man jederzeit die Möglichkeit, einen vorhandenen Standard um eigene Regeln zu erweitern oder mit anderen Regelwerken zu kombinieren. In der Standardinstallation von PHP_CodeSniffer ist bereits eine Reihe fertiger Regelsätze enthalten, worunter auch die Programmierkonventionen des *Zend Frameworks*[19] zu finden sind. Der PHP_CodeSniffer lässt sich via PEAR installieren

```
$ sudo pear install PHP_CodeSniffer
```

und einfach in unser Build-Skript einbinden, sodass phpUnderControl Reports über die Einhaltung von Programmierkonventionen erzeugen kann:

```xml
<target name="phpcs">
  <exec dir="${basedir}" executable="phpcs"
      output="${basedir}/build/logs/checkstyle.xml"
      failonerror="false">
    <arg line="--report=checkstyle --ignore=build ."/>
  </exec>
</target>
```

Sukzessive Einführung in bestehende Projekte

Wie man sieht, haben wir alle Werkzeuge mithilfe der Ant-Option `failonerror` so konfiguriert, dass der Build im Fehlerfall *nicht* fehlschlägt. Ob ein Build beim Nichtbestehen einer Inspektion fehlzuschlagen hat, hängt von Firmen- oder Projektrichtlinien ab und kann sich im Verlauf eines Projektes auch ändern. Insbesondere bei Software-Sanierungsprojekten wie in unserer Fallstudie werden die allermeisten Metriken über einen längeren Zeitraum kritische Werte annehmen. Den Build in diesem Szenario fehlschlagen zu lassen, ist für alle Projektbeteiligten wenig hilfreich.

Als mit der Einführung qualitätssichernder Prozesse begonnen wurde, stellte sich die Frage, wie eine Integration des PEAR-Standards in die tägliche Arbeit vonstattengehen sollte. Die bisher gänzlich fehlenden Regeln zur Strukturierung des Quelltextes machten die erzeugten Fehlerberichte zu groß, um darin die Verstöße erkennen zu können, die in neu

---

[18] *http://pear.php.net/manual/en/standards.php*
[19] *http://framework.zend.com/*

erstellten Teilen der Applikation auftraten. Aus diesem Grund wurde ein zweistufiger Ansatz gewählt. Für die bereits existierenden Code-Altlasten wurde anfänglich eine stark verschlankte Version des PEAR-Standards erstellt, während auf neu erstellten Quelltext der komplette Standard angewandt wurde. In der ersten Phase bestand das abgespeckte Regelwerk nur aus einigen wenigen Regeln. Dazu zählten unter anderem die Existenz eines Kommentarblocks für Klassen und einige Vorschriften für Einrückung bzw. Ausrichtung von Quelltextfragmenten.

```
<target name="phpcs">
  <exec dir="${basedir}" executable="phpcs"
        output="${basedir}/build/logs/checkstyle.xml"
        failonerror="false">
    <arg line="--report=checkstyle --ignore=build ."/>
  </exec>
</target>
```

```php
<?php
require_once 'PHP/CodeSniffer/CommentParser/PairElement.php';
require_once 'PHP/CodeSniffer/Standards/CodingStandard.php';

class PHP_CodeSniffer_Standards_PEARLight_PEARLightCodingStandard
    extends PHP_CodeSniffer_Standards_CodingStandard
{
    public function getIncludedSniffs()
    {
        return array(
            'PEAR/Sniffs/Commenting/ClassCommentSniff',
            'PEAR/Sniffs/WhiteSpace/ScopeIndentSniff',
            'Generic/Sniffs/PHP/LowerCaseConstantSniff',
            'Generic/Sniffs/PHP/DisallowShortOpenTagSniff',
        );

    }
}
?>
```

Nach drei Monaten konnte ein deutlicher Rückgang an Regelverstößen verzeichnet werden, sodass in einer zweiten Phase weitere Regeln für den Legacy Code eingeführt wurden. Ein positiver Nebeneffekt der nachträglichen Einführung von Kommentarblöcken war, dass sich ganz nebenher ein breites Wissen über bereits implementierte Funktionalitäten und vorhandene Altlasten im Team etablierte.

Eine vollständige Konformität mit dem PEAR-Standard wurde zwar nicht erzielt, doch nach einer Zeit von knapp 1,5 Jahren entsprach der Quelltext zu gut 95% den gewünschten Richtlinien, sodass ab diesem Zeitpunkt auf ein separates Regelwerk für den Legacy Code verzichtet wurde.

Einbindung von Konventionen in die tägliche Arbeit

Auch wenn es eigentlich selbstverständlich sein sollte, die Einhaltung der Programmierkonventionen regelmäßig zu prüfen, dauerte es doch eine gewisse Zeit, bis ein neues Werkzeug vollständig in den täglichen Arbeitsablauf integriert war. So passierte es anfänglich häufiger, dass ungeprüfter Quelltext in das Versionsverwaltungssystem eingecheckt wurde. Um diesen unbeabsichtigten Nachlässigkeiten von vornherein entgegenzuwirken, fiel recht schnell eine Entscheidung zugunsten einer automatisierten Validierung vor jedem Commit in das Versionsverwaltungssystem. Als Lösung wurde ein recht pragmatischer Ansatz auf Basis von *Pre-Commit-Hooks* im verwendeten Subversion[20] gewählt, sodass keine fehlerhaften Dateien mehr in das Repository gelangen konnten.

```
#!/bin/sh
/opt/pear/bin/phpcs-svn-pre-commit "$1" -t "$2" \
  --standard=PEARLight >&2 || exit 1
```

Neuere Versionen von PHP_CodeSniffer bringen schon von Haus aus ein fertig konfiguriertes Shell-Skript für *Pre-Commit-Hook* mit, das – wie im obigen Beispiel zu sehen – ohne größeren Aufwand eingebunden werden kann.

Im Folgenden installieren wir weitere Werkzeuge, die wir in Abschnitt 5.1.2 vorgestellt haben:

```
$ sudo pear config-set auto_discover 1
$ sudo pear install pear.phpqatools.org/phpqatools
```

und binden sie in unser Projekt ein:

```
<target name="test_static" depends="prepare, phpcs, phpmd, phpcpd, pdepend"/>

<target name="phpmd">
 <exec dir="${basedir}" executable="phpmd" failonerror="false">
  <arg line=". xml codesize
            --reportfile ${basedir}/build/logs/pmd.xml"/>
 </exec>
</target>

<target name="phpcpd">
 <exec dir="${basedir}" executable="phpcpd" failonerror="false">
  <arg line="--log-pmd=${basedir}/build/logs/phpcpd.xml ."/>
 </exec>
</target>

<target name="pdepend">
 <exec dir="${basedir}" executable="pdepend" failonerror="false">
  <arg line="--jdepend-xml=${basedir}/build/logs/pdepend.xml ."/>
 </exec>
</target>
```

Lexikalische und syntaktische Überprüfung

Das wohl am weitesten verbreitete, aber dennoch recht unbekannte Werkzeug zur statischen Analyse von Quelltexten ist der sogenannte Linter, der häufig auch unter dem englischen Begriff *Lint* anzutreffen ist. Der Ursprung dieser Werkzeugart liegt in einem 1979 durch die *Bell Labs* entwickelten Compiler für die Programmiersprache C [Wikipedia 2009a]. Seither dienen Linter der lexikalischen und syntaktischen Überprüfung von Quelltexten vor der eigentlichen Übersetzung bzw. Ausführung. War lange Zeit noch der Einsatz eines externen Werkzeugs erforderlich, wird heutzutage dieser zusätzliche Prozess der Überprüfung von Compilern und vielen Interpretern automatisch durchgeführt.

---

[20] http://subversion.tigris.org/

```
1  <?php
2  echo 'start';
3  require_once 'not_existant.php';
4     echo 'hello '
5  echo 'world!';
6  ?>
```

Ein Linter für PHP ist bereits in jedem PHP-Binary enthalten und kann über den Parameter -l ausgeführt werden:

```
$ php -l test.php
Parse error: syntax error, unexpected T_ECHO,
expecting ',' or ';' in test.php on line 5
Errors parsing test.php
```

Wie man sieht, führt der Linter lediglich eine syntaktische Überprüfung des Quelltextes durch. Die fehlende Datei not_existant.php wird ebenso wenig detektiert wie die kreative Einrückung in Zeile 4. Einer der wichtigsten Aspekte der Überprüfung durch einen Linter ist aber, dass der Quelltext nicht ausgeführt werden muss, um einen vorhandenen Syntaxfehler entdecken zu können.

Im weitesten Sinne kann man auch HTML-, CSS- oder XML-Validatoren zu den Lintern zählen. Auch diese prüfen den vorliegenden Code auf syntaktische Fehler. Im Gegensatz zu Programmiersprachen sind Markup-Sprachen wie HTML und CSS heute noch extremen Portabilitätsproblemen unterworfen, wobei eine automatische Detektion heute noch nicht trivial möglich ist. Gerade in modernen AJAX-Oberflächen sollte im eigenen Interesse eine absolute syntaktische Korrektheit des verwendeten HTML- und JavaScript-Codes sichergestellt werden.

Moderne Compiler können durch tiefgehende Überprüfung des gesamten kompilierten Codes noch deutlich detailliertere semantische Analysen durchführen, als dies mit den Bordmitteln vieler interpretierter Sprachen möglich ist. So können sie Konsistenz von Methodenaufrufen und Querverweisen, nicht deklarierte Variablen und nicht erreichbaren Code bereits vor der Ausführung entdecken. Für PHP gibt es zurzeit leider noch kein Werkzeug, das eine umfassende Überprüfung vor Ausführung des Codes, wie sie zum Beispiel Java beim Kompilieren durchführt, erlaubt.

5.3.2 Dynamische Tests

Im Gegensatz zu den statischen Tests wollen wir, wenn ein dynamischer Test fehlschlägt, den Build schnellstmöglich abbrechen:

```
<target name="test_unit" depends="prepare">
  <exec dir="${basedir}" executable="phpunit" failonerror="true">
    <arg line="--log-xml         ${basedir}/build/logs/phpunit.xml
               --coverage-clover ${basedir}/build/logs/clover.xml
               --coverage-xml    ${basedir}/build/logs/coverage.xml
               --coverage-html   ${basedir}/build/deliv/coverage
               --stop-on-failure
               AllTests src/tests/AllTests.php"/>
  </exec>
</target>
```

```
<target name="test_acceptance" depends="prepare, test">
  <exec dir="${basedir}" executable="phpunit" failonerror="true">
    <arg line="--log-xml        ${basedir}/build/logs/selenium.xml
               --stop-on-failure
               AllTests src/acceptance-tests/AllTests.php"/>
  </exec>
</target>
```

5.3.3 Reporting

Benachrichtigung im Fehlerfall

Eines der wichtigsten Ergebnisse der kontinuierlichen Integration ist es, dass alle Projektbeteiligten zu jeder Zeit über den Projektstatus informiert sind. Dabei ist wichtig, den jeweiligen Projektrollen nur die Informationen, die sie *benötigen*, aktiv und automatisch, zum Beispiel per E-Mail, zukommen zu lassen. Alle anderen Informationen, die das System anbietet, werden ihnen jedoch nicht vorenthalten und passiv, zum Beispiel über eine Weboberfläche oder per RSS, zur Verfügung gestellt.

Unser phpUnderControl ist bereit so konfiguriert: Entwickler werden im Fehlerfall, die Qualitätssicherung in jedem Fall per E-Mail, die bereits direkt zu Beginn mithilfe des `htmlemailpublisher` konfiguriert wurde, über die aktuellen Build-Ergebnisse informiert. Weitere Benachrichtigungsszenarien wie SMS oder durch Ansteuerung einer Hardware, die audiovisuelles Feedback gibt, sind möglich und werden in [Duvall 2007] diskutiert. Es besteht auch jederzeit die Möglichkeit, das phpUnderControl-Webinterface oder dessen RSS-Feeds abzurufen, um sich über den aktuellen Status oder Build-Statistiken zu informieren.

Statistiken

Unter Druck wird zuerst an den Reviews, dann an den Tests gespart. Mit statischer Analyse und kontinuierlicher Integration lassen sich solche Mängel feststellen und Entwicklungen über einen längeren Zeitraum analysieren. Dieser *Code Smell* [Fowler 2000] lässt sich mit statischer Analyse und kontinuierlicher Integration sicher und einfach überwachen und abschalten. Die einzelnen Metriken sind bereits in Abschnitt 5.1.2 diskutiert worden. Die Aufbereitung der Ergebnisse der statischen Tests aus Abschnitt 5.3.1 übernimmt phpUnderControl für uns. Diese Ergebnisse sind über den Menüpunkt `Metrics` abrufbar (siehe Abbildung 5.5).

PHP_CodeBrowser

Der PHP_CodeBrowser führt die Testergebnisse mit dem Quelltext zu einer interaktiven Ansicht aller Probleme im Code zusammen. Die Installation erfolgt mittels der Kommandos

```
$ pear channel-discover pear.phpqatools.org
$ pear install --alldeps phpqatools/PHP_CodeBrowser
```

Zur Inbetriebnahme muss die `publishers`-Sektion der CruiseControl `config.xml` um folgenden Code ergänzt werden:

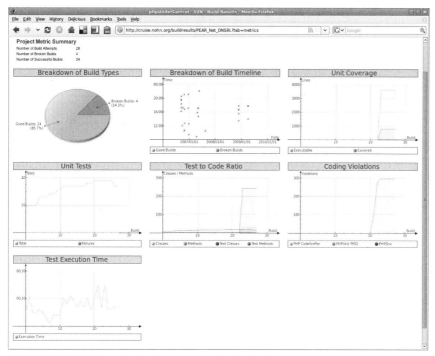

ABBILDUNG 5.5 Der Metrics-Bereich von phpUnderControl

```
<execute
  command="phpcb --log projects/${project.name}/build/logs
               --source projects/${project.name}/src
               --output projects/${project.name}/build/php-code-browser"/>

<artifactspublisher
  dir="projects/${project.name}/build/php-code-browser"
  dest="artifacts/${project.name}"
  subdirectory="php-code-browser"/>
```

5.3.4 Deliverables erzeugen

Die Erzeugung von Deliverables – installierbaren Software-Paketen, Dokumentation, Reports – findet im `deliv`-Target unseres Build-Skripts statt. In unserem Beispiel erzeugen wir ein PEAR-Paket [PEAR 2009], selbstverständlich sind aber alle anderen aus der Kommandozeile erzeugbaren Paketformate möglich:

```
<target name="tag">
 <exec dir="${basedir}/src" executable="svn" failonerror="true">
  <arg line="cp .
       http://svn.example.com/case/tags/build_${build.tstamp}"/>
 </exec>
</target>

<target name="deliv" depends="test, tag">
 <exec dir="${basedir}" executable="pear" failonerror="true">
```

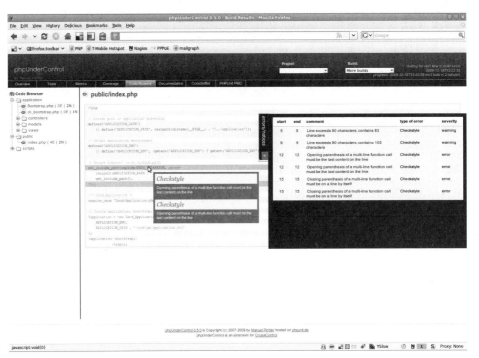

ABBILDUNG 5.6 Der PHP_CodeBrowser-Bereich von phpUnderControl

```
  <arg line="package" />
 </exec>

 <move todir="build/deliv/">
  <fileset dir="${basedir}">
   <include name="*.tgz"/>
  </fileset>
 </move>
</target>
```

Mithilfe des `<move>`-Kommandos wird das erzeugte PEAR-Paket in das Verzeichnis verschoben, aus dem wir in CruiseControl die sogenannten Build-Artefakte einschließen werden. Dazu fügen wir in der `<publishers>`-Sektion der CruiseControl-Konfiguration noch folgende Zeile ein:

```
<artifactspublisher
  dir="projects/${project.name}/build/deliv/"
  dest="artifacts/case-study/" />
```

Weitere Deliverables könnten eine mit phpDocumentor[21] oder Doxygen[22] erzeugte API-Dokumentation sein. Das folgende Beispiel erzeugt mit jedem Build eine API-Dokumentation mittels phpDocumentor:

```
<target name="phpdoc">
 <exec dir="${basedir}" executable="phpdoc" failonerror="true">
```

---

[21] *http://www.phpdoc.org/*
[22] *http://www.doxygen.org/*

```
<arg line="-ct type -ue on -t ${basedir}/build/deliv/doc -d ."/>
  </exec>
</target>
```

Entsprechend ist das `deliv`-Target des Build-Skripts um die Abhängigkeit `phpdoc` zu erweitern:

```
<target name="deliv" depends="test, phpdoc, tag">
    <!-- ... -->
</target>
```

5.4 Betrieb

Leider ist CruiseControl unter Operating-Gesichtspunkten ein Produkt niedriger Qualität. Insbesondere Wartbarkeit und Stabilität lassen zu wünschen übrig. Es existieren Ansätze[23], bestehende Installationen aktualisieren zu können, aktuell sind diese jedoch noch nicht lauffähig, sodass Upgrades manuell durchgeführt werden müssen. Der praktikabelste Weg dabei ist, die Zielversion in ein neues Verzeichnis zu installieren und anschließend Konfigurationen und Projekte dort wieder in Betrieb zu nehmen:

```
$ unzip cruisecontrol-bin-2.8.3.zip
$ phpuc install cruisecontrol-bin-2.8.3
$ rm -rf ./cruisecontrol-bin-2.8.3/logs/connectfour
$ rm -rf ./cruisecontrol-bin-2.8.3/artifacts/connectfour
$ rm -rf ./cruisecontrol-bin-2.8.3/projects/connectfour
$ rm ./cruisecontrol-bin-2.8.3/connectfour.ser
$ cp -r ./cruisecontrol-bin-2.8.2/logs \
        ./cruisecontrol-bin-2.8.2/artifacts \
        ./cruisecontrol-bin-2.8.2/projects \
        ./cruisecontrol-bin-2.8.2/config.xml \
        ./cruisecontrol-bin-2.8.2/*.ser \
   ./cruisecontrol-bin-2.8.3/
```

Da sich auch die Syntax der `config.xml` gerne ändert, sollte man CruiseControl nur updaten, wenn man auf Fixes oder neue Features angewiesen ist.

Upgrades von phpUnderControl alleine gestalten sich dagegen sehr einfach:

```
$ sudo pear upgrade phpunit/phpundercontrol-beta
$ phpuc install cruisecontrol/
```

5.5 Weiterführende Themen

5.5.1 Continuous Deployment

Innerhalb eines Projektteams ist ein kontinuierliches Deployment der Software, zum Beispiel auf Test- oder Demo-Systeme, nach erfolgreichem Build ohne Weiteres umsetzbar:

---

[23] http://confluence.public.thoughtworks.org/download/attachments/5234/install.tgz

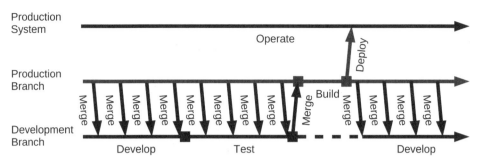

ABBILDUNG 5.7 Branching-Strategie für *Continuous Deployment* mit einem Projektteam

Per Definition ist die Software aus Sicht der Entwickler, die ihren Code ja vor dem Commit mit Tests abgedeckt haben, bereit, von weiteren Rollen im Team wie der QA genutzt zu werden.

In den allermeisten Fällen werden sich jedoch Qualitätssicherung, Projektverantwortliche und Kunden nicht damit zufriedengeben und die Software nicht ohne weitere Tests und Abnahmen in den Produktivbetrieb nehmen wollen: Entwickler können Spezifikationen falsch verstanden und implementiert haben. Die QA hat noch keine weiteren Tests wie Akzeptanz-, Last- oder Systemtests durchgeführt. Projektverantwortliche und Kunden haben das System noch nicht abgenommen.

Möchte man unter Beibehaltung von Prinzipien wie Qualitätssicherung und Abnahme durch andere als die Entwickler ein kontinuierliches Deployment einführen, muss ein agiles Konfigurationsmanagement eingeführt werden. Kern dessen ist eine Strategie für das Versionsmanagement, wie sie in [Kniberg 2008] beschrieben wird. Sämtliche Änderungen an der Software finden dabei in separaten Entwicklungszweigen (*Branch*), zum Beispiel pro Team, pro Aufgabe, pro geplantem Release, statt. Erst wenn in diesem Entwicklungszweig *alle* Kriterien für ein Deployment in der Produktivumgebung mit automatisierten Tests erfüllt sind, werden die Änderungen mit einem Produktiv-Branch zusammengeführt (*Merge*), gegen den dann ein Continuous-Integration-Server läuft.

Jede Konfiguration, die wir installieren wollen, also jede, die erfolgreich alle Tests durchläuft, wird mit einer eindeutigen Versionsnummer versehen. Dies haben wir bereits in unserem Build-Skript im Target `tag` implementiert. So müssen wir das Deployment nur noch in Abhängigkeit zur Ausführung der Akzeptanztests setzen:

```
<target name="deploy" depends="test_acceptance, deliv">
  <exec dir="${basedir}/build/deliv" executable="scp"
        failonerror="true">
    <arg line="case-study.tgz user@deployment.case-study.local:"/>
  </exec>

  <exec dir="${basedir}" executable="ssh" failonerror="true">
    <arg line="ssh user@deployment.case-study.local \
               'pear install case-study.tgz'"/>
  </exec>
</target>
```

Continuous Deployment erfordert neben einer geeigneten Branching-Strategie auch Strategien für Deployment und Rollback sowie entsprechende vollautomatisierte Mechanismen. In komplexen Systemen mit mehreren Datenbanken, Webservices und verteilten, voneinander abhängigen Systemen sind ein Baustein dazu zum Beispiel voll auf- und abwärtskompatible Schnittstellen. Wichtiger als Technologien und Werkzeuge wie dbdeploy[24] oder Capistrano[25] sind aber funktionierende Prozesse.

5.5.2 Einen Reverse Proxy nutzen

In vielen Fällen, insbesondere wenn man eine phpUnderControl-Instanz einer breiten Nutzergruppe zur Verfügung stellt, sei es im Internet oder auch nur für das gesamte Unternehmen, ist es sinnvoll, das Webinterface hinter einem Proxy zu betreiben. Dafür sprechen vor allem Sicherheitsaspekte. Zum einen kann man den Zugriff auf kritische Bereiche wie das Dashboard so leichter beschränken, als dies mit Bordmitteln möglich ist. Zum anderen kann das Webinterface so auf einem Standardport betrieben werden, ohne dass CruiseControl mit Root-Rechten betrieben werden muss.

Der Betrieb hinter einem Proxy ist mit phpUnderControl und einem Apache sehr einfach:

```
<VirtualHost *:80>
  DocumentRoot /opt/cruisecontrol/webapps/cruisecontrol/
  ServerName cruise.example.com
  # VirtualHost ist Reverse Proxy fuer http://localhost:8080/
  ProxyRequests Off
  <Proxy *>
    Order deny,allow
    Allow from all
  </Proxy>
  ProxyPass / http://localhost:8080/
  ProxyPassReverse / http://localhost:8080/
  # Alles erlauben
  <Location />
    Order allow,deny
    Allow from all
  </Location>
  # Aber das Dashboard verbieten
  <Location /dashboard>
    Order deny,allow
    Deny from all
  </Location>
</VirtualHost>
```

5.5.3 Kontinuierliche Integration und agile Paradigmen

Kontinuierliche Integration unterstützt viele Ideen von agilen Prozessmodellen: Die Effizienz von Unit-Tests wird erhöht. Die komplette Testsuite wird mit jedem Changeset auf dem aktuellsten Stand des gesamten Codes ausgeführt. Aus dem gleichen Grund verliert auch das Refactoring viel von seinem Schrecken. Kontinuierliche Integration kann durch Statistiken über die Code-Hygiene sogar dabei helfen, den richtigen Zeitpunkt für ein Refactoring zu identifizieren. Frühe und häufige Builds sind ein weiteres Konzept von agilen

---

[24] *http://dbdeploy.com/*
[25] *http://capify.org/*

Modellen, und häufig sind genau diese auch das Argument für die Einführung von kontinuierlicher Integration.

Es gibt jedoch auch Konflikte, die insbesondere bei Anwendung von kontinuierlicher Integration hervortreten: So führt zum Beispiel eine hohe Testabdeckung häufig zu langen Buildzeiten, was ein direkter Widerspruch zu den meisten agilen Modellen ist. Die Wahl eines Kompromisses zwischen Buildzeiten und Testabdeckung ist sicherlich die schlechteste Lösung für dieses Problem. Am besten wäre sicherlich eine Beschleunigung der Tests auf ein vertretbares Maß, doch insbesondere bei Akzeptanztests von grafischen Oberflächen ist dies auch mit paralleler Testausführung [Huggins 2007] nur selten zu erreichen und wird mit einer stark gesteigerten Komplexität des Testsystems erkauft [Duvall 2007].

Stattdessen ergibt es in der Praxis häufig Sinn, kaskadierende oder parallele Continuous-Integration-Systeme aufzusetzen, insbesondere wenn man Mechanismen wie Continuous Deployment einsetzen möchte.

Die statischen Tests lassen sich dagegen recht einfach mit Bordmitteln von Ant parallelisieren. Dazu wird das Ant-Target `test_static` durch folgenden Code ersetzt:

```
<target name="test_static" depends="prepare">
  <parallel>
    <antcall target="phpcs" />
    <antcall target="phpmd" />
    <antcall target="phpcpd" />
    <antcall target="pdepend" />
  </parallel>
</target>
```

5.6 Fazit

Für das diesem Kapitel zugrunde liegende Projekt haben sich im Laufe der Zeit kontinuierliche Integration, nachträglich eingeführte Unit-Tests, Software-Metriken und weitere statische Testverfahren zum essenziellen Bestandteil des täglichen Arbeitsprozesses entwickelt und dazu beigetragen, die Qualität einer Legacy-Applikation deutlich zu erhöhen. Innerhalb von gut zwei Jahren wurde hierdurch eine drastische Reduktion der Kosten für Entwicklung und Testen erzielt. Die eigentliche Einführung der Prozesse erfolgte dabei aber nicht auf einen Schlag oder in einem unabhängigen Projekt, sondern die Prozesse wurden sukzessive in die tägliche Arbeit integriert. Dabei erfolgte die gesamte Umstellung unternehmensintern und in großen Teil parallel zum Tagesgeschäft, ohne dass zusätzliche Kosten für den Kunden anfielen.

Der durchschnittliche Mehraufwand für funktionale Tests und Nachbesserungen wurde von anfänglichen 40% auf unter 5% verringert. In dieser messbar positiven Entwicklung waren zusätzliche Zeitersparnisse, die sich aus der verbesserten Wartbarkeit der Software ergaben, noch nicht berücksichtigt. Es zeigte sich aber deutlich, dass Änderungen mit wesentlich geringerem Aufwand durchgeführt werden konnten und neue Anforderungen an das Produkt leichter und schneller möglich waren. Die anfänglich nach jeder Änderung erforderlichen manuellen Tests der gesamten Applikation konnten dank automatisierter Testverfahren und einer sauberen Modularisierung der Applikation drastisch reduziert werden.

Wie wir in diesem Kapitel gesehen haben, sind Software-Metriken ein sehr nützliches Hilfsmittel, um automatisiert eine Qualitätsprüfung der Software durchzuführen. Ein entscheidender Punkt war es, geeignete Metriken für die unterschiedlichen Anwendungsfälle auszuwählen. Häufig wurden dabei nicht nur einzelne Metriken verwendet, sondern auf Kombinationen verschiedener Werte zurückgegriffen, um einen noch tieferen Einblick in das System zu erlangen. Hierbei ist es wichtig, im Hinterkopf zu behalten, dass automatisierte und manuell durchgeführte Code-Reviews sich nicht gegenseitig ausschließen. Vielmehr sollte es so sein, dass die Ergebnisse einer softwaregestützten Analyse als Grundlage für spätere manuelle Code-Reviews genutzt werden.

Ein weiterer wichtiger Punkt für eine objektive Bewertung ermittelter Messwerte war die Definition geeigneter Schwellwerte. Nur mit definierten Grenzen konnte festgestellt werden, ob ein kritischer Punkt überschritten wurde. Gerade bei bereits länger existierender, gewachsener Software würde man sonst über zu viele Verletzungen informiert, und es bestünde die Gefahr, dass wirklich relevante Informationen in der Masse untergehen. Aus diesem Grund ist es ratsam, bei zu vielen Überschreitungen anfänglich etwas höhere Schwellwerte zu definieren oder vereinfachte Regeln aufzustellen, die dann während des Projektverlaufs kontinuierlich auf das gewünschte Maß angepasst werden.

Aus der nachträglich eingeführten Dokumentationspflicht für Klassen und Methoden ergab sich ein weiterer, anfänglich unterschätzter Nebeneffekt. Im Team etablierte sich im Laufe der Zeit ein fundiertes Basiswissen über die bereits im System vorhandenen Funktionalitäten. Auf Grundlage dieser Informationen konnten zu einem späteren Zeitpunkt weitere Teile identifiziert werden, die ohne Relevanz für das eigentliche Projekt waren. Zusätzlich wurde die nun vorhandene, strukturierte API-Dokumentation dazu genutzt, bisher fehlende oder unzureichende Dokumentation mit Informationen anzureichern bzw. erstmalig zu erzeugen, ganz frei nach dem agilen Grundsatz für effektive Dokumentation *Single Source of Information* [Ambler 2002].

Der positivste Effekt aus der Einführung qualitätssichernder Maßnahmen aber war, dass sich die Zufriedenheit mit dem eigentlichen Produkt und die Zusammenarbeit zwischen Auftraggeber und Auftragnehmer kontinuierlich verbesserte. Diese Entwicklung gilt sowohl für den Kunden, der sich darauf verlassen konnte, dass neue Features nicht erst nach Wochen an Nacharbeiten produktiv nutzbar waren, als auch für das Software-Unternehmen, das nun in der Lage war, Angebote wesentlich genauer zu kalkulieren.

6 Testen von Datenbank-Interaktionen

von Michael Lively

■ 6.1 Einführung

Bei der Entwicklung von Anwendungen müssen wir sicherstellen, dass wir mit unseren Daten richtig umgehen. Eines der besten Werkzeuge, das wir als Entwickler dafür haben, sind Unit-Tests. Obwohl Unit-Tests sehr nützlich sind, ist meine Erfahrung aus Code-Reviews, dem Schreiben von Code und aus Gesprächen mit anderen Entwicklern, dass wir tendenziell die gesamte Persistenz von Daten ignorieren, wenn wir Unit-Tests schreiben. Wir testen zwar mithilfe von Stubs und Mock-Objekten alles, was wir können, aber manchmal ignorieren wir den eigentlichen Code, der Daten in die Datenbank schreibt, völlig. Wir lassen uns eine Vielzahl von Entschuldigungen dafür einfallen, warum wir das tun:

- „Die Tests brauchen dann einfach zu lange."
- „Das ist nicht mehr das Testen einer Unit, sondern wir testen auch die Datenbank-Engine."
- „Wir können annehmen, dass die Datenbank richtig funktioniert, also müssen wir sie nicht testen."
- „Datenbanktests sind wie Halsschmerzen, und man braucht ewig, diese blöden Testinventare zu schreiben."

Alle diese Aussagen sind richtig, aber sie berücksichtigen nicht das Gesamtbild.

Natürlich brauchen Datenbanktests eine Weile, aber schreiben Sie lieber einige Minuten länger an einer automatisierten Testsuite, die einige Sekunden länger läuft, und testen damit ein bisschen mehr, als die „Experten" gerne hätten, oder wollen Sie lieber auf einem Auge blind sein, wenn Sie herausfinden, dass die Datenbank doch nicht genau das tut, was Sie von ihr erwarten? Was geschieht, wenn es uns nicht gelingt, die Datenbank-Interaktion angemessen zu schützen und sich ein Fehler in das zu testende System einschleicht? Im Idealfall wird jemand im Rahmen der Qualitätssicherung irgendwo das Problem entdecken, hoffentlich nicht erst der Kunde in einer veröffentlichten Version der Software. Wenn dies geschieht, bedeutet es oftmals verlorene Zeit bis zum nächsten Release, einen Verlust von Vertrauen in das Produkt und in vielen Fällen verlorenen Umsatz. Auch wenn das Ganze glimpflich verläuft, wird man Zeit damit verschwendet haben, das Problem einzukreisen und zu beseitigen. Wenn wir potenzielle Probleme mit der Datenbank-Interaktion mit automatischen Tests schon früh im Entwicklungsprozess entdecken, können wir sehr viel Zeit sparen und Risiken reduzieren, die spät im Entwicklungsprozess nötige Änderungen mit sich bringen.

Datenbank-Interaktion ist deshalb schwer zu testen, weil wir nur wenig Kontrolle haben. Es gibt viele Ecken und Enden, an denen man leicht Fehler machen kann. Man öffnet eine Datenbankverbindung, sendet der Datenbank Instruktionen, etwas zu tun, und macht dann etwas mit den Ergebnissen. Das sieht nach einem geradlinigen Prozess aus, aber jeder Schritt birgt das Risiko, dass sich Fehler in das System einschleichen. Der gefährlichste Bereich ist dort, wo man der Datenbank sagt, was sie tun soll. Es ist sicherlich ein Problem, wenn man Datenbankverbindungen fälschlicherweise aufbaut oder Ergebnisse von der Datenbank falsch verwendet, aber solcher Code ist sehr einfach zu testen, sodass ihm mit Sicherheit beim Testen genug Aufmerksamkeit zuteil werden wird. Datenbank-Interaktion ist jedoch so schwierig zu testen, dass es oft eine schier unüberwindbare Hürde darstellt, gründlich und vollständig zu testen.

■ 6.2 Pro und Kontra

6.2.1 Was gegen Datenbanktests spricht

Es braucht Zeit, um die notwendigen Testinventare für wiederholte, isolierte Datenbanktests aufzusetzen und zu verwalten. Es braucht auch Zeit, die Datenbanken für alle Entwickler aufzusetzen, wenn diese ihre eigenen Änderungen testen wollen. Und es braucht relativ lange, die Tests selbst auszuführen. Datenbanken sind oft der Performance-Flaschenhals einer Anwendung, und für Tests ist das nicht anders. Je mehr man mit der Datenbank interagiert, desto mehr Zeit werden die Tests brauchen. Lohnt es sich also, die Datenbank zu testen? Um diese Frage zu beantworten, müssen wir die Risiken kennen, die wir eingehen, wenn wir die Datenbank-Interaktion nicht testen. Um diese Risiken zu bewerten, müssen wir zunächst den Zweck von Datenbanktests verstehen.

Beim Testen von Datenbanken geht es darum sicherzustellen, dass man die richtigen Instruktionen an die Datenbank schickt, um Ergebnisse zu erzielen, die die Anwendung erwartet, um korrekt zu funktionieren. Datenbanktests schützen uns davor, SQL falsch zu verstehen. Datenbanken sind komplexe Systeme, die einer komplexen Sprache gehorchen, die viele Entwickler nicht vollständig verstehen. Viele PHP-Entwickler kennen sich mit PHP deutlich besser aus als mit SQL. Wenn wir erfahren in PHP sind und trotzdem noch immer das Gefühl haben, unseren PHP-Code testen zu müssen, dann sollte es eigentlich noch viel wichtiger sein, unsere SQL-Statements auf ehrliche und greifbare Weise zu testen. Wenn wir ein Statement schreiben, um eine Liste von allen Staaten zu erstellen, die mehr als zwei Prozent zu unserem Gesamtumsatz mit USB-Sticks beigetragen haben, können wir uns nur dann sicher sein, das richtige SQL-Statement zu verwenden, wenn wir mit einer echten Datenbank und echten Daten testen. Sicherlich gibt es berechtigte und sogar kaum überwindbare Probleme beim Testen der Datenbank-Interaktion.

Ich glaube allerdings nicht, dass diese schwer genug wiegen, um vollständig auf das Testen von Datenbanken zu verzichten. Es bedeutet nur, dass Sie intelligent testen müssen. Noch wichtiger ist, dass Sie intelligent entwickeln. Je weniger Code Sie haben, der direkt mit der Datenbank interagiert, desto weniger Tests werden Sie dafür brauchen. Der einfachste Weg, das Erstellen von Datenbanktests zu vermeiden, ohne das Risiko im zu testenden System erheblich zu erhöhen, ist, eine Datenbankzugriffsschicht oder sogar ein objektrelationales Mapping-Framework (ORM) zu verwenden. So können Sie sich auf Ihre Datenbanktests konzentrieren und in den meisten Fällen die Anzahl der benötigten Datenbanktestinventare reduzieren.

6.2.2 Warum wir Datenbanktests schreiben sollten

Es gibt viele Gründe, die Datenbank-Interaktion mit Unit-Tests zu testen. Einige davon sind wirklich offensichtlich, wie etwa sicherzustellen, dass die Daten korrekt gespeichert und geladen werden. Es gibt aber auch andere Gründe, die längst nicht so offensichtlich sind. Einer der am wenigsten beachteten Aspekte von Datenbanktests ist, dass man damit die Möglichkeit schafft sicherzustellen, dass der Code auch mit einer neuen Version der Datenbank korrekt funktioniert. Ich habe schon oft MySQL aktualisiert, nur um dann festzustellen, dass sich irgendwelche alltäglichen Funktionalitäten geändert haben. Speziell ein Upgrade von MySQL 5.0.17 auf MySQL 5.0.24 führte völlig unerwartet zu einer großen Anzahl von Fehlern. Die Fehler selbst waren alle völlig berechtigt: Einige unserer älteren Queries gaben nicht an, zu welcher Tabelle eine bestimmte Spalte gehörte, als diese über einen Join mit einer anderen Tabelle mit einer Spalte gleichen Namens verknüpft wurde. Das hätte eigentlich immer schon zu einen Fehler führen sollen, aber MySQL 5.0.17 nahm in manchen Fällen einfach an, dass die erste Spalte verwendet werden sollte. Das ist zwar kein korrektes Verhalten, aber es gab Code, der sich auf genau dieses Verhalten verließ.

Als man das Problem in MySQL 5.0.24 beseitigt hatte, erhielten wir plötzlich eine große Anzahl von Fehlern, die besagten, dass der Namen der Spalte x mehrdeutig sei. Wir machten schließlich das Upgrade rückgängig, führten umfassende manuelle Tests der kritischen Systemkomponenten in einer QA-Umgebung, beseitigten die Probleme, um dann den Code zu veröffentlichen und das Upgrade des MySQL-Servers zu wiederholen. Dann mussten wir den gleichen Fehler, der nach und nach von den Endbenutzern gemeldet wurde, auch in anderen Teilen der Anwendung beseitigen. Es kostete uns mehrere Wochen, bis das Problem vollständig gelöst war. Mit einem zuverlässigen Set von Datenbank-Unit-Tests hätten wir diese einfach gegen die neue Version der Datenbank ausgeführt und uns die Zeitverschwendung des Rollbacks und die peinlichen Fehlerberichte der Endbenutzer nicht antun müssen. Egal, wie weit Sie dem Datenbankhersteller vertrauen, Sie haben keine Kontrolle darüber, ob dieser nicht Fehler oder geändertes Verhalten sogar in Minor oder Bugfix-Releases einführt.

Ein weiterer Vorteil von Datenbanktests, der oft nicht wahrgenommen wird, ist, dass man damit Code und Anwendungen für verschiedene Datenbanksysteme zertifizieren kann. Einige Open-Source-Projekte versuchen, verschiedene Datenbank-Plattformen zu unterstützen. Die größte Herausforderung dabei ist sicherzustellen, dass die Abfragen, die man an die Datenbank stellt, auch wirklich für alle der unterstützten Datenbanken funktionieren. Datenbanktests können so programmiert werden, dass man sie leicht für verschiedene

Datenbanken ausführen kann. Die PHPUnit-Erweiterung zum Datenbanktest basiert auf PDO und bietet eine wohldefinierte Schnittstelle, was es ermöglicht, Tests zu schreiben, die mit jeder von PHP unterstützten Datenbank funktionieren.

Der Hauptvorteil von Datenbanktests jedoch ist, dass sichergestellt wird, dass die Daten sicher verwahrt und korrekt verwendet werden. In der heutigen Programmierwelt sind die meisten Anwendungen in der einen oder anderen Form datengetrieben. Das bedeutet oftmals, dass es ein bestimmtes Maß an Datenbank-Interaktion mit unserem Code gibt. Normalerweise werden wir Daten laden und den Endbenutzern anzeigen. Oftmals werden wir ihnen erlauben, Daten hinzuzufügen und zu verändern. Gelegentlich werden wir sogar Sichten auf die Daten in Form von Reports und Analysemodulen bieten. Unsere Anwendungen arbeiten ohne diese Daten nicht. Wenn die Daten für die korrekte Funktion entscheidend sind, dann sollte sich dies in der Aufmerksamkeit widerspiegeln, die wir dem Holen und Speichern von Daten in unseren Testsuites widmen.

■ 6.3 Was wir testen sollten

Eine der Fragen, die wir uns stellen müssen, wenn wir Datenbanktests schreiben, ist: „Was sollte ich testen?" Wenn wir die Zeit haben, alles zu testen, dann ist das fantastisch, und wir sollten es tun. Oftmals werden wir aber unsere Anstrengungen erst einmal auf bestimmte Teile des Codes konzentrieren müssen. Das ist bei Datenbanktests besonders dann der Fall, wenn wir nicht nur die Zeit bedenken müssen, die wir zur Entwicklung der Tests brauchen, sondern auch die Ausführungszeit der Tests berücksichtigen müssen. Man muss den richtigen Mittelweg finden, damit die Tests vernünftig und leicht ausführbar sind.

Der wichtigste Aspekt, an den wir denken müssen, wenn wir feststellen wollen, welchen Code wir für die Tests schreiben werden, ist sicherzustellen, dass alle kritischen Daten ein angemessenes Maß an Aufmerksamkeit erhalten. Wir müssen auch daran denken, welche Auswirkungen ein Defekt in einem bestimmten Teil des Codes auf unsere Software und unser Business hat. In den meisten Fällen ist es viel wichtiger sicherzustellen, dass Daten zu einem bestimmten Zeitpunkt in der Datenbank gespeichert werden, als sicherzustellen, dass die Daten richtig aus der Datenbank gelesen werden. Wenn Daten nicht richtig geladen werden, können wir den fehlerhaften Code einfach korrigieren, und alles funktioniert wieder wie erwartet. Wenn wir allerdings Daten falsch speichern, dann ist es möglich oder sogar wahrscheinlich, dass wir fehlerhafte Daten haben. Womöglich sind wir nicht mehr in der Lage, diese Daten zu korrigieren. Selbst wenn wir Glück haben und die Daten korrigiert werden können, wird das mehr Aufwand sein, als lediglich angezeigte Daten zu korrigieren.

Wir müssen auch überlegen, was letztendlich mit den abgefragten Daten geschieht. Wenn wir Daten holen und diese zu einer externen E-Mail-Adresse senden, dann macht das diese Daten wichtiger. Wenn wir beispielsweise eine Bestellung von der Datenbank holen und diese per E-Mail an die Versandabteilung senden, werden wir ganz erhebliche Probleme bekommen, wenn die Anwendung für jeden Kunden eine falsche Bestellung sendet.

Ein guter Lackmustest dafür, wie viel Aufmerksamkeit man der Datenbank-Interaktion verschiedener Module widmen sollte, ist deren Geschäftswert. Für die wichtigsten Daten im System sollte es keinen Code geben, der nicht durch Datenbanktests abgedeckt ist. Wenn wir einen Warenkorb verwalten, dann werden die wichtigsten Daten im System vermutlich die Bestelldaten und unsere Produkte sein. Ohne diese beiden Datenbestände können wir nichts verkaufen und keine Bestellungen der Kunden ausführen. Auf Kommentare und Bewertungen dagegen können wir für ein paar Stunden verzichten, daher brauchen diese nicht ganz so viel Aufmerksamkeit. Dies ist besonders dann wichtig, wenn wir nicht testgetrieben entwickeln oder nur begrenzt Zeit haben, um Datenbanktests zu schreiben.

Wenn wir die Daten, mit denen wir Geld verdienen, erst einmal angemessen getestet haben, dann wollen wir im nächsten Schritt vermutlich diejenigen Daten testen, auf Basis derer wir finanzielle Entscheidungen treffen. Strapazieren wir erneut das Warenkorb-Beispiel und nehmen an, dass wir dort eine Komponente haben, in der Verkäufer Bestellungen erfassen können. Es ist wahrscheinlich, dass wir den Verkäufer mit der jeweiligen Bestellung verknüpfen müssen, damit wir Provisionen auszahlen können. Es ist naheliegend, dass diese Daten korrekt repräsentiert werden müssen, ansonsten führt das zu einigen sehr unglücklichen (oder extrem glücklichen) Verkäufern, wenn sie ihre Provisionsabrechnung einsehen. Ein anderes Szenario sind Finanzreports. Wenn wir ein eingebautes Reporting haben, das die Verkäufe eines Produktes über die Zeit darstellt, dann werden diese Daten höchstwahrscheinlich verwendet, um Verkäufe zu prognostizieren, das Lager aufzustocken oder weitere geschäftliche Entscheidungen zu treffen. Wenn solche Entscheidungen auf Basis von falschen Daten getroffen werden, kann dies zu schwerwiegenden und langwierigen Problemen führen.

■ 6.4 Datenbanktests schreiben

6.4.1 Die Datenbankverbindung mocken

Wenn die Entscheidung gefallen ist, für ein System Datenbanktests zu schreiben, müssen wir uns überlegen, wie wir diese Tests schreiben wollen. Es gibt verschiedene Wege, die Datenbank-Interaktion in Ihrer Software zu testen. Am weitesten verbreitet ist, entweder die Datenbankverbindung zu mocken und die Datenbankaufrufe mit Zusicherungen zu prüfen oder eine echte Datenbank zu verwenden und mittels einem Framework dort Daten abzulegen, bevor man einen Test durchführt, und am Ende des Tests zu prüfen, ob die richtigen Daten in der Datenbank vorhanden sind.

Als ich das erste Mal versuchte, Testabdeckung für Code zu erzielen, der mit Datenbank arbeitet, machte ich mir tatsächlich die Arbeit, ein gemocktes `MySQLi`-Objekt mit einer Dummy-Methode zum Aufbau der Verbindung zu schreiben. Dieses Objekt verwendete ich, um zuzusichern, dass ich die Query-Methode mit dem richtigen SQL-Statement als Parameter aufrief. Das half mir zwar enorm, Code-Coverage für meine Datenbankklassen zu erzielen, aber es schützte mich nicht wirklich vor Fehlern. Letztlich stellte ich dadurch nur sicher, dass meine Datenbankklassen die Queries erzeugten, von denen ich glaubte, dass sie erzeugt werden müssten. Was aber, wenn ich eine falsche Query verwendete?

Wenn Sie die Datenbank-Interaktion testen, dann müssen Sie mehr tun als nur prüfen, ob das erwartete SQL-Statement verwendet wird. Sie müssen sicherstellen, dass Sie ein SQL-Statement verwenden, das *die Daten wie erwartet zurückliefert oder modifiziert*. Unit-Tests sollten das Verhalten einer Einheit (Unit) als Ganzes testen. Das Testen sollte nicht immer unmittelbar da aufhören, wo die getestete Unit die direkte Kontrolle abgibt. Eine Sichtweise dessen ist, dass Sie vermutlich nicht die in PHP eingebaute Funktion `in_array()` mocken wollen, da es ihren Unit-Tests egal sein sollte, ob `in_array()` funktioniert oder nicht. Dies zu tun, würde einen Haufen nutzloser Tests bedeuten, und was würden Sie tun, wenn `in_array()` nun doch irgendwann kaputtgeht? Ich glaube, dass man mit der direkten Interaktion mit der Datenbank auch so umgehen sollte. Man sollte zulassen, dass sie geschieht, und dann prüfen, ob sie auch wirklich das getan hat, was man erwartet.

Die Argumente, die für das Mocking einer Datenbankverbindung sprechen, sind, dass dadurch die Tests schneller ablaufen und die Tests keine externen Abhängigkeiten (nämlich die Datenbank) haben. Das Problem dabei ist, dass man beim Mocken von Datenbankverbindungen mehr Wissen über die Implementierung benötigt, die Korrektheit der abgesetzten Queries nicht testet und es nicht möglich ist, Änderungen am Datenbankschema durch Tests aufzudecken.

6.4.2 Die Datenbankerweiterung von PHPUnit

Es kommt mehr und mehr in Mode, ein Datenbank-Testframework zu verwenden, wenn man in Unit-Tests die Datenbank-Interaktion testen will. Diese Frameworks können komplette Frameworks von Drittanbietern sein oder einfach kleine Werkzeuge, die von den Entwicklern speziell für das aktuelle Projekt erstellt wurden. Das generelle Ziel und die Verwendung der einzelnen Frameworks allerdings unterscheiden sich nicht großartig. Sie erlauben es, am Anfang eines Tests ein bestimmtes Set von Daten in eine Testdatenbank einzufügen. Der Test selbst läuft dann gegen eben diese Testdatenbank. Danach wird geprüft, ob die Datenbank im erwarteten Zustand ist. Schließlich werden die Daten wieder aus der Datenbank entfernt. Die Details der einzelnen Schritte mögen abweichen, und in manchen Fällen ist sogar die Reihenfolge anders, aber generell ist dies der Ablauf eines Datenbanktests, wenn man irgendein Framework verwendet.

Ein einfaches Beispiel dafür ist ein Test für die Benutzerverwaltung der Anwendung, den Sie gerade schreiben. Sie haben vielleicht eine `addUser()`-Methode, die einen Benutzer- und einen Gruppennamen als Parameter fordert. Sie können für das Testinventar Code schreiben, der eine Gruppe in die Gruppentabelle der Datenbank einfügt. Dann würden Sie die `addUser()`-Methode ausführen. Schließlich könnten Sie die Datenbank abfragen, um sicherzustellen, dass der Benutzer tatsächlich hinzugefügt wurde und mit der richtigen Gruppen-ID verknüpft ist.

Ich habe die Datenbankerweiterung für PHPUnit geschrieben, weil ich bei meinem letzten Arbeitgeber den Bedarf hatte, Datenmodellschichten schnell zu testen, um sicherzustellen, dass sie richtig arbeiten. Es gab für Java ein Werkzeug namens DBUnit, das genau dies leistete. Man konnte die Datenbank zwischen jedem Test in einen definierten Zustand bringen, Datenbestände definieren und vorhandene Daten mit einem definierten Datenbestand vergleichen. Ich portierte die Funktionalität von DBUnit für das PHPUnit-Testframework. PHPUnit 3.2 war die erste Version, die Datenbanktests unterstützte. Seitdem sind verschiedene nützliche Features neu hinzugekommen, was dem Feedback zur ersten Version zu verdanken ist. Diese neuen Features vereinfachen das Schreiben von Datenbanktests noch weiter. Die Entwicklung geht weiter, und es gibt noch immer zahlreiche

Verbesserungsmöglichkeiten, aber im Großen und Ganzen ist die Funktionalität vorhanden, die Sie brauchen, um schnell mit Datenbanktests loszulegen.

6.4.3 Die Klasse für Datenbanktestfälle

Die Klasse PHPUnit_Extensions_Database_TestCase[1] ist die Grundlage für einen Datenbanktest mit PHPUnit und DbUnit. Sie bietet die gesamte Basisfunktionalität, die Sie brauchen, um Tests zu erstellen, die eine Datenbank mit Testdaten befüllen. Wenn Sie einen Datenbanktest schreiben, werden Sie Ihren Test normalerweise von dieser Klasse ableiten. Die einzige zusätzliche Information, die ein Datenbanktestfall benötigt, ist die Datenbankverbindung, die Sie im Test verwenden sollen, und der Testdatenbestand, den Sie als Testinventar verwenden wollen.

Implementieren Sie die abstrakte Methode getConnection(), um die Datenbankverbindung bereitzustellen. Diese Methode muss ein Objekt zurückgeben, das die Schnittstelle DB_IDatabaseConnection implementiert. Diese Schnittstelle definiert alle Methodenaufrufe, die wir brauchen, damit die Erweiterung Daten aus der Datenbank in Form von Tabellen und Queries zurückliefern, Queries korrekt escapen, Zeilen zählen und Metadaten von der Datenbank abfragen kann. Es gibt eine Standardimplementierung der Schnittstelle, die DB_DefaultDatabaseConnection heißt und eine vorhandene PDO-Verbindung benutzt. Der Konstruktor dieser Klasse benötigt sowohl ein PDO-Objekt als auch ein Schema. Das sieht auf den ersten Blick redundant aus, hat aber einen guten Grund, denn seit PHP 5.3.0 gibt es keine Möglichkeit mehr, die Daten aus der DSN abzufragen, sobald das PDO-Objekt instanziiert ist. Es gibt auch keinen in SQL standardisierten Weg anzufragen, mit welcher Datenbank man gerade verbunden ist.

Es sollte erwähnt werden, dass manche Datenbanken, zum Beispiel SQLite, kein Schema benötigen. In diesem Fall können Sie einen leeren String als zweiten Parameter übergeben. Ein Beispiel für ein getConnection(), um sich mit einer SQLite-Datenbank zu verbinden, finden Sie nachstehend.

```php
<?php
include_once 'PHPUnit/Extensions/Database/TestCase.php';

abstract class MySQLDatabaseTest
        extends PHPUnit_Extensions_Database_TestCase {
  protected function getConnection() {
    return
    new PHPUnit_Extensions_Database_DB_DefaultDatabaseConnection(
      new PDO(
        'mysql:host=localhost;dbname=testdb',
        'root', 'password'
      ), 'testdb'
    );
  }
}
```

---

[1] Im Folgenden verzichte ich im Fließtext auf das Klassennamenpräfix PHPUnit_Extensions_Database_, um den Text lesbarer zu machen.

Diese Implementierung von getConnection() liefert eine Datenbankverbindung zu einer SQLite-In-Memory-Datenbank. Es ist ein einfaches Beispiel, das eine häufig vorkommende Bad Practice zeigt und daher erwähnenswert ist. Man sollte es immer vermeiden, die Informationen für die Datenbankverbindung im Test hart zu kodieren. Wenn Sie das tun, wird es sehr schwierig, die Datenbankverbindung später zu ändern, wenn Ihre Testdatenbank einmal umzieht. Außerdem geht Ihnen Flexibilität verloren, wenn Sie mehrere Testdatenbanken zulassen. Ein guter Weg, die Information an einer zentralen Stelle zu speichern, ist, Ihre eigene Basisklasse für Datenbanktests zu erstellen. Wenn Sie die obige Klasse abstrakt machen, könnten Sie von ihr alle eigenen Datenbanktests ableiten. Der Vorteil dabei ist, dass Sie Ihre Datenbankverbindung an nur einer Stelle haben. Das vermeidet auch, dass Sie die Datenbankverbindung wiederholt deklarieren müssen. Ein Beispiel, wie man das tun kann, wird später diskutiert.

Ein Vorteil, PDO für die Verbindungen zu nutzen, die PHPUnit macht, ist, dass es eine Vielzahl von Treibern für die verschiedenen Datenbank-Engines gibt. PHPUnit unterstützt daher MySQL, PostgreSQL, Oracle und SQLite. Während PHPUnit PDO verwendet, um die Datenbankverbindungen aufzubauen, die benötigt werden, um die Testdatenbank aufzusetzen und zu prüfen, können Sie innerhalb Ihres Codes jegliche Form von Datenbankverbindungen nutzen. Wenn Ihr Code also die mysqli-Extension verwendet, können Sie diesen Datenbankcode trotzdem mit PHPUnit testen.

6.4.4 Die Verbindung zur Testdatenbank aufbauen

Wenn Sie sich entschieden haben, Datenbanktests zu erstellen, dann müssen Sie sich überlegen, gegen welche Datenbank Sie die Tests ausführen wollen. Die wichtigste Regel dabei ist, dass Sie niemals eine Produktionsdatenbank zum Testen verwenden, damit Sie die Datenbank vollständig zurücksetzen können, ohne dass Ihre Benutzer betroffen sind. Stellen Sie sich die Konsequenzen vor, wenn Sie einmal versehentlich die Produktionsdatenbank zurücksetzen! Es ist am besten, wenn Sie zum Testen eine eigene Datenbank verwenden. Im Idealfall läuft diese auf einem Testserver, damit Sie nicht doch irgendwann versehentlich gegen die Produktionsdatenbank testen. Es gibt nicht viel, das Kunden mehr stört, als alle ihre Daten aus der Datenbank zu löschen.

Wenn Sie in einem Projekt mit mehreren Entwicklern arbeiten, würde ich getrennte Datenbanken für jeden Entwickler empfehlen. Wenn jeder Entwickler seine eigene Testdatenbank hat, können alle jederzeit die Tests ausführen, ohne sich Sorgen darüber zu machen, dass sich Tests ins Gehege kommen und Fehler auftreten, weil zwei Tests gleichzeitig lesend und schreibend auf die gleichen Datenbanktabellen zugreifen. Alle Testdatenbanken können auf einem einzigen Entwicklungsserver oder sogar auf den einzelnen Entwicklungssystemen liegen. Wenn Sie jedem Entwickler eine eigene Datenbank zur Verfügung stellen, dann wollen Sie ihnen auch ermöglichen, schnell und einfach das Schema der Testdatenbank zu erzeugen und es aktuell zu halten. Üblich ist – und das habe ich in verschiedenen Projekten so getan – ein Skript zu schreiben, mit dem das Schema von einer zentralen Entwicklungsdatenbank in eine Datenbank auf dem Entwicklungssystem exportiert wird. So kann jeder Entwickler schnell seine eigene Instanz der Datenbank erzeugen. Das hilft nicht nur beim Testen, sondern auch insgesamt bei der Entwicklung. Um die Schemas mit den täglichen Änderungen synchron zu halten, können die Entwickler Dateien mit den notwendigen Schemaänderungen verschicken, wenn ihr Code fertiggestellt und in der Versionsverwaltung gespeichert ist. Es gibt verschiedene Werkzeuge wie `dbdeploy` und `phing`, die bei diesem Prozess unterstützen.

Wenn Sie mehrere Testdatenbanken haben, dann gibt es noch eine weitere Herausforderung, der sich Ihre Datenbanktestfälle stellen müssen. Man muss nämlich in der Lage sein, die Datenbankverbindung in den Testfällen zu konfigurieren. Das wird einfacher, wenn die Datenbankverbindung nur an einer einzigen Stelle gespeichert wird. Das könnte man noch ein wenig erweitern, damit man die benötigten Verbindungsinformationen in der PHPUnit-Konfiguration speichern kann.

PHPUnit bietet dazu die Option `-configuration`, mit der Sie eine XML-Datei angeben können, in der verschiedene Konfigurationseinstellungen gespeichert sind. In dieser XML-Datei können auch globale Variablen für die Tests angegeben werden. Somit können wir eine Konfigurationsdatei erstellen, die globale Variablen für die DSN, den Benutzernamen, das Passwort und den Schemanamen definiert.

```xml
<?xml version="1.0" charset="utf-8" ?>
<phpunit>
  <php>
    <var name="TESTDB_DSN" value="mysql:host=localhost;dbname=testdb" />
    <var name="TESTDB_USERNAME" value="test" />
    <var name="TESTDB_PASSWORD" value="password" />
    <var name="TESTDB_SCHEMA" value="testdb" />
  </php>
</phpunit>
```

Wenn man beim Aufruf von PHPUnit mit der Option `-configuration` nun diese Datei angibt, dann stehen diese globalen Variablen in Ihren Testinventaren zur Verfügung. Ein anderer sehr hilfreicher Trick ist, diese XML-Datei `phpunit.xml` zu nennen. Wenn eine Datei dieses Namens im Arbeitsverzeichnis ist, wenn man PHPUnit ausführt, dann wird automatisch diese Konfiguration geladen. Danach können Sie die dort definierten globalen Variablen in Ihrer Testklasse verwenden, um die Datenbankverbindung zu erzeugen.

```php
<?php
include_once 'PHPUnit/Extensions/Database/TestCase.php';

abstract class MySQLDatabaseTest
      extends PHPUnit_Extensions_Database_TestCase
{
  protected function getConnection()
  {
    return
      new PHPUnit_Extensions_Database_DB_DefaultDatabaseConnection(
        new PDO(
          $GLOBALS['TESTDB_DSN'],
          $GLOBALS['TESTDB_USERNAME'],
          $GLOBALS['TESTDB_PASSWORD']
        ),
        $GLOBALS['TESTDB_SCHEMA']
      );
  }
}
?>
```

Wenn ein Entwickler im Team es nun vorzieht, nicht den Testaccount seiner Datenbank zu verwenden, oder seine Tests gegen ein anderes Datenbankschema ausführen will, dann kann er einfach eine neue Konfigurationsdatei erzeugen und in der Option `-configuration` angeben.

Eine andere Möglichkeit, dies zu erreichen, erfolgt über den Schalter `-bootstrap` von PHPUnit. Dieses Feature ermöglicht es Ihnen, eine PHP-Datei zu erzeugen, die automatisch vor jedem Test ausgeführt wird. Sie könnten darin eine Klasse mit den nötigen Informationen zur Erzeugung der Datenbankverbindung definieren.

```php
<?php
class MyBootstrapClass
{
  public function getTestDbDsn()
  {
    return 'mysql:host=localhost;dbname=testdb';
  }

  public function getTestDbUsername()
  {
    return 'root';
  }


  public function getTestDbPassword()
  {
    return 'password';
  }

  public function getTestDbSchema()
  {
    return 'testdb';
  }
}
?>
```

In Ihrer Testbasisklasse können Sie nun diese Klasse instanziieren, um die benötigte Information zur Erzeugung der Datenbankverbindung zu erhalten. Auf diese Weise müssen Sie keine globalen Variablen verwenden. So kann ein Entwickler, der die verwendete Datenbankverbindung anpassen möchte, einfach eine eigene Bootstrap-Datei erzeugen und deren Namen in der Option `-bootstrap` von PHPUnit angeben. Dies sind zwei sehr effektive Techniken, um die Verbindungsinformation für Testdatenbanken konfigurierbar zu machen.

```php
<?php
include_once 'PHPUnit/Extensions/Database/TestCase.php';

abstract class MySQLDatabaseTest
        extends PHPUnit_Extensions_Database_TestCase
{
  protected function getConnection()
  {
    $bootstrap = new MyBootstrapClass();
    return
      new PHPUnit_Extensions_Database_DB_DefaultDatabaseConnection(
        new PDO(
          $bootstrap->getTestDbDsn(),
          $bootstrap->getTestDbUsername(),
          $bootstrap->getTestDbPassword()
        ),
        $bootstrap->getTestDbSchema()
      );
  }
}
?>
```

6.4.5 Datenbestände erzeugen

Im letzten Beispiel eines einfachen Datenbanktests bestand das Testinventar im Wesentlichen nur aus einer einzigen SQL-Abfrage, die gegen unsere Testdatenbank ausgeführt wurde, um eine einzige Zeile hinzuzufügen. Das funktioniert gut und ist für einfache Tests auch völlig ausreichend. Je umfangreicher die Tests werden und je mehr Daten Sie testen müssen, desto umständlicher wird das Ganze allerdings. Das Verhältnis von Code, der das Testinventar erzeugt, zum getesteten Code beginnt erheblich zu wachsen. Ein Ziel der Datenbankerweiterung von PHPUnit ist es, das Aufsetzen des Datenbanktestinventars zu abstrahieren. Um das zu erreichen, verwendet PHPUnit das in DBUnit eingeführte Konzept von austauschbaren Datasets.

Zurzeit ist nur ein einziges Dataset mit jedem Testfall verknüpft. Das bedeutet, dass alle Tests innerhalb eines Testfalls das gleiche Testinventar verwenden müssen. Ein Feature, das für eine der kommenden PHPUnit-Versionen geplant ist, erlaubt auch die Definition von Datasets für einzelne Tests. Um ein Dataset zu definieren, müssen Sie im Datenbanktestfall die Methode `getDataSet()` implementieren. Diese Methode muss eine Implementierung der Schnittstelle `DataSet_IDataSet` zurückgeben. Diese Datasets repräsentieren die Testinventare, die im Datenbanktest für jede Testklasse verwendet werden. Nachfolgend sehen Sie ein Beispiel für die Definition eines leeren Datasets. Sofern PHPUnit im `include_path` ist, können Sie diesen Testfall mit dem Befehl `phpunit` ausführen und sollten keine Fehler erhalten.

```php
<?php
include_once 'PHPUnit/Extensions/Database/TestCase.php';
include_once 'PHPUnit/Extensions/Database/DataSet/DefaultDataSet.php';

class SQLiteDatabaseTest extends PHPUnit_Extensions_Database_TestCase
{
  protected function getConnection()
  {
    return
      new PHPUnit_Extensions_Database_DB_DefaultDatabaseConnection(
        new PDO('sqlite::memory:'),
        ''
      );
  }

  protected function getDataSet()
  {
    return
      new PHPUnit_Extensions_Database_DataSet_DefaultDataSet(array());
  }

  public function testMyCode()
  {
  }
}
?>
```

Sie werden merken, dass sich der hier abgedruckte Code in verschiedener Hinsicht von den vorherigen Beispielen unterscheidet. Wir nutzen wieder einmal eine SQLite-In-Memory-Datenbank. Diese ist sehr nützlich zum Testen, zumindest dann, wenn Ihr Code ebenfalls SQLite verwendet oder von keiner bestimmten Datenbankplattform abhängt. Sie werden auch die neu definierte Methode `getDataSet()` bemerkt haben. Sie liefert zurzeit eine einfache Datenimplementierung zurück, bei der man manuell Tabellen und Daten mit PHP-Code aufsetzen muss. Das ist zwar für das vorliegende Beispiel sehr praktisch, aber ich würde Ihnen davon abraten, diese Implementierung für reale Tests zu verwenden. Die letzte Methode `testMyCode()` ist ein einfacher Test, der nichts wirklich Sinnvolles tut.

Datasets können in verschiedenen Formaten repräsentiert werden, und zwar in Form von XML-, CSV- oder YAML-Dateien. Datasets können auch programmatisch mit PHP erzeugt oder sogar von anderen Datenbanken importiert werden. Jede Art von Dataset hat ihre eigenen Vor- und Nachteile. Ich würde generell empfehlen, mit dem YAML-Format zu beginnen. Man sagt, YAML sei deutlich besser lesbar als XML, und ich schließe mich dem an. Es gibt auch einige Dekoratoren für Datasets, mittels derer man die Datasets noch besser und flexibler nutzen kann. Für die Beispiele in diesem Buch werde ich das Standard-XML-Format verwenden. Es ist aber dennoch wichtig, dass Sie die verschiedenen verfügbaren Dataset-Formate kennen und verstehen.

In den meisten Tests werden Sie mindestens eines der Format-Datasets nutzen, die PHPUnit bietet. Wenn wir weiter unten die einzelnen Formate besprechen, werde ich

Ihnen ein Beispiel zeigen, das die Daten der folgenden Tabelle mit dem Namen User verwendet.

date_created	table1_id	username	password	notes
2009-01-01 00:00:00	1	mikelively	3858...c63f	NULL
2009-01-02 00:00:00	2	johnsmith	73cf...9a46	I have no idea who this is

Ich werde Ihnen auch zeigen, wie Sie eine leere Tabelle (`empty_table`) ohne Datensätze definieren können.

XML-Datenbestände

Das Standard-XML-Format ist ein recht ausführliches Format, in dem Sie genau angeben können, welche Tabellen das Dataset hat und welche Spalten und Datensätze diese Tabellen enthalten. Die Klasse `DataSet_XmlDataSet` akzeptiert den Pfad zu einer XML-Datei (relativ zum Arbeitsverzeichnis) als ersten und einzigen Konstruktor-Parameter. Mit dem folgenden Code können Sie ein neues Standard-XML-Dataset erzeugen:

```php
<?php
$xml = new PHPUnit_Extensions_Database_DataSet_XmlDataSet(
    'mydataset.xml'
);
?>
```

Das Wurzelelement der XML-Datei ist das Element `<dataset>`. Dieses Element kann keines oder mehrere `<table>`-Elemente enthalten. Jedes Tabellenelement hat ein Attribut, das den Namen der Tabelle enthält. Das Tabellenelement enthält optional ein oder mehrere `<column>`-Elemente. Die Spaltenelemente enthalten Text-Nodes mit den Namen der Spalte. Das Element `<table>` enthält zusätzlich ein oder mehrere `<row>`-Elemente. Jedes dieser `<row>`-Elemente repräsentiert eine einzelne Zeile in der aktuellen Tabelle. Es wird erwartet, dass jedes `<row>`-Element entsprechend der `<column>`-Elemente, die es für die Tabelle gibt, die gleiche Anzahl an Kindelementen hat. Sie werden in der Reihenfolge verarbeitet, in der die Spaltenelemente definiert sind. Die Kinder der `<row>`-Elemente haben einen von zwei möglichen Typen. Entweder es sind `<value>`-Elemente, die einen Text-Node enthalten, der den Wert in der jeweiligen Spalte der Zeile angibt. Falls es keinen Text-Node gibt, dann entspricht der Wert für diese Spalte einem leeren String. Die zweite Möglichkeit sind `<null>`-Elemente. Diese repräsentieren einen echten NULL-Wert für die jeweilige Spalte. Nachfolgend ein Beispiel für eine Standard-XML-Datei für unser einfaches Dataset.

```xml
<?xml version="1.0" charset="utf-8" ?>
<dataset>
  <table name="user">
    <column>date_created</column>
    <column>user_id</column>
    <column>username</column>
    <column>password</column>
    <column>notes</column>
    <row>
      <value>2009-01-01 00:00:00</value>
      <value>1</value>
      <value>mikelively</value>
      <value>3858f62230ac3c915f300c664312c63f</value>
      <null/>
    </row>
```

```
<row>
    <value>2009-01-02 00:00:00</value>
    <value>2</value>
    <value>johnsmith</value>
    <value>73cf88a0b4a18c88a3996fa3d5b69a46</value>
    <value>I have no idea who this is</value>
</row>
    </table>


    <table name="empty_table">
        <column>date_created</column>
        <column>empty_table_id</column>
        <column>data</column>
    </table>
</dataset>
```

Wie man sieht, haben wir `<null>`-Elemente verwendet, um zu spezifizieren, dass die Notes-Spalte in der ersten Zeile einen NULL-Wert enthält. Sie werden auch bemerken, dass die `<value>`- und `<null>`-Elemente in jeder Zeile die gleiche Sortierung wie die `<column>`-Elemente dieser Tabelle haben. Es gibt keine Regel, die besagt, dass `<column>`-Elemente zuerst kommen müssen, aber ich finde, es ist sinnvoll, sich daran zu halten, weil es Klarheit schafft, welche Daten in der Tabelle stehen. Das gilt besonders dann, wenn Sie einen XML-Editor verwenden, der einzelne Elemente verbergen kann.

Man sollte auch erwähnen, dass der Weißraum in den `<value>`- und `<column>`-Spalten wichtig ist. Ein Zeilenumbruch in einem `<value>`-Element wird in die Datenbank übernommen, wenn die Daten dorthin übertragen werden.

Zu guter Letzt müssen Sie darauf achten, dass Sie XML-Sonderzeichen im Dataset als XML-Entitäten repräsentieren. Wenn Sie beispielsweise ein vollständiges Anchor-Tag in der Notes-Spalte speichern wollen, dann müssen Sie ein `<value>`-Element wie das folgende verwenden:

```
<value>&lt;a href=&quot;http://www.google.com&quot; /&gt;</value>
```

Flat XML-Datenbestände

Es gibt auch ein leichtgewichtigeres XML-Format, das Sie zur Spezifikation einfacherer Datasets verwenden können. Dieses Format nennt man das Flat XML-Format. Es wird von der Klasse `DataSet_FlatXmlDataSet` implementiert. Wie die normalen XML-Dataset-Klassen erwartet auch diese Klasse eine Datei relativ zum Arbeitsverzeichnis. Mit dem folgenden Code erzeugen Sie ein neues Flat XML-Dataset.

```
<?php
$xml = new PHPUnit_Extensions_Database_DataSet_FlatXmlDataSet(
    'flat.xml'
);
?>
```

Das Wurzelelement ist wieder `<dataset>`. Es enthält ein Kind für jeden Datensatz und jede leere Tabelle, die Sie im Dataset haben wollen. Um einen Datensatz im Dataset zu spezifizieren, erzeugen Sie ein Element, das dem Namen der Tabelle entspricht, in die der Datensatz gehört. Jede Spalte in dieser Zeile wird dann als ein Attribut dieses Elements repräsentiert. Dabei ist der Name des Attributes der Name der Spalte, und der Wert entspricht dem jeweiligen Spaltenwert in der betreffenden Zeile. Wichtig ist zu wissen, dass hierbei die erste Zeile jeder Tabelle die Spalten für diese Tabelle definiert. Wenn eine Zeile weiter unten in der Datei Spalten enthält, die in der ersten Zeile nicht angegeben waren, dann werden diese ignoriert. Wenn eine Spalte in der ersten Zeile definiert wurde, aber in einer der folgenden Zeilen fehlt, dann wird ihr Wert auf NULL gesetzt. Wenn Sie eine leere Tabelle spezifizieren wollen, dann erzeugen Sie einfach ein Element ohne Attribute, das den Namen der Tabelle hat.

```xml
<?xml version="1.0" charset="utf-8" ?>
<dataset>
   <user
      date_created="2009-01-01 00:00:00"
      user_id="1"
      username="mikelively"
      password="3858f62230ac3c915f300c664312c63f"
   />
   <user
      date_created="2009-01-02 00:00:00"
      user_id="2"
      username="mikelively"
      password="73cf88a0b4a18c88a3996fa3d5b69a46"
      notes="I have no idea who this is"
   />
   <empty_table /><!-- the empty table contains no data -->
</dataset>
```

Mit diesem Dataset gibt es ein großes Problem. Das `notes`-Attribut ist im ersten `<user>`-Element nicht definiert. Das bedeutet, dass es in allen weiteren `<user>`-Elementen in diesem Dataset ignoriert wird. Im obigen Beispiel wird daher die Notes-Spalte für beide Zeilen der User-Tabelle den Wert NULL haben. Das zeigt eine der großen Einschränkungen des Flat XML-Datasets. Es ist nämlich nicht ohne Weiteres möglich, eine Spalte explizit auf NULL zu setzen. Sie müssen sich auf das implizite Verhalten mit vorhandenen und nicht vorhandenen Attributen in jedem Element verlassen. Falls Sie eine NULL-Spalte in Ihrem ersten Datensatz brauchen, können Sie das Flat XML-Dataset erst einmal nicht nutzen.

Es gibt einen Workaround für dieses Problem, und zwar den Replacement Dataset-Dekorator. Dieser ermöglicht die Definition eines Tokens, das im Dataset verwendet wird, um NULL-Werte zu repräsentieren. Wir werden uns später noch näher damit befassen, wie man den Replacement-Dekorator verwenden kann.

CSV-Datenbestände

Das CSV-Dataset wird durch die Klasse `DataSet_CsvDataSet` implementiert. Der Konstruktor der Klasse akzeptiert verschiedene optionale Parameter, um das genaue Format der übergebenen CSV-Datasets zu spezifizieren. Diese Parameter sind `$delimiter`, `$enclosure` und `$escape`. Ihre Bedeutung entspricht weitgehend den Parametern der PHP-Funktion `fgetcsv()`, und tatsächlich verwendet die Klasse auch diese Funktion. Die Standardparameter für das Dataset sind kommaseparierte Dateien, in denen die Spalten jeweils in doppelte Anführungszeichen eingeschlossen sind. Wenn der Wert einer Spalte doppelte Anführungszeichen enthält, werden diese mit einem weiteren doppelten Anführungszeichen maskiert. Das entspricht der allgemeinen Formatdefinition IETF RFC4180[2]

---

[2] *http://tools.ietf.org/html/rfc4180*

für CSV-Dateien. Wenn das `DataSet_CsvDataSet`-Objekt erzeugt wurde, können Sie die Methode `addTable()` verwenden, um die Inhalte einer CSV-Datei in eine bestimmte Tabelle einzufügen. Der erste Parameter der Methode ist der Name der Tabelle, der zweite Parameter ist der Pfad zur Datei. Wie bei den Konstruktoren der XML-Datasets ist auch hier der an `addTable()` übergebene Pfad relativ zum Arbeitsverzeichnis. Wenn Sie `addTable()` zweimal mit dem gleichen Tabellennamen aufrufen, wird der zweite Aufruf den ersten überschreiben. Der nachfolgende Code erzeugt ein Dataset, das unsere Tabellen `user` und `empty_table` enthält.

```php
<?php
require_once 'PHPUnit/Extensions/Database/DataSet/CsvDataSet.php';

$csv = new PHPUnit_Extensions_Database_DataSet_CsvDataSet(
    ',', '"', '"'
);

$csv->addTable('user', 'user.csv');
$csv->addTable('empty_table', 'empty_table.csv');
?>
```

Das Format der CSV-Datei ist wirklich einfach. Die erste Zeile muss die Spaltennamen enthalten, während alle weiteren Zeilen die Werte enthalten. Wenn Sie leere Tabellen erzeugen wollen, müssen Sie in der ersten Zeile mindestens einen Spaltennamen erzeugen. Das CSV-Format hat daher eine ähnliche Schwäche wie das Flat XML-Format. Es gibt nämlich auch hier keine Möglichkeit, eine Spalte explizit auf `NULL` zu setzen. Es gibt aber hier noch nicht einmal einen Trick, implizit eine `NULL`-Spalte zu setzen. Sie können aber auch hier den Replacement-Dekorator verwenden, um ein `NULL`-Token zu definieren.

```
date_created, user_id, username, password, notes
"2009-01-01 00:00:00","1","mikelively","3858...c63f",""
"2009-01-02 00:00:00","2","johnsmith","73cf...9a46","I have no idea who this is"
```

```
empty_table_id
```

Die beiden Dateien definieren unser Beispiel-Dataset, allerdings mit der Ausnahme, dass die Notes-Spalte der ersten Zeile einen Leerstring anstelle eines `NULL`-Wertes enthält. Sie werden auch bemerken, dass die zweite Datei nur eine `empty_table_id` enthält.

YAML-Datenbestände

YAML[3] ist ein hierarchisches Datenformat, das ein menschenfreundlicher Standard zur Serialisierung von Daten für alle Programmiersprachen sein will. Dieses Datenformat vereint die Flexibilität und die Möglichkeiten des XML-Standards mit einem deutlich einfacher lesbaren Format. Das YAML-Dataset wird durch die Klasse `DataSet_YamlDataSet` implementiert. Wie die beiden XML-Dataset-Klassen akzeptiert auch das YAML-Dataset einen Pfad, der relativ zum Arbeitsverzeichnis ist. Ein nützliches Feature des YAML-Datasets ist, dass es eine Methode `addYamlFile()` hat, mit dem wir weitere YAML-Dateien mit einem

---
[3] http://www.yaml.org

bereits existierenden YAML-Dataset mergen können. Wenn die zusätzliche Datei Datensätze für eine bereits existierende Tabelle enthält, dann werden diese Daten, anders als beim CSV-Format, als zusätzliche Zeilen zu dieser Tabelle hinzugefügt. Das ermöglicht es Ihnen, YAML-Dateien nach ihrem Verwendungszweck aufzuteilen und gegebenenfalls miteinander zu kombinieren, um ein größeres Dataset für umfassendere Tests aufzubauen. Ein YAML-Dataset kann mit dem folgenden Code erzeugt werden.

```php
<?php
require_once 'PHPUnit/Extensions/Database/DataSet/YamlDataSet.php';

$yaml = new PHPUnit_Extensions_Database_DataSet_YamlDataSet(
  'data.yaml'
);
?>
```

Die YAML-Spezifikation ist sehr flexibel, und ich rate Ihnen dringend, sich die Zeit zu nehmen, sie online nachzulesen. Ich werde einige Grundlagen erläutern, die mit dem Aufbau von Datasets in Verbindung stehen. YAML hat ein Mapping-Konzept. Dabei wird im Prinzip ein Teil der Daten mit einem String verknüpft, ähnlich wie bei einem assoziativen Array in PHP. Die Verknüpfung erreichen Sie, wenn Sie einen Schlüssel gefolgt von einem Doppelpunkt und dem Wert für diesen Schlüssel angeben, beispielsweise `Schlüsselname: Wert`. Es gibt auch ein Sequenz-Konzept, das einem Array mit numerischen Indizes in PHP entspricht. In Sequenzen wird jedem einzelnen Element ein Bindestrich vorangestellt. Ein YAML-Dataset bildet eine Sequenz von Spalten-Wert-Paaren auf einen Tabellennamen ab.

```yaml
user:
    -
        date_created: 2009-01-01 00:00:00
        user_id: 1
        username: mikelively
        password: 3858f62230ac3c915f300c664312c63f
        notes: null

    -
        date_created: 2009-01-01 00:00:00
        user_id: 1
        username: johnsmith
        password: 73cf88a0b4a18c88a3996fa3d5b69a46
        notes: I have no idea who this is
empty_table:
```

Sie sehen, dass der Schlüssel der Benutzertabelle von einem einzelnen eingerückten Bindestrich gefolgt wird. Die Einrückung in YAML ist sehr wichtig, da sie die Hierarchie widerspiegelt. Die beiden Zeilen der Benutzertabelle werden beide durch einen eingerückten Bindestrich eingeleitet, und beide Bindestriche sind gleich weit eingerückt. Sie sollten für die Einrückung immer Leerzeichen verwenden. Nach jedem Bindestrich werden die einzelnen Spaltenwerte definiert und eine weitere Ebene eingerückt. Auch hier wird jede Spalte gleich weit eingerückt. Sie werden bemerkt haben, dass in der ersten Zeile die Notes-Spalte auf den Wert `NULL` gesetzt wird. Wenn dieser Wert ohne Anführungszeichen angegeben ist, dann wird er gemäß dem YAML-Standard als eine literale `NULL` interpretiert. Wenn Sie einen Kommentar in Ihr Dataset einfügen wollen, dann nutzen Sie das Zeichen `#`.

Es gibt in YAML einige Besonderheiten bezüglich der Maskierung, die Sie kennen sollten. Wenn ein Spaltenwert jemals Tabulator, : oder # enthält, muss der String entweder mit einfachen oder doppelten Anführungszeichen umschlossen werden. Wenn Sie einen String mit doppelten Anführungszeichen begrenzen, dann können Sie Escape-Sequenzen verwenden. Wenn Sie lange Textblöcke haben, die Sie in eine Spalte einfügen müssen, dann können Sie diesen Text in mehrere Zeilen herunterbrechen, die alle gleich weit eingerückt sind. Ein Beispiel dafür finden Sie nachstehend.

```
user:
    -
        date_created: 2009-01-01 00:00:00
        user_id: 1
        username: mikelively
        password: 3858f62230ac3c915f300c664312c63f
        notes:
            This is a slightly larger block
            of text then what you have
            seen in our previous examples.
```

In einem eingerückten Textblock wird jeder Zeilenumbruch zu einem einzigen Leerzeichen zusammengefasst. Wenn Sie möchten, dass Leerzeilen Zeilenumbrüche repräsentieren, dann können Sie dem Textblock ein >-Zeichen voranstellen.

```
user:
    -
        date_created: 2009-01-01 00:00:00
        user_id: 1
        username: mikelively
        password: 3858f62230ac3c915f300c664312c63f
        notes: >
            This is a slightly larger block
            of text then what you have
            seen in our previous examples.

            We can also create additional paragraphs with
                an empty line
                or a further indented line
```

Wenn Sie einen Textblock haben, in dem alle Zeilenumbrüche unverändert übernommen werden sollen, dann können Sie das '|'-Zeichen verwenden.

```
user:
    -
        date_created: 2009-01-01 00:00:00
        user_id: 1
        username: mikelively
        password: 3858f62230ac3c915f300c664312c63f
        notes: |
            This block will
            be interpreted as
            having three lines.
```

Sie können auch angeben, dass die nachfolgenden Zeilenumbrüche im obigen Beispiel entfernt werden sollen, indem Sie '|' durch '|-' ersetzen.

Datenbank-Datenbestände

Die Klasse `DB_IDatabaseConnection` bietet zwei Möglichkeiten, ein Dataset aus einer Datenbankverbindung zu erzeugen. Die erste ist die Methode `createDataSet()`. Sie erwartet ein Array von Tabellennamen, die in das Dataset exportiert werden sollen. Alle Datensätze in diesen Tabellen werden in das Dataset aufgenommen. Ich würde Ihnen daher raten, diese Methode nicht für größere Tabellen aufzurufen. Wenn Sie kein Array von Tabellennamen als Parameter angeben, dann werden die Daten aller Tabellen in Ihr Dataset übernommen. Nachstehend finden Sie ein Beispiel, das die Methode `createDataSet()` benutzt, um ein Dataset mit den Daten der Benutzertabelle zu erzeugen.

```php
<?php
$db_connection =
  new PHPUnit_Extensions_Database_DB_DefaultDatabaseConnection(
    new PDO(
      'mysql:host=localhost;dbname=testdb',
      'root',
      'password'
    ),
    'testdb'
  );

$user_data_set = $db_connection->createDataSet(array('user'));
?>
```

Die zweite Methode ist `createQueryTable()`. Sie gibt kein Dataset zurück, sondern nur eine Tabelle, die Sie dann zu einem Dataset hinzufügen müssen. `createQueryTable()` hat zwei Parameter. Der erste Parameter ist der Name der Tabelle, die zurückgeliefert wird. Der zweite Parameter wird verwendet, um die Daten für die Tabelle zu selektieren. Die Tabellenspalten werden jeweils durch die Namen bestimmt, die in der Abfrage angegeben sind. Das ist nützlich, wenn Sie nur einen Teil der Daten aus einer Tabelle extrahieren oder Daten aus verschiedenen Tabellen zu einer einzelnen Tabelle zusammenfassen wollen.

Wenn Sie mit der Methode `createQueryTable()` eine Tabelle erzeugt haben, werden Sie diese vermutlich zu einem Dataset hinzufügen wollen. Der einfachste Weg, dies zu tun, ist, diese Klasse zu verwenden: `DataSet_DefaultDataSet`. Sie verfügt über alle notwendigen Methoden, um ein Dataset programmatisch zu erzeugen. Der Konstruktor erwartet ein Array von Table-Objekten. Wenn Sie noch weitere Tabellen hinzufügen möchten, nachdem das Dataset bereits erzeugt ist, können Sie die Methode `addTable()` verwenden. Nachfolgend finden Sie ein Beispiel dafür, wie man die Methode `createQueryTable()` verwenden kann, um ein Dataset zu erzeugen, dass die zehn neuesten Datensätze aus der Benutzertabelle enthält.

```php
<?php
$db_connection =
  new PHPUnit_Extensions_Database_DB_DefaultDatabaseConnection(
    new PDO(
      'mysql:host=localhost;dbname=testdb',
      'root', 'password'
    ),
    'testdb'
  );

$user_table = $db_connection->createQueryTable(
  'user',
  'SELECT * FROM user ORDER BY date_created DESC LIMIT 10'
);
```

```
$user_data_set =
  new PHPUnit_Extensions_Database_DataSet_DefaultDataSet(
    array($user_table)
  );
?>
```

Dekoratoren für Datenbestände

Um die Datasets flexibler und vielseitiger zu gestalten, gibt es in PHPUnit drei Dekoratoren, mit denen man die Funktionalität der Datasets erweitern kann. Der erste Dekorator ist der Dataset-Filter. Er wird verwendet, um Spalten und Tabellen, die man nicht benötigt, aus vorhandenen Datasets auszufiltern. Der zweite Dekorator ist das Composite-Dataset. Mit ihm können Sie mehrere Datasets mit verschiedenen Tabellen zu einem einzelnen Dataset zusammenfassen. Der letzte Dekorator ist der Replacement-Dekorator. Er wurde bereits mehrfach erwähnt und wird verwendet, um auf Basis von Tokens Ersetzungen in Ihren Datasets vorzunehmen.

Der Filter-Dekorator

Der Dataset-Filter wird durch die Klasse `DataSet_DataSetFilter` implementiert. Er akzeptiert ein vorhandenes Dataset als ersten Parameter und ein speziell formatiertes Array mit einer Liste von Tabellen und Spalten, die von den Tests ausgeschlossen werden sollen. Die Schlüssel des Arrays sind die Namen der Tabellen, wobei jeder Tabellenname auf einen von drei Werten gesetzt wird. Das sind entweder ein Array von Spaltennamen, die aus dem Dataset ausgeschlossen werden sollen, das *-Zeichen, das angibt, dass eine gesamte Tabelle ausgeschlossen werden soll, oder ein String, der eine einzelne Spalte enthält, die aus dem Dataset ausgeschlossen werden soll. Nachfolgend ein Beispiel für einen Dataset-Filter, der die Spalten `date_created` und `user_id` aus der `user`-Tabelle, die `empty_table_id`-Spalte aus der Tabelle `empty_table` und die gesamte Tabelle `useless_table` filtert.

```
<?php
$xml = new PHPUnit_Extensions_Database_DataSet_XmlDataSet(
  'mydataset.xml'
);

$filtered =
  new PHPUnit_Extensions_Database_DataSet_DataSetFilter(
    $xml,
    array(
      'user' => array('date_created', 'user_id'),
      'empty_table' => 'empty_table_id',
      'useless_table' => '*'
    )
  );
?>
```

Diese Klasse wird allerdings nur selten auf Datasets angewendet, die als Testinventar verwendet werden, sondern meist, um die Datenbankzusicherungen vor nicht definierten Werten zu schützen. Wenn Sie auf Daten in Ihrer Datenbank zusichern, dann werden Autoincrement- und Timestamp-Spalten oft Probleme verursachen. Mit dem Dataset-Filter können Sie diese Spalte aus dem Dataset entfernen, das aus Ihrer Datenbank erzeugt wurde. Wir werden uns dies später noch im Detail ansehen.

Sie können den Dataset-Filter auch benutzen, wenn Sie versuchen, eine neue Dataset-Datei aus einer bereits vorhandenen Dataset-Datei zu erzeugen. Auch dies werden wir uns später noch genauer ansehen.

Der Composite-Dekorator

Das Composite-Dataset kann verwendet werden, um ein oder mehrere Datasets aus möglicherweise unterschiedlichen Typen in ein einziges Dataset zusammenzufassen. Das Composite-Dataset wird durch die Klasse `DataSet_CompositeDataSet` implementiert. Diese Klasse erwartet ein Array von Dataset-Objekten. Mit der Methode `addDataSet()` können Sie weitere Datasets hinzufügen. Wenn Sie Datasets hinzufügen, dann dürfen diese keine Datensätze für Tabellen enthalten, die im Composite-Dataset bereits existieren. Dies ändert sich vermutlich in einer der zukünftigen Versionen. Nachstehend finden Sie ein Beispiel, das ein Flat XML-Dataset mit einem XML-Dataset und einem CSV-Dataset zu einem einzigen Dataset kombiniert.

```php
<?php
$xml = new PHPUnit_Extensions_Database_DataSet_XmlDataSet(
  'xmldata.xml'
);

$flat = new PHPUnit_Extensions_Database_DataSet_FlatXmlDataSet(
  'flat.xml'
);

$composite = new PHPUnit_Extensions_Database_DataSet_CompositeDataSet(
  array($xml, $flat)
);

$csv = new PHPUnit_Extensions_Database_DataSet_CsvDataSet(
  ',', '"', '"'
);

$csv->addTable('user', 'user.csv');
$csv->addTable('empty_table', 'empty_table.csv');

$composite->addDataSet($csv);
?>
```

Auf diese Weise lassen sich Datasets bequem und einfach in kleine, wiederverwendbare Teile aufteilen. So müssen Sie nicht wiederholt die gleichen XML-, YAML- oder CSV-Dateien erzeugen, und außerdem werden Ihre Testinventare wesentlich flexibler. Wenn Sie beispielsweise Referenztabellen im Dataset haben, die für die meisten Tests mit identischen Daten populiert werden müssen, dann können Sie diese als getrennte Testinventare definieren, die von verschiedenen Methoden Ihrer Basisklasse zurückgeliefert werden.

```php
<?php
include_once 'PHPUnit/Extensions/Database/TestCase.php';

abstract class MySQLDatabaseTest
      extends PHPUnit_Extensions_Database_TestCase
{
  protected function getConnection()
  {
    return
      new PHPUnit_Extensions_Database_DB_DefaultDatabaseConnection(
        new PDO(
          'mysql:host=localhost;dbname=testdb',
          'root',
          'password'
        ),
        'testdb'
      );
  }

  protected function getUserTypeDataSet()
  {
    return
      new PHPUnit_Extensions_Database_DataSet_XmlDataSet('utype.xml');
  }

  protected function getGroupDataSet()
  {
    return
      new PHPUnit_Extensions_Database_DataSet_XmlDataSet('group.xml');
  }

  protected function getCategoryDataSet()
  {
    return
      new PHPUnit_Extensions_Database_DataSet_XmlDataSet('cat.xml');
  }
}
?>
```

Wenn Sie einen Datenbanktest erstellen, der zur Ausführung Gruppen- und Kategoriedaten benötigt, dann können Sie in Ihrem neuen Testfall den folgenden Code verwenden.

```php
<?php
include_once 'PHPUnit/Extensions/Database/TestCase.php';

class GroupCategoryTest extends MySQLDatabaseTest
{
  protected function getDataSet()
  {
    return new PHPUnit_Extensions_Database_DataSet_CompositeDataSet(
      array(
        $this->getGroupDataSet(),
        $this->getCategoryDataSet()
      )
    );
  }
}
?>
```

Sie können das Ganze noch einen Schritt weiter treiben. Wenn Sie zusätzlich `getDataSet()` implementieren, müssen Sie sich nicht mehr darum kümmern, die zusammengesetzten Daten in Ihrer Basisklasse für jeden Testfall vorzubereiten und danach eine abstrakte Methode aufzurufen, um herauszufinden, was Sie an Ihr Composite-Dataset übergeben.

```php
<?php
include_once 'PHPUnit/Extensions/Database/TestCase.php';

abstract class MySQLDatabaseTest
       extends PHPUnit_Extensions_Database_TestCase
{
  protected function getConnection()
  {
    return
      new PHPUnit_Extensions_Database_DB_DefaultDatabaseConnection(
        new PDO(
          'mysql:host=localhost;dbname=testdb',
          'root',
          'password'
        ),
        'testdb'
      );
  }

  protected function getDataSet()
  {
    return
      new PHPUnit_Extensions_Database_DataSet_CompositeDataSet(
        $this->getDataSetList()
      );
  }

  abstract protected function getDataSetList();
```

```php
    protected function getUserTypeDataSet()
    {
      return
        new PHPUnit_Extensions_Database_DataSet_XmlDataSet('utype.xml');
    }

    protected function getGroupDataSet()
    {
      return
        new PHPUnit_Extensions_Database_DataSet_XmlDataSet('group.xml');
    }

    protected function getCategoryDataSet()
    {
      return
        new PHPUnit_Extensions_Database_DataSet_XmlDataSet('cat.xml');
    }
  }
?>
```

Die letzte Testfallklasse kann nun wie folgt vereinfacht werden.

```php
<?php
class GroupCategoryTest extends MySQLDatabaseTest
{
  protected function getDataSetList()
  {
    return array(
      $this->getGroupDataSet(),
      $this->getCategoryDataSet()
    );
  }
}
?>
```

Der Ersetzungs-Dekorator

`DataSet_ReplacementDataSet` ist der letzte Dataset-Dekorator, den wir betrachten. Wie im Abschnitt über das Flat XML-Dataset und das CSV-Dataset bereits erwähnt, kann der Ersetzungs-Dekorator verwendet werden, um `NULL`-Werte zu simulieren. Dies wird erreicht, indem man ein Token und die Daten, durch die dieses Token ersetzt werden soll, angibt. Sie können entweder ganze Spalten oder auch Teilstrings ersetzen.

Der Konstruktor dieser Klasse erwartet ein existierendes Dataset-Objekt und zwei assoziative Arrays. Die Schlüssel dieser Arrays sind die Strings, die Sie ersetzen wollen. Die Werte sind das, wodurch die Schlüssel ersetzt werden. Das erste Array enthält die spaltenweisen Ersetzungen. Diese ersetzen einen Wert nur dann, wenn die gesamte Spalte mit dem Schlüssel übereinstimmt. Als Werte sind jegliche Datentypen inklusive `NULL` möglich. Das zweite Array spezifiziert die Ersetzungen von Teilzeichenketten. Hier wird jedes Vorkommen des Schlüssels in jeder Spalte der Datenbank ersetzt. Auch hier können Sie jeden Typ angeben, er wird aber in einen String umgewandelt, bevor er in die Spalte eingefügt wird.

Nachstehend ein Beispiel dafür, wie Sie das zuvor verwendete Flat XML-Dataset in Verbindung mit dem Ersetzungs-Dekorator verwenden können, um einen echten NULL-Wert in der ersten Notes-Spalte zu erzeugen:

```xml
<?xml version="1.0" charset="utf-8" ?>
<dataset>
  <user
    date_created="2009-01-01 00:00:00"
    user_id="1"
    username="mikelively"
    password="3858f62230ac3c915f300c664312c63f"
    notes="[[[NULL]]]"
  />
  <user
    date_created="2009-01-02 00:00:00"
    user_id="2"
    username="mikelively"
    password="73cf88a0b4a18c88a3996fa3d5b69a46"
    notes="I have no idea who this is"
  />
  <empty_table /><!-- the empty table contains no data -->
</dataset>
```

Sie werden bemerken, dass der einzige Unterschied hier ist, dass wir die Notes-Spalte als Attribut angegeben und ihr den Wert `[[[NULL]]]` gegeben haben. Sie können nun den nachfolgenden Code verwenden, um diesen String durch einen echten NULL-Wert ersetzen zu lassen.

```php
<?php
$xml = new PHPUnit_Extensions_Database_DataSet_FlatXmlDataSet(
  'data.xml'
);


$replaced = new PHPUnit_Extensions_Database_DataSet_ReplacementDataSet(
  $xml_data_set,
  array('[[[NULL]]]' => NULL)
);
?>
```

Es gibt noch viele andere Einsatzgebiete für Datasets. Stellen Sie sich vor, Sie haben eine Tabelle `article`, die eine Liste von Blog-Einträgen enthält, und Sie testen eine Methode, die alle Blog-Einträge des laufenden Monats anhand eines Datums, das im Format YYYY-MM-DD in einer Spalte `date_published` gespeichert ist, holt. Sie könnten ein Dataset wie folgt erzeugen:

```xml
<?xml version="1.0" charset="utf-8" ?>
<dataset>
  <article
    article_id="1"
    date_published="[[[CURDATE]]]"
    author="mike lively"
    subject="Cool story #1"
    content="The coolest stories are short!"
  />
</dataset>
```

Nun können wir den nachfolgenden Code verwenden, um sicherzustellen, dass in jedem Testdurchlauf die Tabelle mit einem Tag populiert wird, anhand dessen die Methode die Artikel holen kann.

```
<?php
$xml = new PHPUnit_Extensions_Database_DataSet_FlatXmlDataSet(
  'data.xml'
);

$replaced = new PHPUnit_Extensions_Database_DataSet_ReplacementDataSet(
  $xml,
  array('[[[CURDATE]]]' => date('Y-m-d'))
);
?>
```

Datenbestände erzeugen

Einer der wichtigsten Erfolgs faktoren dabei, schnell Datenbanktests mit PHPUnit zu erstellen, ist es, Datasets zu erzeugen. Für kleine Tabellen und Datasets geht es oft am schnellsten, wenn Sie das Dataset einfach in dem von Ihnen bevorzugten Tabellenformat aufschreiben. In anderen Fällen mag es viel einfacher sein, wenn Sie mit einer vorhandenen Entwicklungsdatenbank arbeiten, um Ihre Datasets zu erzeugen. Das ist besonders dann nützlich, wenn Sie mehrere Datensätze haben, die Sie in Ihr Testinventar einfügen müssen, oder wenn eine Tabelle besonders viele Spalten hat.

Die Formate, die zurzeit persistiert werden können, sind das Flat XML-, Standard-XML- und das YAML-Dataset-Format. Alle diese Formate haben eine statische Methode `write()` auf ihre Dataset-Klasse. Jede dieser `write()`-Methoden erwartet ein Dataset als ersten Parameter und einen Pfad, der relativ zum Arbeitsverzeichnis ist, als zweiten Parameter. Sie können an diese Methoden jede Art von Dataset übergeben. Das bedeutet, dass Sie damit zwischen CSV und XML, XML und XML, von einem aus einer Datenbank erzeugten Dataset nach YAML oder sogar von einem Replacement- oder Composite-Dataset nach XML konvertieren können.

Wenn Ihre Anwendung wächst und Sie weitere Tests erstellen, dann wollen Sie das Erstellen und Verwalten von Datasets vielleicht vereinfachen. Da die einzelnen Formate in PHPUnit austauschbar sind, können Sie einfach eine zentrale Datenbank aufsetzen, um Datasets zu verwalten. So geht es schneller und braucht weniger Code, um die korrekten Daten mit dem richtigen Testfall zu verknüpfen. Die Testinventare werden zentralisiert. Auf diese Weise können Sie auch die in den Testfällen verwendeten Daten visuell repräsentieren.

Um dies zu implementieren, brauchen Sie eine zusätzliche Datenbank, die Ihre Testinventare enthält. Ich würde Ihnen dafür SQLite empfehlen, da Sie dann Ihre Testinventare leichter verteilen können. Außerdem können Sie die Testdatenbank in einer Versionskontrolle wie Subversion verwalten.

6.4.6 Operationen auf den Daten

Wenn Sie das Datentestinventar erstellt haben, dann müssen Sie sich überlegen, wie PHPUnit dieses nutzen soll, um Ihre Testdatenbank zu installieren. Es gibt mehrere verschiedene Operationen, die PHPUnit standardmäßig unterstützt, und es ist nicht schwer, eigene zu erstellen, falls man muss.

Die normale Setup-Operation nennt man `CLEAN_INSERT`. Sie löscht im Wesentlichen alle Tabellen im Dataset mittels `TRUNCATE`-Befehl. Wenn die verwendete Datenbank diesen Befehl nicht unterstützt, dann wird `DELETE FROM` genutzt. Dann wird jeder Datensatz, der im Dataset definiert ist, in der Reihenfolge der Definition in die Datenbank eingefügt. Standardmäßig wird `CLEAN_INSERT` zum Setup verwendet, weil Ihnen das ermöglicht, die gesamten aus einem fehlgeschlagenen Test resultierenden Daten zu sehen. Wenn Sie diesen Befehl in Verbindung mit der PHPUnit-Option `-stop-on-failure` nutzen, dann können Sie die Datenbank inspizieren und sehen genau den Zustand der Daten zu dem Zeitpunkt, als der Test fehlschlug.

Sie können auch eine Tear-down-Operation definieren, für die Ihnen die gleiche Auswahl an Befehlen zur Verfügung steht. Standardmäßig ist die Tear-down-Operation leer. Der Grund dafür ist, dass die Setup-Operation die Datenbank leeren sollte, bevor Sie die nötigen Testdaten eingefügt haben.

Die Standardbefehle werden in den meisten Fällen funktionieren, wenn allerdings Ihre Datasets unvollständig sind, kann es Probleme geben. Ein Beispiel dafür ist, dass Sie keine Tabelle zu Ihrem Dataset hinzufügen, in das im Rahmen eines Tests geschrieben wird. Das führt möglicherweise zu nicht vorhersagbaren Daten in der Datenbank, die durchaus dafür verantwortlich sein können, dass weitere Einfügungen in die Datenbank fehlschlagen. Wenn Sie eine große Anzahl von Tabellen haben und aufgrund von Problemen im Code nicht vorhersagen können, auf welche Tabellen ein bestimmter Codeabschnitt zugreift, dann würde ich Ihnen raten, die Standard-Tear-down-Operation auf `TRUNCATE` zu ändern. Das verringert auch das Risiko, dass Daten von einem Test zum nächsten „herüberschwappen".

Es gibt zwei Methoden in der Klasse `PHPUnit_Extensions_Database_TestCase`, die man überschreiben kann, um das Standardverhalten in Bezug auf das Setup und Teardown der Datenbank zu ändern. `getSetUpOperation()` definiert die Setup-Operation für den Testfall. `getTearDownOperation()` definiert die Tear-down-Operation für den Testfall.

Alle eingebauten Operationen können durch die Klasse `Operation_Factory` instanziiert werden. Die nachfolgende Übersicht zeigt alle statischen Methoden für diese Operationen und was sie tun.

`Operation_Factory::NONE()` – Repräsentiert eine NULL-Operation. Das bedeutet, dass keinerlei Aktion auf die Datenbank erfolgt.

`Operation_Factory::INSERT()` – Fügt alle Zeilen des Datasets in die entsprechenden Tabellen ein.

`Operation_Factory::TRUNCATE()` – Löscht die Daten in allen Tabellen des Datasets. Falls die Datenbank diesen Befehl nicht unterstützt, dann wird stattdessen `DELETE FROM table` verwendet.

`Operation_Factory::DELETE()` – Löscht alle Datensätze, die einen passenden Primärschlüssel in der entsprechenden Tabelle des Datasets haben.

`Operation_Factory::DELETE_ALL()` – Ähnlich zur Operation `TRUNCATE`, verwendet allerdings stattdessen die `DELETE FROM`-Syntax.

`Operation_Factory::UPDATE()` – Aktualisiert alle Datensätze mit passenden Primärschlüsseln im Dataset mit den Daten für diese Tabelle.

`Operation_Factory::CLEAN_INSERT()` – Eine aus TRUNCATE gefolgt von einem INSERT zusammengesetzte Operation. Sie können optional TRUE als Parameter übergeben, um zu erzwingen, dass TRUNCATE-Befehle kaskadieren.

Es gibt eine weitere Operation, die nicht von `Operation_Factory` öffentlich gemacht wird, und zwar `Operation_Replace`. Sie funktioniert ähnlich wie das REPLACE-Statement in MySQL. Wenn es einen Datensatz im Dataset gibt, dessen Primärschlüssel einem Datensatz in der Datenbank entspricht, dann wird dieser Datensatz aktualisiert. Existiert der Datensatz nicht, wird er erzeugt. Dies ist ein effektiver Weg, um Daten in der Datenbank schnell zu aktualisieren, ohne eine Tabelle komplett leeren zu müssen.

Alle diese Operationen können mit einer anderen Operation kombiniert werden, indem man die `Operation_Composite` benutzt. Der Konstruktor dieser Operation akzeptiert ein Array von Operationen, die dann in der angegebenen Reihenfolge ausgeführt werden.

Nachstehend finden Sie ein Beispiel, in dem wir die Testbasisklasse modifizieren, sodass im Setup einer Tabelle immer eine REPLACE-Operation ausgeführt wird.

```php
<?php
include_once 'PHPUnit/Extensions/Database/TestCase.php';

abstract class MySQLDatabaseTest
    extends PHPUnit_Extensions_Database_TestCase
{
  protected function getConnection()
  {
    return
      new PHPUnit_Extensions_Database_DB_DefaultDatabaseConnection(
        new PDO(
          'mysql:host=localhost;dbname=testdb',
          'root',
          'password'
        ),
        'testdb'
      );
  }

  protected function getSetUpOperation()
  {
    return new PHPUnit_Extensions_Database_Operation_Replace();
  }
}
?>
```

Jeder Testfall, der von `MySQLDatabaseTest` abgeleitet ist, wird nun eine REPLACE-Operation auf die angegebene Datenbank ausführen.

6.4.7 Tests schreiben

Das Laden von Daten testen

Der letzte Aspekt des Testens, mit dem wir uns jetzt noch beschäftigen müssen, ist sicherzustellen, dass Ihr Code wie erwartet mit der Datenbank interagiert. Hier gibt es zwei Möglichkeiten. Entweder Sie prüfen, ob Code korrekt Daten aus der Datenbank holt. Unsere Klasse `User_Model` beispielsweise lädt einen Benutzer anhand von Benutzername und Passwort. Die Methode, die den Benutzer lädt, erwartet zwei String-Parameter, und zwar den Benutzernamen und das Passwort, sowie einen dritten Parameter, der eine PDO-Datenbankverbindung enthält. Wenn ein Benutzer gefunden wird, dann wird TRUE zurückgegeben, und das Model wird mit den entsprechenden Daten des Benutzers populiert.

```php
<?php
class User_Model
{
  /**
   * Loads the model with data found by the user and plain text
   * password.
   *
   * The password in the database should be an md5 hash.
   *
   * @param string $username
   * @param string $password
   * @param PDO $db
   * @return bool True if the user is found, false otherwise
   */
  public function loadByUserPass($username, $password, PDO $db)
  {
    //Functionality here
  }
}
?>
```

Um diese Methode zu testen, müssen wir sicherstellen, dass unsere Testdatenbank in der Benutzertabelle eine Zeile enthält, die wir auslesen können. Ich werde dafür ein YAML-Dataset verwenden. Sie werden bemerken, dass das Passwort ein MD5-String ist. Das ermöglicht es uns, die Anforderungen aus den Kommentaren der Methoden zu erfüllen.

```
user:
    -
        date_created: 2009-01-01 00:00:00
        user_id: 1
        username: mikelively
        password: 3858f62230ac3c915f300c664312c63f
        notes: This is my account.
```

Schließlich werde ich unsere Testbasisklasse verwenden, um eine neue Basisklasse zum Testen des User-Models zu schreiben. Diese Klasse muss zunächst einmal einen Test enthalten, der `loadByUserPass()` mit den Testinventar-Daten aufruft und zusichert, dass die Methode TRUE zurückliefert und dass das Model mit den richtigen Daten populiert ist. Sie werden feststellen, dass wir die weiter oben definierte Methode `createPDO()` nutzen, um die Datenbankverbindung zu erhalten. Auf diese Weise können wir unsere Tests problemlos in eine eigene Datenbank verschieben.

```php
<?php
class User_ModelTest extends MySQLDatabaseTest
{
  public function getDataSet()
  {
    return new PHPUnit_Extensions_Database_DataSet_YamlDataSet(
      '_fixtures/usermodeltest.yaml'
    );
  }

  public function testLoadByUserPass()
  {
    $usermodel = new User_Model();

    $successful = $usermodel->loadByUserPass(
      'mikelively',
      'password',
      $this->createPDO()
    );

    $this->assertTrue($successful);
    $this->assertEquals('mikelively', $usermodel->getUsername());
    $this->assertEquals('This is my account.', $usermodel->getNotes());
  }
}
?>
```

Wir haben nun einen Test, der prüft, wie sich die `loadByUserPass()`-Methode verhält, wenn die angefragten Daten vorhanden sind.

Ein weiterer Test, der das Verhalten prüft, wenn die Daten nicht vorhanden sind, ist sicherlich angebracht. Dazu müssen wir einen weiteren Test unserem Testfall hinzufügen. Dieser Test sollte `loadByUserPass()` mit Daten aufrufen, die noch nicht existieren. Da dies unser zweiter Test ist, verschieben wir auch den gemeinsamen Testinventar-Code in eine gemeinsame `setUp()`-Methode. Im Augenblick erzeugt diese nur die Instanz von `User_Model`. Wir benennen gleich noch die Methode `testLoadByUserPass()` so um, dass ihr Name etwas mehr darüber aussagt, was getestet wird.

```php
<?php
class User_ModelTest extends MySQLDatabaseTest
{
  // ...

  public function testSuccessfulLoadByUserPass()
  {
      // ...
  }
```

```php
    public function testFailedLoadByUserPass()
    {
        $usermodel = new User_Model();

        $successful = $usermodel->loadByUserPass(
            'mikelively',
            'password',
            $this->createPDO()
        );

        $this->assertFalse($successful);
        $this->assertNull($usermodel->getUsername());
        $this->assertNull($usermodel->getNotes());
    }
}
?>
```

Nun sind die beiden wichtigsten Verhalten der Methode `loadByUserPass()` getestet. Es gibt noch weitere Tests, die man schreiben könnte. Ein Beispiel dafür wäre ein Test, der sicherstellt, dass Werte korrekt maskiert werden, bevor sie in die Datenbankanfrage eingefügt werden. Ich würde Ihnen allerdings zur Vorsicht raten, wenn Sie derlei Dinge testen wollen. Sie würden schnell bemerken, dass es recht aufwendig ist, die Tests zu schreiben, und dass deren Ausführung länger dauert. Stattdessen sollten Sie diese entweder auf wichtigere Klassen beschränken, in denen es wahrscheinlich ist, dass etwas kaputtgeht, oder das korrekte Maskieren von Daten durch Code-Reviews und Coding Guidelines sicherzustellen. Sie können natürlich auch den Code, der Abfragen zusammenbaut, kapseln, sodass man ihn unabhängig testen kann und auf diese Weise nur ein einziges Mal sicherstellen muss, dass das Escaping richtig funktioniert.

In diesem Fall haben wir keine Daten in der Datenbank verändert, also brauchen wir keine Zusicherungen auf diese Datenbankdaten. Manchmal stößt man auf Code, bei dem man sicherstellen will, dass er keine Daten in der Datenbank verändert. Eventuell arbeitet dieser Code mit sensitiven Daten, oder es gab in der Vergangenheit einen Fehler in diesem Code, der Daten veränderte.

Ich habe erlebt, dass eine Methode, die Daten lesen sollte, unabsichtlich so geändert worden war, dass sie den entsprechenden Datensatz veränderte. Das führte zu verschiedenen Problemen, die einige Tage lang nicht entdeckt wurden, da sie nur jeweils in bestimmten Randfällen sichtbar wurden. Der Fehler wurde durch die Akzeptanztests nicht entdeckt und die Datenbank in den Unit-Tests niemals auf Veränderungen geprüft. Wenn in einem Codeabschnitt einmal ein solches Problem aufgetreten ist, dann ist die Wahrscheinlichkeit groß, dass dies dort erneut passiert.

Es wäre daher klug, wenn wir einen neuen Test schreiben, der sicherstellt, dass Aufrufe dieses Codes keine Änderungen an der Datenbank vornehmen. Oft reicht es dazu, eine Zusicherung auf das Testinventar anzuwenden, mit dem Sie den Test aufgesetzt haben.

```php
<?php
class User_ModelTest extends MySQLDatabaseTest
{
  // ...

  public function testSuccessfulLoadByUserPass()
  {
    $usermodel  = new User_Model();
    $successful = $usermodel->loadByUserPass(
      'mikelively',
      'password',
      $this->createPDO()
    );

    $this->assertTrue($successful);
    $this->assertEquals('mikelively', $usermodel->getUsername());
    $this->assertEquals(
      'This is my account.', $usermodel->getNotes()
    );

    $this->assertDataSetsEqual(
      $this->getDataSet(),
      $this->getConnection()->createDataSet(array('user'))
    );
  }

  public function testFailedLoadByUserPass()
  {
    $usermodel  = new User_Model();
    $successful = $usermodel->loadByUserPass(
      'mikelively',
      'password',
      $this->createPDO()
    );

    $this->assertFalse($successful);
    $this->assertNull($usermodel->getUsername());
    $this->assertNull($usermodel->getNotes());

    $this->assertDataSetsEqual(
      $this->getDataSet(),
      $this->getConnection()->createDataSet(array('user'))
    );
  }
}
?>
```

Dieser Test benutzt `assertDataSetsEqual()`, um sicherzustellen, dass die Daten in der Datenbank noch immer mit den Daten im Testinventar übereinstimmen. Im Grunde wird damit sichergestellt, dass sich die Daten nicht verändert haben. Es mag nicht immer sinnvoll sein, dies zu tun, da es die Tests verlangsamt. Sie werden fallweise entscheiden müssen, ob es Ihnen wichtig genug ist, sich vor veränderten Daten zu schützen.

Datenänderungen testen

Wir haben uns damit beschäftigt, Methoden zu testen, die Daten aus der Datenbank laden. Nun müssen wir uns ansehen, wie man Methoden testen kann, die Daten in der Datenbank verändern. Dazu ist es notwendig, dass man unterschiedliches Verhalten in einem Schritt testet und Daten in der Datenbank mit einem bekannten Dataset vergleicht. Wir haben uns bereits angesehen, wie man PHPUnit-Datasets aus der Datenbank extrahieren und Datasets aus Dateien erzeugen kann. Nun müssen wir uns noch damit beschäftigen, wie wir diese vergleichen.

Mit den Methoden assertDataSetsEqual() und assertTablesEqual() der Klasse PHPUnit_Extensions_Database_TestCase können Sie Zusicherungen auf Daten in der Datenbank ausführen.

Die erste Methode akzeptiert zwei beliebige Datasets. Sie stellt dann sicher, dass die beiden Datasets die gleichen Tabellen enthalten, dass diese Tabellen über die gleiche Anzahl an Datensätzen verfügen und dass diese Datensätze identisch sind. Es ist wichtig zu wissen, dass die Reihenfolge der Daten in den Datasets eine Rolle spielt. Oftmals verführt das dazu, die Methode createQueryTable() zu verwenden. Wir können eine Reihenfolge erzwingen, indem wir eine ORDER BY-Klausel verwenden, dann müssen wir uns keine Sorgen darüber machen, wie jede Datenbank standardmäßig sortiert. Das Problem mit createQueryTable() ist, dass diese Methode nicht wirklich ein Dataset für Sie erzeugt, es gibt nur eine Tabelle zurück. An dieser Stelle wird deutlich, wozu die Methode assertTablesEqual() dient. Sie akzeptiert zwei Tabellen und stellt sicher, dass diese die gleiche Anzahl von Datensätzen haben und dass jeder Datensatz in diesen Tabellen identisch ist.

Das nächste Verhalten in unserer Klasse User_Model, das wir testen wollen, ist, einen neuen Benutzer hinzuzufügen. Die Klasse User_Model hat eine insert()-Methode, die als einzigen Parameter eine PDO-Datenbankverbindung akzeptiert. Sie ist dafür verantwortlich, einen neuen Benutzer-Datensatz mit Benutzername, Passwort und den Notes zu erzeugen mit den Daten, die in der aktuellen Instanz des Models gespeichert sind. Wenn das Hinzufügen des Benutzers zur Datenbank funktioniert hat, dann wird TRUE zurückgegeben und die interne ID des Models so geändert, dass sie den neuen Datensatz repräsentiert.

```php
<?php
class User_Model
{
  /**
   * Inserts the data in the model as a new row in the database
   * @return bool True if the user is successfully inserted, false
   *              otherwise
   */
  public function loadByUserPass($username, $password, PDO $db)
  {
    // ...
  }
}
```

Um diese Methode zu testen, benötigen wir nicht unbedingt Daten in der Datenbank. Zur Vereinfachung können wir trotzdem einfach das Dataset benutzen, das wir für den Test der loadByUserPass()-Methode erstellt hatten. Somit können wir den neuen Test zum vorhandenen Testfall hinzufügen. Das muss natürlich nicht unbedingt sein. Wir könnten genauso einen neuen Testfall mit einem leeren Dataset erstellen. Um zu entscheiden, ob man einen neuen Testfall erstellt, sollte man die Anzahl der Testfallklassen, die man verwalten will, gegen die Performance-Implikationen des Aufsetzens einer Testdatenbank, die man nicht unbedingt benötigt, abwägen. In diesem Fall erzeugen wir nur einen einzigen Datensatz, daher verwenden wir das vorhandene Dataset und den Testfall.

Um die insert()-Methode sinnvoll zu testen, benötigen wir zunächst eine Instanz von User_Model, in der wir Methoden aufrufen müssen, um den Benutzernamen, das Passwort und die Notes auf definierte Werte zu setzen. Wenn das getan ist, dann rufen wir insert() auf. Um sicherzustellen, dass insert() auch wirklich das getan hat, was wir erwarten, müssen wir die Daten in der Datenbank mit Daten vergleichen, die so aussehen, wie wir erwarten. Dabei müssen wir auch sicherstellen, dass die ID des neuen Datensatzes in User_Model gesetzt ist.

```yaml
user:
  -
    user_id: 2
    username: anotheruser
    password: 5ebe2294ecd0e0f08eab7690d2a6ee69
    notes: This user's being added for testing.
```

```php
<?php
class User_ModelTest extends MySQLDatabaseTest
{
  public function getDataSet()
  {
    return new PHPUnit_Extensions_Database_DataSet_YamlDataSet(
      '_fixtures/usermodeltest.yaml'
    );
  }

  public function testInsert()
  {
    $usermodel = new User_Model();
    $usermodel->setUsername('anotheruser');
    $usermodel->setPassword('$ecr3tP4ss');
    $usermodel->setNotes('This user\'s being added for testing.');

    $this->assertTrue($usermodel->insert());
    $this->assertEquals(2, $usermodel->getId());

    $expected_data =
      new PHPUnit_Extensions_Database_DataSet_YamlDataSet(
        '_expected/usermodeltest_insert.yaml'
      );
```

```php
    $this->assertTablesEqual(
      $expected_data->getTable('user'),
      $this->createQueryTable(
        'user',
        'SELECT user_id, username, password, notes
        FROM user WHERE username = "anotheruser"'
      )
    );
  }
}
?>
```

Wir haben ein neues YAML-Dataset erzeugt, um die Daten in der Datenbank zu vergleichen. Das Dataset in dieser Datei sieht etwas anders aus als das Testinventar, denn wir vergleichen nicht das Erstellungsdatum. Die Spalte `date_created` ist ein Zeitstempel, der gesetzt wird, wenn das Objekt in die Datenbank gespeichert wird. Es gibt zurzeit in der Datenbank keine Möglichkeit, Werte mit Abweichungen zu vergleichen. Das bedeutet, dass der Test fehlschlagen würde, wenn die Uhr während der Ausführung auf eine neue Sekunde umspringt, denn das `date_created`-Feld würde nicht stimmen. Wir verwenden die `assertTablesEqual()`-Methode, um den Vergleich in der Datenbank durchzuführen. Somit können wir Datensätze auswählen, von denen wir glauben, dass sie hätten eingefügt werden sollen, was die Datasets angenehm klein hält. Sie werden bemerken, dass wir den Namen der Tabelle `user` an `createQueryTable()` übergeben haben. Es ist sehr wichtig, dass dieser mit dem Tabellennamen im Dataset übereinstimmt, ansonsten wird `assertTablesEqual()` fehlschlagen.

Wenn Sie der Meinung sind, dass es wichtig ist, auch die Spalte `date_created` zu testen, dann können Sie den Test entsprechend anpassen. Da es nicht besonders wahrscheinlich ist, dass dieser Test länger als eine Sekunde dauert, können Sie eine weitere Spalte zum Dataset hinzufügen und `createQueryTable()` verwenden, um sicherzustellen, dass der Wert in `date_created` nicht mehr als eine Sekunde von der aktuellen Zeit abweicht.

```yaml
user:
  -
    date_created_check: 1
    user_id: 2
    username: anotheruser
    password: 5ebe2294ecd0e0f08eab7690d2a6ee69
    notes: This user's being added for testing.
```

```php
<?php
class User_ModelTest extends MySQLDatabaseTest
{
  public function getDataSet()
  {
    return new PHPUnit_Extensions_Database_DataSet_YamlDataSet(
      '_fixtures/usermodeltest.yaml'
    );
  }

  public function testInsert()
  {
    $usermodel = new User_Model();
```

```
        $usermodel->setUsername('anotheruser');
        $usermodel->setPassword('$ecr3tP4ss');
        $usermodel->setNotes('This user\'s being added for testing.');

        $this->assertTrue($usermodel->insert());
        $this->assertEquals(2, $usermodel->getId());

        $expected_data =
          new PHPUnit_Extensions_Database_DataSet_YamlDataSet(
            '_expected/usermodeltest_insert.yaml'
          );

        $now = time();
        $this->assertTablesEqual(
          $expected_data->getTable('user'),
          $this->createQueryTable(
            'user',
            'SELECT
              (' . $now . ' - date_created) <= 1 as date_created_check,
              user_id, username, password, notes
             FROM user WHERE username = "anotheruser"'
          )
        );
    }
}
?>
```

Hier wird sichergestellt, dass date_created um höchstens eine Sekunde vom erwarteten Wert abweicht. Das sollte ausreichen, um zu prüfen, ob date_created richtig gesetzt wird, wenn Sie neue Datensätze hinzufügen. Diese Änderung zeigt, wie mächtig und flexibel es ist, Daten in der Datenbank mittels createQueryTable() zu vergleichen. Ich will Sie allerdings davor warnen, die Abfragen zu komplex zu gestalten. Tests sollten niemals so komplex werden wie der Code, den sie testen sollen. Wir haben ja schließlich schon genug zu tun und wollen nicht noch die Tests selbst testen.

6.4.8 Den Datenbanktester benutzen

Wenn Sie gerade dabei sind, auf Datenbanktests umzustellen, oder wenn Sie ein anderes Unit-Test-Framework als PHPUnit verwenden wollen, dann fragen Sie sich vielleicht, ob Sie die Datenbanktest-Features aus PHPUnit trotzdem weiterverwenden können. Sie können sich zurücklehnen: Mit ein wenig Code geht das recht einfach. Die Basisklasse für Datenbanktests in PHPUnit ist im Prinzip ein Wrapper für eine eigenständige Klasse, die alle notwendigen Testinventar-Operationen für die Datenbanktests durchführt. Es ist ziemlich einfach, diese Klasse in SimpleTest, PHPT oder auch ihr eigenes Framework zu integrieren, solange Sie der grundlegenden Schrittfolge der Tests folgen: den Test aufsetzen (setUp()), dann ausführen, Zusicherungen auf die Daten ausführen und dann den Test kontrolliert beenden und aufräumen (tearDown()).

In DbUnit gibt es die Klasse DefaultTester, die keinerlei Abhängigkeiten zu PHPUnit außerhalb der Datenbankerweiterung hat. Sie eignet sich sehr gut zur Integration in andere Frameworks und Projekte. Im Prinzip müssen Sie für jeden isolierten Test eine neue Instanz von `DefaultTester` erzeugen und eine PDO-Instanz übergeben. Dann können Sie die Setup- beziehungsweise Tear-down-Operationen setzen beziehungsweise `setSetUpOperation()` und `setTearDownOperation()` nutzen. Sie können mit `setDataSet()` auch das Dataset festlegen, das Sie als Testinventar benutzen wollen. Bevor der eigentliche Test ausgeführt wird, rufen Sie einfach die `onSetUp()`-Methode auf, und nachdem der Test beendet ist, rufen Sie `onTearDown()` auf. Um Zusicherungen auf Datasets und Tabellen auszuführen, können Sie die `asertEquals()`-Methoden verwenden, die für jede Tabelle und jedes Dataset definiert sind. Wenn ich also beispielsweise einen einfachen Test für die `insert()`-Methode in meiner `User_Model`-Klasse außerhalb des PHPUnit-Frameworks schreiben will, dann könnte ich Folgendes tun:

```php
<?php
/* Set up the tester with the correct database, operations, and data
   set. */
$db = new PDO('sqlite::memory:');

$test_conn = new PHPUnit_Extensions_Database_DB_DefaultDatabaseConnection
    (
  $db, ''
);

$db_tester = new PHPUnit_Extensions_Database_DefaultTester(
  $test_conn
);

$db_tester->setSetUpOperation(
  new PHPUnit_Extensions_Database_Operations_CleanInsert());

$db_tester->setTearDownOperation(
  new PHPUnit_Extensions_Database_Operations_Null()
);

$db_tester->setDataSet(
  new PHPUnit_Extensions_Database_DataSet_YamlDataSet(
    '_fixtures/usermodeltest.yaml'
  )
);

/* Inserts data into the database */
$db_testerdb->onSetUp();

try
{
  $usermodel = new User_Model();
  $usermodel->setUsername('anotheruser');
  $usermodel->setPassword('$ecr3tP4ss');
  $usermodel->setNotes(
    'This user\'s being added for testing.'
  );
```

```php
    if ($usermodel->insert($db) != TRUE)
    {
      throw new Exception("insert() did not equal true.");
    }

    if ($usermodel->getId() != 2)
    {
      throw new Exception("getId() did not equal 2.");
    }

    $expected_data =
      new PHPUnit_Extensions_Database_DataSet_YamlDataSet(
        '_expected/usermodeltest_insert.yaml'
      );

    $expected_data->getTable('user')->assertEquals(
      $test_conn->createQueryTable(
        'user',
        'SELECT user_id, username, password, notes
          FROM user WHERE username = "anotheruser"'
      )
    );

    $db_tester->onTearDown();
  }
  catch (Exception $e)
  {
    $db_tester->onTearDown();
    throw $e;
  }
?>
```

Es ist nicht unbedingt sinnvoll, solche Tests zu schreiben, weil das zu einer nicht unerheblichen Menge an dupliziertem Code in den Tests führt. Dennoch zeigt das Beispiel, wie die Datenbanktests in PHPUnit auch außerhalb von PHPUnit verwendet werden können. Der erste Teil dieses Codes konfiguriert die Datenbankverbindung sowie den Datenbanktester mit den richtigen Operationen und Datasets. Dann rufen wir $db->onSetup() auf. Diese zwei Abschnitte sind der Datenbankteil des Testinventars. Sie entsprechen den Methoden getConnection(), getDataSet() und gegebenenfalls auch getSetUpOperation() und tearDownOperation() in einem normalen PHPUnit-Datenbanktestfall. Wir beginnen dann einen try-catch-Block, der den eigentlichen Test enthält. Ich habe mich dazu entschlossen, fehlgeschlagene Tests durch Exceptions zu kommunizieren. Das macht es einfach, die Ausführung eines Tests bei Fehlern sofort abzubrechen. Wenn wir Daten in der Datenbank validieren, nutzen wir die Methode assertEquals() auf der YAML-Tabelle, die wir erzeugt haben. Sie sehen, dass uns auch ohne PHPUnit-Testfälle noch immer einige Funktionalität zur Verfügung steht. Falls assertEquals() fehlschlägt, wird eine Exception geworfen. Schließlich rufen wir onTearDown() auf. Sie werden bemerken, dass wir onTearDown() auch dann aufrufen, wenn wir eine Exception fangen. Dadurch stellen wir sicher, dass wir die Datenbank aufräumen, egal ob der Test erfolgreich war oder fehlgeschlagen ist.

6.5 Testgetriebene Entwicklung und Datenbanktests

Wenn Sie mit einem Team arbeiten, das testgetrieben entwickelt, dann sollten Datenbanktests für Sie einen unmittelbaren Nutzen haben. Ähnlich wie den Code können Sie auch das Datenbankschema und die -Interaktion mit Tests schrittweise einrichten. Wenn Sie herausgefunden haben, dass ein neues Feature in der aktuellen Iteration mit der Datenbank interagieren muss, dann können Sie unmittelbar damit beginnen, Testinventare für die Datenbank aufzusetzen und Zusicherungen zu finden, um nachzuweisen, dass ein Feature fertiggestellt ist.

Stellen wir uns ein Projekt vor, in dem ein Dienst zur Verwaltung von Zugangsberechtigungen entwickelt wird. Die Anforderungen schließen in jedem Fall mit ein, dass ein Benutzer in der Datenbank gespeichert wird. Um den Test für diese Anforderung erfolgreich zu durchlaufen, müssen wir zunächst eine Benutzertabelle erstellen. Dann müssen wir vielleicht zusätzlich die Benutzer dazu zwingen, ihr Passwort bei der ersten Anmeldung zu ändern. Wenn die Designentscheidung getroffen wird, dass dieses Flag von dem gleichen Model abgefragt wird, dann würden wir einen weiteren Testfall für dieses Model einführen, in dem geprüft wird, ob wir das Flag in der Datenbank richtig setzen und löschen können. Um diesen Testfall zum Laufen zu bringen, müssten wir dann das Schema der Benutzertabelle verändern.

6.6 Datenbanktests als Regressionstests

Wichtig ist, darauf zu achten, dass wir immer dann Datenbanktests schreiben, wenn wir im Code ein Problem mit den Daten finden. Regressionstests für Datenbanken unterscheiden sich nicht besonders von den normalen Unit-Regressionstests. Wir müssen in jedem Fall die Ursache eines Problems finden, einen Test schreiben, der das Problem demonstriert, und dann Code schreiben, der den Test funktionieren lässt, und während wir damit beschäftigt sind, werden wir das Problem selbst beseitigen. Der schwierigste Teil dabei ist, die Ursache des Problems zu finden.

Man muss die Ursache jedes Fehlers verstehen. Normalerweise ist das entweder ein Problem mit der Logik im Code oder ein Problem mit den Daten, mit denen dieser Code arbeitet. Wenn das Problem, vor dem Sie stehen, ein Logikfehler in einer Methode ist, aber alle Daten von einer anderen Methode geladen und gespeichert werden, dann gibt es keinen Grund, Datenbanktestinventare oder Zusicherungen in den Regressionstest einzuführen. Bei Regressionstests soll man sich darauf konzentrieren, Defekte zu testen. Wenn der Code, der Daten lädt oder speichert, dagegen direkt in der problematischen Methode steht, dann brauchen wir entweder ein Testinventar oder Zusicherungen, möglicherweise sogar beides. Wenn die Daten von der Datenbank geladen werden, dann sollte man ein Testinventar verwenden. Wenn die Daten in die Datenbank gespeichert werden, dann sollte man Zusicherungen verwenden. Ich würde davon abraten, den Code zu refaktorieren, bevor man die Unit-Tests schreibt. Es ist meist besser, zuerst Tests zu schreiben und erst dann Änderungen am Code vorzunehmen, weil wir auf diese Weise sicher sein können, dass wir das Problem identifiziert haben.

Der Zustand unserer Daten wird oftmals großen Einfluss auf die korrekte Funktion unserer Software haben. Es läuft im Prinzip darauf hinaus, dass es schwer zu verstehen ist, wie die Daten nun genau aussehen werden. Es wird immer Variationen geben, mit denen wir nicht gerechnet haben. In diesem Fall sollten wir uns mit Tests gegen diese Daten absichern, damit das Problem später nicht erneut auftritt. In gewisser Weise sollten wir glücklich darüber sein, wenn wir ein unerwartetes Problem finden. Wir können Situationen, die wir nicht kennen, ohnehin nicht verhindern. Unerwartete Fehler sind daher die beste Gelegenheit für uns, aus Fehlern zu lernen. Wir müssen sicherstellen, dass wir aus Fehlern lernen, und uns davor schützen, den gleichen Fehler später noch einmal zu machen.

Es kommt immer wieder vor, dass Entwickler Fehler in ein System einbauen. Wir sind schließlich nur Menschen und machen alle Fehler. Wären Sie nicht ohnehin schon davon überzeugt, dann würden Sie wohl dieses Buch nicht lesen. Nach meiner Ansicht wird oft nicht realisiert, dass ein Fehler, der einmal gemacht wurde, später noch einmal gemacht werden kann. Das geschieht umso öfter, wenn Sie in großen Teams arbeiten.

Wenn wir eine Lösung für ein gegebenes Programmierproblem schaffen, dann machen wir die Annahme, dass wir nicht nur das Problem so gut verstehen, dass wir behaupten, es lösen zu können, sondern auch, dass unsere Lösung keine nicht akzeptablen Probleme an einer anderen Stelle des Systems einführt. Letztlich sind wir darauf angewiesen, dass wir die Software, an der wir arbeiten, vollständig verstehen. Das ist in den meisten Fällen nicht realistisch. Als Entwickler verbringen wir einen Großteil unserer Zeit damit, uns mit unerwartetem Verhalten herumzuplagen, das durch nahezu alles, von falsch verstandenen Projektanforderungen bis hin zu nicht berücksichtigter Funktionalität externer Systeme entstehen kann.

Wir haben alle Situationen erlebt, in denen ein Fehler gemacht wurde, weil Anforderungen falsch verstanden worden sind. Der Fehler wird dann beseitigt, aber wegen zeitlicher Restriktionen, dem Irrglauben, der Fehler wäre nicht wichtig, oder weil man denkt „Diesen Fehler mache ich nicht mehr", wird kein Regressionstest geschrieben. Dann kommt ein anderer Entwickler, der am Code arbeitet und entscheidet, den Code zu ändern. Oftmals wird er die Anforderungen genauso falsch verstehen wie der ursprüngliche Entwickler und daher wieder den gleichen Fehler verursachen.

6.6.1 Probleme mit den Daten testen

Probleme mit den Daten selbst können die Folge von Fehlern sein, die Entwickler gemacht haben, als sie manuell Daten eingefügt haben. Sie können auch eine Folge von Fehlern in der Anwendung sein, die aus ungenügender Validierung der Daten resultiert oder durch falsche Datenmanipulation oder die falsche Konvertierung von Daten eines Benutzers oder eines externen Dienstes verursacht werden. Die Regressionstests für solche Fehler verwenden meist Zusicherungen, um zu prüfen, ob die Daten in der Datenbank korrekt sind, nachdem wir den zu testenden Code ausgeführt haben.

Es ist nicht immer einfach, die problematischen Daten zu isolieren. In den meisten Fällen wird dies einen großen Einfluss darauf haben, wie unsere Tests geschrieben sind. Obwohl wir glauben, das Problem liegt im Auslesen der Datenbank, kann das Problem tatsächlich in der Speicherung der Daten liegen. Und was, wenn die einzufügenden Daten von einem Webservice kommen und nicht korrekt sind? Obwohl Sie zunächst dachten, es gäbe ein Problem mit der Datenbank-Interaktion, liegt das Problem nun tatsächlich im Holen der Daten von einem externen Dienst. Der Regressionstest dafür mag überhaupt kein Datenbanktestinventar benötigen, und eventuell müssen wir nur zusichern, dass die Daten, die ein korrigierter Service-Aufruf liefert, korrekt in die Datenbank eingefügt werden.

Wenn wir die problematischen Daten isoliert haben, dann ist der ideale nächste Schritt, einen Test zu schreiben, der diese problematischen Daten bloßstellt. Es ist wichtig, dass man, wenn irgend möglich, das Problem durch Tests demonstriert, bevor man sich daranmacht, es zu beseitigen. Dafür gibt es zwei Gründe. Erstens gibt uns das die Sicherheit, dass wir das Problem tatsächlich beseitigt haben. Zweitens ist man oft zu faul, noch Unit-Tests zu schreiben, wenn das eigentliche Problem schon beseitigt ist.

Obwohl wir Tests immer lieber zuerst schreiben wollen, müssen wir immer abwägen, ob es wichtiger ist, das Problem schnell zu beseitigen oder sicherzustellen, dass es nicht wieder auftritt. Manchmal werden wir uns gerade bei schwerwiegenden Fehlern nicht die Zeit nehmen können, Tests zu schreiben, bevor wir einen Bugfix für den Fehler erstellen und veröffentlichen. Jeder Hersteller mit einem Produkt, das als Service angeboten wird und einen mehr oder minder kurzen Release-Zyklus hat, wird dieses Problem haben. Die oberste Priorität sollte immer sein, den Kunden zufriedenzustellen. Das bedeutet natürlich nicht, dass sich ein schnell veröffentlichter Bugfix und der Selbstschutz durch Unit-Tests gegenseitig ausschließen. Es bedeutet nur, dass wir uns disziplinieren müssen, auch ohne ein konkretes Problem immer den zusätzlichen Schritt zu tun, einen Test zu schreiben, der den Defekt im Code oder in den Daten aufdeckt.

6.6.2 Probleme testen, die durch Daten sichtbar werden

Wenn sich ein Fehler durch Daten in der Datenbank manifestiert, dann gibt es zwei Möglichkeiten, einen Test dafür zu schreiben. Der erste und beste Weg macht es erforderlich, dass die Daten gut gekapselt und isoliert von der Logik sind, die das Problem darstellt. Solange die Daten selbst korrekt und nicht das eigentliche Problem sind, können wir die Methode mit der defekten Logik isolieren und testen. Dabei ist wichtig, dass der Datenzugriff vollständig gekapselt ist. Wenn dies der Fall ist, dann brauchen Sie keinen Gedanken an Testinventare für Datenbanken oder irgendwelche Zusicherungen auf die Daten zu verschwenden.

Der zweite Weg ist, Datenbanktestinventare mit Daten zu erzeugen, die den Fehler in der Logik provozieren. Wenn der Code für den Datenbankzugriff eng an die fragliche Logik gekoppelt ist, dann werden wir auf diese Weise testen müssen. Wir müssen auch hier sicherstellen, dass die problematischen Daten in unserer Testdatenbank sind, bevor wir die Logik sinnvoll testen können. Falls die getestete Methode Daten in die Datenbank zurückschreibt, müssen wir dies natürlich auch mit Zusicherungen prüfen.

6.7 Fazit

Datenbanktests sind ein mächtiges Werkzeug, wenn sie richtig eingesetzt werden. Bei richtiger Verwendung werden sie Ihnen helfen, die korrekte Funktion von Teilen eines Systems, die im Rahmen von normalen Unit-Tests oft nicht ausreichend berücksichtigt werden, sicherzustellen und zu schützen. Hoffentlich haben Sie in diesem Kapitel gelernt, wie man dazu die Funktionalität der Datenbankerweiterung in PHPUnit nutzen kann. Zwar ist es nicht einfach zu lernen, wie man Datenbanktests für ein System durchführt, aber dieser Aufwand lohnt sich durchaus.

Sie werden keine Bauchschmerzen mehr haben, wenn Sie eine neue Datenbank-Engine testen, da Sie wissen, dass alle kritischen Abfragen tatsächlich ausgeführt werden. Sie können sicherstellen, dass Query-Optimierungen keine neuen Fehler in das System einführen. Sie können auch sicherstellen, das alte Bugs nicht mehr erneut auftauchen.

7 Gebrauchstauglichkeit

von Jens Grochtdreis

7.1 Einführung

Wenn wir von Usability einer Webseite sprechen, dann meinen wir ihre Gebrauchstauglichkeit [Wikipedia 2010l]. Dieses Qualitätsmerkmal interaktiver Systeme meint, dass ein Nutzer eine Webseite effizient, effektiv und zufriedenstellend nutzen kann. Usability sieht demnach den Menschen im Bezug auf eine Webseite. Die Gebrauchstauglichkeit einer Webseite sollte selbstverständliches Anliegen eines Anbieters sein. Ist das nicht der Fall, bleiben Nutzer nicht und werden nicht zu Kunden. Doch die Praxis zeigt leider, dass allzu oft nicht an den Konsumenten[1] gedacht wird.

Eine Webseite kann man als einen Dialog verstehen. Ein Formular ist eine Art Dialog [Wirth 2009]. Abbrüche in Formularstrecken zeigen, dass dieser Dialog gestört sein kann. Auch eine Navigation ist eine Dialogform, dem Konsumenten wird der Weg gewiesen. Usability zielt nun darauf ab, diesen Dialog für den Konsumenten verständlich und nutzbar zu machen. Denn nur wenn das Formular verständlich und gebrauchstauglich ist, kann ein Konsument seinerseits in den Dialog treten.

Usability versteckt sich im Detail. Schon schlecht formulierte Texte können abschrecken und eine Seite nicht nutzbar machen, denn im Web scannen die Menschen mehr, als dass sie intensiv lesen würden. Usability kann man nicht mit schlichten technischen Tricks oder einer PHP-Funktion erzeugen. Usability beginnt mit der richtigen Planung, der richtigen Herangehensweise, lange bevor erste Entwürfe oder Klickdummies entstehen.

Im Zuge der Entwicklung der Webseite sollte man sein Tun hinsichtlich der Usability immer hinterfragen. Allzu oft denken Webseitenbetreiber aber nur an ihre eigenen Erwartungen. Sie vergessen dabei vollkommen, dass nicht sie es sind, für die die Webseite gemacht wird, sondern ihre (potenziellen) Kunden. Diese müssen angesprochen und möglichst erfolgreich auf der Seite gehalten und bedient werden.

---

[1] Ich bezeichne den Nutzer einer Webseite im Rahmen dieser Abhandlung als Konsumenten. Der Begriff zielt dabei nicht nur auf den Aspekt E-Commerce ab, denn wir können schließlich auch davon sprechen, dass jemand eine Webseite „konsumiert". Der Begriff erscheint mir genügend trennscharf, um eine Abgrenzung zu Dienstleistern und Auftraggebern (den Anbietern einer Webseite) zu setzen.

Doch was wollen die Konsumenten, und womit kommen sie zurecht? Es ist müßig, von sich auf andere schließen zu wollen. Wer im und für das Internet arbeitet, geht zwangsweise anders mit einer Webseite um als ein ungeübter Nutzer. Diese sind eindeutig in der Mehrzahl, und sie sind im Normalfall die Zielgruppe. Deshalb ergibt es Sinn, sich bei der Erforschung der Usability vor allem mit Menschen zu beschäftigen. Technische Hilfsmittel sind hilfreich, sollten aber nicht als Ersatz für den Kontakt mit dem Konsumenten genutzt werden.

Wenn ich davon spreche, Usability mit Menschen zu testen, bedenke ich dabei sehr wohl, dass es genügend Webprojekte gibt, die kein großes Budget zur Verfügung haben. Low-Budget-Projekte kann man schwerlich durch ein großes Usability-Labor testen lassen. Es ist aber auch bei solchen Seiten sinnvoll, echte Nutzer zu Wort kommen zu lassen. Es gibt auch günstige Wege, auf die ich noch zu sprechen komme.

Viele Untiefen in der Erstellung einer vernünftig nutzbaren Webseite lassen sich schon durch die richtige Herangehensweise umschiffen. Als Allererstes sollten alle Beteiligten begreifen, dass jegliche Designentscheidung, die wir treffen, eine idealisierte Vorstellung davon ist, wie eine Seite aussehen sollte. Eine Webseite wird aber nicht immer wie gewünscht aussehen, und sie muss es auch nicht. Wir müssen neben unterschiedlichen Monitorauflösungen und unterschiedlichen Betriebssystemen zusätzlich mit diversen Browsern in ihren unterschiedlichen Versionen zurechtkommen. Diese unterstützen nur einen jeweils eigenen Ausschnitt der existierenden Standards (X)HTML, JavaScript und CSS. Sie unterscheiden sich auch in der Darstellung von Formularelementen. Der IE beispielsweise nutzt die vom System zur Verfügung gestellten Formularelemente. Mozillas Firefox hingegen kommt mit seinen eigenen, die sich optisch durchaus unterscheiden. Je nachdem, welches Theme der Nutzer im Betriebssystem oder in Firefox nutzt, ändert sich wieder die Optik der Formularelemente. Dies wissend, können wir schwerlich von einer identischen Repräsentation einer Webseite in allen beliebigen Browsern ausgehen.

Im Grunde ist dies auch nicht notwendig, denn niemand wird Vergleiche ziehen. Nur die Ersteller einer Webseite testen diese in mehreren Browsern, der Konsument wird dies nicht tun.

Selbst wenn eine Webseite in allen getesteten Browsern identisch aussähe, hat der Nutzer doch immer die Möglichkeit, unseren Vorschlag zu modifizieren. Das ist eine Stärke des Internets, die wir anerkennen und nicht hemmen sollten.

Im Gegensatz zu jeglichem anderen Medium kann ich mir im Internet die Ausgabe einer Seite nach meinen Bedürfnissen anpassen, und ich denke hierbei nicht primär an User-Stylesheets, die im Wesentlichen etwas für Profis sind. Blinde lassen sich die Inhalte auf eine Braillezeile ausgeben oder vorlesen. Schwer Sehgeschädigte vergrößern die Darstellung im Browser auf 400 oder mehr Prozent. Man kann eine Seite ausdrucken oder auf unterschiedlich großen Displays betrachten.

Diese unterschiedlichen Nutzungsarten und -kontexte sollten bei der Erstellung einer Webseite immer im Blick sein. Es gibt im Webdesign schwerlich eine Wahrheit und ein echtes Design. Die Tatsache, dass fast alle Designs in einer Bildbearbeitung entstehen, ändert daran nichts. Es macht die Sache nur noch schwerer. Die Bildbearbeitung – normalerweise Photoshop – gaukelt nicht nur vor, es gäbe nur ein Design. Sie zeigt auch ein anderes Schriftrendering als die meisten Rechner. Ein solches Design erlaubt zudem keine Interaktion und gibt auch keine Hinweise, wie sich eine Seite in einem schmaleren oder breiteren Browser verhält. Leider wird im Normalfall das Photoshop-Design als unumstößliche Wahrheit gesetzt und nicht als Empfehlung für einen Idealfall gesehen.

7.2 Anything goes – aber zu welchem Preis?

Frontend-Entwicklung passiert in einem „feindlichen Umfeld" – dem Browser – und ist mit der Brille eines Backend-Entwicklers sicherlich schwer zu verstehen. Bei serverseitigem Code kann man sich auf eine Software-Version einstellen (beispielsweise PHP 5.3) und kennt damit die Möglichkeiten und Limitierungen. Im Frontend kennt man solch paradiesische Zustände ansatzweise nur in Intranets oder bei reinen Flash- beziehungsweise Silverlight-Seiten.

Der Browser ist ein feindliches Umfeld, weil jede Version ein unterschiedliches Set von HTML, CSS und JavaScript interpretiert. Diese interpretiert er auch hin und wieder auf seine eigene Art. Hinzu kommen Einflüsse des Betriebssystems und Zusatzfeatures, wie Popup-Blocker oder Plugins. Wir wissen zudem nicht, wie der Nutzer seinen Browser und sein System konfiguriert hat. Auf die unterschiedlichen Ausgabeformate und Displaygrößen habe ich eben schon hingewiesen.

Die Ausgabe einer Webseite geschieht also nicht unter einheitlichen Bedingungen, wie ich sie auf Servern einer Serverfarm schaffen könnte, und ich habe die Bedingungen nicht unter Kontrolle. Und wir können nicht das komplette Angebot von HTML, CSS und JavaScript nutzen, weil sie nicht in allen Browsern zur Verfügung stehen. Trotzdem herrscht der Glaube vor, eine Webseite könne in allen Browsern gleich aussehen. Für optisch sehr schlichte Seiten mag dies mit Ausnahme von Formularelementen möglich sein. Für aufwendigere Seiten ist es problematisch, und es führt zudem am Kern des Mediums vorbei.

Grundsätzlich können wir davon ausgehen, dass wir jeden Designwunsch realisieren können. Es stellt sich nur immer die Frage des Aufwandes, der Limitierungen und der Wartbarkeit. Kann das Detail mit CSS realisiert werden, ist der Gesamtaufwand gering und die Wartbarkeit optimal. Doch hier beginnen schon die Limitierungen. Denn insbesondere der Internet Explorer von Microsoft beherrscht nicht die wirklich interessanten CSS-Techniken, auch nicht der derzeit aktuelle IE8. Viele Designwünsche lassen sich in modernen Browsern mit CSS3 realisieren. Der IE ist dabei außen vor. Wollte man nun dem IE trotzdem das gewünschte Layout geben, so kann man ihm entweder mit JavaScript unter die Arme greifen oder aber einen insgesamt umständlicheren Weg für alle gehen, der dann auch den IE mitnimmt.

Es gibt grundsätzlich drei unterschiedliche Wege, dem IE bei der Designumsetzung unter die Arme zu greifen.

- Zusätzliches beziehungsweise umständlicheres Markup und CSS
- Einsatz von Bildern
- Einsatz von JavaScript

Alle diese Lösungen machen die Pflege der Projekte nicht leichter, sie kosten zusätzlichen Aufwand und Zeit, und sie beeinträchtigen im Normalfall die Performance. Sie sollten mit Ihrem Kunden absprechen, ob er diese Nachteile in Kauf nehmen möchte.

Nehmen wir als Beispiel die beliebten runden Ecken. Mit CSS3 sind sie kein Problem und schnell realisiert. Für den IE benötigen wir spezielles Markup, weil wir mehrere Bilder einbinden müssen. Sollen die Ecken dann auf einem Verlauf transparent stehen, kommt das nächste Problem, denn leider kann der IE6 nichts mit einem echt transparenten Alphakanal anfangen. Hierfür wird gerne ein JavaScript zur Hilfe genommen. Dieses Skript hat leider negative Auswirkungen auf die Performance.

Jeder Einsatz von JavaScript zur IE-Hilfe bedeutet die Veränderung des DOM. Dies kostet Zeit und schlägt sich damit auf die Performance der Seite nieder. Der Einsatz von Bildern bedeutet normalerweise, dass für jede Änderung beziehungsweise Anpassung ein Bildbearbeitungsprogramm genutzt werden muss. Das kostet (Arbeits-)Zeit.

Da die meisten Kunden den IE beruflich nutzen, fällt es ihnen schwer zu akzeptieren, dass sie nur eine visuell abgespeckte Version zu sehen bekommen. Viele Entwickler wissen zudem auch leider nichts von den Möglichkeiten moderner Browser. So kommt es immer wieder dazu, dass umständliche, zeitraubende, schwer wartbare Implementierungen verwendet werden, anstatt beispielsweise CSS3 zu nutzen und dem IE eine leicht abweichende Optik zu gönnen.

Die Abwägung zwischen Kosten und Nutzen ist im Frontend sehr wichtig. Sie sollten sich und den Kunden immer wieder fragen, ob der Nutzen eines Designdetails die Kosten rechtfertigt.

■ 7.3 Designaspekte

7.3.1 Barrierefreiheit

Mit der Sorge um die Usability einer Webseite kümmern wir uns darum, dass eine Webseite „benutzbar"ist. Der Fokus dieser Betrachtung ist aber oft sehr beschränkt. Er zieht nicht in Betracht, dass es eine der größten Stärken des Internets ist, Inhalte in egal welcher Form konsumieren zu können. So ist es nun viel leichter für Menschen jeglicher Behinderung möglich, am gesellschaftlichen und wirtschaftlichen Leben teilzunehmen. Wir dürfen dabei nicht nur an Blinde denken.

Eine durchdachte Nutzbarkeit einer Webseite sollte immer auch im Blick haben, nicht unnötig Hürden für Menschen mit Behinderungen aufzubauen. Dann sind Seiten auch für diese Zielgruppe nutzbar. In diesem speziellen Fall spricht man von der „Accessibility" einer Webseite, also ihrer „Zugänglichkeit". Im Deutschen hat sich dafür „Barrierefreiheit" als Begriff etabliert.

Zugänglichkeit hat dabei viele Facetten, und man kann sie nicht auf „Webseiten für Blinde" verkürzen. Genau genommen kommen wir alle einmal in die Lage, dass unsere motorischen und sonstigen Fähigkeiten beschränkt sind und wir eine Webseite nur eingeschränkt nutzen können. Sollten wir nicht zufälligerweise eine Verletzung an Hand oder Arm haben, so ändert sich mit zunehmendem Alter die Rezeption einer Webseite. Die Sicht lässt nach,

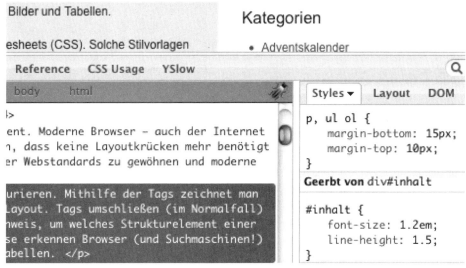

ABBILDUNG 7.1 Schriftgröße und Zeilenabstand im CSS

man ist eher geneigt, eine Seite zu vergrößern, und die exakte Bedienung der Maus fällt schwerer. Barrierefreiheit bezieht sich nicht nur auf Behinderte, sie bezieht sich auf alle, die mit Einschränkungen beim Zugriff auf eine Webseite leben müssen. Das sind streng genommen auch alle Notebook- und Handynutzer.

7.3.2 Lesbarkeit

Es klingt banal, und doch wird es oft ignoriert: Als Anbieter einer Webseite sollte man daran interessiert sein, dass die Inhalte gut und einfach lesbar sind. Neben guten Kontrasten (Hellgrau auf Weiß gehört definitiv nicht dazu, wird aber immer wieder genommen) ist eine lesbare Schriftgröße genauso wichtig wie ein lesbarer Zeilenabstand. Sollten die Zeilen eng aneinanderhängen, modifizieren Sie im CSS testweise beim betreffenden Element die Eigenschaft line-height, oder fügen Sie sie überhaupt erst hinzu. Für normalen Fließtext haben sich Werte zwischen 1.2 und 1.5 bewährt, abhängig von der Schriftgröße. Verzichten Sie dabei am besten auf das Zuweisen einer Einheit [Meyer 2006] (siehe Abbildung 7.1).

Vermeiden Sie zu lange Absätze, und lassen Sie Text auch als Aufzählung daherkommen. Der Nutzer hat oft den Eindruck, Aufzählungen besser lesen zu können. Schenken Sie den Texten einen Außenabstand (margin), sonst klatschen die Texte unterschiedlicher visueller Spalten aneinander (siehe Abbildung 7.2).

Aber auch der Aufbau der Texte ist wichtig. Konsumenten lesen weniger, als dass sie Seiten „scannen". Sie suchen nach Schlüsselwörtern. Diese sind am effektivsten in Überschriften, am Anfang von möglichst kurzen Absätzen und in Aufzählungen platziert. Der Text sollte daraufhin „komponiert" werden.

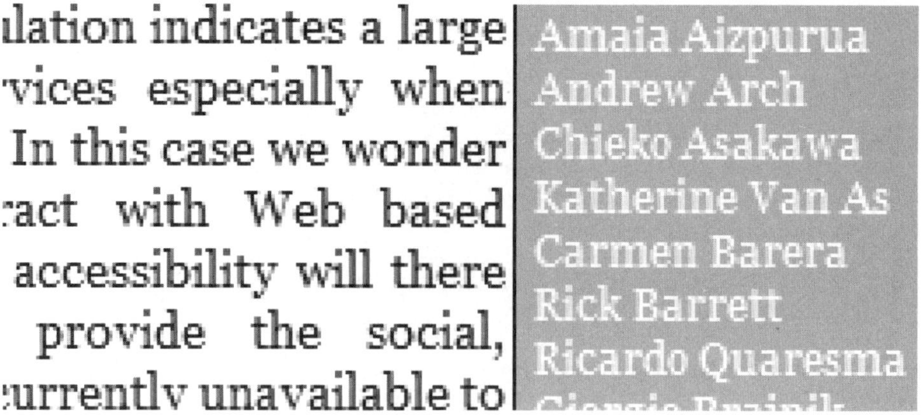

ABBILDUNG 7.2 Text mit zu wenig Außenabstrand (`margin`)

7.3.3 Label für Formularelemente

Formularelemente sollten ein Label zugewiesen bekommen. Dieses sollte dann auch mittels des `for`-Attributs mit der eindeutigen ID des Formularelements verknüpft sein:

```
<label for="email">E-Mail:*</label>
<input type="text" id="email" name="email" />
```

Dank dieser Verknüpfung kann man auf das Label klicken, um das Element zu markieren. Gerade bei Radio-Buttons und Check-Boxen ist dies eine spürbare Verbesserung der Usability. Auch Screenreader profitieren von dieser eindeutigen Zuordnung.

7.3.4 Tastaturbedienbare Webseite

Nicht jeder Nutzer ist immer mit einer Maus unterwegs. Wir müssen gar nicht an Menschen mit Behinderungen denken, um Nutzungsszenarien ohne Maus zu entdecken. Notebook-Nutzer werden immer wieder gerne auf das Trackpad verzichten wollen, weil es die Bedienung des Rechners eher langsamer und komplizierter als schneller und einfacher macht. Wer mit einem Handy oder Smartphone auf das Internet zugreift, hat überhaupt keine Maus zur Verfügung und kann auch keine anschließen. Und wer sich dummerweise seine „Klickhand" oder deren Arm verletzt hat und eine Zeit lang eine Armschiene oder Gips tragen muss, wird feststellen, dass eine tastaturbedienbare Webseite ein echter Segen sein kann.

Drag & Drop-Aktionen können also problematisch sein, wenn sie für die Bedienung der Seite unverzichtbar sind, denn sie erfordern eine Maus. Mindestens genauso schlimm ist die Unterdrückung von Markierungen aktiver Links, die meist als gepunktete Linie daherkommen. Entwickler können nicht unterscheiden, ob diese Markierung von einer Maus oder einer Tastatur kommt. Tastaturnutzer benötigen sie im Gegensatz zu Mausnutzern zur Orientierung auf der Seite. Die Markierung gibt dem Tastaturnutzer das notwendige Feedback, das in Ermangelung eines Objektes wie dem Mauszeiger fehlt. Leider unterdrücken sehr viele Entwickler diese Orientierungshilfe. TYPO3 unterdrückt sie standardmäßig mit `onfocus='blurLink(this);'`, was leider in den wenigsten Installationen

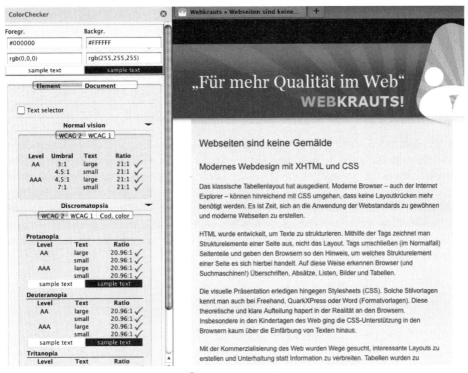

ABBILDUNG 7.3 Werkzeuggestützte Überprüfung der Farbkontraste

verhindert wird. Im CSS sollte nach `outline: none;` als Verursacher Ausschau gehalten werden.

7.3.5 Gute Farbkontraste

Zwischen 5 und 10 Prozent aller Männer sind farbfehlsichtig. Sie haben dadurch Schwierigkeiten, Farbkontraste wahrzunehmen. Aber auch für den Rest der Menschheit sind hellgraue Links auf weißem Hintergrund eine Zumutung. Gänzlich unleserlich werden sie, wenn die Sonne von hinten oder der Seite strahlt oder wenn das künstliche Raumlicht zu grell ist. Die Farben einer Webseite sollten also möglichst kontrastreich gewählt werden. Kombinationen von Komplementärfarben sind dabei zu vermeiden. Die immer wieder eingesetzte Kombination Rot auf Blau oder Rot auf Grün und umgekehrt ist keine gute Idee. Schaut man länger auf einen damit formatierten Bereich, merkt man förmlich, wie die Farben glühen. Nicht sofort offensichtliche Probleme mit Farbkontrasten lassen sich mit dem WCAG-Contrast Checker[2] und der Juicy Studio Accessibility Toolbar[3] testen und auswerten (siehe Abbildung 7.3).

---

[2] *https://addons.mozilla.org/de/firefox/addon/7391*
[3] *https://addons.mozilla.org/de/firefox/addon/9108*

7.3.6 Logo zur Startseite verlinken

Über die Jahre hat sich die Konvention herausgebildet, das Logo zur Startseite zu verlinken. Es ist sinnvoll, dieser Konvention zu folgen und die Erwartung nicht zu enttäuschen.

7.3.7 Alternativtexte für Bilder

Es gibt viele unterschiedliche Szenarien für nicht angezeigte Bilder. Der Konsument könnte das Anzeigen von Bildern unterbunden haben, die Ladezeit kann besonders lang ausfallen, der Konsument kann blind sein. Das sind sicherlich die gängigsten Szenarien. Sollte ein Bild Inhalte transportieren und nicht nur schmückendes Beiwerk sein, so ist ein ausgefüllter Alternativtext ein sinnvolles und wichtiges Detail, um eine Seite nutzbar zu machen. Ein Screenreader liest diesen Alternativtext vor, der Inhalt wird von Suchmaschinen registriert, und während ein größeres Bild lädt, bekommt man schon eine Information darüber, welchen Inhalts das Bild sein wird.

7.3.8 Hintergrundbild mit Hintergrundfarbe

Sollte ein Hintergrundbild nicht oder lange laden und Text oberhalb des Hintergrundbildes stehen, so ist es sehr nützlich, zusätzlich zum Bild eine Hintergrundfarbe zu definieren. So kann man die Lesbarkeit des Textes für den Fall des Falles sicherstellen.

7.3.9 Druckversion nicht vergessen

Ich habe anfangs betont, dass Sie nicht wissen können, in welcher Form jemand Ihre Webseite nutzt. Es kann sein, dass die Informationen so interessant oder wichtig sind, dass die Seite ausgedruckt werden soll. Vergessen Sie deshalb bitte nicht, sich auch Gedanken über eine ansprechende und sinnvolle Druckversion zu machen. Das Design sollte hierbei funktional sein. Bedenken Sie, dass ein Browser keine Hintergrundfarben und -bilder ausdruckt, ohne dass der Nutzer es konkret will. Blenden Sie in der Druckversion alle für den Konsumenten unnötigen Seitenbestandteile aus, dazu gehören neben den unterschiedlichen Navigationen auch werbende Elemente.

7.3.10 Erkennbare Links

Links sind das Rückgrat des Internets. Ohne sie kämen wir nicht einfach und intuitiv von Seite zu Seite. Deshalb ist es wichtig, dass der Konsument Links als solche erkennen kann. Ursprüngliches Erkennungsmerkmal sind unterstrichene Textpassagen. Sollten diese Unterstriche als Teil einer Designentscheidung entfernt worden sein, sollten Links zumindest durch Farben, eventuell auch durch Icons erkennbar gemacht werden. Das Überfahren des Links (der Hover-Zustand) sollte eine Designänderung nach sich ziehen. Unterstreichungen sollten auf einer Webseite ausschließlich dazu dienen, Links hervorzuheben. Für die

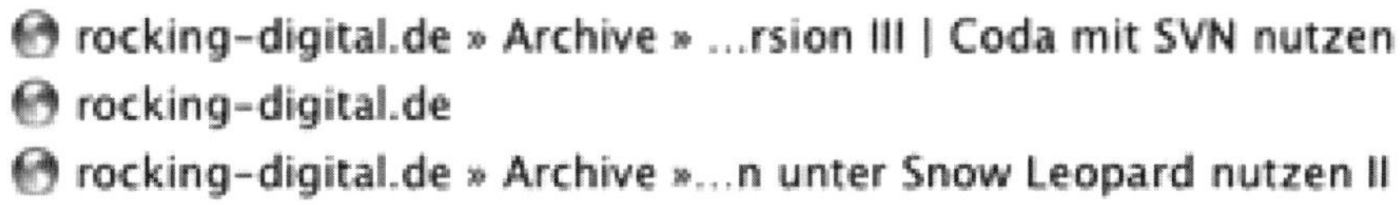

```
🌐 rocking-digital.de » Archive » ...rsion III | Coda mit SVN nutzen
🌐 rocking-digital.de
🌐 rocking-digital.de » Archive »...n unter Snow Leopard nutzen II
```

ABBILDUNG 7.4 Seitentitel in der Bookmark-Liste des Browsers

allgemeine Schriftgestaltung sollten Unterstreichungen gemieden werden. Bereits besuchte Links sollten als Orientierungshilfe mit dem Pseudoselektor `:visited` im CSS erkennbar gestaltet werden. Diese Hervorhebung als *besucht* sollten Sie aber bei der Startseite oder dem Impressum unterdrücken. Hierbei hätte die Information, dass der Konsument die Seite schon besucht hat, auch keine Bedeutung.

7.3.11 Gute Bookmarks

Der `<title>`-Tag wird in seiner Bedeutung gerne unterschätzt. Solange der Konsument sich auf einer Seite befindet, ist die Titelleiste des Browsers relativ unwichtig. Der `<title>`-Tag wird allerdings auch genutzt, um Bookmarks zu benennen (siehe Abbildung 7.4). Deshalb sollten Sie den Namen der Firma nicht an den Anfang, sondern ans Ende des Tags stellen. Steht er am Anfang, so liest man eventuell mehrfach untereinander „Firma GmbH & Co. KG" anstatt den eigentlichen Titel der Seite, nach dem der Konsument später sucht. Ein Bookmark kann als Teil der Navigation verstanden werden. Deshalb sollte ein aussagekräftiger Seitentitel an den Anfang gestellt werden, gefolgt vom Namen des Seitenbetreibers.

7.3.12 Keine Frames

In den Anfangszeiten des Webs mögen Frames – richtig genutzt – eine Daseinsberechtigung gehabt haben, weil man mit ihnen die Ladezeit wichtiger Seitenbestandteile reduzieren konnte. Diese Zeiten sind aber schon lange vorbei. Frames ergeben keinen Sinn mehr. Im Gegenteil, sie haben nur Nachteile. Frames verhindern, dass man Unterseiten bookmarken kann. Das Ausdrucken einzelner Seiten wird verkompliziert, die normale Aktualisierung einer Webseite über den Browser-Button führt immer wieder zur Startseite. Verzichten Sie auf Frames. Die Entwicklung hat sie schon lange überholt.

7.3.13 Skalierbare Schrift

Betrachten Sie Ihre Testseite mit einem IE6, und skalieren Sie über das Menü die Schriftgröße. Wenn Sie die Schriftgröße in Pixeln definiert haben, wird nichts geschehen. Der IE6 skaliert in Pixel ausgezeichnete Schrift nur, wenn man es ihm ausdrücklich sagt. Für den Konsumenten bleibt die Wahl, mit einer als zu klein empfundenen Schrift umzugehen oder die Seite zu verlassen. Moderne Browser hingegen skalieren nicht die Schrift, sondern die gesamte Seite. Doch solange der IE6 in den Zugriffsstatistiken von Ihnen betreuter Seiten noch einen deutlichen Anteil hat, sollten Sie darüber nachdenken, die Schriftgröße und alle Breitenangaben nicht in Pixeln, sondern relativ zu definieren, am besten in em. Dabei gilt als Faustformel 1 em = 16 px. Jeder Nutzer kann diese Größe zwar modifizieren, aber das werden nur kundige Menschen tun, die dann auch mit Fehlern werden umgehen können.

7.4 Technische Aspekte

7.4.1 Performanz

Die Ladegeschwindigkeit einer Webseite ist ein Aspekt ihrer Usability, denn je länger eine Webseite lädt, umso mehr besteht die Gefahr eines frühzeitigen Abbruchs. Deshalb ist es sinnvoll, sich mit der Performance einer Webseite zu beschäftigen.

Große Verdienste um dieses Thema hat sich Steve Souders[4] erworben. Er hat erst bei Yahoo und jetzt bei Google an vielen verschiedenen Stellen der Produktion einer Webseite nach Performanceaspekten geforscht und diese getestet. Seine Erkenntnisse hat er in Blogbeiträgen, Vorträgen, Videos und Büchern verbreitet.

Es ist nicht allzu lange her, da war die Überzeugung gängig, Performance sei im Wesentlichen durch Server und serverseitige Programmierung beeinflusst. Dank Souders wissen wir nun, dass das Frontend einen entscheidenden Anteil an der Performance einer Seite hat.

Mit vielen von Souders' Erkenntnissen muss man sich ausgehend von einem seiner Bücher oder Artikel genauer beschäftigen. Es gibt allerdings einige Regeln[5,6], die man ohne viel Recherche und Diskussion befolgen kann, um die Performance der eigenen Webseite zu verbessern. Überprüfen kann man dies anhand der Firebug-Extension YSlow[7] von Yahoo.

Semantischer Code

Sauberer, semantischer und valider HTML-Code verhindert, dass der Browser seine interne Fehlerkorrektur nutzen und so unnötig Zeit und Ressourcen verbrauchen muss. Zudem erleichtert er ungemein den Zugriff mittels JavaScript und DOM-Scripting auf einzelne Bestandteile der Seite.

Weniger Requests

Ganz oben auf der Agenda sollte die Reduktion von Requests stehen. Sowohl die absolute Anzahl als auch die Requests von der gleichen Domain stehen dabei im Fokus. Die Browser erlauben immer nur eine begrenzte Anzahl gleichzeitiger Downloads von der gleichen Domain. Deshalb empfiehlt Souders, beispielsweise JavaScript-Bibliotheken von einem Content Delivery Network (CDN)[8] zu laden. Alle großen Bibliotheken bieten diesen Service an. Auch die Verteilung auf eigene Subdomains macht zusätzliche parallele Requests möglich.

---

[4] http://stevesouders.com/
[5] http://developer.yahoo.com/performance/rules.html
[6] http://stevesouders.com/examples/rules.php
[7] http://developer.yahoo.com/yslow/
[8] http://developer.yahoo.com/performance/rules.html

Vor der Auslieferung an den Browser sollten zudem alle CSS- und JavaScript-Dateien zusammengefasst und komprimiert werden. Dadurch werden Requests und Bandbreite gespart. Keinesfalls sollte man sich die Hannoversche Allgemeine Zeitung zum Vorbild nehmen. Dort wurden auf der Startseite zum Testzeitpunkt 24 CSS- und 40 JavaScript-Dateien eingebunden. Diese hätten vor der Auslieferung an den Browser alle zu jeweils einer Datei serverseitig zusammengefasst und komprimiert ausgeliefert werden sollen. Jede Datei ist ein zusätzlicher Request, auf dessen Beendung der Browser warten muss. Natürlich kann man in der Entwicklungsumgebung die Styles und Skripte so weit aufteilen, wie es sinnvoll erscheint. In der Liveumgebung sollten möglichst nur wenige CSS- und JavaScript-Dateien ausgeliefert werden.

YAML-Schöpfer Dirk Jesse empfiehlt nach zahlreichen Tests, die Anzahl der CSS-Dateien in Abhängigkeit zu deren Größe festzulegen. Er empfiehlt, oberhalb einer Größe von 10 Kilobyte die CSS-Datei zu teilen. Bis zu vier CSS-Dateien seien sinnvoll, ohne die Performance negativ zu beeinträchtigen [Maciejewski 2009].

CSS-Sprites

Für die Gestaltung einer Webseite nutzen wir meist viele kleine Bilder. Sie werden als Icons oder Schmuckelemente auf der Webseite platziert. Bindet man all diese kleinen Bilder als Hintergrundelemente ein, können sie zu einem einzigen oder einigen wenigen Bildern, sogenannten Sprites [Lennartz 2009], zusammengefasst und mittels CSS korrekt platziert werden. Hierfür wird allen betroffenen Elementen, IDs und Klassen in einer einzigen Regel das zusammengefasste Hintergrundbild zugewiesen. Nachfolgend wird das Bild dann nur durch die Eigenschaft `background-position` verschoben. Durch diese Technik hat man nur einen Request für das große Bild, das dann mittels CSS schnell verschoben wird.

Die Zusammenstellung eines solchen großen Bildes kann mühsam sein, die Generierung des dazu passenden CSS noch viel mühsamer. Deshalb ist es gut, dass es einen Webdienst[9] gibt, dem man ein ZIP aller einzelnen kleinen Bilder hochladen kann. Er übernimmt dann die Generierung und eventuell auch Komprimierung und erstellt den notwendigen CSS-Code. Alternativ kann man auch das Bookmarklet eines anderen Dienstes[10] nutzen. Dieser zieht sich dann alle Bilder der gerade aktiven Seite und gibt ein zusammengefasstes Bild mit passendem CSS aus.

JavaScript nach unten, CSS nach oben

Packen Sie die Aufrufe der möglichst externen JavaScripts an das Ende der Seite, direkt vor den schließenden </body>-Tag. Der Grund liegt im sogenannten „progressiven Rendern" einer Seite. Während Stylesheets geladen werden, wird das Rendern unterdrückt. Ebenso wird das Rendern für alles, das nach einem Skript in der Seite steht, unterdrückt, bis das Skript geladen und interpretiert wird. Deshalb ist bei Skripten eine Position möglichst weit am Ende sinnvoll, bei Stylesheets hingegen ist es wichtig, sie möglichst schnell zu laden.

---

[9] *http://de.spritegen.website-performance.org/*
[10] *http://spriteme.org/*

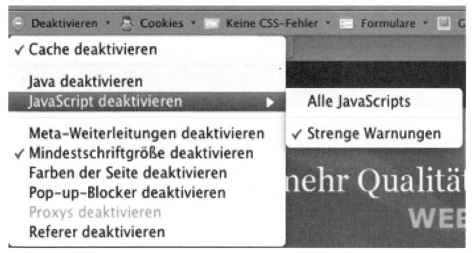

ABBILDUNG 7.5 JavaScript kann im Browser ausgeschaltet werden.

CSS verlinken, nicht importieren

Steve Souders empfiehlt [Souders 2009], Stylesheets nicht zu importieren, sondern mit dem `<link>`-Element einzubinden. Er konnte nachweisen, dass der IE importierte Stylesheets erst nach JavaScripts lädt, auch wenn diese im Quellcode erst weit später eingebunden werden. Das hat Konsequenzen für die Ladezeit und eventuell auch für die Optik, sollten JavaScript und CSS interagieren.

7.4.2 JavaScript

Wichtige Bereiche einer Webseite und alle Inhalte sollten ohne JavaScript erreichbar sein. JavaScript sollte zur „Veredelung" und zur Unterstützung genutzt werden, mehr nicht. Diese Prämisse gilt natürlich nur für normale inhaltsgetriebene Webseiten. Bietet man hingegen eine Applikation an, kann es sein, dass man auf JavaScript zur Realisierung angewiesen ist.

JavaScript kann man im Browser ausschalten (siehe Abbildung 7.5). Manche Benutzer tun dies auch aus Angst um die Sicherheit und Integrität ihres Browsers. Mobile Endgeräte wie der Blackberry stellen hingegen überhaupt kein JavaScript zur Verfügung. Nutzt man nun JavaScript, um eine Navigation oder auch nur Links zu schreiben, kommt ein Blackberry-Nutzer nicht mehr weiter.

Das hochgelobte und beliebte E-Commerce-System Magento verknüpft den Checkout-Prozess mit JavaScript. Ohne JavaScript kann man in einem normalen mit Magento erstellten Shop nichts kaufen. Das ist kurzsichtig und unnötig. JavaScript kann man abschalten, HTML und die jeweilige serverseitige Skriptsprache nicht.

Richtig eingesetzt ist JavaScript eine Hilfe und kann die Usability einer Webseite verbessern. Eine gut gemachte Formularvalidierung beispielsweise setzt JavaScript nur zur Überprüfung in einer ersten Instanz ein. Erst die serverseitige Validierung ist endgültig. Die

ABBILDUNG 7.6 Relative Zeitangabe anstelle einer absoluten

Überprüfung per JavaScript ermöglicht aber ein schnelles Feedback. Ein Neuladen der Seite wird vermieden, wenn dem Nutzer direkt Hinweise auf Fehler gegeben und ein Absenden unterbunden wird.

7.5 Benutzerführung

Helfen Sie dem Konsumenten dabei, sich auf Ihrer Webseite zurechtzufinden: Geben Sie ihm Orientierungshilfen. Die Hilfe beginnt damit, dass in der Navigation die aktuelle Seite hervorgehoben werden sollte. Üblicherweise markiert man die aktuelle Seite farblich. Ergänzen kann man dies mit einer Brotkrümelnavigation [Wikipedia 2010m]. Auf Seiten mit hoher Veränderungshäufigkeit kann man auch mit Datums- und Zeitangaben eine Orientierung schaffen. „Die Zeit" führt dies seit ihrem Relaunch 2009 vor[11]. Auf der Startseite wird prominent hervorgehoben, wann die Startseite letztmalig inhaltlich verändert wurde. Die Entwickler haben dabei einer relativen Zeitangabe der absoluten den Vorzug gegeben. So liest man nicht „Zuletzt aktualisiert um 14:14 Uhr", sondern „Zuletzt aktualisiert: vor 17 Minuten". Dies erleichtert Konsumenten die Einordnung der Aktualität.

7.5.1 Der Mythos des Falzes

Bei Kunden, aber auch bei Grafikern sehr beliebt ist die Vorstellung, die wichtigsten Elemente einer Webseite müssten sich oberhalb eines imaginären Falzes befinden. Es gäbe so etwas wie eine sichere Zone, in der sich alle wichtigen Informationen und Elemente befinden müssten.

Für die Macher der BILD-Zeitung ist der Falz ein wichtiger Orientierungsmaßstab. Da die Zeitung nicht im Abonnement erhältlich ist, muss sie sich tagtäglich über ihre Titelsei-

---

[11] http://www.zeit.de/

te verkaufen. Diese ist immer geknickt. Deshalb muss sich über diesem Falz die wichtige Headline befinden, und diese muss Neugierde wecken.

Im Web haben wir eine solche Konstruktion nicht, denn wir haben kein festes Format. Eine Zeitung oder Zeitschrift erscheint regelmäßig im gleichen Format. Eine Internetseite kann in unterschiedlichen Größen, mit unterschiedlicher Farbqualität dargestellt werden. Sie kann ausgedruckt oder vorgelesen werden. Es gibt für eine Zeitung oder Zeitschrift nur eine Form der Existenz. Für eine Internetseite gibt es viele verschiedene. Deshalb läuft die Vorstellung eines Falzes der Realität des Mediums zuwider.

Lässt sich der Kunde von dieser einfachen Wahrheit nicht überzeugen [Martin 2010], sollte man versuchen, das Beste aus der Situation zu machen und die Konsequenzen nicht zu schlimm werden zu lassen. Eine sinnvolle Näherung an den nichtexistenten Falz kann man über die Serverstatistiken des Kunden gehen. Sie geben Auskunft darüber, welche Bildschirmauflösungen welche Verbreitung haben. Man nimmt sich daraus den sinnvollsten kleinsten gemeinsamen Nenner und orientiert die Platzierung der wichtigsten Elemente an der maximalen Höhe dieser Auflösung. Dabei sollten Sie beachten, dass die unterschiedlichen Browser und die diversen Betriebssysteme selber unterschiedliche Platzanforderungen haben. Und zusätzlich bieten die Browser unterschiedlichen Platz.

Eine solche sehr zweifelhafte Festlegung macht nicht mehr, als einer Hoffnung Ausdruck zu verleihen. Sinnvoll ist sie nicht. Sind die Inhalte Ihrer Webseite interessant, dann scrollt der Nutzer auch freiwillig, so wie er auch eine Zeitung umdreht, um den Rest der Seite lesen zu können, wenn sie gefaltet vor ihm liegt. Und eine uninteressante Seite wird auch durch viele Buttons und Aufforderungen oberhalb des imaginären Falzes nicht zum Knaller.

7.5.2 Feedback bei Interaktionen

Auf eine Aktion erwarten wir im Normalfall eine Reaktion. Das ist bei der Bedienung von Webseiten nicht anders als im restlichen Leben. Interaktive Elemente sollten dieser Erwartung Rechnung tragen. Nach dem Absenden eines Formulars sollte Erfolg oder Misserfolg kommuniziert werden. Ändert sich mittels AJAX ein Inhalt, sollte darauf hingewiesen werden. Das kurzzeitige Einfärben[12] des geänderten Inhaltes oder das Aufblenden eines Hinweistextes haben sich dafür bewährt.

Sie sollten den Konsumenten niemals orientierungslos mit der Webseite allein lassen. Für Sie mögen die Inhaltsänderungen offensichtlich sein, Sie haben sie aber auch programmiert oder konzipiert. Der Konsument rechnet meist nicht damit und sollte deshalb an die Hand genommen werden.

7.5.3 Navigation

Horizontale Navigationen sind sehr beliebt und werden sehr oft eingesetzt. Beachten Sie dabei, dass im Gegensatz zur Vertikalen die Horizontale immer beschränkt ist. Deshalb sollten Sie frühzeitig mit echten Navigationseinträgen die Funktionalität des Designs

---

[12] 37Signals (*http://37signals.com*) hat diesen Effekt durch ihre Applikationen Basecamp und Backpack berühmt gemacht. Auch in GoogleMail wird dieser Effekt sinnvoll genutzt.

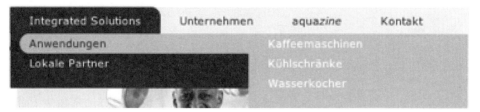

ABBILDUNG 7.7 Schwer benutzbare Subnavigation auf brita.net

testen. Im Entwurf werden gerne knappe Platzhalter oder gar sinnloser Lorem-Ipsum-Blindtext genutzt. Wird dann endlich die echte Navigation getestet, kann man schon einmal ein böses Erwachen haben, wenn die Einträge nur knapp oder gar nicht nebeneinander passen.

Dies passiert zudem gerne bei der Übersetzung in eine andere Sprache. Die englische Sprache ist knapp und präzise, wohingegen Deutsche und Franzosen mehr Worte und Zeichen benötigen. Ihre Navigationseinträge benötigen deshalb auch mehr Platz. Ein englisches „Home" benötigt weniger Platz als die deutsche „Startseite". Setzen Sie zum Testen einmal „Arbeiterstrandbadstraße" [Grochtdreis 2009] in eine horizontale Navigation. Sie werden schnell die Limitierungen des Designs erkennen.

Wir wollen, dass die Nutzer unserer Webseite schnell und unkompliziert ans Ziel kommen. Viele Drop-down-Navigationen stehen aber dagegen, insbesondere wenn sie ein Submenü haben. Man muss dann recht exakte Wege zurücklegen, sonst klappt die Subnavigation wieder ein. Mit der Tastatur sind solche Navigationen oft unbenutzbar, weil die Entwickler nicht an Tastaturnutzer denken und die auslösenden Events nur auf die Maus konzentrieren.

Auslöser einer Subnavigation ist immer ein Link. Dieser ist in seiner Höhe ziemlich beschränkt, aus ästhetischen und praktischen Gründen. Deshalb muss man zur Erreichung einer Subnavigation einen recht schmalen Pfad relativ exakt mit der Maus entlangfahren, wie man in Abbildung 7.7 schön sieht.

Es hört sich banal an, aber Navigationselemente sollten für den Endnutzer verständlich sein. Zu oft wird gegen diese einfache und logische Erkenntnis verstoßen. Abbildung 7.8 zeigt ein Beispiel, wie man es nicht machen sollte. Bei der Darstellung der Struktur des Amtes werden in der Navigation schlicht die Referats- und Abteilungsnummern wiedergegeben. In einem Intranet, in dem sich Wissende tummeln, ist dies sicherlich angebracht und legitim. Für den nicht in die Interna involvierten Nutzer der Webseite bringt diese Navigation hingegen nur Verwirrung. Man wird dazu genötigt, möglichst alle Navigationspunkte anzuklicken und im beschreibenden Text nachzulesen, ob man das gesuchte Referat oder die Abteilung gefunden hat.

7.5.4 Popups und andere Störenfriede

Gehen Sie behutsam mit allem um, das dem normalen Lesefluss zuwiderläuft. Popups sind lästig und können – das ist noch viel wichtiger – vom Browser unterdrückt werden. Wichtige Inhalte sollten deshalb niemals in Popups existieren, sie könnten einfach nicht erscheinen. Lightboxen hingegen werden zwar nicht vom Browser unterdrückt, sie können aber

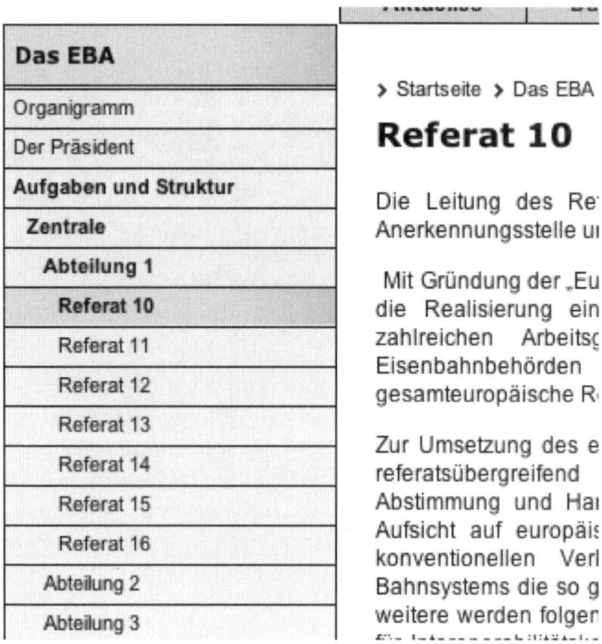

ABBILDUNG 7.8 Für Endbenutzer unverständliche Navigationselemente

mit der Höhe des Viewports ein Problem bekommen. Auf niedrigen Viewports wie dem iPhone oder einem Netbook haben Sie wenig Platz zur Verfügung. Es ist mit einer Höhe von 600 Pixeln bedeutend weniger, als normalerweise eingeplant wird. Wird nun eine hohe Lightbox erzeugt, kann es vorkommen, dass nicht der gesamte Inhalt auf den Viewport passt. In vielen Fällen wird man die Lightbox aber nicht mit der Seite scrollen und so nie den gesamten Inhalt erfassen können. Befindet sich dann auch noch ein wichtiger Button außerhalb der Reichweite, ist dieser Teil der Webseite für einen Teil der Konsumenten nicht nutzbar.

7.5.5 Gewohnheiten bedienen, Erwartungen nicht enttäuschen

Es gibt Elemente, deren Platzierung sich auf den meisten Seiten ähneln. Das Herausbilden solcher Muster erleichtert die Orientierung auf noch unbekannten Webseiten. Es hat sich bewährt, das Logo zur Startseite zu verlinken, dieses Logo links oben zu platzieren und im rechten oberen Bereich der Seite ein Feld für die interne Suche zu platzieren. Ein Link zum Impressum wird entweder in der Meta- oder in der Fußnavigation erwartet. Der Konsument erwartet nicht bei jeder Webseite ein Orientierungsabenteuer. Er möchte im Gegenteil normalerweise effektiv zu seinem Ziel gelangen. Es ist deshalb sinnvoll, die Erwartungen nicht zu enttäuschen und typischen Bedienungsmustern zu folgen. Soll Ihr Design einige Erwartungen doch nicht erfüllen, dann sollten Sie das Erfassen des Designs so leicht wie möglich machen. Ist eine Webseite nicht erwartungskonform, sollte sie zumindest leicht erlernbar sein.

7.5.6 Fehlertoleranz und Feedback

Bei der Bedienung einer Webseite oder -applikation sind Fehlbedienungen immer möglich. Es ist deshalb wichtig, konstruktiv mit den möglichen Fehlern umzugehen, schließlich soll der Konsument nicht verscheucht werden. Fehlbedienungen dürfen nie in Sackgassen enden. Ein fehlerhaft abgeschicktes Formular muss wieder präsentiert werden. Dabei sollten alle Inhalte erhalten geblieben sein, denn nichts ist schlimmer, als ein mühsam ausgefülltes Formular erneut auszufüllen. Zudem sollten die Fehler markiert und Hinweise für eine korrekte Eingabe genannt werden.

Bevor ein Formular abgeschickt wird, sollte mittels JavaScript eine grobe Fehlerprüfung vorgenommen werden, damit eindeutig fehlerhafte Einträge oder leere Pflichtfelder nicht an die Serverapplikation geschickt werden.

Häufig entstehen Fehler, weil die Applikation einen Feldinhalt in einem bestimmten Format erwartet, aber nicht bekommt. Sehr beliebt sind dabei Datenformate. Unterschiedliche Kulturkreise haben unterschiedliche Datenformate. Hinzu kommen mögliche textliche Umschreibungen von Datumsangaben. Sie sollten darüber nachdenken, ob Sie wirklich dem Nutzer die Verantwortung für die korrekte Formatierung des Datums aufbürden oder ob Sie nicht einen Weg finden können, eine freie Formatwahl zu erlauben. Schließlich können Sie serverseitig Formatierungen bearbeiten und im für Sie genehmen Format abspeichern. *RememberTheMilk.com* geht diesen Weg, indem es auch Eingaben der Art „in drei Wochen" erlaubt. Diese Angabe wird dann von der Applikation umgerechnet und gespeichert. Der Zusatzaufwand für die Programmierung lohnt sich, da das Ergebnis ein großes Plus an Bedienkomfort darstellt.

7.6 Testen der Usability

Eine nutzbare Seite zu erstellen bedeutet nicht, jedes Mal von Neuem Tests an potenziellen Nutzern durchführen zu müssen. Aus der Erfahrung anderer kann man einige Regeln ableiten, denen man bei Layout und Entwicklung einer Webseite folgen sollte. Usability-Details können Sie im Browser testen, denn es handelt sich schließlich um Aspekte des Frontends. Da es sich im Normalfall um browserübergreifende Aspekte handelt, genügt ein anpassbarer Browser. Über die letzten Jahre hat sich in dieser Hinsicht Firefox bewährt. Mag dieser Browser auch insbesondere durch die zahlreichen Add-ons träge werden, ist es doch gerade diese Erweiterbarkeit, die ihn für Usability-Tests prädestiniert. Am häufigsten werden dabei sicherlich Firebug[13] und die Webdeveloper Toolbar[14] genutzt.

Webseiten werden für Menschen gemacht – obwohl man bei manchen Suchmaschinenoptimierern einen anderen Eindruck bekommen kann. Deshalb sind die wichtigsten Erkenntnisse durch Tests mit Menschen zu erlangen. Bedenken Sie dabei bitte, möglichst keine beeinflussenden und limitierenden Angaben und Hilfestellungen zu geben. Gerade als professioneller Webnutzer gehen Sie mit dem Medium, den Browsern und einer Web-

---

[13] *http://getfirebug.com*
[14] *http://chrispederick.com/work/web-developer/*

seite anders um als der normale Konsument. Ist die Seite einmal live, führt keine Anleitung den Konsumenten durch die möglichen Untiefen der Webseite.

Versuchen Sie schon bei der Konzeption und dann bei der Erstellung der Seite, das Ergebnis aus Sicht des Kunden zu betrachten. Kann man die Seite ohne Hintergrundwissen verstehen und bedienen? Fehlen vielleicht bei genauerer Betrachtung doch Hinweise? Und bedenken Sie immer, dass Sie nicht für Ihren, sondern für dessen (potenziellen) Kunden die Seite erstellen. Man kann es nicht oft genug betonen, weil diese Tatsache oft vergessen wird. Konkret bedeutet dies beispielsweise, dass interne Bezeichnungen und Fachbegriffe nur bedingt für eine Webseite hilfreich und tauglich sind.

Für intensive Tests einer Webseite lohnt sich ein Usability-Labor. Es gibt hierfür spezialisierte Dienstleister, die nicht nur die nötige Technik, sondern auch das Know-how haben. Doch nicht immer passt ein solcher Test ins Budget oder auch in den Projektablauf. Es gibt Techniken und Dienste, selber Tests durchzuführen. Diese sind immer in ihrer Aussagekraft auf wenige Aspekte beschränkt, was auch ein Vorteil sein kann.

User-Tests filmen kann man mit Silverback[15], einer Mac-Applikation. Sie zeichnet über eine Webcam (die in fast allen modernen Macs eingebaut ist) die Reaktion eines Probanden beim Testen einer Seite auf. Der Tester muss dabei nicht im Raum anwesend sein. Das Produkt ist sehr günstig und wird vor allem für spontane User-Tests beworben. Ein Einsatzgebiet könnte sein, zufällige Probanden für kurze Aufgaben in einem Café zu suchen. Die Probanden bekommen einen Kaffee und ein Stück Kuchen spendiert und sollen dafür ein paar Minuten lang kurze Aufgaben mit dem Klickdummy lösen.

Skripte für Heatmaps hingegen integriert man üblicherweise in Liveseiten. Wie bei einer Wärmebildkamera zeichnen diese JavaScripts besonders hohe Aktivitätskonzentrationen auf. Sie registrieren, wohin Surfer klicken und welche Wege die Maus auf der Seite zurücklegt. Finden die Nutzer die Buttons, Links und Banner, die sie finden sollen? Welche Links und Buttons werden besonders häufig geklickt? Beliebte Anbieter für Heatmaps sind clickdensity[16] und Crazyegg[17]. Es gibt mit Clickheat[18] auch eine Open-Source-Variante, die man selber betreiben kann.

Aber auch die eigenen Logfiles können interessante Antworten bereithalten, wenn man nur die richtigen Fragen stellt. So ist es für Formularstrecken interessant, ob es eine bedeutende Anzahl an frühzeitigen Abbrüchen gibt. Diese weisen dann auf Konstruktionsfehler hin, die mit User-Tests erforscht werden sollten.

■ 7.7 Fazit

Bei der Erstellung einer Webseite genügt es nicht, seiner Kreativität freien Lauf zu lassen und sich Mühe bei der technischen Umsetzung zu geben. Bei all diesen wichtigen Arbeiten sollte der Konsument der Webseite nie aus dem Auge verloren werden. Die Webseite sollte

---

[15] *http://silverbackapp.com/*
[16] *http://clickdensity.com/*
[17] *http://crazyegg.com/*
[18] *http://www.labsmedia.com/clickheat/index.html*

einfach und verständlich nutzbar sein. Technische Spielereien mögen den Kunden oder Sie erfreuen, für den Konsumenten können sie zur Hürde werden.

Webseiten sind sehr flexible Gebilde. Wir können uns ihre Ausgabe nach unseren Wünschen und Bedürfnissen anpassen. Diese Stärke sollten Sie immer im Auge haben und niemals dagegen arbeiten. Mit der richtigen Herangehensweise ist eine Seite nicht nur unproblematisch in Ihren Testbrowsern nutzbar, sondern auch in den eigentlichen Einsatzszenarien des Konsumenten. Da sie die nicht kennen und nur teilweise erahnen können, sollten Webseiten immer möglichst flexibel anpassbar sein.

Zu oft arbeiten wir gedanklich mit Analogien zu traditionellen Medien wie Zeitungen und Zeitschriften. Webseiten gehen in ihren Möglichkeiten weit über diese Medien hinaus, haben aber auch gleichzeitig Limitierungen, die diese nicht haben. Deshalb sollten wir uns als Allererstes von jeglicher Analogie zu anderen Medien trennen und eine eigene Herangehensweise finden. Dabei sollten wir immer die Flexibilität des Mediums im Blick haben. Vergessen wir diesen wichtigen Aspekt, arbeiten wir möglicherweise gegen den Konsumenten und so im Endeffekt gegen unsere eigene Seite. Das kann nicht unser Ziel sein.

8 Performanz

von Brian Shire

8.1 Einführung

Performanztests müssen zwei grundsätzliche Fragen beantworten:
1. Besteht Bedarf an Optimierungen?
   - Erfüllt die Anwendung momentan die Erwartungen an die Performanz?
   - Sind die Benutzer mit der Antwortzeit der Anwendung zufrieden?
   - Ist die Anwendung stabil?
   - Sind die Kosten für Infrastruktur angemessen oder unerschwinglich teuer?
   - Bleiben die Antworten auf die obigen Fragen positiv, wenn die Nutzung der Anwendung exponentiell steigt?
   - Wie werden die oben genannten Faktoren gegen andere Geschäftsziele wie beispielsweise die Auslieferung neuer Features, das Beheben von Fehlern oder die Wartung existierender Dienste priorisiert?
2. Was genau sollte optimiert werden?
   - Wo sollen wir mit der Suche nach Optimierungsmöglichkeiten beginnen?
   - Welche Optimierungen bringen bei minimalem Aufwand und minimalen Kosten den größten Nutzen?
   - Wie können wir Teile der Anwendung identifizieren, die zukünftig möglicherweise zu Flaschenhälsen werden können, wenn sich die Anwendung ändert oder wächst?

Einige der genannten Punkte lassen sich einfach in die Tat umsetzen, da es eine Vielzahl von Werkzeugen gibt, mit denen die entsprechenden Fragen direkt beantwortet werden können. Andere Punkte erfordern ein tiefergehendes Verständnis der untersuchten Anwendung und damit Wissen, das nur aus der Erfahrung mit dem Projekt entstehen kann. Ferner ist Wissen über die Optimierung von PHP-Anwendungen im Allgemeinen erforderlich.

Wir werden die gebräuchlichen Werkzeuge betrachten und unsere Erfahrungen damit in Bezug auf Performanztests für PHP-Anwendungen diskutieren. Dies sollte Ihnen als gute Grundlage für Ihre eigenen Anwendungen und Projekte dienen.

8.1.1 Werkzeuge

Wir werden mehrere populäre Werkzeuge betrachten, die sich in die Kategorien Lasttests, Profiler und Systemmetriken einteilen lassen. Jedes Werkzeug verfügt über einzigartige Leistungsmerkmale, die ein Auswahlkriterium je nach Zielsetzung, Umgebung oder persönlicher Vorliebe darstellen. Das Verständnis der möglichen Tests und verfügbaren Werkzeuge sowie das Wissen um ihre individuellen Stärken und Schwächen wird Sie in die Lage versetzen, diese fachgerecht einzusetzen.

Werkzeuge für Lasttests wie beispielsweise Apache Bench (`ab`), Pylot und HTTPLoad ermöglichen das Testen eines vollständigen Requests, so wie er von einem Benutzer angestoßen wird. Lasttests erzeugen künstliche Last, um Performanz oder Skalierbarkeit messen zu können. Sie variieren von der Durchführung einfacher HTTP-Anfragen an den Webserver bis hin zu komplexeren Anfragen inklusive Validierung der Ergebnisse.

Profiler untersuchen die Code-Ausführung mit dem Ziel, Flaschenhälse zu finden. Sie werden häufig im Rahmen von Optimierungsarbeiten am Code eingesetzt und eher selten, um einfach nur Aussagen über die Anwendung zu treffen. Diese Profiler hängen sich üblicherweise in den Code auf der Ebene von Funktionen oder Methoden beziehungsweise auf der Zeilenebene ein und messen die Ausführungszeit.

Werkzeuge für das Profiling berichten typischerweise über CPU-Metriken oder vergleichbare Messwerte und verknüpfen diese mit Funktionen auf der C-Ebene des PHP-Interpreters oder der PHP-Ebene des eigenen Codes. Dies erlaubt es, Bereiche zu lokalisieren, in denen der Großteil an CPU-Zeit (oder einer vergleichbaren Ressource) verbraucht wird. Diese Informationen können dann in einem Report aufbereitet werden, der Aufschluss über Bereiche des Codes gibt, die von einer Optimierung profitieren können. Die Verwendung eines Profilers erfordert mehr Aufwand, da ein spezielles Setup (manchmal sogar eine Neukompilierung von Komponenten wie dem PHP-Interpreter) für die Sammlung der Daten sowie deren Analyse benötigt wird. Durch diesen erhöhten Aufwand ist das Profiling kein guter Kandidat für das regelmäßige Testen, beispielsweise im Rahmen von kontinuierlicher Integration. Allerdings bilden die detaillierten Informationen, die mit einem Profiler gewonnen werden können, eine exzellente Quelle feingranularer Informationen über den untersuchten Code.

Systemmetriken können einerseits im Produktivbetrieb genutzt werden, um Kennzahlen der Performanz zu erheben und zu vergleichen. Andererseits können sie im Zusammenhang mit Lasttests verwendet werden, um Änderungen zu vergleichen, Ergebnisse zu überprüfen oder die Skalierbarkeit zu prognostizieren. Werkzeuge wie `sar`, `top` und `meminfo` messen Systemmetriken beispielsweise für CPU, Speicher, Festplatte und Netzwerk und helfen, Engpässe bei den Systemressourcen zu finden. Sowohl im Produktivbetrieb als auch während eines Lasttests geben diese Statistiken Aufschluss über die verwendeten Systemressourcen und andere Aspekte der Performanz. Für Produktivsysteme, die mehr als einen Dienst bereitstellen, können diese Informationen noch wertvoller sein, da sie einen Überblick über den Zustand des Gesamtsystems auf der Ebene des Betriebssystems geben.

Abschließend bleibt festzuhalten, dass die genannten Werkzeuge in einigen sehr seltenen Situationen Informationen liefern, die zu generisch sind oder das System auf einer zu hohen Ebene betrachten, sodass keine spezifischen Performanzaspekte identifiziert werden können. In diesen Fällen ist es manchmal notwendig, eigene Metriken zu formulieren und in der Entwicklungs-, Test- oder Produktivumgebung zu erheben. In diesem Zusammenhang ist es enorm wichtig sicherzustellen, dass der nicht unerhebliche zusätzliche Aufwand, der mit diesen eigenen Metriken sowie der Entwicklung entsprechender Werkzeuge einhergeht, durch den erzielten Nutzen gerechtfertigt ist.

8.1.2 Umgebungsbezogene Gesichtspunkte

Auch umgebungsbezogene Gesichtspunkte müssen berücksichtigt werden. Im Gegensatz zu funktionalen Tests, die sich darauf verlassen können, dass jeder Testlauf mit einem wohldefinierten Ausgangszustand des Systems beginnt, hängt die Performanz direkt von CPU, Festplatte, Netzwerk und möglicherweise Komponenten auf anderen Systemen wie einer Datenbank oder einem Memcached-Server[1] ab. All diese Abhängigkeiten machen die Performanztests weniger zuverlässig. Hängt ein Test von einem produktiv genutzten Datenbank- oder Memcached-Server ab, dann können die täglichen Nutzungsmuster einen großen Einfluss auf die Ergebnisse haben. Ein Testlauf um drei Uhr morgens wird nicht dieselben Ergebnisse liefern wie ein Testlauf um sieben Uhr abends (oder wie auch immer Ihr tägliches Nutzungsmuster aussehen mag).

Der Ansatz der Wahl ist die Einrichtung einer Testumgebung, die vollständig isoliert und unabhängig von externen Ressourcen ist. Dies ist der Idealfall und sollte die Testumgebung sein, die Sie anstreben. Aber in vielen Fällen machen es die enormen Datenmengen, die in Datenbank- oder Caching-Servern vorliegen, sehr schwierig oder sogar unmöglich, das Produktivszenario als Testumgebung zu reproduzieren. Es muss von Fall zu Fall entschieden werden, ob sich der Aufwand, die Produktivumgebung für Testzwecke nachzubilden, lohnt und den gewünschten Nutzen bringt. In vielen Fällen können die produktiv genutzten Server für die Durchführung der Tests verwendet werden, sodass eine eventuell kostspielige Nachbildung der Produktivumgebung unnötig ist. In einer solchen Situation hat es sich bewährt, zum Vergleich mehrere Testläufe in kurzer Abfolge durchzuführen, um den Einfluss von zeitbedingten Schwankungen zu minimieren und die möglichen Verfälschungen der Tests auf einem angemessenen Level zu halten.

Wenn intensiv Caching genutzt wird, dann sollten sämtliche Daten bereits im Cache sein, bevor der Test beginnt, es sei denn, der Test soll das Verhalten der Anwendung im Fall von *Cache Misses* untersuchen. Es ist notwendig, den Test mit einer Phase des „Aufwärmens" (englisch: *warm up*), oder auch „Scharfmachen" (englisch: *prime*) genannt, zu beginnen. Erst danach sollte die Aufzeichnung von Testdaten beginnen.

Bei einer Anwendung, die sehr stark auf einen Memcached-Server angewiesen ist, kann eine lokale Memcached-Instanz helfen, um die Netzwerklatenz oder die Abhängigkeit von entfernten Servern der Produktivumgebung zu verringern. Ist die lokale Memcached-Instanz erst einmal warm gelaufen, so sollte der Großteil der Daten, da sie sich nicht ändern dürften und daher nicht aus dem Cache fallen können, ohne Cache Misses direkt verfügbar sein. Der Nachteil dieses Ansatzes ist es, dass sichergestellt werden muss, dass die lokale Memcached-Instanz, die ja auf demselben Server wie der Test läuft, den Test nicht durch den erhöhten Verbrauch von Ressourcen wie beispielsweise Arbeitsspeicher beeinflusst. Dieses Vorgehen ist im Allgemeinen nützlich, wenn PHP getestet bezie-

---

[1] http://www.danga.com/memcached/

hungsweise mit einem Profiler untersucht werden soll. Es eignet sich weniger für einen vollständigen Systemtest, bei dem das Verhalten des Gesamtsystems beobachtet und ausgewertet wird, da Memcached normalerweise nicht so eingesetzt wird. Auch können auf diesem Weg keine Codepfade untersucht werden, die im Fall von Cache Misses ausgeführt werden. Diese sind vor allem für die Cache-Optimierung höchst relevant.

Bevor Sie mit einem Performanztest beginnen, sollten Sie ein Plateau der Messwerte wie CPU, Last oder Speicherverbrauch erkennen können. Es sollten mehrere Proben genommen werden, um sicherzustellen, dass eventuelle Ausreißer eliminiert oder zumindest relativiert werden können. So sollte eine Datenbank, die eine einzelne langsame Antwort liefert, bei der Untersuchung des CPU-Zeitbedarfs einer PHP-Anwendung keine Rolle spielen.

Wenn Sie die Komponenten Ihres Software-Stacks selbst aus den jeweiligen Quellen bauen, so sollten Sie sich der möglichen Unterschiede bewusst sein, die im Vergleich zu Binärpaketen (beispielsweise Ihrer Linux-Distribution) bestehen können. So bietet beispielsweise PHP die Möglichkeit, mit der Option `-enable-debug` ein sogenanntes *Debug Build* zu erstellen. Dieses bringt gerade bei Low-Level-Komponenten des PHP-Interpreters wie dem Speichermanager einen signifikanten Overhead mit sich. Auch Builds, die mit der Compiler-Option `CFLAGS=-O0` (zur Unterbindung von Optimierungen) erzeugt wurden, sind im Zusammenhang mit Performanztests bedenklich. Diese Builds sind nicht repräsentativ für den in Produktion eingesetzten Software-Stack. Jedenfalls hoffen wir für Sie, dass Sie keine solchen Builds in Produktion einsetzen.

Manchmal kommt es vor, dass man bei der Arbeit in der Entwicklungsumgebung vergisst, die Konfiguration möglichst nah an der des Produktivsystems zu halten. Anstatt einen Anwendungsfall im Produktivsystem zu testen, ist es meist einfacher, ihn in der Entwicklungsumgebung zu testen, was zu drastischen Unterschieden bei den Ergebnissen führen kann. Dies kann eine Quelle von Frustration sein oder – noch schlimmer – von Unkenntnis über die wahren Verhältnisse, wenn die Unterschiede der Konfigurationen nie entdeckt werden. Dies ist nur einer von vielen guten Gründen, die Ergebnisse von Performanztests immer gegen das Produktivsystem zu validieren.

■ 8.2 Lasttests

Lasttests sind wahrscheinlich die einfachste, sachdienlichste und zuverlässigste Variante von Performanztests. Sie erlauben vollständige *End-to-End*-Anfragen und vermeiden implizit viele Fallstricke, die mit anderen Profiling- und Testverfahren verbunden sind. Allerdings sollte die Testumgebung die Client-Server-Beziehung korrekt widerspiegeln und das Werkzeug für den Lasttest auf einer Maschine ausgeführt werden, der getestete Dienst auf einer anderen. Dies stellt sicher, dass der Overhead für das Erstellen und Empfangen von Anfragen durch den Client nicht die normale Arbeit des Servers beeinträchtigt und damit die gesammelten Daten verfälscht.

Werkzeuge für Lasttests versuchen, mehrere Clients zu simulieren, die simultane Anfragen an den getesteten Server durchführen. Diese Nebenläufigkeit muss bei der Verwendung von Benchmarking- und Profiling-Werkzeugen besonders beachtet werden. Unvorhersehbare Probleme wie beispielsweise Höchstgrenzen für Datei-Handles, Cache-Locking und Ausschöpfung des Arbeitsspeichers sind Aspekte, die sich ändern können, wenn die Nebenläufigkeit erhöht wird, und stellen Faktoren dar, die für Performanz und Skalierbarkeit besonders untersucht werden sollten. Lasttests, die über die aktuelle Kapazität der Software beziehungsweise der aktuellen Infrastruktur hinausgehen, geben Aufschluss über Grenzen, an die die Anwendung früher oder später stoßen wird, beispielsweise in Bezug auf Speicherverbrauch oder andere Ressourcen. Das Durchführen von Lasttests sowohl für erwartete, niedrige Belastung als auch für unerwartete, exzessive Belastung helfen beim Aufstellen einer Roadmap für zukünftige Entwicklung und bei der Identifizierung von Problembereichen.

Es kann schwierig sein, eine Messung korrekt zu beurteilen, wenn die Ergebnisse nicht signifikant sind. Testet man beispielsweise eine Seite, die 20 Anfragen pro Sekunde (englisch: *Requests per Second (RPS)*) beantwortet, so kann es schwierig sein, kleine Performanzunterschiede zu messen. Um einen 10%-igen Unterschied der Performanz messen zu können, müsste sich der RPS-Wert um zwei Einheiten ändern. Gibt es eine Varianz von 1 RPS zwischen den Anfragen, so bedeutet dies eine Fehlerrate von 5%. In diesen Fällen ist es wichtig zu wissen, wie stark die Schwankungen zwischen den einzelnen Testläufen sind, um eine Aussage darüber treffen zu können, wie signifikant das Ergebnis ist. Das Problem lässt sich umgehen, indem man die Anzahl an Iterationen im Code reduziert, falls es sich um einen synthetischen Benchmark handelt, oder man verrichtet im Test generell weniger Arbeit. Manchmal ist es nützlich, kleinere Komponenten zu messen, aber es ist unerlässlich sicherzustellen, dass wichtige Aspekte der Anwendung bei diesem Vorgehen nicht vergessen werden. Falls man dieses Problem nicht umgehen kann, empfiehlt es sich, mehrere Messungen durchzuführen und eine stabile Umgebung zu verwenden. Hierbei sollten auch Systemmetriken aufgezeichnet werden, mit deren Hilfe man verlässlichere Ergebnisse erhalten kann.

8.2.1 Apache Bench

Apache Bench (`ab`) ist ein Benchmarking-Werkzeug, das zusammen mit dem Apache HTTP Server[2] ausgeliefert wird. Der Vorteil von `ab` liegt in der einfachen Verwendung sowie in der Verfügbarkeit in bestehenden Apache-Installationen. `ab` wird einfach auf der Kommandozeile aufgerufen:

```
ab http://www.foobar.com/
```

Dies führt eine einzige Anfrage für die angegebene URL aus und berichtet im Anschluss verschiedene Metriken. Über die Option `-n` kann die Anzahl an Anfragen angegeben werden, die sequenziell ausgeführt werden sollen. Das folgende Beispiel führt zehn Anfragen nacheinander aus:

```
ab -n 10 http://www.foobar.com/
```

Um die Anzahl der nebenläufigen Anfragen zu erhöhen, verwenden Sie die Option `-c` (für *Concurrency*). Das folgende Beispiel führt zehn Anfragen (in zehn individuellen Threads) gleichzeitig aus:

```
ab -n 10 -c 10 http://www.foobar.com/
```

---

[2] *http://httpd.apache.org/*

ab ist ideal für die Durchführung von Ad-hoc-Tests von Performanz und Skalierbarkeit auf der Kommandozeile. Die beiden nützlichsten Metriken sind typischerweise *Requests per Second* und *Time per Request*. Diese sollten schnell einen schnellen Überblick geben und eignen sich sowohl während der Entwicklung als auch für die permanente Beobachtung.

```
Copyright (c) 1996 Adam Twiss, Zeus Technology Ltd, http://www.zeustech.net/
Copyright (c) 2006 The Apache Software Foundation, http://www.apache.org/

Benchmarking www.foobar.com (be patient).....done
Server Software:        Apache/1.3.41
Server Hostname:        www.foobar.com
Server Port:            80

Document Path:          /status.php
Document Length:        19 bytes

Concurrency Level:      1
Time taken for tests:   0.081 seconds
Complete requests:      1
Failed requests:        0
Broken pipe errors:     0
Total transferred:      503 bytes
HTML transferred:       19 bytes
Requests per second:    12.35 [#/sec] (mean)
Time per request:       81.00 [ms] (mean)
Time per request:       81.00 [ms] (mean, across all concurrent requests)
Transfer rate:          6.21 [Kbytes/sec] received
```

Komplexere Anfragen können ebenfalls erzeugt werden. So können beispielsweise Cookies mit `-C key=value` oder Header über `-H` gesetzt werden. Weitere Informationen über diese und andere Optionen finden Sie in der Dokumentation von ab.

Wenn Sie Apache 1.3 verwenden, so ist die Gesamtgröße der Anfrage (inklusive Header und Cookies) limitiert. Dies wurde in Apache 2 aufgehoben, sodass ein Update auf eine neuere Version von ab sinnvoll sein kann. Alternativ kann aber auch ab 1.3 entsprechend angepasst werden:

```
diff --git a/src/support/ab.c b/src/support/ab.c
index 851d8d1..7050839 100644
--- a/src/support/ab.c
+++ b/src/support/ab.c
@@ -216,7 +216,7 @@ char fullurl[1024];
char colonport[1024];
int postlen = 0;           /* length of data to be POSTed */
char content_type[1024];   /* content type to put in POST header */
-char cookie[1024],         /* optional cookie line */
+char cookie[4096],         /* optional cookie line */
    auth[1024],            /* optional (basic/uuencoded)
                            * authentification */
    hdrs[4096];            /* optional arbitrary headers */
@@ -247,7 +247,7 @@ int err_response = 0;
struct timeval start, endtime;

/* global request (and its length) */
-char request[1024];
+char request[4096];
int reqlen;

/* one global throw-away buffer to read stuff into */
```

Ferner misst ab den Erfolg der Anfragen auf Basis der Größe der empfangenen Antwort. Für dynamische Webseiten, die unterschiedlich große Antworten liefern, kann dies ein Problem darstellen, da die Anfragen für ab fehlerhaft erscheinen: Die Einfachheit von ab ist auch die größte Schwäche des Werkzeugs. Diese zeigt sich auch bei Erstellung von formatierter Ausgabe, der Erstellung von Charts sowie der Verwendung von Konfigurationsdateien.

8.2.2 Pylot

Pylot[3] ist ein relativ neues Werkzeug, das anderen Lasttestwerkzeugen ähnlich ist, aber in Python implementiert wurde. Es kann sowohl auf der Kommandozeile als auch über eine grafische Benutzerschnittstelle (GUI) verwendet werden und legt einen Schwerpunkt auf die Erstellung von Charts als Ausgabe.

Das folgende Listing zeigt den einfachsten Fall eines Pylot-Testfalls im XML-Format:

```
<testcases>
  <case>
    <url>http://localhost/</url>
  </case>
</testcases>
```

Auf der Kommandozeile kann Pylot nun über `python run.py ./test.xml` aufgerufen werden, hierbei wird folgende Ausgabe erzeugt:

```
-------------------------------------------------
Test parameters:
   number of agents:         1
   test duration in seconds: 60
   rampup in seconds:        0
   interval in milliseconds: 0
   test case xml:            testcases.xml
   log messages :            False

Started agent 1

All agents running...

[###########     31%                 ] 18s/60s

Requests: 28
Errors: 0
Avg Response Time:  0.448
Avg Throughput:  1.515
Current Throughput:  08
Bytes Received:  12264
-------------------------------------------------
```

Darüber hinaus erzeugt Pylot einen HTML-Report mit *Response Time-* und *Throughput-*Charts (Abbildungen 8.1 und 8.2) im Verzeichnis `results`.

Die Laufzeit beträgt standardmäßig 60 Sekunden, kann aber über eine entsprechende Kommandozeilenoption ebenso konfiguriert werden wie das Ausgabeverzeichnis für den

---

[3] *http://www.pylot.org/*

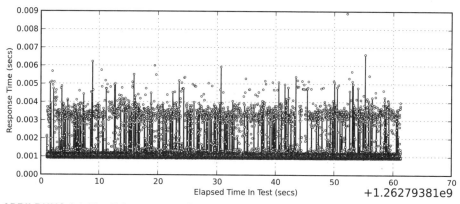

ABBILDUNG 8.1 Von Pylot erzeugter *Response Time*-Chart

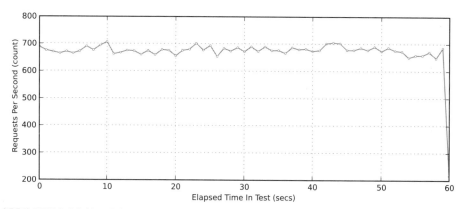

ABBILDUNG 8.2 Von Pylot erzeugter *Throughput*-Chart

Report oder den Grad der Nebenläufigkeit der Clients. Ein Leistungsmerkmal von Pylot ist die grafische Benutzerschnittstelle (GUI), die mittels der Option -g gestartet werden kann.

Anders als ab nutzt Pylot eine Zeitdauer (in Sekunden) anstelle einer Anzahl an durchzuführenden Anfragen. Ferner wird eine Aufwärmphase unterstützt, in der die Threads erst nach und nach gestartet werden, auch kann ein Mindestabstand zwischen zwei Anfragen definiert werden. Da Pylot schwergewichtiger als ab ist, ist es etwas langsamer im Absetzen von Anfragen. Während ab in der Lage ist, mehrere Tausend Anfragen pro Sekunde durchzuführen, bewältigt Pylot nur mehrere Hundert pro Sekunde. Selbstverständlich variieren diese Einschränkungen je nach eingesetzter Hardware und dem verwendeten Betriebssystem. Für größere Webanwendungen, die langsamere Antwortraten haben, ist Pylot ein gutes Werkzeug mit großem Funktionsumfang sowie der Möglichkeit, HTML-basierte Auswertungen zu erzeugen. Für Webseiten mit extrem leichtgewichtigen Anfragen und entsprechenden Antwortraten von mehreren Hundert pro Sekunde ist es allerdings eher ungeeignet. Aber die meisten Anwendungen werden solche Antwortraten ohnehin nicht erreichen.

8.2.3 Weitere Werkzeuge für Lasttests

Mit ab und Pylot haben wir zwei Werkzeuge für Lasttests näher betrachtet. Daneben gibt es noch eine Vielzahl weiterer Werkzeuge, die für bestimmte Szenarien besser geeignet sein könnten. Sie alle haben im Wesentlichen identische Leistungsmerkmale und unterscheiden sich hauptsächlich in Kompromissen bezüglich einfacher Benutzbarkeit, Konfigurierbarkeit, Effizienz und den unterstützten Verfahren, um Tests aufzuzeichnen und auszuführen.

Hier eine Auswahl weiterer Werkzeuge für Lasttests (in alphabetischer Reihenfolge):

- Flood[4]
- JMeter[5]
- HTTPerf[6]
- Siege[7]

JMeter unterstützt beispielsweise eine deutlich größere Menge an Tests, die nicht nur auf HTTP beschränkt sind. Dies kann wertvoll sein, wenn man nach einem Werkzeug sucht, mit dem auch andere Dienste getestet werden können, und man nicht für jeden Dienst ein neues Werkzeug lernen möchte.

Siege, HTTPPerf oder Flood sind ausgereifte Werkzeuge, die ab recht ähnlich sind und sich vor allem in ihrer Implementierung unterscheiden.

---

[4] *http://httpd.apache.org/test/flood/*
[5] *http://jakarta.apache.org/jmeter/*
[6] *http://www.hpl.hp.com/research/linux/httperf/*
[7] *http://www.joedog.org/index/siege-home*

8.3 Profiling

Für das Profiling instrumentiert[8] man einen laufenden Prozess, um dessen Verbrauch von Ressourcen (wie CPU-Nutzung oder Zeit) zu messen. Die gesammelten Daten können im Anschluss mit entsprechenden Werkzeugen ausgewertet werden. Hierzu gehört typischerweise eine Gewichtung der Code-Einheiten auf Funktions- oder Zeilenebene. Fortgeschrittenere Profiler geben darüber hinaus Einblick in die Assemblerebene und schlagen Verbesserungen am Code vor, um die Performanz zu verbessern.

Manche Profiler können die Ausführung der untersuchten Anwendung signifikant verlangsamen. Andere wurden so entworfen und implementiert, dass sie nur minimalen Einfluss auf die Ausführungsgeschwindigkeit haben, sodass sie unter Umständen sogar im Live-Betrieb eingesetzt werden können. Einige Profiler laufen als separater Prozess. Andere sind als Erweiterungen für den Betriebssystem-Kernel implementiert. Wieder andere verwenden Instrumentierungen, die direkt in den untersuchten Code eingefügt werden. Wir werden eine Reihe von Profilern betrachten und vergleichen, die für C- und PHP-Code geeignet sind. Hierbei liegt der Fokus natürlich auf dem Testen von PHP-Anwendungen.

Es gibt einige spezielle Gesichtspunkte, die in PHP-Umgebungen beachtet werden müssen, um mit einem Profiler ein ordentliches Performanzprofil erstellen zu können. Die folgenden Ausführungen sollten für jedes *PHP Server API (SAPI)* gelten, allerdings konzentrieren wir uns der Einfachheit halber auf den Apache HTTPD.

Wenn der Apache HTTPD startet und ein Modul wie PHP lädt, so wird eine Initialisierung durchgeführt, die es jedem Modul ermöglicht, sich zu konfigurieren und langlebige, anfrageübergreifende Datenstrukturen oder einen Zustand aufzubauen. Nach dieser Phase der Initialisierung ist Apache HTTPD bereit, Anfragen zu beantworten. Für jede Anfrage geht das PHP-Modul durch eine weitere Initialisierungsphase, um unter anderem Datenstrukturen, die für die Ausführung der aktuellen Anfrage benötigt werden, vorzubereiten. Ein korrekt optimiertes Apache HTTPD-Modul beziehungsweise eine korrekt optimierte PHP-Erweiterung wird versuchen, so viel Arbeit wie möglich einmalig in der ersten Initialisierungsphase durchzuführen. Dies ist sinnvoll, da es typischerweise egal ist, wie lange der Start des Webservers dauert. Nicht egal ist hingegen die Zeit, die für die Beantwortung einer Anfrage benötigt wird. Für das Profiling wollen wir daher diese kostenintensive Initialisierungsphase ausschließen. Wie schon bei den Lasttests, so sollte der Webserver auch beim Profiling vor dem Beginn der Datensammlung aufgewärmt werden.

Ein weiteres Problem beim Profiling des Apache HTTPD ist das Wechseln der Benutzer-ID (UID). Der Apache HTTPD-Prozess wird typischerweise mit einer Root-Benutzer-ID gestartet, um Zugriff auf privilegierte Ports zu erhalten. Da es aber unsicher wäre, den Webserver unter einer Root-Benutzer-ID zu betreiben, verwendet der Apache HTTPD-Prozess die Benutzer-ID eines nicht privilegierten Benutzers wie `apache`, um die für die Anfragebearbeitung zuständigen Kindprozesse zu starten. Manche Profiler, insbesondere das weiter unten behandelte Callgrind, erzeugen daher zunächst eine Protokolldatei als Root-User, in die sie nach dem Wechsel der Benutzer-ID nicht mehr schreiben können. Wir werden zeigen, wie man diesem Problem begegnen kann.

---

[8] Als *Instrumentierung* bezeichnet man ursprünglich das Anbringen von Messinstrumenten. In Bezug auf Software bedeutet dies im Wesentlichen, eine Protokollierung der Ausführung zu ermöglichen.

Das Profilen von mehreren Prozessen stellt ebenfalls ein Problem dar. Zwar reicht es typischerweise aus, nur einen Prozess mit einem Profiler zu untersuchen, da Apache HTTPD in einem Ein-Prozess-Modus gestartet werden kann. Allerdings muss man sich bei solchen Vereinfachungen der Testumgebung immer bewusst sein, was man aus der Beobachtung ausschließt. In diesem Fall berauben wir uns der Möglichkeit, durch das Profilen Probleme zu entdecken, die mit Konkurrenzsituationen (englisch: *Contention*) bei der gleichzeitigen Bearbeitung mehrerer Anfragen zusammenhängen. Stehen mehrere Prozesse im Wettstreit um dieselben Ressourcen, so kann es zu einer *Serialized Waiting*-Situation kommen, in der jeder Prozess auf die benötigte Ressource wartet. Als Beispiel sei das Schreiben von Einträgen in den Alternative PHP Cache (APC) genannt, das eine Sperre (englisch: *Lock*) auf den gemeinsam genutzten Speicher (englisch: *Shared Memory*) benötigt. Infolgedessen kann es zu Verzögerungen kommen, wenn mehrere Prozesse auf den Cache zugreifen wollen. Bei Backend-Diensten wie dem Dateisystem, dem Netzwerk, Memcached- oder Datenbankservern kann es unter Umständen ebenfalls zu Problemen mit der Contention kommen. Obwohl dies ein eher fortgeschrittenes Problem ist, auf das man nicht unbedingt häufig stoßen wird, sollte man sich bei jedem Test im Klaren sein, was genau beobachtet werden kann – und was nicht.

Wir beginnen unsere Vorstellung von Profilern mit Callgrind, mit dem wir die C-Ebene des PHP-Stacks untersuchen können. Danach widmen wir uns den PHP-spezifischen Profilern wie Xdebug, APD und XHProf. Im Anschluss behandeln wir mit OProfile eine Lösung, die ein weiteres Spektrum an Daten auf C-Ebene, als nur für einen einzelnen Prozess, verarbeiten kann.

8.3.1 Callgrind

Callgrind ist Bestandteil von Valgrind[9], einer Familie von mächtigen Werkzeugen für das Profiling von Programmen in Bezug auf Aspekte wie Speichergrenzen, Cache- und Heap-Profile und viele andere mehr. Wir beschränken uns hier auf das Callgrind-Werkzeug, da dies am förderlichsten für unsere Zwecke ist. Dem geneigten Leser sei aber nahegelegt, sich die anderen Werkzeuge von Valgrind zumindest einmal anzuschauen, da sie sehr nützlich sein können. Die Nachteile von Valgrind sind die Abhängigkeit von Linux und die signifikante Beeinflussung der Ausführungsgeschwindigkeit. Dies führt zu langsamen Tests, und in einer so komplexen Umgebung wie dem PHP-Stack kann ein kleiner Fehler mehr Zeit kosten, als dies bei einem leichtgewichtigen Test mit beispielsweise ab der Fall wäre, wo die Testvorbereitung nur wenige Minuten dauert.

Callgrind ist ein CPU-Profiler, der einen sogenannten *Call Graph* der auf C-Ebene aufgerufenen Funktionen erzeugt. Dies ermöglicht einen Einblick, wie das Laufzeitverhalten der untersuchten Anwendung strukturiert ist und wie viel CPU-Zeit die einzelnen Funktionen in Relation zueinander verbrauchen. Selbst wenn Sie nicht die Absicht haben, die C-basierten Komponenten Ihres Stacks wie beispielsweise den PHP-Interpreter zu optimieren, so kann dieser Einblick in die unteren Schichten des PHP-Stacks dennoch hilfreich sein. So kann man aus dem in Abbildung 8.3 gezeigten *Call Graph* beispielsweise ablesen, dass 13% der CPU-Zeit in einer Funktion verwendet werden, die für die Initialisie-

---

[9] *http://valgrind.org/*

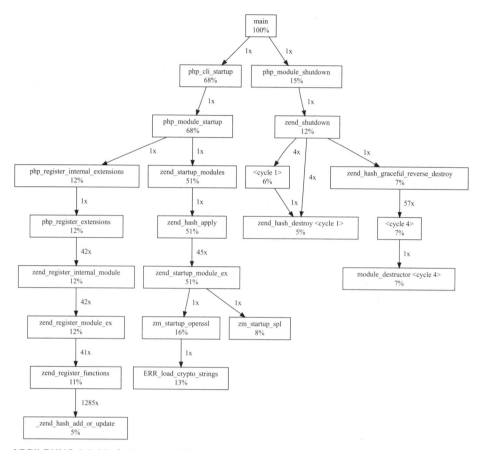

ABBILDUNG 8.3 Mit Callgrind und KCachegrind erzeugter *Call Graph* für PHP

rung von SSL-Fehlermeldungen (`ERR_load_crypto_strings`) verantwortlich ist. Macht die PHP-Anwendung keinen Gebrauch von der OpenSSL-Erweiterung, so wäre dies ein guter Grund, diese Erweiterung zu deaktivieren. Wir empfehlen allerdings, mit dem Profiling von PHP-Code zu beginnen. Hier besteht meist größeres Potenzial für Optimierungen bei deutlich geringerem Aufwand. APD, Xdebug und XHProf sind hierfür die Werkzeuge der Wahl.

Das Profilen von einem einzelnen Prozess mit Callgrind ist unkompliziert. Wir rufen lediglich Valgrind auf, wählen Callgrind als Werkzeug aus und geben ein Programm an, das wir profilen möchten. Als Ausgabe wird eine Datei erzeugt, die im Anschluss analysiert werden kann. Als Beispiel rufen wir den PHP-Interpreter auf und lassen ihn eine Datei `test.php` ausführen:

```
valgrind --tool=callgrind php test.php
```

Nach der Ausführung finden wir eine Datei `callgrind.<pid>.out` vor, wobei `<pid>` die ID des untersuchten Prozesses ist. Damit Callgrind in der Lage ist, Funktionsadressen auf Funktionsnamen abzubilden, muss das untersuchte Programm über die entsprechenden

Debugging-Symbole verfügen. Bei der Übersetzung mit GCC genügt hierfür die Verwendung der Option `-g`.

Im Fall des Apache HTTPD wollen wir nur einen einzigen Prozess starten (Option `-X` für `httpd`) und nicht direkt mit der Aufzeichnung von Daten durch Callgrind beginnen (Option `-instr-atstart=no` für Valgrind), damit wir den Webserver erst einmal warm laufen lassen können.

```
valgrind --tool=callgrind --instr-atstart=no httpd -X
```

Wir sollten nun eine Ausgabe wie die folgende sehen, und der Apache HTTPD-Prozess wartet auf Anfragen:

```
==5602== Callgrind, a call-graph generating cache profiler
==5602== Copyright (C) 2002-2009, and GNU GPL'd, by Josef Weidendorfer et al.
==5602== Using Valgrind-3.5.0-Debian and LibVEX; rerun with -h for copyright info
==5602== Command: httpd -X
==5602==
==5602== For interactive control, run 'callgrind_control -h'.
```

Ist Apache HTTPD so konfiguriert, dass die Benutzer-ID nach dem Start (wie oben beschrieben) gewechselt wird, so haben wir nun die Gelegenheit, die Rechte für die von Valgrind unter einer Root-ID angelegten Protokolldatei zu ändern. Diese sollte im aktuellen Arbeitsverzeichnis zu finden sein. Wo wir schon einmal dabei sind, sollten wir auch die Rechte des aktuellen Verzeichnisses dahingehend ändern, dass andere Werkzeuge wie beispielsweise das nachfolgend beschriebene `calgrind_control` Dateien anlegen können. In Ihrem eigenen Interesse sollten Sie diese Schritte nicht vergessen, da Sie sonst nach dem Test nur eine leere Protokolldatei vorfinden werden und den Test daher wiederholen müssen.

Bevor wir mit dem Profiling beginnen, können wir den Webserver aufwärmen, indem wir einige Anfragen beispielsweise mit `ab` oder über einen Webbrowser an ihn richten. Hierbei sollten die Anfragen der Aufwärmphase, die es zu profilen gilt, möglichst ähnlich sein. Bedenken Sie, dass die Ausführung von Anfragen signifikant langsamer ist, wenn der Webserver mit Valgrind instrumentiert wird. Da wir nur einen Apache HTTPD-Prozess starten, ergibt das Testen von nebenläufigen Anfragen selbstverständlich keinen Sinn.

Sobald wir die Aufwärmphase abgeschlossen haben, können wir die Sammlung von Daten durch Callgrind starten. Hierfür verwenden wir das bereits erwähnte Hilfsprogramm `callgrind_control`, dessen Option `-i` die Argumente `on` und `off` versteht:

```
callgrind_control -i on
```

Sie werden feststellen, dass `callgrind_control` manchmal hängt. In einem solchen Fall sollten Sie sicherstellen, dass `callgrind_control` in das aktuelle Arbeitsverzeichnis schreiben darf. Ferner ist es manchmal notwendig, eine Aktivität (wie beispielsweise einen Systemaufruf wie `read`) des untersuchten Prozesses anzustoßen. Hierfür sollte eine einfache Anfrage an den Webserver genügen.

Wir können nun einige Anfragen, die wir profilen wollen, an den Webserver richten. Sobald wir diese durchgeführt haben, können wir die Sammlung der Daten mit dem folgenden Kommando deaktivieren:

```
callgrind_control -i off
```

Erst nach dieser Deaktivierung sollte der instrumentierte Prozess beendet werden, da wir an einem Profiling der Shutdown-Aktivitäten ebenso wenig interessiert sind wie an den Startup-Aktivitäten. Der Apache HTTPD-Prozess kann entweder einfach mit `Ctrl-C` oder mittels `apachectl stop` angehalten werden. Sie sollten nun eine Protokolldatei von Callgrind haben, die wir im Folgenden analysieren werden.

Sie sind gut beraten, die Protokolldatei von Callgrind mit einem GUI-Werkzeug wie beispielsweise KCachegrind, das wir im nächsten Abschnitt vorstellen, auszuwerten. Wenn Sie aber nur einen schnellen Blick auf die Daten werfen möchten, so genügt manchmal auch das einfache Kommandozeilenwerkzeug `callgrind_annotate`. Dieses erlaubt eine Auflistung der gesammelten Daten mit unterschiedlichen Ansichten und Sortierungen. Im einfachsten Fall wird eine sortierte Liste der ausgeführten Funktionen angezeigt:

```
$ callgrind_annotate callgrind.out.25184
--------------------------------------------------------------------
Profile data file 'callgrind.out.25184' (creator: callgrind-3.5.0)
--------------------------------------------------------------------
...
--------------------------------------------------------------------
    Ir  file:function
--------------------------------------------------------------------
3,542,940  strncpy.c:strncpy [/lib64/libc-2.3.5.so]
3,369,517  ???:0x00000000000449D90 [/opt/httpd/bin/httpd]
3,111,078  ???:0x000000000044AEE0 [/opt/httpd/bin/httpd]
1,938,456  strcasecmp.c:strcasecmp [/lib64/libc-2.3.5.so]
1,759,914  zend_alloc.c:_zend_mm_alloc_int [/opt/httpd/libexec/libphp5.so]
1,321,174  ???:memcpy [/lib64/libc-2.3.5.so]
...
```

KCachegrind

Ist die Auswertung der gesammelten Daten mit einem Kommandozeilenwerkzeug wie beispielsweise `callgrind_annotate` schon recht nützlich, so entfalten die Daten doch erst dank aussagekräftiger Visualisierungen ihr volles Potenzial. Diese ermöglichen ein besseres Verständnis des Programmflusses, zeigen relative Kosten der einzelnen Programmbestandteile in Bezug auf verbrauchte Ressourcen und erlauben die einfache Navigation sowie *Drill-up-* und *Drill-down-*Operationen, um in der Codehierarchie nach oben beziehungsweise nach unten gehen zu können.

KCachegrind bietet eine grafische Benutzerschnittstelle (GUI), um Ausgabedateien im Format von Callgrind auswerten und visualisieren zu können. Die PHP-Profiler Xdebug und APD können ebenfalls die von ihnen gesammelten Daten im Callgrind-Format ausgeben. Hierauf gehen wir in nachfolgenden Abschnitten jeweils detaillierter ein.

Da es sich bei KCachegrind um eine Anwendung des K Desktop Environments (KDE)[10] handelt, erfordert die Installation auf Systemen, die nicht auf Linux und KDE basieren, einige zusätzliche Schritte. Auf einem Linux-System sollten die entsprechenden Abhängigkeiten automatisch vom Paketmanager installiert werden. Für Nicht-Linux-Systeme gibt es zum einen die Möglichkeit, ein Linux-System mit KDE in einer virtuellen Maschine zu emulieren. Zum anderen kann auf Systemen, die einen X-Server unterstützen, KCachegrind auf einem entfernten Linux-System ausgeführt und das Display über den X-Server lokal verfügbar gemacht werden. Unter MacOS X können KDE und KCachegrind über MacPorts installiert werden, die entsprechende Kompilierung ist allerdings ein zeitaufwendiger Vorgang. Benutzer von Windows können es mit dem *KDE on Windows*-Projekt[11] versuchen. Die Installation von KCachegrind für alle genannten Plattformen im Detail zu be-

---
[10] http://www.kde.org/
[11] http://kde-cygwin.sourceforge.net/

schreiben, würde an dieser Stelle zu weit führen. Ferner können wir auch nicht auf sämtliche Details von KCachegrind eingehen und beschränken uns daher auf einige Highlights, die als Ausgangspunkt für eigene Experimente dienen können.

Wird eine Datei in KCachegrind geladen (`Datei -> Öffnen`), so werden die Daten in einigen unterschiedlichen Sichten angezeigt. Hierbei wird das Hauptfenster in mehrere Bereiche unterteilt. Der Bereich ganz links enthält eine Liste aller Funktionen, die nach Gewicht sortiert und nach Bibliothek gruppiert werden kann. So können Funktionen von Interesse einfach gefunden werden. Der Ressourcenverbrauch wird für jede Funktion als inklusiver und exklusiver Wert dargestellt. Der inklusive Wert repräsentiert den Ressourcenverbrauch der aktuell betrachteten Funktion plus dem aller Funktionen, die von ihr aufgerufen werden. Analog repräsentiert der exklusive Wert nur den Ressourcenverbrauch der aktuell betrachteten Funktion selbst. Die Differenz zwischen diesen beiden Werten für eine Funktion kann genutzt werden, um Funktionen zu unterscheiden, die selbst „teuer" sind, und Funktionen, die „teure" Funktionen aufrufen. Der einfachste Weg, um Flaschenhälse auf Code-Ebene zu finden, ist die Suche nach Funktionen mit dem höchsten exklusiven Ressourcenverbrauch.

Andere Bereiche sind nach aufrufenden (englisch: *Callers*) und aufgerufenen (englisch: *Callees*) Funktionen getrennt und zeigen jeweils den Code mit entsprechendem *Call Graph* und dazu passender *Tree Map*. Die Messwerte eines *Call Graph*-Knoten können relativ zum Elternknoten oder in Relation zur gesamten Ausführung angezeigt werden sowie als absoluter Wert oder als Prozentangabe. Abbildung 8.3 zeigt als Beispiel einen mit Callgrind und KCachegrind erzeugten *Call Graph* für den PHP-Interpreter.

Der beste Weg, sich mit KCachegrind (und der eigenen Anwendung) vertraut zu machen, ist es, einfach loszulegen und mit KCachegrind zu experimentieren. Versuchen Sie herauszufinden, wo die meiste Zeit verwendet wird – und warum. Fragen Sie sich, ob dies sinnvoll ist und so sein muss. Und ob es verbessert werden kann.

8.3.2 APD

APD[12] ist eine Erweiterung für den PHP-Interpreter, die Debugging- und Profiling-Funktionalität bietet. Sie hat einige Gemeinsamkeiten mit Xdebug, das im nächsten Abschnitt vorgestellt wird. APD schreibt eine Ausgabedatei, die Informationen über die Zeit enthält, die für die Ausführung von PHP-Funktionen verwendet wird. Anders als ein Profiler für die C-Ebene, bieten diese Daten einen Einblick auf die Ebene des PHP-Codes. Diese Ebene sollte stets als Erstes betrachtet werden, wenn nach Flaschenhälsen gesucht wird, die es zu optimieren gilt. Diese sind auf dieser Ebene am einfachsten zu finden, und Optimierungen bergen hier ein enormes Potenzial.

APD wird mit einem `pprofp` genannten Kommandozeilenwerkzeug ausgeliefert, das die gesammelten Daten in einem einfach zu lesenden Format darstellen kann. Allerdings gilt auch hier, dass die gesammelten Daten am besten mit einem Werkzeug wie KCachegrind ausgewertet werden, damit sie ihr volles Potenzial entfalten können. Hierzu bietet APD mit `APD!pprof2calltree` ein Werkzeug an, um seine Ausgabe in eine mit KCachegrind kompatible Form zu überführen. APD kann mit `pecl install apd` heruntergeladen, über-

---
[12] *http://pecl.php.net/package/apd/*

setzt und installiert werden. Im Anschluss muss lediglich das so gebaute Modul als *Zend Extension* in der `php.ini` konfiguriert werden.

Das Profiling mit APD ist recht einfach, fügen Sie einfach eine Zeile wie

```
apd_set_pprof_trace($path);
```

an der Stelle in Ihren Code ein, an der mit dem Sammeln der Daten begonnen werden soll. Das Argument `$path` setzt das Verzeichnis, in das die Ausgabedateien geschrieben werden sollen.

Wie schon bei den zuvor betrachteten Profiler-Beispielen, so werden Sie auch in diesem Fall die Anwendung erst einmal warm laufen lassen wollen. Der einfachste und komfortabelste Ansatz hierfür ist es, den Aufruf von `apd_set_pprof_trace()` an die Existenz einer HTTP GET-Variablen zu knüpfen. Somit werden Daten nur für solche Anfragen gesammelt, die die entsprechende HTTP GET-Variable setzen. Die gesammelten Daten werden in das angegebene Verzeichnis geschrieben und können beispielsweise mit dem mitgelieferten Werkzeug `pprofp` ausgewertet werden.

Das nachstehende Beispiel zeigt eine Sortierung nach Speicherverbrauch (Option `-m`).

```
$ ./pprofp -m /tmp/apd/pprof.77614.0
Trace for:
/Users/shire/www/wp/index.php

==
    Total Elapsed Time = 0.21
    Total System Time  = 0.03
    Total User Time    = 0.12


     Real          User        System             secs/    cumm
     %Time (excl/cumm)  (excl/cumm)  (excl/cumm) Calls    call     s/call  Memory Usage Name
     -----------------------------------------------------------------------------------
     7.7 0.01 0.01   0.01 0.01   0.00 0.00    562  0.0000  0.0000  1104018188 array_pop
     2.8 0.00 0.05   0.00 0.04   0.00 0.01    537  0.0000  0.0000  1054468320 apply_filters
     9.6 0.01 0.01   0.01 0.01   0.00 0.00    313  0.0000  0.0000   647343972 preg_replace
     3.0 0.00 0.00   0.00 0.00   0.00 0.00    265  0.0000  0.0000   518972872 preg_match
     3.6 0.01 0.01   0.00 0.00   0.00 0.00    249  0.0000  0.0000   493651992 is_object
     1.8 0.00 0.01   0.00 0.00   0.00 0.00    215  0.0000  0.0000   422532956 WP_Object_Cache->get
     0.9 0.00 0.01   0.00 0.01   0.00 0.00    201  0.0000  0.0000   394492852 wp_cache_get
     5.7 0.01 0.01   0.01 0.01   0.00 0.00    347  0.0000  0.0000   381391436 is_string
     1.5 0.00 0.00   0.00 0.00   0.00 0.00    182  0.0000  0.0000   367797120 array_slice
     1.8 0.00 0.00   0.00 0.00   0.00 0.00    178  0.0000  0.0000   348199300 is_array
     1.7 0.00 0.00   0.00 0.00   0.00 0.00    165  0.0000  0.0000   330145288 strlen
     0.8 0.00 0.06   0.00 0.05   0.00 0.01    161  0.0000  0.0000   329237400 call_user_func_array
     ...
```

`pprofp` verfügt über eine Vielzahl von Darstellungs- und Sortieroptionen (`pprofp -h` zeigt alle verfügbaren Optionen), aber typischerweise ist eine interaktive und visuelle Analyse der Daten effektiver. Das bereits erwähnte Werkzeug `pprof2calltree` kann wie folgt verwendet werden, um die gesammelten Daten für die Verwendung mit KCachegrind aufzubereiten:

```
$ ./pprof2calltree -f /tmp/apd/pprof.77614.0
Writing KCachegrind compatible output to cachegrind.out.pprof.77614.0
```

Die so erzeugte Datei `cachegrind.out.pprof.77614.0` kann, wie im voranstehenden Abschnitt behandelt, in KCachegrind geladen werden.

Der Einsatz von APD ist deutlich einfacher als die Verwendung von Profilern für die C-Ebene, wie beispielsweise das zuvor behandelte Callgrind. Dies erlaubt schnelle Testiterationen über unterschiedliche Teile des Codes. Anders als Xdebug wird APD allerdings derzeit nicht aktiv weiterentwickelt.

8.3.3 Xdebug

Xdebug[13] ist ein voll ausgestatteter Debugger und Profiler für PHP. Er wird aktiv entwickelt und von vielen Entwicklern verwendet.

Die folgenden Xdebug-Einstellungen, die in der `php.ini` vorgenommen werden können, aktivieren den Profiler und lassen diesen seine Ausgabe nach `/tmp/xdebug` schreiben:

```
xdebug.profiler_enable = 1
xdebug.profiler_output_dir = "/tmp/xdebug"
```

Ähnlich wie APD kann der Profiler von Xdebug auch zur Laufzeit aktiviert werden. Hierfür steht die Einstellung `xdebug.profiler_enable_trigger` zur Verfügung, über die eine HTTP GET- oder POST-Variable definiert werden kann. Ist diese dann in einer Anfrage gesetzt, so wird der Profiler aktiviert. Dies erlaubt es einmal mehr, die Anwendung erst warm laufen zu lassen, bevor mit der Aufzeichnung von Daten begonnen wird. Anders als APD erzeugt Xdebug seine Profiler-Ausgabe direkt im Callgrind-Format, sodass eine Konvertierung entfällt und die Daten direkt in KCachegrind ausgewertet werden können. Daneben gibt es noch eine Reihe weiterer Werkzeuge, mit denen eine solche Auswertung durchgeführt werden kann:

- Carica CacheGrind[14]
- Webgrind[15]
- MacCallGrind[16]

Abbildung 8.4 zeigt einen mit Xdebug und KCachegrind erzeugten *Call Graph* für einen Aufruf von `phploc`.

Da sowohl APD als auch Xdebug weitere Debugging-Funktionalität enthalten, sollten Sie bei ihrem Einsatz auf einem Produktivsystem besonders aufpassen, da möglicherweise sensitive Informationen über Ihren Code oder Ihre Daten für Besucher der Webseite ausgegeben werden können.

8.3.4 XHProf

XHProf[17] ist ein Profiler für PHP, der von Facebook Inc. entwickelt und als Open-Source-Software freigegeben wurde. Er besteht aus einer Erweiterung für den PHP-Interpreter für das Sammeln und einem PHP-basierten Web-Frontend für die Auswertung der Daten. Dieses Web-Frontend kann für die Integration mit anderen Werkzeugen einfach in eine bestehende PHP-Anwendung eingebunden werden. Bei XHProf handelt es sich um ein noch recht junges Projekt. Das kann man ebenso als Nachteil sehen wie die Tatsache, dass man den zu untersuchenden PHP-Code ändern muss.

Das Quellverzeichnis enthält drei Unterverzeichnisse. In `extension` liegen die C-Quellen der PHP-Erweiterung, die wie jede andere PHP-Erweiterung auch übersetzt und installiert

---

[13] *http://xdebug.org/*
[14] *http://ccg.wiki.sourceforge.net/*
[15] *http://code.google.com/p/webgrind/*
[16] *http://www.maccallgrind.com/*
[17] *http://pecl.php.net/package/xhprof/*

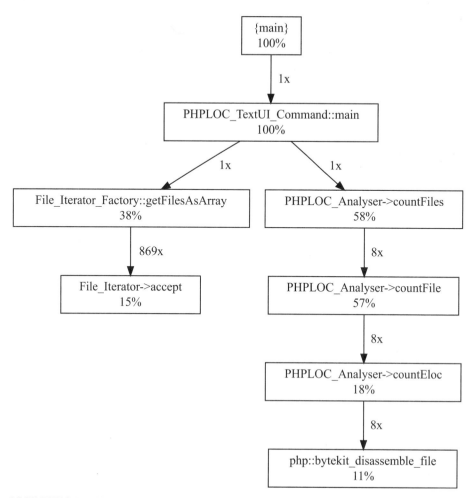

ABBILDUNG 8.4 Mit Xdebug und KCachegrind erzeugter *Call Graph* für phploc

werden kann. Die Verzeichnisse `xhprof_html` und `XHProf!xhprof_lib` enthalten PHP-Code für die Erzeugung beziehungsweise die Darstellung von HTML-Reports. Diese müssen im *Document Root*-Verzeichnis des Webservers abgelegt werden, auf dem die HTML-Reports gespeichert und betrachtet werden sollen.

Eine minimale Konfiguration von XHProf in der `php.ini` sieht wie folgt aus:

```
extension=xhprof.so
xhprof.output_dir="/tmp/xhpof/"
```

Die PHP-Erweiterung wird hier geladen und das Verzeichnis `/tmp/xhprof/` für die Ausgabe der Profiler-Daten konfiguriert. Dies ist der Konfiguration von APD und Xdebug sehr ähnlich und wurde in früheren Abschnitten bereits behandelt.

Für jeden Profiler-Lauf wird eine eindeutige URL erzeugt. Das Web-Frontend von XHProf sucht automatisch im angegebenen Verzeichnis nach Profiler-Daten für die jeweils angefragte URL. Das Profiling selbst wird über einen Aufruf der Funktion `xhprof_enable()`, die verschiedene Optionen für die Art der gesammelten Daten unterstützt, gestartet und mit `xhprof_disable()` angehalten. Letztere liefert die gesammelten Daten als Array zurück, das entweder mit eigenem PHP-Code verarbeitet oder für eine spätere Verarbeitung abgespeichert werden kann.

Mit dem folgenden PHP-Code können die gesammelten Profiler-Daten gespeichert werden:

```
include_once $XHPROF_ROOT . "/xhprof_lib/utils/xhprof_lib.php";
include_once $XHPROF_ROOT . "/xhprof_lib/utils/xhprof_runs.php";

$xhprof_runs = new XHProfRuns_Default();

$run_id = $xhprof_runs->save_run($xhprof_data, "xhprof_foo");

print
    "---------------\n".
    "Assuming you have set up the http based UI for \n".
    "XHProf at some address, you can view run at \n".
    "http://<xhprof-ui-address>/index.php?run=$run_id&".
    "source=xhprof_foo\n".
    "---------------\n";
```

Dieser PHP-Code benötigt Bibliotheken aus dem Verzeichnis `xhprof_lib`. In diesem Beispiel wird die eindeutige URL für die Auswertung der gesammelten Daten mithilfe des Web-Frontends von XHProf direkt ausgegeben. Selbstverständlich kann dieser PHP-Code erweitert werden, um eine feinkörnigere Kontrolle der angezeigten Daten zu ermöglichen oder um die gesammelten Daten in anderer Art und Weise zu speichern, beispielsweise in einer relationalen Datenbank. Die Dokumentation von XHProf geht detailliert auf die unterschiedlichen Anwendungsszenarien ein und bietet zahlreiche Beispiele, anhand derer man sich mit XHProf vertraut machen kann.

Die Möglichkeit, die Sammlung und Auswertung von Profiler-Daten in den eigenen Code einzubetten, stellt einen großen Vorteil dar, sieht man einmal vom Aufwand für Einrichtung und Wartung ab. Die einzelnen Testläufe können schnell durchgeführt werden, die entsprechenden Auswertungen stehen direkt im Browser zur Verfügung.

XHProf verfügt über Leistungsmerkmale, die den Einsatz im Produktivbetrieb ermöglichen. Hierzu gehört eine niedrigere Anzahl an Messungen, die in einem Profiler-Lauf genommen werden, um die Beeinträchtigung der Laufzeit so weit wie möglich zu minimieren. Da das Sammeln der Daten über PHP-Funktionen gesteuert wird, können gezielte Messungen von Teilen der Anwendung gemacht werden, ohne dass eine vollständige Anfrage instrumentiert werden muss. XHProf ist ein exzellentes Werkzeug, um im Rahmen von Performanztests PHP-Code zu finden, der nicht effizient ist.

8.3.5 OProfile

OProfile[18] ist ein Profiler für die Betriebssystemebene, der CPU-Statistiken für das gesamte System sammelt. Ähnlich Profilern für die Programmebene, wie beispielsweise `gprof` oder Valgrind, sammelt OProfile Daten und speichert diese für eine spätere Auswertung ab. OProfile unterscheidet sich von den genannten anderen Profilern dadurch, dass Daten für jeden laufenden Prozess inklusive dem Kernel gesammelt werden. Dies ermöglicht einen Einblick in den Systemzustand und erleichtert damit das Verständnis des Laufzeitverhaltens des Gesamtsystems. Dies ist insbesondere dann sinnvoll, wenn man festgestellt hat, dass es auf einem Server zu einem suspekten Performanzverlust gekommen ist. OProfile lässt sich recht angenehm permanent einsetzen, da es im Vergleich zu den anderen genannten Profilern keinen großen Overhead mit sich bringt. OProfile wird von den Entwicklern momentan als Software im *Alpha*-Stadium beschrieben und erfordert die Installation eines Moduls für den Linux-Kernel. Dies kann als Nachteil beziehungsweise Einschränkung gesehen werden. Für andere Betriebssysteme existieren ähnliche Werkzeuge.

Die Lektüre der Dokumentation von OProfile ist Pflicht, wenn man den Profiler voll ausnutzen möchte. Es gibt eine Vielzahl von Ereignissen, die beobachtet werden können, sowie Optionen, die architekturspezifisch sind. Im einfachsten Szenario wird der OProfile-Daemon für die Datensammlung im Hintergrund nach der Installation mit `opcontrol -start` gestartet. Da OProfile regelmäßig Messungen durchführt, wird die Qualität der Daten besser, je länger der Daemon läuft. Mit `opcontrol -dump` können die Daten der zuletzt durchgeführten Messung ausgegeben und mit `opreport` ausgewertet werden. Ein einfacher Aufruf von `opreport` zeigt Statistiken auf Bibliotheks- oder Programmebene:

```
  samples|      %|
------------------
    2244 60.3064 no-vmlinux
    1151 30.9325 libphp5.so
     147  3.9506 libc-2.7.so
     104  2.7949 httpd
     103 99.0385 httpd
```

Eine Möglichkeit, detailliertere Auswertungen zu bekommen, bietet die Option `-l`. Wird diese angegeben, so listet `opreport` die Statistiken nach Symbolen (Funktionen):

```
samples  %         image name    app name      symbol name
2244     60.3064   no-vmlinux    no-vmlinux    (no symbols)
147       3.9506   libc-2.7.so   libc-2.7.so   (no symbols)
138       3.7087   libphp5.so    libphp5.so    _zend_mm_alloc_int
 80       2.1500   libphp5.so    libphp5.so    _zend_mm_free_int
```

---

[18] http://oprofile.sourceforge.net/

Wie von den anderen Profilern bekannt, so kann auch die Ausgabe von OProfile in das Callgrind-Format konvertiert werden. Hierfür wird das Werkzeug `op2cg` mitgeliefert.

■ 8.4 Systemmetriken

8.4.1 strace

Systemaufrufe (englisch: *System Calls*) sind von besonderem Interesse und können mehr Zeit benötigen, als aus den Daten eines CPU-Profilers ersichtlich ist. Der Kontextwechsel in den Betriebssystemkern, blockierend oder nicht, kann für signifikante Verzögerungen verantwortlich sein. Systemaufrufe sollten ganz oben auf der Liste stehen, wenn man nach offensichtlichen Performanzproblemen sucht.

`strace` ist ein gebräuchliches Werkzeug für die Untersuchung von Systemaufrufen auf Linux-Systemen, ähnliche Werkzeuge existieren für andere Betriebssysteme. `strace` bietet einige nützliche Leistungsmerkmale für Performanztests. Von besonderem Interesse sind Dateisystem- und Netzwerkzugriffe, da diese eine tendenziell hohe Latenz haben und diese nicht unbedingt in einem anderen Profiler erkennbar ist. `strace` unterstützt das Filtern von Systemaufrufen über die Option `-e trace`. Mithilfe von

`strace -e trace=file httpd -X`

erhalten wir Informationen über die Dateisystemzugriffe eines Apache HTTPD-Prozesses. Informationen über die Netzwerkzugriffe erhalten wir mit

`strace -e trace=network httpd -X`

Eine weitere Funktionalität von `strace`, die besonders dienlich für unsere Zwecke ist, liefert Zeitschätzungen für jeden Systemaufruf. Ohne diese Information wäre es schwierig, schnell zu erkennen, wie relevant ein Systemaufruf für die Performanz ist. Eine kurzlebige Dateisystemoperation ist weniger signifikant als eine Operation, die für 400 ms hängt, während große Datenmengen von der Festplatte geladen werden. Hierfür gibt es verschiedene Optionen, die kontrollieren, wie die Zeit gemessen und dargestellt wird: Zeitstempel, relative Zeitstempel zu Beginn jedes Systemaufrufs oder die Gesamtzeit pro Systemaufruf. Die Option `-r` gibt relative Zeitstempel für jeden Systemaufruf aus und erlaubt so einen schnellen Überblick der Verzögerungen.

Im Fall von mehreren aktiven Prozessen, wie beispielsweise bei Apache HTTPD, kann es hilfreich sein, sich über `-p <pid>` (wobei `<pid>` durch die entsprechende Prozess-ID ersetzt wird) an einen bereits laufenden Prozess anzuhängen. Dies ist vor allem beim Einsatz auf einem produktiv genutzten Server sinnvoll, da der Webserver hierfür nicht neu gestartet werden muss.

```
$ strace -r -p 3397
Process 3397 attached - interrupt to quit
0.000000 accept(16,
...
```

Nachdem man sich an einen Apache HTTPD-Prozess angehängt hat, wird man diesen wahrscheinlich in einem `accept()`-Systemaufruf auf eingehende Anfragen wartend sehen.

In der folgenden Ausgabe sehen wir das Entgegennehmen einer Anfrage und den Beginn ihrer Bearbeitung. Von großer Signifikanz ist hierbei der `lstat()`-Systemaufruf, der für jede Verzeichnisebene einer Datei durchgeführt wird, auf die zugegriffen wird. Für sich genommen verbrauchen die einzelnen `lstat()`-Systemaufrufe nicht viel Zeit, aufsummiert ist ihr Verbrauch jedoch 0.001786s (0.000257s + 0.000255s + 0.000258s + 0.000713s + 0.000303s). Hinzu kommt, dass dies der Zeitaufwand für nur eine Datei ist. Für die Praxis müssen wir ihn mit der Anzahl an Dateien multiplizieren, auf die während der Bearbeitung einer Anfrage zugegriffen wird. Für eine große Codebasis kann ein Muster von Dateisystemoperationen wie diesem zu signifikanten und unvorhersehbaren Verzögerungen in Bezug auf die Antwortzeit führen.

```
...     {sa_family=AF_INET, sin_port=htons(35435), sin_addr=inet_addr("127.0.0.1")}, [2305843009213693968]) = 3
3.981991 rt_sigaction(SIGUSR1, {SIG_IGN}, {0x43f488, [], SA_RESTORER|SA_INTERRUPT, 0x7f7f35647f60}, 8) = 0
0.000259 fcntl(3, F_SETFD, FD_CLOEXEC) = 0
0.000154 getsockname(3, {sa_family=AF_INET, sin_port=htons(80), sin_addr=inet_addr("127.0.0.1")}, [2305843009213693968]) = 0
0.000221 setsockopt(3, SOL_TCP, TCP_NODELAY, [1], 4) = 0
0.000418 read(3, "GET /test.php HTTP/1.0\r\nUser-Agen"..., 4096) = 86
0.010485 rt_sigaction(SIGUSR1, {SIG_IGN}, {SIG_IGN}, 8) = 0
0.000165 gettimeofday({1241644382, 643223}, NULL) = 0
0.000597 gettimeofday({1241644382, 643800}, NULL) = 0
0.000218 stat("/home/user/www/site/test.php", {st_mode=S_IFREG|0644, st_size=70, ...}) = 0
0.000489 umask(077)                      = 022
0.000144 umask(022)                      = 077
0.000236 setitimer(ITIMER_PROF, {it_interval={0, 0}, it_value={60, 0}}, NULL) = 0
0.000249 rt_sigaction(SIGPROF, {0x7f7f350a2a9b, [PROF], SA_RESTORER|SA_RESTART, 0x7f7f35647f60}, {0x7f7f350a2a9b, [PROF],
         SA_RESTORER|SA_RESTART, 0x7f7f35647f60}, 8) = 0
0.000139 rt_sigprocmask(SIG_UNBLOCK, [PROF], NULL, 8) = 0
0.001966 getcwd("/"..., 4095)            = 2
0.000489 chdir("/home/user/www/site") = 0
0.000467 setitimer(ITIMER_PROF, {it_interval={0, 0}, it_value={120, 0}}, NULL) = 0
0.000278 rt_sigaction(SIGPROF, {0x7f7f350a2a9b, [PROF], SA_RESTORER|SA_RESTART, 0x7f7f35647f60}, {0x7f7f350a2a9b, [PROF],
         SA_RESTORER|SA_RESTART, 0x7f7f35647f60}, 8) = 0
0.000279 rt_sigprocmask(SIG_UNBLOCK, [PROF], NULL, 8) = 0
0.000310 gettimeofday({1241644382, 649124}, NULL) = 0
0.000257 lstat("/home", {st_mode=S_IFDIR|0755, st_size=4096, ...}) = 0
0.000255 lstat("/home/user", {st_mode=S_IFDIR|0755, st_size=4096, ...}) = 0
0.000258 lstat("/home/user/www", {st_mode=S_IFDIR|0755, st_size=4096, ...}) = 0
0.000713 lstat("/home/user/www/site", {st_mode=S_IFDIR|0755, st_size=4096, ...}) = 0
0.000303 lstat("/home/user/www/site/test.php", {st_mode=S_IFREG|0644, st_size=70, ...}) = 0
0.000290 open("/home/user/www/site/test.php", O_RDONLY) = 4
0.000277 fstat(4, {st_mode=S_IFREG|0644, st_size=70, ...}) = 0
0.000718 read(4, "<?php\n\n\nfor ($i=0; $i < 100; $i++"..., 8192) = 70
0.000438 read(4, ""..., 8192)            = 0
0.000345 read(4, ""..., 8192)            = 0
0.000978 close(4)                        = 0
0.000480 chdir("/")                      = 0
```

Das hier gezeigte Problem lässt sich typischerweise durch Verwendung von absoluten Pfaden und eines Bytecode-Caches wie APC[19], den man für Verzicht auf `stat`-Systemaufrufe konfiguriert hat, beheben. Ferner enthält PHP 5.3 Optimierungen, die für Dateisystemoperationen genutzte Systemaufrufe minimieren.

8.4.2 Sysstat

Das Sammeln von Statistiken über einen längeren Zeitraum kann sich als sehr hilfreich erweisen, wenn ein Performanz- oder Skalierungsproblem auftritt. In so einem Fall kann man die historischen Daten zurate ziehen und beispielsweise erkennen, ob sich das Problem schon länger im Trend der Daten angekündigt hat oder ob es plötzlich aufgetreten ist. Natürlich eignen sich die gesammelten Daten auch zur Verifikation von Optimierungen und für die kontinuierliche Überprüfung des Systemzustands sowie für das frühzeitige Erkennen von möglichen zukünftigen Problemen. Es gibt eine Reihe von Standards und Werkzeugen für das Sammeln, Speichern und Auswerten von Systemmetriken. Eine vollständige Diskussion aller verfügbaren Lösungen würde an dieser Stelle zu weit führen.

---

[19] *http://pecl.php.net/package/apc/*

Im Folgenden behandeln wir Sysstat[20], eine exzellente Sammlung von Werkzeugen für das Sammeln und Aggregieren einer Vielzahl von Statistiken. Wir beschränken uns hierbei auf die Details für das Sammeln von Daten für eine einzelne Maschine, da dies für Performanztests am relevantesten ist. Es wird empfohlen, dieses und andere Werkzeuge für das Sammeln von Daten aller Produktivsysteme zu verwenden.

Je nach verwendetem System verlangt die Installation von Sysstat einige zusätzliche Schritte, bevor die Werkzeuge verwendet werden können. Wir gehen an dieser Stelle nicht im Detail auf die Installation ein und verweisen stattdessen auf die Dokumentation. Bei den meisten modernen Linux-Distributionen unternimmt der Paketmanager die erforderlichen Schritte automatisch.

Das Kommandozeilenwerkzeug `sar` kann genutzt werden, um verschiedene historische und aktuelle Statistiken über CPU, Speicher und I/O-Operationen zu betrachten. `sar -u` zeigt die neuesten Statistiken, die gesammelt wurden, sowie abschließend die entsprechenden Durchschnittswerte:

```
$ sar -u
Linux 2.6.26-2-amd64 (debian64)    05/07/2009   _x86_64_

02:05:01 AM       CPU     %user     %nice   %system   %iowait    %steal     %idle
02:15:01 AM       all      0.02      0.00      0.25      0.00      0.00     99.73
02:25:01 AM       all      0.01      0.00      0.33      0.00      0.00     99.66
....
12:35:01 PM       all      0.75      0.00      2.70      0.01      0.00     96.53
12:45:01 PM       all      0.02      0.00      0.30      0.00      0.00     99.69
Average:          all      0.11      0.00      0.59      0.00      0.00     99.30
```

Statistiken für den Speicherverbrauch erhält man mit `sar -r`:

```
$ sar -r
Linux 2.6.26-2-amd64 (debian64)    05/07/2009   _x86_64_

02:05:01 AM kbmemfree kbmemused  %memused kbbuffers  kbcached kbswpused  %swpused  kbswpcad
02:15:01 AM    589516    415344     41.33     22712    207340    409616      0.00         0
02:25:01 AM    589396    415464     41.35     22772    207336    409616      0.00         0
...
12:35:01 PM    587340    417520     41.55     23288    209428    409616      0.00         0
12:45:01 PM    587452    417408     41.54     23340    209476    409616      0.00         0
Average:       588916    415944     41.39     22980    207816    409616      0.00         0
```

`sar -d` zeigt die Statistiken für I/O-Operationen:

```
$ sar -d
Linux 2.6.26-2-amd64 (debian64)    05/07/2009   _x86_64_

02:05:01 AM       DEV       tps   rd_sec/s   wr_sec/s   avgrq-sz  avgqu-sz    await     svctm    %util
02:15:01 AM     dev3-0      0.15       0.00       2.38      16.37      0.00     1.01      0.32     0.00
02:15:01 AM     dev3-1      0.15       0.00       2.38      16.37      0.00     1.01      0.32     0.00
02:15:01 AM     dev3-2      0.00       0.00       0.00       0.00      0.00     0.00      0.00     0.00
...
Average:        dev3-0      0.19       0.00       3.74      20.13      0.00     3.29      0.83     0.02
Average:        dev3-1      0.19       0.00       3.74      20.13      0.00     3.29      0.83     0.02
Average:        dev3-2      0.00       0.00       0.00       0.00      0.00     0.00      0.00     0.00
Average:        dev3-5      0.00       0.00       0.00       0.00      0.00     0.00      0.00     0.00
```

Meist sind wir daran interessiert, diese Statistiken live aufzuzeichnen und anzuzeigen, während wir Änderungen am System oder Lasttests durchführen. Hierfür bietet `sar` entsprechende Optionen an, mit denen unter anderem die Anzahl der durchzuführenden Ausgaben sowie ein Aktualisierungsintervall (in Sekunden) angegeben werden können:

```
sar -u 2 10      # 10 Ausgaben im Abstand von 2 Sekunden (20 Sekunden lang)
sar -u 10 100    # 100 Ausgaben im Abstand von 10 Sekunden (1000 Sekunden lang)
sar -u 1 0       # Endlos-Ausgabe im Abstand von 1 Sekunde
```

Zu Sysstat gehört noch ein Reihe anderer nützlicher Werkzeuge für das Sammeln und Aufzeichnen von Daten. `pidstat` ermöglicht es beispielsweise, die gesammelten Statistiken mit spezifischen Prozessen zu verknüpfen. Dies macht es sehr einfach, Prozesse zu finden, die zu viele Ressourcen verbrauchen.

---

[20] *http://pagesperso-orange.fr/sebastien.godard/*

8.4.3 Lösungen im Eigenbau

In einigen Fällen kann es sein, dass Profiler oder andere Testwerkzeuge nicht die notwendigen Informationen liefern, um den eigenen Code analysieren oder testen zu können. In solchen Fällen kann eine eigene Instrumentierung des Codes nötig sein. Dies ist jedoch ein Schritt, der nicht leichtfertig und nur um des Schreibens einer eigenen Instrumentierung willen gegangen werden sollte. In den meisten Fällen liefern die hier beschriebenen Werkzeuge die notwendigen Daten. Nur wenn diese Daten nicht ausreichen oder nicht mit anwendungsspezifischen Daten oder Ereignissen korreliert werden können, sollte man eine eigene Instrumentierung in Erwägung ziehen. Hierbei sollte man nicht vernachlässigen, dass eine eigene Instrumentierung deutlich fehleranfälliger sein wird, als es ein bewährtes und weit verbreitetes Werkzeug ist. Es ist gute Praxis, eine eigene Instrumentierung regelmäßigen Plausibilitätsprüfungen durch etablierte Werkzeuge zu unterziehen.

Es ist meist zweckdienlich, PHP-Funktionen wie `microtime()` oder `memory_get_usage()` zu verwenden, um Messungen von Laufzeit und Speicherverbrauch vorzunehmen.

Die Funktion `microtime()` liefert die aktuelle Zeit in Sekunden und Mikrosekunden. Standardmäßig liefert sie ihr Ergebnis als String, der erst die Sekunden und danach, durch ein Leerzeichen getrennt, die Mikrosekunden enthält. Übergibt man ihr `true` als Argument, so liefert sie stattdessen einen Gleitpunktwert, der die Mikrosekunden in den Nachkommastellen enthält. `microtime()` ist am nützlichsten, während man *debugged* oder nach signifikant ineffizienten Stellen im Code sucht. Findet man beispielsweise mit einem Profiler eine solche ineffiziente Stelle im Code, so kann es sein, dass die Informationen des Profilers nicht spezifisch genug sind. Allerdings muss im Anschluss sichergestellt werden, dass die mit `microtime()` ermittelten Ergebnisse plausibel sind und sich mit einem anderen Profiler reproduzieren lassen. Ansonsten kann es leicht passieren, dass solche *In-Place Timings* in die Irre führen.

Der Speichermanager von PHP optimiert die Allokation von Speicher, indem er größere Speicherbereiche vom Betriebssystem anfragt und dann selbst verwaltet. Dies geschieht feingranular, um Performanz und Speicherverbrauch zu optimieren, Speicherlecks zu vermeiden und das Debugging von PHP zu erleichtern. Die Funktion `memory_get_usage()` liefert Informationen über den Speicherverbrauch und akzeptiert einen booleschen Parameter, mit dem zwischen internem Speicherverbrauch (`false`, Standardverhalten) und tatsächlichem, vom Betriebssystem allokierten Speicher (`true`) gewählt werden kann. Beide Werte sind nützlich, und ihre jeweilige Verwendung hängt von der Art des Tests ab, der durchgeführt werden soll. Für die allgemeine Performanz eines PHP-Skripts ist der interne Speicherverbrauch wahrscheinlich wertvoller. Er gibt einen guten Einblick in den Speicherverbrauch des PHP-Skripts. Um allerdings einen besseren Überblick über den Speicherverbrauch von PHP im Ganzen zu sehen, sollte der vom Betriebssystem allokierte Speicher betrachtet werden. Ein nicht zu vernachlässigender Haken – der nebenbei auch zeigt, wie fehleranfällig eigene Instrumentierung sein kann – hierbei ist, dass Erweiterungen des PHP-Interpreters den Speichermanager von PHP nicht unbedingt immer benutzen. Dies ist vor allem dann der Fall, wenn die PHP-Erweiterung gegen eine Bibliothek von Fremdanbietern gelinkt ist, und führt dazu, dass der von der Bibliothek verbrauchte Speicher nicht durch den Speichermanager von PHP gemessen werden kann. In einem solchen Fall kann der vollständige Speicherverbrauch nur auf einer höheren Ebene, beispielsweise mit einem Werkzeug wie `sar` oder Valgrind, gemessen werden. Bedenken Sie diese und andere mögliche Verfälschungen der gesammelten Daten, wenn Sie Ihre eigene Instrumentierung implementieren.

Schließlich ist die Funktion `memory_get_peak_usage()` von besonderem Interesse, da sie schnell Aufschluss über den höchsten Speicherverbrauch während der Ausführung eines PHP-Skripts geben kann. Dieser Wert kann beispielsweise in Relation mit den von `memory_get_usage()` ermittelten Daten gesetzt werden.

8.5 Übliche Fallstricke

8.5.1 Entwicklungsumgebung gegen Produktivumgebung

Obwohl wir es bereits erwähnt haben, an dieser Stelle noch einmal die Empfehlung, dass die Konfiguration der Entwicklungsumgebung so nahe wie möglich an der Konfiguration der Produktivumgebung sein sollte. Wenn möglich, sollten Tests in der Produktivumgebung durchgeführt werden. Das Mindeste ist es aber, die in der Entwicklungsumgebung gewonnenen Testergebnisse in der Produktivumgebung zu validieren. Ein gutes Beispiel hierfür ist die Verwendung der Konfigurationsoption `-enable-debug`, die beim Kompilieren von PHP angegeben werden kann. Diese Option aktiviert einige nützliche Debug-Informationen wie beispielsweise die automatische Erkennung von Speicherlecks, hat aber eine signifikant langsamere Ausführungsgeschwindigkeit zur Folge. So mancher Programmierer hat sich bei Optimierungsarbeiten hiervon in die Irre führen lassen: Die vermeintlichen Performanzverbesserungen waren nur im langsameren Debug-Modus messbar, nicht aber in der Produktivumgebung. Machen Sie nicht diesen Fehler. Führen Sie Ihre Tests immer in einer Umgebung durch, die der Produktivumgebung so ähnlich wie möglich ist, und validieren Sie Ihre Testergebnisse stets in der Produktivumgebung.

8.5.2 CPU-Zeit

Performanz-Werkzeuge messen meist zwei CPU-Metriken: die CPU-Zeit und die reale Zeit. Es ist wichtig, die Unterschiede zwischen diesen beiden Metriken zu kennen sowie zu wissen, wie man sie messen kann.

Typischerweise messen Profiler wie Callgrind die CPU-Zeit. Dies ist die Ausführungszeit, gemessen in CPU-Zyklen oder *Ticks*, die ein Prozess auf der CPU belegt hat. Andere Werkzeuge, wie beispielsweise die PHP-Funktion `microtime()`, versuchen, die tatsächlich verstrichene Zeit zu messen. Anders als die CPU-Zeit beinhaltet diese Messung auch die Zeit, die ein Prozess schlafend oder wartend auf I/O (beispielsweise auf die Antwort von einem MySQL-Server oder einem anderen entfernten Dienst) verbringt.

Die CPU-Zeit ist ein gutes Maß, um die tatsächliche Nutzung der CPU zu reduzieren, allerdings können mit ihr Latenzen, beispielsweise in Bezug auf das Netzwerk, nicht erfasst werden.

8.5.3 Mikro-Optimierungen

In Diskussionen über Optimierungen und Performanz spielen früher oder später Gerüchte über Mikro-Optimierungen eine Rolle. Überlicherweise geht es hierbei um Aussagen wie „Ich habe gehört, dass Funktion X oder Sprachmerkmal Y langsam ist". Im Fall von PHP hört man nicht selten, dass man mit *Double Quotes* umschlossene Strings, Referenzen, Objekte oder Funktionen wie `define()` oder `ini_set()` meiden sollte. Einige dieser Aussagen haben mehr Gewicht als andere, einige haben im Laufe der Entwicklung von PHP ihre Bedeutung verloren. Aller Wahrscheinlichkeit nach sind dies aber nicht die Hindernisse, die Ihrer Anwendung bei Performanz oder Skalierbarkeit im Wege stehen. Es ist wichtig, unterscheiden zu können, welche Probleme wichtig sind und welche es nicht sind.

Die Entwickler davon abzuhalten, mit *Double Quotes* umschlossene Strings zu verwenden, wird eine schlecht formulierte Datenbankabfrage oder eine ineffiziente Funktion im verwendeten Framework nicht davon abhalten, zum Flaschenhals für die gesamte Anwendung und alle Anfragen zu werden. Sie sollten die Zukunft Ihres Codes nie von einem solchen Gerücht (oder von einem Kapitel über Performanztests in einem Buch wie diesem) abhängig machen. Vielmehr ist es notwendig, über einen gesunden Menschenverstand und eine Strategie zu verfügen. Mikro-Optimierungen sind vor allem eine Bürde für die Entwickler, da sie meist einen negativen Einfluss auf die Lesbarkeit – und damit auf die Wartbarkeit – des Codes haben. Es wird empfohlen, Mikro-Optimierungen allenfalls auf häufig ausgeführten Code anzuwenden, beispielsweise für *Tight Loops*[21]. Hier ist das Potenzial eines signifikant messbaren Optimierungserfolgs am größten und die Gefahr einer beeinträchtigten Lesbarkeit des Codes am geringsten. Alles, was darüber hinausgeht, ist mit hoher Wahrscheinlichkeit eine Bürde für den Code und die Entwickler sowie in der Realität nicht signifikant. Ferner wird der PHP-Interpreter in jeder Version optimiert, sodass der Effekt von Mikro-Optimierungen für historisch langsame Sprachkonstrukte zunichte gemacht wird. Es ist besser, diese Optimierungen den Entwicklern von PHP zu überlassen. Dies hat geringe Auswirkungen auf die eigenen Entwickler, aber große Auswirkungen auf die Performanz des eigenen Codes.

8.5.4 PHP als *Glue Language*

Um eine Entscheidung darüber treffen zu können, was wir bezüglich der Performanz testen wollen, müssen wir die Einschränkungen von PHP verstehen. Da PHP als Skriptsprache für den Einsatz im Webumfeld und mit einem Fokus auf schnelle Entwicklung und kurze Iterationen entworfen wurde, verfügt es nicht über dieselben Performanzeigenschaften wie beispielsweise C. Aspekte wie Bytebearbeitung oder Netzwerkoperationen sind in höheren Skriptsprachen wie PHP im Allgemeinen langsamer.

PHP wird daher am besten als Klebstoff (englisch: *Glue*) eingesetzt, mit dem andere Bibliotheken, die für ihre jeweiligen Aufgaben optimiert wurden, zusammengeklebt werden. Dies heißt aber nicht, dass Aspekte wie die genannten nicht in PHP implementiert werden sollten. Oftmals bietet es sich an, eine erste Implementierung von Geschäftslogik oder Infrastruktur in PHP zu erstellen. Dies erleichtert die Entwicklung und das Testen, solan-

---

[21] Eine *Tight Loop* ist eine Schleife mit wenigen Instruktionen in ihrem Rumpf.

ge Änderungen am Code wahrscheinlich sind. Sobald der Code ausgereift ist und Performanz ein Problem wird, können diese Komponenten als C-Bibliotheken beziehungsweise als PHP-Erweiterung reimplementiert werden.

Die *PHP Extension Community Library (PECL)*[22] hält eine Vielzahl von PHP-Erweiterungen bereit, die gegen optimierte Bibliotheken für spezifische Aufgaben linken. Wenn Sie feststellen, dass eine Kernfunktionalität Performanzprobleme aufweist, so stellen Sie sicher, dass die Funktionalität nicht bereits als C-Bibliothek oder PHP-Erweiterung existiert, bevor Sie sich daranmachen, sie in C zu reimplementieren.

8.5.5 Priorisierung von Optimierungen

Die erste Entscheidung, die vor einer Optimierung getroffen werden muss, ist festzustellen, ob sich der Aufwand überhaupt lohnt. Hierbei spielen mehrere Faktoren eine Rolle, unter anderem die Art des Geschäfts und auf hoher Ebene beschlossene Prioritäten für das Unternehmen. Web-Startups haben beispielsweise ein großes Interesse daran, neue Features zu erstellen und diese so schnell wie möglich auszuliefern – manchmal sogar bevor sie für Endbenutzer bereit oder wirklich getestet sind. Obwohl dieser Ansatz übereilt und unklug erscheint, so kann es von Vorteil sein, als Erster aus den Startlöchern zu kommen und eine Innovation auf den Markt zu bringen. Dies ist oftmals ein wichtiger Faktor in der Bewertung des Geschäftserfolgs. In Situationen wie diesen erscheint die Verantwortung, Funktionalität oder Performanz zu testen, eher reagierend (englisch: *re-active*) anstatt Initiative ergreifend (englisch: *pro-active*).

Besonders in viral wachsenden [Wikipedia 2010i] Anwendungen, bei denen Funktionalität, Performanz und Skalierbarkeit innerhalb von Stunden nach einem Release zusammenbrechen können, wird das Testen zu einer unternehmenskritischen Handfertigkeit, mit der Art und Ursache eines Problems so schnell wie möglich identifiziert und lokalisiert werden müssen. Das Erkennen von Regressionen basierend auf historischen Performanzdaten oder einfach durch Erfahrung kann hierbei Zeit und Geld sparen. Nicht zu vergessen ist die Verwendung der richtigen Werkzeuge und die Fähigkeit, diese effizient einzusetzen. Wenn sich die Bedürfnisse des Geschäfts schnell ändern, so werden einige Features gar nicht so lange existieren, dass es sich lohnen würde, Zeit und Geld in entsprechende Tests oder Optimierungen zu investieren.

Es sollte klar sein, dass das größte Potenzial für Optimierungen auf der Ebene von Framework- und anderem Infrastrukturcode liegt. Hierbei handelt es sich um Code, der von der gesamten Anwendung verwendet wird und sich nur langsam ändert. Für diesen Code lohnen sich Investitionen in Tests und Optimierungen am meisten.

Wenn eine Anwendung wächst, kann ihre Performanz zu einer Vollzeitbeschäftigung werden. Die Betriebskosten für eine Plattform mit zehn Besuchern sind grundverschieden von denen für eine Plattform mit 10 Millionen Besuchern. Letztere sind wiederum überhaupt nicht vergleichbar mit den Betriebskosten für eine Plattform mit 100 Millionen Besuchern. Wenn Nutzung und Wachstum steigen, treten neue Skalierungsprobleme auf, manchmal langsam und über die Zeit, manchmal plötzlich. Es kommt häufig vor, dass eine unbekannte Begrenzung überschritten wird und die Plattform dadurch unbenutzbar wird. Proaktives

---

[22] http://pecl.php.net/

Performanztesten hilft, frühzeitig solche Begrenzungen zu erkennen, sodass eine Roadmap für zukünftige Entwicklung gepflegt werden kann. Dies erlaubt es allen Beteiligten, sich auf die Entwicklung des Produkts zu konzentrieren, ohne von unerwarteten Problemen überrascht zu werden.

8.6 Fazit

Wir haben Motivation, Werkzeuge und beste Praktiken für das Testen der Performanz von PHP- und webbasierten Anwendungen behandelt. Sie sollten nun einen Überblick über die wichtigsten Technologien und Hindernisse haben, denen ich bei der Optimierung von schnell wachsenden und performanzkritischen Webanwendungen begegnet bin. Ich hoffe, dass dies für Sie und die Entwicklung der nächsten Generation von Webanwendungen hilfreich ist. Dieses Kapitel soll auch dazu ermutigen, realistische Erwartungen an Performanz und Nutzbarkeit zu stellen. Vor allem aber sollten Sie die folgenden Punkte stets beachten:

- Validieren Sie Ihre Tests in unterschiedlichen Umgebungen und mit verschiedenen Werkzeugen.
- Tun Sie, was für Ihr Geschäft und Ihre technologischen Ziele und Prioritäten angemessen ist.
- Nehmen Sie sich die Zeit, und tragen Sie zu Open-Source-Projekten bei. Ein durchdachter und wohlformulierter Bug-Report kann die Welt bereits ein kleines bisschen besser machen.

9 Sicherheit

von Arne Blankerts

9.1 Was ist eigentlich Sicherheit?

Wenn man sich dem Thema Sicherheit in der IT zuwendet, stellt sich zunächst die Frage, was dieser Begriff denn überhaupt bedeutet und was Kollegen oder auch Kunden eigentlich darunter verstehen.

Fragt man zum Beispiel Politiker, dann ist Sicherheit vor allem Überwachung. Und auch wenn die Überwachung von Servern und Systemen natürlich ein wichtiger Aspekt ist, so bedeutet das Auslösen eines Alarms eigentlich nur eins: Es hat gerade ein Angriff stattgefunden, und dieser war aller Wahrscheinlichkeit nach auch erfolgreich. Eine Überwachung kann naturgemäß nur informieren, wenn etwas passiert. Verhindern kann das beste Monitoring den Angriff – oder auch den Fehler in der Anwendung, der ihn ermöglicht – nicht. Es ist daher nur ein Bestandteil des Maßnahmenkatalogs.

Wendet man sich mit der Frage, was Sicherheit ist, an Administratoren, so wird die Antwort vermutlich stark in Richtung Rechteverwaltung sowie dem Abschalten nicht benötigter Services – das sogenannte *Hardening* – in Verbindung mit möglichst rigiden Firewall-Regeln gehen. Und auch diese Antworten sind richtig. Doch auch wie schon beim Thema Überwachung reicht eine sichere Umgebung alleine nicht aus. Natürlich ist es wichtig, dass eine zu entwickelnde Anwendung in einer sicheren Umgebung läuft, der sie vertrauen kann. Die beste Webanwendung kann nicht sicher sein, wenn die eingesetzte Datenbank ungesichert von außen erreichbar ist oder die Kommunikation mit weiteren Systemen über ungesicherte Leitungen und unverschlüsselte Protokolle abläuft.

Sicherheit ist also offensichtlich eine Kombination von mehreren (kleinen) Maßnahmen, die erst in ihrem Zusammenspiel ihren wirklichen Nutzen entfalten. Das Schöne ist, dass man die bisher erwähnten Maßnahmen hervorragend testen und so neben der reinen Funktionalität der Anwendung auch deren Sicherheit überwachen kann.

Es gibt allerdings noch eine weitere Gruppe, die man zum Thema Sicherheit befragen könnte: Die Anwender. Programmierer und Designer mit Kundenerfahrung werden hier einwenden, dass Anwender oft nicht wirklich wissen, was sie wollen, beziehungsweise nicht unbedingt ausreichend qualifiziert sind, um diese Frage überhaupt sinnvoll zu beantworten. Doch selbst wenn dies rein technisch gesehen zutreffen mag, so ist die Meinung der Anwender, also deren gefühlte Sicherheit, ein wichtiger Erfolgsfaktor für eine Anwendung oder Webseite.

■ 9.2 Secure by Design

Betrachtet man den Ablauf der Software-Entwicklung, bleibt für das Thema Sicherheit in der Regel erschreckend wenig Zeit. Per se schon fast unmögliche Deadlines und der Ruf nach mehr Features sowie die vom Management oder Kunden geforderte kurze Time-to-Market lassen für Fehler oder das nachträgliche Einbauen einer „Sicherheitsschicht" nur wenig bis gar keinen Spielraum. Umso wichtiger ist es, diesen eigentlich elementaren Teil von Grund auf bei der Entwicklung und Planung mit einzubeziehen und die „Schicht" auf Teilbereiche aufzubrechen, die sich dann explizit um ihre Belange kümmern.

Genau diesen Ansatz verfolgt das Paradigma *Secure by Design*: Eine Anwendung wird von Grund auf so konzipiert, dass sie sicher ist. Natürlich macht niemand mit Absicht Fehler oder baut Sicherheitslücken in seine Anwendung ein. Es hat sich allerdings in der Praxis gezeigt, dass sich mit einer etwas paranoiden Grundeinstellung schon bei den ersten Schritten viele Angriffsvektoren ausschalten und häufige Probleme vermeiden lassen.

9.2.1 Der Betrieb

Da eine gesicherte Umgebung Voraussetzung für eine sichere (Web-)Anwendung ist, muss man sich bereits im Rahmen der Entwicklung Gedanken über das spätere Produktivsystem und dessen Konfiguration machen. Für viele Projekte beginnt dieser Prozess mit der Frage, was für eine Art von Hosting gewählt wird:

- Ein eigener physikalischer Server
- Eine eigene Serverfarm
- Eine virtualisierte Umgebung in Form eines sogenannten virtuellen Root-Servers
- Ein einfacher Shared-Hosting-„Webspace"

Firmen, die eine eigene Serverfarm betreiben, werden in der Regel für die benötigten Dienste dedizierte Systeme aufsetzen, egal ob virtualisiert oder nicht. Bei kleineren Projekten reicht jedoch oft die Leistungsfähigkeit eines Shared-Hostings vollkommen aus. Aus der Sicht der IT-Sicherheit ist hierbei problematisch, dass man einem externen Unternehmen blind vertrauen muss. Beim Shared-Hosting ist man den grundsätzlichen Einstellungen der meist UNIX- bzw. Linux-basierten Server ausgeliefert. Abgesehen von etwaigen technischen Einschränkungen für die Entwicklung wirkt sich dies auch auf die Vertrauenswürdigkeit etwa von Session-Daten und anderen Inhalten aus.

Werden Sicherheitslücken in den eingesetzten Software-Komponenten nicht zeitnah geschlossen bzw. veröffentlichte Updates nicht eingespielt, ist die Sicherheit innerhalb der Anwendung bereits nicht mehr gewährleistet. Sind Sicherheitsprobleme innerhalb einer eingesetzten und nur lokal erreichbaren Datenbank bei einem Root-Server noch etwas, mit dem man eine Weile leben kann, so bedeutet das gleiche Problem in einem Shared-Hosting-Betrieb ein sofortiges K.o.-Kriterium, denn ein Angreifer könnte die Kontrolle über eine Anwendung erlangen, indem er eine Sicherheitslücke in einer Anwendung eines anderen Kunden ausnutzt.

Doch es müssen gar nicht erst Sicherheitslücken in Drittanwendungen sein, die zum Problem werden: Auch simple Konfigurationsfehler können die Sicherheit des gesamten Servers oder auch „nur" aller Webanwendungen kompromittieren. Das vielleicht beste und eingängigste Beispiel für eine klassische und leider sehr gefährliche Fehlkonfiguration in Shared-Hosting-Umgebungen ist ein für alle Webauftritte und Kunden identischer Pfad zur Speicherung der Session-Daten. Was auf den ersten Blick vielleicht völlig harmlos erscheint – schließlich werden die Session-IDs von PHP automatisch vergeben und auch die dahinter liegenden Daten automatisch wieder eingelesen –, hat dennoch fatale Auswirkungen: Damit das Ganze funktioniert, muss PHP Schreib- und Leserechte auf die abgelegten Session-Dateien haben. Dies wiederum bedeutet, dass jeder PHP-Prozess schreibend auf eine Session-Datei zugreifen kann und man auf diesem Weg sozusagen durch die Hintertür in eine andere Anwendung einbrechen kann. Man muss sich nur eine Session-Datei erzeugen, die einen beim Aufruf der Seite mit passenden Rechten ausstattet.

Kann man den Speicherort der Session-Daten nicht für einzelne virtuelle Hosts beeinflussen, verbleibt als Abhilfe gegen diese Art von Angriff nur, die Session-Daten verschlüsselt abzulegen. Dies kann man entweder durch einen eigenen, in PHP implementierten *Session Save Handler* oder durch Einbinden der PHP-Erweiterung Suhosin[1] tun, die eine transparente Verschlüsselung implementiert.

Alles in allem bringt ein Shared-Hosting eine große Menge an Unsicherheiten mit sich, die es für viele Projekte disqualifizieren. Aber auch der Betrieb eigener Server will organisiert sein und benötigt entsprechend qualifiziertes Personal.

Ob die Risiken eines Shared-Hostings für das eigene Projekt ein Problem darstellen beziehungsweise ob der Aufwand der Administration eigener Server gerechtfertigt ist, kann nicht pauschal, sondern nur von Projekt zu Projekt individuell entschieden werden.

9.2.2 Physikalischer Zugang

Eine ebenfalls interessante Frage zum Thema Hosting und Housing ist die nach physikalischem Zugang: Wer hat wann in welcher Form und warum Zugriff auf Server, Daten und Prozesse? Es ist offensichtlich, dass eine sichere Architektur der Software keinen Einfluss auf physikalische Entwendung der Festplatten oder gar der Server hat. Dies schließt auch den Umgang mit Backups mit ein, denn irgendwo müssen die Backup-Medien gelagert werden. So wichtig ein Backup für ein schnelles Wiederherstellen nach einem Crash sein mag, so gefährlich ist das Herausgeben der Daten. Im Zweifel ist es für einen Angreifer einfacher und billiger, durch klassischen Diebstahl der Backup-Medien an die gewünschten Daten zu kommen, als in die gesicherte Infrastruktur der Server einzudringen. Es ist daher zwingend notwendig, dass Daten ab einer gewissen Brisanz oder Wichtigkeit verschlüsselt im Dateisystem gespeichert werden. Aktuelle Linux-Distributionen bieten hier unter ande-

---

[1] *http://www.suhosin.org/*

rem mit LUKS[2] eine sehr leistungsfähige Festplatten-Verschlüsselung an, die transparent im Hintergrund arbeitet und sich daher leicht auch in bestehende Infrastrukturen integrieren lässt.

9.2.3 Software-Entwicklung

Nachdem wir jetzt alle serverseitigen Voraussetzungen geschaffen haben, um den stabilen und sicheren Betrieb der Anwendung zu gewährleisten, ist es an der Zeit, sich mit der Entwicklung der Software selbst zu beschäftigen. Um den Anforderungen von *Secure by Design* gerecht zu werden, bedarf es nur der Beachtung weniger Regeln, die nachfolgend vorgestellt werden.

Keine *Security by Obscurity*

Eine sichere Software setzt, genau wie ein sicherer Verschlüsselungsalgorithmus, nicht auf eine geheime Implementierung. Wenn absehbar ist, dass bei Bekanntwerden des Vorgehens die Sicherheit leidet, ist der ausgesuchte Weg der falsche. So ist zum Beispiel die Implementierung von PGP respektive GnuPG vollkommen offen und dennoch sicher, da die Sicherheit nicht auf der Geheimhaltung des Algorithmus basiert, sondern nur auf dem geheimen Schlüssel selbst. Diese Erkenntnis ist im Übrigen nicht neu, sondern wurde bereits 1883 von Auguste Kerckhoffs formuliert und ist als *Kerckhoffs' Maxime* oder auch *Kerckhoffs' Prinzip* [Kerckhoffs 1883] bekannt.

Es ist unklug, darauf zu vertrauen, dass eine URL ohne Verlinkung auf der Seite nicht doch „gefunden" wird. Frei nach dem Motto „*Die URL kennt ja keiner, also ist sie sicher*" verwenden viele Entwickler `/db` oder `/phpmyadmin` als Pfad, um das bekannte Datenbank-Verwaltungswerkzeug phpMyAdmin[3] einzubinden. Abgesehen davon, dass in der Vergangenheit immer wieder Sicherheitslücken in dieser Software bekannt wurden, wird dieser Pfad oft nur durch einfache `.htaccess`-basierte Logins geschützt. Nur selten wird HTTPS als Protokoll eingesetzt oder eine sichere, weitergehende Anmeldung vorausgesetzt. Da jedoch phpMyAdmin in der Konfiguration fast immer mit Root-Rechten für den Zugriff auf die Datenbank ausgestattet wird, kommt das Auffinden einer zumindest grundsätzlich erreichbaren phpMyAdmin-Installation durch Skripte oder Security-Scanner dem Gewinn eines Jackpots gleich, denn mit ein wenig Zeitaufwand hat der Angreifer Vollzugriff auf MySQL.

Was für phpMyAdmin gilt, gilt natürlich auch für die eigene Software. Im Zweifel versucht ein Skript, durch Brute Force[4] einen gültigen Pfad zu finden, und gibt bei Erfolg Meldung an seinen Betreiber zurück. Rechenzeit sowie Bandbreite sind für einen Angreifer in Form von Bot-Netzen zumeist im Überfluss verfügbar.

---

[2] *http://code.google.com/p/cryptsetup/*
[3] *http://phpmyadmin.net*
[4] *http://de.wikipedia.org/wiki/Brute_force*

Trennung der Belange

Wer sich ein wenig mit der objektorientierten Sichtweise der Programmierung beschäftigt hat, wird sich an dieser Stelle vielleicht ein wenig verwundert die Augen reiben: Wieso soll ein Grundpfeiler der objektorientierten Programmierung die Sicherheit erhöhen? Der Grund ist einfach: Da die Aufgaben klar an die entsprechenden Module verteilt sind, können sich diese auch um die für sie spezifischen Sicherheitsbelange kümmern. Obendrein vereinfacht dies die API für alle anderen, da zum Beispiel Daten ungeachtet ihrer potenziellen Gefährlichkeit für SQL an die Persistenzschicht weitergereicht werden können. Dies ist ein grundsätzliches Merkmal der objektorientierten Programmierung, schließlich interessiert es den aufrufenden Code nicht, wo genau und vor allem wie die Daten gespeichert wurden. Das erlaubt nicht nur den schnellen Austausch des Speicherungs-Backends, sondern belastet die Business-Logik auch nicht mit Fragen der Sicherheit in Bereichen, die diese gar nicht beantworten kann und soll.

Ein weiterer nicht zu vernachlässigender Vorteil modularer Architekturen ist, dass aufgrund der losen Kopplung in der Businesslogik später an beliebigen Stellen weitere Sicherheitsmaßnahmen integriert werden können, um beispielsweise die Berechtigung des aufrufenden Users zu verifizieren.

Eine Frage der Rechte

Rechte sind in der Welt der Software ein wichtiges Thema. Dabei geht es nicht nur um jene Rechte, die einem Benutzer innerhalb einer Anwendung zugewiesen werden, sondern auch und besonders um die Rechte, die innerhalb des Quellcodes der Anwendung zum Einsatz kommen, um mit Datenbanken oder auch weiteren externen Diensten zu kommunizieren. Sehr häufig wird ein einziger Login verwendet, der für alle Belange der Applikation gleichwertig benutzt wird. Dass dieser Ansatz nicht unbedingt optimal ist, zeigt sich spätestens beim Versuch, bei steigenden Zugriffszahlen die Last auf mehrere Datenbankserver zu skalieren, denn eigentlich bräuchte man nun eine Trennung zwischen schreibendem und lesendem Zugriff.

Im Hinblick auf die Sicherheit sind pauschale Logins jedoch bereits viel früher problematisch: Teilen des Codes werden bei vielen Zugriffen weit mehr Rechte eingeräumt, als diese gerade benötigen. Warum zum Beispiel muss der Datenbank-Account, mit dem eine Suchabfrage durchgeführt wird, Schreibrechte besitzen? Gerade in Shared-Hosting-Umgebungen, in denen nur ein pauschaler Login zur Datenbank verwendet wird, zeigt sich, wie unsinnig dies ist. Zumeist wird hier für die Administration das gleiche Benutzerkonto verwendet wie in der eingesetzten Software. Daraus folgt, dass die Anwendung aus Sicht der Datenbank das Recht besitzt, beliebige Tabellen anzulegen oder zu löschen. Sind im Quellcode der Webseite Sicherheitslücken verborgen, die SQL-Injections (siehe Abschnitt 9.4) erlauben, wäre somit der Vollzugriff auf die Datenbank möglich. Bei Verwendung von getrennten Logins hingegen sind die Sicherheitslücken in der Anwendung zwar weiterhin vorhanden, die Möglichkeiten der Ausnutzung haben jedoch deutlich abgenommen.

Fehlerbehandlung

Besonders wichtig, nicht nur bei der Arbeit mit Datenbanken, ist das saubere Abfangen von Fehlern. Aber was ist eigentlich ein Fehler? In einer Anwendung kann es zu vielen verschiedenen Arten von Fehlern und Problemen kommen, die alle individuell verarbeitet werden müssen und deren Auftreten sowohl erwartet als auch unerwartet sein kann. So ist die fehlerhafte Eingabe eines Benutzers etwas, mit dem eine Anwendung rechnet – nicht umsonst werden die gemachten Angaben ja validiert. Dass beim Speichern das Dateisystem plötzlich nicht mehr verfügbar ist, stellt jedoch schon einen eher unerwarteten Fehlerfall dar. Beiden Fehlern ist gemein, dass der Besucher über das Auftreten eines Problems informiert werden muss, die dargestellten Informationen unterscheiden sich allerdings deutlich.

Bei einer fehlgeschlagenen Anmeldung aufgrund falscher Daten beispielsweise ist es wichtig, dies dem Benutzer mitzuteilen, einem Angreifer dabei jedoch möglichst keine Zusatzinformationen zu liefern. Oft werden aufgrund falsch verstandener Benutzerfreundlichkeit Fehlermeldungen ausgegeben, die bestätigen, dass der angegebene Login-Name existiert und nur das Passwort nicht dazu passt. Mit dem Wissen über ein verfügbares Benutzerkonto kann ein Angreifer in aller Ruhe Passwörter ausprobieren.

Unerwartete Fehlersituationen, die in der Regel durch Exceptions kommuniziert werden, müssen gefangen werden oder führen in PHP zu einem fatalen Fehler. Die Ausgabe dieser „harten" PHP-Fehlermeldung ist eine ziemlich schlechte Idee, verrät sie doch unnötig viel über die PHP-Interna und überfrachtet zudem den Anwender mit unnötigen Informationen. Ähnlich wie ein Blue Screen unter Windows, der einen Hex-Dump des Speichers enthält, ohne dass diese Daten für den durchschnittlichen Anwender hilfreich wären, so interessieren einen Besucher die genauen Gründe, warum eine Seite beim Aufruf abgestürzt ist, eher selten, helfen einem Angreifer aber sehr dabei, seine Methoden zu verfeinern. Natürlich müssen die Entwickler und Administratoren per E-Mail oder sogar SMS möglichst genau über das Zustandekommen des Fehlers informiert werden. Für den Endbenutzer reicht jedoch in aller Regel ein freundlicher Hinweis, dass die Anfrage leider nicht erfolgreich bearbeitet werden konnte.

Grundeinstellung

Interessant zu sehen ist, welche Informationen Webserver einem Angreifer standardmäßig zur Verfügung stellen: Betriebssystem, Version, installierte Module oder Erweiterungen wie PHP und deren Version. Dies sind alles Daten, die eigentlich niemanden interessieren, aber dennoch in Standardfehlermeldungen und HTTP-Headern übermittelt werden. Zum Glück lässt sich die Geschwätzigkeit der Webserver und auch anderer Komponenten in fast allen Fällen abschalten oder zumindest deutlich einschränken. Natürlich verhindert das Verstecken dieser Details keine Angriffe und behebt auch keine Sicherheitslücken, macht es einem Angreifer aber wieder einmal etwas schwerer, weil er nicht einfach nur in einer Datenbank nach einem passenden Exploit suchen kann, sondern diverse durchprobieren muss. Das kostet aber natürlich Zeit, was wiederum die Wahrscheinlichkeit einer Entdeckung stark erhöht.

Grundsätzlich gilt, dass jede Information, die man unnötig über ein System preisgibt, einem Angreifer in die Hände spielt. Es ist daher von Vorteil, das „Marketing" in Form überflüssiger Header- oder Footer-Zeilen zu vermeiden und auch sonst mit der Ausgabe von Details wie Stack-Traces und Datei- oder Klassennamen bei Programmfehlern nur auf Entwicklungsservern freigiebig zu sein.

Analog zu dem Satz, den man in US-Krimi-Serien bei Verhaftungen häufig hört, gilt als Faustregel: „Alles, was Sie sagen, kann und wird gegen Sie verwendet werden." Eine gesunde Paranoia beim Entwickeln von Software, die 24 Stunden am Tag im Internet Angriffen ausgesetzt ist, macht den Alltag deutlich entspannter, und man vermeidet das spätere Flicken von Löchern.

9.3 Was kostet Sicherheit?

Projektleiter, Kunden und Geschäftsleitung wollen Zahlen sehen:
- Wie lange dauert es, das gewünschte Feature zu implementieren?
- Was kostet mich das?
- Wann kann ich es sehen?
- Wann kann ich es einsetzen?

All diese Fragen lassen sich für den Bereich Sicherheit nur schwer beantworten, zumal gerade die Frage nach der Sichtbarkeit schon grundlegend falsch ist. Gute Sicherheit sieht man nicht, sie ist einfach da. Einem Nichttechniker etwas zu verkaufen, das man nicht sehen kann, stellt allerdings oft eine eher anstrengende Aufgabe dar.

Im Grunde stellt sich die Frage nach den Kosten der Sicherheit auch erst, wenn man sich dem Thema viel zu spät im Entwicklungsprozess annimmt. Denn dann müssen nach durchgeführten Audits unter Umständen ganze Klassen neu geschrieben, Strukturen überarbeitet und Konzepte hinterfragt werden. Inwieweit man sich bekannten Sicherheitsproblemen in der eigenen Anwendung überhaupt annimmt, hängt stark vom Problem selbst und dem damit verbundenen *Business Impact* ab. So ist eine durch Angreifer modifizierte Startseite zwar immer irgendwie peinlich, bei der Homepage eines Sicherheitsunternehmens dürfte der finanzielle Schaden jedoch messbar höher sein, als dies bei einem privaten Blog der Fall ist.

Selbst wenn keine akuten Sicherheitslücken in der Anwendung bekannt sind, muss man sich natürlich überlegen, wie weit man mit dem Absichern gehen will. Ein schönes Beispiel, um diesen Sachverhalt deutlich zu machen, ist der Schutz einer Lampe: Stellen Sie sich einen Raum vor, in dem an der Decke eine Lampe angebracht wurde. Nun überlegen Sie sich zehn Möglichkeiten, um diese Lampe auszuschalten. Der erste Gedanke dürfte der Lichtschalter sein. Würde es sich um eine Anwendung handeln, wäre hier also eine Autorisierung notwendig. Auch die Birne aus der Fassung zu drehen wäre wohl eine Option, gegen die man sich eventuell schützen könnte. Weitere Möglichkeiten gehen über das Abschalten des Stroms durch Herausnehmen der Sicherung, das Abschneiden der Kabel, das Zerstören der Birne bis hin zu weniger naheliegenden Ideen wie das Gebäude abzureißen oder das stromliefernde Kraftwerk abzuschalten. Natürlich kann man sich gegen alle diese Ansätze schützen – ob es allerdings sinnvoll ist, die Lampe gegen den Abriss des Gebäudes zu schützen, dürfte mehr als fraglich sein. Ebenfalls stellt sich die Frage, welchen finanziellen Aufwand man wohl betreiben muss, um zu verhindern, dass die Birne zerstört wird, und was im Zweifel der Ersatz der Birne kosten würde.

Wer dieses Gedankenspiel zu Ende bringt, wird merken, dass irgendwann der Kostenrahmen zur Absicherung den möglichen finanziellen Schaden übersteigt. Spätestens ab diesem Punkt ist es, so traurig es aus Sicht der Paranoiker sein mag, wirtschaftlich nicht mehr sinnvoll, Zeit und Geld in Sicherheit zu investieren.

9.4 Die häufigsten Probleme

Man kann bei der Entwicklung von Software leider viele Fehler machen. Auch im Bereich der Sicherheit ist die Ursache von Problemen grundsätzlich der von menschlichen Entwicklern geschriebene fehlerhafte Quelltext. Erstaunlicherweise machen allerdings die meisten Entwickler immer wieder die gleichen Fehler. Dabei ist es sogar vollkommen egal, welche Programmiersprache und Servertechnik zum Einsatz kommen. In vielen Fällen rettet die strenge Typisierung von kompilierten Sprachen die Entwickler, andere werden durch den Zwang, nur APIs mit gutem Security-Hintergrund verwenden zu können, vor ihren eigenen Fehlern geschützt.

Damit auch bei dynamisch typisierten und hochflexiblen Sprachen wie PHP die Sicherheit nicht zu kurz kommt, wurde das *Open Web Application Security Project (OWASP)* gegründet. Dieses Projekt gibt seit geraumer Zeit eine Top 10 der häufigsten Fehler inklusive einer Einschätzung über deren Bedeutung heraus[5].

Wenngleich es schwer ist, eine pauschale Aussage über die Gefährlichkeit einer Lücke zu treffen, so sind die aufgeführten Probleme als solche in der Tat in vielen Anwendungen und auch immer wieder in Open-Source-Projekten zu finden. Inwieweit eine Vulnerability eine dieser oder auch anderer Lücken jeweils wirklich zu einem messbaren Schaden führt, hängt stark von der Art der Anwendung und deren Zielgruppe ab.

A10 – Weiterleitungen

Ob per JavaScript oder klassisch per HTTP-Header und PHP – das automatisierte Weiterleiten des Benutzers von einer Seite zu einer anderen ist eine gängige Praxis bei vielen Webseites. Ob zur Steuerung innerhalb der Anwendung oder aber zum Tracking von Ausstiegsseiten, die 30x HTTP-Header sind viel im Einsatz. Um die Weiterleitungsskripte möglichst generisch zu halten, übergeben viele Entwickler die Ziel-URL als Parameter – zum Beispiel in Form von `?target=http://domain.tld`. Leider wird dabei oft vergessen, dass ein derartiger Link leicht von Dritten missbraucht werden kann, um eigene Weiterleitungen zu veranlassen. Auch wenn dies der hier missbrauchten Seite selbst technisch gesehen nicht schadet, so wird dennoch die vorhandene Reputation unterwandert. Hinzu kommt, dass man über manipulierbare Redirektoren die originalen Referer verschleiern kann, sodass das Auffinden der wahren Quelle eines Angriffs ohne Mitarbeit der Entwickler bzw. Administratoren der missbrauchten Seiten unmöglich wird.

Da die direkten technischen Konsequenzen für den Einsatz von unsicheren Weiterleitern aufseiten der weiterleitenden Webseite leider sehr begrenzt sind und die Auswirkung auf das Vertrauen der Benutzer in die eigene Seite zudem meist unterschätzt wird, hat das Beheben der Probleme nur geringe Priorität. Dabei ist die Absicherung eigentlich ganz einfach: Bei Weiterleitungen innerhalb der Anwendung reicht es theoretisch bereits aus, darauf zu achten, dass nur relative Links übergeben werden.

Sauberer und auch für späteres Auswerten effektiver ist die Verwendung einer Map. Durch Vergabe von ID-Werten oder Bezeichnern, die im Link dann eingesetzt werden und de-

---

[5] *https://www.owasp.org/index.php/Top_10_2010-Main*

ren reale URLs in einer Tabelle oder einem Array hinterlegt sind, ist der Redirector gegen Manipulation abgesichert. Dies bedeutet ein wenig zusätzlichen Konfigurations- bzw. Verwaltungsaufwand, aber der Gewinn an Sicherheit und nicht zuletzt der Wartbarkeit ist dies in jedem Fall wert.

A9 – Transportschicht

Um mit einem Online-Dienst arbeiten zu können, muss man mit diesem kommunizieren. Das ist natürlich auch bei Webservices und -seiten nicht anders. Das hier verwendete HTTP-Protokoll setzt dabei auf eine textbasierte Struktur und ist daher von Menschen im Klartext lesbar. Was zur Fehlersuche grundsätzlich sehr hilfreich sein kann, stellt aus Sicht der Sicherheit ein Problem dar. Dabei ist nicht der Aufbau des Protokolls selbst das Problem, sondern die standardmäßig ungesicherte Verbindung, über die es in der Regel eingesetzt wird. Bei fehlender Verschlüsselung kann jedes am Transport der Daten beteiligte System diese ohne großen Aufwand mitlesen – ähnlich wie dies bei einer klassischen Postkarte der Fall ist. Das mag für die Abrufe von Wetterdaten oder der aktuellen Nachrichten kein Problem sein, bei der Verarbeitung von persönlichen Daten bleibt nicht zuletzt zum Schutz der Privatsphäre des Anwenders nur ein verschlüsselter Übertragungsweg. Doch genau hier werden leider sehr häufig schon die ersten Fehler gemacht: Anstatt grundlegend und vollständig auf den Einsatz von HTTPS zu setzen, wird gerne zwischen vermeintlich wichtigen sowie unwichtigen Daten unterschieden und somit auch zwischen HTTP und HTTPS hin und her gewechselt. Natürlich ist der HTTPS-Teil als solches weiterhin sicher, allerdings wird beispielsweise die Session-ID sowohl über die sichere Leitung als auch im Klartext übertragen. Da der Besitz einer gültigen Session-ID in aller Regel zum Zutritt bzw. Zugriff berechtigt, ist die gesicherte Übertragung per HTTPS leider wertlos geworden.

Natürlich muss ein Angreifer sich physikalisch im gleichen Netz bewegen oder Zugriff auf ein am Transport beteiligtes System haben, um von dieser Lücke profitieren zu können. Da jedoch immer mehr Anwender mobil ins Internet gehen oder sich in ein WLAN einbuchen, wird dieser Angriffsvektor eher an Bedeutung zunehmen.

Wer aus technischen Gründen und trotz der Notwendigkeit, mit Verschlüsselung zu arbeiten, nicht vollständig auf den Einsatz von HTTP verzichten kann, hat zumindest für die Übertragung der Session-ID eine Option, die Sicherheit zu verbessern: So gibt es für die (Session-)Cookies die Möglichkeit, die Übermittlung auf HTTPS-gestützte Kommunikation zu beschränken. Da davon auszugehen ist, dass beim Wechsel des Protokolls auch die Rechte des Benutzers innerhalb der Anwendung geändert werden, steht aus Sicherheitsgründen zeitgleich die Vergabe einer neuen Session-ID an. Auf diesem Weg wird die sichere ID nie über eine ungesicherte Verbindung übertragen, und man hat das Problem elegant umgangen.

Ein weiteres Problem sind falsch konfigurierte Webserver mit ungültigen oder auch abgelaufenen Zertifikaten. Derartige Zertifikate sind zwar rein technisch nicht weniger sicher und daher eigentlich kein Problem der Transportschicht, erziehen aber die Benutzer dazu, Fehlermeldungen bezüglich der Gültigkeit einfach zu akzeptieren. Dieses Verhalten erleichtert dann Phishing und andere Angriffe, da der Benutzer keine Chance hat, zwischen den verschiedenen Fehlermeldungen und Gründen zu unterscheiden. In öffentlichen Projekten sollten daher immer nur gültige Zertifikate verwendet werden, deren Certificate Authority[6] von den Browsern akzeptiert werden.

A8 – Zugriffsschutz

Ein erstaunlich häufiges Problem betrifft die richtige Absicherung von Seiten vor dem Zugriff durch Unberechtigte. Grundsätzlich basiert dieser Fehler wohl auf dem verbreiteten Irrglauben, dass Seiten, die nicht direkt verlinkt sind, nicht gefunden oder aufgerufen werden können. Dabei vergeben die Entwickler gerne indirekte Hinweise darauf, dass es eine alternative URL geben könnte, die unter Umständen erweiterte Rechte oder kostengünstigere Wege verspricht. So impliziert beispielsweise eine URL, die auf `wlan_login_pay.html` endet, dass es eine Variante ohne `pay` oder mit einem anderen Zusatz wie `free` oder `guest` geben muss. Diese zu finden ist im Zweifel nur eine Frage von Lust und Zeit.

Gefährlich wird es dann, wenn Annahmen über den Klickpfad der Benutzer innerhalb der Seite oder die Herkunft getroffen, diese aber nicht überprüft werden. Nur weil der Workflow der Applikationslogik es nicht vorsieht, dass eine Seite vor der anderen aufgerufen wird, bedeutet dies schließlich nicht, dass es nicht doch jemand versucht. Dies gilt vor allem bei Ajax-basierten Seiten, die mehrere Anfragen in willkürlicher Reihenfolge absetzen und die Antwortgeschwindigkeit nicht garantiert ist.

Ein weiterer beliebter Fehler ist das blinde Vertrauen auf externe Konfigurationen, die etwa bei einem Wechsel des Webservers nicht mehr identisch funktionieren oder auch gerne schlicht unvollständig sind. So gibt es viele Projekte, die für ihre Sicherheit auf `.htaccess`-Dateien aufsetzen. Dies funktioniert nur mit einem Apache-Webserver, kann aber auch abgeschaltet werden. Da die Überprüfung auf die Existenz dieser Steuerdateien für jede Verzeichnisebene mindestens einen unnötigen I/O-Request bedeutet und das Parsing weitere Rechenzeit verbrennt, kann vom Absichern der eigenen Seite über `.htaccess` nur dringend abgeraten werden. Die entsprechenden Einstellungen sollten direkt in der zentralen Konfigurationsdatei des Webservers vorgenommen werden.

Der Hauptgrund, warum in vielen Projekten `.htaccess`-Dateien zum Einsatz kommen, ist zudem vollkommen unsinnig: Es wird versucht, durch `Deny from all` die Bibliotheksordner vor externem Zugriff zu schützen. Warum diese Dateien aber überhaupt an einem Ort liegen, der von außen erreichbar ist, wird nicht begründet. Dies kann man sich eigentlich nur dadurch erklären, dass es in der Vergangenheit Shared-Hosting-Anbieter gab, die den Kunden keinen Zugriff auf Ordner außerhalb des Document-Roots erlaubten. Diese Zeiten sollten aber der Vergangenheit angehören – oder einen zeitnahen Wechsel des Providers rechtfertigen.

---

[6] Eine Certificate Authority ist eine Zertifizierungsstelle, welche die Echtheit eines digitalen Zertifikates mit ihrer digitalen Unterschrift bestätigt.

A7 – Kryptografie

Verschlüsselung ist oft auch abseits der Übertragungswege im Einsatz. Dass das Speichern von Passwörtern im Klartext eine ziemlich schlechte Idee ist, hat sich zum Glück inzwischen relativ weit herumgesprochen. Leider werden aber auch bei der Verschlüsselung viele Fehler gemacht. Zunächst muss man sich darüber klar werden, ob die Daten wieder entschlüsselbar sein müssen oder ob dies – wie bei Passwörtern – gar nicht notwendig ist. Ist Letzteres der Fall, so kommt anstelle von Verschlüsselung ein Hash-Algorithmus zum Einsatz. Den meisten Entwicklern sind hierbei vor allem MD5 und SHA1 bekannt. Diese beiden Hash-Algorithmen sind zur Speicherung von Passworten allerdings nur noch bedingt geeignet.

Werden MD5- oder SHA1-Hashes zur Speicherung eines Passwortes eingesetzt, so müssen diese „gesalzen" werden, damit sie sicher vor Angriffen mittels sogenannter Rainbow Tables[7] sind. Das Salz wird dabei zum Beispiel in Form einer einmal generierten Zeichenkette an das eingegebene Passwort angehängt oder auch diesem vorangestellt. Erst der so modifizierte Wert wird dann zur Hash-Berechnung verwendet. Selbst wenn der Hashwert und der String, der für das Salz eingesetzt wurde, einem Angreifer bekannt werden, so lässt dies keinerlei direkten Rückschluss auf das ursprüngliche Passwort zu. Auch die existierenden Rainbow Tables helfen dann nicht weiter, da sie keinen passenden Eintrag mit dem ursprünglichen Passwort haben können.

Sicher gespeichert sind die Passworte damit allerdings leider immer noch nicht. Gerade die bekanntesten Hash-Algorithmen sind fast alle primär zur Konsistenzprüfung entwickelt worden und daher auf eine hohe Geschwindigkeit bei der Ausführung optimiert. Das hat zur Folge, dass moderne Hardware leicht mehrere Millionen an Hash-Berechnungen pro Sekunde durchführen kann. Die Erstellung einer individuellen Rainbow Table dauert also im Extremfall nur noch wenige Minuten.

Es gilt also, die Berechnung teurer zu machen: Entweder, in dem man die Hash-Berechnung in einer Schleife viele Male vollführt (ein als *Passwort Stretching* bezeichnetes Vorgehen), was allerdings erst ab einer wirklich hohen Anzahl an Durchläufen von mehreren 10.000 merkliche Verlangsamungen bringt – oder aber durch Umstellung auf einen zur Passwort-Verarbeitung besser geeigneten Algorithmus wie die *Password-Based Key Derivation Function 2 (PBKDF2)* oder das speziell zum Hashing von Passworten entwickelte bcrypt.

Seit Version 5.5 bietet PHP Entwicklern eine bequeme Programmierschnittstelle für die Verarbeitung von Passwörtern[8]. Wer diese Version von PHP noch nicht verwenden kann, der kann sich mit einer Implementierung[9] in PHP behelfen, die dieselbe Funktionalität mit derselben API für PHP-Versionen ab 5.3.7 zur Verfügung stellt.

Selbstverständlich gibt es aber auch Daten, die man nach der sicheren Speicherung auch wieder entschlüsseln will. Hier helfen OpenSSL oder GPG weiter, die auf erprobte offene Implementierungen setzen. Von der Entwicklung eigener Kryptoalgorithmen kann an dieser Stelle nur abgeraten werden: Der Entwurf ist eine harte und langwierige Arbeit, die unter anderem auch mathematische Beweise beinhaltet. Dies ist ein Aufwand, der sich in aller

---

[7] Eine *Rainbow Table* ist eine große Datenbank mit vorberechneten Hash-Werten.
[8] http://php.net/password
[9] http://github.com/ircmaxell/password_compat

Regel nicht lohnt, zumal in PHP geschriebene Kryptoalgorithmen immer relativ langsam sein werden.

Gerade bei sensitiven Daten sollten auch Backups nur verschlüsselt aus der Hand gegeben werden. Sowohl mit OpenSSL als auch mit GPG lassen sich leicht Archive erzeugen, deren Schlüssel unabhängig abgelegt und separat etwa auf USB-Sticks gesichert werden können. So sind die Backups selbst bei Diebstahl weiterhin geschützt.

A6 – Konfiguration

Fehlkonfigurationen sind ein weiterer Grund für Sicherheitsprobleme. So vertrauen Entwickler gerne blind darauf, dass die Administratoren schon wissen, wie sie die Anwendung gegen Angriffe absichern. Ohne Absprache, welche Dienste die Anwendung mit welchen Rechten braucht, ist dies jedoch leider ein hoffnungsloses Unterfangen.

Die meisten Betriebssysteme und Linux-Distributionen versuchen, ein möglichst vollständiges System zu liefern, mit dem man sofort produktiv arbeiten kann. So praktisch dies für einen Desktop-Rechner sein mag, so überflüssig ist ein derartiges Standard-Setup für fast alle Serverarten. Nach der Installation gilt es daher, das System durch Abschalten und idealerweise Entfernen der nicht benötigten Dienste zu härten. Dazu gehört das Sperren nicht benötigter Benutzerkonten, das Ändern von Standardpasswörtern und das Anpassen zu offener Standardkonfigurationen. So erlauben die meisten UNIX- und Linux-Systeme in ihrer Grundkonfiguration einen Remote-Login als Benutzer `root` von jeder beliebigen IP. Das ist nicht nur vollkommen unnötig, es ist auch gefährlich und sollte daher als Erstes nach dem Anlegen eigener Benutzerkonten – idealerweise anstelle von Passwörtern mit einer schlüsselbasierten Authentifizierung – abgestellt werden.

Doch nicht nur SSH ist ein mögliches Einfallstor: Auch Dienste wie MySQL oder der Webserver selbst sind natürlich angreifbar. Gerade für die MySQL-Datenbank gilt, dass man den Zugriff über TCP/IP vollständig abschalten kann, wenn nur lokale Zugriffe via PHP erfolgen. Sind mehrere Server im Verbund im Einsatz, könnte man die Datenbankserver auch in eigenes lokales Netz verlegen und die Systeme so vor externen Zugriffen schützen.

All diese Maßnahmen helfen jedoch nur wenig, wenn Sicherheitsupdates nicht eingespielt und geänderte Konfigurationen nicht ausgiebig getestet werden. Gerade kleinere, als ungefährlich eingeschätzte Änderungen haben zum Teil unerwartete Nebenwirkungen auf vermeintlich unbeteiligte Dienste und Systeme.

A5 – Cross Site Request Forgery (CSRF/XSRF)

Cross Site Request Forgery ist ein Angriff, der konzeptionell in den meisten Fällen nur deshalb funktioniert, weil Leute sich auf einmal besuchten Seiten, auf denen sie ein Benutzerkonto haben, nicht wieder sauber abmelden oder zum Beispiel in Tabs auf mehreren Seiten gleichzeitig aktiv sind. In der Regel werden Logins heute sessiongestützt durchgeführt, wobei die Session-ID in einem Cookie abgelegt und danach bei jedem Request übertragen wird. Was während der Benutzung der Seite alleine ein hinreichend sicheres Verfahren ist, stellt sich beim Verlassen ohne Logout oder bei paralleler Nutzung mehrerer Anwendungen als Gefahr heraus. Da die Session in der Regel weiterhin Gültigkeit besitzt – bei PHP in der Standardeinstellung zum Beispiel 24 Minuten –, enthalten weitere Anfragen an den Server entsprechend weiter das Session-Cookie und autorisieren unter Umständen so nicht gewünschte Aktionen. Um eine solche Anfrage auszulösen, reicht es zum Beispiel, in einem Forum ein Bild einzubinden, dessen URL auf besagten Server verweist. Auch wenn die Antwort vom Server vermutlich kein Bild zurückliefert, wird der Request natürlich verarbeitet und kann so Nachrichten senden oder Buchungen auslösen. Da kaputte Bilder innerhalb eines Forums zudem Alltag sind, wird kaum ein Besucher ernsthaft Verdacht schöpfen.

Die Verwendung einer „entführten" URL in einem Forum kann man zwar nicht verhindern, die Funktionsfähigkeit eines derartigen Angriffs jedoch schon. Als Erstes sollte man für die Übergabe der Daten ausschließlich auf POST setzen und die Existenz der superglobalen Variablen $_REQUEST dabei vollständig aus dem Gedächtnis streichen. Dabei verhindert dieser Wechsel CSRF zwar noch nicht, ein simples Einbinden eines Links als Bildquelle fällt damit aber schon einmal als Angriffsvektor aus. Zur Vervollständigung des Schutzes vor CSRF bedarf es eines zusätzlichen Request-Tokens, der per verstecktem Eingabefeld in einem Formular mitgeschickt wird. Da dieser Wert für jedes Formular und jeden Abruf der Seite ein anderer ist, kann ein Angreifer zwar noch die Struktur nachbauen, den aktuellen Wert des Request-Tokens jedoch müsste er raten. Damit dieses Raten nicht von Erfolg gekrönt wird, ist es zwingend notwendig, den Wert für den Token nicht auf einem fortlaufenden und damit vorhersagbaren Wert wie zum Beispiel einem Zeitstempel aufzubauen.

A4 – Direkte Zugriffe

Zugegeben, es ist verlockend einfach und wird in unzähligen Tutorials leider immer wieder beispielhaft genau so implementiert – der Zugriff auf ein „Objekt" in der Datenbank durch die Übergabe der ID via URL. Was für viele Einsatzgebiete wie News vollkommen ausreichend sein mag, birgt im Umfeld zum Beispiel eines Social Networks riesige Gefahren. Denn wer stellt sicher, dass der anfragende Benutzer das Recht besitzt, genau diesen Eintrag zu sehen? Häufig wird eine solche Prüfung nur in Skripte integriert, die vom Konzept her bereits nur privilegierten Nutzern zugänglich sein sollten. Ein beliebtes Szenario für ein solches Setup sind etwa Nachrichtenportale, die zwischen allgemein zugänglichen Informationen und abgeschlossenen Bereichen für zahlende Mitglieder unterscheiden. Wenn die jeweiligen Skripte zur Anzeige der Nachrichten nicht explizit die Rechte überprüfen, lässt sich der öffentliche Teil der Seite dazu missbrauchen, auch die eigentlich geschützten Inhalte abzurufen — man muss lediglich die IDs durchtesten.

Lücken aufgrund ungeprüfter direkter Zugriffe sind in der Praxis leider sehr viel häufiger anzutreffen, als man allgemein vermuten mag. Oft sind auch Konfigurationsseiten von Providern betroffen, die ungewollt Zugriff auf die Daten anderer Kunden ermöglichen. Faszinierend zu beobachten ist dabei übrigens, dass sehr viel häufiger Sicherheitsprüfungen vor dem lesenden Zugriff implementiert werden als beim Schreiben. Es scheint noch immer der Irrglaube vorzuherrschen, dass ein Angreifer die Daten abrufen muss, bevor er sie – gegebenenfalls modifiziert – zurückschreiben kann.

Neben der expliziten Prüfung der Zugriffsrechte – auch und gerade beim Schreiben – hilft es, die ID selbst nicht als Klartext zu übergeben, sondern eine alternative Link-ID zu implementieren, die keinen Rückschluss auf den eigentlichen ID-Wert zulässt. Ein derartiges Konzept wird vor allem gerne von Video- und Fotoportalen eingesetzt, die so ganz nebenbei auch das automatisierte Auslesen der vollständigen Datenbank verhindern bzw. zumindest, da etwaige IDs geraten oder durchgetestet werden müssten, so weit verlangsamen, dass sich der Aufwand nicht mehr lohnt.

A3 – Authentifizierung und Session-Management

Die sichere Speicherung, Verarbeitung und Übergabe von Session- und Login-Daten ist ein komplexes Unterfangen, das bei vielen Webseiten unsicher umgesetzt wurde. Neben den unter A9 und A10 dargestellten Problemen birgt gerade die Funktion *Passwort vergessen* viel Fehlerpotenzial. Wenn eine Webseite in der Lage ist, dem Benutzer das hinterlegte Passwort zuzusenden, bedeutet dies, dass die Speicherung die Regeln von A9 verletzt. Via Passwort-Vergessen-Seite automatisiert direkt neue Passwörter zu generieren, ist nur wenig besser, da es möglich ist, durch Ausprobieren von E-Mail-Adressen beliebige Benutzerkonten mit neuen Passwörtern auszustatten.

Der richtige Weg kann daher nur sein, dem Benutzer eine Nachricht mit einem Link zuzusenden, über den er dann ein neues Passwort festlegen kann. Dieser Vorgang sollte, um Missbrauch zu erschweren, wenn keine Bestätigung erfolgte, in einem definierten Zeitfenster nur einmal ausgelöst werden können.

Wichtig ist auch, dass bei der Wahl des (neuen) Passworts eine gewisse Komplexität nicht unterschritten wird. Die beste Verschlüsselung nützt offensichtlich wenig, wenn als Passwort 12345 verwendet wurde. Bei der Validierung sollte daher die Sicherheit des Passwortes geprüft werden. Ein gutes Passwort sollte mindestens sechs Zeichen lang sein, darf nicht nur aus Zahlen oder nur aus Buchstaben bestehen und enthält idealerweise mindestens ein Sonderzeichen.

Nach einem erfolgreichen Login sowie bei jeder weiteren Änderung der Zugriffsrechte sollte via `session_regenerate_id()` eine neue Session-ID vergeben werden. Neben dem unter A10 bereits erwähnten Schutz beim Wechsel von HTTP auf HTTPS verhindert dieses Vorgehen effektiv sogenannte Session-Fixation-Angriffe. Eine Session-Fixation liegt vor, wenn ein Angreifer sein Opfer dazu bringen kann, die attackierte Webseite über einen modifizierten Link zu besuchen und ihm dabei eine vorgegebene Session-ID aufzwingt. Da die Sicherheit einer Session darauf basiert, dass die ID geheim und für jeden Benutzer eindeutig ist, könnte sich der Angreifer jetzt mit den Rechten des Opfers in der Anwendung bewegen.

PHP hat die unschöne Angewohnheit, beim Aufruf von `session_start()` eine übergebene ID ohne inhaltliche Validierung zu übernehmen, was es einem Angreifer erlaubt, von außen die (erste) Session-ID vorzugeben, egal ob es diese auf dem Server bereits gab oder nicht. Selbst wenn die ursprüngliche Session mit dieser ID bereits abgelaufen sein mag, würde sie einfach neu erzeugt. Man sollte PHP bei der Validierung unterstützen und bei der ersten Verwendung ein Flag in der Session anlegen, das signalisiert, dass es sich um eine von der Anwendung erzeugte ID handelt. Wird dieses Flag nicht gefunden, kann mittels `session_regenerate_id(true)` die aktuelle ID samt hinterlegtem Inhalt verworfen und das Flag für eine jetzt saubere Session neu gesetzt werden.

All dieser Aufwand lohnt natürlich nur, wenn die so gesicherte ID nicht offen als Teil der URL übertragen, sondern nur via Cookie mitgeliefert wird. Die Übermittlung der Session-ID innerhalb eines Links – und dazu zählt in diesem Kontext auch eine Weiterleitung per `header()` – verbreitet die ID nämlich an unbeteiligte Dritte wie Ad-Server oder Tracking-Software beziehungsweise an alle, die den HTTP-Referer oder auch einfach nur Logfiles auswerten.

A2 – Cross Site Scripting (XSS)

Cross Site Scripting ist noch immer die mit Abstand am häufigsten vorkommende Sicherheitslücke bei Webseiten. Eine Anwendung ist anfällig für XSS, wenn Eingaben bei der Darstellung nicht oder nicht passend maskiert (englisch: *escape*) und validiert wurden.

Cross Site Scripting ist dabei nicht auf Nutzereingaben beschränkt, auch externe Datenquellen oder RSS-Feeds können ungewünschte HTML- und Skriptinhalte aufweisen, die beim Einbinden in die eigene Seite übernommen werden und so zur Ausführung kommen. Neben der grundsätzlichen Problematik eines Datenimports stellt sich auch die Frage nach der Vertrauenswürdigkeit. So erteilt man durch Einbinden von Ad-Tags oder auch Tracking-Codes immer eigentlich unbeteiligten Dritten Vollzugriff auf das Document Object Model (DOM) der Seite im Browser.

Wenngleich XSS nicht zwischen HTML und JavaScript unterscheidet, so wird für die meisten Angriffe ein HTML-Bruchstück verwendet, an das JavaScript angehängt wurde. Die HTML-Teile dienen dazu, das originale HTML so zu modifizieren, dass der nachfolgende Code im Browser ausgeführt werden kann – zumeist geschieht dies in einer Form, dass die Manipulation nicht oder nur eingeschränkt erkennbar ist.

Die häufigsten Spielarten des XSS werden als *nicht persistent* und *persistent* bezeichnet und setzen jeweils eine Kommunikation mit dem Server voraus. Der ebenfalls definierte *DOM-Level XSS*, gerne auch als „lokaler XSS" bezeichnet, kommt ohne Server aus und spielt daher hier keine Rolle.

Ein nicht persistenter XSS setzt einen Link voraus, über den das Opfer auf die durch den Angreifer modifizierte Seite gelockt wird. Es ist ein Irrglaube, dass ein derartiger XSS nur für GET-Anfragen funktioniert. Mittels JavaScript kann natürlich auch jede POST-basierte Seite entsprechend manipuliert werden. Spätestens seit Twitter und anderen Mikroblogging-Diensten ist das Verwenden von URL-Verkürzern Alltag geworden. Auf diese Weise lassen sich sowohl modifizierte Links als auch der Aufruf einer Zwischenseite mit dem für das Senden einer POST-Anfrage notwendigen JavaScript auf einfache Art verstecken.

Von einem persistenten XSS spricht man, wenn der von einem Angreifer eingeschleuste Code serverseitig gespeichert wurde und somit für jeden weiteren Besucher ausgeliefert wird. Häufige Ziele derartiger XSS sind Foren, Blogs mit ihren Kommentarfunktionen sowie die klassischen Gästebücher.

Die große und oft unterschätzte Gefahr bei XSS ist, dass für den Anwender unbemerkt Daten ausgespäht und an Dritte übertragen werden können. Ein weiterer Anwendungsfall sind inhaltliche Manipulationen. Ist eine Nachrichtenseite via XSS manipulierbar, kann ein Angreifer gefälschte Meldungen verbreiten, die vermeintlich durch die Redaktion des Portals erstellt wurden. Verbindet er dann noch weitere manipulierte Seiten, lässt sich für Außenstehende der Angriff kaum erkennen.

Aus PHP-Sicht lässt sich XSS leicht vermeiden: Bei der Ausgabe von benutzergenerierten Daten in (X)HTML müssen lediglich diejenigen Zeichen in Entities umgewandelt werden, die eine syntaktische Bedeutung haben. Für HTML sind dies sowohl die für Tags verwendeten Zeichen < und > als auch die Anführungszeichen " und ' bei Attributen. Wer XHTML verwendet, muss zusätzlich das &-Zeichen ersetzen, da es sonst fälschlicherweise als Beginn einer Entity-Referenz erkannt wird. Bei Einsatz von klassischem HTML löst das &-Zeichen hingegen bei sehr strengen Tools wie HTMLTidy lediglich eine Warnung aus, ein Sicherheitsproblem stellt es nicht dar.

PHP bietet zur Maskierung die eingebaute Funktion `htmlspecialchars()`, die genau diese Zeichen ersetzt. Sie kennt drei Parameter, von denen zwei zwar optional sind, in der Praxis aber immer alle gesetzt werden sollten. Der zweite Parameter legt fest, ob und wie einfache Anführungszeichen umgewandelt werden sollen. Es empfiehlt sich, `ENT_QUOTES` zu übergeben, damit sowohl einfache als auch doppelte Anführungszeichen ersetzt werden. Durch die Angabe des dritten Parameters, der die Zeichenkodierung (englisch: *Encoding*) angibt, lässt sich sicherstellen, dass das Ergebnis dem angegebenen Encoding entspricht. Da die Funktion keine Konvertierung durchführt, muss die Eingabe bereits in diesem Encoding vorliegen. Falls nicht, wird ein Leerstring zurückgeliefert. Es ist daher unter Umständen hilfreich, die Zeichenkette vorher per `iconv()` unter Zuhilfenahme eines `//TRANSLIT`-Schalters zu säubern.

A1 – Injections

Als Injection bezeichnet man alles, was als übergebener Wert ungeprüft bei einem Interpreter landet und dort als Teil der Syntax die eigentliche Anfrage gezielt verändert. Angegriffen werden kann hier alles, was in irgendeiner Form interpretiert wird. Zum Beispiel:

- LDAP-Anfragen
- XPath-Ausdrücke
- SQL-Abfragen
- Aufrufe externer Prozesse inklusive deren Parameter

Da die Auswirkungen einer Injection-Lücke stark davon abhängen, gegen welchen Dienst oder welchen Prozess sie gerichtet werden, lässt sich der mögliche Schaden vorab nur bedingt abschätzen. Lücken in der Verarbeitung von Programmaufrufen dürften in der Praxis allerdings fast immer zur vollständigen Übernahme des Servers oder zumindest des betroffenen Benutzerprofils führen. Der mögliche Schaden durch Injection-Lücken bei Autorisierungen ist ebenfalls offensichtlich: Ein Angreifer wird mit hoher Wahrscheinlichkeit unberechtigten Zugriff erhalten.

Genau wie beim XSS, was im Grunde genommen nur eine spezielle Form der Injection ist, ist der Fehler aufseiten des Entwicklers der Mangel an Validierung bzw. das Fehlen der zum Interpreter passenden Maskierung. Für SQL gibt es dafür hilfreiche Funktionen wie *Prepared Statements*, eine Art SQL-Vorlage, in der Platzhalter durch die API mit den eigentlichen Parameterwerten ersetzt werden. Doch auch Prepared Statements haben ihre Grenzen, denn Angaben zur Sortierung oder Limitierung der Anzahl an gewünschten Reihen lassen sich nicht mit Platzhaltern realisieren und bedürfen daher weiterhin einer Whitelist innerhalb der Anwendung.

Es ist wichtig zu wissen, dass es grundsätzlich keine magische Funktion `mache_sicher()` für alle Einsatzgebiete geben kann, da die einzelnen Interpreter dafür zu unterschiedlich sind. Zum Glück ist so eine Funktion bei einer sauberen Architektur auch vollkommen unnötig.

Die in der Praxis leider extrem häufig zu findenden Injection-Lücken sind extrem gefährlich, erlauben sie doch fast immer die Manipulation von Content oder gar Benutzerkonten und Servertechnik. Ein auf diese Weise einmal gehacktes System ist in der Regel ein wirtschaftlicher Totalschaden, da das Finden aller Manipulationen, installierten Backdoors und sonstigen Veränderungen deutlich aufwendiger ist als eine Neuinstallation oder das Einspielen eines Backups.

9.5 Fazit

Das Schreiben grundsätzlich sicherer Anwendungen ist eigentlich ganz einfach, gilt es doch, nur wenige Regeln in Bezug auf Verarbeitung von Eingaben und bei der späteren Ausgabe zu beachten. In einer objektorientierten Architektur, die unterschiedliche Belange sauber voneinander trennt, ist dies mit wenigen Handgriffen und in generischer Form implementierbar. Je nach Ausgabeformat sind zum Beispiel in der Logik des Views entsprechende Filter für ein passendes Escaping zu implementieren. Die Datenbankschicht kümmert sich ebenfalls selbstständig um die Umwandlung der für sie potenziell gefährlichen Sonderzeichen.

Wer an die Entwicklung einer Software und den späteren Betrieb mit der Prämisse „Jeder Zugriff ist erst mal ein Angriff" herangeht, wird zumindest von den in diesem Kapitel aufgeführten Fehlern und Problemen verschont bleiben. Unabhängig davon sollte jedoch klar sein, dass Sicherheit besonders im schnelllebigen Internet keine einmalige Sache sein kann, sondern eine permanente Aufgabe für Entwickler und Administratoren darstellt. Auswerten von Logfiles, Lesen der Security-Mailinglisten und stete (Sicherheits-)Updates aller eingesetzten Komponenten auf der einen Seite stehen einer kontinuierlichen Überprüfung der Sicherheitsfunktionen und Ausgabefilter gegenüber.

Was übrig bleibt, sind konzeptionelle Lücken und neuartige Sicherheitsprobleme, die sich erst im laufenden Betrieb zeigen. Hier erlauben modulare Architekturen und paranoid konfigurierte Systeme im Falle eines Falles ein effektives und effizientes Reagieren. Denn eines ist leider auch klar: Wenn jemand wirklich in einen Server einbrechen will, wird ihm das mit hoher Wahrscheinlichkeit gelingen. Es ist nur eine Frage der Zeit, der Kosten und der Fähigkeiten des Angreifers. Je mehr Aufwand ein Angreifer aber betreiben muss, umso eher löst er damit auf verschiedenen Systemen Alarm aus oder sucht sich ein einfacher zu übernehmendes System. In beiden Fällen kann man als Betreiber nur gewinnen.

Wenn Sie nach dem Lesen dieses Kapitels jetzt noch tiefer in die Materie einsteigen wollen, so sollten Sie die Anschaffung des Buches *PHP-Sicherheit* [Kunz 2008] von Christopher Kunz und Stefan Esser in Betracht ziehen. Es erläutert anhand vieler nachvollziehbarer Beispiele detailliert die Risiken bei der Entwicklung von PHP-basierten Webanwendungen und wie man diese abwehren kann.

So oder so: 100 Prozent Sicherheit kann und wird es nur geben, wenn man den Server abschaltet. Und natürlich dafür sorgt, dass er nicht gestohlen wird.

10 Testbasierte Entwicklung verkaufen

von Judith Andresen

Durch die testbasierte Entwicklung fokussiert das Software-Team auf die Erstellung neuer Software-Funktionen. Testbasiert zu arbeiten führt zu einem geringeren Bedarf an Wartungsarbeiten (in Form von Fehlerbehebungen). Die Motivation, auf eine testbasierte Entwicklung umzusteigen, ist also groß. Nicht nur, weil technisch schönerer Code entsteht, sondern vor allem weil sich das Software-Team darauf konzentrieren kann, neue Funktionen zu bauen.

Diesem Ausblick steht das Wissen gegenüber, dass die Umstellung und die initiale Phase testbasierter Entwicklung teurer ist als das bisherige Vorgehen. Wie kann das Software-Team diese Aufwände gegenüber dem Auftraggeber beziehungsweise der Auftraggeberin vertreten – und eine Zustimmung, das heißt eine Kostenübernahme für den initialen Mehraufwand, erreichen?

Die nachfolgenden Erläuterungen sind aus der Sicht eines Software-Teams, das mit einem Auftraggeber beziehungsweise einer Auftraggeberin ein verändertes, testbasiertes Entwicklungsverfahren vereinbaren möchte, formuliert. Für andere Rollen im Projekt – beispielsweise Vorgesetzte des Software-Teams – sind die inhaltlichen Begründungen für die testbasierte Entwicklung gleich beziehungsweise ergeben sich im Umkehrschluss. Die eigentliche Verhandlungssituation ist nur aus der Sicht des Software-Teams beschrieben.

Alle Argumente gelten sowohl für eine im Unternehmen intern durchgeführte Software-Entwicklung als auch für Dienstleister, die für einen externen Auftraggeber beziehungsweise eine externe Auftraggeberin Software entwickeln. Zur Vereinfachung wird im Folgenden von dem Software-Team und einem Auftraggeber beziehungsweise einer Auftraggeberin gesprochen.

■ 10.1 Vom prozeduralen Code zum testbasierten Vorgehen

Viele Software-Projekte starten – entsprechend des Ausbildungsstands der Entwickler und Entwicklerinnen – mit prozeduralem Code. Es folgt der Umstieg in objektorientierte Programmierung. Mit dieser ist die Einführung testbasierter beziehungsweise testgetriebener

Entwicklung möglich. Mit wachsender Erfahrung formulieren Entwickler und Entwicklerinnen das Ziel, qualitätsvolle Software entwickeln zu wollen. Der Weg dorthin erfolgt über ein durch Tests abgesichertes Verfahren, wie es in diesem Buch für PHP beschrieben wird.

Während sich der Umstieg von prozeduraler zur objektorientierten Programmierung aus Auftraggebersicht nahezu kostenneutral darstellt, führt die Einführung testbasierter Entwicklung zu Mehraufwänden. Weil der erste Schritt sich weitestgehend kostenneutral für den Auftraggeber oder die Auftraggeberin darstellt, wird dieser gegenüber den Auftraggebern häufig nicht erwähnt.

Mit der Umstellung auf ein testbasiertes Vorgehen verändert das Software-Team den Kostenrahmen. Initial sind höhere Aufwände zu finanzieren. Es entsteht Kommunikationsbedarf über die Übernahme dieses Mehraufwands, indirekt entsteht Kommunikationsbedarf über das Vorgehen des Software-Teams. Dieser Kommunikationsbedarf wird induziert durch einen Vorgehensvorschlag – Vorgehensmodelle sind häufig zu diesem Zeitpunkt nicht Bestandteil der üblichen Projektkommunikation. Mit der Kostendebatte, die durch den Wunsch nach einer testbasierten Entwicklung ausgelöst wird, wird erstmals ein Vorgehensmodell zwischen dem Software-Team und dem Auftraggeber beziehungsweise der Auftraggeberin verhandelt.

Die Erläuterung, warum nicht testbasiert entwickelt wird, enthält häufig eine Konjunktiv-Formulierung: „Das würde unser Auftraggeber sowieso nicht zahlen." Dieser Konjunktiv zeigt an, dass die eigentliche Verhandlung um die initialen Mehraufwände für testbasierte Entwicklung nicht geführt wurde. Die Software-Teams verzichten wider besseren Wissens auf eine testbasierte Entwicklung, weil sie die einmalige Verhandlung beziehungsweise Auseinandersetzung um die Herangehensweise des Teams fürchten.

Dabei sind zwei hauptsächliche Beweggründe zu bemerken, die Software-Teams davon abhalten, testbasierte Entwicklung in das Projektvorgehen hinein zu verhandeln:

- Im Projektumfeld herrscht ein hoher Kostendruck. Zum üblichen Ritual zwischen dem Auftraggeber beziehungsweise der Auftraggeberin und dem Software-Team gehört es, dass der Auftraggeber beziehungsweise die Auftraggeberin unter Hinweis auf den hohen Kostendruck eine Kürzung der anfangs vorgelegten Aufwandsschätzung verlangen. In diesem Umfeld ist es schwer, für ein verändertes Vorgehen Mehraufwände aufzurufen.
- Das Software-Team fürchtet um seine Reputation. Die offensive Benennung von Qualitätssicherung oder Tests als Aufwandstreiber führt zu der Frage, ob das Team bisher nicht auf Qualität geachtet hat. Das veränderte Vorgehen stellt das bisherige Vorgehen infrage.

Im ersten Fall ist durch Aufruf höherer, initialer Kosten eine unangenehme, druckvolle Verhandlung zu erwarten. Das Software-Team fürchtet, durch die Erhöhung der Kosten nicht mehr als Entwicklungspartner beauftragt zu werden. Im zweiten Fall verspürt das Software-Team ein latent schlechtes Gewissen über die bisherige, nicht ausreichende Qualität.

Aus dieser Haltung heraus sind Mehraufwände schlecht zu vermitteln und positiv zu verhandeln. Dabei ist testbasierte Entwicklung im Interesse des Software-Teams und des Auftraggebers beziehungsweise der Auftraggeberin: Funktionale, gebrauchstaugliche, zuverlässige, effiziente und wartbare Software reduziert die Betriebs- und Wartungskosten (siehe auch Abschnitt 1.1).

Software-Teams entscheiden sich für eine durch Tests abgesicherte Entwicklung, um die interne Qualität der Anwendung zu erhöhen. Im laufenden Betrieb notwendige Erweiterungen sind leichter implementierbar. Es ist insbesondere möglich, fachlich wie technisch sicherzustellen, dass die vorgenommenen Änderungen beziehungsweise Erweiterungen keine ungewollten Seiteneffekte im bereits vorhandenen Code auslösen.

Die Umstellung auf ein testbasiertes Vorgehen führt initial zu Mehraufwänden. Wie können Software-Teams intern wie extern diese initialen Mehraufwände sinnhaft erläutern?

■ 10.2 Ziele der testbasierten Entwicklung

Die Entscheidung für eine testbasierte Entwicklung – also eine hohe Abdeckung der Anwendung durch automatisierte Tests und nachgelagerter, weiterer Testmethoden – wird häufig durch den Leidensdruck verstärkt, den das Team in der aktuellen Anwendung verspürt. Triviale Fehler, die sehr lange Behebungszeiten nach sich ziehen, sind genauso unerfreulich wie hohe Aufwände, die auch für kleine fachliche Erweiterungen und Änderungen notwendig sind.

Eine geringe interne Qualität zieht zum einen hohe Entwicklungskosten nach sich. Je später im Lebenszyklus einer Software ein Fehler entdeckt wird, desto teurer ist die Behebung. Zum anderen sind auch die Betriebs- und Wartungskosten deutlich höher: Die Behebung bekannt gewordener Fehler, die Erweiterung und Änderung der Software dauern signifikant länger, wenn die Softwarequalität nicht stimmt.

Mangelnde Qualität ist ein großer Motivationskiller für alle Projektbeteiligten. Für den Auftraggeber beziehungsweise die Auftraggeberin des Projekts dauert die Umsetzung neuer oder geänderter Anforderungen zu lange. Die erreichbaren fachlichen Verbesserungen stehen in keinem akzeptablen Verhältnis zu den eingesetzten Ressourcen.

Das Software-Team selbst nervt das langsame Voranschreiten genauso. Ist den Beteiligten doch klar, dass mit einem veränderten Vorgehen effizienter gearbeitet werden könnte. Und den meisten Entwicklern und Entwicklerinnen macht es einfach mehr Spaß, neue Anforderungen umzusetzen, als in altem, unsauberem Code nach Fehlern zu suchen.

Und so führt der Anspruch, qualitätsvolle Software zu implementieren, nicht nur zu einer Reduktion von laufenden Kosten im Regelbetrieb, sondern erhöht auch die Arbeitsmotivation der Entwickler und Entwicklerinnen.

Die Erhöhung des Spaß-Faktors und der Motivation könnte schon als alleiniger Treiber für die Einführung testbasierter Entwicklung durchgehen: Motivierte Mitarbeiter und Mitarbeiterinnen liefern besser und schneller. Damit ist testbasierte Entwicklung eine Grundlage für eine effiziente Teamarbeit. Eines der zwölf Prinzipien, auf denen das agile Manifest basiert, zeigt den Zusammenhang zwischen einem technischen Vorgehensmodell und Motivation auf [Beck 2001]:

> „Build projects around motivated individuals. Give them the environment and support they need, and trust them to get the job done."

Einem initial höheren Aufwand stehen also geringere Betriebs- und Wartungskosten gegenüber. Darüber hinaus fördert ein testbasiertes Vorgehen die Identifikation des Software-Teams mit der jeweiligen Aufgabe. Hierdurch können sich die Motivation und das verantwortliche Handeln im Team erhöhen. Ein Umstand, der sich auch in betriebswirtschaftlichen Zahlen wiederfinden wird.

Um vernünftig über ein verändertes Vorgehensmodell zu verhandeln, ist zunächst ein Blick auf die Kalkulation testbasierter Entwicklung notwendig. Vor der eigentlichen Kalkulation lohnt sich der Blick auf das Ergebnis testbasierter Entwicklung. Welche Aufwände entstehen während des Lebenszyklus einer Software?

10.3 Aufwände für Software-Entwicklung

Realistische Aufwände erfolgreich zu verhandeln fällt vielen Software-Teams schwer. Viele herkömmliche Verträge und Anforderungsdefinitionen beziehen sich vorwiegend auf die Beschreibung von Funktionen und Funktionalitäten, die mit der Software realisiert werden sollen.

Durch diese Reduktion in der Darstellung werden wesentliche Elemente der Software-Entwicklung nicht genannt. Tabelle 10.1 zeigt die Kostenbeiträge in der Software-Entwicklung.

	Sichtbar	Unsichtbar
Positiv	Neue Funktionen Neue Funktionalität	Grundlagen-Funktionen (Framework, interne API)
Negativ	Fehler	Technische Schulden

TABELLE 10.1 Kostenbeiträge in der Software-Entwicklung

Zum einen ist es die Aufgabe des Software-Teams im Sinne der Geschäftsziele des Auftraggebers beziehungsweise der Auftraggeberin einen positiven Beitrag zu leisten. Der positive Beitrag zu den Geschäftszielen geschieht für den Auftraggeber beziehungsweise die Auftraggeberin sowohl deutlich sichtbar als auch im Geheimen:

- Funktionen und Funktionalitäten sind in der GUI der Software sicht- und nutzbar. Viele Software-Teams scherzen daher: „Das Maß für Qualität zeigt sich in der perfekten GUI am Abgabetag des Projekts!" Tatsächlich hat diese Qualität eine besondere Bedeutung für den Auftraggeber beziehungsweise die Auftraggeberin. Sie ist sichtbar. Hier kann der Auftraggeber beziehungsweise die Auftraggeberin mitsprechen.

   Für Software-Teams ist die sich daraus ergebende Überbetonung diesen Kostenblocks schwer nachvollziehbar. Gehört es doch zu ihrer täglichen Arbeit, sich mit allen vier Bereichen auseinanderzusetzen.

- Darüber hinaus entwickelt das Software-Team Grundlagen-Funktionen. Dazu gehören die Bereitstellung eines Frameworks genauso wie die Definition einer API zur Verarbeitung von Daten. Diese Funktionalitäten sind für den Auftraggeber beziehungsweise die Auftraggeberin nicht direkt sichtbar.

   Macht das Software-Team allerdings einen Fehler bei den Grundlagen-Funktionen, so werden diese indirekt in der GUI beziehungsweise in Daten sichtbar. Für den Auftraggeber beziehungsweise die Auftraggeberin ist dieser Teil der Software-Entwicklung Mystik. Man löst durch eine GUI-Aktion eine Funktion in der Software aus, die womöglich an ganz anderer Stelle einen Fehler produziert.

An der grundlegenden Entscheidung über ein Vorgehensmodell wie einer testbasierten Entwicklung nach den architektonischen Software-Entscheidungen wird der Auftraggeber beziehungsweise die Auftraggeberin beteiligt. Die nachfolgenden Ergebnisse – sowohl die Vorteile als auch die Nachteile – sind dem Auftraggeber beziehungsweise der Auftraggeberin nicht bekannt. Nachteile können zum Thema werden, wenn sie direkten Einfluss auf die externe Qualität nehmen.

Das Software-Team hat nicht nur für einen positiven Beitrag zum Geschäftsziel zu sorgen – das Software-Team muss auch dafür sorgen, dass möglichst kein negativer Beitrag für das Projekt entsteht:

- Fehler jedweder Art während des Betriebs sind ein negativer Beitrag zum Software-Projekt. Diese Fehler sind sichtbar. Oftmals sind sie auch Anlass für Ärger und Konflikte zwischen dem Software-Team und dem Auftraggeber beziehungsweise der Auftraggeberin. Es kostet Aufwand, diese Fehler zu beheben.

  Es liegt im Interesse aller Beteiligten, dass das Software-Team möglichst wenige Fehler macht. Das Software-Team muss sicherstellen, möglichst viele Anforderungen korrekt umgesetzt zu haben. Falls Fehler vorhanden sind, sollten diese schnell behebbar sein. Um das zu gewährleisten, muss die Software qualitätsvoll umgesetzt sein.

- Ist ein System von geringer interner Qualität, ist es technisch hoch verschuldet. Lange Fehlerbearbeitungszeiten zeugen davon. Technische Schulden sind damit ein unsichtbarer, negativer Beitrag zum Geschäftsziel.

  Es liegt im Interesse des Software-Teams und des Auftraggebers beziehungsweise der Auftraggeberin, dass Fehlerbehebung im und Erweiterungen am System schnell und zuverlässig realisierbar sind.

Damit die Arbeit des Software-Teams durch den Auftraggeber beziehungsweise die Auftraggeberin gewertschätzt und damit auch angemessen bezahlt werden kann, müssen diese Leistungen und die resultierenden entsprechenden Aufwände bekannt sein. Während der Angebotsvorbereitung sollte daher das Software-Team für alle vier genannten Kostenblöcke entsprechende Vorgehensmodelle entwickeln. Diese sind während der Verhandlung mit dem Auftraggeber beziehungsweise der Auftraggeberin abzustimmen. Tabelle 10.2 zeigt Beispiele für Vorgehensmodelle zur Steigerung eines Geschäftsbeitrags.

	Sichtbar	Unsichtbar
Positiv	Workshop: User Stories richtig schreiben Feedback-Schleife (Zeit) für Korrektur der User Stories einplanen	Technischer Workshop zur Erläuterung des Frameworks ATAM zur Darstellung der Entscheidungen (siehe auch Abschnitt 10.5)
Negativ	Unit- und Integrationstests Selenium Testprotokolle manueller Tests	Regelmäßiges Review Pair Programming

TABELLE 10.2 Beispiele für Vorgehensmodelle zur Steigerung eines Geschäftsbeitrags

Durch die Offenlegung dieser Maßnahmen bekommt der Auftraggeber beziehungsweise die Auftraggeberin ein klares Bild von den tatsächlichen Arbeiten im Software-Team. Eine gemeinsame Entscheidung für das richtige Aufwandsmaß fällt so leichter.

10.4 Möglichst wenige technische Schulden aufnehmen!

Technische Schulden nehmen Software-Teams vorwiegend unter Zeitdruck auf. Gerade zum Projektende hin ist die Bereitschaft groß, schnell Funktionalität bereitzustellen, um das fachliche Projektziel zu erreichen. Hat sich das Software-Team nicht gemeinschaftlich auf ein bestimmtes Qualitätsniveau geeinigt, so fallen die Qualitätsansprüche unter dem Zeitdruck in sich zusammen.

Ein testbasiertes Vorgehen, vor allem das Erstellen von Unit-Tests, zwingt das Software-Team, sauberen Code zu entwickeln. Die entwickelten Klassen werden mit wenigen Abhängigkeiten definiert und mit klaren Verantwortlichkeiten versehen. Entsprechend werden alle Methoden möglichst kurz formuliert. Auch unter Zeitdruck wird das Software-Team ein Mindestmaß dieser Ansprüche realisieren.

Damit ist die testbasierte Entwicklung ein Weg, um die technischen Schulden des Projekts nicht zu hoch werden zu lassen. Wie schon in Abschnitt 1.4 erwähnt, wurde der Begriff „technische Schulden" von Ward Cunningham geprägt [Cunningham 1992]:

> „Shipping first time code is like going into debt. A little debt speeds development so long as it is paid back promptly with a rewrite [...] The danger occurs when the debt is not repaid. Every minute spent on not-quite-right code counts as interest on that debt. Entire engineering organizations can be brought to a stand-still under the debt load of an unconsolidated implementation[...]"

Eine perfekte Software gibt es nicht. Eine Form technischer Schuld besteht immer. Und die Bemessungsgrundlage für technische Schulden kann sich genauso wie die Bemessungsgrundlage von interner und externer Qualität mit wechselnden Anforderungen ändern.

Unter Zeitdruck bewusst auf die testbasierte Entwicklung zu verzichten beziehungsweise den Umfang dieser Arbeiten zu reduzieren, heißt, bewusst technische Schulden aufzunehmen. Sind dem Team die Vorteile (zum Beispiel die wirtschaftlichen Kennzahlen der unter diesen Bedingungen erstellten Funktionen) bekannt, können die technischen Schulden gegen die wirtschaftliche Leistung verrechnet werden. Das Team kann bestimmen, ob sich eine Nachimplementierung rechnet – oder auch nicht. Es empfiehlt sich, technische Schulden gegenüber dem Auftraggeber beziehungsweise der Auftraggeberin zu benennen. Dies kann über eine Methode wie die Architecture Trade-Off Analysis Method (ATAM) (siehe Abschnitt 10.5) oder durch eine monetäre Bewertung von Risikoszenarien (siehe Abschnitt 10.6) erfolgen.

Genauso wie vielen die Betriebs- und Wartungskosten für Software nicht bewusst sind, ist diesen auch nicht klar, welche Einschränkungen und Risiken sich durch das Aufnehmen technischer Schulden ergeben. Technische Schulden sind zunächst eine abstrakte Metapher. Überführt das Software-Team technische Schulden in konkrete Risiken, werden diese nachvollziehbar für die Auftraggeber beziehungsweise die Auftraggeberin.

Während des Projektverlaufs sollte das Software-Team alle Risiken erfassen und das Wissen mit dem Auftraggeber beziehungsweise der Auftraggeberin teilen. Mit dieser Transparenz teilen sich die Projektparteien die Verantwortung für diese Risiken – und haben einen Gesprächsanlass zum Umgang mit diesen.

Die fachliche Dringlichkeit wird mit einem Wert von 1 bis 10 belegt. Je kleiner die Zahl ist, desto geringer ist die wirtschaftliche Bedeutung, das heißt, desto geringer ist der Beitrag zur Einlösung der Geschäftsziele. Die technischen Schulden werden ebenfalls mit einer Zahl von 1 bis 10 bewertet, wobei eine 10 für einen sehr hohen Aufwand zur Auflösung der technischen Schulden steht. Die Priorität ergibt sich durch Summierung dieser beiden Kennzahlen. Als Handlungsalternativen zum Umgang mit den Fällen empfehlen sich:

- Refactoring während des laufenden Projekts
- Beobachtung im Regelbetrieb
- Refactoring im Regelbetrieb

Risiko	Szenario	Fachlich	Technisch	Priorität	Vorgehen
Login nicht unter Tests	Fehler in Kernkomponente während des Betriebs	10	6	16	Refactoring-Projekt
Serverseitige Komprimierung JavaScript fehlt	Auslieferungszeit von mehr als 0.5 Sek. reduziert Conversion	6	3	9	Beobachtung im Regelbetrieb

TABELLE 10.3 Risikobewertung in Kombination aus fachlichen und technischen Faktoren

Diese Priorisierung kombiniert fachliche Auswirkungen mit dem Aufwand zur Verhinderung des Risikos. Die nachfolgende Kommunikation zwischen dem Software-Team und dem Auftraggeber erhöht die Transparenz im Projekt und schafft bei allen Beteiligten Sicherheit im Vorgehen. Gleichzeitig können diese erfassten Risiken als Begründung für eine testbasierte Entwicklung dienen.

10.5 Offenlegung von Risiken mit ATAM

Durch die *Architecture Trade-Off Analysis Method (ATAM)* zeigt das Software-Team bei Fokussierung auf die Geschäftsziele die mögliche Zielerreichung und Risiken bestimmter Vorgehensmodelle auf.

Diese Methode folgt der Philosophie, dass nicht bestimmte technische Methoden für den Erfolg entscheidend sind, sondern das richtige Verständnis unter den Projektbeteiligten.

ATAM erfolgt unter Beteiligung des Auftraggebers beziehungsweise der Auftraggeberin. Ist eine intensive Vorbereitung der grundsätzlichen Entscheidungen im Projekt nicht möglich, ist zumindest die Risikokalkulation, wie sie in Abschnitt 10.6 beschrieben ist, vorzunehmen.

Diese Methode liefert die Grundlage für eine Kommunikation über Zielerreichung der Geschäftsziele, Umsetzungsformen, Risiken und Trade-Offs von Entscheidungen im Projekt. Diese Ergebnisse können mithilfe betriebswirtschaftlicher Kennzahlen bewertet werden. ATAM verläuft in fünf Schritten. Diese sind nachfolgend erläutert:

Schritt 1: Vorgehen und Zielsetzung von ATAM erklären

Bei der Vorbereitung ist zu klären, wer an diesem Entscheidungsprozess teilnehmen sollte. Wird das beauftragende Unternehmen die Verantwortung für das Projekt im Regelbetrieb vom Projekt- ins Produktmanagement übergeben, sollte auch das Produktmanagement (genauso wie Personen aus dem Betrieb) an der Entscheidung beteiligt werden.

Nach Definition des Entscheidungskreises werden die einzelnen ATAM-Schritte den beteiligten Personen vorgestellt.

Schritt 2: Ziele definieren

Alle Projektbeteiligten benennen die Ziele, die sie mit der zu erstellenden Software verbinden. In Projekten werden gerne am ehesten fachliche Ziele genannt. In vielen Fällen benennt der Auftraggeber beziehungsweise die Auftraggeberin aber lediglich die fachlichen Maßnahmen: Sie benennen also Art und Umfang von Funktionen. Hier gilt es nachzufragen! Die Geschäftsziele, die durch die fachliche Umsetzung angestrebt werden, sind für alle verständlich und nachvollziehbar zu erläutern.

Darüber hinaus benennt das Software-Team diejenigen technischen Ziele, die für das System erreicht werden sollen. Die Clusterbildung der Ziele erfolgt nach ATAM in den Bereichen Erreichbarkeit, Veränderbarkeit, Performanz, Sicherheit. Mit den Zielen, die aus dem Software-Team heraus formuliert werden, werden Fragen zur guten Wartbar- und Erweiterbarkeit beantwortet. Mögliche Anforderungen, die sich im Gespräch mit dem sAuftraggeber beziehungsweise der Auftraggeberin ergeben, könnten sein:

- Für ein Unternehmen, das gerade stark expandiert, sind Veränderungen des Geschäfts und damit der Darstellung im Web zu erwarten. Ziel ist, sehr schnell entsprechende Änderungen öffentlichkeitswirksam publizieren zu können.

    Hieraus ergibt sich die Anforderung, ein globales Redesign innerhalb von fünf Personentagen realisieren zu können. Welchen Umfang diese Arbeiten haben können, wird mittels der ATAM-Folgeschritte bestimmt.

- Die Vergangenheit hat für ein bestimmtes Unternehmen gezeigt, dass neue Produkte am Besten verkauft werden, wenn die entsprechenden Artikeldarstellungen direkt über die Hauptnavigation erreichbar sind.

    Daraus ergibt sich die Anforderung, dass die Erweiterung der Navigationsstruktur innerhalb von zehn Werktagen möglich sein muss.

Bedenken Sie mögliche technische Schulden eines bereits bestehenden Systems und leiten Sie daraus mögliche Risiken ab. Formulieren Sie dann Ziele, die die technischen Schulden abbauen beziehungsweise in einem neuen System den Aufbau dieser technischen Schulden verhindern.

Alle vorgestellten Ziele sind so vorzustellen und zu erläutern, dass alle anderen am Entscheidungsprozess beteiligten Personen diese Zielsetzungen verstehen. Das ist ein hoher interdisziplinärer Anspruch, dessen Einlösung sich lohnt. In der nachfolgenden Betrachtung der Vor- und Nachteile bestimmter Lösungen können diese alle in ihren Auswirkungen nachvollziehen.

Schritt 3: Anforderungen im Utility Tree aufzeichnen

Aus den genannten fachlichen und technischen Zielen leiten Sie die Anforderungen für das Projekt ab. Diese werden im *Utility Tree* (siehe Beispiel in Abbildung 10.1) als Use Cases aufgenommen. Die Use Cases sind möglichst konkret formuliert. Leiten Sie aus diesen Anforderungen fachliche und technische Qualitätskriterien ab. Diese werden ebenfalls im Utility Tree aufgeführt. Damit die Darstellung im Utility Tree übersichtlich bleibt, werden die Anforderungen anhand der oben benannten Clusterbezeichnungen dargestellt. Diese Clusterbildung können Sie an Ihr Projekt anpassen.

Nach Diskussion mit allen Projektbeteiligten einigen Sie sich darauf, welche fachliche Priorität die genannten Anforderungen für das Projekt haben.

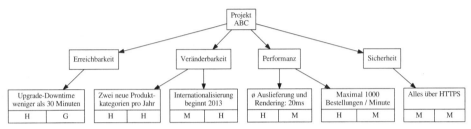

ABBILDUNG 10.1 Beispielhafter Utility Tree für eine Website

Schritt 4: Architektonische Szenarien und Vorgehensmodelle entwickeln

Überlegen Sie sich unterschiedliche architektonische Szenarien und Vorgehensmodelle für das Software-Projekt. Dieses Modell aus Architektur und Vorgehen fassen Sie unter einem geeigneten Namen zusammen und führen die entsprechenden Maßnahmen auf.

So können Sie zum einen die Systemumgebungen bestimmen, zum anderen stellen Sie auch dar, welches Testvorgehen Sie wählen, und benennen konkret die angestrebte Testabdeckung. Ebenfalls Teil des Vorgehensmodells könnten auch andere Projektvorgehen, wie zum Beispiel vereinfachte Abnahmeprozeduren, sein.

Schritt 5: Risiken und Trade-Offs aufzeigen

Für jedes dieser Modelle wird ein Utility Tree um die zu erwartende Zielerreichung ergänzt. Insgesamt erhalten Sie also einen Überblick, welches Architektur- und Vorgehensmodell die gestellten fachlichen Anforderungen am besten erfüllt.

All dies wird in einem Utility Tree für jeweils ein Modell zusammengefasst: Die Use Case-Cluster werden jeweils links mit der fachlichen Priorisierung (**H** für hoch, **M** für mittel, **G** für gering) gekennzeichnet. Die Zielerreichung wird in der rechten Spalte mit den gleichen Parametern dargestellt. In der Abbildung 10.1 ist diese Bewertung bereits eingefügt.

Gleichzeitig stellen Sie dar, welche Risiken und bereits bekannte Trade-Offs sich aus dem vorgestellten Vorgehen ergeben. Diese Punkte können zur Verdeutlichung noch in die Bereiche

- Auswirkungen für den Endkunden
- Fachliche Zielerreichung
- Technische Zielerreichung

unterteilt werden. Um eine umfassende Diskussion zu erleichtern, sollten Sie diese Informationen in jeweils einem Dokument (von genau einer Seite) zusammenfassen:

- Name Vorgehensmodell
- Kurzvorstellung Vorgehensmodell sowie architektonischer Entscheidungen
- Resultierender und bewerteter Utility Tree
- Auflistung Risiken und Trade-Offs

10.5.1 Diskutieren und entscheiden

Diese Dokumente dienen als Diskussionsgrundlage für die Festlegung des Architektur-Modells und des Projektvorgehens. Durch die gemeinsame Entscheidung entsteht hieraus eine stabile Basis für das Projekt.

10.5.2 Mit ATAM transparente Entscheidungen herbeiführen

Durch dieses Vorgehen erreichen Sie eine offene Diskussion über das zu wählende Architektur-Modell und das Vorgehen – insbesondere also auch ein testbasiertes Vorgehen – im Projekt:

- Alle Projektbeteiligten formulieren ihre Zielsetzungen. Die Projektbeteiligten einigen sich auf eine gemeinsame Zielsetzung.
- Die Projektbeteiligten legen ggf. konkurrierende Zielsetzungen offen und finden gemeinsam einen Kompromiss.
- Alle kennen die sich aus dem Vorgehen ergebenden Risiken und Trade-Offs.

10.6 Kalkulation testbasierter Entwicklung

Der initiale Mehraufwand für das Erstellen von Tests erhöht den Aufwand. Dem gegenüber steht ein geringerer Arbeitsaufwand im Regelbetrieb – sowohl im Bereich der Wartung (also für Fehlerkorrekturen) als auch für Erweiterungen des Systems.

10.6.1 Risiken als Argumentationshilfe berechnen

Durch eine testbasierte Entwicklung lassen sich Risiken für bestimmte Fehlerfälle stark minimieren. Dieses Wissen können Sie ebenfalls für eine betriebswirtschaftliche Betrachtung nutzen.

Die nachfolgende Betrachtung zur Risikokalkulation kann Teil des ATAM-Entscheidungsprozesses sein – werden hier doch initiale Kosten gegen laufende Aufwände gemessen. Für die Erweiterung bestehender kleinerer Systeme oder Systeme, die sie durch marginale Anpassungen und Konfiguration eines Standardsystems erzeugen, genügt die nachfolgende einfache Kalkulation.

Betrachten Sie sowohl bekannte technische Schulden als auch bekannte Risiken. Überlegen Sie, welche konkreten Szenarien durch diese Risiken entstehen könnten. Ermitteln Sie für diese die monetären Auswirkungen. Gegebenenfalls können Sie auch eine Spalte für fachliche Folgen beziehungsweise Öffentlichkeitsarbeit einfügen. Für bestimmte Branchen ist ein direkt eingetretenes Risiko in der Auswirkung weniger fatal als die Öffentlichkeitswirkung, die sich aus diesem Fall ergibt.

Stellen Sie den technischen Schulden beziehungsweise Risiken eine Behebungsstrategie entgegen und beziffern Sie die Aufwände hierfür. Um Auswirkung und Behebung entgegenstellen zu können, ist die Umrechnung der Behebungsaufwände in Tagen in die Behebungskosten (über die durchschnittlichen Mitarbeiterkosten am Tag) notwendig. Tabelle 10.4 zeigt eine beispielhafte Risikoberechnung.

Risiko	Szenario	Schaden	Behebung	Kosten
Login nicht unter Tests	Login für 2 Stunden nicht nutzbar → Umsatzausfall	1.000 EUR	Login in Unit-, Int.-test aufnehmen	400 EUR
Serverseitige Komprimierung JavaScript fehlt	Auslieferungszeit von mehr als 0.5 Sek. reduziert Conversion (2.5% → 2% pro Woche)	15.000 EUR	Iterative Reduktion der Auslieferungszeit	8.000 EUR

TABELLE 10.4 Beispielhafte Risikoberechnung

Die Praxis zeigt, dass in vielen Fällen der Ausschluss eines Risikos mehrere mögliche Schadensfälle ausschließt beziehungsweise die Eintrittswahrscheinlichkeit vermindert.

Für das Software-Team ergibt sich die Möglichkeit, gemeinschaftlich mit dem Auftraggeber beziehungsweise der Auftraggeberin auszuhandeln, welcher Qualitätsanspruch für das Projekt angemessen und richtig ist.

10.6.2 Langsamere Entwicklung bei höherer Qualität

Für die Abschätzung der Entwicklungsaufwände wird im Folgenden eine Überschlagsrechnung angegeben. Um Unsicherheiten in der Aussage zu vermeiden, sind Nutzen und Aufwände jeweils in konservativer Schätzung (also Aufwände maximal und Nutzen im Regelbetrieb minimal) zu schätzen. Durch dieses Vorgehen sichert sich das Software-Team sich vor Aussagefehlern ab. Genauere betriebswirtschaftliche Modelle[1] werden an dieser Stelle nicht diskutiert.

Testbasierte Entwicklung dauert länger als das „einfache" Entwickeln von Code. Die erhaltende Code-Qualität rechtfertigt den initialen Mehraufwand, da für den Regelbetrieb weniger Fehlerkorrekturen anfallen. Die Entwickler und Entwicklerinnen werden insgesamt produktiver – selbst, wenn sie wie im untersuchten Fall Pair Programming als Methode nutzen [George 2003]:

> *„On average, the TDD pairs produced higher quality code. However, they took longer time, on average, to complete this work. [...] However, one must consider that all pairs turned in their programs when they felt it would run correctly. The TDD pairs did not feel they were done until they wrote higher quality code with a good set of automated test cases. The control group pairs felt they were done with lower quality code, primarily without any worthwhile automated test cases."*

Überprüfen Sie in Projekten, welche in Ihrem Umfeld nicht testbasiert durchgeführt werden, den Anteil von Fehlerkorrekturen im Regelbetrieb. Stellen Sie diese Aufwände denjenigen gegenüber, die für die Integration von Tests in der Entwicklungsphase notwendig sind.

In vielen Projekten findet sich die Maßzahl von 50 bis 60 Prozent Arbeitsanteil, welcher für Fehlerkorrekturen – und damit nicht für Erweiterungen des Systems – genutzt wird. Diese Zahl lässt sich beim Umstieg auf testbasierte Entwicklung auf 20 Prozent reduzieren. Gleichzeitig erhöht sich der initiale Aufwand für das Projekt um 20 bis 50 Prozentpunkte. Je länger also ein Projekt im Regelbetrieb laufen wird, desto mehr lohnt sich die testbasierte Entwicklung aus betriebswirtschaftlicher Sicht.

Um die Erstellungsaufwände den Aufwänden im Regelbetrieb gegenüberzustellen, sind die Mitarbeiterkosten der Entwickler und Entwicklerinnen im Team gegenzurechnen. Sofern diese Kennzahl dem Software-Team nicht bekannt ist, sollten Sie diese in der Buchhaltung beziehungsweise im Controlling erfragen. Diese Kennzahl liegt allen Angebotskalkulationen zugrunde.

Die Forderung nach einer hohen Softwarequalität ist also kein Selbstzweck, sondern das Ergebnis einer betriebswirtschaftlichen Betrachtung. Im Umkehrschluss kann das aber auch bedeuten, dass sich zeitliche (und damit monetäre) Investition in eine hohe Testautomatisierung und -abdeckung nicht rechnet.

Mit einer betriebswirtschaftlichen Kalkulation lässt sich eine Veränderung der Teammotivation nicht messen. Es gibt hierfür einen indirekten Weg. Verminderte Arbeitsmotivation wird zu einem schlechteren Ergebnis, womöglich zu einer erhöhten Fluktuationsrate, führen. Die Mehraufwände, die sich durch Minderleistungen ergeben, sind schwer kalkulierbar. Die Einarbeitungskosten für neue Mitarbeiter und Mitarbeiterinnen sind dagegen bestimmbar. Mit diesem Umweg lassen sich auch Motivation und Zufriedenheit am Arbeitsplatz in betriebswirtschaftliche Zahlen übertragen.

---

[1] Sie können genauere betriebswirtschaftliche Modelle zur Bewertung von TDD (Test Driven Development) nutzen. So haben zum Beispiel Matthias M. Müller und Frank Padberg, Fakultät für Informatik, Universität Karlsruhe, ein betriebswirtschaftliches Modell zur Berechnung des „Return on Investment of Test-Driven Development" vorgelegt.

Dieses Argument ist vorsichtig zu nutzen. Ist die Stimmung zwischen dem Software-Team, den Vorgesetzten beziehungsweise dem Auftraggeber beziehungsweise der Auftraggeberin gereizt, könnte das Vorrechnen von Fluktuationsraten als interne Kündigungsandrohung verstanden werden. Tritt dieses Missverständnis auf, werden bestehende Konflikte verschärft.

10.6.3 Automatisierungs- und Abdeckungsgrad durch Tests bestimmen

Wenn Softwarequalität als solches das Maß aller Dinge ist, ist eine maximale Automatisierung der Tests mit einer maximalen Abdeckung anzustreben. Sichert doch die maximale Abdeckung das Systems am meisten gegen Fehler ab. Dabei werden nicht nur Fehler im laufenden Betrieb vermieden, sondern gerade bei Erweiterungen und Änderungen des Systems kann das Software-Team sicherstellen, keine ungewollten Seiteneffekte auszulösen.

Im Kontext einer betriebswirtschaftlichen Betrachtung stellt sich die Frage, ob sich ein maximaler Automatisierungs- und Abdeckungsgrad im betreffenden Projekt rechnen.

Um sicherzustellen, dass die Tests maximal wirksam werden, sind als Erstes diejenigen Funktionen unter Tests zu stellen, welche einen hohen Ertrag für das Unternehmen bringen.

Damit dies dem Software-Team gelingen kann, müssen dem Software-Team die Geschäftsziele und die resultierenden Maßnahmen (das heißt das geschäftliche Wirkprinzip der Software-Funktionen) bekannt sein. Hat das Software-Team gemeinsam mit dem Auftraggeber beziehungsweise der Auftraggeberin das architektonische und Vorgehensmodell mittels ATAM bestimmt, können alle in dieser Phase auf dieses Wissen um die Geschäftsziele zurückgreifen. Je stärker eine Software-Funktion beziehungsweise ein erkanntes Risiko den geschäftlichen Erfolg beeinflusst beziehungsweise beeinflussen kann, desto höher wird die Bewertung ausfallen.

Gerade komplexe, stark integrierte Software-Funktionen lassen sich nur mit einem sehr hohen Aufwand automatisiert testen. Auch sind Oberflächentests in einem Marktsegment, das einem hohen Kampagnentakt unterliegt, nur schwer zu realisieren. Gerade in diesen Fällen ist eine Kalkulation der möglichen Risiken und das Einschätzen der Erstellungs- und Wartungskosten für die Tests erforderlich. Die Entscheidung, ob und in welcher Form automatisiert getestet werden soll, erfolgt gemeinschaftlich mit dem Auftraggeber beziehungsweise der Auftraggeberin. Teil dieser Entscheidung ist es auch festzulegen, an welchen Stellen auf automatisierte Tests zugunsten von manuellen Tests (in zu definierender Form) verzichtet werden kann.

10.7 Strategische Argumente für die Einführung testbasierter Entwicklung

Für jedes Projekt ist das Maß der Testautomatisierung und -abdeckung aus betriebswirtschaftlicher Sicht mit Berücksichtigung der Team-Motivation korrekt zu bestimmen.

Die Einführung testbasierter Entwicklung ist nicht alleine ein technisches Vorgehen zur Sicherung von interner Softwarequalität. Testbasierte Entwicklung induziert weitere Verfahren im Umfeld der Software-Entwicklung, die eine qualitätsvolle Software fördern:

1. Durch eine testbasierte Entwicklung ermöglicht das Software-Team eine nachhaltige Weiterentwicklung des Systems. Insbesondere Fehler durch Seiteneffekte werden während der Weiterentwicklung vermieden. Auch bei komplexen Systemen ist die gesamte Funktionalität im Erweiterungs- beziehungsweise Anpassungsfall gesichert.
2. Eine testbasierte Entwicklung führt zu einer aktiven Auseinandersetzung mit möglichen Risiken. Ein transparenter Umgang mit Risiken ist für den Auftraggeber genauso wertvoll wie für das Software-Team.
3. Durch eine testbasierte Entwicklung sinken die Betriebs- und Wartungskosten. Notwendige Anpassungen können schneller vorgenommen werden als in Systemen, in denen eine hohe technische Schuld aufgebaut worden ist.
4. Der Abnahme- und Freigabeprozess wird für den Auftraggeber erleichtert. Durch das automatisierte Testen von fachlichen Extremfällen gewinnen alle Projektbeteiligten mehr Sicherheit im laufenden Betrieb.

Eine testbasierte Software-Entwicklung führt im Ergebnis zu einer wartbaren und im Betrieb sicheren Software.

10.7.1 Qualität und Nachhaltigkeit als Teil des Leistungsversprechens

Besteht zwischen dem Auftraggeber und dem Software-Team noch keine Vertragsbeziehung – und hat auch vorher noch keine bestanden –, so findet die Preisfindung „auf der grünen Wiese" statt.

Als Software-Team setzen Sie mit Ihrem ersten Angebot, dass die initialen Mehraufwände für eine testbasierte Entwicklung enthält, einen neuen Kostenrahmen. Dennoch kann es sein, dass sie die Preiserwartung des Auftraggebers beziehungsweise der Auftraggeberin deutlich übertreffen. Das kann unterschiedlich begründet sein:

1. Aufgrund eines Vorgängerprojekts mit einem anderen Software-Team hat der Auftraggeber eine niedrigere Preiserwartung.
2. Andere, konkurrierende Unternehmen legen ein Angebot vor, welches geringere initiale Kosten aufweist als ihres.

Um Irritationen an dieser Stelle beim Auftraggeber beziehungsweise bei der Auftraggeberin zu vermeiden, ist das Ergebnis der testbasierten Entwicklung im Angebot darzustellen.

Die Leistungsbeschreibung referenziert nicht nur auf die Implementierung der Anforderungen, sondern erläutert auch die Qualität der Software.

Das Maß an Qualität wird im Angebot mit den vom Auftraggeber beziehungsweise von der Auftraggeberin genannten Zielen verknüpft.

Ergänzen Sie in Ihrer Beschreibung des Lieferumfangs die Beschreibung der Softwarequalität Ihres Projekts. In den meisten Fällen wird ein Auftraggeber beziehungsweise eine Auftraggeberin in seiner beziehungsweise ihrer Ausschreibung nicht benennen, wie lange ein vergleichbares Vorgängersystem gearbeitet hat. Erfragen Sie diesen Wert – und stellen Sie auch diese Informationen in den Zusammenhang testbasierter Entwicklung.

Verdeutlichen Sie – mindestens in der mündlichen Verhandlung – die Auswirkungen für Erweiterungen im Regelbetrieb, die sich durch eine hohe interne Softwarequalität ergeben.

10.7.2 Initiale Mehraufwände, die sich für den Auftraggeber lohnen

Suchen Sie das persönliche Gespräch über das Angebot. Nehmen Sie den Einwand, testbasierte Entwicklung sei zu teuer, vorweg:

> *„Die initialen Kosten werden höher sein. Aber das ist okay. Rechnet man die Betriebs- und Wartungskosten für die nächsten Jahre ein, ist das System preiswerter für Sie. Sie erhalten mehr Handlungsspielraum im laufenden Betrieb!"*

Das genaue Vorgehen wird im nachfolgenden Abschnitt erläutert. Erklären Sie den Entwicklungsprozess und das Ergebnis testbasierter Entwicklung. Eine Tabelle wie Tabelle 10.5 können Sie mit dem Auftraggeber während des Gesprächs am Flipchart entwickeln.

	Einfache Software-Entwicklung	Testbasierte Software-Entwicklung
Vorgehen	Manuelle Tests	Unit Tests (80%) Integrationstest zu Schnittstellen Manuelle Tests
Betrieb	Oft Hotfixes nach Releases Schnittstellenfehler spät erkannt	Bessere Absicherung des Gesamtsystems
Erweiterungen	Technischer Relaunch nach vier Jahren zwingend Release-Zyklus: 3 Monate	Ziel: stetig, stabil weiterentwickeln Ziel: schneller releasen (alle 1.5 Monate)

TABELLE 10.5 Flipchart-Beschreibung einer einfachen sowie einer testbasierten Entwicklung

Die entsprechenden Argumente sind für den jeweiligen Fall anzupassen. Gleichzeitig kann diese Diskussion den Einstieg in die Erfassung möglicher Risiken und den Umgang damit bieten.

Diese Diskussion hilft beiden Parteien: Sie verstehen besser die Zielsetzungen und Befürchtungen Ihres Auftraggebers. Dieser merkt gleichzeitig, dass Sie sich für seine Belange interessieren und diese unterstützen möchten. Stellen Sie gleichzeitig dar, welche Entwicklungsmethoden die Zielsetzung des Auftraggebers beziehungsweise der Auftraggeberin unterstützen. Spürbar wird für den Auftraggeber beziehungsweise die Auftraggeberin Ihre Haltung und Ihr Qualitätsanspruch. Beides sind gute Voraussetzungen für eine fruchtbare, kooperative Zusammenarbeit.

10.8 Das Angebot richtig verhandeln

Damit das schriftliche Angebot selbst keine unangenehme und unannehmbare Überraschung für den Auftraggeber wird, sollten sie dieses mit dem Auftraggeber verhandeln.

Die eigentliche Einigung erfolgt in einer mündlichen Verhandlung, bevor sie das eigentliche schriftliche Angebot einreichen. Diese Verhandlung läuft in sieben Schritten ab. Ziel der vorgestellten Verhandlungsstrategie ist eine Win-Win-Situation – also ein für beide Seiten gut annehmbares Ergebnis.

Schritt 1: Vorbereitung

Diskutieren Sie mit dem Software-Team die Zielsetzung des Projekts, resultierende Funktionen des Systems (und deren Wichtigkeit) sowie ein Vorgehensmodell. Ermitteln Sie hierfür die richtige Angebotshöhe.

Stellen Sie sicher, dass Sie die Höhe des Angebots angemessen finden und diese gut vertreten können. Glauben Sie die im Team ermittelten Zahlen nicht – oder haben Sie ein schlechtes Gewissen, weil die Angebotshöhe so viel höher ist als bei Ihnen üblich, wird der Auftraggeber beziehungsweise die Auftraggeberin genau dies spüren. Ihre Unsicherheit wird Ihnen als Rabattforderung begegnen.

Das bedeutet für Sie, dass Sie sich intensiv mit dem von Ihnen angestrebten Vorgehensmodell, der Zielsetzung des Auftraggebers und den Zahlen auseinandersetzen müssen. Wenn Sie diese Parameter stimmig erläutern können, wird der Auftraggeber Ihnen folgen und glauben können.

Stellen Sie zusammen mit dem Team das Zielbild (Leistungsumfang und Vorgehen) auf, welches Sie am stärksten favorisieren. Überlegen Sie mit dem Team gültige Alternativen. Überprüfen Sie dabei nicht nur den Leistungsumfang an gelieferten Funktionen, sondern fragen Sie sich immer wieder, ob durch Änderungen des Vorgehens sinnvolle Handlungsalternativen entstehen.

Antizipieren Sie auch im Team mögliche Ziele und Vorgehensmodelle Ihres Verhandlungspartners beziehungsweise Ihrer Verhandlungspartnerin. Erörtern Sie im Team die Vor- und Nachteile dieser Positionen. Auch wenn Ihr Gegenüber während der Verhandlung nicht exakt diese Vorschläge unterbreiten wird, hilft Ihnen diese im Team vorgenommene Diskussion. Sie werden sicherer im skizzierten Projektumfeld – und können auch Ihnen derzeit noch unbekannte Vorschläge schneller einordnen und bewerten.

Üben Sie insbesondere die Argumentation für die Einführung einer testbasierten Entwicklung. Suchen Sie gemeinsam mit dem Team nach Risiken im Projekt beziehungsweise überlegen Sie, welche Risiken im Vorgängerprojekt eingetreten sind. Kontrollieren Sie, ob eine Wiederholung durch die von Ihnen diskutierten Vorgehensmodelle – insbesondere durch eine testbasierte Entwicklung – vermieden werden.

Schritt 2: Begrüßung

„You never get a second chance to make a first impression." Zeigen Sie sich angemessen in der Begrüßungssituation. Nutzen Sie die Gelegenheit, Ihren Verhandlungspartner beziehungsweise Ihre Verhandlungspartnerin besser kennenzulernen. Durch angemessenes Auftreten, passende Kleidungswahl und der Situation angepasstes Sprachniveau signalisieren Sie Ihrem Gegenüber, dass Sie ein ebenbürtiger Verhandlungspartner beziehungsweise eine ebenbürtige Verhandlungspartnerin sind.

Die starke Konzentration auf den Beruf und das Ausklammern einer privaten Ebene führt dazu, dass sich Software-Teams und Auftraggeber beziehungsweise Auftraggeberinnen nur schwer einschätzen können. Sie können durch Small Talk diesen Zustand verbessern.

Gleichzeitig zeigen Sie durch einen Einstieg dieser Art die Wertschätzung in Ihr Gegenüber. Das ist eine gute Basis für eine weitere Zusammenarbeit!

Schritt 3: Informationsaustausch

Versichern Sie sich mit dem Auftraggeber beziehungsweise mit der Auftraggeberin, dass Sie ein gemeinsames Verständnis von dem Treffen haben. Während des Informationsaustauschs wird im Prinzip geklärt, welcher Art und welches Ergebnis die Verhandlung aus der Sicht beider Parteien haben soll:

- Erwartungshaltung über Verhandlungsgespräch
- Zielsetzung des Projekts
- Klärung des Verhandlungsspielraums

Wenn Ihr Gegenüber in dieser Situation eine deutlich andere Position bezieht, welche weit unter denen mit dem Team vorbereiteten Parametern liegt, müssen Sie an dieser Stelle die Verhandlung abbrechen.

Äußern Sie klar, warum Sie diese Unterbrechung der Verhandlung wünschen und benötigen. Wenn zum Beispiel die Erwartungen an die Verhandlung weit auseinanderklaffen (vielleicht möchte die eine Seite nur den Erstellungs-, die anderen Seite den Erstellungs- und den Wartungsvertrag verhandeln), werden die vorbereiteten Argumente nicht passen – und Sie können im Zweifel die benötigten Inhalte und Zahlen nicht beisteuern.

Sprechen Sie ab, welche Schritte beide Seiten unternehmen müssen, damit eine kommende Verhandlung sinnvoll geführt werden kann. Unterstreichen Sie die Ernsthaftigkeit Ihres Anliegens dadurch, indem Sie für diese Schritte mit Ihrem Gegenüber auch eine Zeitvorstellung entwickeln. Sie unterbrechen mit dieser Absprache die Verhandlung. Durch die beidseitige Klärung der Anliegen steht dem Verhandlungserfolg in dem Folgetermin nichts mehr im Weg.

Erwartungen an die Verhandlung

Stellen Sie zum Beginn des Informationsaustausches vor, welche Zielsetzung Sie für das Gespräch haben. Eine solche Vorstellung schließt die Dauer und Art der Verhandlung und der Einigung „Wenn wir hier in zwei Stunden fertig sind, haben wir den Leistungsumfang auf dem Flipchart skizziert." genauso ein wie die Kommunikationsform: „Wir werden sicherlich starke Argumente austauschen – und ich hoffe, dass wir ein für beide Seiten gutes Ergebnis finden werden!"

Wenn Sie Befürchtungen vor einer unangenehmen Verhandlung und viel Druck während der Verhandlung haben, äußern Sie auch dies in angemessener Form. Diese geteilte Emotion erinnert alle Beteiligten daran, sich während der Verhandlung fair zu verhalten.

Ziele des Projekts

Erfragen Sie die Zielsetzung Ihres Verhandlungspartners beziehungsweise Ihrer Verhandlungspartnerin für das konkrete Projekt. Belassen Sie es hierbei nicht bei der Antwort wie: „Es ist wieder Zeit für einen Relaunch der Website". Erfragen Sie die genauem Vorstellungen Ihres Gegenübers. Wie bettet sich das angefragte Projekt in die Firmenstrategie ein? Welche lang- und mittelfristigen Ziele sollen erreicht werden?

Dieses Wissen können Sie in der eigentlichen Verhandlung dazu nutzen, geeignete Handlungsalternativen mit Ihrem Gegenüber zu entwickeln. Stellen Sie auch dar, welche Ziele Sie mit dem Projekt verknüpfen.

Handelt es sich um ein internes Projekt (repräsentieren Sie also ein Software-Team im Unternehmen), stellen Sie dar, welchen Beitrag das Software-Team zur Unternehmensstrategie leistet. Für ein Projekt mit einem externen Auftraggeber ordnen Sie das angefragte Projekt und dessen Projektziel in Ihre Unternehmensziele ein. Machen Sie klar, warum dieses konkrete Projekt gut zu Ihrem Unternehmen passt. Wenn Sie diese Frage nicht ehrlich beantworten können, sollten Sie – und das vor der Verhandlung – hinterfragen, ob Sie die Projektdurchführung wirklich anbieten möchten.

Klärung des Verhandlungsspielraums

Zum Verhandlungsspielraum gehören Umfang und Ausgestaltung der Leistung genauso wie die Kosten für diese Leistungen. Wenn der von Ihrem Gegenüber angezeigte Verhandlungsspielraum weit unter beziehungsweise über dem Spielraum liegt, den Sie in den Vorbereitungen im Team erarbeitet haben, müssen Sie ebenfalls das Gespräch abbrechen.

Aller Wahrscheinlichkeit nach interpretieren Sie und Ihr Gegenüber dann Projektvoraussetzungen unterschiedlich. Zeigen Sie auf, wodurch sich für Sie Widersprüche in der Argumentation in Bezug auf den Verhandlungsspielraum ergeben.

Schritt 4: Einstieg ins Verhandeln

Passen die Voraussetzungen, die Zielsetzung und der Verhandlungsspielraum gut zusammen, führen Sie die Verhandlung. Führen Sie auch das Gespräch. Stellen Sie die leitenden Fragen und sorgen Sie für eine gute Abfolge der Argumente. Geben Sie gleichzeitig Ihrem Gegenüber die Zeit und den Raum für Antworten. Versuchen Sie dabei, die Argumente des Gegenübers zu verstehen.

Im ersten Schritt der eigentlichen Verhandlung erläutern Sie Ihr Verhandlungsziel. Erklären Sie dabei, warum Sie das vorgeschlagene Verfahren präferieren. Zeigen Sie auf, wie das vorgeschlagene Verfahren (das heißt das Vorgehensmodell und die Ergebnisse) die gemeinsame Zielsetzung des Projekts bedienen.

Erklären Sie genau, warum Sie welches Vorgehen vorschlagen und welche Ergebnisse in welcher Qualität zu erwarten sind. Erläutern Sie insbesondere die Vorteile einer testbasierten Entwicklung. Diskutieren Sie dabei nicht nur den initialen Mehraufwand, sondern erläutern Sie die strategischen Vorteile, die sich aus der testbasierten Entwicklung ergeben.

Visualisieren Sie Ihren Verhandlungsvorschlag. Stellen Sie auch den Weg Ihres Gegenübers dar. Stellen Sie die Vorteile der testbasierten Entwicklung auf einem Flipchart (wie in Tabelle 10.2) dar. Suchen Sie gemeinsam mit Ihrem Gegenüber nach objektiven Beurteilungskriterien für die Entscheidung zum Projektvorgehen.

Erklären Sie Ihre Leistungen und das Projektvorgehen. Nennen Sie den resultierenden Aufwand. Meiden Sie eine reine Kostendebatte. Hilfreich ist auch hier eine Visualisierung der Leistungen des Software-Teams – schreiben Sie während der Verhandlung die wesentlichen Leistungen für den Auftraggeber mit.

Fordert der Auftraggeber einen Rabatt beziehungsweise eine Minderung des Angebotspreises ein, ziehen Sie das Gespräch wieder auf die Leistungen. Stimmen Sie einer Minderung des Preises nur zu, wenn sich gleichzeitig die Leistungen mindern. Dabei stehen nicht nur das Ergebnis, also Anzahl und Umfang von Software-Funktionen, sondern auch das Vorgehensmodell zur Diskussion. An dieser Stelle können Sie den Test-Abdeckungsgrad genauso diskutieren wie die Anzahl der Freigabeschleifen für die GUI-Abstimmung.

Wenn Sie das Gefühl haben, dass Sie durch einen Vorschlag des Gegenübers übervorteilt werden, sprechen Sie dies aus. Nehmen Sie den entsprechenden Vorschlag fiktiv an und erläutern Sie die Konsequenzen und Risiken dieses Vorgehens. Sie evaluieren den Vorschlag und wertschätzen damit Ihr Gegenüber. Gleichzeitig kann Ihr Gegenüber nachvollziehen, warum Sie den Vorschlag in der genannten Form nicht annehmen können. Stellen Sie initiativ eine Handlungsalternative vor, die Sie im Team erarbeitet haben. Auch für diese Vorschläge gehen Sie die Konsequenzen und Risiken durch.

Wenn Ihr Gegenüber in dieser Verhandlungssituation auf eine starke Machtposition und Druck setzt, stellt sich die Frage, ob eine kooperative Zusammenarbeit möglich ist. Erläutern Sie, wie Sie aus dem gezeigten Verhandlungsverhalten auf die mögliche Zusammenarbeit schließen. Besprechen Sie mit Ihrem Gegenüber eine angemessene Umgangsform.

Meiden Sie Detaildiskussionen. Versuchen Sie immer, das prinzipielle Vorgehen und das von beiden Seiten angestrebte Ziel in den Vordergrund der Verhandlung zu bringen.

Schritt 5: Einigen

Stellen Sie die unterschiedlichen Verhandlungsergebnisse dar. Auch hier hilft eine Visualisierung sehr. Benennen Sie jeweils Vor- und Nachteile der Handlungsalternativen und wählen Sie gemeinsam eine aus. Um die Zustimmung zur testbasierten Entwicklung zu erreichen, wählen Sie eine Darstellungsform, in der sowohl die initiale Entwicklung als auch die Betriebsphase reflektiert werden.

Bedenken Sie dabei, dass das Übervorteilen Ihres Gegenübers nur einen kurzfristigen Erfolg darstellt. Dies wird mittelfristig eine kooperative Zusammenarbeit ausbremsen. Suchen Sie also nach einer Einigung, die für beide Seiten fair ist. Da Sie alle Vor- und Nachteile aus der jeweiligen Sicht benannt haben, sollte Ihnen dieses möglich sein.

Fixieren Sie das Verhandlungsergebnis durch eine Verschriftlichung beziehungsweise Skizze. Nennen Sie dabei die jeweiligen Zugeständnisse beider Seiten.

Machen Sie deutlich, dass Sie diese Einigung begrüßen. Klären Sie die nächsten Schritte. Nach der mündlichen Einigung werden die Verhandlungsergebnisse in ein schriftliches Angebot überführt. Hierfür bestimmen Sie gemeinsam mit Ihrem Gegenüber die konkrete Zeitplanung für die nächsten Schritte. Klären Sie auch, welche weiteren Schritte aufseiten Ihres Auftraggebers noch bis zur Freizeichnung des Angebots unternommen werden müssen. Lassen Sie dieses Wissen in die Zeitplanung der nächsten Schritte einfließen.

Schritt 6: Verabschieden

Die Verabschiedung schließt den Kreis beim Auftraggeber. Genauso wie bei der Eröffnung der Verhandlung gilt es, die emotionale Seite im Professionellen aufzuzeigen. Zeigen Sie Freude über das Erreichte. Wenn zwischenzeitig der Ton schärfer geworden sein sollte, zeigen Sie auch Ihre Erleichterung, dass Sie gemeinschaftlich eine Lösung erarbeiten konnten.

Schritt 7: Nachbereiten

Der erste Weg führt zum Software-Team. Feiern Sie im Team Ihren Erfolg! Erläutern Sie diesen, indem Sie die Zielsetzung, das vereinbarte Vorgehen und die zu erwartenden Resultate vorstellen. Klären Sie auch, warum bestimmte Handlungsalternativen nicht gewählt werden konnten.

Versuchen Sie, mit dem Team zu verstehen, warum Ihr Verhandlungspartner beziehungsweise Ihre Verhandlungspartnerin einige Handlungsalternativen annehmen konnte und andere nicht. Erarbeiten Sie hieraus hypothetische Begründungen. Diese dienen Ihnen als Leitplanken für eine kommende Verhandlungsvorbereitung. Ihnen wird es leichter fallen, Zielsetzung und Verfahrensvorschläge Ihres Gegenübers zu antizipieren.

■ 10.9 Formulierung des Angebots

Sind Sie sich während der Verhandlung einig geworden, dokumentiert das Angebot das Verhandlungsergebnis. Die Inhalte des schriftlichen Angebots gehen über die fachlichen Funktionen hinaus. Um sicherzustellen, dass auch andere Mitarbeiter auf Auftraggeberseite das Angebot nachvollziehen und mit Mitbewerber-Angeboten vergleichen können, erläutert das Angebot Ziele, das Projektvorgehen und Ergebnisse (zum Beispiel in Form von Funktionen).

10.9.1 Inhalte des Angebots

Das erste der zwölf Prinzipien des agilen Manifests [Beck 2001] lautet:

> „Our highest priority is to satisfy the customer through early and continuous delivery of valuable software."

Die Qualität einer Software misst sich nur gegen die betriebswirtschaftlichen Ziele des Auftraggebers beziehungsweise der Auftraggeberin. Beschreiben Sie im Anforderungsteil des Angebots diese Zielsetzung. Dabei geht es nicht um die Aufzählung von Software-Funktionen (dies folgt in der Leistungsbeschreibung), sondern vermitteln Sie das Gefühl, dass Sie die Ziele des Auftraggebers verstanden haben und mittragen.

Ergänzen Sie diese Punkte um technische Ziele, die das testbasierte Vorgehen begründen. Reduzieren Sie also Ihre Arbeit nicht auf das Ergebnis: die Software. Schaffen Sie einen Überblick über die Aufgaben, die durch Ihr Team erbracht werden müssen, damit eine qualitätsvolle Software entsteht. Formulieren Sie im Angebot das Vorgehensmodell, auf dem die Software-Entwicklung aufsetzt. Nennen Sie Sitzungen (Kick-off-, Statussitzungen) genauso wie das vereinbarte Change-Request-Verfahren. Führen Sie hier auch die gemeinsame Risikoanalyse und das vereinbarte Testvorgehen auf.

Viele Software-Teams weisen in einem Angebot Qualitätssicherung als einen gesonderten Posten (als gesonderte Leistungsart) aus. Bei Auftraggebern entsteht so der Eindruck, es handele sich um einen Streichposten. Vermeiden Sie diesen Eindruck durch eine geeignete Darstellung.

10.9.2 Ein Angebot ohne Verhandlung abgeben?

Verweigert ein Auftraggeber die mündliche Verhandlung des Gewerks und besteht auf die direkte Abgabe eines schriftlichen Angebots, ist zu prüfen, ob eine Angebotserstellung sinnvoll ist.

Wenn Sie diese Forderung des Auftraggebers als nicht-kooperatives, forderndes und unfaires Vorgehen verstehen, welches einen negativen Ablauf des Projekts vorzeichnet, sollten Sie davon absehen, ein Angebot zu erstellen.

Ist der Auftraggeber an diesen Ausschreibungsprozess gebunden, zeigt sich aber ansonsten kooperativ, sollten Sie den Versuch starten.

Zielsetzung und Projektvorgehen müssen Sie – so genau es irgend geht – in das Angebot mit aufnehmen. Ist Ihnen die Zielsetzung unklar, sollten Sie im Projektvorgehen einen Workshop (oder eine andere geeignete Methode) vorschlagen, in dem die Ziele erarbeitet und für das Team fixiert werden.

10.10 Fazit

Die testbasierte Software-Entwicklung erhöht auf mehreren Ebenen des Projekts die Qualität.

Augenscheinlich sorgt eine testbasierte Entwicklung für eine nachhaltige, wartbare und sichere Software. Neben diesen technischen Vorteilen ist die testbasierte Entwicklung ein guter Ausgangspunkt, die Zusammenarbeit mit dem Auftraggeber zu intensivieren. Gleichzeitig liefern Sie den Grund für eine hohe Motivation im Software-Team.

Testbasierte Entwicklung liefert den inhaltlichen Anlass, sich mit den fachlichen und betriebswirtschaftlichen Zielen den Auftraggebers zu beschäftigen. Fokussiert das Software-Team nachfolgend auf genau diese Ziele, erhöht dies die Wahrscheinlichkeit, ein in allen Dimensionen qualitätsvolles Gewerk zu erstellen und zu liefern.

TEIL III

Fallstudien: Open-Source

11 TYPO3: die agile Zukunft eines schwergewichtigen Projekts

von Robert Lemke und Karsten Dambekalns

11.1 Einführung

Als wir mit der Entwicklung von TYPO3 v5 begannen, waren nicht wenige erstaunt über den Mut oder – je nach Standpunkt – die Torheit hinter diesem Projekt. Schließlich waren wir im Begriff, nach mehr als zehn Jahren einen kompletten Neuanfang zu wagen …

11.1.1 Die Geschichte von TYPO3 – 13 Jahre in 13 Absätzen

Im Herbst 1997 beginnt Kasper Skårhøj damit, Anforderungen an ein System zusammenzustellen, mit dem seine Kunden selbst die Inhalte ihrer Websites pflegen können, ohne das Design zu beeinflussen – der Begriff Content Management ist noch weitgehend unbekannt.

Im Frühjahr 1998 programmiert Kasper drei immer leistungsfähigere Prototypen und sammelt wichtige Erfahrungen, bevor im Sommer die Entwicklung unter Federführung der Agentur superfish.com kommerzialisiert wird. Strategische Ziele werden gesetzt, und bis Ende des Jahres entsteht eine Partnerschaft zwischen superfish.com und Saatchi & Saatchi.

Anfang 1999 entsteht eine weitere Version des TYPO3-Kerns, von Grund auf neu programmiert. Was noch niemand ahnt: Dieser Kern soll die nächsten zehn Jahre Bestand haben. Im Laufe des Jahres wird klar, dass superfish.com sich in eine andere Richtung entwickelt, und Kasper Skårhøj steigt aus dem Unternehmen aus. Man einigt sich darauf, dass er alle Rechte an TYPO3 mitnehmen kann, um das Produkt selbst weiter zu entwickeln. Um die Arbeit wenigstens zu einem Abschluss zu bringen, beschließt Kasper Skårhøj im August, die nächsten sechs Monate an TYPO3 zu arbeiten. Frei vom Druck der kommerziellen Vermarktung kann er seine hohen Qualitätsansprüche umsetzen.

Aus sechs Monaten werden zwölf, und im August 2000 veröffentlicht Kasper Skårhøj schließlich eine Beta-Version von TYPO3 unter der GPL im Internet[1]. Das Projekt des Einzelentwicklers tritt aus seinem stillen Kämmerlein in die Welt hinaus und stellt sich dem Crash-Test der Open-Source-Welt. Einige Monate später ist bereits eine stetig wachsende Community entstanden, und die Entwicklung wird von neuen Ideen und Feature-Requests der Nutzer angetrieben.

2001 nutzt Kasper Skårhøj den Sommer, um erneut den TYPO3-Kern aufzuräumen und zu optimieren. Es werden erste Schritte getan, um eine spätere Erweiterbarkeit sicherzustellen. Zu diesem Zeitpunkt wird auf Rückwärtskompatibilität noch wenig geachtet.

Im Mai 2002 ist es dann so weit: Nach einem ewigen Betatest wird die erste stabile TYPO3-Version veröffentlicht. Es folgt ein ausführlicher Test im PHP-Magazin, bei dem TYPO3 sehr gut abschneidet – ähnlich wie gut ein halbes Jahr zuvor in der Zeitschrift iX. Im November des Jahres folgt ein weiterer Meilenstein: Version 3.5.0 bringt den Extension Manager mit, eine Möglichkeit, Erweiterungen einfach in TYPO3 zu installieren. Auch der Extension Manager soll die folgenden Jahre überleben ...

2003 programmieren die Nutzer von TYPO3 zahlreiche Erweiterungen für das System, die anderen Benutzern über das TYPO3 Extension Repository zur Verfügung gestellt werden – einen Teil der Ende 2002 neu gestalteten TYPO3-Website, mit dem der Extension Manager direkt interagiert. Das Wachstum des TYPO3 Extension Repository geht in den folgenden Jahren ungebremst weiter. Im Oktober 2003 erhalten die ersten Entwickler direkten Zugriff auf das CVS-Repository des TYPO3-Kerns.

Trotz des wachsenden Erfolges und der größer werdenden Community liegt die Entwicklung des TYPO3-Kerns nach wie vor fast völlig in den Händen von Kasper Skårhøj. Auch Feature Requests und Fehlermeldungen landen direkt in seiner Mailbox und werden in einer stetig wachsenden Textdatei verwaltet. 2004 wird ein weiterer Schritt zu mehr Offenheit getan und ein öffentlicher Bugtracker in Betrieb genommen.

2005 steht im Zeichen der Zukunftsorientierung. Gegen Ende des Jahres wird ein neues Projekt-Logo vorgestellt, das erste TYPO3-Printmagazin erscheint, und die erste TYPO3-Konferenz findet in Karlsruhe statt. Doch es sollen auch technisch die Weichen für eine weitere erfolgreiche Entwicklung gestellt werden, und so treffen sich im Mai die führenden Entwickler des Systems im Norden Dänemarks zu einem Workshop und einigen sich auf einen Fahrplan in Richtung TYPO3 5.0.

Im April 2006 wird TYPO3 4.0 veröffentlicht, das bisher ambitionierteste Release in der Projektgeschichte. Die Zahl der Entwickler im Projekt wächst, und so finden im August in der Schweiz die ersten TYPO3 Developer Days statt. Ein wichtiges Ereignis während der Veranstaltung: Die Entwicklung von TYPO3 5.0 wird offiziell gestartet, zwei Brainstorming-Sessions produzieren eine lange Liste an Ideen und notwendigen Features.

Im Laufe des Jahres 2007 geht die Arbeit an TYPO3 4.x unvermindert weiter, im April wird TYPO3 4.1 veröffentlicht – während es um Version 5.0 ruhig zu werden scheint.

Im Februar 2008 wird das neue Framework FLOW3 vorgestellt[2] – das bisherige Ergebnis der Arbeiten an TYPO3 5.0. Zeitgleich gehen ein eigener Subversion-Server und die neue

---

[1] http://typo3.org
[2] http://flow3.typo3.org

Projektplattform TYPO3 Forge[3] online. Im April folgt die Veröffentlichung von TYPO3 4.2. Mit einer gemeinsamen Roadmap werden im Oktober im Rahmen der TYPO3 Transition Days die Weichen für die Annäherung der Entwicklung von TYPO3 4.x und 5.0 gestellt.

Für die Veröffentlichung von TYPO3 4.3 werden im Frühjahr 2009 Teile der FLOW3-Konzepte zurückportiert. Caching, MVC, Templating und Objektpersistenz sollen bereits frühzeitig den Entwicklern zur Verfügung stehen, um eine spätere Migration auf TYPO3 5.0 zu erleichtern. Im Sommer 2009 wird die erste Alpha-Version von FLOW3 veröffentlicht, und das Erscheinen von TYPO3 4.3 vervielfacht das Feedback zu den neuen Konzepten.

11.1.2 Den Neuanfang wagen!

Wie kam es nun zu der Entscheidung, noch einmal ganz von vorne anzufangen? Im Mai 2005 traf sich eine Gruppe von TYPO3-Entwicklern in Dänemark, um eine Woche lang fernab von Zivilisation und Internet die Zukunft des Systems zu diskutieren. Eine Mischung von Brainstorming, Präsentationen und Diskussionen brachte schließlich die Erkenntnis: Wir brauchen einen radikalen Neuanfang. Wir hatten auf die vergangenen Jahre zurückgeblickt und konnten trotz allem Stolz auf das Erreichte doch nicht verleugnen, dass das lange Wachstum auch zu einigen Problemen geführt hatte:

- Viele obsolete Parameter, alter Code und seltsame Verhaltensweisen, um die Rückwärtskompatibilität zu sichern
- Teilweise stark abweichende Architektur- und Programmierstile
- Der Code basierte auf PHP4 und nutzte die neuen Möglichkeiten der Sprache nicht aus.
- Große Änderungen waren sehr riskant, niemand hatte wirklich einen Überblick über mögliche Nebenwirkungen.

Version 5 sollte daher auf einer gründlich aufgeräumten Codebasis aufsetzen, ein Ziel, das wir mit „radikaler Refaktorierung" erreichen wollten. Wir brachen mit einer enormen Motivation wieder nach Hause auf und begannen, unsere Hausaufgaben zu machen: Andere Systeme ansehen, neue Techniken ausprobieren, eigene Fehler untersuchen. Neben all dem wurde nach und nach eines klar: Refaktorierung braucht eine umfangreiche Abdeckung durch Unit-Tests, etwas, das TYPO3 nicht hatte. Den Gedanken, nachträglich Tests für den bestehenden Code zu schreiben, verwarfen wir wieder – zu aufwendig, zu fehleranfällig.

„Wenn's dir nicht gefällt – mach neu!" — *Peter Fox, deutscher Musiker*

So verabschiedeten wir uns von dem Gedanken der „radikalen Refaktorierung" und gingen ab Ende 2006 den leichteren Weg der Neuentwicklung. Leichter deshalb, weil wir von Anfang mit viel weniger Code zu tun hatten. Alles konnte sauber entwickelt, getestet und weiterentwickelt werden. Kompatibilität mit altem Code war per Definition kein Problem mehr. Und wir konnten ohne Hürden all die neuen Techniken und Paradigmen anwenden, die wir in gut eineinhalb Jahren Recherche lieb gewonnen hatten.

Nun standen wir vor einem neuen Problem: in TYPO3 v4 gab es eine umfangreiche Infrastruktur, die man als Programmierer nutzen konnte. Wir standen plötzlich allein auf weiter

---

[3] http://forge.typo3.org

Flur und mussten uns von Grund auf wieder um die kleinen Probleme wie Templating, Dateibehandlung, Datenspeicherung und Ähnliches kümmern. So entstand das Framework FLOW3, zunächst als Basis für TYPO3 v5 gedacht und ohne eigenen Namen. Mit der Zeit kamen wir zu der Überzeugung: Dieses Framework ist auch für andere PHP-Entwickler interessant, und so war der erste Spin-off in der Geschichte des TYPO3-Projektes geboren.

11.1.3 Unsere Erfahrungen mit dem Testen

Für die Entwicklung von TYPO3 5.0 stand von Anfang an fest: Es geht nicht ohne automatisiertes Unit-Testing. Diese Erkenntnis basierte vor allem auf positiven Erfahrungen, die wir zuvor in verschiedenen Projekten gemacht hatten.

Mit steigender Zahl der im Extension Repository verfügbaren Erweiterungen für TYPO3 kam der Wunsch nach einer Qualitätskontrolle auf. So wurde ein Projekt zum Extension-Reviewing gestartet. Nach festgelegten Kriterien sollten Extensions auf die Qualität von Code, Dokumentation und Benutzbarkeit hin bewertet werden. Mit viel Elan wurden die ersten Reviews durchgeführt, ebenso schnell wurde jedoch klar: Jede neue Version einer Extension müsste erneut überprüft werden, und neue Extensions entstanden schneller, als die vorhandenen begutachtet werden konnten. So wurde das Projekt nach einer Weile als lehrreiche Erfahrung beendet.

Trotz dieses Fehlschlags unternahmen wir einen weiteren Versuch, manuelle Reviews von Extensions durchzuführen: Security Reviews, so dachten wir, würden sehr viel schneller von der Hand gehen, weil sie nach der ersten gefundenen Lücke beendet werden konnten. Die Autoren sollten dann selbst nach weiteren Lücken suchen und die Extension erst dann wieder zur Prüfung vorlegen, wenn diese behoben waren. Doch auch hier war der Arbeitsaufwand von dem zur Verfügung stehenden Team nicht zu bewältigen.

Beide Versuche zeigten uns, dass so umfangreiche, wiederkehrende und langweilige Aufgaben bei manueller Durchführung zum Scheitern verurteilt sind.

Automatisiertes Testen ist jedoch nur möglich, wenn entsprechende Tests vorhanden sind – Unit-Tests versprachen hier Abhilfe. Mit der Extension T3Unit wurde ein erster Versuch unternommen, den TYPO3-Entwicklern die Nutzung von Unit-Tests schmackhaft zu machen. Die Erweiterung stellte einen Testrunner in der TYPO3-Benutzeroberfläche zur Verfügung und machte so PHPUnit in TYPO3 nutzbar.

Das Ausführen der Tests im Kontext der Benutzeroberfläche hat jedoch gravierende Nachteile: Es stehen Funktionen und Variablen zur Verfügung, die es ohne gültigen Login unter Umständen nicht gibt. Dies kann zu fehlerhaften Testergebnissen führen. Darüber hinaus stellen einige gängige Praktiken der Programmierung in TYPO3 4.x Probleme dar. Der Zugriff auf die Datenbank erfolgt über ein in einer globalen Variablen gespeichertes Objekt, ähnlich sind Teile der Systemkonfiguration abgelegt. Manipulationen an diesen Daten im Rahmen der Tests sind daher schwierig bis unmöglich.

Teils haben wir diese Fehler in der FLOW3-Anfangszeit wiederholt. Auch hier haben wir einen eigenen Testrunner entwickelt, der eine Instanz des Frameworks für die Tests zur Verfügung stellt. Damit Änderungen an dieser Instanz keine nachfolgenden Tests beeinflussen, muss vor jedem Test aufgeräumt werden, die Tests werden sehr langsam. Darüber hinaus kam es teils zu einer gegenseitigen Beeinflussung zwischen dem „Test-FLOW3" und der äußeren FLOW3-Instanz, die den Testrunner betreibt.

So haben wir in den vergangenen Jahren echte Unit-Tests kennen- und lieben gelernt.

11.2 Grundsätze und Techniken

Open-Source-Projekte unterscheiden sich in vieler Hinsicht von kommerziellen Projekten eines Unternehmens. Einerseits steht den Entwicklungsleitern freier Software eine große Zahl an hochmotivierten Freiwilligen zur Verfügung, andererseits sind die Aufgaben, Zeitpläne und Qualitätsstandards nicht mit herkömmlichen Mitteln des Projektmanagements durchzusetzen, da nun einmal sämtliche Mitarbeit auf Freiwilligkeit beruht (was sie im Übrigen in Unternehmen auch tun sollte).

Aus diesem Grund spielen Prinzipien und Techniken eine größere Rolle als strenge Richtlinien und Kontrolle.[4] Aus unserer Erfahrung in den ersten zehn Jahren des TYPO3-Projektes und den kommerziellen Projekten, die wir auf Basis von TYPO3 und anderen Plattformen durchführten, stellen wir nachfolgend einige wichtige Prinzipien und Methoden für das TYPO3 v5-Projekt vor.

11.2.1 Bittersüße Elefantenstückchen

Eine umfangreiche Software wie TYPO3 von Grund auf neu zu entwickeln stellt die Entwickler nicht nur vor technische, sondern auch psychologische Herausforderungen: Der Druck, es bei diesem Mal besonders gut zu machen, ist natürlich groß, und entsprechend schwierig ist der erste Pinselstrich auf der weißen Leinwand. Aus diesem Grund versuchten wir gar nicht erst, das ganze Projekt von vornherein zu spezifizieren und bis ins Detail zu entwerfen. Einen Elefanten isst man nicht im Ganzen, sondern Stück für Stück.

Nach unserer bisherigen Erfahrung haben Projekte, insbesondere im Open-Source-Umfeld, die größten Chancen auf Erfolg, wenn sie in kleine, in sich abgeschlossene Unterprojekte unterteilt werden. Größere Projekte haben nämlich den Nachteil, dass Entwickler unattraktive Aufgaben wie Dokumentation und Tests ans Ende verschieben und es so meistens nicht mehr dazu kommt. Es gilt also, die bittere Arbeit mit der süßen zu vermischen und in kleine Häppchen zu verpacken – eben bittersüße Elefantenstückchen.

Die Ziele für die Entwicklung von TYPO3 v5 wurden in verschiedenen Workshops und unzähligen Diskussionen erarbeitet. Unser Ansatz bei der Zielvorgabe für die Entwicklung ist ein einfaches Zurückrechnen: Angenommen, ich möchte in meinem CMS eine neue Seite erstellen – was benötige ich hierfür auf technischer Seite? Anfangs natürlich eine ganze Menge: Ein Konzept für „Seiten", eine Benutzeroberfläche, ein Model-View-Controller-Framework, Objektpersistenz und vieles mehr. Diese Anforderungen werden deshalb wieder in einzelne Projekte unterteilt, deren Ziel es ist, die jeweils einfachste Lösung, die vermutlich funktionieren könnte, zu entwickeln.

---

[4] Die wichtigsten Prinzipien für die Zusammenarbeit in der TYPO3-Community haben wir in einem Verhaltenskodex (*http://typo3.org/community/code-of-conduct/*) zusammengefasst.

Im Hinblick auf Qualität hat uns diese Zielsetzung davor bewahrt, Funktionen zu entwickeln, die wir später nicht benötigen. Ein wichtiger Aspekt, wenn man bedenkt, dass ungenutzter Code üblicherweise auch nicht gewartet wird und schließlich im unpassendsten Moment irreführende Fehlermeldungen verursacht.

Die Entwicklungsziele für die TYPO3-Distribution, die FLOW3-Distribution sowie dessen Pakete und Unterpakete werden in Form von Aufgaben auf unserer TYPO3 Forge eingepflegt. Idealerweise benötigt die Implementierung einer neuen Funktion, die in einer Aufgabe beschrieben ist, nicht länger als einen Tag – auf diese Weise stellen wir sicher, dass der Brocken nicht zu groß und die Aufgabe auch für einen freiwillig arbeitenden Entwickler realistisch zu bewältigen ist.

11.2.2 Testgetriebene Entwicklung

Glücklicherweise hat sich auch in der PHP-Welt inzwischen herumgesprochen, dass das Schreiben von Tests durchaus keine Zeitverschwendung ist, und in so manchem Projekt für Gelassenheit am Abgabetag sorgt. Denn selbst wenn sich in letzter Sekunde noch Änderungswünsche ergeben oder Fehler auftreten, kann der Entwickler stets auf das Sicherheitsnetz der Tests zurückgreifen und seine Änderungen ohne böse Überraschung integrieren.

Wie bereits erwähnt war einer der ausschlaggebenden Gründe, TYPO3 von Grund auf neu zu entwickeln, die Tatsache, dass nahezu keine aussagekräftigen Unit-Tests existierten. Insofern war die ausgiebige Nutzung von automatisierten Tests in der neuen Version von Anfang an beschlossene Sache. Fast wichtiger jedoch als die Tatsache, *dass* eine neue Funktion oder ein Bugfix entwickelt und getestet wird, ist uns die Art und Weise, *wie* dies geschieht: mit testgetriebener Entwicklung (Test-Driven Development, TDD).

Testgetriebene Entwicklung ist proaktive Qualitätssicherung. Sie bedeutet nicht nur, dass neue Codeteile von Anfang an getestet werden, sondern sorgt vor allem auch dafür, dass der Fokus auf die wichtigen Ziele erhalten bleibt. Die zwei Grundregeln besagen: [Beck 2003]

- Schreibe neuen Code nur dann, wenn ein automatisierter Test fehlschlägt.
- Beseitige redundanten Code.

Diese Grundsätze haben einige wichtige Auswirkungen:

- Das Design muss organisch entstehen, mit lauffähigem Code, der wichtiges Feedback zwischen den Entscheidungen liefert.
- Entwickler schreiben ihre Tests selbst, während sie entwickeln.
- Das Design muss aus vielen Komponenten mit starker Kohäsion und loser Kopplung bestehen, um ein einfaches Testen zu ermöglichen.[5]

Auf die positiven Auswirkungen kommen wir später noch zu sprechen, doch zunächst bleibt die Frage: Was ist das Besondere daran, den Test vor dem zu testenden Code zu schreiben – merkt man den Unterschied überhaupt?

---

[5] Ein System mit starker Kohäsion besteht aus Komponenten, die nur für genau eine spezifizierte Aufgabe zuständig sind. Eine lose Kopplung ist dann erreicht, wenn Klassen voneinander weitgehend unabhängig sind und nur durch wohldefinierte Schnittstellen miteinander kommunizieren. [Yourdon 1979]

In nicht wenigen Projekten werden Tests nach dem Gießkannenprinzip entwickelt: Wenn nach der Entwicklung der gewünschten Funktionen noch Zeit bleibt, werden Tests geschrieben. Ist die Abdeckung durch Code-Coverage-Tests noch nicht zufriedenstellend, wird noch einmal nachgegossen. Das Problem bei diesem Ansatz: Man verzichtet nicht nur auf die zusätzlichen Vorteile, die die testgetriebene Entwicklung bringt – die Tests spiegeln häufig auch eine falsche Sicherheit vor, weil das TDD-Mantra umgangen wird:

Das TDD Mantra

- *Rot* – Schreibe einen Test, der nicht funktioniert.
- *Grün* – Sorge dafür, dass der Test schnellstmöglich läuft, egal welche Sünden du dafür begehen musst.
- *Refaktoriere* – Entferne allen redundanten Code, der nur dafür erstellt wurde, den Test zum Laufen zu bringen.

frei nach [Beck 2003]

Durch das Wiederholen dieser drei Schritte ist gewährleistet, dass nur das Notwendige entwickelt wird – aber auch, dass der Test tatsächlich greift. Allzu oft wird ein Test entwickelt, im Testrunner ausgeführt und, nachdem er erfolgreich ausgeführt wurde, mit dem nächsten Test fortgefahren. Wenn der Test aber nie fehlschlug, weiß man auch nicht, ob er fehlschlägt, wenn der zu testende Code fehlerhaft ist.[6]

Alle Mitglieder unseres Kernteams verpflichten sich dazu, wann immer es geht, testgetrieben zu entwickeln. Und auch wenn es hin und wieder verlockend ist, aus Zeitgründen davon abzuweichen, hat sich dieser Ansatz längst durch eine höhere Qualität der Tests und des resultierenden Codes bezahlt gemacht.

11.2.3 Tests als Dokumentation

Eine immer wiederkehrende Aufgabe der Kernteam-Mitglieder ist die Überprüfung von Beiträgen anderer Entwickler in Form von Patches oder Commits. Beurteilt wird, ob die Programmteile sicherheitsrelevante oder andere technische Probleme aufweisen, natürlich aber auch, ob der Code letztlich tut, was das Feature verspricht. Ein erfahrener Entwickler kann die erste Überprüfung meist ohne genauere Kenntnis der eigentlichen Thematik vornehmen. Um beurteilen zu können, ob das Feature korrekt implementiert ist, benötigt aber auch er weitere Informationen zum Anwendungsbereich der Funktion.

Tests dienen bei solchen Reviews als wichtige Informationsquelle, denn sie dokumentieren die Annahmen, die der Entwickler zu seiner Implementierung aufgestellt hat. Wenn es zu einem bestimmten Aspekt keinen Test gibt, ist diese Funktion offenbar noch nicht implementiert – und andersherum kann man davon ausgehen, dass die Annahmen, die in Form

---

[6] Wir wollen hier kein Projekt besonders anprangern, aber schauen Sie sich die Tests populärer PHP-Projekte doch einmal genauer an – Sie werden bestimmt (vermutlich auch bei uns) schon anhand der Tests sehen können, ob sie im Nachhinein entwickelt wurden und vielleicht sogar gar keinen Sinn (mehr) ergeben.

von Testmethoden formuliert wurden, auf den aktuellen Code zutreffen – sofern die Tests nicht fehlschlagen.

Das folgende Listing zeigt einen beispielhaften Methodennamen aus einer Testklasse, der klar formuliert, was passiert, wenn man `getObject()` nach einem unbekannten Objekt fragt:

```
/**
 * @test
 * @expectedException \F3\FLOW3\Object\Exception\UnknownObject
 * @author Robert Lemke <robert@typo3.org>
 */
public function getObjectThrowsAnExceptionIfTheSpecifiedObjectIsNotRegistered() {
    // ...
}
```

Hält man diese Art der Benennung von Tests durch, kann man daraus mithilfe von PHPUnit agile Dokumentation erzeugen, die die in den Tests formulierten Annahmen in übersichtlicher Form zusammenstellt.

11.2.4 Kontinuierliche Integration

Manuelle Überprüfungen werden zwar immer notwendig sein, da sie aber recht aufwendig sind, sollte man jedoch Code nur zu einem manuellen Review abliefern, wenn bereits alle anderen Überprüfungsmöglichkeiten ausgeschöpft wurden. Viele Fehler, die während eines Tests auftreten, rühren daher, dass der neu entwickelte Programmteil nicht (mehr) zur aktuellen Codebasis passt, weil inzwischen andere Entwickler neuen Code in das Repository geladen haben.

Mit solchen Integrationsproblemen sahen auch wir uns konfrontiert und führten deshalb die Regel ein, spätestens am Ende des Tages den produzierten Code zu committen. Auf Serverseite installierten wir den Hudson Continuous-Integration-Server[7].

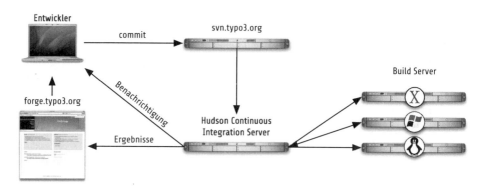

ABBILDUNG 11.1 CI-Server-Topologie der TYPO3 Forge

Jedes Mal, wenn ein Entwickler neuen Code in das Subversion Repository eincheckt, startet Hudson einen neuen Build. Dieser wird auf separaten Servern jeweils unter Windows,

---

[7] http://hudson-ci.org/

Linux und MacOS durchgeführt, um eventuelle plattformabhängige Fehler aufzudecken. Die Ergebnisse landen schließlich wieder auf dem zentralen CI-Server und werden für die Darstellung auf *forge.typo3.org* aufbereitet. Zeitgleich werden der Entwickler und die Maintainer des Paketes via Jabber über den Erfolg oder Fehlschlag des Builds informiert.

Die Nutzung der CI-Infrastruktur steht ausdrücklich allen auf TYPO3 Forge gehosteten Projekten offen. Zukünftig werden sogar Pakete, die für TYPO3 v5 oder FLOW3 entwickelt werden, nur noch dann im offiziellen Package Repository veröffentlicht, wenn sie zuvor einen gründlichen Check durchlaufen haben. Neben den obligatorischen Unit-Tests und Prüfung auf vorhandene Dokumentation werden dabei später auch weitere Analysen zum Einsatz kommen, die eine Aussage über die Qualität des eingereichten Codes liefern können (ein Regelsatz für das Analysetool PHP_CodeSniffer[8], das die Einhaltung der Programmierrichtlinien überwacht, steht bereits jetzt zur Verfügung[9]). Wir erhoffen uns davon eine deutlich verbesserte Qualität der Erweiterungen, die später für TYPO3 entwickelt werden.

Die meisten Skripte und Konfigurationsdateien für unsere Hudson-Implementierung stehen auf TYPO3 Forge zum Download bereit[10].

Auch die Kommunikation der Entwickler untereinander, über die Integration des Codes hinaus, spielt eine wichtige Rolle beim Streben nach guter Qualität. Nur wenn alle Beteiligten über die Pläne der anderen gut informiert sind, können Reibungsverluste und Probleme bei der Integration vermieden statt beseitigt werden. Hierzu haben wir eine eigene Microblogging-Plattform geschaffen, *http://beat.typo3.org/*[11]. Die Entwickler sollen dort kundtun, was sie derzeit beschäftigt und wo aktuell Probleme auftreten. Der Dienst übernimmt damit teilweise die Aufgabe der Standup-Meetings aus Scrum, die in verteilten Teams nicht möglich sind.

11.2.5 Sauberer Code

„Clean code that works" — *Ron Jeffries, eXtreme Programming-Mitbegründer*

Mal ehrlich, haben wir nicht alle schon Code produziert, bei dem wir nach einigen Tagen, Wochen oder Monaten nicht mehr so recht wussten, was er eigentlich tun soll, bei dem wir uns gefragt haben, was dieser Variablenname wohl bedeuten möge?

Software ist heute oft jahrelang im Einsatz, wird immer wieder angepasst und erweitert, von wechselnden Entwicklern gepflegt und weitaus öfter gelesen als geschrieben. Somit ist die Lesbarkeit von Quelltexten von enormer Bedeutung. Und Lesbarkeit ist das primäre Ziel von sauberem Code – *funktionieren* könnte er auch anders, dem Computer ist der Quelltext letztlich egal.

Damit Quelltext wirklich lesbar wird wie ein Text, ist es enorm wichtig, auf die Benennung von Methoden und Variablen zu achten. Gibt man sich hier wirklich Mühe, sollte es sogar einem Kunden möglich sein, anhand des Quelltextes zu prüfen, ob dieser tatsächlich den gewünschten Geschäftsprozess abbildet.

---

[8] *http://pear.php.net/package/PHP_CodeSniffer*
[9] *http://forge.typo3.org/projects/show/package-flow3cgl*
[10] *http://forge.typo3.org/wiki/team-forge/Continuous_Integration*
[11] Wir haben als Basis den quelloffenen Twitter-Nachbau Laconica genutzt.

Ist der Code lesbar, kann er einfacher erweitert werden. Dabei ist es hilfreich, wenn die Benennung konsistent ist, sodass man immer die richtige Schreibweise „raten" kann. Dabei helfen einige grundlegende Regeln:

- Methoden- und Variablennamen sind immer in `lowerStudlyCaps`.
- Klassennamen sind immer in `UpperStudlyCaps`.
- Setter- und Getter haben immer die Form `setPropertyName()` und `getPropertyName()`.
- Getter für boolesche Werte heißen immer `isAttributeName()` oder `hasThingName()`.

Wichtig ist es außerdem, die Aufgabe einer Methode klar in deren Namen zu erfassen. Wir haben mit entsprechenden Diskussionen tatsächlich schon einige Zeit verbracht und uns auch nicht davor gescheut, falls nötig, umfangreiche Umbenennungsarbeiten vorzunehmen. Angst vor einer Änderung (oder Faulheit) sollte niemals eine sinnvolle Maßnahme verhindern! Einige Beispiele:

- `getValidator()` gibt ein neues Objekt zurück, `createValidator()` ist der bessere Name.
- `setFactory()` scheint eine Factory-Instanz zu erwarten, es wird aber ein Klassenname erwartet. `setFactoryClassName()` wäre besser.
- `getSpecialConfiguration()` und `loadSpecialConfiguration()` lassen offen, was an ihnen speziell ist. Im vorliegenden Fall ist dies eine Altlast, das Special kann entfallen – die vormals „normale"Konfiguration wurde in „Settings" umbenannt.

In domänengetriebenen Projekten (siehe Abschnitt 11.2.8) ist die allgegenwärtige Sprache (englisch: *Ubiquitous Language*) ein wichtiges Instrument. Diese Sprache sollte auch in den Quelltexten wieder zu finden sein und ist daher maßgeblich für Auswahl von Methoden- und Variablennamen.

Einsteiger in die objektorientierte Entwicklung haben oft das Gefühl, in einer endlosen Kette von Delegationen zu landen, die meisten Methoden scheinen nicht wirklich etwas zu tun. Hat man sich daran gewöhnt, wird jedoch schnell klar, dass diese Art der Aufgabenverteilung bei der Pflege eines Systems zahlreiche Vorteile hat. Einer hat wiederum mit der Lesbarkeit zu tun: eine Methode, die ihrerseits nur fünf weitere Methoden aufruft, welche aber klare, aussagekräftige Namen haben, sollte immer einfacher zu verstehen sein als eine lange Methode, die den entsprechenden Quelltext „am Stück" enthält.

Neben der Benennung ist auch die Platzierung von Quelltexten wichtig. Wir haben uns für eine strikte Eine-Klasse-je-Datei-Regel entschieden und bilden Namespaces im Dateisystem ab; Dateien heißen wie die darin enthaltene Klasse. Damit ist es sehr leicht, den Quelltext zu einer Klasse zu finden[12].

11.2.6 Refaktorierung

Einmal erstellter Code verkommt ohne Pflege ebenso unaufhaltsam wie der Garten hinter dem Haus. Um also den hart erkämpften, sauberen Code und das ausgefeilte Systemdesign zu erhalten, muss der Code gehegt und gepflegt werden. Ansonsten wird aus Programmieren schnell Basteln, und zahllose schnelle Lösungen und Workarounds weichen Struktur und Stil auf.

---

[12] Nicht nur für Entwickler, auch für den Autoloader ...

„Refactoring", also das Ändern von Code, ohne sein Verhalten zu beeinflussen, ist hier das anerkannt beste Werkzeug. Es kehrt den zuvor genannten Prozess um und führt zu Code, der im Laufe seiner Evolution immer klarer und einfacher wird. Dies klappt allerdings nur, wenn man sich an einige grundlegende Regeln hält:

- Entweder entwickeln oder refaktorieren, niemals beides zugleich
- Refaktorierung immer nur mit Unit-Tests zur Absicherung
- Diszipliniert vorgehen, kleine Schritte machen

Gerade der letzte Punkt wird vereinfacht, wenn man sich an bekannte Refaktorierungsmuster hält, wie sie in [Fowler 2000] beschrieben werden. Damit werden die Änderungen, die zur Beseitigung der gefundenen „Code Smells", also der Unschönheiten im Code, nötig sind, in kleine, fast triviale Aufgaben zerlegt.

Beispiele für Code Smells

Duplizierter Code Identischer Code an mehreren Stellen eines Programms birgt immer Risiken und bedeutet Mehrarbeit bei nötigen Änderungen.

Lange Methode Je mehr Code eine Methode enthält, desto schwieriger ist sie zu verstehen und zu pflegen.

Große Klasse Klassen, die zu viel Code enthalten, sind oft mit zu vielen Dingen beschäftigt, und duplizierter Code ist häufig ebenfalls zu finden.

Geht man also in kleinen Schritten vor und stellt durch Unit-Tests sicher, dass das Verhalten der refaktorierten Programmteile sich nicht verändert, kann man kontinuierlich das Design seiner Software verbessern, während sie entwickelt wird.

Durch Refaktorierung und Unit-Tests konnten wir bei der Entwicklung von FLOW3 von den geschriebenen Codezeilen knapp die Hälfte „wegoptimieren", PHP-Namespaces einführen und vorhandene Methodennamen durch bessere ersetzen, ohne dass es hierbei zu größeren Problemen gekommen wäre.

11.2.7 Programmierrichtlinien

Es ist für saubere Entwicklung enorm wichtig, sich beim Programmieren an stilistische Grundregeln zu halten. Kann ein einzelner Entwickler sich dabei noch an seinen persönlichen Vorlieben orientieren, müssen bei größeren Projekten diese Regeln fixiert werden. Nur so ist es möglich, sich die Regeln schnell anzueignen oder Unklarheiten zu beseitigen. Viele Projekte haben daher Programmierrichtlinien (Coding Guidelines), die meist in Form unterschiedlich langer Texte vorliegen, ergänzt von Beispielen.

Solche Richtlinien befassen sich meist mit zwei Bereichen: der optischen Gestaltung von Quelltexten und dem Programmierstil. Ersteres umfasst vor allem Fragen der Einrückung und Klammersetzung, Letzteres regelt beispielsweise die Wahl von Namen für Methoden und Variablen und bevorzugte Sprachkonstrukte.

Für TYPO3 v5 haben wir neue Richtlinien[13] entworfen. Dazu griffen wir auf die bestehenden Richtlinien aus TYPO3 v4 zurück, passten einiges an den neuen Programmierstil an und ergänzten einige Dinge, die in den vorhandenen Regeln fehlten oder unklar waren.

Ein Problem solcher Richtlinien ist es oftmals, dass sie recht umfangreich sind. Wir haben daher, inspiriert von einem Fund im Internet[14], die wichtigsten Punkte der Programmierrichtlinien auf einer Seite zur den „Coding Guidelines on one Page"(Abbildung 11.2) zusammengefasst. So hat man auf einer Seite die wichtigsten Regeln zur Klammersetzung und Einrückung, Type Hinting und Quelltext-Dokumentation, aber auch Hinweise auf die gewünschte Namensgebung und den Grundaufbau der Quelltexte. Reichen diese Informationen nicht aus, kann man auf die ausführlichen Programmierrichtlinien zurückgreifen.

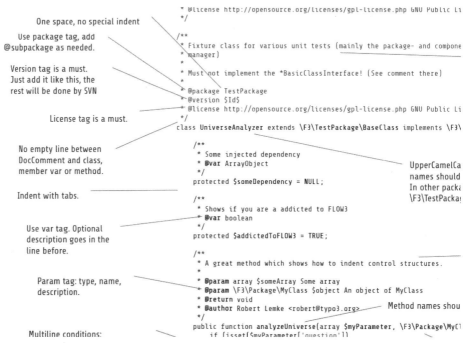

ABBILDUNG 11.2 Die „CGL on one Page" von FLOW3 (Ausschnitt)

Solche Richtlinien müssen gepflegt werden. Die Anforderungen können sich ändern, neue Technologien kommen hinzu und Unklarheiten treten zutage – so haben wir unsere Richtlinien mehrfach überarbeitet, und auch die Richtlinien für TYPO3 v4 erfuhren eine grundlegende Überarbeitung. Hält man an Konventionen fest, die nicht mehr in die Zeit passen, läuft man sonst Gefahr, Entwickler damit zu vergraulen. Halten sich diese dann nicht mehr an die Vorgaben, entsteht ein stilistischer Mischmasch, der die Arbeit weiter erschwert. Werden die Richtlinien geändert, sollte man wiederum bestehenden Code anpassen. Dies muss nicht zwingend in einem Arbeitsgang geschehen, allerdings sollte man sich vor einer Anpassung auch weder drücken noch sie fürchten (wozu hat man denn die Unit-Tests?).

---

[13] *http://flow3.typo3.org/documentation/coding-guidelines*
[14] *http://www.xp123.com/xplor/xp0002f/codingstd.gif* von William C. Wake

11.2.8 Domänengetriebenes Design

Die Planung eines Software-Projektes hat direkten Einfluss auf die Qualität des fertigen Produktes. Und die Qualität des Produktes steht in direktem Verhältnis zu der Frage, wie gut es seinen Zweck erfüllt. Hiermit ist nicht gemeint, ob es einfach zu installieren ist oder fehlerfrei läuft (das darf der Kunde ohnehin erwarten), sondern ob es dabei auch tut, was der Kunde *braucht*[15].

Domänengetriebenes Design (englisch: *Domain-Driven Design*, kurz *DDD*) bietet die Möglichkeit, diesem Ziel näher zu kommen. Gemeinsam mit dem Kunden wird dessen Domäne analysiert, die Entwickler sollen verstehen, worum es wirklich geht. In diesem Prozess wird oftmals auch dem Kunden klarer, was er braucht, und die Entwickler lernen die Fachsprache des Kunden. Dies führt zu einer „allgegenwärtigen Sprache", die in einem Projekt-Glossar festgehalten wird. So können Kunde und Entwickler sicher sein, über dieselben Dinge zu sprechen.

Wird so der Bedarf des Kunden analysiert und sind die Entwickler diszipliniert, wird nur die tatsächlich nötige Funktionalität entwickelt und damit Code, der nur für „den Fall der Fälle" gedacht ist, vermieden. Dies hat eine schlankere und damit weniger fehleranfällige Software zur Folge.

Während der Modellierung wird darauf geachtet, kein „So ist es fertig"-Gefühl aufkommen zu lassen, Diagramme werden von Hand skizziert. So wird ein Anreiz zu kreativem Denken geschaffen und die Angst vor Änderungen an bestehenden Ergebnissen genommen. Domänengetriebenes Design passt damit gut zu agilen Methoden der Projektsteuerung.

Die Trennung von Geschäftsprozess und Infrastruktur in der Software ist ebenfalls ein Ergebnis dieser Vorgehensweise. Denn wenn man mit dem Kunden über Lieferanten, Container und Lastwagen diskutiert, wird dieser zu Recht darauf hinweisen, dass seine Container keine `save()`-Methode und Lieferanten zwar eine Nummer haben, diese aber nicht selbst erzeugen. So wird eine klare Trennung herausgearbeitet, die es später erlaubt, Infrastruktur-Entscheidungen auch bei schon bestehendem Geschäftsprozesscode leicht(er) zu treffen oder zu revidieren.

In unserem Fall führte diese Denkweise erst zur Entwicklung von FLOW3 als eigenständigem Projekt – es ist die Infrastruktur, die wir für das CMS benötigen. Und innerhalb von FLOW3 wurde die Entwicklung der Persistenzschicht mit ihrer nahezu völligen Unsichtbarkeit für den Client-Code durch diese Anforderungen angetrieben.

■ 11.3 Vorgehen bei der Entwicklung

Grau ist alle Theorie, doch wie sieht es in der Praxis mit all diesen tollen Techniken und Paradigmen aus? Funktioniert testgetriebene Entwicklung? Hilft kontinuierliche Integration wirklich weiter?

---

[15] Dies ist nicht immer das, was der Kunde will, ein Problem, das wir hier gleich mit lösen.

11.3.1 Neuen Code entwickeln

Eines der grundlegenden Prinzipien der testgetriebenen Entwicklung besagt, dass nur dann Code geschrieben wird, wenn ein Test fehlschlägt. Wie soll man denn dann neue Funktionen entwickeln? Ganz einfach, indem man erst die nötigen Tests schreibt. Und dieses Prinzip funktioniert in der Praxis tatsächlich sehr gut.

Der größte Vorteil neben der naturgemäß guten Abdeckung des Codes durch Tests ist die Tatsache, dass man vor der Entwicklung des neuen Programmteiles aus Nutzersicht damit arbeitet. Denn wenn man den Testcode schreibt, definiert, benutzt und „fühlt" man den neuen Programmteil bereits. In der Folge wird dann tatsächlich nur so viel Code entwickelt, wie man benötigt, um fertig zu werden, also um den Test erfolgreich laufen lassen zu können.

Wir nutzen PHPUnit[16] als Test-Framework und haben in unserer Test-Basisklasse einige hilfreiche Ergänzungen vorgenommen (siehe Abschnitt 11.4). Wie bereits erwähnt, haben wir zu Beginn den Fehler gemacht, unsere Tests von einem eigenen Testrunner abhängig zu machen. Dies erschwert die Nutzung von Hilfsmitteln wie beispielsweise Phing, die von Haus aus davon ausgehen, den Standard-Testrunner von PHPUnit nutzen zu können. Es sei also jedem ans Herz gelegt, seine Tests möglichst vollständig zu kapseln, sodass sie mit PHPUnit-Bordmitteln ausgeführt werden können.

Ein wichtiger Punkt bei der Nutzung von Tests ist die Frage, wie weit man gehen sollte. Die Testabdeckung ist ein wichtiger Faktor, und so nutzen wir auch die Code-Coverage-Analyse, die PHPUnit im Zusammenspiel mit Xdebug ermöglicht. Allerdings sollte man nicht versuchen, auf jeden Fall 100% Abdeckung durch seine Tests zu erreichen. Wichtiger ist es, die kritischen Stellen gründlich zu testen. Komplexer Code benötigt auf jeden Fall mehrere Tests, denn ein Test sollte immer nur einen Aspekt testen. Ein simpler Getter hingegen kann auch mal gänzlich ohne Test auskommen.

11.3.2 Code erweitern und ändern

Software ist niemals fertig, selbst ein einfaches Programm kann man nahezu beliebig ausbauen[17]. In der Welt echter Anwendungen ist es alltäglich, dass neue Anforderungen hinzukommen. Hat man die bestehende Funktionalität nach dem Prinzip der testgetriebenen Entwicklung programmiert, sind solche Änderungen nahezu gefahrlos möglich – die vorhandenen Tests stellen sicher, dass nichts versehentlich kaputtgeht.

Sobald man Programme erweitert, wird man Änderungen an bestehenden Teilen vornehmen müssen, sei es, um neue Funktionen möglich zu machen, oder schlicht, um die neuen Teile verfügbar zu machen. In solchen Momenten sollte man sich sehr klar über den Hut sein, den man gerade trägt:

---

[16] *http://www.phpunit.de/*

[17] siehe *http://99-bottles-of-beer.net/* – die PHP-Beispiele zeigen eine erstaunliche Breite an Komplexität.

Die zwei Hüte des Entwicklers

Ein Programmierer trägt bei seiner Arbeit entweder den Entwicklungshut oder den Refaktorierungshut:

Entwicklungshut Während man diesen Hut trägt, entwickelt man neue Funktionalität. Änderungen an bestehendem Code werden nicht durchgeführt.

Refaktorierungshut Mit diesem Hut wird nichts Neues entwickelt, es wird nur der bestehende Code neu strukturiert, ohne seine Funktion zu ändern.

Bevor man die zum Einbau der neuen Funktionalität nötigen Refaktorierungen vornimmt, muss man sicherstellen, dass es für den betroffenen Code ausreichend Tests gibt. Ist dies nicht der Fall, muss man zuerst neue Tests schreiben. Positiver Nebeneffekt: Kaum etwas hilft so gut beim Verstehen von (fremdem) Code, wie einen Test dafür zu schreiben. Gibt es bereits Tests, so kann ein Blick in deren Code übrigens ebenso dabei helfen, den Code zu verstehen.

Manchmal ist es bei größeren Umbauten schwierig, testgetrieben vorzugehen. Es kann sein, dass an so vielen Stellen Änderungen vorgenommen werden müssen, dass es unvertretbar wäre, im Vorfeld bestehende Tests zu ändern oder neue zu schreiben. Entscheidend ist dann, nach den Änderungen die Abdeckung durch Tests wieder sicherzustellen. Hier kann wieder eine Code-Coverage-Analyse mit Xdebug und PHPUnit hilfreich sein.

Nachdem die nötigen Änderungen erledigt sind und alle Tests noch (oder wieder) laufen, wird der Code in Subversion eingespielt und der Continuous-Integration-Server teilt uns freundlich mit, dass auch dort alle Tests laufen ...

11.3.3 Code optimieren

Geschwindigkeit

Bei der Entwicklung von FLOW3 versuchen wir, uns mit Optimierungen zurückzuhalten. Versucht man, von Anfang an möglichst schnellen Code zu produzieren, so geht dies meist nach hinten los. Nicht immer sagt das Bauchgefühl die Wahrheit, und sauberer Code mit einem Fokus auf die Aufgabe sollte im Vordergrund stehen. Nach einer Weile kommt dann jedoch der Punkt, an dem es *so nicht mehr weitergehen kann*. Hier schieben wir dann einen Profiling-Tag ein. Projektintern haben wir inzwischen den Spruch geprägt: „Performance ist ein Feature, das wir nachträglich einbauen können. " Das ist natürlich eine gewagte These.

Realistisch betrachtet erfordern Performance-Optimierungen durchaus auch größere Umstrukturierungen. In den seltensten Fällen stellen diese jedoch ein Problem dar, denn durch sauber modularisierten Code sind trotz großer Umbauarbeiten nur wenige Zeilen Code betroffen, und diese lassen sich, abgesichert durch Unit-Tests und Refaktorierungstechniken, sicher modifizieren. Glücklicherweise betreffen diese Umbauten fast nie veröffentlichte Schnittstellen. Für den Fahrer des Autos ändert sich an der Handhabung nichts, wenn man ihm einen stärkeren Motor einbaut – er bemerkt nur die schnellere Geschwindigkeit.

Um wirkungsvoll optimieren zu können, muss man allerdings *wissen*, welche Codeteile langsam sind – raten oder glauben helfen nicht weiter. Wir nutzen für solche Messungen gerne die Profiling-Funktion von Xdebug[18]. Um das produzierte Cachegrind-File zu deuten, greifen wir auf KCachegrind[19] und Webgrind[20] zurück (Letzteres ist meist völlig ausreichend und ist wesentlich einfacher zu installieren).

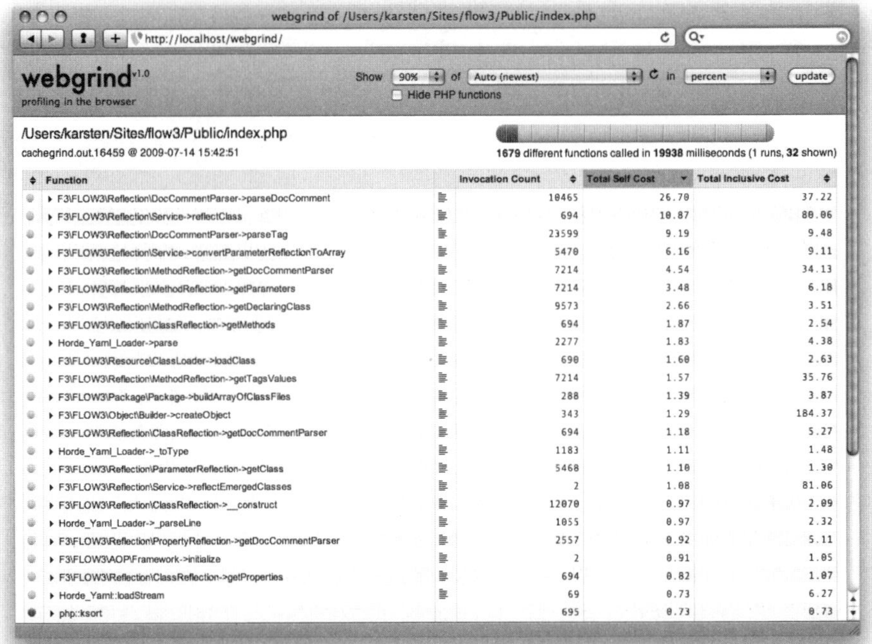

ABBILDUNG 11.3 Webgrind-Ausgabe für einen FLOW3-Lauf

Ein weiteres Profiling-Werkzeug ist XHProf[21]. Es hat gegenüber Xdebug den Vorteil, ungleich schneller zu sein, und bringt ein Webfrontend zur Auswertung der gewonnenen Daten mit.

Lesbarkeit

Für die Wartbarkeit von Code ist seine Lesbarkeit entscheidend. Wenn ein neuer Programmierer den Code lesen kann wie ein Buch, wird er schneller in der Lage sein, daran weiter zu arbeiten, als wenn er erst mühsam kryptische Variablennamen und ellenlange Methoden durchschauen muss.

Um die Lesbarkeit von Code zu optimieren, setzen wir auf Refaktorierung (11.2.6). In der PHP-Welt ist diese leider wesentlich weniger komfortabel zu bewerkstelligen als beispiels-

---

[18] *http://xdebug.org/*
[19] *http://kcachegrind.sourceforge.net/*
[20] *http://code.google.com/p/webgrind/*
[21] *http://pecl.php.net/package/xhprof*

weise in Java, wo es leistungsfähige Werkzeuge zur Refaktorierung gibt. So greifen wir meist auf die Funktionen zum Suchen und Ersetzen in unseren Entwicklungsumgebungen zurück. Neben einigen Kenntnissen in Regular Expressions bewährt sich bei solchen Arbeiten vor allem eine gute Namensgebung für Variablen, Methoden und Klassen.

Es ist ungleich einfacher, jedes Auftreten einer Kundennummer zu finden, wenn die dazugehörige Variable `$customerNumber` heißt und nicht `$c`.

11.3.4 Fehler finden und beheben

Natürlich schleichen sich bei testgetriebener Entwicklung keine Fehler in den Code ein. Theoretisch jedenfalls. Praktisch tauchen trotzdem Fehler auf.

Um einen gefundenen Fehler zu beheben, wird zunächst ein Test geschrieben, der den Fehler reproduziert, also korrektes Verhalten erwartet und aufgrund des Fehlers fehlschlägt. Dies stellt sicher, dass der Fehler später nicht wieder auftauchen kann (da der neue Test dies sofort anzeigen würde). Außerdem weiß man, wann der Fehler behoben ist: wenn der Test nicht mehr fehlschlägt.

Erst nachdem der Test geschrieben wurde, wird versucht, den Fehler zu beheben. Nicht vorher. Niemals. Nie.

11.3.5 Alten Code fachgerecht entsorgen

Wer Software entwickelt, schreibt neuen Code. Schreibt er funktionierenden, sauberen Code, kann er darauf zu Recht stolz sein. Dennoch ist eine der wichtigsten Aufgaben eines Software-Entwicklers das Wegwerfen von Code.

Beim Beheben von Fehlern, beim Entwickeln neuer Funktionalität und bei der Weiterentwicklung vorhandener Codeteile wird man irgendwann den Refaktorierungshut aufsetzen. Wenn man diesen Hut aufhat, trifft man auch auf Code, den keiner mehr braucht. Dafür gibt es mehrere Gründe:

- Alter Code ist durch neuen Code überflüssig geworden.
- Anforderungen sind weggefallen, der Code wird nicht mehr gebraucht.
- Es wurde Code entwickelt, der noch nicht benötigt wurde.

Code, der aufgrund der beiden ersten Gründe zum Abfall wird, sollte gleich bei seiner Entstehung entsorgt werden, also wenn neuer Code entwickelt wird oder Anforderungen wegfallen. Am häufigsten ist wohl der dritte Grund für das Entstehen von totem Code ausschlaggebend: mehr Code zu entwickeln, als tatsächlich benötigt wird.

Im Umgang mit solchem nutzlosen Code hat es sich in unserem Projekt bewährt, die entsprechenden Codeteile kurz zu analysieren und anschließend einfach zu löschen.

Fällt eine komplette Funktion weg, überprüft man im ersten Schritt durch eine globale Suche, ob andere Codeteile auf diese Funktion verweisen. Ist dies der Fall, muss dieser Code zunächst refaktoriert werden, sodass er auch ohne die zu löschende Funktion läuft. Sind die Abhängigkeiten aufgelöst, kann der Code gelöscht werden und in der Folge auch nach und nach die Unit-Tests, die fehlschlagen. Hierbei ist für jeden Test zu prüfen, ob der Fehlschlag zu erwarten war. Dies ist bei allen Tests der Fall, die direkt den entfernten Code testen sollen – diese Tests können problemlos entfernt werden.

Schlägt ein Test unerwartet fehl, heißt es, diesen genauer zu untersuchen. Wenn man Glück hat, ist der Test schlampig geschrieben und muss nur aufgeräumt werden, um eine falsche Abhängigkeit von den entfernten Codeteilen zu beseitigen. Es kann jedoch auch sein, dass tatsächlich Code gefunden wird, der von der entfernten Funktionalität abhängt. Hier muss dann entsprechend korrigiert werden, bis der Test wieder durchläuft.

■ 11.4 Testrezepte

Auch wenn das Schreiben von Tests nach einiger Übung recht leicht von der Hand geht und mitunter richtig Spaß bringen kann, gerät man immer mal wieder in verzwickte Situationen, die schließlich in faulen Kompromissen enden. Häufig hören wir in diesen Fällen von Teamkollegen Sätze wie „diese Methode lässt sich einfach nicht isoliert testen" oder „für die Klasse kann man keine Tests schreiben" – man kann. Während der Arbeit an FLOW3 haben wir einige Lösungen gefunden, die mit Sicherheit auch für andere Entwickler interessant sind.

11.4.1 Ungewollt funktionale Unit-Tests

Problem:

Bestimmte Unit-Tests sind eigentlich funktionale Tests, weil sie mehr als nur eine isolierte Methode testen. Auftretende Fehler lassen sich deshalb schwer einer bestimmten Funktion zuordnen.

Lösung:

Verwenden Sie Mocks und Stubs für alle Teile, die Sie *nicht* testen möchten. Verwenden Sie Dependency Injection, um Mock-Objekte an ihre Zielklasse zu übergeben.

PHPUnit stellt einige hervorragende Funktionen zur Verfügung, die Ihnen die Arbeit mit Mock-Objekten erleichtern. Enthält die zu testende Funktion beispielsweise Datenbankabfragen, dann möchten Sie nicht testen, ob ein bestimmtes Ergebnis in der Datenbank landet (dass die Datenbank funktioniert, wissen Sie ja), sondern ob Ihr Code den notwendigen SQL-Code generiert oder entsprechende Funktionen aufruft, damit das Ergebnis in der Datenbank landen *würde*.

Beispiel:

```
/**
 * @test
 */
public function logPassesItsArgumentsToTheBackendsAppendMethod() {
    $mockBackend = $this->getMock(
        'F3\FLOW3\Log\Backend\BackendInterface',
        array('open', 'append', 'close')
    );
    $mockBackend->expects($this->once())
        ->method('append')
        ->with('theMessage', 2, array('foo'), 'Foo', 'Bar', 'Baz');

    $logger = new \F3\FLOW3\Log\Logger();
    $logger->addBackend($mockBackend);
    $logger->log('theMessage', 2, array('foo'), 'Foo', 'Bar', 'Baz');
}
```

11.4.2 Zugriffe auf das Dateisystem

Problem:

Der zu testende Code greift direkt auf das Dateisystem zu.

Lösung:

Mit vfsStream[22] existiert ein brauchbares Werkzeug zum Emulieren eines Dateisystems. vfsStream registriert einen Stream Handler, der in den üblichen PHP-Befehlen wie etwa `fopen()` oder `file_put_contents()` verwendet werden kann.

Beispiel:

```
/**
 * @test
 */
public function theLogFileIsOpenedWithOpen() {
    $logFileURL = \vfsStream::url('testDirectory') . '/test.log';

    $backend = new \F3\FLOW3\Log\Backend\FileBackend(
        array('logFileURL' => $logFileURL)
    );

    $backend->open();
```

---

[22] http://code.google.com/p/bovigo/

```
    $this->assertTrue(
        \vfsStreamWrapper::getRoot()->hasChild('test.log')
    );
}
```

und hier die zu testende Methode:

```
/**
 * Carries out all actions necessary to prepare the logging backend,
 * such as opening the log file or opening a database connection.
 */
public function open() {
    $this->fileHandle = fopen($this->logFileURL, 'at');
    if ($this->fileHandle === FALSE) {
        throw new \F3\FLOW3\Log\Exception\CouldNotOpenResource(
            'Could not open log file "' . $this->logFileURL .
            '" for write access.',
            1229448440);
    }
}
```

11.4.3 Konstruktoren in Interfaces

Problem:

Klassen gegen Interfaces zu implementieren ist grundsätzlich eine sehr gute Idee. Auf diese Weise entkoppelt man auf effektive Weise Client-Code von der konkreten Implementation und erleichtert sich die Arbeit bei der Nutzung von Techniken wie Dependency Injection.

Schwierig wird es jedoch, wenn Interfaces eine Konstruktor-Methode spezifizieren. Weil Testing-Frameworks wie PHPUnit einen eigenen Konstruktor für die Realisierung von Mock-Objekten benötigen[23], kann der Vertrag mit dem ursprünglichen Interface nicht mehr eingehalten werden (es sei denn, ihre Methodensignatur ist zufälligerweise mit der von PHPUnits Konstruktoren identisch), was PHP mit einem fatalen Fehler quittiert.

Lösung:

Vermeiden Sie Konstruktoren in Interfaces. Wenn Sie jedoch nicht darum herumkommen, einen Konstruktor in Ihrem Interface zu spezifizieren, können Sie die zu testende Klasse immer noch selbst in einer selbst geschriebenen Mock-Klasse erweitern und bei Bedarf mit Techniken wie der zugänglichen Stellvertreterklasse (siehe Abschnitt 11.4.5) kombinieren.

---

[23] Der FLOW3-eigene Mechanismus für aspektorientiertes Programmieren erstellt, wie PHPUnit auch, sogenannte Stellvertreterklassen (englisch: *Proxy Class*), die für sich zusätzliche Argumente im Konstruktor beanspruchen. Daher können in FLOW3 Aspekte nur auf Klassen wirken, die kein Interface implementieren, das einen Konstruktor vorschreibt.

11.4.4 Abstrakte Klassen testen

Problem:

Abstrakte Klassen oder Klassen mit abstrakten Methoden lassen sich nicht direkt instanziieren und daher nicht testen.

Lösung:

Erstellen Sie eine Proxy-Klasse mithilfe der PHPUnit-Methode `getMockForAbstractClass()`, und testen Sie diese. Alle abstrakten Methoden werden automatisch gemockt.

Beispiel:

Zunächst der Test:

```
public function someAbstractTest() {
    $concrete = $this->getMockForAbstractClass('AbstractClass');
    $this->assertTrue($concrete->concreteMethod());
}
```

Und hier wieder die zu testende Klasse:

```
abstract class AbstractClass {
    abstract public function abstractMethod();
    public function concreteMethod() {
        return TRUE;
    }
}
```

11.4.5 Testen von geschützten Methoden

Problem:

Methoden, die als `protected` oder `private` deklariert sind, lassen sich nicht isoliert testen.

Lösung:

Zumindest Methoden, die als `protected` deklariert sind, können Sie mithilfe einer zugänglichen Stellvertreterklasse testen. Wir haben zur Basistestklasse, die in FLOW3-Projekten verwendet wird, eine Methode `buildAccessibleProxy()` hinzugefügt, die in etwa so aussieht:

```
/**
 * Creates a proxy class of the specified class which allows
 * for calling private/protected methods and access of protected
 * properties.
 * @param protected $className Fully qualified name of the original class
 * @return string Fully qualified name of the built class
 */
```

```php
protected function buildAccessibleProxy($className) {
  $accessibleClassName = uniqid('AccessibleTestProxy');
  $class = new \ReflectionClass($className);
  $abstractModifier = $class->isAbstract() ? 'abstract ' : '';
  eval(
    $abstractModifier . 'class ' . $accessibleClassName .
    ' extends ' . $className . ' {
      public function _call($methodName) {
        $methodReflection = new ReflectionMethod($this, $methodName);

        if ($methodReflection->isPrivate()) {
          $methodReflection->setAccessible(TRUE);
          $methodReflection->invokeArgs(
            $this, array_slice(func_get_args(), 1)
          );
        } else {
          return call_user_func_array(
            array($this, $methodName),
            array_slice(func_get_args(), 1)
          );
        }
      }

      public function _callRef(
      $methodName,
      &$arg1 = NULL, &$arg2 = NULL,
      &$arg3 = NULL, &$arg4 = NULL) {
        switch (func_num_args()) {
          case 0 : return $this->$methodName();
          case 1 : return $this->$methodName($arg1);
          case 2 : return $this->$methodName($arg1, $arg2);
          case 3 : return $this->$methodName($arg1, $arg2, $arg3);
          case 4 : return $this->$methodName($arg1, $arg2, $arg3, $arg4);
        }
      }

      public function _set($propertyName, $value) {
        $this->$propertyName = $value;
      }

      public function _setRef($propertyName, &$value) {
        $this->$propertyName = $value;
      }

      public function _get($propertyName) {
        return $this->$propertyName;
      }
    }'
  );

  return $accessibleClassName;
}
```

Mithilfe dieser Funktion können Sie eine Klasse generieren, über deren Helfer-Methoden Sie jede Methode oder Eigenschaft, die als `protected` deklariert ist, erreichen können. Sogar der Aufruf von als `private` markierten Methoden ist möglich (der entsprechende Mechanismus aus `_call()` kann einfach in `_callRef()` umgesetzt werden). Hier werden eine Klasse und der dazugehörige Test der Nutzung dieses Mechanismus demonstriert:

Beispiel:

```php
class Foo {
    protected $bar;

    protected function bar() {
        return $this->bar;
    }
}

/**
 * @test
 */
public function fooDoesWhatIExpect() {
    $foo = $this->getMock(
        $this->buildAccessibleProxy('\Foo'),
        array(),
        array(),
        '',
        FALSE
    );
    $foo->_set('bar', 'baz');
    $result = $foo->_call('getBar');
    $this->assertSame('baz', $result);
}
```

Geschützte Methoden über die Reflection API aufrufen

Seit PHP 5.3.2 ist es möglich, geschützte Methoden über die Reflection API aufzurufen. In seinem Blog [Bergmann 2010] beschreibt Sebastian Bergmann, wie diese Funktionalität genutzt werden kann, um geschützte Methoden zu testen.

11.4.6 Verwendung von Callbacks

Problem:

Möchte man eine Methode mocken, deren Rückgabewerte von der Eingabe abhängen, so ist es oft hilfreich, die `returnCallBack()`-Methode von PHPUnit zu nutzen. Teilweise scheint es jedoch umständlich, die Callback-Methode tatsächlich als Methode in der Testklasse auszuprogrammieren.

Lösung:

Anonyme Funktionen können dieses Dilemma elegant lösen. Mit PHP 5.3 ist der Funktionsumfang hier stark erweitert worden, sodass sehr mächtige Callbacks möglich sind.

Möchte man beliebige Methodenaufrufe zulassen, auf bestimmte Parameter jedoch mit spezifischen Aktionen reagieren, so kann dies wie folgt realisiert werden:

```php
$request = $this->getMock('F3\FLOW3\MVC\Web\Request');

$getMethodArgumentCallback = function() use (&$request) {
    $args = func_get_args();
    if ($args[0] === 'request') return $request;
};

$mockJoinPoint = $this->getMock('F3\FLOW3\AOP\JoinPointInterface');
$mockJoinPoint->expects($this->any())
    ->method('getMethodArgument')
    ->will($this->returnCallback($getMethodArgumentCallback));
```

Das folgende Beispiel zeigt einen Weg, um während eines Tests kontrolliert Exceptions werfen zu können:

```php
$throwStopException = function() {
  throw new \F3\FLOW3\MVC\Exception\StopAction();
};

$controller = $this->getMock(
  'F3\FLOW3\MVC\Controller\RESTController',
  array('throwStatus')
);

$controller->expects($this->once())
    ->method('throwStatus')
    ->with(400)
    ->will(
        $this->returnCallBack(array($throwStopException, '__invoke'))
    );

$controller->resolveActionMethodName();
```

Hier die Simulation einer Endlosschleife mit Abbruchbedingung:

```php
$requestCallCounter = 0;

$requestCallBack = function() use (&$requestCallCounter) {
    return ($requestCallCounter++ < 101) ? FALSE : TRUE;
};

$mockRequest = $this->getMock('F3\FLOW3\MVC\Request');

$mockRequest->expects($this->any())
    ->method('isDispatched')
    ->will($this->returnCallBack($requestCallBack, '__invoke'));
```

```
$mockResponse = $this->getMock('F3\FLOW3\MVC\Response');

$dispatcher = $this->getMock(
  'F3\FLOW3\MVC\Dispatcher', array('dummy')
);

$dispatcher->dispatch($mockRequest, $mockResponse);
```

11.5 Auf in die Zukunft

Mit den vorgestellten Grundsätzen und Techniken sind wir bisher gut gefahren. FLOW3 hat einen sehr sauberen Quelltext, nahezu keinen überflüssigen Code, und die beteiligten Entwickler achten auf die Programmierrichtlinien.

In der Zukunft wird das Team weiter wachsen, und es wird sich das Problem stellen, diese wachsende Zahl von Entwicklern zu kontrollieren, zu integrieren und zu motivieren.

Es war lange Zeit möglich, jede Änderung am Quelltext zu begutachten. Dies wird nicht immer möglich bleiben. Hier müssen wir uns dann vollständig auf die Automatismen verlassen, um die Einhaltung der Programmierrichtlinien und die Lauffähigeit des Systems sicherzustellen.

Integration und Motivation der Entwickler brauchen Zeit und bedeuten Arbeit für die Beteiligten. Die Zeit gewinnen wir durch das automatisierte Testen. Die kontinuierliche Integration gibt den Entwicklern permanent positive Rückmeldungen und spornt zu einer Arbeitsweise an, die Qualität vor Quantität stellt.

Das Management der an der Entwicklung Beteiligten und die Kommunikation bleiben damit die größten Brocken – durch die eingeführten Techniken und Prozesse bleibt hierfür wohl die nötige Zeit über, ohne dass Abstriche bei der Qualität gemacht werden müssen.

12 Testen von Symfony und Symfony-Projekten

von Fabien Potencier

12.1 Einführung

Auch wenn das Testen eines der Hauptanliegen eines Webentwicklers sein sollte, so sieht die Realität meist anders aus. Das Testen ist immer noch der am häufigsten vernachlässigte Teil bei der Entwicklung von Webanwendungen. Viele Entwickler denken, sie könnten sich das Schreiben von Tests nicht leisten, da das Budget des Kunden zu knapp oder die Deadline zu nah ist. Dabei ist genau das Gegenteil richtig. Eine umfassende Testsuite kann ein Projekt retten, wenn es enge Zeitpläne oder Budgetbeschränkungen gibt. Da dies nicht eingängig ist, müssen wir als Community die Entwickler erziehen und weiterbilden sowie Werkzeuge bereitstellen, die das Testen erleichtern.

Seit den Anfängen des Projekts vor fünf Jahren hat sich das Symfony-Framework-Projekt[1] stets bemüht, Best Practices der Webentwicklung zu fördern. Ein Hauptziel dabei ist, die Hemmschwelle für das Testen so niedrig wie möglich zu halten. Hierfür werden pragmatische Werkzeuge zur Verfügung gestellt, die leicht zu erlernen sowie zu benutzen sind und das Schreiben von Tests erleichtern.

Diese Fallstudie ist in zwei Teile gegliedert. Im ersten betrachten wir, wie das Symfony-Framework selbst getestet wird, was es für Herausforderungen beim Testen einer so großen Codebasis gibt und wie man sicherstellen kann, das es keine Probleme während des Lebenszyklus eines Major-Release gibt. Der zweite Teil legt den Fokus auf die Werkzeuge, die Symfony für das Testen von mit dem Framework entwickelten Anwendungen bereitstellt, angefangen von Lime für Unit-Tests bis zum Browser-Simulator für funktionale Tests.

---

[1] http://www.symfony-project.org/

12.2 Ein Framework testen

Das Testen eines Frameworks ist eine Herausforderung. Dies durften wir auf die „harte Tour" lernen, und zwar von Code, der zu stark an seine Abhängigkeiten gekoppelt ist, um hinreichend getestet werden zu können, über die Verwendung von Entwurfsmustern wie beispielsweise Singleton bis hin zu Bugs, die durch das Beheben anderer Bugs entstanden.

Im Laufe der Jahre hat das Kernteam des Symfony-Projekts aus seinen Erfahrungen mit dem Testen des Frameworks gelernt, und so bietet Symfony nun Komponenten, die lose gekoppelt (englisch: *loosely coupled*) und gut aufeinander abgestimmt sind. Die Einführung eines Dependency Injection Containers in Symfony 2 wird eine große Hilfe bei der Vereinfachung des Testprozesses sein.

12.2.1 Der Release-Management-Prozess von Symfony

Um den Bedarf des Symfony-Projekts an eine gute Testsuite für das Framework besser verstehen zu können, muss man den Release-Management-Prozess von Symfony kennen.

Wie viele andere Open-Source-Projekte haben wir *Major*- und *Minor*-Releases, im Juli 2009 die folgenden: 1.0, 1.1 und 1.2 sowie das noch in Entwicklung befindliche 1.3. Der erste große Unterschied zu anderen Open-Source-Projekten ist die Art und Weise, wie wir unsere Releases pflegen. Diese haben jeweils ihren eigenen Entwicklungszyklus und werden parallel zueinander gepflegt. Obwohl das Release 1.2 beispielsweise bereits im November 2008 veröffentlicht wurde, wird das Release 1.0 immer noch gepflegt. So hat jedes Major-Release Minor-Releases mit Fehlerbereinigungen (beispielsweise 1.0.20).

Darüber hinaus – und anders als die meisten anderen Frameworks – haben wir sogenannte *Enterprise*-Releases. Von diesen gibt es aber bislang nur eines, und zwar Release 1.0. Für die Enterprise-Releases bieten wir drei Jahre Wartung.

Long Term Support

Die Symfony *Enterprise*-Releases sind das Äquivalent zu den *Long Term Support*-Releases von Ubuntu wie beispielsweise *Hardy Heron* und *Lucid Lynx*. Sie sind ebenfalls mit dem Modell für die Linux-Distribution von Red Hat vergleichbar, von der es neben den regelmäßigen Fedora-Releases unter dem Namen Red Hat Enterprise Linux (RHEL) auch Releases gibt, für die es längere Wartungslaufzeiten gibt. Wie Red Hat bietet auch Sensio Labs, der Hauptsponsor des Symfony-Projekts, kommerzielle Unterstützung für die Enterprise-Releases sowie erweiterte Unterstützung für die anderen Releases an.

Für den Zeitraum dieser drei Jahre hat sich das Kernteam des Symfony-Projekts dazu verpflichtet, für Fehlerbereinigungen sowie Kompatibilität mit neuen Versionen von PHP zu sorgen. Neue Features, noch nicht einmal wirklich kleine, werden allerdings nicht hinzugefügt. Wir gehen sogar noch einen Schritt weiter und entscheiden uns manchmal, einen Fehler nicht zu beheben, wenn dies zu Problemen mit existierenden Projekten führen könnte. Dies bedeutet, dass ein Update auf die nächste Minor-Version eines Enterprise-Release stets einfach und sicher ist und so von den neuesten Fehlerbereinigungen profitiert werden kann. Selbst für Nicht-Enterprise-Releases bieten wir ein Jahr Wartung an, und zwar in demselben Maß wie für Enterprise-Releases.

Um ein solch hohes Maß an Qualität garantieren zu können, muss sich das Kernteam des Symfony-Projekts darauf verlassen können, dass eine Fehlerbereinigung keine neuen Probleme schafft. Ein großer Vorteil einer so großen Community, wie das Symfony-Projekt sie hat, ist es, dass man sehr schnell – meist innerhalb weniger Stunden – Rückmeldungen erhält, wenn man etwas kaputt gemacht hat. Aber dies ist natürlich nicht der beste Weg. Es ist natürlich wesentlich besser, mögliche Probleme mithilfe einer automatisierten Testsuite frühzeitig zu entdecken.

Manchmal ist es schwer, eine Fehlerbereinigung von dem Hinzufügen eines neuen Features zu unterscheiden. So haben wir beispielsweise zwischen zwei Minor-Releases von Symfony 1.2 einige Änderungen durchgeführt, um ein Performanzproblem im Routingsystem zu beheben. Da die Leistungsverbesserung signifikant war, hatten wir uns dazu entschlossen, die Änderungen in ein Minor-Release aufzunehmen. Für diese Änderungen musste jedoch eine Menge Code refaktoriert werden. Ferner wurden zwei neue Konfigurationseinstellungen eingeführt, um die Optimierungen zu kontrollieren. Standardmäßig verhielt sich das Routingsystem wie zuvor, und optional konnten die Optimierungen aktiviert werden. Da nicht allen Mitgliedern des Kernteams wohl war bei dem Gedanken, so tiefgreifende Änderungen in ein Minor-Release aufzunehmen, diskutierten wir die Angelegenheit ausführlich in unserem IRC-Kanal. Schließlich einigten wir uns darauf, die Änderungen in das nächste Minor-Release aufzunehmen. Allerdings mussten wir schon bald erkennen, wie falsch diese Entscheidung war: Während der Refaktorierung hatte sich ein kleiner, subtiler Fehler eingeschlichen, der nur in einem sehr spezifischen Grenzfall zum Tragen kam. Murphys Gesetz folgend, wurde das Problem natürlich von einem Kunden von Sensio Labs entdeckt, genau als dessen Webseite *live* gehen sollte. Es kostete uns über eine Stunde, den Fehler zu finden und im Framework zu beheben. Selbstverständlich war der Kunde verärgert. Für die *Enterprise*-Releases ist Stabilität eine Größenordnung wichtiger als Performanz.

Und es war nicht so, als wäre das Problem wegen fehlender Tests nicht gefunden worden. In der Tat war es so, dass die für das Routing verantwortliche Komponente von Symfony mit über 250 Unit-Tests sehr gut getestet ist und eine Code-Coverage von nahezu 90% hat. Aber lassen Sie sich nicht von Zahlen blenden! Man hat nie genug Tests, und die Code-Coverage ist keine harte Zahl, der man vertrauen kann.

Code-Coverage

Eine (auf Codezeilen bezogene) Code-Coverage von 100% bedeutet nicht, dass der gesamte Code tatsächlich durch Tests abgedeckt ist. Betrachten wir das folgende Beispiel, das den ternären Operator verwendet:

```
$a = $b ? 1 : 0;
```

Um alle Zeilen dieses Beispiels abzudecken, genügt es, einen einzigen Test zu schreiben, der nur einen der beiden möglichen Ausführungszweige durchläuft.

Aufgrund dieser Erfahrung hat sich das Kernteam des Symfony-Projekts dazu entschlossen, seine eigene Regel noch konsequenter zu befolgen:

Neue Features, noch nicht einmal wirklich kleine, werden in einem stabilen Release nicht hinzugefügt.

12.2.2 Verhältnis von Testcode und getestetem Code

Seit Beginn des Projekts vor über fünf Jahren besitzt das Symfony-Framework eine Testsuite. Die Version 1.0.0 von Symfony wurde im Januar 2007 freigegeben und mit 3896 Tests ausgeliefert. Wenn wir Fehler, die in Symfony 1.0 gefunden wurden, beheben, schreiben wir entsprechende Tests. Daher wird die aktuelle Version von Symfony 1.0 (1.0.20 vom März 2009) mit 4238 Tests ausgeliefert. Die Zahl der Tests ist damit seit Symfony 1.0 um mehr als 20% gestiegen, während kein auch noch so kleines neues Feature hinzugefügt wurde. Dies bedeutet, dass Symfony 1.0 immer stabiler wird.

Natürlich haben neuere Versionen von Symfony entsprechend mehr Tests. So hat Symfony 1.2 beispielsweise im aktuellen Release 9202 Tests.

Testen ist das Herzstück der Evolution von Symfony. Während wir Code schreiben, fügen wir auch neue Tests hinzu. Symfony 1.2 umfasst etwa 15000 Zeilen PHP-Code, hinzu kommen 12000 Zeilen Code, die das Framework testen. Selbst mit einer so großen Anzahl an Tests haben wir eine Code-Coverage von bislang „nur" etwa 80% erreicht. Aber wir sehen dies nicht als Problem. Es ist immer besser, wenige Tests zu haben als gar keine. Unsere Philosophie ist sehr pragmatisch: Wir sind uns bewusst, dass das Framework nicht perfekt ist. Aber wir versuchen Schritt für Schritt, es besser zu machen.

12.2.3 Die Ausführung der Testsuite muss schnell sein

Eine weitere Herausforderung, der man sich stellen muss, wenn man viele Tests hat, ist, dass die Ausführung der Testsuite lange dauert. Ein guter Ansatz ist es, vor jedem Commit alle Tests auszuführen, um sicherzustellen, dass die Änderungen keine negativen Auswirkungen auf existierenden Code haben. Allerdings kann es recht lange dauern, eine umfangreiche Testsuite auszuführen. Es dauert beispielsweise etwa zwei Minuten, alle Tests von Symfony 1.2 auf meinem Laptop auszuführen. Und wenn es zu lange dauert, werden die Entwickler irgendwann aufhören, vor jedem Commit alle Tests auszuführen. Stattdessen führen sie, wenn überhaupt, nur die Tests für den neuen Code aus. Dies führt dazu, dass mögliche negative Auswirkungen des neuen Codes auf den bereits existierenden Code nicht rechtzeitig erkannt werden.

Um sicherzustellen, dass die Testsuite von Symfony so schnell wie möglich ausgeführt werden kann, optimieren wir nicht nur die Tests regelmäßig, sondern vor allem auch unser Testwerkzeug Lime, das im nächsten Abschnitt behandelt wird. Ferner profitieren wir von der Tatsache, dass der PHP-Interpreter von Release zu Release schneller wird. So führt beispielsweise PHP 5.3 die Testsuite von Symfony ungefähr 20% schneller aus als PHP 5.2.8.

Dessen ungeachtet dauert es trotz aller Optimierungen immer länger, die Testsuite auszuführen, da wir immer neue Tests hinzufügen. Dies ist einer der Hauptgründe, warum wir

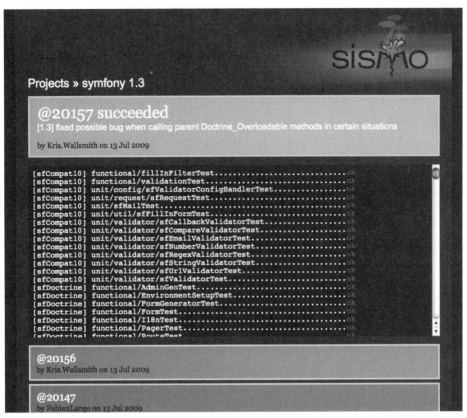

ABBILDUNG 12.1 Screenshot von sismo

einen Continuous-Integration-Server für Symfony, genannt sismo[2], eingeführt haben. sismo ist ein einfacher, in purem PHP entwickelter Continuous-Integration-Server, der die Testsuite von Symfony nach jedem Commit in das Projekt ausführt und das Kernteam des Symfony-Projekts sofort alarmiert, wenn ein Build fehlschlägt. Hierfür unterstützt sismo unter anderem die Kommunikation per E-Mail, Twitter, Jabber/XMPP oder Growl. Es hat sich bereits mehrfach bewährt und geholfen, Fehler im Code sofort zu beheben. Abbildung 12.1 zeigt einen Screenshot von sismo.

12.2.4 Gesammelte Erfahrungen

Einer der Hauptnachteile der aktuellen Testsuite von Symfony ist die Anzahl an funktionalen Tests im Vergleich zur Anzahl an Unit-Tests. Die hohe Anzahl an funktionalen Tests deutet auf eine zu hohe Kopplung des Codes hin, sodass dieser nicht ausschließlich und vollständig durch Unit-Tests getestet werden kann. Wir bemühen uns, so weit wie möglich auf funktionale Tests zu verzichten, und verwenden diese nur, wenn wir das Gewünschte nicht

---

[2] http://ci.symfony-project.org/

mit einem Unit-Test erreichen können. Natürlich kann man auf einige wenige funktionale Tests, die sämtliche Features und Komponenten integriert miteinander testen, nicht verzichten.

Die Klasse sfContext ist wahrscheinlich der Grund dafür, dass wir zu viele funktionale Tests haben.

Singleton-Muster in PHP vermeiden

Die Klasse sfContext war ursprünglich ein Singleton und ist seit Symfony 1.1 ein Multiton.

Singleton und Multiton

Auf Wikipedia [Wikipedia 2010n] ist zu lesen:

> Das Singleton-Muster erlaubt nur eine Instanz einer Klasse. Das Multiton-Muster ist ein Entwurfsmuster, das mit dem Singleton verwandt ist. Es erweitert das Konzept des Singletons um die Verwaltung eines Verzeichnisses von benannten Instanzen.

Das Singleton-Muster ist eines der einfachsten Entwurfsmuster und daher eines der am häufigsten dokumentierten und eingesetzten. Allerdings ist es auch eines der schlechtesten Entwurfsmuster, die man in PHP verwenden kann. Da es nur eine Instanz einer Klasse geben kann, bietet die statische Methode sfContext::getInstance() globalen Zugriff auf diese einzige Instanz. Dies führt dazu, dass der Code eine Vielzahl an Aufrufen von sfContext::getInstance() enthält, was das Ersetzen der Klasse sfContext durch ein Test-Double unmöglich macht. Die einzige Möglichkeit, die wir gefunden haben, ist eine spezielle Implementierung der Klasse sfContext, die für die Tests anstatt des Originals geladen wird.

In Symfony 1.0 hatten wir mehrere andere Singleton-Klassen: sfConfigCache, sfRouting, sfWebDebug, sfI18N und sfLoggersfConfigCache. Bis auf sfContext wurden alle in Symfony 1.1 entfernt und durch Dependency Injection (siehe nächsten Abschnitt für ein Beispiel) ersetzt.

Die für das Routing verantwortliche Komponente von Symfony ist ein gutes Beispiel für das Problem mit Singletons. In Symfony 1.0 war es möglich, durch einen Aufruf von sfRouting::getInstance() aus jedem Kontext auf das Routing zuzugreifen. Das war für Entwickler, die das Framework verwenden, sehr angenehm, machte es aber nahezu unmöglich, die verantwortliche Komponente durch eine andere zu ersetzen, um das Routing an spezielle Bedürfnisse eines Projekts anzupassen. Das Routing-Singleton war auch über den Kontext zugreifbar: sfContext::getInstance()->getRouting(). Seit Symfony 1.1 ist das Routing kein Singleton mehr und kann einfach durch eine alternative Implementierung ersetzt werden. Dank des Kontextes ist das Routing weiterhin von überall zugreifbar. Ferner haben wir einige Core-Klassen dahingehend refaktoriert, dass sie ein Routing-Objekt als Argument akzeptieren. Diese Core-Klassen erlauben, wo dies sinnvoll ist, den Zugriff auf das Routing-Objekt über eine getRouting()-Methode. Wo wir es nicht für sinnvoll erachtet haben, eine getRouting()-Methode bereitzustellen, ist es immer noch über sfContext::getInstance()->getRouting() möglich, auf das Routing zuzugreifen. Allerdings sollte man sich das als Verwender des Frameworks zweimal überlegen, da dieser Aufruf nicht nur recht lang dauert, sondern wahrscheinlich auch unangebracht ist und beispielsweise die mit Model-View-Controller beabsichtigte Trennung von Belangen durchbricht. Diese Änderungen waren ein kleiner Schritt, aber definitiv ein Schritt in die richtige Richtung. So entwickelt sich Symfony über die Zeit weiter. Wir bevorzugen es, den Code Schritt für Schritt weiterzuentwickeln (Evolution) anstatt mit existierendem Code und Verhalten einfach zu brechen (Revolution).

Zusammenfassend lässt sich festhalten, wie ich über das Singleton-Muster denke: Verwenden Sie es niemals, wenn Sie flexiblen und erweiterbaren Code schreiben wollen.

Code entkoppeln mit Dependency Injection

Das Konzept der Dependency Injection ist in der Java-Welt weit verbreitet. In der PHP-Welt wird es von modernen Bibliotheken auch oft umgesetzt, aber die meisten Entwickler wissen nicht, worum es genau geht. Ich mag die Definition von Dependency Injection, wie sie auf der PicoContainer-Webseite[3] zu lesen ist:

> Dependency Injection ist, wenn Komponenten ihre Abhängigkeiten durch den Konstruktor oder andere Methoden übergeben oder direkt in Attribute gesetzt bekommen.

Seit Version 1.1 nutzt das Symfony-Framework Dependency Injection in sämtlichen Kernklassen. Dies hat das Schreiben von Tests für diese Kernklassen deutlich vereinfacht, da wir nun Objekte durch Test-Doubles einfach ersetzen können.

Zur Illustration nachstehend ein Beispiel aus der Symfony-Codebasis. Ich habe mich bemüht, ein einfaches Beispiel zu finden, auch wenn es sich dabei nicht um den schlimmsten Fall handelt, den wir refaktorieren mussten. In Symfony ist es die Aufgabe der Klasse sfViewCacheManager, sich um das Caching des vom View erzeugten HTML zu kümmern. Hier ist der Initialisierungscode aus Symfony 1.0:

```
class sfViewCacheManager
{
  public function
  initialize($context, $cacheClass, $cacheParameters = array())
  {
    $this->cache = new $cacheClass();
    $this->cache->initialize($cacheParameters);
  }
}
```

Das war gar nicht so schlimm, da wir die Cache-Klasse wechseln und die Cache-Parameter setzen konnten, indem wir sie als Argumente an die initialize()-Methode übergaben. Allerdings war man gezwungen, Cache-Klassen zu schreiben, die über eine initialize()-Methode verfügen. Seit PHP 5 gibt es natürlich einen besseren Weg, eine solche Anforderung zu erzwingen: Interfaces. Für Symfony 1.1 haben wir den Code also wie folgt refaktoriert:

---

[3] http://www.picocontainer.org/injection.html

```
class sfViewCacheManager
{
  public function initialize($context, sfCache $cache)
  {
    $this->cache = $cache;
  }
}
```

In einem Test können wir nun einfach ein Test-Double verwenden, das die Schnittstelle sfCache implementiert:

```
$cache = new sfMockCache();
$cacheManager = new sfViewCacheManager($context, $cache);
```

Der aufmerksame Leser wird bemerkt haben, dass der Kontext als Argument an die Cache-Manager-Klasse übergeben wird, obwohl er ein Singleton ist. Dies wird ein Entfernen des Singletons deutlich vereinfachen, sollten wir uns hierzu eines Tages entschließen.

Dependency Injection Container

Für Symfony 2 gehen wir noch einen Schritt weiter und führen einen Dependency Injection Container ein. In meinem Blog [Potencier 2009] finden Sie hierzu einige Informationen.

Abhängigkeiten mit einem Event Dispatcher reduzieren

Ein weiteres Problem beim Testen ist es, wenn eine Reihe von anderen Objekten erzeugt werden muss, nur um eines der Objekte testen zu können. Dies führt dazu, dass man zu viele Dinge auf einmal testet und sich dabei einige unerwünschte Seiteneffekte einhandelt.

Wir hatten genau dieses Problem mit Symfony 1.0, wo wir etliche Abhängigkeiten zwischen den Kernklassen hatten, Abbildung 12.2 macht dies deutlich.

Für Symfony 1.1 haben wir hart daran gearbeitet, die Kernklassen so weit wie möglich voneinander zu entkoppeln. Dank eines Event Dispatchers ist der Graph der Abhängigkeiten in Symfony 1.1 deutlich einfacher, wie in Abbildung 12.3 zu sehen ist.

Die Klasse sfEventDispatcher basiert auf der Idee des *Apple Cocoa Notification Center* und implementiert das Observer-Muster [Wikipedia 2010b] in einer leichtgewichtigen und effizienten Weise. Der Dispatcher selbst besteht aus weniger als 100 Zeilen Code, ist als separate Komponente[4] verfügbar und kann so auch dann eingesetzt werden, wenn das Symfony-Framework selbst gar nicht verwendet wird.

Das nachstehende Beispiel zeigt die Essenz des Dispatchers. Die Klasse sfI18N registriert sich beim $dispatcher, um über Ereignisse vom Typ user.change_culture benachrichtigt zu werden:

```
$callback = array($this, 'listenToChangeCultureEvent');
$dispatcher->connect('user.change_culture', $callback);
```

---

[4] http://components.symfony-project.org/event_dispatcher/

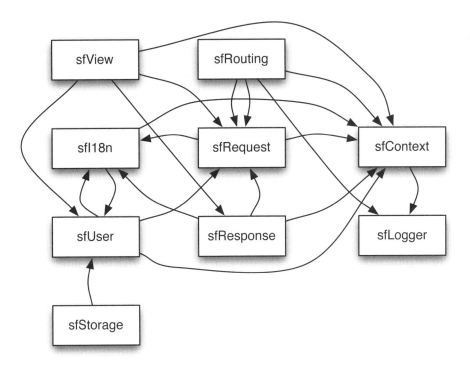

ABBILDUNG 12.2 Die Abhängigkeiten zwischen den Klassen von Symfony 1.0

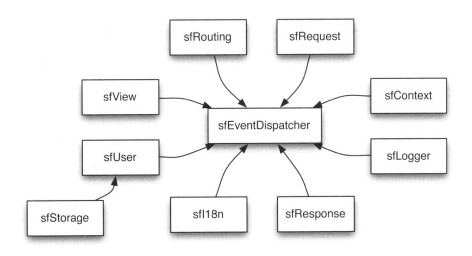

ABBILDUNG 12.3 Die Abhängigkeiten zwischen den Klassen von Symfony 1.1

Ein Ereignis vom Typ `user.change_culture` wird beispielsweise von der Klasse `sfUser` ausgelöst:

```
$event = new sfEvent(
  $this, 'user.change_culture',
  array('culture' => $culture)
);
$dispatcher->notify($event);
```

Kombiniert man den Einsatz von Dependency Injection mit dem Observer-Muster, so kann man ohne große Mühe Komponenten entwickeln, die jede für sich genommen schon nützlich, aber in der Kombination mit den anderen sehr mächtig sind. Die Refaktorierung hin zu einem vollständig entkoppelten Framework wurde mit Symfony 1.2 erreicht. Das Kernteam des Symfony-Projekts macht die nützlichsten dieser Komponenten als eigenständige Bibliotheken im Rahmen der Symfony Components[5] verfügbar.

12.3 Testen von Webanwendungen

Wie viele andere Frameworks, so unterstützt auch Symfony zwei unterschiedliche Ausprägungen von automatisierten Tests: *Unit-Tests* und *funktionale Tests*. Auf der einen Seite überprüfen die Unit-Tests, dass jede einzelne Funktion und Methode den jeweiligen Anforderungen entsprechend korrekt arbeitet. Auf der anderen Seite stellen die funktionalen Tests sicher, dass die gesamte Anwendung als Ganzes korrekt funktioniert.

12.3.1 Die Hemmschwelle für das Testen abbauen

Das Schreiben von Tests ist vielleicht die am schwersten umzusetzende Best Practice der Webanwendungsentwicklung. Da Webentwickler das Testen ihrer Arbeit nicht wirklich gewöhnt sind, stellen sich einige Fragen: Muss ich die Tests schreiben, bevor ich ein Feature implementiere? Was muss ich testen? Müssen meine Tests jeden erdenklichen Grenzfall abdecken? Wie kann ich mir sicher sein, dass ich alles gut getestet habe? Aber gewöhnlich ist die erste Frage sehr viel einfacher: *Wo fange ich an?*

Standardstruktur für Projekte

Da das Testen ein essenzieller Bestandteil eines Symfony-Projektes ist, sieht die Standardstruktur für Symfony-Projekte ein Verzeichnis `test/` vor, das automatisch beim Anlegen eines neuen Projekts erzeugt wird. Das Verzeichnis `test/unit/` ist für die Unit-Tests gedacht, das Verzeichnis `test/functional/` für die funktionalen Tests.

Selbst wenn wir das Testen sehr stark befürworten, so ist der Symfony-Ansatz doch recht pragmatisch: Es ist immer besser, ein paar Tests zu haben als gar keine. Haben Sie bereits

---

[5] http://components.symfony-project.org/

eine Menge Code und noch keinen einzigen Test dafür? Kein Problem. Sie benötigen keine vollständige Testsuite, um von den Vorteilen von Tests profitieren zu können. Beginnen Sie einfach damit, jedes Mal, wenn Sie einen Fehler beheben, einen entsprechenden Test zu schreiben. Mit der Zeit wird der Code besser werden sowie die Code-Coverage steigen, und Sie werden mehr Vertrauen in Ihren Code haben. Wenn Sie mit diesem pragmatischen Ansatz beginnen, so werden Sie sich schon bald wohlfühlen, wenn Sie Tests schreiben. Und ehe Sie sich versehen, sind Sie zu einem Test-Süchtigen geworden.

Das Problem mit den meisten Testbibliotheken ist ihre steile Lernkurve. Darum ist *Lime*, die Testbibliothek von Symfony, sehr einfach gehalten. Dennoch ist sie mächtig und macht das Schreiben von Tests unglaublich einfach. Wie Sie im nächsten Abschnitt sehen werden, ist es nur eine Frage von Minuten, um mithilfe von Lime und einigen Konventionen relevante Tests zu schreiben.

Lime und PHPUnit

Die Testbibliothek Lime wurde Anfang 2004 entwickelt. Seitdem wurde PHPUnit stark verbessert und zum De-facto-Standard für Unit-Tests von PHP-Anwendungen und Bibliotheken. Die Version 3.5 bietet fast alle Funktionen sowie die Einfachheit, die wir mit Lime erreichen wollten. Dies sind einige der Gründe, wegen denen wir uns entschlossen haben, für Symfony 2 nach PHPUnit zu wechseln. Die Verwendung von PHPUnit bedeutet, dass wir weniger Code selbst warten müssen. Es ist so, als hätten wir Sebastian Bergmann, den Schöpfer von PHPUnit, mit an Bord – ein weiterer großartiger PHP-Entwickler, der hilft, Symfony besser zu machen.

Der Umstieg auf PHPUnit bringt aber noch viele weitere Vorteile:

- Bessere Integration mit anderen Bibliotheken und Frameworks (Doctrine, Zend Framework, ...)
- Unsere User erhalten bessere Integration mit IDEs, Continuous-Integration-Server, ...
- Unsere User profitieren von Funktionen, die nicht in Lime verfügbar sind.
- Unsere User müssen weniger Symfony-spezifische Dinge lernen.

12.3.2 Unit-Tests

Wie im vorigen Abschnitt bereits erwähnt, wird das Symfony-Framework zusammen mit seiner Testbibliothek Lime ausgeliefert. Das Kernteam des Symfony-Projekts hat sich dazu entschlossen, mit Lime noch eine weitere Testbibliothek zu schreiben, und zwar aus zwei Hauptgründen: Zum einen benötigten wir eine Testbibliothek, die in der Lage ist, Tests in Isolation auszuführen. Als wir mit der Entwicklung von Lime begannen, wurde dies von keiner der bereits verfügbaren Testbibliotheken unterstützt. Zum anderen wollten wir eine Testbibliothek haben, die den Entwickler weitestgehend „in Ruhe lässt", sodass sich dieser voll und ganz auf das Schreiben der Tests konzentrieren kann.

Die Hauptziele von Lime sind die folgenden:

- Einfach zu installieren und einzubetten (nur eine Datei)
- Einfach zu lernen (die API sollte selbsterklärend sein)

- Schnell auszuführen
- Tests werden in Isolation ausgeführt (ein Prozess pro Testdatei)
- Jede Testdatei kann separat ausgeführt werden.
- Die Benutzung macht Spaß.

Da ich einen starken Perl-Background habe, begann Lime als Portierung der großartigen `Test::More`[6]-Bibliothek.

Einfach zu installieren

Die Installation von Lime ist sehr einfach, da Lime nur aus einer einzigen PHP-Datei[7] besteht. Die Verwendung von Lime beschränkt sich dann darauf, diese eine Datei in die Testdateien einzubinden.

Wenn Sie Lime zusammen mit Symfony einsetzen, so ist Lime als Bestandteil des Frameworks bereits vorhanden und muss nicht zusätzlich installiert werden. Ein separates Kommandozeilenwerkzeug ermöglicht es, Tests einfach auszuführen:

```
# Alle Unit-Tests ausführen
$ symfony test:unit

# Alle funktionalen Tests ausführen
$ symfony test:functional

# Alle Tests ausführen
$ symfony test:all
```

Einfach zu lernen

In einem Symfony-Projekt beginnen alle Testdateien mit demselben Code:

```
require_once dirname(__FILE__).'/../bootstrap/unit.php';

$t = new lime_test(1, new lime_output_color());
```

Zunächst wird die Bootstrap-Datei `unit.php` eingebunden, um einige Dinge zu initialisieren. Danach wird ein neues `lime_test`-Objekt erzeugt. Die Anzahl der geplanten Tests wird dem Konstruktor als Argument übergeben. Dies ist notwendig, damit man eine korrekte Fehlermeldung erhält, falls die Ausführung der Testdatei vorzeitig abgebrochen wird.

Testplan

Der Testplan erlaubt es Lime, eine Fehlermeldung auszugeben, falls nicht alle Tests einer Testdatei ausgeführt werden konnten, beispielsweise weil es zu einem *PHP Fatal Error* kam.

Die zu testende Funktion oder Methode wird mit vordefinierten Eingaben aufgerufen und mit einer erwarteten Ausgabe verglichen. Dieser Vergleich entscheidet darüber, ob der Test erfolgreich war.

---

[6] http://search.cpan.org/~mschwern/Test-Simple-0.88/lib/Test/More.pm
[7] http://svn.symfony-project.com/tools/lime/trunk/lib/lime.php

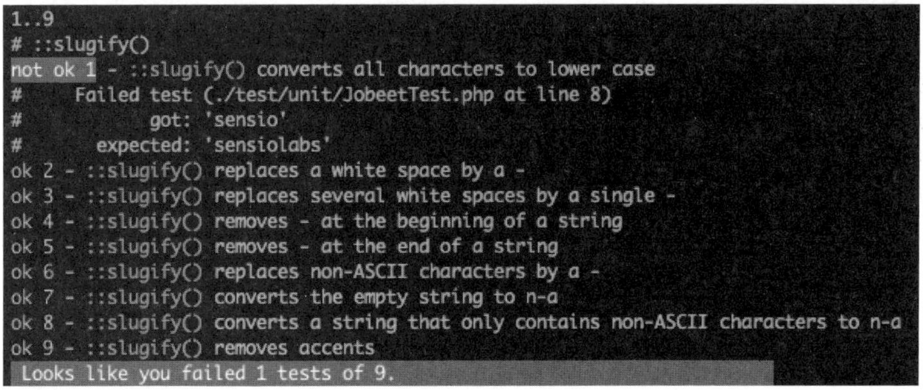

```
1..9
# ::slugify()
not ok 1 - ::slugify() converts all characters to lower case
#     Failed test (./test/unit/JobeetTest.php at line 8)
#           got: 'sensio'
#      expected: 'sensiolabs'
ok 2 - ::slugify() replaces a white space by a -
ok 3 - ::slugify() replaces several white spaces by a single -
ok 4 - ::slugify() removes - at the beginning of a string
ok 5 - ::slugify() removes - at the end of a string
ok 6 - ::slugify() replaces non-ASCII characters by a -
ok 7 - ::slugify() converts the empty string to n-a
ok 8 - ::slugify() converts a string that only contains non-ASCII characters to n-a
ok 9 - ::slugify() removes accents
Looks like you failed 1 tests of 9.
```
ABBILDUNG 12.4 Ausgabe von Lime im Fehlerfall

Um den Vergleich zu vereinfachen, bietet das `lime_test`-Objekt eine Reihe von Methoden an:

- `ok($test)`: Prüft eine Bedingung und ist erfolgreich, wenn diese TRUE ergibt
- `is($value1, $value2)`: Vergleicht zwei Werte und ist erfolgreich, wenn diese gleich sind
- `isnt($value1, $value2)`: Vergleicht zwei Werte und ist erfolgreich, wenn diese nicht gleich sind
- `like($string, $regexp)`: Testet, dass ein String einem regulären Ausdruck entspricht
- `unlike($string, $regexp)`: Testet, dass ein String einem regulären Ausdruck nicht entspricht
- `is_deeply($array1, $array2)`: Testet, dass zwei Arrays dieselben Werte enthalten

Sie werden sich fragen, warum Lime so viele unterschiedliche Testmethoden bietet, wenn man doch alles mithilfe der `ok()`-Methode ausdrücken kann. Der Vorteil der spezialisierten Testmethoden liegt in ihren ausdrucksstarken Fehlermeldungen, wenn ein Test fehlschlägt, und sie sorgen so für eine Ausgabe in der Testdatei, die deutlich lesbarer ist. Abbildung 12.4 zeigt ein Ausgabebeispiel.

Ein weiterer Vorteil von Lime ist, dass es dem Entwickler hilft, sinnvolle Tests zu schreiben, wenn man sich an einige einfache Konventionen hält. Jede Testmethode akzeptiert als letztes Argument einen String, der den Test beschreibt. Um den Entwicklern zu helfen, gute Testbeschreibungen zu erstellen, beginnt man dabei nach Konvention mit dem Namen der getesteten Funktion oder Methode, gefolgt von einem Verb und dem Aspekt, den man testen möchte:

```
$t->is(
  Jobeet::slugify('Sensio'),
  'sensio',
  '::slugify() converts all characters to lower case'
);
```

Wenn Sie nicht in der Lage sind, einen solchen Satz zu formulieren, bedeutet dies höchstwahrscheinlich, dass Sie im Begriff sind, einen sinnlosen Test zu schreiben – oder aber

```
functional/frontend/affiliateActionsTest............................ok
functional/frontend/apiActionsTest..................................ok
functional/frontend/categoryActionsTest.............................ok
functional/frontend/jobActionsTest..............................not ok
    Failed tests: 10
functional/frontend/languageActionsTest.........................not ok
    Failed tests: 1, 2, 3
unit/JobeetTest.....................................................ok
unit/model/JobeetJobTest............................................ok
Failed Test                     Stat  Total   Fail  List of Failed
-------------------------------------------------------------------
tional/frontend/jobActionsTest     0     1       1  10
l/frontend/languageActionsTest     0     3       3  1 2 3
Failed 2/7 test scripts, 71.43% okay. 4/93 subtests failed, 95.70% okay.
```

ABBILDUNG 12.5 Ausgabe von Lime für die Testsuite von Symfony

einen Test, der zu viel auf einmal testen soll. Ferner dient die Testbeschreibung als Dokumentation der getesteten Klasse, die automatisch ausgegeben wird, wenn die Tests ausgeführt werden. Dies macht es sehr einfach, aus der Ausgabe von Lime abzulesen, welche Teile der Implementierung sich nicht korrekt verhalten.

Die Ausgabe von Lime ist kompatibel mit dem Test Anything Protocol (TAP)[8]. Das bedeutet, dass Sie Ihre Tests einfach in einen Continuous-Integration-Server einbinden können, der TAP versteht. Sehen Sie hierzu die Vorstellung von sismo im vorangegangenen Abschnitt. Selbstverständlich kann Lime seit Symfony 1.3 auch ein mit xUnit kompatibles XML-Protokoll erzeugen:

```
$ symfony test:all --xml=xml.log
```

Jede Testdatei, die wir in diesem Abschnitt erstellt haben, ist autonom. Für das Ausführen der Tests genügt es, die entsprechende Testdatei auszuführen.

 Code-Coverage

Wenn man Tests schreibt, kann es leicht passieren, dass man Tests für einen Code-Abschnitt vergisst.

Mit dem Task `test:coverage` hilft Symfony sicherzustellen, dass der gesamte Code durch Tests abgedeckt ist. Übergibt man diesem Task eine Testdatei oder ein Verzeichnis mit Testdateien, so wird die Coverage für den angegebenen Code ausgegeben:

```
$ symfony test:coverage test/unit/SomeTest.php
```

Eine detaillierte Auflistung der nicht durch Tests abgedeckten Zeilen erhält man mit der Option `-detailed`:

```
$ symfony test:coverage -detailed test/unit/SomeTest.php
```

Bedenken Sie, dass eine Code-Coverage von 100% nur bedeutet, dass jede Zeile ausgeführt wurde, aber nicht unbedingt alle möglichen Ausführungspfade und Grenzfälle.

Der `test:coverage`-Task benötigt die Xdebug[9]-Erweiterung für den PHP-Interpreter.

---
[8] http://testanything.org/wiki/index.php/Main_Page

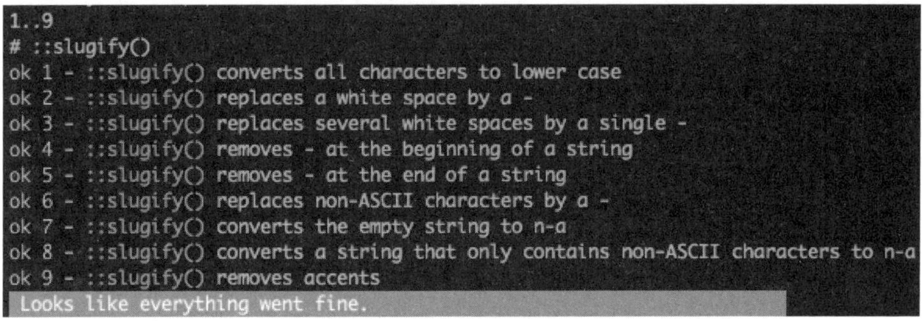

```
1..9
# ::slugify()
ok 1 - ::slugify() converts all characters to lower case
ok 2 - ::slugify() replaces a white space by a -
ok 3 - ::slugify() replaces several white spaces by a single -
ok 4 - ::slugify() removes - at the beginning of a string
ok 5 - ::slugify() removes - at the end of a string
ok 6 - ::slugify() replaces non-ASCII characters by a -
ok 7 - ::slugify() converts the empty string to n-a
ok 8 - ::slugify() converts a string that only contains non-ASCII characters to n-a
ok 9 - ::slugify() removes accents
Looks like everything went fine.
```

ABBILDUNG 12.6 Ausgabe von Lime

Das Kommandozeilenwerkzeug ermöglicht die Ausführung aller Testdateien einer Testsuite. Hierbei werden die Testdateien nacheinander ausgeführt und die Ergebnisse aggregiert und analysiert. Abbildung 12.5 zeigt die entsprechende Ausgabe.

Lime ist gut mit Symfony integriert und bietet einen einfachen Weg, um das Projektmodell (Doctrine- oder Propelobjekte) zu testen und Testinventar-Dateien im YAML-Format zu schreiben:

```
JobeetCategory:
  design:      { }
  programming: { }

JobeetAffiliate:
  sensio_labs:
    url:       http://www.sensio-labs.com/
    email:     fabien.potencier@example.com
    is_active: true
    token:     sensio_labs
    jobeet_category_affiliates: [programming]

  symfony:
    url:       http://www.symfony-project.org/
    email:     fabien.potencier@example.org
    is_active: false
    token:     symfony
    jobeet_category_affiliates: [design, programming]
```

Die Benutzung macht Spaß

Das Schreiben von Tests ist recht langweilig, aber es ist ein Teil der Arbeit eines Entwicklers. Daher versucht Lime, Freude zu machen. Falls möglich, färbt es die Ausgabe und gibt dem Entwickler so direktes Feedback und erleichtert das Entdecken von Fehlern. Abbildung 12.6 zeigt ein Beispiel.

Wann immer Sie den grünen Balken am Ende sehen, können Sie sicher sein, dass alle Tests erfolgreich waren. Falls nicht, so sehen Sie den berüchtigten roten Balken, der Ihnen klarmacht, dass Sie sich sofort um die fehlschlagenden Tests kümmern müssen.

12.3.3 Funktionale Tests

Funktionale Tests sind eine große Hilfe, wenn es darum geht, die Anwendung „von vorne bis hinten" (englisch: *end to end*) zu testen: beginnend mit einem Request vom Browser bis zur Response vom Server. Sie testen sämtliche Schichten einer Anwendung: das Routing, das Model, die Actions sowie die Templates und sind der Art, wie Sie die Anwendung manuell testen (würden), sehr ähnlich: Jedes Mal, wenn Sie eine Änderung am Code vornehmen, gehen Sie in den Browser und überprüfen durch das Klicken von Links oder das Betrachten von Elementen der Webseite, ob alles korrekt funktioniert. Mit anderen Worten: Sie spielen ein Szenario durch, das zu dem gerade implementierten Anwendungsfall passt.

Wird dieser Vorgang manuell ausgeführt, so ist er langwierig und fehleranfällig. Nach jeder Änderung am Code müssen sämtliche Szenarien Schritt für Schritt abgearbeitet werden, um sicherzustellen, dass noch alles korrekt funktioniert. Die funktionalen Tests von Symfony helfen, nicht wahnsinnig zu werden, und erlauben die einfache Beschreibung von Szenarien. Jedes Szenario kann automatisch – und beliebig oft ohne zusätzlichen Aufwand – ausgeführt werden. Hierfür wird ein Browser simuliert, um so nahe wie möglich an der normalen Ausführung der Webanwendung zu sein. Genau wie die Unit-Tests geben die funktionalen Tests dem Entwickler Vertrauen in den Code.

Selenium

Das Framework für funktionale Tests von Symfony ersetzt nicht Lösungen wie Selenium[10]. Selenium wird direkt in einem Browser ausgeführt und erlaubt es, eine Webanwendung auf verschiedenen Plattformen in unterschiedlichen Browsern (inklusive der Ausführung von JavaScript) zu testen.

Der Browser-Simulator

Funktionale Tests werden in Symfony von einem speziellen Browser ausgeführt, der in der Klasse `sfBrowser` implementiert ist. Diese Klasse agiert als ein für die Symfony-Anwendung maßgeschneiderter Browser und ist direkt mit der Anwendung verbunden, ohne dass ein Webserver benötigt wird. Da es keinen durch die HTTP-Schicht bedingten Overhead gibt, ist die Ausführung dieser Tests sehr schnell. Hinzu kommt, dass der Entwickler in den Tests vollen Zugriff auf sämtliche Symfony-Objekte hat, sowohl vor als auch nach dem Request. Durch diese Möglichkeit der Introspektion der Anwendung können die entsprechenden Tests programmatisch definiert werden.

Die Klasse `sfBrowser` stellt die folgenden Methoden zur Verfügung, um die Navigation eines echten Browsers zu simulieren:

- `get()`: HTTP-GET-Request für eine URL
- `post()`: HTTP-POST-Request für eine URL
- `call()`: HTTP-PUT- und DELETE-Request für eine URL
- `back()`: Geht eine Seite zurück in der Browser-History
- `forward()`: Geht eine Seite vorwärts in der Browser-History
- `reload()`: Lädt die aktuelle Seite neu
- `click()`: Klickt auf einen Link oder ein Element

- `select()`: Wählt ein Element aus
- `deselect()`: Hebt die Auswahl eines Elements auf
- `restart()`: Startet den Browser neu

Hier sind einige Beispiele für die Verwendung der Methoden von `sfBrowser`:

```
$browser = new sfBrowser();

$browser->
  get('/')->
  click('Design')->
  get('/category/programming?page=2')->
  post('search', array('keywords' => 'php'))
;
```

Für die Introspektion der Symfony-Objekte bietet die Klasse `sfTestFunctional` einige spezialisierte Testmethoden an. Der Konstruktor von `sfTestFunctional` erwartet ein Objekt der Klasse `sfBrowser` als Argument. Die Klasse `sfTestFunctional` delegiert sämtliche Tests an entsprechende Tester-Objekte, von denen etliche mit Symfony ausgeliefert werden, unter anderem für Request, Response, Form, i18n, User, Doctrine und Propel. Natürlich können auch eigene Tester-Objekte entwickelt werden.

```
// test/functional/frontend/categoryActionsTest.php
include(dirname(__FILE__).'/../../bootstrap/functional.php');

$browser = new sfTestFunctional(new sfBrowser());

$browser->
  get('/category/index')->

  with('request')->begin()->
    isParameter('module', 'category')->
    isParameter('action', 'index')->
  end()->

  with('response')->begin()->
    isStatusCode(200)->
    checkElement('body', '!/This is a temporary page/')->
  end()
;
```

Fluent Interface

Auf den ersten Blick mag das voranstehende Beispiel seltsam aussehen. Das liegt daran, dass die Methoden der Klassen `sfBrowser` und `sfTestFunctional` ein sogenanntes *Fluent Interface* [Fowler 2005] implementieren und stets $this als Rückgabe liefern. Dies erlaubt es, Methodenaufrufe aneinander zu ketten, was die Lesbarkeit des Codes verbessern soll.

Genau wie die Unit-Tests können auch die funktionalen Tests einfach über das Kommandozeilenwerkzeug von Symfony ausgeführt werden:

```
> 1 - The homepage
# get /en/
ok 1 - request parameter module is sfJobeetJob
ok 2 - request parameter action is index
>   1.1 - Expired jobs are not listed
ok 3 - response selector .jobs td.position:contains(expired) does not exist
> 1 - The homepage
>   1.2 - Only 10 jobs are listed for a category
ok 4 - response selector .category_programming tr matches 10 times
> 1 - The homepage
# get /en/
>   1.3 - A category has a link to the category page only if too many jobs
ok 5 - response selector .category_design .more_jobs does not exist
ok 6 - response selector .category_programming .more_jobs exists
> 1 - The homepage
>   1.4 - Jobs are sorted by date
ok 7 - response selector .category_programming tr:first a[href*=/2371/] exists
```

ABBILDUNG 12.7 Ausgabe eines funktionalen Symfony-Tests

```
$ symfony test:functional
```

Wiederum ist jede Testdatei autonom und kann für sich genommen direkt ausgeführt werden, ohne dass ein zusätzliches Werkzeug hierfür benötigt wird.

Hinter den Kulissen setzt `sfTestFunctional` jeden Aufruf in Aufrufe von Lime um und generiert automatisch die entsprechenden Testbeschreibungen, wie in Abbildung 12.7 zu sehen.

Das Testinventar

Jedes Mal, wenn Sie einen Test ausführen, muss die Datenbank in einen wohl definierten Zustand versetzt werden. Es gibt verschiedene Wege, dies zu erreichen. Symfony stellt hierfür ein einfaches, aber effektives Hilfsmittel zur Verfügung: Testinventar (englisch: *Fixtures*) im YAML-Format, um die Testdaten zu beschreiben.

Die Umsetzung von funktionalen Tests in Symfony profitiert von Symfonys Umgebungen (englisch: *Environments*) und stellt eine spezielle Umgebung mit entsprechender Datenbankkonfiguration bereit. Jedes Mal, wenn ein Test ausgeführt wird, wird automatisch das Testinventar verwendet, um die Datenbank in einen wohl definierten Zustand zu versetzen. Dies ist ein sehr einfacher, aber auch sehr mächtiger Ansatz. Sollte es Performanzprobleme bei der Testausführung geben, die sich auf das Testinventar zurückführen lassen, so können die Tests in einer Transaktion ausgeführt werden, die am Ende des Tests durch ein Rollback verworfen wird. Dies ist nicht nur schnell, sondern führt auch dazu, dass die Tests die Daten in der Datenbank nicht mehr ändern:

```
$pdo->beginTransaction();

// some tests

$pdo->rollback();
```

Dies funktioniert auch, wenn die Ausführung des Tests vorzeitig abgebrochen wird, da die Datenbank in diesem Fall automatisch ein Rollback durchführt.

CSS3-Selektoren

Wenn Sie funktionale Tests für Ihre Webanwendung schreiben, so müssen Sie in den meisten Fällen das ausgegebene HTML überprüfen. Der naive Ansatz hierfür wäre die Verwendung von regulären Ausdrücken. Wollen Sie jedoch bei der Formulierung des Tests präziser sein, so benötigen Sie ein besseres Werkzeug. Eine Möglichkeit wäre der Einsatz von XPath, das allerdings zu sehr langen Ausdrücken führen kann. Daher haben wir uns für Symfony für die Verwendung von CSS3-Selektoren entschlossen. Diese Technologie sollte jedem Webentwickler vertraut sein. Symfony unterstützt die meisten CSS3-Selektoren, das folgende Listing zeigt ein Beispiel:

```
$browser
  ->with('response')
  ->checkElement(
      '.blog_comment dd:last p:contains("Some comment")'
    );
```

Wenn Sie semantische Webseiten entwickeln, so sind die entsprechenden Tests robust (und nicht fragil), da sie `ids` und `class`es verwenden und diese sich höchst selten ändern.

Formulare testen

Selbst wenn das Testen der HTML-Ausgabe ein guter Weg ist sicherzustellen, dass sich die Webanwendung korrekt verhält, bietet Symfony zusätzlich spezialisierte Hilfsmittel an, um immer wiederkehrende Testabläufe einfach ausdrücken zu können. Ein Beispiel hierfür ist das Testen von Formularen. Das Form-Tester-Objekt bietet einen effizienten Weg, das Verhalten von Formularen (beispielsweise in Bezug auf Fehlermeldungen) zu testen, ohne dass die HTML-Ausgabe analysiert werden muss:

```
$browser
  ->info('Submit a Job with invalid values')
  ->get('/job/new')
  ->click('Preview your job',
          array('job' => array(
              'company'  => 'Sensio Labs',
              'position' => 'Developer',
              'location' => 'Atlanta, USA',
              'email'    => 'not.an.email')))
  ->with('form')
  ->begin()
  ->hasErrors(3)
  ->isError('description', 'required')
  ->isError('how_to_apply', 'required')
  ->isError('email', 'invalid')
  ->end();
```

Debugging

Abschließend sollte nicht unerwähnt bleiben, dass ein fehlschlagender funktionaler Test nicht einfach zu debuggen ist. Die Ausgabe des gesamten HTML auf der Konsole ist wenig hilfreich. Daher bietet Symfony spezielle Debugging-Werkzeuge an, um das Problem zu

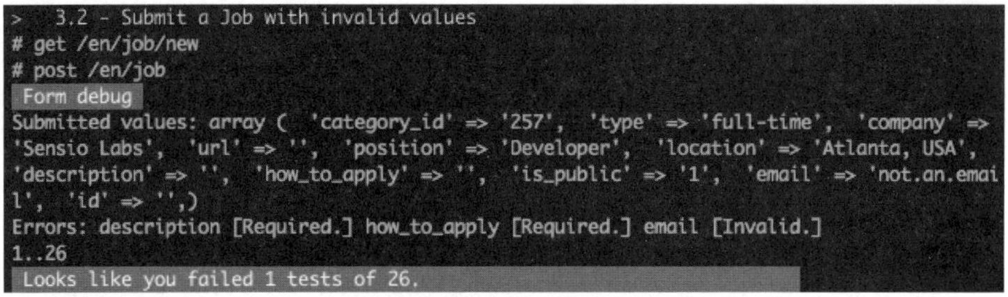

```
> 3.2 - Submit a Job with invalid values
# get /en/job/new
# post /en/job
 Form debug 
Submitted values: array ( 'category_id' => '257', 'type' => 'full-time', 'company' =>
'Sensio Labs', 'url' => '', 'position' => 'Developer', 'location' => 'Atlanta, USA',
'description' => '', 'how_to_apply' => '', 'is_public' => '1', 'email' => 'not.an.emai
l', 'id' => '',)
Errors: description [Required.] how_to_apply [Required.] email [Invalid.]
1..26
 Looks like you failed 1 tests of 26. 
```

ABBILDUNG 12.8 Formular-Debugging mit einem funktionalen Test

lokalisieren. Testet man beispielsweise ein Formular, so kann die Methode debug() aufgerufen werden:

```
$browser
  ->info('Submit a Job with invalid values')
  ->get('/job/new')
  ->click('Preview your job')
  ->with('form')
  ->debug();
```

Die Methode debug() gibt alle übergebenen Werte sowie die damit verbundenen Fehlermeldungen aus, wie in Abbildung 12.8 zu sehen ist.

12.4 Fazit

Das Testen steht im Mittelpunkt der Entwicklung von und mit Symfony, wie Sie vielleicht beim Lesen dieser Fallstudie gemerkt haben. Wir haben jedoch nur an der Oberfläche gekratzt, was die Unterstützung von Symfony für das Testen anbelangt.

Auf der einen Seite bemühen wir uns, einfache Werkzeuge zur Verfügung zu stellen, die Zugangshemmnisse für das Testen abbauen und es dem Entwickler ermöglichen, schnell seine Tests zu schreiben. Diese Werkzeuge sind allerdings mächtig genug, um die Produktivität des Entwicklers zu steigern.

Auf der anderen Seite ist das Framework selbst gut getestet, und seine Evolution ist das Ergebnis dieser Testerfahrung. Das Testen von Code ist nicht zuletzt auch ein großartiger Weg, die Programmierschnittstellen zu verbessern.

13 Testen von Grafikausgaben

von Kore Nordmann

▪ 13.1 Einführung

Anfang 2007 erhielt ich den Auftrag, für die eZ Components[1] eine Komponente für die Erzeugung von Diagrammen zu entwerfen und zu implementieren. Ich bekam diesen Auftrag für die Umsetzung eines von eZ Publish-Anwendern häufig nachgefragten Features, da ich zuvor bereits entsprechende Erfahrungen mit der Entwicklung anderer Grafikbibliotheken gesammelt hatte.

Die Anforderungen an die Komponenten der eZ Components sind im Vergleich zu den Grafikbibliotheken, die ich zuvor entwickelt hatte, ein wenig anders. Das eZ Components-Projekt legt großen Wert auf Rückwärtskompatibilität, einfach zu benutzende Programmierschnittstellen (APIs) sowie Stabilität. Rückwärtskompatibilität und Stabilität sind Ziele, die mit sinnvollen Unit-Tests erreicht werden können. Werden diese Tests – dem Ansatz der testgetriebenen Entwicklung folgend – vor dem eigentlichen Code geschrieben, so verliert man auch das Ziel der einfach zu benutzenden Programmierschnittstellen nicht aus dem Auge.

Die testgetriebene Entwicklung einer Komponente, die Grafiken – und damit nichts anderes als binäre Daten – erzeugt, stellte mich vor einige Probleme, die es zu lösen galt.

- Die erwarteten Testergebnisse lassen sich nur schwer vorab beschreiben.
- Die erzeugten Binärdaten hängen unter Umständen von Aspekten wie Version oder internem Zustand der verwendeten Bibliotheken ab.
- Ein sinnvoller Vergleich von Binärdaten kann sehr zeitintensiv sein.

Dieses Kapitel zeigt, wie diese Probleme bei der Entwicklung der ezcGraph-Komponente bewältigt wurden.

---

[1] http://ezcomponents.org

■ 13.2 Entwicklungsphilosophie

Das eZ Components-Projekt wurde von eZ Systems mit dem Ziel gestartet, die Basis für zukünftige Versionen des populären Open-Source Enterprise Content Management Systems (ECMS) eZ Publish zu werden. Hierzu wurde bestehende Funktionalität aus eZ Publish in separat zu verwendende Komponenten extrahiert, die vom Release-Zyklus von eZ Publish getrennt entwickelt, getestet und ausgeliefert werden können. Dieser Prozess begann mit der Extraktion von bereits in eZ Publish existierenden Komponenten, wurde aber schnell auf noch nicht in eZ Publish existierende – aber dennoch häufig benötigte – Komponenten ausgeweitet.

Sämtliche Komponenten der eZ Components können unabhängig voneinander verwendet werden – ein weiterer Aspekt der Philosophie der eZ Components. Diese lose Kopplung der Komponenten erlaubt ihre einfache Verwendung bei der Entwicklung von PHP-Applikationen. Die Liste der Komponenten umfasst unter anderem Caching, Datenbankabstraktion, Templating, Volltextsuche, die Verarbeitung von E-Mail oder Workflows.

■ 13.3 Die ezcGraph-Komponente

Die ezcGraph-Komponente wurde mit dem Ziel entwickelt, dass ein Verwender auf einfache, intuitive Weise gut aussehende Diagramme aus seinen Daten erzeugen kann. Von Anfang an sollten mindestens Balken-, Linien- sowie Tortendiagramme unterstützt werden. Mittlerweile werden auch Odometer- und Radardiagramme unterstützt.

Mit PHP können Grafiken auf unterschiedlichen Wegen erstellt werden, der wohl bekannteste ist die Verwendung der GD-Bibliothek[2]. Da diese aber Grafiken mit relativ geringer Qualität erzeugt (und hierbei auch relativ langsam ist), sollten auch andere Bibliotheken unterstützt werden. Für Diagramme empfehlen sich beispielsweise die Vektorgrafikformate Flash und das XML-basierte SVG, die von ezcGraph als Alternative zu Bitmap-Grafiken ausgegeben werden können. Für die Erzeugung von Bitmap-Grafiken in höherer Qualität als mit der GD-Bibliothek gibt es einen Ausgabetreiber, der Cairo[3] verwendet.

Eine der Anforderungen war es, dass der Verwender der Komponente jeden Aspekt des Erscheinungsbilds der Diagramme kontrollieren kann. Dies sollte beispielsweise nicht nur auf Farben und Hintergründe beschränkt sein, sondern der komplette Rendering-Prozess sollte austauschbar und konfigurierbar sein. Diese Anforderung wurde durch die Einführung einer Renderer-Schicht zwischen der Repräsentation der Diagrammdaten und der Schicht der Ausgabetreiber (Cairo, Flash, GD, SVG) umgesetzt. Die Komponente bringt zwei Standard-Renderer mit, je einen für die Erzeugung von 2D- und 3D-Diagrammen. Beide verwenden dieselben Datenquellen und dieselben Ausgabetreiber. Gefällt einem Verwender der Komponente nicht, wie die beiden Standard-Renderer die Diagrammdaten darstellen, so ist die Erzeugung vollständig anderer Darstellungen der Diagrammdaten mit einem eigenen Renderer möglich.

---

[2] *http://www.libgd.org/*
[3] *http://cairographics.org/*

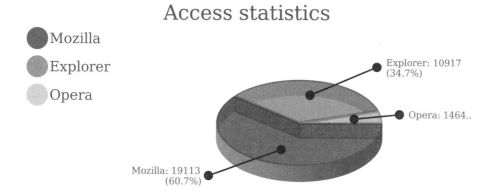

ABBILDUNG 13.1 Ein dreidimensionales Tortendiagramm

Die Unterstützung unterschiedlicher Ausgabeformate erfordert eine Infrastruktur für Ausgabetreiber, sodass der Verwender der Komponente sowohl das Ausgabeformat als auch die zu verwendende Grafikbibliothek frei wählen kann. Dies ist insbesondere deswegen sinnvoll, da die zur Verfügung stehenden Grafikbibliotheken in unterschiedlichen PHP-Umgebungen abweichen können. Standardmäßig wird der SVG-Treiber verwendet, da dieser nur die Standard-XML-Erweiterungen von PHP voraussetzt.

Die Renderer-Klasse und die Ausgabetreiber sind lose gekoppelt und vollständig transparent, der Verwender der Komponente kann sie beliebig kombinieren, ohne sich um Implementierungsdetails kümmern zu müssen.

Ein einfaches Beispiel zeigt die Erzeugung eines 3D-Tortendiagramms im SVG-Format:

```
$chart = new ezcGraphPieChart;
$chart->title = 'Access statistics';

$chart->data['Browser'] = new ezcGraphArrayDataSet(
  array(
    'Mozilla'  => 19113,
    'Explorer' => 10917,
    'Opera'    => 1464
  )
);

$chart->renderer = new ezcGraphRenderer3d;
$chart->render( 300, 150, 'pie_chart.svg' );
```

Die Ausgabe ist in Abbildung 13.1 zu sehen. Das Setzen eines Titels oder das Konfigurieren eines Renderers ist optional. Das Beispiel zeigt die Einfachheit der Programmierschnittstelle. Weitere Details über die Verwendung der Komponente entnehmen Sie bitte der Dokumentation unter *http://ezcomponents.org/docs/tutorials/Graph*.

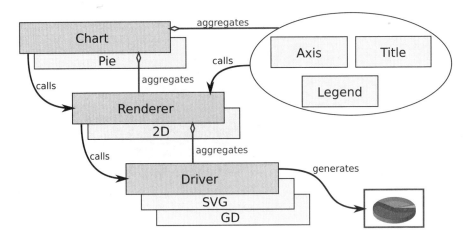

ABBILDUNG 13.2 Architektur der ezcGraph-Komponente

13.3.1 Architektur

Um die Anforderungen an das Testen der ezcGraph-Komponente erklären zu können, bedarf es einer Vorstellung der Architektur der Komponente. Ein Objekt (einer Kindklasse) von `ezcChart` aggregiert ein Renderer-Objekt, das für die Visualisierung der Daten verantwortlich ist. Das Renderer-Objekt nutzt ein Treiber-Objekt, um aus der Visualisierung ein Bild zu erzeugen.

Die Ausgabetreiber sind nur für die Ausgabe sogenannter Primitive verantwortlich, um ihre Implementierungen einfach und testbar zu halten. Zu diesen Primitiven gehören Kreise, Kreissektoren, Polygone und Textboxen. Eine abstrakte Basisklasse für die Ausgabetreiber vereinbart Signaturen für Methoden, die je ein Primitiv verarbeiten. In den konkreten Implementierungen dieser Basisklasse wird die Ausgabe beispielsweise eines Kreises für das jeweilige Format des Ausgabetreibers, zum Beispiel SVG, implementiert.

Der Renderer wird aufgerufen, um Diagramm-Primitive wie Titel, Legende, eine Achse oder ein Tortendiagrammsegment darzustellen. Daraufhin übersetzt der Renderer diese Diagramm-Primitive in die entsprechenden Aufrufe an den Ausgabetreiber, um die entsprechenden Bild-Primitive für die zu visualisierenden Diagramm-Primitive zu zeichnen. Dieser Vorgang unterscheidet sich natürlich je nach gewünschter Darstellung und verwendetem Renderer.

Abbildung 13.2 zeigt die Architektur der ezcGraph-Komponente. Neben den bereits erwähnten Renderer- und Treiberschichten gibt es unter anderem noch die Repräsentation der Daten sowie Konfigurations- und Layoutinformationen, die nicht in der Abbildung enthalten sind.

Nach der Initialisierung eines Renderer-Objekts führen alle weiteren Aufrufe von dessen Methoden zu Aufrufen von Methoden des Ausgabetreiber-Objekts, die als einzige die Ausgabe erzeugen. Die Renderer-Schicht, und damit auch die darüber liegende Diagrammschicht, sind also abhängig von der Ausgabetreiberschicht. Dies erschwert das Testen der einzelnen Schichten in Isolation.

13.3.2 Anforderungen an die Tests

Alle Operationen einer Komponente für Diagrammerzeugung erzeugen als Ausgabe Bilder. Wie bereits eingangs erwähnt, kann der Vergleich von binären Daten ungenau und teuer sein und sollte daher vermieden werden. Trotzdem muss auch die tatsächliche Bilderzeugung getestet werden, worauf wir im weiteren Verlauf des Kapitels eingehen werden.

Um Fehler möglichst früh zu entdecken und Tests sowie die getestete Implementierung so einfach wie möglich zu halten, sollte man in einem Test nur kleine und unabhängige Code-Einheiten testen. Um beispielsweise die Funktionalität eines Renderers zu testen, genügt es zu überprüfen, ob der Renderer die erwarteten Nachrichten an die unter ihm liegende Ausgabetreiberschicht schickt. Geht man davon aus, dass der Ausgabetreiber korrekt funktioniert, benötigt man für den Test des Renderers keinen echten Ausgabetreiber, sondern kann mit einem Mock-Objekt arbeiten.

■ 13.4 Ausgabetreiber durch Mock-Objekt ersetzen

Die Ausgabetreiber werden durch Mock-Objekte ersetzt, sodass die Umsetzung von Diagramm-Primitiven in Bild-Primitive ohne Binärdatenvergleich getestet werden kann. Hierbei werden die Ausgabetreiber selbst nicht getestet, da sie nicht verwendet werden.

Mock-Objekte können Methodenaufrufe protokollieren und vorkonfigurierte Daten als Rückgabewert dieser Aufrufe liefern. Am Ende des Tests kann das Protokoll mit Erwartungen abgeglichen werden.

Renderer und Ausgabetreiber müssen voneinander entkoppelt sein, damit sie getestet werden können. Hierfür aggregiert das Renderer-Objekt ein Treiber-Objekt, auf dem es die entsprechenden Methoden aufruft. Der Renderer selbst kann ohne einen Diagrammkontext verwendet werden und benötigt nur einen Treiber als Argument.

Für das Testen der Aufrufe des Treibers durch den Renderer müssen wir ein Mock-Objekt des Treibers erzeugen. Dieses können wir dem Renderer-Objekt in einem PHPUnit-Test anstelle eines echten Treiber-Objekts zuweisen:

```
$renderer = new ezcGraphRenderer2d;

$driver = $this->getMock(
  'ezcGraphSvgDriver',
  array( 'drawCircleSector' )
);

$renderer->setDriver( $driver );

$driver->options->width  = 400;
$driver->options->height = 200;
```

In diesem Test wollen wir das Renderer-Objekt testen. Dieses hat standardmäßig bereits ein Objekt der Klasse `ezcGraphSvgDriver` als Treiber registriert. Da der Ausgabetreiber zu jedem Zeitpunkt der Diagrammerzeugung ausgewechselt werden kann, wird er nicht direkt im Konstruktor gesetzt, sondern stattdessen über die Methode `setDriver()`.

Die von PHPUnit zur Verfügung gestellte Hilfsmethode `getMock()` erzeugt ein Objekt, das anstelle von Objekten der Klasse verwendet werden kann, deren Name als erster Parameter angegeben wird. Über den zweiten (optionalen) Parameter kann eine Liste der Methoden angegeben werden, die durch eine konfigurierbare Implementierung ersetzt werden sollen. Wird dieser Parameter nicht angegeben, so werden alle Methoden der ursprünglichen Klasse durch konfigurierbare Implementierungen ersetzt. In unserem Beispiel soll nur die Methode `drawCircleSector()` konfigurierbar gemacht werden. Alle anderen Methoden der Klasse `ezcGraphSvgDriver` behalten ihre ursprüngliche Implementierung.

Die hinter `getMock()` gekapselte Implementierung von Mock-Objekten nutzt Codegenerierung zur Laufzeit für ihre Arbeit. Hiermit sind einige Einschränkungen verbunden. So können beispielsweise als `final` deklarierte Klassen und Methoden nicht durch ein sogenanntes *Test-Double* ersetzt werden. In unserem Beispiel könnten wir alternativ ein Mock-Objekt der abstrakten Treiberbasisklasse `ezcGraphDriver` anstelle der konkreten Treiberklasse `ezcGraphSvgDriver` verwenden. PHPUnit stellt hierfür die Hilfsmethode `getMockForAbstractClass()` zur Verfügung, die automatisch sämtliche abstrakten Methoden der Klasse mockt.

Das folgende Beispiel zeigt, wie die Methoden eines Mock-Objekts konfiguriert werden können.

```
$driver->expects( $this->at( 0 ) )
    ->method( 'drawCircleSector' )
    ->with(
      $this->equalTo(
        new ezcGraphCoordinate( 200, 100 ), 1.
      ),
      $this->equalTo( 180, 1. ),
      $this->equalTo( 180, 1. ),
      $this->equalTo(  15, 1. ),
      $this->equalTo( 156, 1. ),
      $this->equalTo(
        ezcGraphColor::fromHex( '#FF0000' )
      ),
      $this->equalTo( true )
    );
```

Dieser Code definiert mit `at( 0 )` die Erwartung, dass der erste Aufruf einer Methode des Mock-Objekts ein Aufruf der Methode `drawCircleSector` sein muss. Optional können mit `equalTo()` weitere Erwartungen an die übergebenen Argumente formuliert werden. Die Reihenfolge der Aufrufe von `equalTo()` entspricht hierbei der Reihenfolge, in der die Methode ihre Argumente erwartet. Das erste Argument von `equalTo()` ist hierbei stets der erwartete Wert, das zweite Argument ist optional und wird verwendet, um ein Toleranzintervall für den Vergleich von Gleitpunktzahlen festzulegen.

Durch die interne Darstellung von Gleitpunktzahlen in nahezu allen Programmiersprachen, einschließlich PHP, kann es zu geringfügigen Abweichungen im Wert kommen, die von der verwendeten Plattform oder sogar der eingesetzten Version von PHP abhängen können. Daher sollten Gleitpunktzahlen nie auf Gleichheit getestet werden, sondern stattdessen auf Gleichheit im Rahmen eines Toleranzintervalls. Einfache Berechnungen wie 12 / 3 beispielsweise können 4 ergeben oder aber einen Wert sehr nah an 4. In diesem Fall ist ein Toleranzintervall mit einem Delta von 1 ausreichend, um sicherzustellen, dass die Zusicherung auf Gleichheit mit `assertEquals()` bzw. `equalTo()` gelingt. Wir verwenden 1. anstelle von 1, um die Speicherung als Gleitpunktzahl zu erzwingen.

Gleitpunktzahlen

Die meisten Menschen sind mit Ganzzahlen vertrauter, da diese einen definierten Wertebereich und eine definierte Genauigkeit haben. Da mit ihnen jedoch natürlicherweise keine Dezimalzahlen repräsentiert werden können, werden hierfür Gleitpunktzahlen verwendet. Diese verwenden normalerweise dieselbe Anzahl an Bits und können daher nicht mehr verschiedene Werte darstellen, als dies mit Ganzzahlen möglich ist. Die Darstellung sehr kleiner und sehr großer Zahlen wird daher durch Ungenauigkeit in Berechnungen sowie variablen Schritten zwischen zwei darstellbaren Zahlen erkauft. Für weitere Informationen sei der Leser auf „What Every Computer Scientist Should Know About Floating-Point Arithmetic" von David Goldberg [Goldberg 1991] verwiesen.

Da die ezcGraph-Komponente komplexe Datentypen wie die Koordinaten in dem voranstehenden Beispiel verwendet, wurde PHPUnit dahingehend erweitert, dass das Toleranzintervall rekursiv – beispielsweise auf die Attribute eines Objektes – angewendet wird. Die Rekursion kann hierbei limitiert werden, standardmäßig wird bei einer Tiefe von 10 abgebrochen. In unserem Fall wird das Toleranzintervall also auch auf die x- und y-Koordinatenwerte angewendet, die als Attribute im `ezcGraphCoordinate`-Objekt abgelegt sind.

13.4.1 Mehrfache Erwartungen

Richtet die getestete Methode des Renderers nur einen Methodenaufruf an das Ausgabetreiber-Mock-Objekt, so genügt beispielsweise `->expects( $this->once() )`. In unserem Fall jedoch ruft der Renderer mehrere Methoden auf, unter anderem mehrfach dieselbe Methode des Ausgabetreiber-Mock-Objekts. Daher verwenden wir `at()`, um Erwartungen an eine Sequenz von Methodenaufrufen zu definieren. Werden mehrere Methoden gemockt, so erhöht jeder Methodenaufruf den Aufrufzähler, dieser wird nicht pro Methodenname geführt.

Ein Großteil der Testing Community argumentiert, dass man nur eine Erwartung beziehungsweise Zusicherung pro Testen haben sollte, damit nicht erfüllte Erwartungen nicht von der ersten fehlschlagenden Zusicherung eines Tests verdeckt werden. Aber für das Testen eines Aspekts der Implementierung mag es nützlich sein, mehr als eine Zusicherung beziehungsweise mehr als eine Erwartung an ein Mock-Objekt in einem Test zu verwenden. Im Fall des zu berechnenden Segments eines Tortendiagramms könnte dies bedeuten, dass auch Erwartungen über die Verbindung zwischen einem Tortensektor und der Textbox mit der entsprechenden Beschreibung ausgedrückt werden.

```
// [...]

$this->driver
    ->expects( $this->at( 2 ) )
    ->method( 'drawLine' )
    ->with(
      $this->equalTo(
        new ezcGraphCoordinate( 205., 166. ), 1.
      ),
      $this->equalTo(
        new ezcGraphCoordinate( 250., 190. ), 1.
      ),
      $this->equalTo(
        ezcGraphColor::fromHex( '#000000' )
      ),
      $this->equalTo( 1 ));

// [...]

$this->driver
    ->expects( $this->at( 5 ) )
    ->method( 'drawTextBox' )
    ->with(
      $this->equalTo( 'Testlabel' ),
      $this->equalTo(
        new ezcGraphCoordinate( 256., 180. ), 1.
      ),
      $this->equalTo( 144.5, 1. ),
      $this->equalTo( 20., 1. ),
      $this->equalTo( 36 ));
```

Für diesen Testfall wurde die Liste der gemockten Methoden des Ausgabetreibers um `drawLine()` und `drawTextBox()` erweitert. Wie bereits erwähnt, werden sämtliche Aufrufe von gemockten Methoden in einer globalen Liste aufgezeichnet. Die Erwartungen an die Reihenfolge der aufgerufenen, gemockten Methoden müssen dies berücksichtigen. Die Aufrufe von `at()` im voranstehenden Beispiel machen dies deutlich.

13.4.2 Structs

Das letzte Beispiel hat einmal mehr Zusicherungen gezeigt, die auf nichtskalaren Datenstrukturen wie der Klasse `ezcGraphCoordinate` operieren. Im eZ Components-Team nennen wir diese kleinen Klassen, die nur über mittels `__get()` und `__set()` realisierte, virtuelle Attribute verfügen, *structs*. Dieser Name ist angelehnt an den entsprechenden Datentyp der Programmiersprache C. Bereits in einer sehr frühen Phase des Projekts haben wir uns für ihre Verwendung entschieden, da sie das Lesen und die Wartung des Codes vereinfachen, da man zum einen am Namen erkennt, mit welcher Art Daten man arbeitet, und man zum anderen über die Methode `__set()` eine Validierung der Daten realisieren kann.

Natürlich könnte man auch Arrays verwenden, um diese Daten zu repräsentieren. Dies wäre geringfügig schneller in Bezug auf Erzeugung und Lesen der entsprechenden Variablen als die Verwendung eines Objekts. Allerdings wäre es dann nicht mehr möglich, auf einfache Weise sicherzustellen, dass die Daten einer vorgegebenen Struktur entsprechen.

Andere Programmiersprachen wie beispielsweise C# haben hierfür dezidierte Struct-Klassen in ihrer Sprachspezifikation. Dies löst ein Problem, das man bekommen kann, wenn man in PHP erheblichen Gebrauch von Struct-Klassen macht. Objekte werden in PHP seit Version 5 immer per Referenz übergeben, sie werden nicht wie Skalare kopiert. Dies bedeutet für Objekte von Struct-Klassen, die in einer Methode manipuliert werden, dass sie explizit geklont werden müssen. Andernfalls könnte es zu Problemen in der aufrufenden Methode kommen, da diese nicht mit einer Änderung des Structs rechnet. Die Struct-Klassen in C# lösen dieses Problem dadurch, dass sie sich in allen Aspekten wie normale Klassen verhalten, allerdings immer als Kopie (und nicht per Referenz) übergeben werden.

Dasselbe Problem betrifft auch die Unterstützung für Mock-Objekte in PHPUnit, da deren Erwartungen nicht vor Ende des Tests überprüft werden. Man kann beispielsweise erst am Ende des Tests prüfen, ob eine gemockte Methode aufgerufen wurde. Wird also ein Objekt als Argument an eine gemockte Methode übergeben, so muss es von PHPUnit geklont werden, da es zwischen Definition und Überprüfung der Erwartung geändert werden kann. Dies trifft in unserem Fall insbesondere auf Werte wie Koordinaten oder Vektoren zu, die im Rahmen der geometrischen Berechnungen mehrfach transformiert werden. Das Klonen von übergebenen Objektparametern an gemockte Methoden ist eine der Erweiterungen, die ich zur Mock-Objekt-Funktionalität von PHPUnit beigetragen habe. Ein weiterer Beitrag ist die bereits erwähnte rekursive Anwendung des Toleranzintervalls, die ebenfalls für das Testen von Struct-Klassen benötigt wurde.

13.4.3 Generierung der Erwartungen

Für die einfachen Renderer-Tests ist es möglich, einen testgetriebenen Ansatz zu verfolgen und die Erwartungen für die Mock-Objekte vor der Ausführung der Tests beziehungsweise des Codes zu formulieren. Sobald aber komplexere Berechnungen im Renderer durchgeführt werden, zum Beispiel bei Beschriftungen für rotierte Achsen, kann dieser Ansatz sehr zeitaufwendig werden.

Um diesen Schritt zu vereinfachen, wurde ein einfacher Ausgabetreiber entwickelt, der Informationen über die aufgerufenen Methoden ausgibt. Diese Ausgabe lässt sich dann manuell überprüfen und in Code für die entsprechenden Erwartungen für die Mock-Objekte umschreiben. Die Überprüfung sollte natürlich sorgfältig erfolgen, da die Erwartungen sonst nutzlos sein könnten oder sogar zu falschen Annahmen über den getesteten Code führen.

13.4.4 Zusammenfassung

Durch das Mocken des Ausgabetreibers wurde es möglich, selbst komplexe Logik im Backend zu testen, ohne auf das Vergleichen von Binärdaten angewiesen zu sein. Diese hätten sonst mit der zu testenden Bibliothek erst erzeugt werden müssen.

Einerseits ist das Definieren von Erwartungen für gemockte Methoden mit übermäßig langem Code verbunden, sodass das Testen von Methoden, die zu vielen Aufrufen von gemockten Methoden führen, recht mühsam werden kann. Andererseits genügt es meistens, Erwartungen nur für einen Teil der Aufrufe von gemockten Methoden zu definieren, beispielsweise nur für den ersten und letzten Aufruf. Sind diese beiden Aufrufe korrekt und hängen sie voneinander ab, so sind die Aufrufe zwischen ihnen ebenfalls mit hoher Wahrscheinlichkeit korrekt. Wie immer ist entsprechendes Wissen über den getesteten Code unentbehrlich, um solche Entscheidungen rechtfertigen zu können.

Wird das Backend in den Tests gemockt, in denen es verwendet wird, so muss es selbstverständlich mit eigenen Tests separat getestet werden. Das Testen des Backends stellt wiederum sicher, dass es sich an die vereinbarten Schnittstellen hält und nicht von zusätzlichen, versteckten Annahmen ausgeht.

In der Testsuite für die ezcGraph-Komponente haben wir auch immer mindestens einen sogenannten *End-to-End-Test*, der sicherstellt, dass alle beteiligten Klassen korrekt zusammenarbeiten. Bislang hatten wir diesbezüglich jedoch keine Probleme, die nicht schon vorher durch fehlschlagende Unit-Tests der einzelnen Klassen entdeckt worden wären.

■ 13.5 Binäre Ausgaben testen

Da die Ausgabetreiber von den anderen Tests völlig unberührt sind, müssen auch sie in separaten Tests dezidiert getestet werden. Die Ausgabetreiber erzeugen direkt die Ausgabe, sodass im Wesentlichen zwei Möglichkeiten bestehen, sie zu testen:

- Definieren von Zusicherungen für die erzeugten Binärdaten
- Überschreiben und Mocken der PHP-internen Funktionen

Das Überschreiben und Mocken der PHP-internen Funktionen würde die Verwendung einer PHP-Erweiterung wie `pecl/runkit`[4] voraussetzen. `pecl/runkit` ist eine als *experimentell* markierte Erweiterung, die es unter anderem ermöglicht, Klassen und Funktionen zur Laufzeit zu überschreiben beziehungsweise umzudefinieren. Sie wird generell als „gefährlich" angesehen, und keine Distribution liefert entsprechende Pakete.

Im Fall des besprochenen Mockens der Ausgabetreiber hat der Renderer durchaus einige Methodenaufrufe an den Ausgabetreiber gerichtet. Der Ausgabetreiber könnte seinerseits die Anzahl der Methodenaufrufe um ein Vielfaches erhöhen. So unterstützt die GD-Erweiterung beispielsweise einige der benötigten Primitive nicht nativ, sodass unter anderem gekrümmte Linien durch eine Vielzahl von kurzen geraden Linien simuliert dargestellt werden müssen. Dies kann zu Hunderten von Aufrufen zu den entsprechenden Methoden führen.

---

[4] *http://pecl.php.net/package/runkit*

Bedingt durch den übermäßig langen Code für die Mock-Objekt-Erwartungen und die hohe Anzahl benötigter Erwartungen für die Tests erscheint dieser Ansatz nicht praktikabel. Außerdem würde es sehr schwer sein, Hunderte von Aufrufen zu überprüfen oder die entsprechenden Erwartungen im Voraus zu formulieren.

Einige der von den Ausgabetreibern verwendeten Bibliotheken wie beispielsweise `ext/ming` befinden sich noch in einem Alpha-Stadium, sie könnten also in zukünftigen Versionen ihre Programmierschnittstelle ändern. Würde man nur die Aufrufe an die Bibliothek vergleichen, so würden Verletzungen der Programmierschnittstelle vom Test nicht entdeckt werden.

Vor dem Hintergrund dieser Probleme haben wir uns für den Vergleich der erzeugten Binärdaten entschieden, wohl wissend, dass auch dieser Ansatz nicht ohne Probleme ist. Dieser Teil der Fallstudie bietet die entsprechenden Lösungsansätze, die wir im Rahmen der Entwicklung von ezcGraph gefunden haben.

13.5.1 Die Ausgabetreiber

Wie bereits eingangs bei der Beschreibung der Gesamtarchitektur von ezcGraph erwähnt, sind die Ausgabetreiber für die Darstellung von Bildprimitiven wie Linien und Kreisen verantwortlich. Die aufwendigste Berechnung, die im Ausgabetreiber durchgeführt wird, ist das Einpassen eines Textes in eine vorgegebene Box. Folglich sind die Tests für die Ausgabetreiber im Allgemeinen recht einfach und überprüfen meist nur das Zeichnen einer Linie, eines gefüllten Kreises oder den Rand eines einfachen Polygons. Der Ausgabetreiber selbst ist, abgesehen von der „Leinwand" (englisch: *Canvas*), auf die alle Primitive gezeichnet werden, zustandslos. Die Darstellungsstile der einzelnen Primitive werden stets über die entsprechenden Methodenaufrufe festgelegt.

13.5.2 Generierung der Erwartungen

Die testgetriebene Entwicklung verlangt, dass der Test und die Erwartungen geschrieben werden, bevor man mit der Implementierung der getesteten Funktionalität beginnt. Obwohl dieser Ansatz oftmals der beste ist, ist er im Zusammenhang mit zu testender Binärdatenerzeugung nahezu unmöglich umzusetzen.

Einerseits besteht selbst eine kleine Bitmap-Grafik aus Hunderten von Pixeln, die niemand in einer entsprechenden Grafikanwendung von Hand zeichnen will. Andererseits sieht man meist auf den ersten Blick, ob ein Bild korrekt ist, wenn es denn erst einmal erzeugt ist.

Die Testsuite der ezcGraph-Komponente legt jedes Testbild in einem temporären Verzeichnis ab, wenn ein Test fehlschlägt. Ein Test schlägt auch fehl, wenn das entsprechende Vergleichsbild noch nicht existiert. Schlägt also ein Test fehl, kann der Testautor das Bild begutachten und entscheiden, ob es korrekt ist oder nicht. Ein korrekt erzeugtes Bild wird dann in das Verzeichnis verschoben, das die Vergleichsbilder enthält, und wird somit zur Referenz für zukünftige Ausführungen des Tests. Damit dieser Ansatz funktionieren kann, muss natürlich die getestete Funktionalität bereits implementiert sein.

13.5.3 SVG

SVG[5] ist ein W3C-Standard für die XML-basierte Repräsentation skalierbarer Vektorgrafiken. Durch die Natur von XML bedingt lassen sich die entsprechenden Dateien einfach erzeugen und sind manchmal auch menschenlesbar. Da SVG auf XML basiert, können eigene Erweiterungen definiert oder Daten aus anderen Dokumenten importiert werden. So können beispielsweise Daten-URLs verwendet werden, um Bitmap-Grafiken einzubinden. Bei der Darstellung von SVG im Webbrowser kann ECMAScript[6] verwendet werden, um den DOM-Baum der Vektorgrafik zu manipulieren. So können unter anderem Animationen oder Benutzerschnittstellen realisiert werden. Die Fähigkeit, ECMAScript zu interpretieren, sollte man von einem für die Darstellung von SVN verwendeten Programm wie Bildbetrachtern jedoch nicht voraussetzen.

Es gibt zwei wirkliche Hindernisse, wenn es darum geht, SVG-Grafiken in einem Bildbetrachter darzustellen. Zum einen kann es sein, dass nur ein Teil der von SVG definierten Elemente unterstützt wird. Das W3C definiert einen SVG Tiny[7] genannten Standard, der eine kleine Untermenge von SVG darstellt und nahezu allen Bildbetrachtern gemein ist. SVG Tiny bietet daher eine gute Grundlage für Schätzungen, ob eine Grafik von Bildbetrachtern oder sogar mobilen Endgeräten dargestellt werden kann. Die SVG-Ausgabe von ezcGraph beschränkt sich auf die Elemente von SVG Tiny, die erzeugten Grafiken sollten also überall korrekt dargestellt werden.

Das weitaus größere Problem mit unterschiedlichen Programmen für das Anzeigen von SVG-Grafiken liegt in der Darstellung von Text. Man kann einfach nicht wissen, welche Schriftarten auf dem anzeigenden System zur Verfügung stehen. Daher kann man auch nicht abschätzen, wie viel Platz für die Darstellung eines Texts benötigt oder wie dieser aussehen wird. Man kann den Text in Pfade umwandeln, um dieses Problem zu umgehen. Diese Umwandlung wird von einigen Grafikprogrammen unterstützt. Die Nachteile dieses Ansatzes sind erhöhte Komplexität der Darstellung und ein größeres SVG-Dokument. ezcGraph erlaubt das optionale Einbetten einer konvertierten Schriftartdatei mit den entsprechenden Glyphdefinitionen, um genaue Schätzungen über den Platzbedarf eines Textes treffen zu können. Aber dieser Ansatz wird nicht von allen Bildbetrachtern unterstützt.

Vergleich von XML-Daten

Der Vergleich von SVG-Grafiken bedeutet den Vergleich von XML-Dokumenten. XML-Dokumente können einfach als normale Strings aufgefasst werden, und dies haben wir zunächst auch für Vergleiche in den Tests so getan. Standardmäßig wendet die DOM-Erweiterung von PHP keine Formatierung an, wenn XML-Dokumente gespeichert werden. Dies führt dazu, dass zwei XML-Dateien, die jeweils aus nur einer sehr langen Zeile bestehen und sich in einigen Gleitpunktzahlen in Element-Attributen unterscheiden, nur sehr schwer vom menschlichen Gehirn auf Unterschiede überprüft werden können. Auch ergibt es keinen Sinn, die von der DOM-Erweiterung unterstützten Formatierungen immer zu verwenden und damit die Größe der erzeugten Dateien zu erhöhen, nur damit Testergebnisse einfach verglichen werden können.

---

[5] *http://www.w3.org/TR/SVG/*
[6] *http://www.ecmascript.org/*
[7] *http://www.w3.org/TR/SVGTiny12/*

Um also XML-Dokumente vernünftig vergleichen zu können, wurde PHPUnit um spezialisierte Zusicherungen, die auf XML-Dateien beziehungsweise XML-Strings operieren, erweitert. Diese Zusicherungen laden XML-Dokumente über die DOM-Erweiterung so, dass Zeilenumbrüche eingefügt, Einrückungen vorgenommen und eine Normalisierung der Weißzeichen durchgeführt werden.

```
  <svg xmlns="http://www.w3.org/2000/svg" width="200" height="100"
      version="1.0" id="ezcGraph">
    <defs/>
    <g id="ezcGraphChart">
-     <path d=" M 12.0000,45.0000 L 134.0000,12.0000" style="..." id="ezcGraphLine_1"/>
+     <Path d=" M 12.0000,45.0000 L 134.0000,12.0000" style="..." id="ezcGraphLine_1"/>
    </g>
  </svg>
```

Nach dieser Formatierung können die normalen, zeilenbasierten Diff-Algorithmen verwendet werden, um die Unterschiede zwischen zwei XML-Dokumenten zu zeigen. Dies zeigt das voranstehende Beispiel. Jedes XML-Element steht hierbei in einer eigenen Zeile, modifizierte Zeilen stehen untereinander, sodass auch kleine Unterschiede direkt auffallen. So werden die SVG-Grafiken einfach testbar. Die erwartete Ausgabe kann natürlich immer noch nicht wirklich im Voraus von Hand erzeugt werden. Ein erzeugtes Bild wird also wie bereits erwähnt vom Testautor überprüft und (sofern es korrekt ist) in das Verzeichnis verschoben, das die erwarteten Ergebnisse enthält.

Probleme mit Gleitpunktzahlen

Die Zahlenwerte, die von der ezcGraph-Komponente verarbeitet werden, sind Gleitpunktzahlen. Wie beim Mocken des Backends haben wir auch an dieser Stelle Probleme mit Gleitpunktzahlen. Für die SVG-Ausgabe müssen diese in eine String-Repräsentation überführt werden. Um die Ausgabe vorhersehbarer sowie die erzeugten Dateien kleiner und weniger plattformabhängig zu machen, werden alle Werte auf vier Nachkommastellen gerundet. Diese Auflösung sollte ausreichend sein, da die Werte Pixel repräsentieren.

Auf 64-Bit-Plattformen verwendet PHP 64 Bit, um Gleitpunktzahlen darzustellen. Dies führt zu geringfügig genaueren Berechnungen. Die entstehenden Unterschiede sind zwar bei der Betrachtung der SVG-Grafik nicht sichtbar, können aber zu Unterschieden im XML führen. So können beispielsweise .49994 und .49995 zu unterschiedlichen Werten gerundet werden:

```
$ php -r 'var_dump( round( .49994, 4 ), round( .49995, 4 ) );'
float(0.4999)
float(0.5)
```

Auf diesem Weg kann eine geringfügige Ungenauigkeit der Gleitpunktzahlen zu einem sichtbaren Unterschied in der SVG-Datei führen. Aus diesem Grund gibt es zwei Tests in der Testsuite der ezcGraph-Komponente, die auf 64-Bit-Plattformen immer fehlschlagen – und es gibt nichts, was man dagegen tun kann.

13.5.4 Bitmap-Erzeugung

Die ezcGraph-Komponente implementiert zwei unterschiedliche Ausgabetreiber, die Bitmap-Grafiken erzeugen. Mit Bitmap-Grafik meinen wir hier Bildformate wie GIF, JPEG oder PNG. Diese sind prinzipiell zweidimensionale Arrays, die in einem enkodierten Format vorliegen. In einem Bitmap-basierten Format gehen die ursprünglichen Formen verloren, da die erzeugende Bibliothek diese in Pixel umsetzt. Daher hängt die erzeugte Ausgabe vollständig von dem verwendeten Ausgabetreiber beziehungsweise von der verwendeten Grafikbibliothek ab.

Die beiden implementierten Ausgabetreiber basieren auf unterschiedlichen PHP-Erweiterungen beziehungsweise Grafikbibliotheken, mit denen Bitmap-Grafiken erzeugt werden können. `ext/gd` nutzt die Grafikbibliothek GD und ist die bekannteste PHP-Erweiterung für Bilderzeugung. Sie ist sehr gut dokumentiert, und man kann vielerlei Beispiele für ihre Verwendung im Web finden. Allerdings gibt es einige schwerwiegende Nachteile von GD zu beachten. Wie bereits erwähnt, hängt die erzeugte Ausgabe ausschließlich von der verwendeten Grafikbibliothek ab. Die Entscheidung für die zu verwendende Grafikbibliothek hat daher weitreichende Folgen, unter anderem für die Qualität der erzeugten Grafiken.

`ext/gd` bietet kaum Unterstützung für Kantenglättung (Antialiasing). Jede Linie, jeder Kreis und jedes Polygon weist die unerwünschten Treppeneffekte auf. Die Kantenglättung für Texte hängt von der verwendeten Bibliothek ab: Für PS Type 1-Schriftarten gibt es keine Kantenglättung, mithilfe von FreeType 2 dargestellte Schriftarten werden mit Kantenglättung dargestellt. Es gibt keine native Unterstützung von Gradienten, und einige Primitive, wie beispielsweise Kreissektoren, können sehr schlecht aussehen, wenn transparente Farben verwendet werden. Der Versuch, Gradienten mit `ext/gd` zu emulieren, scheitert an der Tatsache, dass das Setzen von einzelnen Pixeln einfach zu langsam ist. Der einzige Vorteil, der für die Verwendung von GD spricht, ist die weite Verbreitung der Bibliothek und der entsprechenden PHP-Erweiterung.

Neben GD gibt es Cairo, eine fantastische Bibliothek für 2D-Grafik, die unter anderem von GNOME seit Version 2.8 für das Zeichnen der GUI verwendet wird oder von Firefox seit Version 2 für die Darstellung von SVG-Grafiken. Seit Firefox 3 wird Cairo für die gesamte Darstellung verwendet. Cairo bietet native Unterstützung von Pfaden, Gradienten, Kantenglättung sowie fast alles, was man sich als Programmierer von einer Bibliothek für 2D-Grafik erhofft. Darüber hinaus ist Cairo sehr schnell und verwendet etablierte Bibliotheken wie Pango für die Textdarstellung.

Cairo kann nicht nur Bitmap-Grafiken erzeugen, sondern unterstützt auch SVG, PDF und PostScript als Ausgabeformate. Hinzu kommt die Möglichkeit, direkt in ein X-Fenster zu zeichnen sowie die Verwendung von OpenGL-basierter Hardware-Beschleunigung mithilfe von Glitz. Hartmut Holzgraefe hat eine PHP-Erweiterung für Cairo geschrieben, die von der ezcGraph-Komponente für die Ausgabe von Bitmap-Grafiken verwendet werden kann.

Vergleich von Bitmap-Grafiken

Der Vergleich von Bitmap-Grafiken ist nicht trivial. Die meisten Bitmap-Formate beinhalten zusätzliche Metadaten wie beispielsweise die verwendete Version der erzeugenden Grafikbibliothek oder das Erzeugungsdatum. Ein einfacher Vergleich der Hashes von zwei Bitmap-Grafikdateien scheidet daher aus, da dieser bei unterschiedlichen Metadaten fehlschlagen würde.

Der offensichtliche Ansatz wäre der Pixel-für-Pixel-Vergleich der beiden Bitmap-Grafiken und das Speichern der gefundenen Unterschiede in einer dritten Datei. Allerdings ist das Iterieren über die Pixel einer Bitmap-Grafik in PHP eine langsame Operation, besonders bei der Verwendung von GD. Würde man diesen Ansatz für jeden Test verwenden, so wäre dieser unerträglich langsam. Hinzu kommt, dass selbst kleinste Abweichungen zu einem Fehlschlagen des Tests führen. Da die verwendeten Bibliotheken dazu tendieren, in neuen Versionen bessere Verfahren zur Bilderzeugung einzusetzen, würden sich über die Zeit fehlschlagende Tests anhäufen.

Daher suchten wir für die Testsuite der ezcGraph-Komponente nach einem Weg, der zwei Bilder ähnlich der menschlichen Wahrnehmung vergleicht. ImageMagick liefert hierfür ein bemerkenswert schnelles Verfahren, den sogenannten *Mean Average Error (MAE)*, über alle Kanäle zweier Bilder zu berechnen:

```
$ time compare -metric MAE expectation.png result.png null:
13390.6 (0.204327) @ 0,0

real    0m0.021s
user    0m0.012s
sys     0m0.004s
```

Das Kommando `compare` ist Teil des ImageMagick-Pakets und wird benutzt, um Bilder zu vergleichen. Der Parameter `-metric` wählt die zu verwendende Metrik aus, in unserem Fall `MAE`. Diese Metrik aggregiert die absoluten Differenzen für jeden einzelnen Pixel der Bilder und liefert den Durchschnittswert aller dieser Differenzen des gesamten Bildes als Ergebnis. Neben den beiden zu vergleichenden Bildern wird als drittes Argument eine Datei angegeben, in die ein Bild geschrieben wird, das die Unterschiede zwischen den beiden Bildern visualisiert. In unserem Beispiel verwenden wir `null:`, um die Erzeugung dieses Bildes, das für das Debugging sehr nützlich sein kann, zu unterdrücken.

Wie man sieht, dauert der Vergleich von zwei Bildern (200 * 100 Pixel) weit weniger als eine Zehntelsekunde. Für größere Bilder dauert der Vergleich natürlich entsprechend länger, vor allem aber wächst der Speicherbedarf. Da allerdings nur sehr grundlegende Operationen der Ausgabetreiber getestet werden, reichen kleine Bilder für unsere Zwecke vollkommen aus. Komplexere Operationen werden mithilfe von Mock-Objekten getestet.

Für die Zusicherungen der eZ Components-Testsuite nutzen wir nur den ersten Wert, den ImageMagick liefert. Dieser stellt die Summe der durchschnittlichen Distanz für jeden Farbkanal dar, basierend auf der momentanen internen Farbrepräsentation in ImageMagick. Der Wert ist konstant für unterschiedliche Plattformen und unterschiedliche Versionen von ImageMagick. Der tatsächliche Wert ist daher nicht wirklich relevant.

Für die Tests der eZ Components-Testsuite hat sich ein Toleranzintervall von 2000 als gut erwiesen, gerade für den Cairo-Treiber funktioniert es sehr gut.

Unterschiede zwischen GD-Versionen

Mit dem GD-Ausgabetreiber ist noch ein weiteres, größeres Problem verbunden, das noch nicht vollständig gelöst ist. Die Darstellungsqualität von `ext/gd` tendiert zu drastischen Schwankungen zwischen unterschiedlichen Versionen der Bibliothek. Abbildung 13.3 zeigt die von ImageMagick gefundenen Unterschiede zwischen derselben Grafik, die einmal mit PHP 5.2.9 und einmal mit PHP 5.3.0 erzeugt wurde.

Standardmäßig wendet die ezcGraph-Komponente Supersampling an, um die Qualität von Grafiken zu erhöhen, die mit GD erzeugt werden. Hierbei wird die Grafik zunächst in mindestens der doppelten Größe erzeugt und dann abschließend auf die gewünschte Zielgröße

ABBILDUNG 13.3 Bildunterschiede bei verschiedenen GD-Versionen

skaliert. Diese Skalierung kombiniert beispielsweise vier Pixel in einen, was zu einer Kantenglättung auf Kosten des Speicherplatzbedarfs führt.

Der für die Skalierung zuständige Algorithmus wurde zwischen den genannten PHP-Versionen geringfügig geändert, was zu minimalen Änderungen über die gesamte Fläche des Bildes und damit zu einer hohen durchschnittlichen Pixeldistanz führt. Solche Änderungen kommen in Bibliotheken wie GD immer wieder vor. Es ist nahezu unmöglich, eine Metrik zu finden, die für diese Art Abweichung unempfindlich ist, aber trotzdem wirkliche Änderungen in den Bildern erkennt. Der einzige Weg, den wir gefunden haben, um mit dieser Situation umzugehen, ist die Erzeugung der Bilder mit aktuellen Entwicklerversionen von PHP. Hierbei muss man sich natürlich um fehlschlagende Tests mit älteren PHP-Versionen kümmern, ist aber für die Zukunft gerüstet. Wenn das gesamte QA-Team über diese fehlschlagenden Tests in Kenntnis ist, so ist die Situation zwar immer noch nicht schön, aber man kann damit umgehen. Ein anderer Weg wäre die Erzeugung der Vergleichsbilder für jede PHP-Version, aber dieser Ansatz erscheint im höchsten Maße unpraktikabel, da hierfür unzählige Bilder generiert und verwaltet werden müssten.

13.5.5 Flash

Flash ist ein von Adobe definierter, geschlossener Standard für animierte und interaktive Grafiken im Web. In Bezug auf Grafikerzeugung kann man es als Vektorgrafikformat ansehen, lässt dabei aber sämtliche gebotenen Möglichkeiten für Animationen oder Nutzerinteraktion aus.

Die PHP-Erweiterung `ext/ming`, die noch im Alpha-Stadium ist, wurde für die Erzeugung von Flash SWF-Dateien entwickelt. Sie unterstützt momentan eine Untermenge an Funktionen, die sich aber nicht nach einer bestimmten Version von Flash richtet, zu denen unter anderem Text, Gradienten und Primitive zählen. Darüber hinaus werden, teilweise stark eingeschränkt, Bitmap-Grafiken und ActionScript unterstützt. Die Dokumentation ist lückenhaft und enthält teilweise nicht funktionierende Beispiele. Einige der dokumentierten Funktionen und Methoden funktionieren nicht so wie beschrieben oder funktionieren gar nicht. Aber mit solchen Problemen muss man leben, wenn man eine PHP-Erweiterung im Alpha-Stadium verwendet. Erst recht, wenn es sich hierbei um die einzige Möglichkeit handelt, Flash-Grafiken mit PHP zu erzeugen.

Da Flash, wie auch SVG, ein vektorbasiertes Format ist, sollte das Testen von Flash-Dateien einfach sein, obwohl die Dateien standardmäßig komprimiert sind. Die Zusicherung für den Vergleich von Flash-Dateien verwendete anfangs einen Hash über die gesamte Datei. Dies funktionierte so lange gut, bis ein Test innerhalb der Testsuite verschoben wurde und plötzlich alle nachfolgenden Tests fehlschlugen.

Beim Studium des Quelltextes von ext/ming stellte sich heraus, dass die PHP-Erweiterung eine interne, globale ID verwendet, um alle erzeugten Formen zu verwalten. Diese ID wird für ein neues Flash-Bild nicht zurückgesetzt und stattdessen kontinuierlich inkrementiert. Da die Tests von PHPUnit standardmäßig in einem einzigen PHP-Prozess ausgeführt werden, hängt die Höhe der ID zu Beginn eines Tests von der Anzahl der bereits ausgeführten Tests ab.

Um zwei Flash-Dateien also richtig vergleichen zu können, müssen diese IDs aus den Dateien entfernt werden. Da Flash jedoch ein geschlossenes Binärformat ist, ist dies keine leichte Aufgabe. Eine Lösung haben wir in Form eines Werkzeugs gefunden, mit dem existierende Flash-Dateien gelesen und PHP-Code, der eine identische Flash-Datei erzeugt, generiert werden kann. Auf diese Weise erhalten wir eine „normalisierte" Repräsentation der Flash-Datei, die auch für das Debuggen sehr hilfreich ist.

Ein geänderter Datei-Hash in einem fehlschlagenden Test sagt uns nur, dass sich die beiden Flash-Dateien unterscheiden, aber nicht wie. Die Differenz zwischen zwei PHP-Dateien ist viel aussagekräftiger. So kann man beispielsweise recht einfach sehen, dass eine Linie falsch oder gar nicht gezeichnet wird. Das verwendete Werkzeug heißt swftophp und ist Bestandteil der libming-Distribution[8].

Die Zusicherung

Die Basisklasse für die Testfälle der ezcGraph-Komponente verfügt über eine Zusicherungsmethode, die die Funktionalität von swftophp kapselt. Sie lädt zwei Flash-Dateien ($expected und $generated), normalisiert sie wie oben beschrieben und vergleicht sie:

```
protected function swfCompare( $expected, $generated )
{
  $executeable = ezcBaseFeatures::findExecutableInPath( 'swftophp' );

  if ( !$executeable )
  {
    $this->markTestSkipped(
      'Could not find swftophp executeable to compare flash files.' .
      ' Please check your $PATH.'
    );
  }
```

---

[8] http://www.libming.org/

```php
    $this->assertEquals(
      $this->normalizeFlashCode(
        shell_exec(
          $executeable . ' ' . escapeshellarg( $expected )
        )
      ),
      $this->normalizeFlashCode(
        shell_exec(
          $executeable . ' ' . escapeshellarg( $generated )
        )
      ),
      'Rendered image is not correct.'
    );
  }
```

Der von `swftophp` generierte PHP-Code beinhaltet immer noch die IDs für die Elemente des Flash-Bilds. Die Methode `normalizeFlashCode()` entfernt diese IDs aus den Codekommentaren und Variablennamen und sorgt dafür, dass die beiden Flash-Dateien portabel und robust miteinander verglichen werden können.

Die Methode ist recht einfach und sieht wie folgt aus:

```php
protected function normalizeFlashCode( $code )
{
  return preg_replace(
    array(
      '/\$[sf]\d+/',
      '[/\\*.*\\*/]i',
      '(BitmapID:.*?,SWFFILL_RADIAL_GRADIENT\\);)s'
    ),
    array(
      '$var',
      '/* Comment irrelevant */',
      '/* Inserted bitmap fill */'
    ),
    $code
  );
}
```

`normalizeFlashCode()` entfernt alle nicht relevanten Informationen aus der Flash-erzeugenden PHP-Datei, unter anderem die bereits erwähnten Codekommentare und Variablennamen, die durch `$var` ersetzt werden. Dies verhindert natürlich eine korrekte Ausführung des PHP-Codes, was für unsere Zwecke jedoch kein Problem darstellt. Darüber hinaus werden auch sämtliche Bitmap-Bestandteile entfernt, da auch diese mit einer globalen ID versehen sind.

13.6 Fazit

Das Testen einer Komponente, die Binärdaten erzeugt, die von anderen Aspekten als den reinen Eingabedaten der Komponente abhängen können, mag auf den ersten Blick unmöglich erscheinen. Dank der Unterstützung für Mock-Objekte in PHPUnit kann die Komponente aber weitgehend so getestet werden, dass die Erzeugung der Binärdaten gar keine Rolle spielt.

Dennoch muss auch die Erzeugung der Binärdaten getestet werden. Und hier lauern einige Tücken in Bezug auf die verwendeten Dateiformate. Für die Testsuite für die ezcGraph-Komponente haben wir das Problem des Vergleichs von Binärdaten für die unterstützten Bildformate gelöst, die Komponente hat momentan eine Code-Coverage von über 95%. Berücksichtigt man die Komplexität der geometrischen Berechnungen, die für die Erzeugung der Grafiken notwendig sind, und die Mannigfaltigkeit der implementierten Ausgabetreiber, so ist die Anzahl der gefundenen Bugs während der letzten Jahre überraschend gering. Der testgetriebene Ansatz war definitiv der richtige Weg und hat uns mit einer sehr soliden Komponente für die Erzeugung von Diagrammen belohnt.

14 Testen von serviceorientierten APIs

von Matthew Weier O'Phinney

Eine der großen Stärken des Zend Frameworks und ein Alleinstellungsmerkmal im dicht besetzten Markt der PHP-Frameworks ist die Tatsache, dass es Komponenten hat, die externe Webservices konsumieren können. In der Version 1.9 zählen dazu Clients für das Adobe AMF-Protokoll, Akismet, Amazon (inklusive EC2- und S3-Unterstützung), der last.fm AudioScrobbler, Del.icio.us, Flickr, die GData-Dienste von Google, Nirvanix, ReCaptcha, Simpy, SlideShare, StrikeIron, Technorati, Twitter sowie Yahoo!, wobei noch weitere geplant oder in Entwicklung sind.

Diese Dienste bieten reichhaltige Funktionalität:

- Mit Zend_Service_Akismet und Zend_Service_ReCaptcha kann man Spamfilter oder CAPTCHA-Unterstützung für Formulare realisieren.
- Zend_Service_Amazon erzeugt eine Übersicht über Amazon-Produkte, die bestimmten Kriterien genügen, oder dient dazu, Amazon-Produkte auf der eigenen Site anzuzeigen.
- Cloud-Dienste skalieren eine Anwendung, indem man die Datenspeicherung auslagert, Cloud-Datenbanken nutzt, mit Warteschlangen interagiert oder Cloud-Server-Instanzen verwaltet (Zend_Service_Nirvanix, Zend_Service_Amazon_S3, Zend_Service_Amazon_Sqs, Zend_Service_Amazon_Ec2).
- Mit Zend_Service_Delicious, Zend_Service_Audioscrobbler, Zend_Service_Flickr, Zend_Service_Simpy, Zend_Service_SlideShare, Zend_Service_Technorati und Zend_Service_Twitter verwaltet man Social-Bookmarking-Dienste oder fragt sie ab, sucht nach Musikempfehlungen, erzeugt Fotogalerien bei Bild-Dienstleistern, bettet seine Präsentationen ein oder aktualisiert den Status in Social-Media-Diensten.
- Mittels Zend_Service_StrikeIron interagiert man mit Enterprise Webservice-APIs.
- Zend_Service_Yahoo bietet Zugriff auf die Yahoo!-Suche sowie Bilder und Nachrichten.
- Mit Zend_Gdata greifen Sie auf die Google GData-APIs[1] inklusive Google Apps, Google Calendar, Blogger usw. zu.

---

[1] http://code.google.com/apis/gdata/

Es ist relativ einfach, Komponenten anzubieten, die mit Webservices interagieren. Ein typischer Webservice ist zustandslos und benötigt nur eine HTTP-Anfrage, typischerweise mit einem Token zur Authentisierung, um die Anfrage zu erzeugen. Sendet man die gleiche Anfrage zweimal, erwartet man entweder die gleiche Antwort oder zumindest eine Antwort, die die gleiche Struktur hat.

Die meisten Webservice-Protokolle sind entweder ressourcenorientierte Services oder RPC[2]-Dienste. Für die ressourcenorientierten Dienste ist REST am populärsten, da es so einfach und flexibel ist; es verwendet HTTP-Verben, um mit Ressourcen zu interagieren und sie zu manipulieren, und ermöglicht es, Elemente dieser Ressource zu listen, anzuzeigen, zu erzeugen, zu aktualisieren oder zu löschen. Die Repräsentation der Ressource variiert abhängig vom Dienst, aber meist wird entweder JSON[3] oder XML verwendet. Die Entwickler müssen sich auf die Dokumentation verlassen, um die Struktur einer Ressource zu verstehen und mit ihr zu interagieren.

RPC-Dienste sind eher prozedural. Sie bieten eine oder mehrere Methoden, die Clients aufrufen können. Ein Suchdienst bietet typischerweise eine `query()`-Methode an und verlangt einen oder mehrere Parameter, die übergeben werden müssen, wenn die Methode aufgerufen wird. Anders als REST bieten die meisten RPC-Dienste Funktionalität zur Introspektion des Dienstes und seiner Methoden, inklusive der Methodensignaturen. Oft sind die RPC-Dienste selbstdokumentierend. Eine solche Funktionalität macht es extrem einfach, die Dienste zu benutzen, kann aber auch Einschränkungen bedeuten, wenn etwa unterschiedliche Client- und Server-Versionen nicht die gleichen Variablentypen verwenden. Beispiele für generische RPC-Spielarten sind etwa `XML-RPC` und `SOAP`.

Die verschiedenen Komponenten im `Zend_Service`-Verzeichnis des Zend Frameworks bieten Clients für verschiedene REST- und RPC-Dienste. Auf den ersten Blick scheint es einfach zu sein, solche Dienste zu programmieren, wenn man diese aber testen will, stellt sich die Sache ganz anders dar.

Zum Zwecke der kontinuierlichen Integration ist es normalerweise besser, nicht gegen Live-Services zu testen, da die Netzwerklatenz die Tests ziemlich verlangsamt. Außerdem haben viele Dienste Beschränkungen, was die Anzahl der API-Aufrufe betrifft. Beispielsweise erlaubt die Twitter-API 150 Aufrufe pro Stunde, aber unsere Testsuite enthält 70 verschiedene Tests, von denen einige mehrere Aufrufe absetzen. Es würde also zu Ausfällen führen, wenn man die Tests mehr als einmal pro Stunde ausführt. Mit kontinuierlicher Integration ist gerade das allerdings mehr als wahrscheinlich.

Es gibt auch oft Bedenken, API-Schlüssel oder Zugangskennungen im Code-Repository zu speichern. Einige der Dienste sind kostenpflichtig, daher ist die öffentliche Speicherung der Schlüssel ein Sicherheitsproblem oder würde die Verträge mit dem Anbieter verletzen.

Einige Dienste bieten Sonderkonditionen für Integratoren oder sogar spezielle Test-Services, für die man sich anmelden kann, um sie zu nutzen. Das löst viele der Probleme, ist aber noch immer nicht der Weisheit letzter Schluss. Bei der kontinuierlichen Integration ist der größte Hemmschuh, dass die Tests isoliert und möglichst schnell ablaufen sollten. Wenn die Testsuite Netzwerkzugriff benötigt, ist keines dieser Kriterien erfüllt.

---

[2] Remote Procedure Call
[3] JavaScript Object Notation

Mit der Zeit haben das Zend Framework-Team und die Kontributoren einige Methoden entwickelt, um diese Probleme zu beseitigen, beginnend beim Mocken von Request- und Response-Daten bis hin zum Ausführen von unterschiedlichen Tests, wenn die Zugangsdaten in der Konfiguration abgelegt sind. Diese Methoden helfen, gut getestete, serviceorientierte Komponenten zu programmieren, und stellen sicher, dass deren Verhalten gut dokumentiert ist.

14.1 Die Probleme

Wir haben beim Testen von Webservices drei typische Probleme identifiziert: die Sicherheit von API-Zugriffskennungen, Beschränkungen in der erlaubten Anzahl von API-Zugriffen sowie das Offline-Testen von Diensten.

Viele Webservices benötigen Zugriffskennungen, meist in Form eines eindeutigen API-Schlüssels. Da Zugriffskennungen oft an bestimmte Benutzerkonten geknüpft sind und die Dienste teilweise kostenpflichtig sind, ist das Speichern von Zugriffsdaten innerhalb der öffentlichen Testsuite ein potenzielles Sicherheitsrisiko.

Beschränkungen der erlaubten Anzahl von Zugriffen können ebenfalls Probleme verursachen. Es ist beim Testen sehr sinnvoll, diskretes Verhalten jeweils durch einzelne Tests zu prüfen. Das führt dazu, dass mehrere identische Anfragen abgesetzt werden. Wenn ein Webservice die Anzahl der Anfragen beschränkt, führt dies zu fehlgeschlagenen Tests, entweder weil die Testsuite einfach eine zu große Anzahl von Abfragen absetzt oder weil man die Tests zu oft ausführt.

Das führt zum dritten Problem: Wie können wir einen Webservice *ohne* Netzwerk-Konnektivität testen? Wie bereits erwähnt, wollen wir sicherstellen, dass wir keine API-Beschränkungen überschreiten und schon allein deshalb das Netzwerk nicht nutzen. Ein anderer Grund ist die Häufigkeit, mit der die Tests ausgeführt werden. Wenn wir oft testen – etwa weil wir kontinuierliche Integration nutzen, wollen wir nicht, dass die Netzwerk-Latenz unsere Testsuite langsam macht.

Man muss bedenken, dass für jeden Test eine HTTP-Verbindung zu einem anderen Server geöffnet werden muss. Dazu ist eine DNS-Abfrage nötig, danach wird eine Verbindung angefragt, der Handshake durchgeführt, die Anfrage wird gesendet, man wartet auf die Antwort und beendet schließlich die Verbindung. Das kann *pro Request* zwischen einigen Sekundenbruchteilen und mehreren Sekunden dauern. Wenn man diese Zahlen mit den Dutzenden oder Hunderten von Tests multipliziert, dann kann man schnell auf einige Sekunden oder gar Minuten von zusätzlicher Zeit kommen. Natürlich ist es von Zeit zu Zeit absolut notwendig, solche Integrationstests durchzuführen, aber für die normale kontinuierliche Integration ist es einfach Overhead.

Es gibt einige etablierte Protokolle, für die es keinen vorhandenen Service gibt, gegen den man testen kann. Für das binäre AMF[4] beispielsweise, das typischerweise zur Kommuni-

---

[4] Action Message Format (AMF) ist das Protokoll, das Adobe Flash verwendet, um mit entfernten Servern zu kommunizieren. Es ist an SOAP angelehnt und wird normalerweise den RPC-artigen Protokollen zugeordnet.

kation zwischen Flex- oder Flash-Clients und dem Server eingesetzt wird, übersteigt es die Fähigkeiten der meisten Entwickler, mal eben eine Infrastruktur für Tests aufzusetzen. Somit schreit das Ganze förmlich nach vorab gespeicherten Anfragen und Antworten, gegen die getestet wird.

■ 14.2 API-Zugangskennungen

Wie bereits oben erwähnt, sollten API-Zugangskennungen typischerweise nicht in einem Repository gespeichert werden, schon gar nicht, wenn dessen Inhalt öffentlich lesbar ist. Wie kann man also gegen einen öffentlichen Dienst testen, der Zugangsdaten erfordert?

Der Ansatz, den das Zend Framework hier nutzt, mag nicht die einzige Lösung sein, aber es ist eine, die sich immer wieder bewährt hat. Der große Vorteil ist, dass die Lösung so einfach ist.

Wir haben in der Testsuite des Zend Frameworks zwei Helper-Dateien definiert, und zwar `TestHelper.php` und `TestConfiguration.php.dist`. `TestHelper.php` ist eine Bootstrap-Datei, die von allen Komponenten-Testsuites benötigt wird. Sie konfiguriert die PHPUnit-Umgebung und lädt dazu alle benötigten PHPUnit-Klassen, setzt den `include_path`, fügt Dateien zu den Code-Coverage-Reports hinzu oder schließt sie aus, aktiviert und konfiguriert die Ausgabe von Fehlern und so weiter. Eine der Aufgaben dieser Bootstrap-Datei ist es, nach einer Datei `TestConfiguration.php` zu suchen und diese zu laden. Falls die Datei nicht existiert, wird `TestConfiguration.php.dist` geladen:

```
$configuration = $zfCoreTests . DIRECTORY_SEPARATOR .
                 'TestConfiguration.php';

if (is_readable($configuration)) {
    require_once $configuration;
} else {
    require_once $configuration . '.dist';
}
```

`TestConfiguration.php.dist` definiert Konstanten, die innerhalb der Testsuite verwendet werden. Dazu gehören die verschiedenen API-Zugangsdaten:

```
/**
 * Zend_Service_Flickr online tests
 */
define(
  'TESTS_ZEND_SERVICE_FLICKR_ONLINE_ENABLED',
  false
);

define(
  'TESTS_ZEND_SERVICE_FLICKR_ONLINE_APIKEY',
  'Enter API key here'
);
```

Nur `TestConfiguration.php.dist` wird im Repository abgelegt. Wie Sie sehen, geben die Standardwerte dieser Konstanten nicht gerade viel vertrauliche Information preis. Benutzer, die Dienste testen wollen, kopieren einfach `TestConfiguration.php.dist` nach `TestConfiguration.php` und editieren die entsprechenden Konstanten.

Wie sieht es nun mit Continuous-Integration-Umgebungen aus? Hier können jederzeit neue Konstanten zur `TestConfiguration` hinzugefügt werden, was eine Fehlerquelle für die Tests darstellt. Es gibt verschiedene Möglichkeiten, damit umzugehen. Zunächst einmal kann man eine Konfigurationsdatei speziell für die kontinuierliche Integration erstellen, etwa `TestConfiguration.php.ci`. In der Build-Konfiguration würde man dann fordern, dass diese Datei nach `TestConfiguration.php` kopiert wird, bevor die Tests ausgeführt werden. Das Problem ist, dass man dabei die Zugangsdaten im Repository speichert. Das ist genau die Situation, die wir ja eigentlich vermeiden wollten.

Ein anderer Ansatz ist, die Zugangsdaten in einem eigenen Repository zu speichern. Der CI-Build-Prozess holt dann die Zugangsdaten aus dem Repository und kopiert sie nach `TestConfiguration.php`.

Mit Ant kann man das beispielsweise wie folgt lösen:

```xml
<target name="checkout">
 <!-- primary repository being tested -->
 <exec executable="svn" dir="${basedir}">
  <arg line="co svn://server/primary-repository/trunk source" />
 </exec>

 <!-- build-specific repository -->
 <exec executable="svn" dir="${basedir}">
  <arg line="co svn://server/build-repository/trunk config" />
 </exec>
</target>

<target name="test">
 <!-- copy from build-specific repo to primary repository -->
 <copy file="${basedir}/config/TestConfiguration.php"
       todir="${basedir}/source/tests/"/>
 <!-- ... -->
</target>
```

Wenn wir die Konstanten und einen Prozess zum Definieren und Überschreiben festgelegt haben, müssen wir diese nur noch in unseren Testsuites benutzen. Meist prüft man dazu die `ONLINE_ENABLED`-Konstante des jeweiligen Dienstes und markiert, wenn das Ergebnis `false` ist, entweder alle Tests als übersprungen oder setzt ein Flag, das in `switch()`-Statements verwendet wird, ähnlich wie das folgende Beispiel zeigt:

```php
    if (constant('TESTS_ZEND_SERVICE_FLICKR_ONLINE_ENABLED')) {
        $this->onlineEnabled = true;

        // connect to service with stored credentials
        $apikey = constant(
          'TESTS_ZEND_SERVICE_FLICKR_ONLINE_APIKEY'
        );
        // ...
    } else {
        $this->onlineEnabled = false;

        // specify mock adapter for connection, as well as expected
        // request/response payloads
    }
```

Oftmals werden die verschiedenen Testmethoden abhängig vom Wert des Flags Methoden aufrufen, die nicht als `public` deklariert sind, um die eigentliche Arbeit beim Testen zu erledigen.

Ein Beispiel dazu:

```php
class FooServiceTest extends PHPUnit_Framework_TestCase
{
    // ...

    public function testSomeServiceBehavior()
    {
        if ($this->onlineEnabled) {
            $method = '_' . __FUNCTION__ . 'Online';
        } else {
            $method = '_' . __FUNCTION__ . 'Offline';
        }

        $this->$method();
    }

    protected function _testSomeServiceBehaviorOnline()
    {
        // online tests
    }

    protected function _testSomeServiceBehaviorOffline()
    {
        // offline tests
    }
}
```

Das Problem hierbei ist, dass die Online- und Offline-Tests auseinanderlaufen können; ein Entwickler könnte etwa die Online-Tests aktualisieren und vergessen, auch die Offline-Version anzupassen. Es ist daher besser, die verschiedenen Versionen eine vorgegebene Anfrage absetzen zu lassen, eine Antwort zurückzuliefern und auf diese Antwort Zusicherungen zu machen, wie das Beispiel auf der nächsten Seite zeigt.

```php
class FooServiceTest extends PHPUnit_Framework_TestCase
{
    // ...

    public function testSomeServiceBehavior()
    {
        if ($this->onlineEnabled) {
            $method = '_' . __FUNCTION__ . 'Online';
        } else {
            $method = '_' . __FUNCTION__ . 'Offline';
        }
        $response = $this->$method();

        $this->assertSame(200, $response->getStatus());
        // continue with assertions...
    }

    protected function _testSomeServiceBehaviorOnline()
    {
        // perform request to live service and return response
    }

    protected function _testSomeServiceBehaviorOffline()
    {
        // create and return mock response
    }
}
```

Diese Vorgehensweisen haben ihre Fallstricke. Hin und wieder haben etwa Entwickler versehentlich ihre `TestConfiguration.php` im Repository gespeichert. In anderen Fällen wurden falsche Standardwerte für die Konstanten hinterlegt oder Konstanten vergessen. In den meisten Fällen funktioniert das Ganze jedoch recht gut.

14.3 API-Beschränkungen

Es ist wirklich sehr schwierig, mit API-Beschränkungen umzugehen. Wenn die Testsuite zahlreiche Aufrufe absetzt und aus genügend Tests besteht, dann überschreitet man schneller als einem lieb ist das Limit. Wenn man gerade eine Komponente entwickelt und deshalb die Tests oft ausführt, führt das ebenfalls dazu, dass man schnell das Limit überschreitet.

Wir haben dieses Problem nicht vollständig gelöst, aber es haben sich zwei Vorgehensweisen herauskristallisiert.

Zunächst, und daran denkt man leider oftmals nicht, sollte man den Anbieter kontaktieren und nach einer Ausnahme fragen. Oft stellen die API-Anbieter für die Entwickler von Service-Klassen bereitwillig ein Konto ohne Beschränkungen zur Verfügung, damit man diese testen kann. Die Entwicklung eines Wrappers für ihre API bedeutet nicht nur kostenloses Marketing für den Anbieter, sondern auch eine Vergrößerung der Nutzerbasis, also profitieren alle Beteiligten davon.

Die zweite Strategie ist es, Request- und Response-Paare innerhalb der Testsuite zu cachen. Das kann man ganz einfach tun, indem man den Namen der aufgerufenen Methode mit den serialisierten, an sie übergebenen Argumenten konkateniert und innerhalb der Klasse als Cache-Schlüssel verwendet. Immer wenn eine Antwort benötigt wird, prüft man in der Klasse zuerst, ob es einen passenden Schlüssel gibt. Wird der Schlüssel nicht gefunden, holt man die Antwort vom entfernten System und speichert sie im Cache.

```php
class SomeServiceTest extends PHPUnit_Framework_TestCase
{
    public $cachedResponses = array();

    public function getResponse($method, array $args)
    {
        $cachekey = md5($method . serialize($args));

        if (array_key_exists($cachekey, $this->cachedResponses)) {
            $response = $this->cachedResponses[$cachekey];
        } else {
            $response = call_user_func_array(
              array($this->service, $method), $args
            );
            $this->cachedResponses[$cachekey] = $response;
        }

        return $response;
    }

    public function testSomething()
    {
        $response = $this->getResponse(
          'someMethod', array('foo', 'bar')
        );

        // continue testing
    }
}
```

In Anwendungsfällen, in denen man basierend auf identischen Anfragen ein eigenständiges Verhalten der Service-Klasse testet, kann man sich so oft zahlreiche Anfragen an den eigentlichen Webservice sparen. Auf diese Weise reduziert sich die Anzahl der Anfragen, die Sie dem API-Limit näher bringen.

14.4 Service-Protokolle offline testen

Verschiedene Zend Framework-Komponenten implementieren generische Service-Protokolle wie beispielsweise AMF, XML-RPC, JSON-RPC oder SOAP. Es scheint auf den ersten Blick

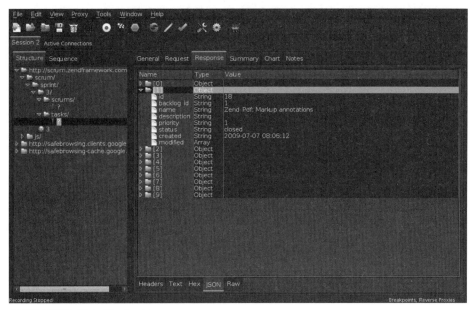

ABBILDUNG 14.1 Charles-Proxy

relativ einfach, diese Protokolle zu testen, da es jeweils eine oder mehrere Spezifikationen gibt, in denen die erwarteten Request- und Response-Formate erläutert werden. Dennoch ist das Ganze nicht immer so einfach, wie man zunächst denkt.

Für einige binäre Formate wie AMF haben wir festgestellt, dass sich die Kompatibilität nur dann zuverlässig prüfen lässt, wenn man gegen vorab erzeugte Request- und Response-Paare vergleicht. Um das zu tun, haben wir den Charles-Proxy[5] verwendet. Charles ist ein HTTP-Proxy, der zwischen Ihrem Browser (in diesem Fall Firefox) oder einem anderen Webclient und dem Server hängt. Dadurch kann man sich ansehen, welche Anfragen und Antworten gesendet werden, und diese zur späteren Analyse oder Verwendung speichern.

Wir haben durch Charles Anfragen einer Flex-Anwendung zu einem AMF-Server gesendet, von dem wir wussten, dass er funktioniert, und die Request- und Response-Paare aufgezeichnet. Innerhalb der Unit-Tests konnten wir dann den binären Request an `Zend_Amf_Server` übergeben, die Response holen und diese mit dem gespeicherten Wert vergleichen. Dieser Prozess ist zwar arbeitsintensiv, stellt aber eine sehr gute Binärkompatibilität sicher. Tatsächlich konnte der Chefentwickler der Komponente einige Fehler finden und beheben, die aus einer älteren Version des Codes stammten und noch immer vorhanden waren.

In dieser früheren Version des Projekts gab es keine Unit-Tests. Man hatte sich einfach darauf verlassen, dass die Entwickler die Interaktion zwischen der Flash-Anwendung (oder ihrer Flex- oder Flash-IDE) manuell überprüfen. Eines der ungelösten Probleme in dieser Version hing mit der Verarbeitung von verschachtelten Objekten zusammen. Unter bestimmten Umständen war der erzeugte AMF-String für Flash nicht lesbar. Das führte im

---

[5] http://www.charlesproxy.com/

Client zu Problemen und abgebrochenen Tests oder sogar noch Schlimmerem. Da die Entwickler jetzt Tests schrieben, konnten sie das Problem reproduzieren, indem sie aus einer bestimmten PHP-Datenstruktur AMF erzeugten und dies mit der erwarteten AMF-Antwort verglichen. Dadurch konnten sie schließlich die Ursache des Problems finden und beseitigen.

Ein Problem bei dieser Art zu testen ist es, Änderungen in der API des benutzten Dienstes zu erkennen und damit umzugehen. In den meisten Fällen werden die Dienstanbieter ihre API versionieren, sodass es einen eindeutigen URI-Endpunkt für jede einzelne API-Version gibt:

- `http://api.somehost.com/v1/` (explizite Versionsnummer)
- `http://somehost.com/api/20090701/` (datumsbasierte Versionsnummer)

In unserer Codebasis wird eine Komponente normalerweise so geschrieben, dass sie mit der API zusammenarbeitet, die zum Zeitpunkt der Entwicklung aktuell ist. In einigen Fällen wurden neue API-Versionen veröffentlicht, die wir unterstützen oder für die wir zumindest bestimmte Funktionalitäten anbieten mussten. Ein Beispiel dafür ist Amazon, die im August 2009 ihren Service zur Produktsuche so geändert hatten, dass ein API-Schlüssel notwendig wurde. Für einen Zeitraum von einigen Monaten liefen beide API-Versionen parallel, aber man drängte uns darauf, den Code so anzupassen, dass mit jedem Request API-Schlüssel gesendet wurden. Wir aktualisierten unsere Amazon-Komponente und veröffentlichten die neueste Version vor der Abschaltung des alten Service, um Probleme für unsere Benutzer zu vermeiden. Das machte natürlich Änderungen an den Unit-Tests nötig, um sicherzustellen, dass diese auch wirklich fehlschlugen, wenn kein API-Schlüssel angegeben wurde.

In anderen Fällen mussten wir mehrere Versionen der gleichen API unterstützen. Normalerweise führt man dazu in der Komponente verschiedene Adapter ein. Wenn man eine Komponente initialisiert, gibt man die Version der API an, mit der man arbeiten möchte. Es wird dann ein entsprechender Adapter erzeugt, an den die Hauptklasse alle Aufrufe weiterleitet.

```php
class FooService
{
    public function __construct($apiVersion, $apiKey)
    {
        $this->_apiKey = $apiKey;
        switch ($apiVersion) {
            case '1':
                $adapter = 'V1';
                break;
            case '2':
                $adapter = 'V2';
                break;
            default:
                throw new Exception('Invalid API version');
        }
        $adapter = 'FooService_' . $adapter;
        $this->setAdapter(new $adapter($this->_apiKey));
    }
```

```php
    public function setAdapter(FooService_AdapterInterface $adapter)
    {
        $this->_adapter = $adapter;
        return $this;
    }

    // ...
}
```

Dieser Ansatz ermöglicht es uns, eine Testsuite für jede API-Version zu erstellen, und macht es lächerlich einfach, Mock-Adapter zu verwenden, um die API offline zu testen.

Beim Testen von `Zend_Amf` hat die Nutzung von gespeicherten Request- und Response-Paaren noch einen weiteren wichtigen Vorteil: Die Tests können komplett offline durchgeführt werden. Das ermöglichte es uns, den vorhandenen Code sicher zu refaktorieren, da wir wussten, dass wir das Antwortformat der Komponente nicht verändert hatten, solange die Tests noch immer durchliefen.

Andere Protokolle sind wesentlich einfacher zu testen. XML-RPC und JSON-RPC benutzen unter der Haube XML beziehungsweise JSON, und PHP kann mit beiden Formaten nativ umgehen. Wir hatten es daher viel einfacher, solche Formate zu testen, da wir Anfragen und Antworten zum Vergleich von Hand erzeugen konnten. Für JSON kann man die eingebauten Funktionen `json_encode()` und `json_decode()` verwenden. Für XML können wir zwischen DOM, SimpleXML, XMLReader und XMLWriter wählen. In den meisten Fällen nutzen wir DOM oder SimpleXML, weil diese standardmäßig in jeder PHP-Installation vorhanden sind und keine Schalter zur Übersetzungszeit oder zusätzliche Erweiterungen benötigen.

Betrachten wir beispielsweise das folgende PHP-Array:

```php
array(
    'foo' => array(
        'subkey' => 'bat',
    ),
    'bar' => 'baz',
)
```

Wenn dies ein Rückgabewert wäre, der von `Zend_XmlRpc_Server` serialisiert wird, müssten wir sicherstellen, dass das erzeugte XML den Spezifikationen entspricht. Das erwartete XML-Format sieht wie folgt aus:

```xml
<methodResponse>
  <params>
    <param>
      <struct>
        <foo>
          <subkey>bat</subkey>
        </foo>
        <bar>baz</bar>
      </struct>
    </param>
  </params>
</methodResponse>
```

Man könnte dieses XML einfach in „Langschrift" ausgeben. Wir haben aber herausgefunden, dass dies aus verschiedenen Gründen problematisch ist. Der Hauptgrund ist, dass die von den verschiedenen Zend-Komponenten erzeugten Ausgaben keine bestimmte Formatierung haben. Das ist deshalb so, da die Ausgaben maschinenlesbar sein sollen und Formatierung eigentlich nur für den menschlichen Leser eine Rolle spielt. Außerdem können wir durch das Entfernen von Weißraum die Datenmenge reduzieren, was bedeutet, dass wir weniger Daten über das Netz übertragen müssen. Unterm Strich bedeutet dies, dass das händische Erzeugen von XML-Daten problematisch sein kann und manchmal zu Fehlern führt, die daraus resultieren, dass man versehentlich Weißraum hinzugefügt hat.

Wir könnten daher den folgenden Code schreiben, um das erwartete XML zu erzeugen:

```
$dom = new DOMDocument;
$response = $dom->createElement('methodResponse');
$params   = $dom->createElement('params');
$param    = $dom->createElement('param');

$struct   = $dom->createElement('struct');
$foo      = $dom->createElement('foo');
$subkey   = $dom->createElement('subkey', 'bat');
$bar      = $dom->createElement('bar', 'baz');
$foo->appendChild($subkey);
$struct->appendChild($foo);
$struct->appendChild($bar);

$param->appendChild($struct);
$params->appendChild($param);
$response->appendChild($params);
$dom->appendChild($response);
$xml = $dom->saveXML();
```

Dieser Codeschnipsel erzeugt die eine XML-Antwort, die wir mit der folgenden Zusicherung mit der vom `Zend_XmlRpc_Server` erzeugten Antwort vergleichen können:

```
$response = $this->server->getResponse();
$expected = $this->_getExpectedPayload(); // retrieves the expected XML

$this->assertEquals($expected, $response->saveXML());
```

Ähnliche Probleme gibt es mit JSON. Man kann ganz einfach formatiertes JSON schreiben:

```
{
    "foo": {
        "subkey": "bat"
    },
    "bar": "baz"
}
```

Die Funktion `json_encode()` würde hier allerdings keinerlei zusätzlichen Weißraum ausgeben:

```
{"foo":{"subkey":"bat"},"bar":"baz"}
```

Das macht Vergleiche natürlich schwieriger. Die Lösung ist natürlich, für die entsprechenden PHP-Werte einfach die Funktion `json_encode()` zu verwenden:

```
$expected = json_encode(
  array(
    'foo' => array(
      'subkey' => 'bat'
    ),
    'bar' => 'baz'
  )
);
```

Nun kann der Wert ohne Risiko mit der von der jeweiligen Zend-Komponente erzeugten Ausgabe verglichen werden.

Man kann also die gleichen Serialisierungsoperationen im Prinzip sowohl für Anfragen als auch für Antworten verwenden. Wir tun das in unserer Testsuite sehr oft.

14.5 Konkrete Services offline testen

Wir kommen nun zum vielleicht schwierigsten Problem, nämlich dem Testen von Webservice-APIs ohne Netzwerk-Konnektivität. Die beste Lösung ist, dafür Integrationstests zu verwenden. Wie bereits weiter oben erwähnt, unterstützen die meisten unserer Service-Tests dies bereits, indem man optional Zugangsdaten in der Datei `TestConfiguration.php` angibt.

Tests sollten aber einfach gehalten werden und mit möglichst wenig Abhängigkeiten auskommen, um einfach ausführbar zu sein. Das Netzwerk ist aber eine Abhängigkeit. Wir haben uns daher einige Ansätze ausgedacht, um Dienste offline zu testen.

Zunächst verwenden wir, um die eigentlichen Netzwerkabfragen zu senden, die verschiedenen Service-Komponenten von `Zend_Http_Client`. Es handelt sich dabei um eine leichtgewichtige Komponente zum Senden von HTTP-Anfragen, die die meisten HTTP-Features unterstützt, darunter HTTP Authentication, Datei-Uploads, PUT- und POST-Requests. Es gibt dabei eine Version, welche die in PHP eingebauten Streams nutzt, und eine andere, welche die cURL-Erweiterung verwendet.

Ein typischer Anwendungsfall könnte etwa wie folgt aussehen:

```
$client   = new Zend_Http_Client('http://example.org');
$response = $client->request();

if ($response->isSuccessful()) {
    $content = $response->getBody();
}
```

Standardmäßig wird der PHP-Stream-Adapter verwendet. Um den cURL-Adapter zu verwenden, würde man dem Client einfach sagen, dies zu tun:

```php
$client = new Zend_Http_Client(
  'http://example.org',
  array(
    'adapter' => 'Zend_Http_Client_Adapter_Curl'
  )
);

$response = $client->request();

if ($response->isSuccessful()) {
    $content = $response->getBody();
}
```

Wir haben zusätzlich zu Testzwecken noch einen Mock-Adapter programmiert, und zwar `Zend_Http_Client_Adapter_Test`. Diesem Testadapter können wir die erwartete Antwort auf eine Anfrage angeben, was es uns ermöglicht zu testen, wie die Service-Komponente auf diese Antwort reagiert.

Wenn wir den Testadapter mit dem HTTP-Client benutzen möchten, müssen wir ihn instanziieren und beim Erzeugen des Clients übergeben:

```php
$adapter = new Zend_Http_Client_Adapter_Test;

$client = new Zend_Http_Client(
  'http://example.org',
  array('adapter' => $adapter)
);
```

Nachdem Adapter und Client instanziiert sind, kann man dem Adapter mittels `setResponse()`, `addResponse()`, und `nextRequestWillFail()` sagen, wie er auf eine Anfrage antworten soll. Mit den ersten beiden Methoden kann man die Daten, die der Request zurückliefern soll, direkt angeben:

```php
$adapter->setResponse(
    "HTTP/1.1 200 OK"           . "\r\n" .
    "Content-type: text/html"   . "\r\n\r\n" .
    "<html>\n" .
    "<head>\n" .
    "    <title>Test</title>\n" .
    "</head>\n<body>\n" .
    "<h1>Test</h1>\n" .
    "</body>\n</html>"
);
```

`addResponse()` ist nützlich, wenn Sie Situationen testen wollen, die Redirects beinhalten. Der HTTP-Client wird die Anzahl der erfolgten Umleitungen speichern und die Antwort der Seite zurückliefern, die schließlich einen Erfolgs- oder Fehlerstatus ergab.

```
    $adapter->setResponse(
        "HTTP/1.1 302 Found"        . "\r\n" .
        "Location: /foo"            . "\r\n" .
        "Content-type: text/html"   . "\r\n\r\n" .
        "<html>\n<head>\n" .
        "    <title>Moved</title>\n" .
        "</head>\n<body>\n" .
        "<p>This page has moved.</p>\n" .
        "</body>\n</html>"
    );

    $adapter->addResponse(
        "HTTP/1.1 200 OK"           . "\r\n" .
        "Content-type: text/html"   . "\r\n\r\n" .
        "<html>\n<head>\n" .
        "    <title>Test</title>\n" .
        "</head>\n<body>\n" .
        "<h1>Test</h1>\n" .
        "</body>\n</html>"
    );

    $response  = $client->request('GET');
    $redirects = $client->getRedirectionsCount();
```

Ähnlich wie bei `Zend_Amf`, haben wir herausgefunden, dass man zum Testen von verschiedenen Situationen am besten Live-Requests an die betroffene API sendet und die Antworten aufzeichnet. Dazu kann man entweder direkt `Zend_Http_Client` verwenden, oder man nimmt einfache UNIX-Tools wie `curl`. Wenn wir die Responses erst einmal haben, können wir sie innerhalb unserer Testfälle verwenden.

Wenn man `curl` verwendet, ist es von unschätzbarem Wert, den Schalter `-i` anzufügen, der auch die HTTP-Response-Header der Ausgabe aufzeichnet. Das ermöglicht es uns nicht nur, exakte Antworten nachzubilden, sondern auch, Funktionalität zu testen, die Header analysiert. Standardmäßig gibt `curl` nach `stdout` aus, was nützlich ist, um zu prüfen, ob eine Anfrage erfolgreich war. Wir verwenden den UNIX-Befehl `tee`, um `stdout` gleichzeitig in eine Datei umzuleiten.

```
$ curl -i http://framework.zend.com/ | tee response.txt
HTTP/1.1 200 OK
Date: Wed, 11 Nov 2009 18:23:25 GMT
Server: Apache/2.2.12
Set-Cookie: PHPSESSID=XXXXXXXXXXXXXXXXXXXXXX; path=/
Expires: Thu, 12 Nov 1981 08:52:00 GMT
Cache-Control: no-store, no-cache, must-revalidate, post-check=0, pre-check=0
Pragma: no-cache
Content-Length: 3416
Content-Type: text/html

<!DOCTYPE html PUBLIC "-//W3C//DTD XHTML 1.0 Strict//EN"
 "http://www.w3.org/TR/xhtml1/DTD/xhtml1-strict.dtd">
<?xml version="1.0" standalone="true"?>
<html xmlns="http://www.w3.org/1999/xhtml" xml:lang="en" lang="en">
<head>
    <title>Zend Framework</title>
```

Wenn man `Zend_Http_Client` verwendet, muss man die Response prüfen. Um die empfangenen Response-Header zu erhalten, verwendet man `getHeaders()`, das ein assoziatives Array von Schlüssel-Wert-Paaren für die Header zurückgibt; `getHeadersAsString()` dagegen liefert den Header unverändert als String. Analog gibt `getBody()` eine lesbare Version des Content-Bodys zurück, während man mit `getRawBody()` den Body der tatsächlich übermittelten Response erhält. Das kann besonders dann nützlich sein, wenn man komprimierte oder chunked-Ausgaben testet. Um Testdaten zu erzeugen, die später beim Mocking verwendet werden sollen, verwendet man am besten die Methoden, mit denen man Zugriff auf die unveränderten Daten erhält.

```
$response = $adapter->request('GET');
$headers  = $response->getHeadersAsString();
$body     = $response->getRawBody();
```

Eine Möglichkeit, an die Antworten zu kommen, ist, diese zu cachen, ähnlich wie wir weiter oben im Abschnitt über API-Beschränkungen bereits gesehen haben. Während der ersten Testphase speichern wir die Response nicht im Arbeitsspeicher, sondern in einer Datei.

Dadurch stellen wir auch sicher, dass sich für eine bestimmte API-Version die Online- und Offline-Tests identisch verhalten. Ein Beispiel:

```
class SomeServiceTest extends PHPUnit_Framework_TestCase
{
    public function cacheResponse($method, array $args)
    {
        $cacheFile = $this->getCacheFile($method, $args);

        if (file_exists($cacheFile)) {
            return;
        }

        $client   = $this->service->getHttpClient();
        $response = $client->getLastResponse();
        $headers  = $response->getHeadersAsString();
        $body     = $response->getRawBody();
        $content  = $headers . "\r\n" . $body;
        file_put_contents($cacheFile, $content);
    }

    public function getCachedResponse($method, array $args)
    {
        $cacheFile = $this->getCacheFile($method, $args);

        if (!file_exists($cacheFile)) {
            throw new Exception(sprintf(
                'Missing cache file for method "%s", args "%s"',
                $method,
                var_export($args, 1)
            ));
        }
        return file_get_contents($cacheFile);
    }
```

```php
    public function getCacheFile($method, array $args)
    {
        $cachekey = md5($method . serialize($args));
        return dirname(__FILE__) . '/_responses/' . $cacheKey;
    }

    public function testSomething()
    {
        if (!$this->onlineEnabled) {
            $response = $this->getCachedResponse(
                'someMethod', array('foo', 'bar')
            );
            $client  = $this->service->getHttpClient();
            $adapter = $client->getAdapter();
            $adapter->setResponse($response);
        }

        $response = $this->service->someMethod('foo', 'bar');

        if ($this->onlineEnabled) {
            $this->cacheResponse(
               'someMethod', array('foo', 'bar')
            );
        }

        $this->assertTrue($response);
    }
}
```

Der Code für das Caching wird oft entfernt, nachdem die Tests abgeschlossen sind. Es kann aber sinnvoll sein, ihn zu behalten, um zukünftige API-Versionen oder auch nur Methoden zu testen, die in der aktuellen Iteration der Komponente noch nicht unterstützt werden.

Wir werfen einen Blick auf `Zend_Service_Akismet`, um dies an einem realen Beispiel zu verdeutlichen. Akismet[6] ist ein Dienst, der von WordPress gestartet wurde, um die Anzahl von Spam-Kommentaren in Blogs zu verringern. Es ist im Prinzip ein großer Honeypot, der es den Benutzern erlaubt, Content als *Spam* (unerwünschte Inhalte) oder *Ham* (relevante Inhalte) zu markieren. Zudem kann man testen, wie gegebene Inhalte zu bewerten sind. Die API ist eine REST-API (obwohl sie nicht RESTful ist). Sie unterstützt nur wenige Methoden und ist recht gut dokumentiert.

Um die `isSpam()`-Methode zu testen, sind wir hauptsächlich daran interessiert herauszufinden, ob der Client die Antwort korrekt verarbeitet. Daher erzeugen wir POST-Daten und rufen dann einfach die Methode auf. Um dies zu testen, müssen wir zuerst eine Mock-Antwort zusammensetzen und diese dann dem HTTP-Client-Adapter übergeben. Wenn das erledigt ist, können wir die zu testende Methode aufrufen und Zusicherungen betreffs des Ergebnisses machen:

---

[6] *http://akismet.com/development/api/*

```
$response = "HTTP/1.0 200 OK\r\n"
         . "X-powered-by: PHP/4.4.2\r\n"
         . "Content-type: text/plain; charset=utf-8\r\n"
         . "X-akismet-server: 72.21.44.242\r\n"
         . "Content-length: 4\r\n"
         . "Server: LiteSpeed\r\n"
         . "Date: Tue, 06 Feb 2007 14:50:24 GMT\r\n"
         . "Connection: close\r\n"
         . "\r\n"
         . "true";

$this->adapter->setResponse($response);
$this->assertTrue($this->akismet->isSpam($this->comment));
```

Wir haben einen ähnlichen Test mit einem `assertFalse()` und einer Antwort, die besagt, dass ein Kommentar kein Spam war. Da wir zwei getrennte Tests haben, können wir sicherstellen, dass sich die API für eine gegebene Antwort wie erwartet verhält. Das erlaubt es uns, mit den gleichen Requests verschiedene Antworten zu testen, was uns einige Klimmzüge im Code erspart. Bei Akismet ist es beispielsweise schwierig, Testdaten so zu erzeugen, dass sie zuverlässig entweder als Spam oder Ham klassifiziert werden.

■ 14.6 Fazit

Das Unit-Testen von Webservice-Komponenten bringt einige spezielle Herausforderungen mit sich. Auf der einen Seite sind Tests solcher Komponenten eigentlich Paradebeispiele für Integrationstests. Diese sind aber meist aufwendig, da es typischerweise Probleme damit gibt, die Request-Umgebung zu reproduzieren. Dazu kommen API-Beschränkungen und das Problem mit der Sicherheit der Zugangsdaten. Auf der anderen Seite ist eine genaue Planung der Testfälle nötig, um sicherzustellen, dass alle möglichen Permutationen der API- beziehungsweise Protokollspezifikationen berücksichtigt werden. Dabei ist einige Kleinarbeit nötig, um die verschiedenen Request- und Response-Daten aufzuzeichnen, um die Tests durchführen zu können. Glücklicherweise ist es relativ einfach, diese Schwierigkeiten zu überwinden. Die Testkonfiguration kann automatisiert werden, um Online- oder Integrationstests an- und abzuschalten oder um nach Bedarf API-Zugangsdaten zur Verfügung zu stellen. Caching kann verschiedene Probleme lösen, beginnend mit der Reduktion der Anzahl von API-Aufrufen bis hin zur Erzeugung von Antworten, die für Offline-Tests verwendet werden können. Zusätzlich kann man Werkzeuge von Drittanbietern verwenden, wie Charles-Proxy oder cURL, um HTTP-Artefakte zur Verwendung in den Tests zu erzeugen. Die Wahl der Methoden hängt größtenteils von den getesteten Methoden und davon ab, mit welchen Werkzeugen der einzelne Entwickler am vertrautesten ist.

15 Wie man einen WebDAV-Server testet

von Tobias Schlitt

■ 15.1 Über die eZ WebDAV-Komponente

Das eZ Components-Projekt hat das Ziel, eine hochwertige, gut dokumentierte und Unit-getestete Bibliothek zur Entwicklung von PHP-Anwendungen bereitzustellen. Ein Teil dieser professionell entwickelten Komponenten ist ein Paket, das einen generischen WebDAV-Server zur Integration in eigene Anwendungen bereitstellt.

In diesem Kapitel gebe ich Ihnen einen Einblick in die Probleme, mit denen wir während der Entwicklung dieser WebDAV-Komponente konfrontiert waren. Abgesehen davon, dass fast jeder Client den Standard verletzt, mussten wir mit Code umgehen, der auf normalem Weg sehr schwer unit-getestet werden kann. Zwei der in diesem Kapitel diskutierten Techniken sind daher Integrations- und Akzeptanztests.

Die eZ WebDAV-Komponente ist eine modulare und generische Implementierung eines WebDAV-Servers, die in eigene Webanwendungen integriert werden kann. Dieser Abschnitt gibt eine kurze Einführung in WebDAV und die Architektur der Komponente, damit es für Sie einfacher wird, das restliche Kapitel zu verstehen.

15.1.1 WebDAV

Anfangs war das Web als Schreib-Lese-Medium geplant, wie man anhand der PUT- und DELETE-Methoden, die Bestandteil der HTTP-Protokolldefinition sind, sehen kann. Heutzutage ist das Web für die meisten Benutzer nur ein Lese-Medium, wenn man die stark eingeschränkten Möglichkeiten außer Acht lässt, mittels HTML-Formularen Inhalte zu bearbeiten, wie es die meisten Content-Management-Systeme (CMS), Blogs oder Foren erlauben.

1996 begann das W3C, WebDAV[1] als Erweiterung zu HTTP zu diskutieren, um das interaktive Editieren und Publizieren zu ermöglichen. 1999 wurde dann durch die Internet Enginee-

---

[1] Web-based Distributed Authoring and Versioning

ring Task Force (IETF) im RFC 2518[2] eine erste offizielle Protokolldefinition veröffentlicht. Diese Version ist heute obsolet und wurde im Jahr 2007 durch den RFC 4918[3] ersetzt. Der neuere RFC löst einige der grundlegenden Designprobleme der ursprünglichen Version.

Während der ersten Diskussionen über WebDAV wollte man im RFC sowohl das Erzeugen als auch das Versionieren von Content behandeln. Nachdem sich herausgestellt hatte, dass diese beiden Themen komplizierter waren als ursprünglich gedacht, wurde die Versionierung weggelassen, um sie in späteren Erweiterungen zu implementieren, und nur die Content-Erzeugung wurde spezifiziert.

WebDAV fügt im Prinzip neue Request-Methoden zu HTTP hinzu und definiert vorhandene neu, etwa PUT und DELETE. Ein Client kann durch diese Methoden Content erzeugen, wenn er sich mit einem WebDAV-Server verbindet. Der Benutzer interagiert mit einem solchen Server typischerweise durch eine grafische Benutzeroberfläche, die einem Verzeichnisbrowser im Dateisystem ähnelt, und kann auf diese Weise Dateien und Verzeichnisse anlegen, löschen, kopieren und verschieben.

Um von der Analogie des Dateisystems unabhängig zu werden, benutzt der WebDAV-Standard eine andere Terminologie: Verzeichnisse werden „Collection Resources" und Dateien „Non-Collection Resources" genannt. Ich werde hier die Begriffe „Dateien" und „Collections" verwenden, um nicht unnötig Platz mit Terminologiedetails zu verschwenden.

Die folgende Liste gibt einen kurzen Überblick über die WebDAV-Request-Methoden und was diese tun sollen:

COPY Dieser Request soll eine Datei oder eine Collection von einem Ort zu einem anderen kopieren. Die Quelle und das Ziel müssen auf dem gleichen Server sein und COPY kann ein bereits existierendes Ziel überschreiben.

DELETE Der DELETE-Request ist schon im HTTP-Protokoll definiert. WebDAV definiert diese Methode etwas anders neu, was aber für diese Fallstudie keine Rolle spielt. Der Zweck von DELETE ist, wie Sie sich denken können, eine vorhandene Datei oder Collection permanent von einem WebDAV-Server zu entfernen.

LOCK Ein WebDAV-Server kann Locking unterstützen, um das Lost-Update-Problem [Wikipedia 2010f] zu umgehen. Der Client kann einen LOCK-Request für eine Collection oder eine Datei absetzen, um exklusiven Zugriff darauf zu erlangen. Locks können jederzeit durch den Server entfernt werden, sollten aber normalerweise durch den Client mittels UNLOCK-Methode freigegeben werden.

MKCOL Mit diesem Request kann ein Client eine neue Collection anlegen. Das Ziel für die neue Collection darf auf dem Server vorher nicht existieren.

MOVE Der MOVE-Request verhält sich wie ein COPY gefolgt von einem DELETE auf die Quelle des COPY.

PROPFIND Ein WebDAV-Server verwaltet Meta-Informationen für jede Datei und jede Collection. Diese Meta-Informationen werden im RFC „Properties" genannt. Es gibt zwei verschiedene Arten von Properties: „Live Properties", die vom Server selbst verwaltet werden, und „Dead Properties". Live Properties sind etwa das Erzeugungsdatum einer

---

[2] *http://tools.ietf.org/html/rfc2518*
[3] *http://tools.ietf.org/html/rfc4918*

Datei beziehungsweise Collection oder deren Content Type. Dead Properties können beliebige Informationen enthalten, die ein Client speichern möchte. Die `PROPFIND`-Methode wird vom Client verwendet, um bestimmte Properties oder die Namen aller auf dem Server verwalteten Properties zu erhalten.

PROPPATCH Der `PROPPATCH`-Request korrespondiert mit dem `PROPFIND`-Request und wird verwendet, um Properties auf dem Server zu aktualisieren.

PUT Auch die `PUT`-Methode wird bereits in HTTP definiert und durch WebDAV neu definiert. Mit dieser Methode kann ein Client eine Datei zum Server hochladen.

UNLOCK Ein Lock, das durch die `LOCK`-Methode gesetzt wurde, sollte mittels `UNLOCK` wieder gelöscht werden. Es ist allerdings zu beachten, dass ein Server ein `LOCK` jederzeit aufheben kann, beispielsweise wenn der Client abgestürzt ist.

Ein WebDAV-konformer Server muss die Anforderungen des WebDAV-RFC bezüglich dieser Request-Methoden und zusätzlich noch einiger weniger wichtigen wie etwa `OPTIONS` erfüllen. Die einzigen Ausnahmen sind `LOCK` und `UNLOCK`, deren Unterstützung nicht zwingend vorgeschrieben ist. Der RFC definiert auch noch neue Request- und Response-Header und -Bodies, mit deren Details ich Sie hier nicht langweilen will.

Um diesen kurzen Exkurs in die WebDAV-Grundlagen abzuschließen, möchte ich Sie vor dem RFC warnen: Es ist sehr anstrengend, ihn zu lesen und zu verstehen. Die Struktur ähnelt einem Teller al dente gekochter italienischer Spaghetti, und es gibt zahlreiche Inkonsistenzen und schwer nachvollziehbare Designentscheidungen. Das macht die Implementierung eines WebDAV-Servers oder -Clients ziemlich schwierig.

15.1.2 Architektur

Für die eZ WebDAV-Komponente wurden drei grundlegende Anforderungen festgelegt:

Flexibilität Der Hauptzweck der WebDAV-Komponente ist es, die alte Implementierung in unserem CMS eZ Publish zu ersetzen. Das Ziel war allerdings nicht, zu diesem Zweck nur die vorhandene Funktionalität neu zu implementieren. Die Komponente sollte ein universell einsetzbarer WebDAV-Server werden, der in jeder Webanwendung benutzt werden kann.

Client-Kompatibilität Viele Clients behaupten, sich an den WebDAV-Standard zu halten, verletzen diesen aber auf verschiedenste Weisen. Die WebDAV-Komponente sollte geeignete Mechanismen bereitstellen, um diese Interoperabilitätsprobleme clientspezifisch zu umgehen.

Modularität Der am weitesten verbreitete Weg, über WebDAV zugängliche Daten zu speichern, ist das Dateisystem. Es mag aber Nutzungsfälle geben, in denen man Daten beispielsweise in einer Datenbank speichern will. Die Komponente sollte daher den Austausch von Speichermechanismen unterstützen, ohne dass davon andere Teile wie die Client-Kommunikation betroffen sind.

Erweiterbarkeit Es gibt viele Zusätze des WebDAV-Protokolls, und maßgeschneiderte Erweiterungen sind möglich. Daher sollte die Architektur der Komponente die nachträgliche Implementierung solcher Erweiterungen ermöglichen, ohne dass dadurch die ursprüngliche API geändert wird. Beispielsweise sollte Locking-Funktionalität optional implementierbar sein, ohne dass die bereits implementierten Backends stark verändert werden müssen.

Es war nicht einfach, eine Architektur zu finden, die alle diese Anforderungen erfüllt. Deshalb war die Designphase der WebDAV-Komponente im Vergleich zu anderen Komponenten relativ lang. Die Abbildung 15.1 zeigt einen Überblick über die Architektur.

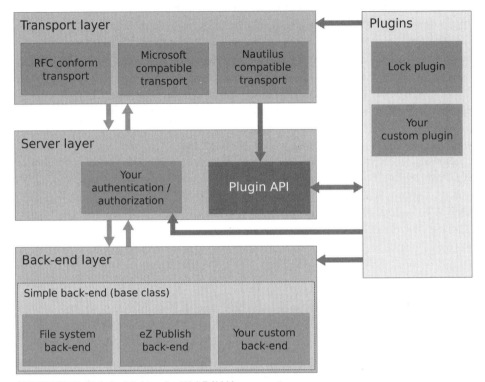

ABBILDUNG 15.1 Architektur der WebDAV-Komponente

Wie man sieht, haben wir uns für eine dreischichtige Architektur entschieden. Die oberste Schicht ist die Transportschicht. Sie ist verantwortlich für die Kommunikation mit dem Client und bügelt eventuelle RFC-Kompatibilitätsprobleme aus. Die Informationen eines eingehenden Requests werden in Datenobjekten gespeichert, die dann an die nächste Schicht weitergereicht werden. Nachdem der Request verarbeitet wurde, erhält die Transportschicht wieder ein Datenobjekt zurück, das die zu sendenden Antwortinformationen enthält. Die Transportschicht ist dann dafür verantwortlich, diese Daten in einem Format auszugeben, das vom Client verstanden wird. In der Transportschicht werden Klassen abhängig vom verwendeten Client instanziiert.

Ein typisches Beispiel für die spezielle Behandlung eines Clients ist der Microsoft Internet Explorer in verschiedenen Versionen: Er sendet manchmal ungültige `PROPFIND`-Requests und verlangt in jeder Antwort bestimmte spezielle Header. Werden diese Header nicht gesendet, weigert sich der Internet Explorer generell, mit einem Server WebDAV zu sprechen.

Nachdem die Datenobjekte, welche die Request-Informationen kapseln, erzeugt wurden, werden sie an die zweite Schicht, die Serverschicht, weitergeleitet. Diese repräsentiert den zentralen Kontrollpunkt, ähnlich wie der Controller beim Model-View-Controller-Pattern [Wikipedia 2010g]. In dieser Phase verknüpft das Objekt die anderen Schichten, bearbeitet die Authentifizierung und enthält die Plugin-API. Falls die Authentifizierung erfolgreich war, wird das Request-Objekt an das Backend weitergegeben.

Das Backend ist die unterste Schicht. Sie bearbeitet die Request-Methoden auf Basis der entsprechenden Datenobjekte und liest vom beziehungsweise schreibt in den Datenspeicher. Dabei wird ein Antwortobjekt erzeugt. Dieses wird an die übergeordneten Schichten zurückgegeben. Durch das Implementieren von einigen Interfaces können hier eigene Speichermechanismen integriert werden, ohne dass man sich um die Eigenheiten eines Clients oder um erweiterte Funktionalitäten kümmern muss.

Schließlich sehen Sie im Architekturdiagramm auch die sogenannte Plugin-API. Mittels dieser API können Plugins an verschiedene Events in der Transportschicht und der Serverschicht gebunden werden. Ein Client kann beispielsweise Request-Methoden parsen und verarbeiten, die in der Transportschicht und im Backend nicht bekannt sind. Plugins können auch auf bereits bearbeitete Methoden reagieren und Request- und Response-Objekte manipulieren. Um Informationen vom Datenspeicher zu holen oder dort zu ändern, können Plugins selbst Request-Objekte erzeugen und an das Backend schicken.

Das Locking ist beispielsweise als Plugin realisiert. Dieses Plugin parst und verarbeitet die `LOCK`- und `UNLOCK`-Methoden. Es reagiert auch auf verschiedene andere Methoden, prüft die Lock-Bedingungen und ist für besondere Header verantwortlich, die im Rahmen des Lockings notwendig sind. Um Locks im Backend zu repräsentieren, werden Dead Properties verwendet. Das Plugin erzeugt `PROPFIND` Request-Objekte, um diese Properties zu holen, und `PROPPATCH` Request-Objekte, um sie im Backend zu manipulieren.

■ 15.2 Herausforderungen bei der Entwicklung

Die eZ WebDAV-Komponente wurde ursprünglich von Kore Nordmann und mir gemeinsam entwickelt. Auf der einen Seite war dieser Prozess ein prototypischer Entwicklungszyklus im eZ Components-Projekt, auf der anderen Seite war er aber anders als die Komponenten, an denen wir zuvor gearbeitet hatten. Wir hielten uns wie immer konsequent an testgetriebene Entwicklung, stießen aber bald auf viele neue Probleme.

Ich werde später in diesem Kapitel nur auf eines dieser Probleme, das sich auf das Testen bezieht, näher eingehen, möchte Ihnen aber einen kleinen Einblick in die anderen Probleme geben, auf die wir während der Entwicklung dieser speziellen Komponente gestoßen sind.

15.2.1 Anforderungsanalyse

Der erste Stolperstein war der WebDAV RFC selbst. Es ist generell nicht einfach, etwas nach einem RFC zu implementieren, denn im Gegensatz zur normalen Anwendungsentwicklung stammen die Konzepte, die man verstehen muss, nicht von einem selbst. Man muss den RFC lesen, die Konzepte verstehen und im eigenen Kopf eine sinnvolle Architektur finden, um diese umzusetzen.

Der erste Schritt ist, sich Überblick zu verschaffen. Was ist der Hauptzweck des RFC? Was sind die grundlegenden Konzepte, und was sind nur Schnörkel? Welche Architektur passt am besten zu diesem Konzept? In Bezug auf WebDAV gehören dazu auch die bekannten Seiteneffekte wie Client-Inkompatibilitäten.

Besonders mit dem WebDAV-RFC war das wirklich schwierig. Die Struktur des Dokumentes ist sehr verworren, sodass die Informationen über ein bestimmtes Thema über die rund 100 Seiten verteilt sind. Zudem ist es relativ schwierig, manche der Konzepte zu verstehen, nachdem man so lange Webentwicklung betrieben hat. Manche der Konzepte sind suboptimal, andere sind einfach unsinnig. Nichtsdestotrotz muss man sich an den RFC halten und kann nicht einfach sein eigenes Süppchen kochen.

Wegen dieser Schwierigkeiten schrieben wir zuerst eine Zusammenfassung des RFC in unseren eigenen Worten. Dieses Dokument strukturierten wir so, dass wir eine Übersicht über das bekamen, was implementiert werden musste. Zusätzlich fügten wir unsere eigenen Anmerkungen hinzu und wiesen auf die größten Probleme hin, die wir bereits erkannt hatten.

Der nächste Schritt war, ein Designdokument zu erstellen, wie es im eZ Components-Projekt üblich ist. Dieses Dokument beschreibt die generelle Architektur der Komponente, die Sie weiter oben bereits gesehen haben. Zudem enthält es grundlegende Designentscheidungen sowie Beschreibungen der wichtigsten Klassen und den Workflow der zu erstellenden Komponente.

15.2.2 TDD nach RFC

Der Entwicklungsprozess der eZ Components ist eine Abwandlung von testgetriebener Entwicklung: Im ersten Schritt, nachdem das Design der Komponente erstellt wurde, werden sogenannte Stubs für die zu erstellenden Klassen geschrieben. Diese Stubs enthalten nur die Methodensignaturen für alle öffentlichen Methoden, aber keine Methodenrümpfe. Dies ist der Contract (Vertrag) der Klasse gegenüber allen anderen Klassen der Benutzer. Zwar kann sich dieser Vertrag im weiteren Verlauf der Entwicklung ändern, aber es ist eine erste Inkarnation dessen, was die Klasse später tun soll.

Danach werden Testfälle gegen diese Schnittstelle implementiert, um die Funktionalität der Klasse festzulegen. Die Testfälle müssen das gesamte Verhalten jeder öffentlichen Methode inklusive Exceptions im Fehlerfall beinhalten. Die Fehlerfälle sind für Libraries und Frameworks besonders wichtig, da man für jede Klasse darüber nachdenken muss, welche Fehler durch ungültige Parameter verursacht werden könnten und welche Auswirkungen diese auf das System des Benutzers haben kann.

Wenn die Testfälle geschrieben sind, wird der Code der Klasse geschrieben, bis alle Tests erfolgreich ausgeführt werden können. Dadurch, dass die Anforderungen an jede Methode in Form von Tests definiert sind, schreibt man dabei nur den tatsächlich notwendigen Code.

Als ich damit begann, so zu arbeiten, schrieb ich oftmals zu viel Code. Damals schrieb ich oft Funktionalität, bevor ich die Tests dazu schrieb, entweder weil ich den Code für einfach genug hielt oder weil ich zu faul war. Allerdings stellte ich fest, dass es jedesmal, wenn ich die Tests nach dem Code schrieb, Codezeilen gab, die ich durch Tests nicht erreichen konnte. Daher musste ich den Code refaktorieren, was regelmäßig mehr Aufwand war, als die Tests zuerst zu schreiben.

Für die WebDAV-Komponente mussten mehr als 80 Klassen geschrieben und getestet werden. Wir hatten bald eine böse Vorahnung, weil es keine Möglichkeit gab, die Implementierung im echten Leben zu validieren. Würde der Server überhaupt funktionieren? Würde die Implementierung mit dem RFC konform sein? Würden Clients in der Lage sein, mit dem Server zu kommunizieren? Wir konnten es nicht sagen, zumindest bis die grundlegende Infrastruktur des Servers vorhanden war.

Man kann in dieser Entwicklungsphase Testfälle nur gemäß der eigenen Interpretation des RFC schreiben. Es gibt keine Möglichkeit sicherzustellen, dass dieses Verständnis richtig ist, bis man an den Punkt kommt, wo man einen ersten Client mit dem Server kommunizieren lassen kann. Die Mehrdeutigkeit des WebDAV-RFC machte das alles noch schlimmer.

Eine Möglichkeit, Teile der Implementation zu validieren, ergab sich aus den Request- und Response-Beispielen des RFC. Dank dieser Beispiele konnten wir Integrationstests erstellen, nachdem die ersten Teile der Infrastruktur fertiggestellt waren. Wir konnten beispielsweise testen, ob die Transportschicht in der Lage war, die Requests korrekt in Datenobjekte zu parsen, und ob die Response-Objekte mehr oder weniger sinnvoll serialisiert wurden. Trotzdem sind die Beispiele im RFC oft unvollständig oder missverständlich, und es gibt nicht besonders viele davon.

Der größte Vorteil beim TDD-Ansatz ist, dass wir den Code jederzeit refaktorieren konnten. Wir konnten gemeinsam genutzte Funktionalität in neue Klassen auslagern und mehr Abstraktion einführen, ohne die definierte API zu verändern. Die Testfälle stellten dies sicher.

Zu verschiedenen Zeitpunkten mussten wir allerdings auch die API ändern. In diesem Fall konnten wir durch die Tests schnell herausfinden, wo wir Code anpassen mussten. Das hat uns vor höllischen Debug-Sessions bewahrt.

15.2.3 Den Server testen

Nachdem die erste Implementierung des Designs erledigt war, hatten wir einen entscheidenden Punkt erreicht. Wir konnten den ersten Client mit unserem Server kommunizieren lassen und sehen, ob das funktionierte. Einen Server zu entwickeln, ist schwieriger als eine normale Kommandozeilen-, GUI- oder Webanwendung, denn in allen diesen drei Umgebungen kann man manuell Akzeptanztests durchführen. An der Kommandozeile kann man die Anwendung direkt ausführen, um zu sehen, was sie tut und welche Fehler auftreten. Im Web kann man den Browser benutzen, der alle erzeugten Ausgaben inklusive Fehlermeldungen anzeigt. Man kann Fehler schnell finden, indem man sich das erzeugte HTML ansieht. Es gibt einige Debugging-Werkzeuge für das Front-End wie Firebug, die einem das Leben einfacher machen. Auch im GUI-Umfeld gibt es zahlreiche Toolkits, die einen vor endlosen Debugging-Sessions bewahren.

Wenn man aber einen Server entwickelt, der mit einem speziellen Client zusammenarbeiten soll, vermisst man diesen Komfort gänzlich. WebDAV-Clients zeigen die erzeugten Response-Daten nicht direkt an. Sie interpretieren die Antwort und reagieren darauf in ihrer GUI – falls sie die Antwort überhaupt verstehen. Verstehen sie die Antwort nicht, zeigen sie normalerweise eine einfache Fehlermeldung wie „Action failed" an. Einige Clients zeigen noch nicht mal einen Fehler an, sondern verweigern einfach die Arbeit oder stürzen sogar ab. Das macht richtig Spaß.

Glücklicherweise ist WebDAV nur eine Erweiterung von HTTP, also kann man einige der Request-Methoden mit einem normalen Webbrowser testen, etwa die GET-Methode. Das ermöglichte es uns wenigstens sicherzustellen, dass die grundlegende Serverarchitektur funktionierte. Aber, wie Sie aus dem Überblick weiter oben gelernt haben, ist GET nur eine von zahlreichen Methoden, die für WebDAV unterstützt werden müssen. Und die meisten anderen werden von Webbrowsern überhaupt nicht unterstützt.

Der erste Client, den wir zum Testen ausgewählt haben, ist Cadaver[4], der an der UNIX-Kommandozeile arbeitet. Dieser Client ist bekannt dafür, dass er den RFC gut unterstützt. Er gibt halbwegs brauchbare Fehlermeldungen aus und unterstützt alle Funktionalität, die im eigentlichen WebDAV-RFC definiert wird.

Ich muss gestehen, dass ich ein wenig überrascht war, als große Teile der Funktionalität von vornherein mit Cadaver funktionierten.

Die Kommunikation analysieren

Obwohl viele Aktionen in Cadaver funktionierten, war nicht alles von Anfang an perfekt. Was tut man also, wenn der Server nicht wie erwartet funktioniert und man keine Ahnung hat, weshalb?

Es gibt zwei grundlegende Techniken, die ich empfehlen kann: Untersuchen Sie die Kommunikation zwischen Server und Client. Und, noch wichtiger: Versuchen Sie, das gleiche Szenario mit einem anderen Server nachzustellen, und untersuchen Sie dort ebenfalls die Kommunikation.

Das wichtigste Tool für diesen Zweck ist Wireshark[5]. Dieser Netzwerk-Sniffer kann alle Pakete abfangen, die durch ein bestimmtes Netzwerk-Interface laufen. Man kann sogar Pakete nach bestimmten Kriterien filtern, etwa nach eingehenden und ausgehenden Portnummern, Pakettypen oder sogar Teilen des Paketinhaltes. Wireshark kann jedes einzelne Netzwerk-Datenpaket untersuchen und weiß einiges über die verschiedenen OSI-Schichten [Wikipedia 2010h] und Formate der Pakete, damit diese auf einfache Weise untersucht werden können.

Die Abbildung 15.2 zeigt einen Wireshark-Dump der Kommunikation zwischen Cadaver und unserem WebDAV-Server. Der oberste Bereich zeigt eine Liste aller untersuchten Pakete in der zeitlichen Abfolge. Die Box darunter zeigt detaillierte Informationen über das ausgewählte Paket. Man kann die HTTP-Header und den Inhalt der Response erkennen. Die dritte Box zeigt das Hex-kodierte Paket. Mit den Reitern ganz unten kann man zwischen der normalen Paketansicht und einer Ansicht wählen, in der die einzelnen Pakete zusammengesetzt angezeigt werden. Das ist nützlich, um die vollständige Response zu sehen, auch wenn diese auf mehrere Pakete aufgeteilt (chunked) gesendet wurde.

In unserem Fall haben wir Apache mod_webdav zusammen mit verschiedenen Clients benutzt, um die aufgetretenen Fehler zu reproduzieren. Auf diese Weise haben wir beispielsweise herausgefunden, dass manche Versionen des Internet Explorers nicht mit Weißraum

---

[4] http://www.webdav.org/cadaver/
[5] http://www.wireshark.org/

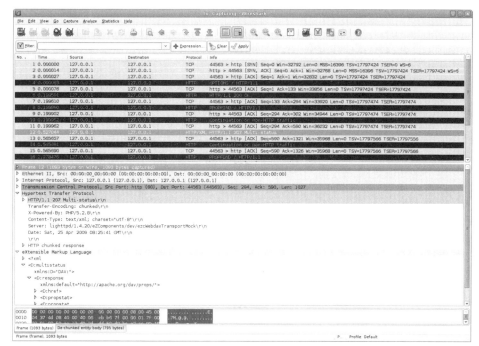

ABBILDUNG 15.2 Kommunikation zwischen Cadaver und einem WebDAV-Server

zwischen XML-Tags umgehen können! Daher entfernt unsere WebDAV-Komponente nun allen nicht signifikanten Weißraum aus den Bodies der XML-Antwort, wenn der Client ein Internet Explorer ist.

15.3 Automatisierte Akzeptanztests mit PHPUnit

PHPUnit ist, wie der Name bereits vermuten lässt, ein Framework für Unit-Tests. Unit-Tests alleine lösen allerdings noch nicht alle unsere Probleme. Ein ebenso wichtiger Bestandteil unserer Qualitätssicherung sind Integrations- und Akzeptanztests.

Da es nicht erstrebenswert ist, für jeden Test eine eigene spezielle Testumgebung zu entwickeln, integrieren wir verschiedene Testmethoden in das existierende Unit-Test-Werkzeug.

Im Fall der WebDAV-Komponente benötigten wir eine Mischung aus Akzeptanz- und automatisierten Integrationstests. Wir mussten dabei zwei Ziele erreichen, immer wenn Änderungen im Quellcode erfolgten:

- Sicherstellen, dass jeder Teil des Servers noch immer funktioniert
- Sicherstellen, dass jeder Client noch immer funktioniert

Diese Ziele zu erreichen, war die größte Herausforderung während der Entwicklung.

Im Webumfeld benutzt man normalerweise ein Werkzeug wie Selenium, um sicherzustellen, dass die Benutzerschnittstelle alle wichtigen Elemente enthält und die Anwendung noch immer wie erwartet funktioniert. Solche Akzeptanztests ähneln unserer Anforderung, dass alle Clients noch immer funktionieren.

Für WebDAV-Clients gibt es allerdings kein Werkzeug wie Selenium, und ein solches Werkzeug zu schreiben, wäre wohl eine Lebensaufgabe.

Unsere erste Idee war, es mit Werkzeugen zu versuchen, die GUI-Anwendungen fernsteuern können. Mit einem solchen Werkzeug wollten wir die Testprozedur mit einem bestimmten Client aufzeichnen und innerhalb unserer Testumgebung wiedergeben. Das hat aus verschiedenen Gründen nicht funktioniert:

Die meisten Werkzeuge, die wir gefunden haben, funktionieren nur unter Windows, aber die WebDAV-Komponente unterstützt Clients auf vielen verschiedenen Betriebssystemen. Es war keine Option, mehrere verschiedene Werkzeuge zu benutzen, denn dann hatten die Tester alle benötigten Werkzeuge installieren müssen, um Qualitätssicherung auf ihren Systemen zu betreiben. Eine solche Hürde schreckt potenzielle freiwillige Tester ab. Außerdem sind die meisten Werkzeuge zur Fernsteuerung nicht quelloffen und erst recht nicht kostenlos, was die Möglichkeiten des Testens zusätzlich einschränkt. Dazu kommt, dass die wenigen Werkzeuge, die wir ausprobiert haben, nicht gut funktionierten und daher für uns nutzlos waren.

Wir beschlossen, ein aufnahme-/wiedergabebasiertes Testwerkzeug in PHP als Bestandteil von PHPUnit zu entwickeln. Dieses System funktioniert in zwei grundlegenden Phasen:

1. Aufzeichnen der Client-Server-Kommunikation, während mit einem bestimmten Client getestet wird.
2. Wiedergabe der aufgezeichneten Tests in der richtigen zeitlichen Abfolge und dabei Vergleich der tatsächlichen mit den aufgezeichneten Antworten.

Diese Methode ist eine Art Black-Box-Regressionstest. Die Funktionalität wird gegen einen bestimmten Client von Hand getestet. Dabei werden Ein- und Ausgaben des Systems aufgezeichnet. Während eines automatischen Tests werden dann die Eingaben wiedergegeben und die erzeugte Ausgabe mit der vorher aufgezeichneten Version verglichen. Wenn sich die beiden unterscheiden, schlägt der Test fehl.

In der Sprache der WebDAV-Komponente nennen wir einen solchen Testlauf für einen bestimmten Client einen *Test-Trail*. Ein Trail besteht aus einer geordneten Anzahl von Datensätzen, von denen jeder aus einem Request- und einem Response-Objekt besteht. Jede Operation, die während des manuellen Tests durchgeführt wurde, wird in einem oder mehreren Datensätzen des Test-Trail reflektiert, da Clients oft mehrere Requests schicken, um eine bestimmtes Ergebnis zu erzielen.

Es ist wichtig zu verstehen, dass – im Gegensatz zu Unit-Tests – die Tests in einem Trail nicht unabhängig voneinander sind. Ihre Reihenfolge ist von höchster Bedeutung. Außerdem muss der Zustand des Servers zwischen den Tests konserviert werden. Beim klassischen Unit-Testen ist all dies höchst unerwünscht und verletzt das Grundprinzip – nur um das noch einmal gesagt zu haben.

Wenn ein Test-Trail nach einer Änderung fehlschlägt, bedeutet das nicht, dass der entsprechende Client nicht mehr funktioniert, denn viele Änderungen betreffen den Client gar nicht.

Trotzdem macht ein fehlgeschlagener Test einen manuellen Test mit dem betroffenen Client nötig. Unsere Methode, Regressionstests durchzuführen, bedeutet also hin und wieder manuelle Arbeit. Aber wir werden darauf hingewiesen, wenn ein bestimmter Client getestet werden muss, und müssen nicht nach jeder Änderung beziehungsweise vor jedem Release jeden Client manuell testen. Außerdem müssen wir nicht durch Debugging herausfinden, welche Änderung eine Regression herbeigeführt hat, sofern der defekte Client zuvor noch funktioniert hat.

15.3.1 Test-Trails aufzeichnen

Um einen Test-Trail aufzuzeichnen, benutzen wir eine spezielle Konfiguration der WebDAV-Komponente. Diese zeichnet die Request- und Response-Daten für ein normales Backend und eine Infrastruktur auf. Diese Infrastruktur beinhaltet auch Authentifizierung und eventuell das Verarbeiten von Lock-Informationen.

Die nötigen Schritte sind:

1. Die Transportschicht wrappen, um die Request- und Response-Daten aufzuzeichnen
2. Eine standardisierte Serverumgebung aufsetzen, bei der ein plattformunabhängiges Backend verwendet wird
3. Fehler, Hinweise, Warnungen und Exceptions zum Debugging aufzeichnen
4. Die aufgezeichneten Daten zur Prüfung durch das menschliche Auge und zur Wiedergabe abspeichern

Mit diesem Setup können Tester dem Entwicklungsteam einen erfolgreichen Test-Trail zur Integration in die Testsuite oder einen fehlgeschlagenen Trail zu Debugging-Zwecken zur Verfügung stellen. Zudem können weitere Mitwirkende leicht zusätzliche Funktionalität debuggen und neue Clients integrieren.

Ich möchte bezüglich des Codes nicht zu weit ins Detail gehen, da dieser Code stark von der WebDAV-Komponente abhängig ist. Es ist aber sinnvoll, sich einen Überblick über die erzeugten Testdaten zu verschaffen, um den nächsten Abschnitt besser zu verstehen.

Das Test-Setup erzeugt die folgende Verzeichnisstruktur:

```
Webdav/tests/clients/nautilus/
|-- 0001_PROPFIND_request_body.xml
|-- 0001_PROPFIND_request_server.php
|-- 0001_PROPFIND_response_body.xml
|-- 0001_PROPFIND_response_headers.php
|-- 0001_PROPFIND_response_status.txt
|-- 0002_PROPFIND_request_body.xml
|-- 0002_PROPFIND_request_server.php
|-- 0002_PROPFIND_response_body.xml
|-- 0002_PROPFIND_response_headers.php
|-- 0002_PROPFIND_response_status.txt
|-- 0003_OPTIONS_request_body.xml
|-- 0003_OPTIONS_request_server.php
|-- 0003_OPTIONS_response_body.xml
...
```

Man sieht die Testsets für die ersten drei Requests. Jedes Testset besteht aus fünf verschiedenen Dateien:

Für den Request-Teil des Sets sind dies der Body und das Array $_SERVER[6]. Der Request-Body wird als normaler Text gespeichert. Da er XML-Daten enthalten kann, haben wir die Dateiendung entsprechend gewählt. Das Array $_SERVER enthält die Request-Header, Informationen über die aufgerufene URI und die Umgebung in Form von PHP-Code, der mit der var_export()[7] erzeugt wurde.

Da $_SERVER einige sehr spezielle Informationen über die Umgebung und ziemlich viel Unsinn wie Umgebungsvariablen enthält, die allesamt nicht wichtig für die Tests sind, wird diese Variable im Testskript vereinheitlicht, indem alle überflüssigen Dinge entfernt werden. Es sollte erwähnt werden, dass diese Vorverarbeitung der Server-Variablen geschieht, bevor der WebDAV-Server überhaupt ins Spiel kommt. Auf diese Weise können eventuell Fehler bei der Vereinheitlichung direkt beim manuellen Testen entdeckt werden und nicht erst dann, wenn wir die Testsuite ausführen.

Die Response-Daten sind auf drei Dateien aufgeteilt. Der Body wird ebenfalls als normaler Text gespeichert, obwohl er manchmal keine XML-Daten enthält. Die erzeugten Header werden als Array von Headername-/Wertpaaren direkt von der Transportschicht geholt. Natürlich wird auch dieses Array als PHP-Code gespeichert. Schließlich wird der Status der Antwort als normaler Text gespeichert.

Um das Debugging zu vereinfachen, werden die Dateien eines Testsets nicht nur in der Reihenfolge nummeriert, in der sie aufgetreten sind, sondern enthalten auch die vom Server verwendete Request-Methode. Das ermöglicht es, sich einen schnellen Überblick darüber zu verschaffen, welche Arten von Requests ein Client abgesetzt hat, um ein bestimmtes Ergebnis zu erzielen, und wo möglicherweise etwas schiefgegangen ist.

Das obige Beispiel entstammt einem erfolgreichen Test-Trail. Falls ein Trail fehlschlägt, erzeugt das Testskript zu Debugging-Zwecken auch Dateien mit den aufgetretenen Fehlern und Exceptions. Es ist außerdem möglich, nach jedem Request einen Dump des Backends zu erzeugen, um dessen Zustand zu dem Zeitpunkt, als der Client einen Fehler erzeugte, zu untersuchen.

Verschiedene Clients erzeugen eine unterschiedliche Anzahl von Requests für die gleiche Aufgabe. Man bewegt sich hier zwischen 50 und etwa 600 erzeugten Dateien für ein Testrezept, das Sie im nächsten Abschnitt sehen werden. Da unsere Versionskontrolle Subversion mit einer solchen Anzahl nicht so gut zurechtkommt, mussten wir die Dateien eines Testsets zu einer einzigen Datei für jeden Test-Trail zusammenführen. Da wir nur normalen Text und PHP-Code speichern, ist das Skript, um die Debugging-Ausgaben zu einer einzige Datei zu verketten, aber sehr einfach.

15.3.2 Das Testrezept

Für manuelle Tests, und somit auch ganz besonders für die halbautomatischen WebDAV-Tests, ist ein wohldefiniertes Testrezept besonders wichtig. Ein solches Rezept definiert die

---

[6] http://php.net/manual/en/reserved.variables.server.php
[7] http://php.net/var_export

Schritte, die während eines Tests ausgeführt werden müssen. Es ist sozusagen eine Checkliste dessen, was getestet werden muss:

1. Verbinde dich ohne Benutzername und Passwort mit dem Server.
2. Zeige das Wurzelverzeichnis an und stelle sicher, dass alle Dateien und Verzeichnisse sichtbar sind:
   - `collection/`
   - `file.xml`
   - `file.bin`

   Eventuell sollte auch `/secure_collection/` sichtbar sein, allerdings mit dem Hinweis, dass der Zugriff darauf verboten ist.
3. Gehe in das Verzeichnis `/collection/`.
4. Zeige den Verzeichnisinhalt an.
5. ...
6. Lade die Datei `file.txt` auf den lokalen Rechner herunter.
7. Stelle sicher, dass der Inhalt der Datei „Some content" ist.
8. ...
9. Erzeuge ein neues Verzeichnis `/collection/subdir/newdir` und stelle sicher, dass es erzeugt wurde.
10. ...
11. Lade die Datei `file.txt` hoch und stelle sicher, dass sie vorhanden ist.
12. ...
13. Lösche `newdir/` und stelle sicher, dass es entfernt wurde.
14. ...
15. Benenne `put_test_utf8_content.txt` in `put_test_öäüß.txt` oder einen ähnlichen Namen, der UTF-8-Zeichen enthält, um. Stelle sicher, dass der Client diese Änderung richtig anzeigt.
16. ...

Die gezeigte Liste ist stark verkürzt, da sie sehr umfangreich ist. Das Testrezept versucht, jede mögliche Operation zu testen, beginnend mit der Anzeige von Verzeichnissen bis hin zum rekursiven Löschen von Verzeichnissen und der Verwendung von Dateinamen mit ungewöhnlichen UTF-8-Zeichen.

Es ist sehr wichtig, dass man für manuelle Tests wie etwa Akzeptanztests ein solches Rezept erstellt, um sicherzustellen, dass jeder Client vollständig getestet wird. Auf diese Weise deckt der erzeugte Test-Trail das gesamte Verhalten des Clients ab.

15.3.3 Integration mit PHPUnit

PHPUnit macht es einem relativ einfach, eigene Testkonzepte zu implementieren, und erlaubt uns daher, die WebDAV-Akzeptanztests zu integrieren. Wir haben im Prinzip an zwei Stellen unsere eigenen Klassen abgeleitet, und zwar vom Testfall und von der Testsuite. Mit diesen beiden Klassen können wir nun die Tests für jeden unterstützten Client als Teil unserer Testsuite laufen lassen.

Ein eigener Testfall

Die Klasse `PHPUnit_Framework_TestCase` ist gewissermaßen das Herz und die Seele eines jeden Tests, der von PHPUnit ausgeführt wird. Immer wenn man einen Test für eine Klasse schreibt, leitet man von dieser Klasse ab. Für unsere Akzeptanztests machen wir im Prinzip das Gleiche. Normalerweise würde man eine `test*()`-Methode für jeden einzelnen Test implementieren. Das mussten wir ändern, denn eine eigene Methode für jedes Testset zu schreiben, wäre eindeutig zu viel Arbeit gewesen.

Unser Testfall heißt `ezcWebdavClientTest`, und jede Instanz dieser Klasse repräsentiert genau einen Datensatz aus einem Test-Trail. Das bedeutet, dass für jeden Test-Trail eine Anzahl von Klassen instanziiert wird, um in einer bestimmten Reihenfolge ausgeführt zu werden. Unsere eigene Testsuite, die wir weiter unten näher erläutern, ist dafür verantwortlich, dass diese Testfälle jeweils instanziiert, konfiguriert und ausgeführt werden. Beachten Sie, dass diese Klasse nicht direkt von `PHPUnit_Framework_TestCase` abgeleitet ist, sondern von `ezcTestCase`. Diese Klasse ist von der Testfall-Basisklasse abgeleitet und hat einige zusätzliche Hilfsmethoden wie das Erzeugen eines temporären Verzeichnisses.

Die wichtigsten Informationen, die ein Testfall benötigt, werden in den folgenden Attributen gespeichert:

$server Diese Variable enthält die Instanz von `ezcWebdavServer`, gegen die der Test ausgeführt wird. Dieses Attribut ist öffentlich, da es von außen konfiguriert wird.

$backend Dieses Attribut sagt aus, welches Backend vom Server benutzt wird. Um den Server auszuführen, wird dieses Backend-Objekt benötigt. Das Attribut ist aus dem gleichen Grund wie `$server` ebenfalls öffentlich.

$id Die Nummer dieses Testfalles. Sie entspricht der Nummer des Testsets im Test-Trail.

$testData Dieses Attribut enthält die Daten des auszuführenden Testfalls. Sie haben dieses Array mit Request- und Response-Daten bereits im letzten Abschnitt gesehen.

Wie bereits erwähnt wurde, sind die beiden Attribute `$server` und `$backend` öffentlich. Wir haben das so gemacht, um Spezialfälle beim Setup für diese Variablen zu ermöglichen. Beispielsweise müssen manche Clients mit deaktiviertem Locking oder ohne Authentifizierung gesondert getestet werden, da sie sich in diesen Fällen anders verhalten. Um das zu ermöglichen, enthält das Attribut `$setup` eine Instanz von `ezcWebdavClientTestSetup`, das für die Konfiguration des Testfalls zuständig ist.

Das Setup-Objekt ist dafür verantwortlich, die `ezcWebdavServer`- und `ezcWebdavBackend`-Instanzen zwischen den Testfällen zu behalten. Normalerweise sollte bei Unit-Tests jeder Testfall vom vorherigen unabhängig sein und in einer eigenen, sauberen Umgebung laufen. Das ist bei unseren Akzeptanztests anders, da die Datensätze eines Test-Trails nacheinander in der gleichen Umgebung ausgeführt werden müssen.

Neben den bereits genannten hat unser Testfall noch einige weitere Attribute, um zusätzliche Informationen zu speichern. Diese werde ich hier nicht im Detail erläutern. Sie werden sie aber später sehen, wenn wir uns den Code ansehen.

Die Erzeugung eines Testfalls funktioniert folgendermaßen:

```php
public function __construct( $id,
                             ezcwebdavClientTestSetup $setup,
                             array $testData )
{
    parent::__construct(
        sprintf(
            '%s %s',
            $id,
            $testData['request']['server']['REQUEST_METHOD']
        )
    );
    $this->id       = $id;
    $this->testData = $testData;
    $this->setup    = $setup;
}
```

Der Konstruktor erhält die ID eines Testfalls, also die Sequenznummer im Test-Trail, zu dem der Testfall gehört. Das dient hauptsächlich dazu, dem Testfall einen sinnvollen Namen zu geben. Wenn der Konstruktor der Elternklasse aufgerufen wird, die den Namen des Testfalls erwartet, wird eben diese ID zusammen mit der Request-Methode übergeben.

Der zweite Parameter ist das Setup-Objekt, das dafür verantwortlich ist, den Testfall zu konfigurieren. Der letzte Parameter sind die eigentlichen Daten, die im Test verwendet werden. Die Struktur dieser Daten kennen Sie bereits, da es sich um die vorher aufgezeichneten Request- und Response-Daten handelt.

Die Klasse `ezcWebdavClientTest` hat die typischen `setUp()`- und `tearDown()`-Methoden, die Sie bereits aus Ihren eigenen Testfällen kennen. In unserem Fall sind diese Methoden dafür verantwortlich, den eigentlichen Server und dessen Backend zu erzeugen und die Umgebung zu vereinheitlichen, in welcher der Test ausgeführt wird:

```php
public function setUp()
{
    $this->oldLibxmlErrorSetting = libxml_use_internal_errors(
        true
    );

    $this->oldTimezoneSetting = date_default_timezone_get();
    date_default_timezone_set( 'UTC' );

    $this->setup->performSetup( $this, $this->id );

    $this->tmpDir = $this->createTempDir(
        get_class( $this )
    );

    $this->backend->options->lockFile = $this->tmpDir .
                                        '/backend.lock';
}
```

In der Methode `setUp()` wird zunächst die Art der Fehlerbehandlung der `libxml` gespeichert und so abgeändert, dass interne Fehler verwendet werden. Das ist notwendig, da ungültiges XML ansonsten dazu führen würde, dass unschöne Hinweise und Warnungen angezeigt werden. Im Server selbst wird dies zwar richtig gemacht, aber wir brauchen diese Einstellung, um Probleme beim Laden der Referenzdaten zu vermeiden. Damit wir keine anderen Unit-Tests beeinflussen, wird die ursprüngliche Einstellung gespeichert, damit wir sie später in tearDown() wieder herstellen können.

Dies ist etwas, dass Sie sich auf jeden Fall angewöhnen sollten, um sicherzustellen, dass Tests auch wirklich voneinander unabhängig sind. Immer wenn Sie etwas in der Testumgebung ändern, sollten Sie es auch wieder zurücksetzen, nachdem der Test abgeschlossen ist. Andernfalls enden Sie irgendwann garantiert in der Debugging-Hölle! Der Code in den nachfolgenden Zeilen macht im Prinzip das Gleiche für die gesetzte Zeitzone und normiert diese auf UTC.

In den nächsten Codezeilen konfiguriert das Setup-Objekt den Server. Ich werde diesen Vorgang nicht weiter erläutern und Ihnen auch nicht den Code dafür zeigen. Sie müssen nur wissen, dass das Setup-Objekt die öffentlichen Attribute $server und $backend setzt. Im letzten Abschnitt dieses Kapitels erfahren Sie einige Details über die verschiedenen Setups, die wir benötigen.

Es ist wichtig zu wissen, dass der ezcWebdavServer für jeden Test neu erzeugt wird, ganz so, wie es im richtigen Leben auch wäre. Das $backend wird dagegen nur ein einziges Mal erzeugt, wenn der erste Test läuft. Danach wird eine Referenz darauf im Setup-Objekt gespeichert, um die Änderungen zwischen Testsets eines Trails persistent zu machen.

Als Nächstes wird ein temporäres Verzeichnis für den Testfall erzeugt. Wie bereits erwähnt, stammt die hier verwendete Methode aus der Testbasisklasse des eZ Components-Projektes.

Schließlich wird das gerade erzeugte temporäre Verzeichnis verwendet, um für das $backend einen Lockfile-Namen bereitzustellen. Dieser wird benötigt, um sicherzustellen, dass die Operationen innerhalb eines Requests atomar sind.

Die tearDown()-Methode ist relativ einfach und macht einfach alle Änderungen an der Umgebung wieder rückgängig:

```
protected function tearDown()
{
    libxml_use_internal_errors( $this->oldLibxmlErrorSetting );
    date_default_timezone_set( $this->oldTimezoneSetting );
    $this->removeTempDir();
}
```

Zuerst wird die ursprüngliche Fehlerbehandlung der libxml wieder hergestellt, danach die Zeitzone. Schließlich wird das temporäre Verzeichnis des Testfalls wieder gelöscht.

Die Methode runTest() wird von PHPUnit verwendet, um den eigentlichen Test eines Testfalls auszuführen. Normalerweise klont das Framework dabei das Testobjekt, um die Testmethoden unabhängig voneinander auszuführen. In unserem Fall ist die eigene Testsuite bereits dafür zuständig, für jeden Test ein Objekt zu erzeugen. Daher haben wir die Methode runTest() überschrieben, um den eigentlichen Testlauf durchzuführen:

```php
public function runTest()
{
    $this->setup->adjustRequest( $this->testData['request'] );

    $response = $this->performTestSetRun(
      $this->testData['request']
    );

    $this->setup->adjustResponse(
      $response, $this->testData['response']
    );

    $this->assertRunCorrect(
      $this->testData['response'], $response
    );
}
```

Zunächst einmal wird das Setup-Objekt angewiesen, eventuelle Anpassungen an den Request-Daten vorzunehmen. Das ist besonders wichtig, wenn Locking im Spiel ist. In diesem Fall muss das Setup-Objekt nämlich die Lock-Tokens, die im ursprünglich aufgezeichneten Testlauf erzeugt wurden, erkennen und durch die Lock-Tokens ersetzen, die der Server neu erzeugt.

Normalerweise würde man die Funktionalität, Lock-Tokens zu erzeugen, in ein eigenes Objekt auslagern und zum Testen ein spezielles Objekt verwenden, das keine zufälligen Lock-Tokens erzeugt. Wir haben uns aus Gründen der Testbarkeit dagegen entschieden, da die Erzeugung der Lock-Tokens nur aus diesem Grund ersetzbar wäre. Stattdessen passen wir die Lock-Tokens im Test-Setup an.

Manche Test-Setups können weitere Anpassungen notwendig machen. Sie werden Beispiele dafür im letzten Abschnitt dieses Kapitels sehen.

Nachdem die Request-Daten angepasst wurden, führt die Methode `performTestSetRun()` den eigentlichen Testlauf durch. Sie übergibt dazu die Request-Daten an den Server und führt den Test aus. Dieser Code ist nicht besonders spannend, daher will ich Sie nicht damit langweilen. Sie sind doch noch wach, oder?

Schließlich werden die erzeugten Response-Daten ebenfalls im Setup-Objekt angepasst. Das geschieht aus den gleichen Gründen, aus denen die Request-Daten angepasst werden. Unsere eigene Zusicherung `assertRunCorrect()` sieht folgendermaßen aus:

```php
protected function assertRunCorrect( array $expectedResponse,
                                     array $actualResponse )
{
    $this->assertEquals(
      $expectedResponse,
      $actualResponse,
      'Response sent by WebDAV server incorrect.'
    );

    $this->setup->assertCustomAssertions( $this );
}
```

Im Prinzip wird hier geprüft, ob die aufgezeichneten Response-Daten mit den gerade erzeugten übereinstimmen. Zusätzlich kann das Setup-Objekt noch weitere Zusicherungen auf das Backend oder den Server selbst prüfen, indem wir ihm den Testfall übergeben. Sie werden dafür später ein Beispiel sehen.

Fassen wir kurz zusammen, was Sie bisher gesehen haben: Eine Instanz der Klasse ezcWebdavClientTest repräsentiert einen einzelnen Testdatensatz innerhalb eines Test-Trails. Um Test-Trails anzupassen, übergeben wir im Konstruktor ein Setup-Objekt sowie die Daten, mit denen der Testfall arbeiten soll. Die Instanz des Testfalls ist dafür verantwortlich, die Testumgebung aufzusetzen, den eigentlichen Test auszuführen und schließlich eigene Zusicherungen durchzuführen.

Das Setup-Objekt ist dafür verantwortlich, den Server und das Backend für den Test vorzubereiten. Außerdem kann es Request-Daten vorbereiten und Response-Daten nachverarbeiten, um sie an die Umgebung anzupassen. Schließlich kann das Setup-Objekt eigene Zusicherungen in den Testlauf einbringen.

Akzeptanztests

Nachdem ich Ihnen nun die eigene Testklasse vorgestellt habe, will ich Ihnen die dazugehörige Testsuite vorstellen. Eine Instanz dieser Klasse wird verwendet, um alle Testfälle eines bestimmten Test-Trails in der richtigen Reihenfolge zu erzeugen. Die Klasse verwaltet auch das für alle Testfälle gemeinsame Setup-Objekt (ezcWebdavClientTestSetup, das dafür verantwortlich ist, jeden Testfall auszuführen).

Wir leiten ezcWebdavClientTestsuite von PHPUnit_Framework_Testsuite ab und machen uns so das PHPUnit-Framework erneut zunutze. Der meiste Code in dieser Basisklasse wird nicht überschrieben, da er schon das tut, was wir brauchen. Der Prozess sieht wie folgt aus:

1. Erzeuge ein Testfall-Objekt für jeden Testlauf.
2. Erzeuge ein Ergebnisobjekt für jeden Test und führe ihn aus.

Der zweite Schritt bleibt unverändert, den ersten müssen wir überschreiben:

```
class ezcWebdavClientTestsuite extends PHPUnit_Framework_Testsuite
{
    protected $testSets;
    protected $setup;

    public function __construct( $name,
                                 $dataFile,
                                 ezcWebdavClientTestSetup $setup = null )
    {
        $this->name = "Client: $name";
        $this->testSets = new ezcWebdavTestSetContainer(
            dirname( __FILE__ ) . '/' . $dataFile
        );
        $this->setup = (
            $setup === null ?
                    new ezcWebdavClientTestContinuousSetup() :
                    $setup
        );
```

```
        foreach ( $this->testSets as $testId => $testData )
        {
            $this->addTest(
              new ezcWebdavClientTest(
                $testId,
                $this->setup,
                $testData
              )
            );
        }
    }
}
```

Beim Erzeugen erhält die Testsuite einen Namen und eine zu lesende Datendatei. Erinnern wir uns, dass wir alle Request- und Response-Dateien zu einer einzigen Datei zusammengefügt haben, um sie in Subversion zu speichern. Durch den Namen $name des Clients bestimmt die Testsuite ihren eigenen Namen. Die PHPUnit-Basisklasse kennt bereits die betroffenen Member-Variablen und benutzt den Suite-Namen entsprechend.

Der Konstruktor hat als optionalen Parameter ein Setup-Objekt. Dieses haben Sie bereits im letzten Abschnitt kennengelernt. Sofern kein solches Objekt übergeben wird, wird ein Objekt der Klasse ezcWebdavClientTestContinuousSetup erzeugt. Das reicht für die meisten Tests aus, sodass wir nur in bestimmten Sonderfällen spezielle Setup-Objekte erzeugen müssen.

Die Klasse ezcWebdavTestSetContainer ist im Wesentlichen ein ArrayObject, das die angegebene Testdatei einliest und verwaltet.

In der foreach-Schleife wird für jeden Datensatz im Trail eine Testfall-Instanz erzeugt. Die Methode addTest() wird ebenfalls von PHPUnit_Framework_Testsuite bereitgestellt. Sie erhält die auszuführenden Testfälle in der Suite. Da das Setup-Objekt zu diesem Zeitpunkt im Programmablauf bereits existiert, erhält jeder Testfall das gleiche Setup-Objekt, um das notwendige Maß an Zustand zwischen den Testfällen zu bewahren.

Lassen Sie mich zusammenfassen, was Sie bisher gesehen haben: den Testfall, den wir implementiert haben, um den WebDAV-Server mit gegebenen Request-Daten zu füttern, und der zusichert, dass die erzeugte Antwort korrekt ist. Jeder Testfall in der Akzeptanz-Testsuite erhält das gleiche Setup-Objekt, damit der Zustand zwischen den einzelnen Testfällen gewahrt bleibt. Die Testsuite repräsentiert damit einen Test-Trail für einen bestimmten Client.

Beispiele für Akzeptanztests

Sie haben in den letzten beiden Abschnitten eine Menge Code gesehen, der die Infrastruktur der WebDAV-Akzeptanztests zeigt. In diesem letzten Abschnitt möchte ich Ihnen einen Einblick geben, wie diese Infrastruktur benutzt wird.

Das erste Beispiel ist ein typisches Setup für einen normalen Client. Da ich Cadaver vorhin schon erwähnt habe, zeige ich Ihnen die Testdatei dafür. Damit wir den Test für einen bestimmten Client unabhängig von den ganzen Komponenten der Testsuite ausführen können, erzeugen wir eine Datei pro Client, welche die gesamte Testsuite einrichtet:

```
class ezcWebdavCadaverClientTest extends ezcTestCase
{
    public static function suite()
    {
        return new ezcWebdavClientTestsuite(
          'Cadaver',
          'clients/cadaver.php',
          new ezcWebdavClientTestContinuousSetup
        );
    }
}
```

Die neue Klasse `ezcWebdavCadaverClientTest`, die in dieser Datei erzeugt wird, ist von der Test-Basisklasse der eZ Components abgeleitet. Es ist nicht notwendig, von unserem eigenen WebDAV-Testfall abzuleiten, da dies nur ein Container ist, der unsere Testsuite erzeugt. Daher ist die einzige implementierte Methode das statische `suite()`, mit dem die auszuführende Testsuite erzeugt wird.

Wie erwartet, wird hier eine Client-Testsuite für Cadaver erzeugt. Dabei werden der Speicherort der zugehörigen Datendateien und zur Verdeutlichung das zu verwendende Setup-Objekt angegeben.[8]

Diese Klasse wird meist verwendet, um Client-Tests zu erstellen. Eine Ausnahme ist es, wenn der Client Locking unterstützt. In diesem Fall wird eine Instanz einer abgeleiteten Klasse verwendet, um zusätzlich das Lock-Plugin zu konfigurieren. Die Klasse `ezcWebdavClientTestContinuousSetup` sieht wie folgt aus:

```
class ezcWebdavClientTestContinuousSetup
extends ezcWebdavClientTestSetup {
    protected $backend;

    public function
    performSetup( ezcWebdavClientTest $test, $testSetId )
    {
        if ( $this->backend === null )
        {
            $this->backend = $this->setupBackend();
        }

        $test->server = self::getServer(
            new ezcWebdavBasicPathFactory( 'http://webdav' )
        );
        $test->backend = $this->backend;
    }
```

---

[8] Dieses könnte man eigentlich weglassen, da `ezcWebdavClientTestContinuousSetup` auch das standardmäßig verwendete Setup-Objekt ist.

```php
    protected function setupBackend()
    {
        return require dirname( __FILE__ ) .
                        '/scripts/test_generator_backend.php';
    }
}
```

Wie Sie sich sicher denken können, sind die Methoden in dieser Klasse relativ einfach. Die Methode `performSetup()` prüft, ob das Backend bereits instanziiert wurde. Beim ersten Test im Trail ist das normalerweise nicht der Fall, also wird die Methode `setupBackend()` aufgerufen. Für jeden nachfolgenden Test wird das existierende Backend verwendet, um den Zustand zu bewahren.

In der Setup-Basisklasse wird eine statische Methode verwendet, um eine neue Instanz von `ezcWebdavServer` zu erzeugen. Hier wird eine sogenannte Path Factory verwendet, die dafür verantwortlich ist, URIs in lokale Pfade zu übersetzen, da es hierbei für bestimmte Tests Unterschiede gibt. Beide Objekte, der Server und das Backend, werden verwendet, um den Testfall mittels dessen öffentlicher Attribute zu konfigurieren.

Die Methode `setupBackend()` benötigt eine PHP-Datei, die das Backend erzeugt. Diese Datei wird auch verwendet, um das Backend zu initialisieren, während die Test-Trails aufgezeichnet werden.

Wie Sie sehen, verwendet dieses Setup keine eigenen Zusicherungen. Daher zeige ich Ihnen noch einen weiteren speziellen Client-Test:

```php
class ezcWebdavRfcClientTest extends ezcTestCase
{
    public static function suite()
    {
        return new ezcWebdavClientTestsuite(
            'RFC',
            'clients/rfc.php',
            new ezcWebdavClientTestRfcSetup()
        );
    }
}
```

Der RFC Client-Test ist eigentlich kein Client-Akzeptanztest, sondern führt einen Regressionstest gegen den WebDAV RFC durch. Die Daten im Test-Trail stammen aus dem Beispiel im RFC. Dieser Test-Trail dient dazu sicherzustellen, dass die Server-Implementierung nach Änderungen noch immer mit dem RFC konform ist.

Es gibt mit diesem Test zwei Probleme:

- Die Informationen im RFC sind unvollständig. Beispielsweise werden aus Gründen der Übersichtlichkeit nicht in jedem Beispiel alle Request-Informationen gezeigt.
- Die Beispiele verwenden zur Illustration verschiedene Servernamen und Backend-Strukturen. Es ist daher nicht möglich, dafür ein einheitliches Setup zu verwenden.

Die Infrastruktur für Client-Tests kann mit diesen Problemen umgehen. Wir haben einfach eine andere Setup-Klasse für diesen Test-Trail implementiert. Ich werde Ihnen den Code dieser Klasse nicht zeigen, da er relativ lang und unschön ist. Für fast jeden Testfall muss ein eigenes Backend und eine Path Factory erzeugt werden. Das führt zu einem langen `switch-case` in der Methode `performSetup()` und zahlreichen Methoden, um die einzelnen Backends zu konfigurieren.

Ich möchte Ihnen damit zeigen, dass die nicht wirklich komplexe Infrastruktur nicht nur die Akzeptanz von Clients zeigen kann. Wir haben auch einen eigenen Test-Trail, der die Locking-Funktionalität aus dem RFC testet, und einen weiteren, der einen funktionalen Test gegen die Locking-Einrichtungen ausführt, um sicherzustellen, dass alle Grenzfälle richtig funktionieren.

■ 15.4 Fazit

Ich weiß, dass dies ein kurzes Fazit ist, aber es trifft den Kern der Sache:

- Es ist sehr schwierig, einen Server zu testen.
- PHPUnit kann nicht nur für Unit-Tests verwendet werden.

Die eZ WebDAV-Komponente hat zum Zeitpunkt, als diese Fallstudie geschrieben wurde, beinahe 5000 Tests. Etwa 4000 davon sind Test-Trails für 16 Clients und ihre Varianten sowie funktionale Tests und Regressionstests für den RFC. Sie sind alle mit relativ wenig Aufwand in unsere Standard-Testumgebung integriert worden. Das bedeutet allerdings, dass die Komponente noch immer rund 1000 handgeschriebene Unit-Tests hat, die in TDD-Manier geschrieben wurden, bevor der eigentliche Code implementiert wurde.

Unit-Tests sind sehr wichtig für die Codequalität und helfen einem während der Entwicklung wirklich weiter. Sie helfen besonders dann, wenn man refaktoriert und die Stabilität der API sicherstellen muss. Allerdings sind Unit-Tests nicht der heilige Gral und auch nicht die ultimative Lösung Ihrer Probleme. Besonders in hoch integrierten Umgebungen wie einer echten Anwendung sind andere Testmethoden auch sehr wichtig. Unit-Tests können sicherstellen, dass jede Klasse einer Anwendung wie erwartet funktioniert. Sie können aber nicht sagen, ob die Anwendung als Ganzes funktioniert beziehungsweise so funktioniert, wie die Kunden oder Nutzer es erwarten.

Sie sollten trotzdem versuchen, Tests so weit wie möglich zu automatisieren. Händisches Testen ist langwierig, langweilig und deshalb fehlerträchtig. Es ist keine schlechte Idee, beim Testen unkonventionelle Wege zu gehen, dann sieht man, dass auch jenseits von Unit-Tests zumindest halbautomatisches Testen möglich ist. Und obwohl PHPUnit ein Unit-Test-Framework ist, ist es möglich, mit wenig Aufwand andere Arten von Tests in ihre vorhandene Testumgebung zu integrieren.

Sie sollten aus dieser Fallstudie Folgendes mitnehmen:

- Testen Sie, so viel Sie können, sogar wenn Sie dafür unkonventionelle Wege gehen müssen.
- Automatisieren Sie die Tests so weit möglich.
- Obwohl PHPUnit ein Unit-Test-Framework ist, kann man andere Arten von Tests integrieren.
- Es verursacht Schmerzen, einen Server zu testen. Auch WebDAV verursacht einem Entwickler Schmerzen. Man kann es aber dennoch testen.

TEIL IV

Fallstudien: Unternehmen

16 swoodoo – eine wahrhaft agile Geschichte

von Lars Jankowfsky

16.1 Einführung

Bevor wir mit unserer agilen Geschichte beginnen, erlauben Sie mir ein paar Worte über swoodoo. Der Preisvergleich für Flüge und Hotels wird in Deutschland und Litauen entwickelt. Das Projekt wird von unserem Büro in München geleitet, wo die Verantwortlichen für Produktmanagement, Software-Architektur und Design der Benutzerschnittstelle sitzen. Unser Entwicklungsteam, das aus über zehn Entwicklern besteht, sitzt im litauischen Kaunas. Hierbei handelt es sich nicht um das übliche Offshoring, da wir unsere eigene Firma in Litauen gegründet haben. Der Vorteil, unser eigenes Team zu haben, ist – gegenüber dem weit verbreiteten Ansatz, nur einen Vertragspartner im Ausland zu haben – für uns entscheidend. Mit einem solchen kleinen Team gehen ein guter Teamgeist und großes Engagement einher. Während der letzten Jahre ist unser Team langsam von vier auf 15 Entwickler gewachsen. Dieses langsame Anwachsen der Teamgröße hat uns geholfen, neue Entwickler effizient in das Team zu integrieren.

Lassen Sie uns nun einen Blick zurück in die Vergangenheit werfen und etwas über die Evolution von swoodoo lernen.

16.2 Evolution: Nur die Starken überleben

2003 tauchten die ersten Billigflieger auf und boten wirklich günstige Flüge an. Damals gab es keine einfache Möglichkeit, das beste Angebot zu finden. So musste man die Websites aller Billigflieger besuchen und die Angebote selbst vergleichen.

Die Gründer von swoodoo hatten die Idee, eine Datenbank zu erstellen, in der sämtliche Flugpreise aller Billigflieger gespeichert werden sollten. Eine solche Datenbank stellt die Grundlage dar, um eine schnelle Flugsuche implementieren zu können, die mehr Suchoptionen als bereits existierende Flugsuchmaschinen bieten sollte: Eine völlig neue Sucherfahrung für Billigflüge ohne Angabe von exakten Reisedaten oder Start- und Zielflughäfen sollte Realität werden. So sollten beispielsweise Suchen wie „Billigster Flug von Deutschland nach Asien zu einem beliebigen Zeitpunkt in den nächsten zwölf Monaten" möglich sein. Wir entschieden uns dazu, das Projekt in Angriff zu nehmen und die Implementierung einer solchen Flugsuchmaschine zu versuchen.

In unserer alten Firma hatten wir einige Java-Entwickler, die nicht mehr genug zu tun hatten. Also baten wir sie, die Flugpreise einiger Billigflieger von deren Webseiten zu *scrapen*. Das Team entschied sich dafür, eine Java-basierte Desktop-Anwendung zu entwickeln, mit der die Preisinformationen aus den HTML-Seiten gelesen werden konnten. Zu diesem Zeitpunkt wurde das Projekt noch nicht vom Management vorangetrieben, auch wurden weder testgetriebene Entwicklung noch andere Methoden der agilen Software-Entwicklung angewendet. Als wir jedoch das Potenzial der Anwendung erkannten, entschieden wir uns, das Projekt auszuweiten.

Ein Jahr später, 2004, realisierten wir, dass die Airlines nicht erfreut darüber sein könnten, dass ein einzelnes System eine sehr große Anzahl von Anfragen an ihre Webserver richtet und so eine große Last verursacht. Um solche Probleme zu vermeiden, entschlossen wir uns dazu, die gesamte Anwendung zu refaktorieren und eine *Peer-to-Peer*-Architektur einzuführen. Hierfür entwickelten wir eine ActiveX-Komponente für den Internet Explorer in C++, die von unserer Webseite heruntergeladen und installiert werden konnte. Wenn ein Benutzer eine Suchanfrage stellte, so sendete die ActiveX-Komponente eine Anfrage an unser zentrales Java-Backend, das wiederum Aufgaben, Flugdaten zu suchen, an alle Benutzer unserer ActiveX-Komponente für den Internet Explorer verteilte. Die so gesammelten Flugdaten wurden an den zentralen Java-Server zurückgeschickt und in einer PostgreSQL-Datenbank für eine spätere Wiederverwendung gespeichert, bevor sie an den Besucher, der die Suchanfrage gestellt hatte, geschickt wurden. Abgesehen von der Verwendung von C++ und der Verlagerung des *Website Scrapings* von der Server-Seite auf die Client-Seite war dieser Ansatz dem vorherigen recht ähnlich.

Das Refactoring nach ActiveX war eine wahre Sisyphosarbeit. Es existierten keine Unit-Tests für die existierende Codebasis, sodass ein sicheres Refactoring nicht möglich war. Dies mussten wir auf die harte Tour lernen: Wenn man ein großes System, für das es keine Tests gibt, refaktorieren will, so muss man sich auf viele Fehler und Probleme einstellen, die zu einer niedrigen Qualität der Software führen. Während dieser Refactoring-Phase bekamen wir regelmäßig Änderungswünsche vom Management, die uns das Leben zusätzlich erschwerten. All dies führte dazu, dass fast unser gesamtes Entwicklerteam nur mit dem Beheben von Fehlern sowie der Wartung der Anwendung beschäftigt war. Jede Änderung führte zu Fehlern in unterschiedlichsten Teilen der Anwendung und die Qualität der Software nahm weiter ab. Dies war ärgerlich für das Management und frustrierend für die Entwickler.

Letztendlich war der ActiveX-Ansatz lauffähig, aber wir bekamen damit völlig neue Probleme. Wir benutzten XSLT für das Parsen des HTML der Airline-Webseiten. Die Wartung der XSL-Stylesheets beanspruchte sehr viel Arbeit und Zeit, da diese sehr komplex waren und die Airlines ihre Layout ständig änderten.

Hier ist ein Auszug aus dem XSLT, das wir 2003 für das Parsen des HTML der Ryanair-Webseite verwendeten:

```xml
<xsl:template match="form">
 <xsl:if
  test="contains(table[1]/tr/td/table/tr/td,'Going Out')">
  <flight>
   <xsl:variable
    name="out" select="table[1]/tr[2]/td/table/tr"/>
   <xsl:variable
    name="outflight" select="normalize-space(
     substring-after($out/td[3],'Flight  ')
    )"/>
   <price>
    <xsl:value-of
     select="table[3]/tr[3]/td/table/tr[2]/td/table/tr[1]/td[4]"/>
   </price>
   <oneway airline="ryanair" flightnumber="{$outflight}">
    <xsl:call-template name="parse-way">
     <xsl:with-param name="p" select="$out"/>
    </xsl:call-template>
   </oneway>
   <xsl:if
    test="contains(table[2]/tr/td/table/tr/td,'Coming Back')">
    <xsl:variable
     name="in" select="table[2]/tr[2]/td/table/tr"/>
    <xsl:variable
     name="inflight" select="normalize-space(
      substring-after($in/td[3],'Flight  ')
     )"/>
    <backway airline="ryanair" flightnumber="{$inflight}">
     <xsl:call-template name="parse-way">
      <xsl:with-param name="p" select="$in"/>
     </xsl:call-template>
    </backway>
   </xsl:if>
  </flight>
 </xsl:if>
</xsl:template>
```

Erschwerend kam hinzu, dass die Qualität der Flugdaten in der Datenbank proportional zu der Anzahl an Benutzern war, denen der zentrale Server über die ActiveX-Komponente Scraping-Aufträge zuteilen konnte. Ohne eine kritische Masse an Benutzern, die online waren, litt die Qualität der Suchergebnisse. Es wurde offensichtlich, dass wir in der Evolution von swoodoo den nächsten Schritt tun mussten.

Es wurde schnell klar, dass wir nicht nur die Architektur unserer Software ändern mussten, sondern auch unser Projektmanagement und unseren Entwicklungsprozess. Nach einer langen Diskussion entschieden wir uns für die Einführung von eXtreme Programming und begannen, unter anderem kontinuierliche Integration und testgetriebene Entwicklung einzusetzen, um die Qualität unserer Software zu verbessern. Die gesamte Anwendung wurde von Grund auf neu entwickelt. Wir verwarfen C++ als Programmiersprache für unseren Screen-Scraper und wählten stattdessen PHP. Für den zentralen Server verwendeten wir nach wie vor Java.

Die erste öffentliche Version von swoodoo bestand aus den folgenden Komponenten:

- **PHP-basiertes Frontend**

  Hierbei handelt es sich um das in PHP geschriebene Frontend der Webseite, das als GUI für die Flugsuche für Besucher dient.

Das Zend Framework existierte noch nicht, daher mussten wir ein anderes Framework für die Webseite verwenden. Wir wählten unser eigenes Framework, das wir auch schon für den OXID eShop verwendet hatten. Genau wie das Zend Framework, so basiert auch das Framework des OXID eShop auf dem *Model-View-Controller (MVC)*-Ansatz, um die Trennung von unterschiedlichen Belangen (englisch: *Separation of Concerns*) zu unterstützen. Für Templates kam Smarty zum Einsatz.

Wir verfügten über eine gute Abdeckung der Funktionalität durch mit Selenium realisierte Akzeptanztests. Anders sah es auf der Code-Ebene aus: Nicht für alle Klassen gab es Unit-Tests. Dieser Umstand war der Historie der Codebasis geschuldet. Viele Teile der Webseite waren nicht neu geschrieben worden, sondern waren von der alten Webseite übernommen worden. Unit-Tests konnten nur für die Teile geschrieben werden, die aus isolierten und lose gekoppelten Klassen bestanden. Zu diesem Zeitpunkt stellte ein nicht unerheblicher Teil des Codes jedoch noch einen *Big Ball of Mud* [Wikipedia 2010j] dar. Wir setzten das Refactoring dieser Teile der Software fort und schrieben dabei entsprechende Unit-Tests. Regelmäßig nutzten wir die Funktionen für Code-Coverage von Xdebug, um unsere Unit-Test-Fortschritte messen zu können. Dank der guten Abdeckung durch Selenium-Tests wurden unsere Refactorings sicher, auch wenn dies bedeutete, dass ein Build in unserer Umgebung für kontinuierliche Integration fast eine halbe Stunde dauerte. Wenn eine interne Änderung etwas kaputt machte, das vorher funktioniert hatte (und für das es einen Test gab), so wurden wir darüber sofort informiert. Dieses Gefühl der Sicherheit stärkte das Vertrauen in das Team sowie dessen Wohlbefinden.

- **Datenbank**

  Ein gut ausgestatteter Server, auf dem MySQL läuft.

- **Agents**

  Als *Agents* bezeichneten wir die für die Sammlung der Flugdaten verantwortlichen Komponenten. Diese importierten die Flugdaten der unterschiedlichen Airlines mit verschiedenen Methoden. Manche Airlines boten die Daten per CSV- oder XML-Export an, für andere Airlines musste Screen-Scraping verwendet werden. Unglücklicherweise war es für die letztgenannten schwer bis unmöglich, gute automatisierte Tests zu schreiben. Da die Airlines das Layout ihrer Webseiten regelmäßig ändern, wäre die Wartung der entsprechenden Tests zusätzlich kostenintensiv gewesen.

- **Low Cost Airline Engine (LCA)**

  Die *Low Cost Airline Engine (LCA)* war das „Gehirn" unserer Anwendung. Sie war für den JBoss Application-Server in Java geschrieben und für die Erzeugung von Aufgaben für jeden *Agent* und die Definition von Importintervallen sowie das Speichern der von den *Agents* gesammelten Daten in der Datenbank verantwortlich. Unsere Engine testeten wir mit JUnit.

- **Aggregation Server**

  Unseren *Aggregation Server* realisierten wir ebenfalls in Java. Seine Hauptaufgabe bestand darin, die gesammelten Flugdaten alle sechs Stunden in einer lokalen Datenbank zu aggregieren. Bei dieser Aggregation erzeugten wir sogenannte *Summary Tables*, die Informationen über die billigsten Flüge, Preise und Airlines auf jeder Regionalebene enthielten, also beispielsweise die billigsten Flüge von München, Bayern, Deutschland, Westeuropa, Europa und so weiter. Diese Information war notwendig, um unsere

Power-Suche so implementieren zu können, dass Millionen von Flügen in Sekundenbruchteilen durchsucht werden konnten.

Dieses System war bei uns fast zwei Jahre erfolgreich im Einsatz. Dann stießen wir langsam auf Probleme und erreichten die Grenzen unserer Architektur. Schließlich erkannten wir, dass es wieder einmal Zeit für drastische Änderungen war. Obwohl wir regen Gebrauch von testgetriebener Entwicklung machten (und eine Code-Coverage von 90% als Beweis dafür hatten), wurden wir von der Architektur eingeschränkt. Die Implementierung neuer Features begann immer länger zu dauern, da selbst kleine Änderungen an einer Stelle im Code Änderungen an anderen Stellen notwendig machten: Viele Komponenten waren einfach zu eng aneinander gekoppelt. Beispielsweise griff die GUI direkt auf die Datenbank zu. Somit führten Änderungen an der Datenbank regelmäßig zu Änderungen an der GUI. Die Wartungskosten stiegen immer weiter an, und es wurde offensichtlich, dass wir uns auf dem Weg in eine Sackgasse befanden. Eine weitere Herausforderung, mit der wir uns zu diesem Zeitpunkt konfrontiert sahen, hatte unseren Erfolg zur Ursache: Da die Anzahl der Nutzer von swoodoo sowie der Traffic auf der swoodoo-Plattform stetig anstiegen, bekamen wir Probleme, diese Last zu bewältigen. Unsere monolithische Architektur war für eine entsprechende Skalierung nicht geeignet.

Es war Zeit für die nächste Stufe der Evolution von swoodoo, und wir begannen mit einem neuen Refactoring. Wir entschieden uns für die Einführung einer serviceorientierten Architektur (SOA), um unsere Probleme mit der Skalierbarkeit zu lösen. Hierbei profitierten wir enorm von der Investition in Unit-Tests, die wir zuvor geschrieben hatten. Da wir für fast alles über Tests verfügten, konnten wir das Refactoring gnadenlos – aber sicher – durchführen. Die Tests meldeten direkt, wenn wir Funktionalität kaputt machten.

Die Datenbank wurden in einen *Flight Server* refaktoriert. Dieser in Java implementierte Dienst kapselte in seinem Backend mehrere, in *Shards* partitionierte MySQL-Server. Der *Flight Server* kommunizierte mit dem Rest des Systems über ein eigenes TCP/IP-Protokoll. Der *Aggregation Server* wurde durch PHP-Prozesse ersetzt, welche die Aggregierung kontinuierlich durchführten. Die Webseite des Frontends wurde auf Basis des Zend Frameworks neu entwickelt, allerdings verwendeten wir weiterhin Smarty für die Templates. Die *Low Cost Airline Engine* wurde in eigenständige Komponenten refaktoriert, die wir *Airline Information System 3rd Generation (AI3)* nannten.

Während der letzten sieben Jahre haben sich die Architektur und die Technologie von swoodoo regelmäßig gewandelt. Neben umfassenden Änderungen aufgrund von Marktbedürfnissen haben wir die Plattform um neue Funktionalität erweitert und sind so zum Marktführer im deutschsprachigen Raum geworden. Dies ist eine wahre Liebesgeschichte, in der eXtreme Programming und testgetriebene Entwicklung die Hauptrollen spielen. Ohne diese Prozesse und Praktiken wären wir heute wahrscheinlich nicht mehr im Markt vertreten, da wir Energie und Zeit auf das Beheben von Fehlern und die Wartung eines alten Systems verschwendet hätten anstatt Neuerungen einzuführen.

Evolution ist ein natürlicher, unausweichlicher Begleiter in jedem langlebigen Software-Projekt. Achten Sie nur darauf, dass Sie ihn unter Kontrolle haben und nicht er Sie. Nehmen Sie sich nicht nur Zeit für die Umsetzung neuer Funktionalität, sondern auch für die Refakturierung existierenden Codes, um diesen frei von Hacks zu halten. Erlauben Sie es Ihrer Software nicht, zu Frankensteins Monster zu werden. Auch ist es wichtig zu wissen, dass ein Refactoring kein Neuschreiben ist. Eine Neuentwicklung auf grüner Wiese dauert zu lange, und Sie werden vom Management im Allgemeinen keine Bewilligung dafür bekommen.

In den nächsten Abschnitten stelle ich Ihnen die Techniken vor, dank derer wir unsere Software regelmäßig und erfolgreich refaktorieren sowie eine hohe Qualität erreichen und auch halten können.

■ 16.3 Wie wir die „eXtreme Seite" erreichten

Die Einführung von eXtreme Programming im swoodoo-Team war für alle Beteiligten eine interessante Erfahrung. Nachdem das Management die Entscheidung für die Einführung von eXtreme Programming bestätigt hatte, schloss sich unser Entwicklerteam, das zu diesem Zeitpunkt aus fünf Entwicklern bestand, für zwei Tage in einen Raum ein, um sich in die Thematik einzuarbeiten und die Umsetzung von eXtreme Programming in unserem Team zu diskutieren. eXtreme Programming erfordert einen Sinneswandel, erwartet freiwillige Beteiligung, Initiative und Einsatz von allen Teammitgliedern. Daher war eine Zustimmung aller für eine erfolgreiche Einführung von eXtreme Programming im swoodoo-Team absolut unerlässlich.

Einige Entwickler, die Begriffe wie agil, eXtreme Programming oder automatisierte Tests zum ersten Mal hörten, waren anfangs eher skeptisch. Andere Entwickler, die schon etwas über testgetriebene Entwicklung und Unit-Tests wussten, freuten sich auf die Änderungen, da sie es leid waren, dieselben Fehler wieder und wieder beheben zu müssen. Am Ende stimmten wir alle darin überein, dass wir eXtreme Programming einführen, und so begann unsere Reise auf die „eXtreme Seite".

Rom wurde nicht an einem Tag erbaut. Gleiches gilt auch für die Einführung von eXtreme Programming. Es handelt sich hierbei um einen Prozess, bei dem man sich kontinuierlich verbessert. Einige Praktiken des eXtreme Programmings wie beispielsweise testgetriebene Entwicklung benötigen eine Weile, bis sie vollständig verstanden und akzeptiert sind:

> „Tests schreiben, bevor der Code geschrieben wird? Was soll das? Nein! Ich schreibe erst den Code, und wenn ich dann noch Zeit habe, dann schreibe ich die Tests."

Ich habe vergessen, wie oft ich mir Aussagen wie diese habe anhören müssen. Meistens führte diese Einstellung eines Entwicklers zu unbeholfenem Code, überflüssiger Funktionalität und miserablen – oder gar nicht existierenden – Tests. Letztendlich bedurfte es in einem solchen Fall eines leichten – oder weniger leichten – Tritts in den Allerwertesten des Entwicklers, damit dieser den Code von Grund auf neu schrieb.

Tatsächlich haben wir die Erfahrung gemacht, dass das Mantra „Rot. Grün. Refaktorieren." der testgetriebenen Entwicklung eine der hartnäckigsten Angewohnheiten der Welt ist. Der Versuchung, zuerst den Code zu schreiben, kann man nur schwer widerstehen, und wir kämpfen noch immer mit ihr. Es gibt Fälle, in denen sich testgetriebene Entwicklung nicht auszahlt oder keinen Sinn ergibt. Beispielsweise ist das Schreiben von Selenium-Tests für eine Webseite, die noch nicht existiert, sinnlos. Da man die Struktur und die Namen der HTML-Elemente noch nicht kennt, kann man keine XPath-Locators (man kann nicht immer ausschließlich ID-Locators verwenden!) einsetzen. Betreibt man allerdings testgetriebene Entwicklung für eine existierende Webseite, so funktioniert dieser Ansatz hervorragend. Beispielsweise kann ein Entwickler die Tests schreiben, während ein anderer die geforderte Funktionalität implementiert, bis alle Tests erfolgreich ausgeführt werden.

Lassen Sie uns einen Blick auf die Werkzeuge werfen, die wir für die testgetriebene Entwicklung verwenden:

- Wir nutzen **PHPUnit** für Unit- und Integrationstests unserer PHP-Komponenten.
- Akzeptanztests, die automatisiert im Browser ausgeführt werden, schreiben wir unter Verwendung des **Selenium-Treibers von PHPUnit** ebenfalls in PHP.
- Die in Java geschriebene Backend-Engine AI3 testen wir mit **JUnit**-basierten Unit-Tests.
- Zu guter Letzt setzen wir **Crosscheck** ein, um Unit-Tests für unseren JavaScript-Code zu schreiben. Hierbei handelt es sich um ein Testframework für JavaScript, das die wichtigsten Browser wie Firefox oder Internet Explorer emuliert. Da die swoodoo-Plattform starken Gebrauch von JavaScript macht, hat sich Crosscheck als sehr hilfreich erwiesen.

16.3.1 Kontinuierliche Integration

Glücklicherweise erzeugen all diese Testframeworks Protokolldateien in ähnlichen Formaten. Unser Continuous-Integration-Server, der auf CruiseControl basiert, ist in der Lage, die einzelnen Protokolldateien für die unterschiedlichen Testreihen zusammenzuführen und einen einheitlichen Report zu erstellen.

Wir nutzen keine eigenständige Version von CruiseControl, sondern verwenden Buildix, eine Ubuntu-basierte Live-CD, die neben CruiseControl auch Subversion (Versionsverwaltung) und Trac (webbasiertes Projektmanagement-Werkzeug) enthält. Buildix hat uns dabei geholfen, agile Methoden in unserem Team einzuführen.

Trac lässt sich gut mit CruiseControl und Subversion integrieren. Wir haben unsere internen Projektinformationen, Konzepte und Spezifikationen vollständig im Trac-Wiki abgelegt. Der Bug-Tracker von Trac bietet ein flexibles Workflow- und Zugriffssystem, mit dem wir Trac an unsere Bedürfnisse angepasst haben, um mehr als nur Bugs verwalten zu können. Unter anderem benutzen wir den Bug-Tracker auch für die Planung neuer Features und die Organisation des Teams für Iterationen und Meilensteine.

In den ersten Jahren haben wir CruiseControl selber für die Verwendung in PHP-Projekten angepasst. Die Konfiguration hierfür war kompliziert, und es gab viele Fallstricke zu beachten, vor allem wenn es darum ging, zusätzliche Werkzeuge – beispielsweise für die Erkennung von Codeduplikaten oder Verletzungen von Coding-Standards – einzubinden. Glücklicherweise verwenden wir mittlerweile phpUnderControl, das uns viel Arbeit und Zeit erspart.

Eines dieser Werkzeuge, nämlich PHP_CodeSniffer, verdient besondere Erwähnung. Hiermit ist es möglich, die Einhaltung eines Coding-Standards durch die Entwickler zu „erzwingen". Wir benutzen eine Untermenge des Coding-Standards des Zend Framework-Projekts und haben den entsprechenden Regelsatz von PHP_CodeSniffer für unsere Zwecke angepasst. PHP_CodeSniffer wird üblicherweise im Rahmen der kontinuierlichen Integration von CruiseControl ausgeführt. Daher ist ein Entwickler, der durch einen Commit den Coding-Standard verletzt, schuld, wenn das Build entsprechend fehlschlägt. Ein solches

Broken Build nehmen wir bei swoodoo sehr ernst, und ein solcher Vorfall macht das gesamte Team nervös. Aus diesem Grund haben wir uns dazu entschlossen, PHP_CodeSniffer stattdessen in einem Pre-Commit-Hook von Subversion auszuführen. Auf diesem Weg ist es einem Entwickler gar nicht erst möglich, Änderungen am Code, die den Coding-Standard verletzen, in das Subversion-Repository zu committen.

Wir legen großen Wert auf eine konsistente Namensgebung für Klassen und Methoden. Es ist wichtig, aussagekräftige Namen für Klassen und Methoden zu verwenden, damit jeder ihre Aufgabe verstehen kann. Dies verbessert die Lesbarkeit und damit die Wartbarkeit des Codes, was Zeit spart. Leider gibt es kein Werkzeug, mit dem sinnvolle Namen für Bezeichner erzwungen werden können. Die Verwendung der entsprechenden Regeln von PHP_CodeSniffer ist keine gute Idee: Sie sind nicht gut genug, um diese Aufgabe sinnvoll erfüllen zu können.

16.3.2 Testgetriebene Entwicklung

Die testgetriebene Entwicklung hat uns geholfen, eine weitere schlechte Angewohnheit unserer Entwickler abzustellen: das Hinzufügen von Funktionalität, die vom Management nicht verlangt wurde. Entwickler tendieren dazu, zu viel über die Zukunft nachzudenken, und implementieren daher ausgefallene Features, die den Code beispielsweise erweiterbar oder skalierbar machen sollen:

> „Ich habe auch noch eine Sortierung eingebaut, da ich mir sicher bin, dass wir diese bald benötigen werden."

> „Hm. Nein, das brauche ich nicht – weder jetzt noch in der nahen Zukunft. Du hast also gerade Zeit für ein Feature verschwendet, nach dem niemand gefragt hat!"

Situationen wie diese stehen im Widerspruch zu zwei Grundsätzen von eXtreme Programming:

- **You Ain't Gonna Need It! (YAGNI)**
- **Keep It Simple, Stupid! (KISS)**

Wenn die Tests zuerst geschrieben werden müssen, so wird der Wunsch, zusätzliche Funktionalität zu implementieren, im Zaum gehalten. Wer will schon gerne Tests für Funktionalität schreiben, die nicht benötigt wird? Sie? Jedenfalls niemand in unserem Team!

Momentan setzt unser Team fast alle Praktiken des eXtreme Programming ein, auf die wenigen Ausnahmen gehen wir später im Detail ein. Das gesamte Team sitzt in einem großen Raum. Es war nicht einfach, einen entsprechenden Raum für fünfzehn Entwickler zu finden, ohne dass sich diese eingeengt fühlen. Auch nahmen wir einige Anleihen bei Scrum, einer weiteren Variante der agilen Software- und Produktentwicklung. Hierzu gehören vor allem die täglichen *Standup-Meetings*.

16.3.3 Tägliche Standup-Meetings

Jeden Morgen beginnt das Team um 9:30 Uhr seinen Tag mit dem obligatorischen Standup-Meeting. In den ersten Jahren mussten die Entwickler während dieser Meetings tatsächlich stehen. Aber auch in diesem Punkt hat die Evolution bei swoodoo nicht haltgemacht, und so sieht man den einen oder anderen Entwickler während der Standup-Meetings manchmal sitzend anstatt stehend. Vielleicht sind einige von ihnen einfach nur alt geworden und können daher morgens nicht mehr so lange stehen. Wer weiß? Solche Abweichungen sind Unannehmlichkeiten, die bei swoodoo zwar nicht gerne gesehen werden, jedoch nicht bestraft werden. Die Standup-Meetings dauern üblicherweise zehn Minuten. Die Entwickler berichten einander über den aktuellen Fortschritt ihrer Aufgaben, die Probleme, denen sie begegnet sind, sowie ihre Pläne für den aktuellen Tag.

Die Standardfragen, die jeder im Standup-Meeting beantworten sollte, lauten:

- Was hast Du gestern getan?
- Gibt es Probleme?
- Was planst Du, heute zu tun?

Es mag offensichtlich klingen, aber es ist wichtig, dass jeder im Team die folgenden Punkte versteht:

- *„Heute gehe ich früher."* oder *„Morgen komme ich später."* sind wichtige Informationen für die Kollegen.
- Probleme mit dem Computer sind ein *Showstopper* und müssen erwähnt werden.
- *„Ich fühle mich krank."* ist ebenfalls eine wichtige Information für die Kollegen. Es ergibt keinen Sinn, mit Kopfschmerzen zu arbeiten. Dies führt nur zu Fehlern, die später behoben werden müssen.

Seine Probleme zu offenbaren mag einfach klingen – ist es aber nicht. Für einen Junior-Entwickler ist es nicht leicht, vor dem gesamten Team über seine Probleme laut zu reden. Im Zusammenhang von eXtreme Programming wird häufig über Mut gesprochen, und in einer Situation wie dieser ist in der Tat Mut gefragt. Die Teammitglieder müssen kommunizieren und offen sagen können, was sie denken, auch wenn das Management oder die Kollegen die Wahrheit nicht gerne hören. Bei uns hat es eine Weile gedauert, bis jedem wohl dabei war, derart offen und ohne Angst vor Bestrafung zu sprechen.

Beispielsweise bekamen wir einmal vom Management die Aufgabe, ein brandneues, „wirklich ganz kleines" Feature zu implementieren: das Filtern von Flügen nach Tageszeit (Vormittag, Nachmittag, Abend). Das Management dachte, es handele sich hierbei um eine „kleine Änderung", die nicht länger als zwei Tage benötigen würde. Unser Entwicklerteam überprüfte, welche Änderungen für dieses „kleine" Feature denn notwendig seien: ein paar erhebliche Änderungen an der Datenbank, an den *Summary Tables*, an den Algorithmen sowie Anpassungen aller bestehender Datenbankabfragen. Letztendlich sagten die Entwickler, dass dieses Feature zwölf *Story Points* wert sei und niemals in zwei Tagen zu implementieren sei. Die Entwickler hatten den Mut, dem Management zu sagen, dass dessen Erwartungen falsch und unrealistisch waren. Das Management sah dies ein und bekam das neue Feature nach einer Woche.

In der Regel tendiert das Management dazu, den Aufwand für eine Aufgabe zu unterschätzen, während die Entwickler dazu tendieren, den Aufwand zu überschätzen. Der Schlüssel zu einem gemeinsamen Verständnis liegt im Vertrauen des Managements in die Entwickler, die zudem bestrebt sind, nicht zu überschätzen. Entwickler dürfen für falsche Aufwandsschätzungen nicht bestraft werden. Mit der Zeit werden sie ohnehin besser, was dies anbelangt. Wenn ein Entwickler feststellt, dass er den Aufwand für eine Aufgabe unterschätzt hat, so muss er den Mut haben, das Management hierüber sofort in Kenntnis zu setzen. Keinesfalls sollte er bis zum Verstreichen der Deadline warten und dadurch eine sorgfältig geplante Marketingkampagne ruinieren.

Dies alles mag einfach klingen, aber es dauerte eine ganze Weile, bis wir das nötige Verständnis zwischen Management und Entwicklerteam erreicht haben. Einige wichtige Praktiken haben uns dabei mehr geholfen als andere.

■ 16.4 Wo wir schon einmal dabei sind ...

Die Planung von neuen Features und die korrekte Schätzung des Aufwands ist eine der schwersten Aufgaben für die Entwickler. eXtreme Programming hilft hierbei mit dem *Planning Game*. Unser Team besteht aus mehr als zehn Entwicklern, was bereits ein wenig zu viel ist, als dass jeder beim *Planning Game* „mitspielen" könnte.

Das gesamte Team ist in mehrere Sub-Teams unterteilt, die jeweils für einen bestimmten Bereich verantwortlich sind: Java-Backend, Frontend, Agents. Alle neuen Features sowie Änderungen der Anforderungen werden von den Leitern der Sub-Teams geschätzt. Andere Mitglieder der Sub-Teams geben nur dann eine eigene Schätzung ab, wenn sich der Leiter des Sub-Teams nicht sicher ist. Meistens ist es so, dass der Leiter des Sub-Teams einfache Storys selbst schätzt, während er für komplexere Storys sein Team (oder sogar andere Teams) in die Schätzung einbezieht. Dies stellt eine klare Verletzung der Regeln von eXtreme Programming dar, wie es in den entsprechenden Büchern definiert ist. Für uns aber hat sich dieser Ansatz als besser erwiesen: Er spart uns sehr viel Zeit und Diskussionen.

Die Planung neuer Features erfordert ein hohes Maß an Kommunikation. Das Team erhält die Anforderungen für neue Features vom *Chief Technical Officer (CTO)*, der als Kunde agiert. Für die Planung umfangreicher Features nutzen wir virtuelle (per Skype) oder reale Meetings, in denen der CTO den Teamleitern die Erwartungen des Managements schildert. Nachdem klar geworden ist, was das Management will, ist es an der Zeit, darüber nachzudenken, wie wir dies implementieren. Die Konzepte für die Implementierung werden von den Teamleitern unter Mitarbeit der übrigen Entwickler erarbeitet. Während wir die Architektur beziehungsweise die Arbeitsabläufe diskutieren, schreiben und zeichnen wir sehr viel auf unsere beiden großen Tafeln, die wir in unserem Raum haben. Diese Tafeln sind wahrscheinlich das wichtigste Werkzeug in unserem Entwicklungsprozess. Wenn Sie noch keine Tafel in Ihrem Büro haben, denken Sie darüber nach, eine anzuschaffen. Tafeln helfen dabei, ein gegenseitiges Verständnis der Probleme und Lösungen zu erlangen.

16.4.1 User Storys und Story Points

Nachdem das Konzept für die Implementierung fertiggestellt und vom CTO genehmigt wurde, beginnt die Schätzphase. Es kann vorkommen, dass das gewünschte Feature so umfangreich ist, dass es nur schwer geschätzt werden kann. In einem solchen Fall teilen wir die *User Story* in mehrere kleinere Storys auf, bis sich das Team eine Schätzung des Aufwands für die einzelnen Teile zutraut. Sind sich die Entwickler nach dieser Aufteilung in kleinere Storys über den Aufwand immer noch unsicher, so erstellen wir eine sogenannte *Spike Solution*. Diese Prototypimplementierung hilft uns in der Regel, die noch offenen

Fragen zu klären. Eine solche *Spike Solution* ist vor allem dann hilfreich, wenn wir uns bei der Lösung eines technischen Problems nicht sicher sind, ob der von uns gewählte Weg überhaupt zu einer tragfähigen Lösung führen kann.

Für unsere Schätzungen verwenden wir sogenannte *Story Points*, diese sind die Grundlage aller Schätzungen beim eXtreme Programming. Ein *Story Point* entspricht hierbei einem idealen Arbeitstag eines Entwicklers: ein Tag mit acht Stunden, an dem der Entwickler nicht gestört wird und sich voll und ganz auf seine Aufgabe konzentrieren kann. Die Zeit, die der Entwickler für das Rauchen verwendet, ist hier ebenso wenig berücksichtigt wie die Tatsache, dass der Entwickler am Abend vorher vielleicht zu viel getrunken hat und nun Kopfschmerzen hat. Glücklicherweise kommt so etwas in unserem Team eher selten vor.

Im eXtreme Programming wird jeder *User Story* der Durchschnitt der Schätzungen aller Mitglieder des Teams (in *Story Points*) zugewiesen. In unserem Entwicklungsprozess schätzt der Leiter eines Sub-Teams selbst und versucht, den Durchschnitt der Schätzungen aller Mitglieder seines Teams zu raten. Noch mal: An dieser Stelle weichen wir von der reinen Lehre des eXtreme Programming ab. Ich rate Ihnen dringend davon ab, unserem Beispiel zu folgen, wenn Sie nicht wie wir ein eingespieltes Team haben, das sich seit Jahren kennt. Generell ist es richtig und wichtig, zu Beginn den Regeln des eXtreme Programming zu folgen. Mit der Zeit kann man diese dann an die Bedürfnisse des Projekts beziehungsweise des Teams anpassen.

Wir befolgen eine einfache Regel, wenn es darum geht, eine *User Story* in kleinere Aufgaben aufzuteilen: Wenn eine *User Story* mit mehr als zwei *Story Points* geschätzt wird, so sehen wir dies als Zeichen dafür, dass der Entwickler die Aufgabe noch nicht vollständig verstanden hat und er ihr daher mehr *Story Points* geben möchte, um auf der sicheren Seite zu sein. Wird die Aufgabe von allen Mitgliedern eines Sub-Teams geschätzt und kommt es hierbei zu großen Unterschieden zwischen den einzelnen Schätzungen, so diskutieren wir die Schätzung gemeinsam, bis wir eine vernünftige Schätzung gefunden haben.

16.4.2 Velocity

Das Verhältnis zwischen einem *Story Point* und einem tatsächlichen Arbeitstag wird als *Velocity* bezeichnet. Glaubt man den Büchern über eXtreme Programming, dann sollte die *Velocity* – also die Anzahl der während einer *Iteration* umgesetzten *Story Points* – konstant bleiben, solange sich die Zusammensetzung des Teams nicht ändert. Wir haben jedoch die Erfahrung gemacht, dass die *Velocity* unseres Teams sehr häufig variiert, weswegen wir sie nicht für unsere Iterationsplanung nutzen können. Als wir dies erkannten, waren wir verblüfft und versuchten, die Ursachen zu ergründen:

- Aufgaben, die nicht beendet wurden, werden in die nächste Iteration verschoben. Dies verzerrt die Messung der *Velocity*. Eine mögliche Lösung könnte die Aufteilung der Aufgaben in kleinere Einheiten sein.
- Es könnte sein, dass nicht alle Aufgaben beobachtet und protokolliert werden. Dieses Problem konnten wir durch regelmäßigere Reviews der Iterationsplanung und bessere Zeiterfassung lösen.
- Die Messung der *Velocity* kann schwierig werden, wenn ein Mitglied des Teams im Urlaub, krank oder aus einem anderen Grund abwesend ist.

Da wir mit der Leistung unseres Teams zufrieden sind, haben wir uns dazu entschlossen, auch in diesem Punkt von der reinen Lehre abzuweichen und uns keine allzu großen Sorgen wegen Schwankungen der *Velocity* zu machen. Vielleicht kümmern wir uns eines Tages darum. Unsere Leiter der Sub-Teams wissen genau, wie viele *Story Points* sie den einzelnen Mitgliedern ihres Teams für eine Iteration zuteilen können, daher entsteht uns kein Nachteil aus der fehlenden Konstanz der *Velocity*.

16.4.3 Iterationsplanung

Basierend auf der Aufwandsabschätzung und den durch das Management vorgegebenen Prioritäten werden die Aufgaben für die nächste Iteration festgesetzt. Die Iterationsplanung ist Aufgabe der Sub-Team-Leiter, die sich über die Prioritäten des Managements mit dem CTO austauschen. Jede Iteration dauert zwei Wochen und führt, mit einigen wenigen Ausnahmen, zu einem Deployment auf den Live-Systemen. Üblicherweise führen wir mehrere Deployments pro Woche durch. Einige swoodoo-Komponenten, wie beispielsweise die Agents, müssen mehrmals täglich geändert und deployed werden!

Obwohl das Team häufig durch zusätzliche Aufgaben, die „so schnell wie möglich" umgesetzt werden müssen, vom Management bei seiner Arbeit unterbrochen wird, führen solche Störungen nicht zu chaotischen Bedingungen. Für jede Iteration planen wir einen Puffer für solche *ASAP*-Aufgaben. Gibt es einmal in einer Iteration weniger *ASAP*-Aufgaben, so fügen wir der Iteration zur Halbzeit weitere normale Aufgaben aus dem *Release Backlog* hinzu. Meistens werden diese Störungen von den Leitern der Sub-Teams „abgefedert", ohne dass die anderen Teammitglieder aus ihrer Arbeit gerissen werden müssen. Die Leiter der Sub-Teams analysieren die Anforderungen der *ASAP*-Aufgaben und setzen diese selbst um, wenn hierfür nur wenig Zeit benötigt wird. Auf diese Weise werden die übrigen Teammitglieder nicht aus ihrer Arbeit gerissen und können sich voll und ganz auf ihre geplanten Aufgaben konzentrieren. Benötigt eine *ASAP*-Aufgabe mehr Zeit, als dass sie vom Leiter des entsprechenden Sub-Teams selbst umgesetzt werden könnte, so wird sie einem anderen Mitglied des Teams zugewiesen. Wir akzeptieren eine solche Situation als normal im wirklichen Leben und ändern häufig den Plan für die aktuelle Iteration.

Wir organisieren neue Features und Aufgaben in Meilensteine (englisch: *Milestones*). Ein solcher *Milestone* stellt ein größeres Release mit für unsere Kunden sichtbaren neuen Features dar. Oftmals wird ein solches *Milestone*-Release von einer Presseerklärung begleitet. Dies setzt uns unter Druck, da die Marketing-Abteilung einen festgelegten Plan hat, wann die Presseerklärung herausgegeben wird.

16.4.4 Programmieren in Paaren

Die Arbeit an komplexen Aufgaben führt uns direkt zum Programmieren in Paaren (englisch: *Pair Programming*). Diese Schlüsselkomponente des eXtreme Programming hört sich für die meisten Programmierer zunächst eigenartig und fremd an. Die Idee, zu zweit an einer Tastatur zu sitzen und zusammen zu programmieren, wird häufig abgelehnt. So war es auch in unserem Team.

Der Theorie von eXtreme Programming folgend sollte *Pair Programming* immer angewendet werden, damit sichergestellt ist, dass alle Teammitglieder den gesamten Code kennen. Wenn man die Entwickler regelmäßig rotiert und die Paare neu zusammensetzt, so werden sie mit der Zeit vielseitig und sollten in der Lage sein, an sämtlichen Stellen der Anwendung arbeiten zu können. Ferner sollte die Anzahl an Fehlern im Code sinken, da vier Augen mehr als zwei sehen.

So viel zur Theorie. Bei swoodoo setzen wir *Pair Programming* nur für komplexe Aufgaben und schwieriges Debugging ein, und zwar nur für ein paar Stunden oder höchstens ein bis zwei Tage. Da wir oft komplexe Aufgaben zu lösen haben, setzen wir *Pair Programming* häufig ein. Unser Ansatz erlaubt es den Entwicklern, Lösungen für komplexe Aufgaben zu finden, ohne dass die Geschwindigkeit der Entwicklung im Ganzen zu stark abnimmt.

Betrachten wir nun zwei Beispiele dafür, wie wir *Pair Programming* bei swoodoo einsetzen.

Nehmen wir an, ein neuer Entwickler, der nicht mit testgetriebener Entwicklung vertraut ist, kommt ins Team. In einem solchen Fall setzen wir den neuen Entwickler mit einem erfahrenen Entwickler zusammen. Mithilfe von *Pair Programming* erklärt der erfahrene Entwickler die Grundlagen der testgetriebenen Entwicklung und die Verwendung von Mock-Objekten (und warum wir diese benötigen). Gemeinsam erledigen sie einige Aufgaben, und nach einiger Zeit ist der neue Entwickler in der Lage, alleine weiter zu arbeiten.

Ein weiteres Beispiel, das nicht ganz *Pair Programming* ist, ist die Entwicklung neuer GUI-Funktionalität. Hierfür sitzen zwei Entwickler zusammen und diskutieren die zu implementierende Funktionalität. Im Anschluss implementiert der eine die Funktionalität, während der andere die entsprechenden Selenium-Tests schreibt. Es ist interessant, dass diese Art von *Pair Programming* die Stimmung des Teams verbessert, da der Entwickler, der die Tests schreibt, sich ein wenig über den anderen Entwickler lustig machen darf, wenn dessen Code nicht den Tests entspricht.

Wir sind uns bewusst, dass wir auch an dieser Stelle von der reinen Lehre des eXtreme Programming abweichen. Diese sagt zwar, dass die Geschwindigkeit der Entwicklung durch *Pair Programming* nicht beeinträchtigt wird. *Pair Programming* ist aber auf Dauer erschöpfend: Es ist harte Arbeit, die konstante Kommunikation erfordert – und nicht jeder Entwickler ist ein extrovertierter Mensch. Zu viel Kommunikation ist auch ermüdend, zumindest für einige unserer Entwickler. Nach mehreren Stunden *Pair Programming* fühlen sie sich hirntot. Sie versäumen die üblichen kurzen Pausen, die es dem Gehirn ermöglichen, sich zu erholen. Zu diesen Pausen gehört die Zigarettenpause ebenso wie der kurze Anruf bei der Familie oder das Lesen von Blogs.

Nach sorgfältigem Abwägen der Argumente haben wir uns dazu entschlossen, *Pair Programming* nicht permanent, sondern nur nach Bedarf einzusetzen.

16.4.5 Kollektives Eigentum

Im swoodoo-Team nehmen wir das kollektive Eigentum des Codes (englisch: *Collective Code Ownership*) sehr ernst:

- Jeder Entwickler soll sich für jeden Bereich des Systems verantwortlich fühlen.

- Jeder Entwickler ist eingeladen, jede Komponente zu refaktorieren und zu verbessern, auch wenn die Komponente ursprünglich von einem anderen Entwickler geschrieben wurde.
- Stößt ein Entwickler bei der Umsetzung eines neuen Features auf schlechten Code, so ist er ermutigt, diesen Code zu verbessern – auch wenn dies bedeutet, dass die Schätzung des Aufwands für das Feature angehoben werden muss.

In unserem Team hört man keine Aufschreie wie

> *„Warum hast Du meinen Code geändert?! Er war vielleicht nicht perfekt, aber er hat funktioniert!"*

oder

> *„Fass meinen Code nicht an! Nur ich darf ihn ändern!"*

Wir nehmen das kollektive Eigentum des Codes wirklich ernst: Es ist üblich, dass ein Java-Entwickler ein Feature in PHP implementiert oder dass ein PHP-Entwickler ein Deployment-Skript in Ruby schreibt. Wenn Hilfe benötigt wird, kann jedes Teammitglied jedem Bereich des Systems zugewiesen werden. Wir waren erfolgreich darin, dass sich die Entwickler verantwortlich für den Erfolg des gesamten Projekts fühlen und nicht nur für den Bereich, an dem sie meistens arbeiten.

Wir haben keine Entwickler, die nur Datenbankadministratoren oder nur Java-Entwickler sind. Unsere Entwickler verfügen über ein breites Spektrum an Fähigkeiten und sind gleichzeitig in einem bestimmten Bereich Experten, beispielsweise Java oder PHP, und können viele Rollen im Team einnehmen. Letztlich haben sich einige Entwickler zu wahren Allroundern entwickelt, die in allen Bereichen unseres verteilten Systems arbeiten können.

Es war ein langer Weg, um diesen Punkt zu erreichen. In den meisten Teams tendieren die Entwickler dazu, nur „ihren" Code anzufassen. Besonders Java-Entwickler sind gerne hochnäsig und zurückhaltend, was das Anfassen von PHP-Code anbelangt. Wenn Sie erreichen wollen, dass Ihr Team seine Erfahrungen teilt und neugierig in Bezug auf andere Bereiche des Systems ist, so müssen Sie sicherstellen, dass sich jedes Mitglied des Teams sicher und wohl fühlt. Die Schlüsselfaktoren hierfür sind Vertrauen und Mut. Wenn Sie es schaffen, dass jeder Entwickler jedem anderen Entwickler sowie dem Management vertraut und dazu den Mut hat, sich neuen Herausforderungen wie der Programmierung in einer ungewohnten Programmiersprache zu stellen, so ist Ihr Team auf dem richtigen Weg.

Wir haben eine Umgebung geschaffen, in der unsere Entwickler ermutigt werden, Code zu teilen und generalisierte Spezialisten zu werden. Wir stellen bewusst niemanden ein, der nur in einer sehr engen Nische wie Datenbanken oder Enterprise Java Beans arbeiten will. Wir fördern die Idee des kollektiven Code-Eigentums dadurch, dass wir einem Entwickler Aufgaben aus unterschiedlichen Bereichen zuteilen. Selbstverständlich wird kein Entwickler für Fehler bestraft, die ihm in einem ihm unbekannten Teil des Systems unterlaufen. Ferner rotieren wir das Support-Telefon (an das unser Nagios-Monitoring Alarmnachrichten schickt) zwischen den Entwicklern, sodass diese regelmäßig gezwungen sind, sich in sämtliche Teile des Systems hineinzudenken.

Einmal fragte ich einen unserer Java-Entwickler, wieso er kein Problem damit hat, hin und wieder in PHP zu programmieren. Seine Antwort war amüsant und aufschlussreich:

> *„Ich kenne PHP nicht gut genug, also kann ich den PHP-Entwicklern nur helfen. Aber obwohl ich die Interna von PHP nicht kenne, so gibt es so viele Tests und*

CruiseControl, sodass ich meine Änderungen einfach durchführen kann und dann abwarte, was passiert. Das macht mir das Leben leicht. Und ich weiß, dass ich jederzeit einen meiner PHP-Kollegen um Hilfe bitten kann."

16.4.6 Offenheit für Änderungen

Im eXtreme Programming gibt es den Begriff *Embracing Change*, den man mit „Offenheit für Änderungen" übersetzen kann. Alle Entwickler sollen vom Management kommende Änderungswünsche willkommen heißen.

In der Realität sieht dies meist anders aus, und es ist schwierig, eine gute Stimmung im Team zu halten, wenn die Arbeit der letzten Woche wieder und wieder geändert werden muss. In unserem Fall sitzt der Kunde im eigenen Haus – wir entwickeln unsere eigene Plattform, unser eigenes Produkt. Daher sind wir für den Erfolg selbst verantwortlich. Das Management reagiert schnell auf die Änderungen des Markts, was zu häufigen Änderungen führt, von denen einige recht gravierend sein können.

Üblicherweise ist es eine unschöne Situation, wenn das Management eine Funktion, die erst vor Kurzem entwickelt wurde, geändert oder sogar entfernt haben will. Die Entwickler können den Eindruck bekommen, dass sie Arbeitszeit verschwendet haben und ihre Arbeit nicht gewürdigt wird. Solche Situationen gibt es in jeder Firma, nur kommen sie bei uns recht häufig vor, da swoodoo auf die Anforderungen des Markts sehr schnell reagieren muss. Der Schlüssel, um Missstimmungen vorzubeugen, ist Kommunikation. Das Management von swoodoo ist bemüht, dem Team verständlich zu machen, warum solche Änderungen notwendig sind und nicht vermieden werden können.

Einmal habe ich mein Team gefragt, warum sie wegen dieser dauernden Änderungen nicht ausflippen. Sie sagten mir, dass ihnen diese Änderungen aus den folgenden Gründen nichts ausmachen:

- Es ergibt keinen Sinn, sich einer Änderung zu widersetzen. Dies wäre nicht gut für unsere Benutzer. Wenn das Management also sagt, dass eine Änderung für unsere Kunden wichtig ist, warum sollten wir dann dagegen sein?
- Üblicherweise müssen wir keine Überstunden machen, um diese Änderungen umzusetzen, da das Management uns zusätzliche Zeit gibt. Das hilft enorm, einen kühlen Kopf und Ruhe zu bewahren.
- Das Leben ist voll von Veränderung, also warum sollen wir uns über kleine Änderungen in unserem Projekt aufregen?

Dies mag einmal mehr amüsant klingen, ist aber dennoch aufschlussreich.

Das Team ist mit Leib und Seele bei der Sache und am Erfolg des Unternehmens mehr interessiert als an einer bestimmten Funktionalität oder Technologie. Übrigens haben die Entwickler bei uns Zugriff auf die Kennzahlen und Metriken des Unternehmens, inklusive der Umsatzerlöse. Somit können sie direkt den Einfluss einer Änderung auf das Geschäft erkennen. Diese Informationen sind ebenfalls hilfreich, wenn es um Verhandlungen über Bonuszahlungen oder Gehaltserhöhungen mit dem Management geht, da man auf den konstanten Erfolg und die wachsenden Umsatzerlöse verweisen kann.

Kommen wir zurück zu den Änderungen. Nachdem eine Änderung durchgeführt wurde, erwarten die Entwickler eine schnelle Rückmeldung, ob das Feature korrekt umgesetzt wurde.

- Ein erstes Feedback liefert der Continuous-Integration-Server, der die Einzelteile des Systems nach jedem Commit zusammenführt, die Tests ausführt und gefundene Probleme berichtet.

  Dieses erste Feedback sollte so schnell wie möglich sein, daher bemühen wir uns, die für eine Integration benötigte Zeit möglichst gering zu halten.

- Das zweite Feedback kommt von den Leitern der Sub-Teams.
- Schließlich kommt das Feedback des Kunden, in unserem Fall der CTO von swoodoo, der zwischen dem Entwicklerteam und dem Management vermittelt.

  Damit der CTO schnell Feedback geben kann, streben wir danach, so häufig wie möglich ein Deployment auf dem *Staging Server* durchzuführen. Jede Änderung ist auf dem *Staging Server*, der auch (passwortgeschützt) von „außen" zugreifbar ist, sichtbar.

Es ist üblich, dass das Management nach diesen Tests weitere Verbesserungen verlangt oder sogar grundlegende Änderungen an den Anforderungen vornimmt.

16.4.7 Überstunden

Bislang haben wir mehr oder weniger die Regeln von eXtreme Programming befolgt. Es gibt jedoch eine Regel, die des *Sustainable Pace*, die wir oft verletzen.

Wir arbeiten üblicherweise, wie die meisten Entwickler, 40 bis 45 Stunden pro Woche. Aber manchmal wird es stressig, und die Dinge ändern sich. Es ist ein paar Mal vorgekommen, dass wir ein unumstößliches Release-Datum hatten. Und während wir an diesem Release arbeiteten, bekamen wir regelmäßig neue Änderungswünsche vom Management, die unbedingt für dieses Release umgesetzt werden mussten. Und was passiert, wenn man ein festgesetztes Release-Datum und eine fixe Teamgröße hat, sich der Umfang des Release jedoch vergrößert? Richtig: Man muss Überstunden machen. Wir arbeiten hart daran, Überstunden zum Wohle der Teammotivation zu vermeiden. Aber manchmal ist dies einfach nicht möglich.

■ 16.5 Die Kunst der Evolution

Wie bereits eingangs erwähnt, wird die swoodoo-Plattform von Beginn an ständig refaktoriert. Bisher haben wir mindestens vier große Refaktorierungen durchgeführt, bei denen wir die Architektur der Software geändert oder die verwendete Technologie ausgetauscht haben. Dies ist ein tatsächlicher Fall von Evolution: Die Software hat sich weiterentwickelt, weil sich der Markt und die Anforderungen geändert haben.

Bevor wir uns die Techniken näher anschauen, die es uns erlaubt haben, diese Refaktorierungen erfolgreich durchzuführen, lassen Sie mich erläutern, warum wir die swoodoo-Plattform nicht neu geschrieben, sondern stattdessen auf den Ansatz der Refaktorierung gesetzt haben, obwohl die Entwickler das Neuschreiben lieben (das Schreiben von neuem Code macht Spaß und ist einfacher als das Lesen des alten Codes).

Es gibt zwei gute Gründe, warum man eine Refaktorierung einem Neuschreiben vorziehen sollte:

- Zunächst einmal ist Ihre alte Codebasis sehr wahrscheinlich getestet (entweder von Ihnen oder von Ihren Kunden) und weitestgehend frei von Fehlern. Während des Neuschreibens werden Sie neue Fehler machen und Probleme lösen müssen, die Sie bereits in der Vergangenheit gelöst haben.
- Der wichtigste Grund ist, dass das Neuschreiben länger dauert als eine Refaktorierung. Hierfür gibt es ein paar gute Beispiele aus der Geschichte: Erinnern Sie sich noch an Netscape 6, dBase for Windows oder Quattro Pro? Die Entwickler dieser Programme entschieden sich für ein Neuschreiben, während ihre Mitbewerber (beispielsweise Microsoft mit Excel) auf eine Refaktorierung setzten. Die Mitbewerber waren schneller, die Entscheidung des Markts klar.

Lassen Sie uns nun die Regeln betrachten, die uns geholfen haben, diese verrückte Evolution zu überleben.

Einfachheit ist der Schlüssel zum Erfolg. Das Mantra *Keep It Simple, Stupid!* (*K.I.S.S.*) hilft dabei, besseren Code zu schreiben. Diesem Mantra zu folgen ist wirklich wichtig und, glauben Sie mir, es ist nicht einfach. Es ist viel einfacher, ein komplexes Framework, eine tiefe Klassenhierarchie oder eine Alles-in-einem-Basisklasse zu schreiben als unkomplizierten und robusten Code, der genau das tut, was man benötigt.

Neben dem Befolgen dieser wirklich einfachen Regel haben wir vor allem von unserem Continuous-Integration-Server profitiert. Wir haben einen direkten Bezug zwischen der Nutzung eines Continuous-Integration-Servers und einer einfachen Architektur festgestellt: Wenn die Entwickler häufig committen (mindestens einmal täglich) und das Build die meiste Zeit über grün ist, so ist dies ein gutes Zeichen dafür, dass die Architektur einfach und sauber ist.

Wie das funktioniert? Ganz einfach: Stellen Sie sich vor, Sie sind ein Entwickler, der seine Änderungen committen möchte, ohne dass der Build fehlschlägt. Also muss Ihr Code dem Coding-Standard genügen, Ihre Tests müssen erfolgreich sein, und Sie dürfen keine andere Funktionalität beeinträchtigen. Kombinieren Sie dies mit häufigen Commits der anderen Entwickler im Team, und Sie werden erkennen, dass es einfach unmöglich ist, eine schwergewichtige Architektur aufzubauen. Ihr Team wird förmlich gezwungen, kleine Methoden zu schreiben. Dies ist das Fundament für gute Tests.

Während man die *Best Practice* der *Frequent Commits* einführt, kann es zu langen Diskussionen kommen. Manche Entwickler könnten vorbringen, dass sie so nicht arbeiten könnten. Oder sie sagen nichts und ignorieren die Praktik, weil sie sie für unsinnig halten. Sie ist es jedoch nicht. Sie funktioniert tatsächlich und führt zu besserem und kürzerem Code, der genau das tut, was er soll – und nichts anderes mehr. Zu Beginn muss man die Commit-Frequenz im Auge behalten. Wahrscheinlich werden Sie den einen oder anderen Entwickler entdecken, der nicht oft genug committed und dabei höchstwahrscheinlich eine zu komplexe Lösung entwickelt. Sprechen Sie mit diesen Entwicklern, und helfen Sie ihnen, beim nächsten Mal einfacher zu denken und häufiger den aktuellen Stand ihrer Arbeit mit den Kollegen zu teilen.

Klingt das nicht logisch und vielversprechend? Warum finden wir dann noch immer Entwickler, die sich dagegen sträuben? Es gibt mehrere Gründe, warum komplexerer Code als nötig geschrieben wird.

Mangel an Erfahrung

Unerfahrene Entwickler tendieren dazu, eine komplexere Lösung als notwendig zu entwickeln. Es kann sein, dass sie sich als clevere Entwickler profilieren wollen und daher alle nur denkbaren Entwurfsmuster und Sprachmerkmale in ihrem Code verwenden. Oder sie kopieren eine Idee aus einem anderen Framework und vergessen dabei den Kontext des aktuellen Problems. Es bedarf Erfahrung, um den Wert von KISS zu schätzen.

Schauen Sie sich den Code der Klasse `Currency_Converter` an. Dieser verwendet Klassenkonstanten, die nicht notwendig sind:

```
class Currency_Converter
{
    const CURRENCY_FROM_SQL_PARAMETER = 'currencyfrom';
    const CURRENCY_TO_SQL_PARAMETER   = 'currencyto';

    const XRATES_FIELD_NAME           = 'xrate';
    const XRATES_SELECT_STATEMENT     =
      'SELECT xrate
         FROM xrates
        WHERE currencyfrom = :currencyfrom
          AND currencyto = :currencyto';

    // ...

    /**
     * Get conversion rate. Take from db or from private property
     * if $fromCurrency-$toCurrency was already requested before
     *
     * @param string $fromCurrency three-letter currency code to
     *                             convert from
     * @param string $toCurrency   three-letter currency code to
     *                             convert to
     *
     * @return string
     * @throws Swoodoo_Exception if conversion xrate not found
     *                           in database
     */
    private function
    _getConversionRate($fromCurrency, $toCurrency)
    {
        if ($fromCurrency == $toCurrency) {
            return 1;
        }

        $result = $this->_db->select(
```

```
            self::XRATES_SELECT_STATEMENT,
            array(
                self::CURRENCY_FROM_SQL_PARAMETER => $fromCurrency,
                self::CURRENCY_TO_SQL_PARAMETER   => $toCurrency
            )
        );

        if (!$result) {
            throw new Swoodoo_Exception(
                "Unable convert to {$toCurrency}",
                Swoodoo_IException::VALIDATOR_PARAMETERS_INVALID
            );
        }

        $conversionRate = $result[0][self::XRATES_FIELD_NAME];
        return $conversionRate;
    }
}
```

Wie Sie sehen können, hat der Entwickler hier die Spaltennamen und sogar vollständige SQL-Anweisungen in Klassenkonstanten deklariert. Sehr wahrscheinlich dachte er, dass dadurch das Umbenennen von Spalten einfacher wird. Damit hat er allerdings zwei Prinzipien auf einmal verletzt: YAGNI und KISS.

- Er hat YAGNI verletzt, indem er Vorkehrungen für zukünftige Änderungen getroffen hat, die möglicherweise nie benötigt werden.
- Er hat KISS verletzt, da er den Code komplizierter gemacht hat, als nötig gewesen wäre. Diese Spaltennamen werden nur in dieser einen Klasse verwendet. Ohne die entsprechenden Konstanten wäre der Code dieser Klasse einfacher und kürzer; und zwar ohne mögliche zukünftige Änderungen der Spaltennamen zu erschweren.

Das Phänomen „Java-Entwickler programmiert PHP"

Wenn Sie einen Java-Entwickler bitten, in PHP zu programmieren, so wird er Ihnen mit hoher Wahrscheinlichkeit eine komplexe Klassenhierarchie abliefern, in der mindestens eine *Factory*, zwei abstrakte Klassen sowie einige Interfaces vorkommen.

Vor einiger Zeit fassten wir den Beschluss, eine automatische Überwachung der swoodoo-Server aufzusetzen. Wir entschlossen uns für Nagios als Monitoring-Framework. Nagios verfügt über eine Vielzahl an Plugins, aber wir wollten auch eigene Plugins in PHP implementieren. Zu dieser Zeit waren unsere PHP-Entwickler mit Arbeit ausgelastet, und unsere Java-Entwickler boten sich an, die Plugins für Nagios in PHP zu programmieren. Und sie waren erfolgreich damit. Unsere neuen Nagios-Plugins funktionierten tadellos und hatten eine gute Testabdeckung. Als ich aber meine Nase in den PHP-Code steckte, fand ich interessante Dinge. So benötigten die Java-Entwickler beispielsweise eine globale Konfiguration und implementierten diese wie folgt:

```php
class Lib_Config
{
    /**
     * a single config data member
     * @var Config
     */
    private static $_instance;

    /**
     * static getter of single object instance
     *
     * @return Config itself single object
     */
    public static function getInstance()
    {
        if (self::$_instance == null) {
            self::$_instance = new Lib_Config();
        }
        return self::$_instance;
    }

    /**
     * Get configuration parameter value
     *
     * @param string $parameterName name of the parameter
     * @return mixed a config parameter
     */
    public function getConfigParameter($parameterName)
    {
        $config = Zend_Registry::get('config');
        return isset($config[$parameterName]) ?
            $config[$parameterName] :
            null;
    }

    /**
     * Set configuration parameter value
     *
     * @param string $parameterName name of parameter
     * @param mixed $paramValue value to set
     * @return null
     */
    public function
    setConfigParameter($parameterName, $paramValue)
    {
        $config = Zend_Registry::get('config');
        $config[$parameterName] = $paramValue;
        Zend_Registry::set('config', $config);
    }
}
```

Wie Sie sehen können, haben die Entwickler Zend_Registry in Lib_Config, einem Singleton, gekapselt. Die Klasse Lib_Config fügt keine Funktionalität hinzu, die nicht schon in Zend_Registry enthalten ist, und delegiert lediglich an Zend_Registry. Fragen Sie mich nicht, was das soll. Diese Frage kann ich Ihnen leider nicht beantworten.

Was fehlt noch für eine „richtige" Lösung? Aber natürlich, eine Factory! Ich fand dann auch prompt die Klasse Lib_ConfigFactory.

```
class Lib_ConfigFactory
{
    /**
     * configuration object
     * @var Config
     */
    private static $_config;

    /**
     * getter of Configuration singleton object.
     *
     * @return Config a config single object
     */
    public static function getConfiguration()
    {
        if (self::$_config == null) {
            self::$_config = Lib_Config::getInstance();
        }
        return self::$_config;
    }
}
```

Lib_ConfigFactory war ebenfalls ein Singleton, dessen statische Zugriffsmethode an Lib_Config::getInstance() delegierte.

Die Konfiguration funktionierte perfekt, sah solide aus ... und war viel zu kompliziert. Ich habe zwei Tage lang gelacht, nachdem ich diesen Code entdeckt hatte.

Dies war uns eine Lektion: Wenn man von einer statischen Programmiersprache wie Java zu einer dynamischen Programmiersprache wie PHP wechselt, so muss man auch seine Denkweise und Gewohnheiten ändern. Denken Sie nicht in Java, wenn Sie in PHP programmieren! Warum verwendet man nicht einfach Zend_Registry ohne eine Factory oder einen Wrapper? Das Leben kann so einfach sein: Man entsorgt Lib_Config und die entsprechende Factory und verfügt immer noch über dieselbe Funktionalität – nur mit weniger Zeilen Code und niedrigerer Komplexität.

Der „Niemand außer mir soll meinen Code verstehen"-Entwickler

Die Überschrift sagt alles. Dies ist ein ebenso einfacher wie brutaler Weg, den eigenen Arbeitsplatz zu sichern. Glücklicherweise funktioniert dies jedoch nicht, und wir haben bei swoodoo keine solchen Entwickler. Jedenfalls nicht mehr.

16.6 KISS und YAGNI – zwei Seiten einer Medaille

Den Code einfach zu halten ist eine Seite der Medaille. Die andere Seite ist, dass nie Funktionalität implementiert wird, die (noch) nicht benötigt wird. KISS und YAGNI sind mehr oder weniger miteinander verknüpft. Ein durchschnittlicher Entwickler tendiert dazu, Lösungen für Probleme zu suchen, nach denen niemand gefragt hat.

Wenn die Implementierung von Features länger dauert als geschätzt, so werden Sie oft feststellen, dass Ihre Entwickler versuchen, eine flexible oder optimierte Lösung zu finden, die in der Zukunft helfen soll, neue Anforderungen umzusetzen. Sie müssen Ihr Team erziehen, nicht für die ferne Zukunft zu planen. Die ferne Zukunft ist ungewiss, Annahmen über sie können sich als falsch erweisen, und die gut gemeinte Erweiterbarkeit ist plötzlich nichts anderes mehr als ein Denkmal für verschwendete Zeit.

Lassen Sie mich Ihnen ein Beispiel geben, wie dies bei der Evolution Ihrer Software hilfreich sein kann. Anfangs hatten wir nur einige wenige Selenium-Tests, deren Ausführung nur ein paar Minuten dauerte. Über die Zeit wurden es jedoch mehr, und die Ausführung dauerte entsprechend länger. Erst als die Ausführung unserer Akzeptanztests länger eine Stunde dauerte, begannen wir, uns Gedanken über eine Optimierung zu machen. Ein Build, das mehr als eine Stunde benötigt, liefert kein *Instant Feedback* mehr und irritiert die Entwickler daher eher. Wir untersuchten die Ursache für den langsamen Build und fanden heraus, dass die meiste Zeit für die Verwaltung des Testinventars der Datenbank in den Methoden `setUp()` und `tearDown()` aufgewendet wurde. Zu dieser Zeit bot PHPUnit noch nicht die alternativen Methoden `setUpBeforeClass()` und `tearDownAfterClass()` an, also nahmen wir Änderungen an „unserem" PHPUnit vor: Wir implementierten `setUp()` und `tearDown()` auf der Testsuite-Ebene und waren damit in der Lage, die Ausführungszeit unserer Akzeptanztests auf die Hälfte zu reduzieren.

Wir hätten diese Optimierung schon früher umsetzen können, interessierten uns aber erst dafür, als die Ausführungszeit unserer Akzeptanztests zu einem wirklichen Problem wurde. Wir ignorieren wissentlich mögliche zukünftige Anforderungen und warten mit Optimierungen bis zum letztmöglichen Moment. Dies hat uns in den vergangenen Jahren geholfen, uns auf die wesentlichen Dinge zu konzentrieren. Vorzeitiges Optimieren von Performanz ist ein Anti-Pattern [HighScalability 2009]. Dies gilt jedoch nicht für Skalierbarkeit. Es macht einen Unterschied, ob man eine kleine Webseite mit 1000 Besuchern pro Tag oder ein Nachrichtenportal für 10 Millionen Besucher pro Tag entwickelt. Höchstwahrscheinlich werden Sie für beide Fälle unterschiedliche Architekturen finden, denn mit Performanz-Optimierungen alleine können Sie nicht um einen Faktor 10000 skalieren. Sie müssen Ihre Anforderungen analysieren und frühzeitig eine entsprechend skalierbare Architektur wählen.

16.7 Evolutionstheorie und Fazit

Vielleicht fragen Sie sich gerade, wann wir endlich über Evolution sprechen. Nun, das haben wir bereits getan. Lösungen einfach zu halten, das häufige Verwenden von *Spike So-*

lutions sowie die kontinuierliche Veröffentlichung von kleinen Releases ist exakt das, was Evolution ausmacht. Änderungen können klein und unbedeutend sein. Dennoch sollten Sie Ihr Produktivsystem häufig aktualisieren. Inkrementelle Änderungen sind viel besser als ein bis zwei „Monster-Updates" pro Jahr.

Manchmal lässt sich ein solches Monster-Update nicht verhindern. Änderungen an den Kernbestandteilen des Systems müssen fertiggestellt werden, und es können keine inkrementellen Änderungen live gestellt werden. Es ist schwer, ein solches Release zu bewältigen, da es eine Menge Energie und Zeit verlangt. Hierbei kann es dazu kommen, dass einige Entwickler nicht weiter arbeiten können, bevor die Arbeiten am großen Release nicht abgeschlossen sind. Wir versuchen, Situationen wie diese zu vermeiden, indem wir unser System Schritt für Schritt weiter entwickeln und kein *Big Design Up Front (BDUF)* [Wikipedia 2010k] definieren.

Wie evolviert man das Design einer Anwendung? Wir haben beispielsweise vor einiger Zeit die Flugzeit in die Darstellung der Flüge integriert. Hierbei handelt es sich um eine Funktion, die lange fehlte und von den Benutzern vermisst wurde. Leider gestaltete sich die Umsetzung nicht so einfach, wie man zunächst vermuten könnte. Viele unserer Partner stellen uns die Informationen über die Dauer einer Flugverbindung entweder gar nicht oder fehlerhaft zur Verfügung. Daher haben wir uns entschlossen, die Flugzeit selbst zu berechnen. Dank der vielen verschiedenen Zeitzonen ist dies recht unangenehm. Hinzu kommt, dass die Darstellung der Flugzeit sämtliche Bereiche unseres Systems betrifft. Die Flugzeit muss berechnet, in der Datenbank gespeichert, über die *Open API* zur Verfügung gestellt und letztendlich im Frontend angezeigt werden.

Wir begannen die Einbindung der Flugzeit damit, dass wir die entsprechenden Spalten im Datenbankschema des *Flight Servers* hinzufügten und diese Änderungen produktiv stellten. Als Nächstes führten wir eine neue Version des TCP/IP-basierten Protokolls zwischen *Flight Server* und *AI3* ein. Der *Flight Server* unterstützte hierbei noch die alte Version des Protokolls ohne Information über die Flugzeit. Die *Open API* und das Frontend wurden zu diesem Zeitpunkt noch nicht geändert. Nachdem *Flight Server* und *AI3* mit der neuen Protokollversion in den Produktivbetrieb gegangen waren, begannen wir damit, die *Agents* anzupassen und zusätzlich zu den Abflugzeiten auch die Ankunftszeiten zu sammeln. Basierend auf diesen Daten konnte im *AI3* nun die Flugzeit berechnet und im *Flight Server* gespeichert werden. Nach einiger Zeit verfügten sämtliche im *Flight Server* gespeicherten Flüge über die entsprechende Flugzeit. Schließlich erweiterten wir die *Open API* um die Information für die Flugzeit und passten das Frontend entsprechend an. Wie Sie sehen, war die eigentliche Anzeige der Flugzeit im Frontend der letzte und einfachste Schritt. Die entsprechenden Abhängigkeiten (Sammeln, Auswerten und Speichern der Daten) waren bereits einige Wochen in Betrieb und gut getestet. Zu guter Letzt entfernten wir das veraltete Protokol, das keine Informationen über die Flugzeit enthielt, und räumten auf. So konnten wir eine Funktionalität, die das gesamte System beeinflusst, Schritt für Schritt mit inkrementellen Änderungen einführen und die Risiken dabei minimieren.

Für eine sanfte und kontinuierliche Evolution benötigen Sie die richtige Architektur. In unserem Fall haben wir schon vor einiger Zeit eine serviceorientierte Architektur entwickelt. Dies hilft uns dabei, Teile des Systems zu verändern oder sogar auszutauschen, ohne dass der Rest des Systems angefasst werden muss.

17 Qualitätssicherung bei studiVZ

von Christiane Philipps und Max Horváth

17.1 Einführung

Die Tests bei studiVZ sind lückenlos, fehlerfrei, stabil und von einer atemberaubenden technischen Eleganz. So weit die Legende, die wir hier gerne erzählen würden.

studiVZ testet nur rudimentär, bevor es Features online stellt – wozu hat man denn ein paar Millionen Tester, oder anders gesagt: Mitglieder? So die Meinung einiger Außenstehender mit sehr wenig Einblick in unsere Arbeit.

Die Wahrheit liegt wie immer auch hier in der Mitte: Sicherlich ist nicht alles perfekt, was wir tun, doch wir investieren viel Zeit, Geld und Energie darin, unsere Software jeden Tag ein Stück zu verbessern. Wir haben bei studiVZ eine QA-Abteilung mit bis zu zehn Teammitgliedern, etwas, das sich die wenigsten Unternehmen im Webumfeld leisten. Wir haben aber auch reichlich zu tun mit drei Plattformen, die insgesamt von über 15 Millionen Mitgliedern mit circa 13 Milliarden Seitenabrufen im Monat besucht werden! Sogar mit einer doppelt so großen Mannschaft würden wir mit Sicherheit nicht unter Langeweile leiden. Unsere Features müssen funktionieren, komfortabel und ohne lange Ladezeiten bedienbar sein, trotz hoher Komplexität der Anwendung dürfen keine Seiteneffekte auftreten, und Performance ist auch grundsätzlich ein Thema für unsere Serverfarm. Die Privatsphäre unserer Nutzer und der damit verbundene Datenschutz sind sehr sensible Themen, bei denen ein Fehler uns sehr schnell öffentliche Aufmerksamkeit zuteil werden lässt. Daher ist die Qualität unserer Software kein Luxus, sondern eine unbedingte Notwendigkeit – ein Erkenntnisprozess, den viele andere Unternehmen erst noch vor sich haben.

All diese Anforderungen sind durch manuelles Testen allein nicht zu bewerkstelligen. Man bräuchte Hunderte von Menschen zum Testen eines Release. Daher spielt Testautomatisierung bei studiVZ eine wichtige Rolle. Neben den klassischen Unit-Tests setzen wir sehr stark auf End-to-End-Tests mithilfe von Selenium. Selenium war schon sehr früh ein Teil unserer Teststrategie. Wir begannen mit dem Schreiben von Selenium Frontend-Tests Mitte 2007, zu einer Zeit, als Selenium begann, seinen Bekanntheitsgrad auszuweiten, jedoch noch relativ wenige Unternehmen darauf setzten und auf wenige Erfahrungswerte zurückgegriffen werden konnte.

Eine Fallstudie über Testen mit Selenium sollte nicht von einem Idealzustand berichten. Denn das Ideal ist einfach nicht die Realität, wenn man sich mit dem Testen von Web-Frontends befasst. Alle Holzwege, auf die wir uns begeben haben, auszulassen und lediglich von den Fortschritten und Erfolgen zu erzählen, wäre in unseren Augen eine sehr unvollständige und auch nutzlose Fallstudie. Wir wollen hier auch die unbequemen Umwege schildern, die wir oft genug nehmen mussten, um den nächsten richtigen Schritt zu erkennen. Unsere eigene Erfahrung ist, dass uns gerade die Berichte anderer über Schwierigkeiten und ihre Lernerfahrungen immer am nützlichsten waren. Ein weiteres Aha-Erlebnis ermutigte uns, diesen Weg einzuschlagen: Christiane besuchte im Herbst 2008 die Google Test Automation Conference (GTAC). Während der zwei Tage kam sie mit einigen Kollegen anderer, zum Teil sehr großer Webunternehmen ins Gespräch über End-to-End-Testen mit Selenium und anderen Werkzeugen. Sicherlich, so ihre Annahme, würde sie hier Antworten auf einige der Probleme finden, mit denen wir bei studiVZ uns herumschlugen. Das zuerst etwas ernüchternde Fazit war, dass anscheinend alle Teilnehmer eine sehr ähnliche Lernkurve vor oder hinter sich hatten. In allen Teams waren es vergleichbare Schwierigkeiten und Erfahrungen gewesen, die aufgetreten waren. Viele der Anwesenden schienen sehr erleichtert, als sie hörten, dass die anderen auch nur Leidensgenossen waren – und oft entwickelte sich erst im Austausch über Probleme ein interessanter neuer Lösungsansatz.

Ausgehend davon versuchen wir hier, die ganze Bandbreite unserer eigenen Erfahrungen Frontend-Tests mit Selenium abzubilden – um so vielleicht die Lernkurve des ein oder anderen zu verkürzen.

Dazu geben wir zuerst eine kurze Einführung in diese spezielle Art von Tests, die sich in der Herangehensweise stark zum Beispiel von Unit-Tests unterscheiden. Wir erläutern, was es mit der Selenium Tool Suite auf sich hat und welche Rolle die PHPUnit Extension für Selenium spielt. Danach stellen wir unsere eigene Entwicklungs- und Testumgebung vor, um einen Eindruck dafür zu vermitteln, wie wir arbeiten und welche Anforderungen an das Testteam gestellt werden. In der Hauptsache aber wollen wir natürlich unsere Erfahrungen mit Selenium wiedergeben: Die Vorteile dieser Art des Testens wollen wir ebenso aufzeigen wie von den Stolpersteine berichten. Einige davon haben wir gemeistert, für die Bewältigung anderer suchen wir selbst noch nach Lösungen. Es geht uns nicht darum, Patentrezepte zu vermitteln, sondern unser Ziel ist es, einen Überblick über unsere Best Practices zu geben. Die hier von uns beschriebene Phase erstreckt sich von Mitte 2007, als Max das noch sehr junge Selenium einführte, bis zum Herbst des Jahres 2009. Abschließend schauen wir noch ein bisschen in die Zukunft und wagen einen Ausblick auf unsere nächsten Schritte.

Wir freuen uns über Feedback und weiteren Erfahrungs- und Wissensaustausch mit anderen Anwendern von Large Scale Selenium Tests und potenzielle Unterstützer in der Weiterentwicklung von `Testing_SeleniumDSL`.

Über studiVZ

studiVZ ist eines der größten und am schnellsten wachsenden sozialen Netzwerke Europas. Ursprünglich gegründet als reines Studentenverzeichnis, versammelt es nun auf seinen drei Plattformen studiVZ, schülerVZ und meinVZ (für alle, die keine Studenten sind) über 15 Millionen Mitglieder. schülerVZ und studiVZ sind Netzwerke in deutscher Sprache, meinVZ dagegen ist mit Deutsch und Englisch zweisprachig. meinVZ und studiVZ sind zudem miteinander verbunden, das heißt, Mitglieder können untereinander kommunizieren, während Plattform und Datenbestand von schülerVZ aus Jugendschutzgründen komplett getrennt von den anderen Netzwerken sind. Das Unternehmen VZnet Netzwerke Ltd. (ehemals studiVZ Ltd.) besteht seit Oktober 2005 und gehört seit Januar 2007 zur Verlagsgruppe Georg von Holtzbrinck. Es arbeiten circa 250 Mitarbeiter für die Plattformen, circa 60 davon in der Technik. Das Team für die Qualitätssicherung umfasst acht bis zehn Leute, Tester, QA Engineers und Security-Spezialisten. Max Horváth baute das Team auf und leitete es bis Oktober 2008. Christiane Philipps, seit Frühjahr 2008 im Team, übernahm seine Arbeit, als Max sich dem Aufbau der mobilen Plattformen der VZ-Netzwerke zuwandte, und führte es bis Herbst 2009.

17.2 Akzeptanztests

Akzeptanztests sind sogenannte Black-Box-Tests, das heißt, sie testen die Software, ohne zu wissen, was genau im Code vor sich geht. Während zum Beispiel Unit-Tests das Funktionieren einzelner Codekomponenten sicherstellen, unabhängig davon, wie sie im System eingesetzt werden, gehen Akzeptanztests aus der Perspektive des Anwenders bzw. des Kunden und somit in der Regel vom Endprodukt aus. Eine Anforderung, die der Kunde an sein Produkt stellt, kann in einem Akzeptanztest festgelegt werden. Die erfolgreiche Ausführung belegt, dass die Software die Anforderung des Kunden erfüllt. Der Vorteil dabei ist, dass bei der Formulierung eines solchen Testfalls der Kunde, der Tester und der Entwickler dieselbe Sprache sprechen. So können Missverständnisse bereits zu Beginn der Planungsphase aus dem Weg geräumt werden.

Um bei studiVZ zu bleiben: Ein Akzeptanztest für unsere *Nachrichten*-Funktion könnte lauten:

- Wenn Max Christiane eine Nachricht schickt, erscheint bei Christiane hinter dem Menüpunkt *Nachrichten* die Zahl 1 als Hinweis, dass sie eine neue Nachricht hat.

Ein Akzeptanztest kann nur erfüllt sein oder fehlschlagen. Er kann nicht zu „50% erfüllt" sein. Daher ist es wichtig, den Testfall so präzise wie möglich zu formulieren, auf einfache Sachverhalte herunterzubrechen und im Zweifel lieber mehrere Testfälle pro Feature zu erstellen. In unserem Beispiel könnte der erste Testfall ergänzt werden durch einen zweiten:

- Wenn Max Christiane eine Nachricht schickt, erscheint diese in ihrem Nachrichteneingang.

So ein Akzeptanztest kann manuell durchgeführt werden. Es bietet sich aber natürlich an, ihn zu automatisieren, da man mit ihm immer wieder die Funktionalität der Software aus Benutzersicht sicherstellen kann, zum Beispiel vor einem Release. An dieser Stelle kommt Selenium RC ins Spiel, worauf wir später zurückkommen werden.

Akzeptanztests im agilen Umfeld

Während die Entwickler ihre Unit-Tests schreiben, war das Schreiben der Akzeptanztests lange Zeit ausschließlich den Teammitgliedern der QA überlassen. Der Vorteil: Man kann sicher davon ausgehen, dass die Tests wirklich der ursprünglich beabsichtigten Funktionalität gerecht werden. Wir alle kennen Unit-Tests, die Entwickler nicht im Vorfeld testgetrieben, sondern unter erheblichem Zeitdruck nach Erstellen des eigentlichen Codes schreiben. Viele dieser Tests sind eigentlich unnütz, da sie mehr den Zweck erfüllen, den geschriebenen *Production Code* zu bestätigen, als ihn zu testen. Auch ein Akzeptanztest lässt sich so schreiben. Ein Tester mit mehr Abstand zur entwickelten Anwendung wird nicht so leicht in diese Falle gehen.

Der Nachteil dabei ist, dass das QA-Team in den meisten Fällen erst dann mit dem Schreiben der Tests beginnen kann, wenn die Entwickler mit ihrer Arbeit fertig sind, nach *Code Freeze*, einer Zeit, die eigentlich zum intensiven Testen, dem Versuch, die Anwendung zu „zerbrechen", genutzt werden sollte.

Anfang 2009 hat studiVZ auf agile Software-Entwicklung umgestellt, und zwar auf *Scrum*. Der Hauptunterschied zu einem Wasserfallprozess ist, dass die Entwicklungsabschnitte sehr viel kleinschrittiger sind. Dies schafft Transparenz und erleichtert das Schreiben von Oberflächentests sehr. Zudem heißt „fertig" tatsächlich, dass keine Nacharbeiten am Feature mehr stattfinden, die das Schreiben von Akzeptanztests erschweren würden. Ein sogenannter *Level of Done* definiert, welche Qualitätsmerkmale, unter anderem auch automatisierte Akzeptanztests, zu einem Feature gehören.

Durch Scrum wird der Tester stärker in den Erstellungsprozess mit eingebunden und arbeitet auch zeitlich viel enger mit dem Entwickler zusammen.

Zudem wird die Bedeutung, die Akzeptanztests zukommt, in agilen Prozessen gestärkt. Die Features werden nicht mehr – wie vorher üblich – in dickbändigen Anforderungskatalogen beschrieben, sondern in schlanken *User Stories*, aus denen sich die *Tasks* ergeben. Es ist gute Praxis, die Anforderungen, die sich aus diesen User Stories ergeben, zu Beginn einer Iteration in Akzeptanztests festzuhalten. Dies tun *Product Owner*, Tester und Entwickler zusammen. Damit schafft man eine gemeinsame Verständnisgrundlage, was bis zum Ende der Iteration umgesetzt werden soll. Vor allem formuliert man aber auf diese Weise auch bereits seine Selenium-Tests. Damit rücken sie ins Zentrum der Aufmerksamkeit. Das ist besonders wichtig, wenn man auch die Entwickler stärker in die Erstellung der Akzeptanztests einbeziehen will. Das ist ein Schritt, den wir gerade erst zu gehen begonnen haben und der in agilen Teams immer häufiger zu *Acceptance Test Driven Development* führt.

■ 17.3 Selenium

Selenium stellt unter anderem ein Framework zur Verfügung, mit dem man automatisierte Akzeptanztests für Webanwendungen realisieren kann. Der große Vorteil von Selenium gegenüber einigen anderen Frameworks ist der, dass die Tests tatsächlich in den jeweiligen Browsern ausgeführt werden und nicht gegen Libraries wie *htmlUnit*. So kann das reale Verhalten beinahe aller Browser getestet werden, mitsamt ihrer Fehler und Macken.

Die Steuerung des Browsers erfolgt bei Selenium „unter der Haube" per JavaScript. Zur Steuerung der auszuführenden Aktionen bietet Selenium dem Tester eine eigene Sprache, `Selenese` genannt, an, die aus einem sehr übersichtlichen und leicht erlernbaren Befehlssatz besteht. Von außen betrachtet wird (fast) jede Aktion für jeden Browser gleich gesteuert – hinter den Kulissen jedoch übernimmt der Selenium Core oftmals die Übersetzung des API-Befehls in den jeweiligen Browser-Dialekt.

Die Auswahl der zu testenden Elemente auf der Webseite erfolgt über sogenannte Locators. Mithilfe eines Locators wird angegeben, auf welchen Button oder Link geklickt oder das wievielte Element in der Navigationsleiste auf Vorhandensein überprüft werden soll. Zur Spezifizierung eines Locators können unter anderem XPath, DOM oder CSS-Selektoren verwendet werden.

Es ist immer wieder ein großer Spaß, Neulingen zum ersten Mal die Ausführung eines Akzeptanztests mit Selenium vorzuführen: Der Browser startet wie von Geisterhand und ein unsichtbarer Nutzer klickt sich durch die Webanwendung, schreibt Texte in Formulare und lädt Profilfotos hoch. Keine große Magie – trotzdem wird dieser Vorgang meist selbst von Entwicklern mit fröhlichem Staunen quittiert.

Kern aller Selenium-Anwendungen ist Selenium Core, das die API mit den Testbefehlen zur Verfügung stellt sowie einen sogenannten Testrunner, mit dem die Tests ausgeführt werden können. Auf Selenium Core basieren die weiteren Werkzeuge der Selenium-Suite.

Selenium Remote Control, kurz *Selenium RC*, ist ein Proxy-Server, der von einem Client Driver per HTTP angesprochen werden kann. Eine PHP-Implementierung eines solchen Treibers gibt es. Selenium RC stellt Folgendes sicher:

- Start und Stopp einer Browser-Instanz
- Absenden der Selenese-Befehle zur Steuerung des Browsers
- Injektion von Selenium Core in die zu testende Applikation

Mit Selenium RC führen wir in unserer *Continuous-Integration*-Umgebung die automatisierten Frontend-Tests aus. Deutlich wird die Struktur in Abbildung 17.1.

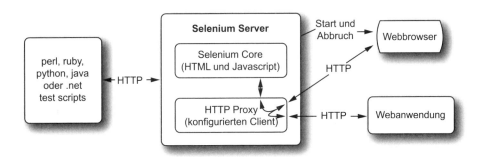

ABBILDUNG 17.1 Architektur von Selenium RC

 Da zwischen den offiziellen Releases von Selenium RC oft sehr viele Monate vergehen, empfiehlt es sich, auf die Nightly Builds zurückzugreifen. Sie sind in der Regel sehr stabil, und wir haben gute Erfahrungen damit gemacht. So konnten wir oftmals von Bugfixes und Verbesserungen Monate im Voraus profitieren.

Selenium IDE ist eine Capture&Replay-Erweiterung für Firefox, die die Aufnahme von manuell durchgeführten Testschritten im Browser ermöglicht. Diese Tests können in Form von HTML-Tabellen mit Selenese-Befehlen nach dem Schema *Kommando – Ziel – Wert* gespeichert oder in eine Sprache wie zum Beispiel PHP exportiert werden. Bei studiVZ kommt die Selenium IDE jedoch nur am Rande zum Einsatz.

Ein weiteres Werkzeug der Selenium-Familie ist *Selenium Grid*. Aufbauend auf Selenium RC ermöglicht es, mehrere Tests parallel auszuführen und so die zum Teil beträchtliche Ausführungsdauer zu reduzieren. Da bei PHPUnit bisher keine Isolation von Prozessen möglich war und diese mit Version 3.4 noch in den Kinderschuhen steckt, ist die Nutzung von Selenium Grid mit PHP aber nur eingeschränkt möglich. Bei konsequenter Verwendung von Testsuites und mithilfe eines Continuous-Integration Servers, der parallele Testausführung unterstützt, kann die Nutzung trotzdem schon jetzt Vorteile, allerdings auch einige Probleme mit sich bringen.

17.3.1 Die Selenium-Erweiterung von PHPUnit

Auch wenn man die Selenium-Werkzeuge eigenständig nutzen kann, so bietet es sich vor allem für größere Projekte an, die Selenium-Erweiterung von PHPUnit zu nutzen. Mit ihrer Hilfe ist es möglich, Selenium-Tests im für Tester und Entwickler gewohnten PHP-Umfeld zu schreiben. Die Klasse `PHPUnit_Extensions_SeleniumTestCase` stellt zum einen die Kommunikationsschnittstelle zu Selenium RC zur Verfügung, zum anderen bietet sie eine ganze Reihe speziell auf Selenium zugeschnittener Zusicherungen wie `assertElementContainsText()` oder `assertLocationEquals()` an. Daneben können natürlich auch alle vom Unit-Testen bekannten Zusicherungen genutzt werden.

Eine Besonderheit ist, dass die Implementierung einer `setUp()`-Methode zwingend erforderlich ist. Hier müssen die für Selenium notwendigen Parameter wie Browser, URL, Host etc. festgelegt werden. Hier ein einfaches Beispiel:

```php
<?php
class WebTest extends PHPUnit_Extensions_SeleniumTestCase
{
    protected function setUp()
    {
        $this->setBrowser('*firefox');
        $this->setBrowserUrl('http://www.example.com/');
    }

    public function testTitle()
    {
        $this->open('http://www.example.com/');
        $this->assertTitleEquals('Example WWW Page');
    }
}
```

Die Selenium-Erweiterung von PHPUnit bietet mittlerweile einige weitere Features an: Zum einen eine Möglichkeit, im Fehlerfall Screenshots aufzunehmen, worauf wir später noch zurückkommen werden. Zum anderen können auch Informationen über Code-Coverage gesammelt werden. Außerdem bietet PHPUnit die direkte Ausführung von

Selenese-HTML-Dateien, so wie die Selenium IDE sie aufnimmt. Dies ist ein sehr nützliches Feature für Teams, die mit der IDE angefangen haben und umsteigen möchten, ohne ihre alten Tests zu verlieren. Teams, die absehbar große Projekte von null an starten, möchten wir von der Benutzung der IDE abraten. Wir werden im Abschnitt Capture&Replay näher darauf eingehen. Ein Feature, auf das die Tester-Gemeinde noch wartet, ist die volle Unterstützung für die parallelisierte Testausführung durch PHPUnit. Dazu sollte jeder Test in einem separaten PHP-Prozess ausgeführt werden können. Das hätte den großen Vorteil, dass ein in einem Test auftretender Fatal Error nicht gleich die gesamte Testausführung stoppen würde, wie es momentan der Fall ist. Mit dem Release von PHPUnit 3.4 und der Option -process-isolation beziehungsweise den Annotationen @runInSeparateProcess und @runTestsInSeparateProcesses ist dieser Schritt ein ganzes Stück näher gerückt. Damit ist es möglich, einzelne Tests, Testsuiten oder generell alle Tests mit einem eigenen Prozess zu starten. Die zukünftigen Pläne für die Parallelisierung, aber auch die generellen Schwierigkeiten damit, beschreibt Sebastian Bergmann in seinem Blog [Bergmann 2007]. Gerade für große Testsuiten ist Geschwindigkeit ein kritischer Faktor – parallelisierte Testausführung in Verbindung mit Selenium Grid wäre hier ein großer Fortschritt. Wir sind sehr auf dieses Feature gespannt, das wohl sein volles Potenzial ab PHPUnit 4.0, vielleicht sogar schon in einer früheren Version, entfalten wird.

17.4 Technisches Setup von studiVZ

17.4.1 Codeumgebung

Da studiVZ ein stark gewachsenes System in einer sehr dynamischen Umgebung ist, kam Anfang 2007 der Punkt, an dem wir erkannten, dass der alte Code zu wartungsaufwendig geworden war. Wir entschlossen uns zu einem kompletten Reengineering. Die gesamte Codebasis wurde neu geschrieben und erhielt den Namen „Phoenix".

Zu Beginn der Neuentwicklung verwendeten wir das damals noch in einem frühen Entwicklungsstadium (Version 0.4) befindliche Zend Framework, mussten aber irgendwann feststellen, dass es der immensen Last der damals circa 3 Millionen User noch nicht gewachsen war. So wurden zwar einige der Designkonzepte des Zend Frameworks in Phoenix übernommen, jedoch der Framework-Code selbst wieder entfernt, lastkritische Teile angepasst oder für die speziellen Bedürfnisse der studiVZ-Plattformen neu geschrieben. Wir sind froh, diese Entscheidung getroffen zu haben, da wir sicher sind, dass unsere Plattform mit dem Zend Framework unsere momentan 15 Millionen Mitglieder nicht verkraften würde.

Zum Jahreswechsel 2007/2008, mehrere Monate und mehrere Hunderttausend Zeilen später, war das neue System fertig. Nach einigen Testläufen erfolgte die Umstellung im laufenden Betrieb.

Im Gegensatz zum alten Code waren wir mit unserem neuen, MVC-basierten Framework auch in der Lage, mit einer Codebasis mehrere Plattformen zu betreiben. So launchten wir Anfang 2008 auch noch das neue Portal *meinVZ*.

Das heutige System mit momentan circa 1,5 bis 2 Millionen Zeilen Code und Templates basiert auf einem klassischen LAMP-System mit PHP 5.2 sowie APC und memcached zur Lastabfederung und sendet in Spitzenzeiten mit circa 750 Servern bis zu 5.400 Mbit/s dynamisch generierte Seiten an die Nutzer.

Die einzelnen Features sind modulbasiert und lassen sich einzeln an- und abschalten sowie plattformspezifisch konfigurieren.

17.4.2 Testumgebung

Wie eingangs erwähnt, basiert unsere Teststrategie neben manuellen Tests stark auf Testautomatisierung. Neben speziellen API-Tests testen circa 3.000 Unit-Tests unsere Models. Unsere Frontend-Tests umfassen circa 1500 Selenium Akzeptanztests.

Herzstück unseres Testsystems ist ein *Continuous-Integration-Server*, Bamboo aus dem Hause Atlassian Pty Ltd., der bei jedem Commit in unser Subversion-Repository sowie in regelmäßigen Abständen Tests gegen den Code laufen lässt und Fehler sofort anzeigt.

Die Wahl auf das kostenpflichtige Bamboo fiel 2007 deshalb, da es noch kein phpUnderControl gab und uns die Anpassung von CruiseControl zu zeitaufwendig erschien. Letztendlich sind wir heute noch zufrieden mit dieser Wahl, da Bamboo mittlerweile ein uns sehr liebgewonnenes Feature besitzt: Man kann ein *Continuous Integration Grid* aufbauen. Da unser erster Server, der zwar sehr leistungsfähig ist (4 Xeon CPUs mit 3,8 GHz und 8 GB RAM), nicht mehr mit der zeitnahen Ausführung aller Tests hinterherkam, stellten wir drei weitere Server der gleichen Konfiguration hin. Über das *Grid*-Feature sorgt Bamboo automatisch dafür, dass die auszuführenden Test gleichmäßig auf die zur Verfügung stehenden Server verteilt werden. Mithilfe sogenannter *Agents* kann sehr detailliert konfiguriert werden, auf welchem Server welche unserer Testsuiten laufen sollen. Somit ist es uns weiterhin möglich, Tests zeitnah auszuführen. Ein weiterer Vorteil ist die sehr gute Integration in die übrigen Produkte von Atlassian, wie den SVN-Browser FishEye, das Code-Review-Werkzeug Crucible oder den Projekt- und Bugtracker Jira.

Zielhost mit der *Application-under-Test* ist unser *Acceptance-Test-Server*. Dort läuft eine aktuelle Version unserer VZ-Plattformen. Abgesehen von wenigen Einstellungen, die uns das Testen erleichtern, versuchen wir, so nah wie möglich an Produktivbedingungen zu arbeiten. Selenium RC läuft auf den Test-Clients, derer Bamboo sich bedient. Bei jedem Testdurchlauf holt sich Bamboo eine aktualisierte Version unseres Codes und der Tests und startet per PHPUnit die Frontend-Tests.

Kurz: Die PHPUnit-Tests werden auf Bamboo ausgeführt, Selenium und der jeweilige Browser auf den Test-Clients angesteuert und damit die Application-under-Test auf dem *Acceptance-Test-Server* aufgerufen. Diese Dreifachstruktur sorgt besonders bei Selenium-Neulingen anfangs für Verwirrung. Die Ergebnisse der Durchläufe werden den Entwicklern zu jeder Zeit auf mehreren großen Monitoren angezeigt, die in der Nähe von Kaffeemaschine und Sitzecke aufgehängt sind, um das Testen für jeden so transparent wie möglich zu machen.

Die erfolgreichen Tests sind die Basis für unseren 14-tägigen Release-Zyklus und geben jederzeit Auskunft über den qualitativen Zustand des Trunks und des aktuellen Release-Branches.

17.5 Best Practices

Wir begannen Mitte 2007, und damit schon sehr früh, Tests mit Selenium zu automatisieren.

In diesen zweieinhalb Jahren haben wir mehrmals die Strategie angepasst, wie wir unsere Tests schreiben. Je mehr Erfahrung wir sammelten, desto klarer wurden unsere Vorstellungen davon, wie unsere Tests sein sollten. Die Frontend-Tests haben sich dadurch in ihrer Beschaffenheit stark verändert.

Vieles, was wir gelernt haben, lässt sich verallgemeinern. Manches ist nicht neu und findet sich als Grundsatz in anderen Bereichen des Programmierens beziehungsweise Testens wieder.

17.5.1 Jugendsünden

Monolithische Tests

Die ersten Tests, die wir schrieben, waren monolithisch. Das heißt, wir betrachteten einen Test-Case als einen Block von mehreren Tests, die zusammenhängend ausgeführt wurden. Damit wollten wir Zeit in der Ausführung der Tests sowie Code Overhead einsparen. Wir starteten nur einmal pro Test-Case eine Browser-Session. Zudem führten wir ein Setup für einen Test-Case nur einmal aus und ließen die folgenden Tests aufeinander aufbauen, da sie ja alle ein Feature testeten und dazu oft die gleichen Klickwege notwendig waren.

Ein Beispiel, wie man es nicht machen sollte: monolithische Tests aus unserer Anfangszeit:

```php
class    AcceptanceTests_Modules_Migration_MigrationBasicsTest
extends PhoenixSeleniumTestCase
{
    private $_testUser = 'ATMigrationFriend92@studivz.net';

    public function setUp()
    {
        parent::setUp();
        $this->setAutoStop(false);
    }

    public function testLinkToMigration ()
    {
        $this->login($this->_testUser);
        $this->open('Profile/EditGeneral');

        $this->assertElementPresent(
          "xpath=id('ProfileEditGeneral')/fieldset/div[1]/div[2]/a"
        );

        $this->clickAndWait(
          "xpath=id('ProfileEditGeneral')/fieldset/div[1]/div[2]/a"
        );
```

```php
        $this->assertLocationEquals(
          PHX_PLATFORM_URL_1 . 'Migration/MigrationInfo'
        );

        $this->clickAndWait(
          "xpath=id('MigrationInfo')/div[3]/a[1]"
        );
    }

    public function testMigrationPhotoPage ()
    {
        $this->assertLocationEquals(
          PHX_PLATFORM_URL_1 . 'Migration/PhotoInfo'
        );

        $this->assertEquals(
          PHX_PLATFORM_URL_1 . 'Img/step1.jpg',
          $this->getAttribute(
            "xpath=id('Migration')/div[1]/img/@src"
          )
        );

        // links and button
        $this->assertElementPresent(
          "xpath=id('MigrationInfo')/div[3]/a[1]"
        );

        $this->assertEquals(
          Phx_I18n_GetText::get(
            'Migration', 'page.migrationInfo.back'
          ),
          $this->getText(
            "xpath=id('MigrationInfo')/div[3]/a[2]"
          )
        );
    }
}
```

Solche Tests werden wesentlich schneller ausgeführt als unsere heutigen Tests – doch diese Art, Tests zu schreiben, brachte uns auch eine Menge Ärger, denn die Tests sind ungeheuer fragil und schwer wartbar. Ein fehlschlagender Test reichte, um alle folgenden ebenfalls scheitern zu lassen. Noch schlimmer: In besonders vertrackten Fällen kam es vor, dass eine Abweichung vom eigentlichen Testverlauf zum Beispiel im dritten Test verursacht wurde, aber nicht auffiel, sich aber dann im fünften Test auswirkte. Das Debugging gestaltete sich entsprechend aufwendig. Ein weiterer Nachteil dieser Herangehensweise war, dass die Tests immer im Ganzen ausgeführt werden mussten und sich nicht einzelne Tests über die PHPUnit-Optionen -filter oder -group ausführen ließen.

Wir müssen uns natürlich fragen lassen, wie wir diesen alten Grundsatz der Testerstellung, atomare, voneinander unabhängige Tests zu schreiben, verletzen konnten – der uns natürlich auch bekannt war. Jedoch verführen Frontend-Tests in vielerlei Hinsicht dazu zu meinen, hier gelten andere Anforderungen und somit auch andere Gesetze. Wir mussten dann aus Erfahrung lernen: Nein, auch hier gelten die generellen Grundsätze des Programmierens und automatisierten Testens!

Statische User

Eine andere Vorgehensweise, die wir früher verfolgt haben, war das Erstellen statischer Testuser. Diese Testuser hatten ein auf den Testfall zugeschnittenes Profil. Dies konnte zum Beispiel ein studiVZ-Nutzer sein, der seine Daten nicht für meinVZ freigegeben hatte, mit dem getestet wurde, ob er nicht in der meinVZ-Mitgliedersuche erscheint. Oder ein schülerVZ-Nutzer aus Berlin, dessen Profil nur für Schüler seiner eigenen Schule sichtbar war. Oder ein studiVZ-Nutzer mit einer bestimmten Anzahl Freunde beider Plattformen, mit 30 Nachrichten im Posteingang unseres Nachrichtendienstes. Diese Nutzer waren hartkodiert im Test-Quellcode und in der Datenbank angelegt, wie im vorangegangenen Beispiel bereits zu sehen war:

```
private $_testUser = 'ATMigrationFriend92@studivz.net';
```

Dies geschah vor allem deshalb, weil die Erstellung dieser Nutzer und der dazugehörigen Szenarien zum Teil sehr aufwendig gewesen wäre und wir damals noch keine Helferklassen hatten, die uns diese Arbeit abnahmen.

Auch das machte unsere Tests sehr zerbrechlich.

Die User in der gemeinsamen Testdatenbank wurden zum Teil von mehreren, parallel ausgeführten Tests genutzt. Sie schlugen dann natürlich fehl, da sich die User-Settings in der Datenbank gegenseitig in die Quere kamen. Besonders nervenaufreibend war das, wenn die betreffenden Tests zufällig manuell von zwei Testern ausgeführt wurden. In diesem Fall war der auftretende Fehler so gut wie unmöglich zu debuggen – bis man den Kollegen einen Schreibtisch weiter ebenfalls fluchen hörte ...

17.5.2 Strategiewechsel

Atomare Tests mit dynamischen Testdaten

So begannen wir Mitte 2008, die Art und Weise, wie wir Frontend-Tests erstellten, zu ändern: Wir schufen testübergreifende Testinventare, zuerst noch mit statischen Usern. Diese schafften die Voraussetzungen für den eigentlich zu testenden Schnipsel einer Funktionalität. Unsere einzelnen Tests, zusammengefasst in Test-Cases mit gemeinsamen Testinventaren, waren nun völlig unabhängig voneinander und konnten so auch bequem einzeln und in beliebiger Reihenfolge aufgerufen werden. Analog zu Unit-Tests wurde vor jedem einzelnen Test in `setUp()` das Testinventar erstellt, nach jedem Test per `tearDown()` bereinigt. Das vereinfachte sowohl den Erstellungs- als auch den Debugging-Prozess dramatisch, erhöhte jedoch die Ausführungszeit unserer Tests um ein Vielfaches. Trotzdem merkten wir sehr schnell, dass die Umstellung die einzig richtige Entscheidung war.

Der nächste Schritt zur Entwirrung unserer Tests war die Umstellung auf dynamische Testdaten. Dazu nutzten wir einige Services-Klassen, die einer unserer Entwickler mittlerweile für Unit-Tests geschrieben hatte. Diese Services legen verschiedene Testdaten, zugeschnitten auf verschiedene typische Testszenarien unserer Plattform, dynamisch an und löschen sie am Ende des Tests wieder. Mittlerweile können wir circa 80% unserer Testinventaranforderungen mithilfe der Services abdecken. Auch das sorgte wieder für eine Verlangsamung unserer Tests, doch andererseits für eine weitere Stabilisierung und bessere Wartbarkeit.

Stabilität und Wartbarkeit haben sich im Laufe der Zeit als die wichtigsten Kriterien für unsere Frontend-Tests herausgestellt, viel mehr noch als bei Unit-Tests. Diesen Anforderungen ordnen wir daher selbst andere Kernkriterien wie Geschwindigkeit oder schnelle Erstellbarkeit unter.

Ein Beispiel für atomare Tests und dynamische Testdaten via Unit-Test-Services:

```php
class    AcceptanceTests_Modules_Gruscheln_GruschelFriends
extends  PhoenixSeleniumTestCase
{
    //declare UnitTestServices
    protected $_userService;
    protected $_friendsService;

    protected $_user;
    protected $_friend;

    function setUp() {
        parent::setUp();

        $this->_userService =
        Test_Models_PhpUnitService_Manager::registerService(
          'Test_Models_PhpUnitService_User'
        );

        $this->_friendsService =
        Test_Models_PhpUnitService_Manager::registerService(
          'Test_Models_PhpUnitService_Friends'
        );

        $this->_user = $this->_userService->createObject(
          $this->platformId
        );

        $this->_friend = $this->_userService->createObject(
          $this->platformId
        );

        $this->_friendsService->setFriendship(
          $this->_user->ids, $this->_friend->ids
        );

        $this->login($this->_user->emailAcct);
    }
```

```php
    public function testIsGruschelnLinkAvailableOnFriendsProfile()
    {
        $this->open(
          ACCEPTANCE_TESTS_URI . '/Profile/' . $this->_friend->ids
        );

        $this->assertElementPresent(
          "xpath=id('gruscheln')"
        );
    }

    public function testIsGruschelnLinkAvailableOnFriendsList()
    {
        $this->open(
          ACCEPTANCE_TESTS_URI . '/Friends/All/'
        );

        $this->assertElementPresent(
          "xpath=//a[contains(@href,'/Gruscheln/DialogGruscheln/'" .
          $this->_friend->ids . ')]'
        );
    }

    public function tearDown() {
        Test_Models_PhpUnitService_Manager::unloadServices();
        $this->stop();
    }
}
```

Robustheit von Selenium-Tests

Frontend-Tests sind von Haus aus bereits wesentlich fragiler als zum Beispiel Unit-Tests. Schon deshalb, weil sie de facto Integrationstests sind und mit einer Menge von Komponenten des Gesamtsystems gleichzeitig umgehen müssen. Aber auch, weil sich die Weboberfläche einer vielbelebten und einer ständigen Weiterentwicklung unterworfenen Anwendung wie den VZ-Plattformen sehr oft verändert, manchmal in kaum sichtbaren Kleinigkeiten. Damit ändern sich oft auch die Locator-Angaben, mit deren Hilfe Selenium sich auf der Seite orientiert, und der Test zerbricht.

Besonders schmerzhaft zu spüren bekamen wir dies während einer Phase, in der sich viel auf den Plattformen änderte, sodass zum einen viele Tests zerbrachen, auf der anderen Seite der Workload des Tagesgeschäfts für das QA-Team so hoch war, dass kaum Zeit blieb, alte zerbrochene Tests zu fixen. In dieser mehrmonatigen Phase verloren wir Tests im dreistelligen Bereich, deren Refactoring uns bis heute noch verfolgt.

Der Testumfang muss klar sein

Aufgrund dieser Probleme änderten wir also erneut unsere Strategie: Hatten wir bis dahin den Ansatz verfolgt, eine möglichst hohe Abdeckung durch automatisierte Akzeptanztests zu erzielen und auch Randfälle möglichst vollständig abzudecken, erkannten wir nun, dass wir gar nicht die Manpower hatten, um diese Tests im Zweifelsfall auch ausreichend warten zu können. Deshalb entschieden wir uns, folgende Grundsätze für die Auswahl von zu automatisierenden Tests einzuführen:

- Teste nur die wichtigsten Funktionalitäten eines Features.
- Teste sehr wichtige Randfälle (zum Beispiel jene, die eine Auswirkung auf die Privatsphäre eines Nutzers haben).
- Teste zudem wichtige Funktionalitäten, deren komplexes Testinventar einen manuellen Test sehr zeitaufwendig macht.

Wenige, aber funktionierende Tests sind wesentlich wertvoller als eine Vielzahl von ins Detail gehenden, aber leider defekten Tests, mit deren Refactoring man nicht mehr nachkommt!

Allgemeine Funktionalität oder auch Browserkompatibilität?

Anlässlich unseres Strategiewechsels stellten wir uns auch die Frage, ob wir mit den Selenium-Tests hauptsächlich Funktionalität im Allgemeinen oder auch die Kompatibilität der Seite in verschiedenen Browsern testen wollten. Einer der Vorteile von Selenium ist ja, dass man besonders JavaScript- bzw. AJAX-lastige Applikationen gegen diverse aktuelle Browser-Instanzen testen kann.

Anfangs ließen wir unsere Tests gegen Firefox und Internet Explorer-Clients auf Windows-Basis laufen – Firefox zudem noch auf Linux- und Mac-Hosts. Doch wir bemerkten bald, dass dies den Pflegeaufwand wesentlich erhöhte und sehr wenig Nutzen brachte. Davon, diesen zusätzlichen Aufwand zu betreiben, raten wir ab, falls Manpower nicht im Überfluss vorhanden ist. Daher stellen wir mit unseren Selenium-Tests nur noch die Funktionalität im Firefox sicher – darüber hinausgehende Browser-Kompatibilitätstests erledigen wir mittlerweile nur noch mithilfe einer manuellen Checkliste.

Was eine Multi-Browser-Strategie mit Selenium teuer werden lässt, sind die kleinen Unterschiede zwischen den Browsern, die es zu beachten gilt. Zum einen sind es manche XPath-Schreibweisen, die im Firefox funktionieren können, im Internet Explorer jedoch nicht. Generell ist unsere Erfahrung, dass der Internet Explorer mehr Schwierigkeiten bereitete als der Firefox, was die XPath-Implementierung angeht. Besonders AJAX-lastige Tests machten oft Probleme.

Zum anderen hatten wir einige Schwierigkeiten mit Tastaturkommandos wie `keyPress` und `typeKeys`. Während sie im Firefox in den meisten Fällen funktionierten, hakelte es im Internet Explorer gewaltig. Einige Kommandos funktionierten in diesem Browser generell nicht, andere schienen nur in bestimmten Testkonstellationen fehleranfällig. Maus- und Tastatursimulationen sind anscheinend generell weniger robust als andere Operationen in Selenium. Der Anspruch, die Tests so zu schreiben, dass sie mit mehreren Browsern kompatibel sind, erhöht den Aufwand für die Testimplementierung stark.

Ein letzter großer Unterschied zwischen den Browsern ist das Thema Datei-Upload. Mehrere Features unserer Plattform beinhalten die Möglichkeit, ein Foto hochzuladen. Aus Sicherheitsgründen ist es generell nicht möglich, einen Datei-Upload per JavaScript auszuführen. Möglich wird es dennoch, wenn man den Firefox im sogenannten Chrome-Modus ausführt:

```
$this->setBrowser("*chrome");
```

Wir benutzen grundsätzlich den Chrome-Modus und haben sehr gute Erfahrungen damit gemacht. Für den Internet Explorer existieren zwar mittlerweile ebenfalls Workarounds im Netz, aber bei einer Implementierung für mehrere Browser steckt der Teufel eben oftmals im Detail.

Fixe Tests sofort!

Ein Kardinalfehler, den wir begangen haben, war, das Fixen defekter Tests in Zeiten hoher Arbeitsbelastung zugunsten manueller Tests zu verschieben. In der zuvor angedeuteten Phase, in der wir zu mehr als 100% ausgelastet waren, entschieden wir uns, zerbrochene Tests erst einmal liegen zu lassen, in der Absicht, sie später zu reparieren, und wir konzentrierten uns zunächst aufs Tagesgeschäft – ein Teufelskreis, wie sich bald herausstellen sollte: Dadurch, dass uns weniger automatische Tests zur Verfügung standen, erhöhte sich der manuelle Testaufwand – was uns wiederum noch weniger Zeit zum Fixen von alten Tests ließ. Hinzu kam, dass die fehlschlagenden Akzeptanztests extrem demotivierend auf unser Team wirkten. Es fühlte sich an wie ein Kampf gegen Windmühlen.

Später, als sich die Workload wieder normalisierte, hatte sich bei einigen Modulen so viel verändert, dass man die Tests neu schreiben musste, weil die Einarbeitung in den alten Code aufwendiger gewesen wäre. Mit regelmäßigem zeitnahen Refactoring wäre das vermeidbar gewesen. Vor allem das Debugging gestaltet sich, wenn man noch einzelne Änderungen an Features nachvollziehen kann, natürlich um einiges leichter.

Deshalb ist einer unserer Ratschläge an chronisch ausgelastete QA-Teams: Auch wenn es schwerfällt, das Tagesgeschäft herunterzupriorisieren: Niemals das Fixen von Tests auf später verschieben, das rächt sich. Und wenn wir alle ehrlich sind: Die Hoffnung auf eine Zukunft mit genügend freien Kapazitäten ist in den schnellen Zeiten von Web X.0 doch nur eine schöne Illusion. Gerade deshalb ist es auch besonders wichtig, von vornherein ausreichend Zeit für das Refactoring zerbrochener Tests in die Teamkapazitäten einzuplanen. 10% unserer Zeit müssen wir dafür ungefähr aufbringen.

Eine der Hauptschwierigkeiten beim Debuggen und Fixen von Selenium-Tests ist, die Stelle bzw. die Umstände zu identifizieren, wo der Test fehlschlägt. Oft sind die Fehlermeldungen nicht ganz eindeutig, da sie die Auswirkungen, nicht aber die Ursache des Fehlers angeben. Um eine bessere Orientierung zu bekommen, haben wir einige Zeit lang mit Screenshots gearbeitet, die automatisch aufgenommen werden, wenn ein Fehler auftritt. Mittlerweile ist dieses Feature Bestandteil der PHPUnit-Selenium-Extension. Sind die Variablen $captureScreenshotOnFailure, $screenshotPath und $screenshotUrl gesetzt, zeigt PHPUnit zusammen mit der Fehlermeldung einen Verweis auf den jeweiligen Screenshot.

Stabilisiere Locator – verwende IDs

Nach den Erfahrungen der zerbrochenen Tests stellten wir uns vor allem die Frage, wie wir unsere Tests von vornherein noch robuster machen könnten. An der Architektur der Tests hatten wir ja bereits gearbeitet – ebenso an der Frage, welche Tests wir wirklich automatisieren wollten.

Großes Optimierungspotenzial sahen wir, wenn wir direkt beim Locator ansetzten, den Selenium benutzt, um Seitenelemente anzusprechen. Es gibt verschiedene Notationen für diese Ansprache: per DOM, XPath oder CSS-Selektor – oder einfach durch die ID eines Elements.

```
<a href="http://www.studivz.net/Start"
    alt="Startseite"
     id="startlink">
```

Wann immer sich die Möglichkeit bietet, sollte man auf eine ID zurückgreifen. Solange sich der Name der ID nicht ändert, ist dieser Locator unzerbrechlich. Gerade in kleinen und mittelgroßen Projekten sollte es kein Problem sein, mit dem Frontend-Team zu vereinbaren, dass jedes Element, das in einem Test angesprochen werden könnte, eine solche ID bekommt. Bei einem Projekt der Größe von studiVZ (und vor allem bei unserem Traffic-Volumen) ist es nahezu unmöglich, alle Elemente mit einer ID zu versehen – es würde den Quellcode in Summe zu sehr aufblähen. Doch viele Elemente bekamen zugunsten der Testbarkeit ihre eigene ID.

Wo wir keine IDs einsetzen konnten, setzten wir lange Zeit ausschließlich auf XPath. Der Vorteil von XPath ist, dass es zum Beispiel für den Firefox sehr gute Add-ons wie XPath Checker gibt, die das Auslesen sehr einfach und schnell machen. Einer der Nachteile ist, dass XPathes schwer zu lesen und nachzuvollziehen sind.

```
"xpath=id('news_staticContent')/div[2]/div/p[4]/a"
```

Das bedeutet (von links beginnend): Gehe zum Element mit der ID `news_staticContent`, dann in den zweiten darauffolgenden Div-Container, dann in den ersten folgenden, dort zum vierten Absatz (p) und verwende den darin enthaltenen Link (a).

Ein anderer Nachteil wird hier deutlich: Je näher der Locator am Wurzelelement der Seite beginnt, desto zerbrechlicher wird er. Hätte man im obigen Beispiel keine ID, sondern müsste am Seitenanfang beginnen, sähe der XPath sogar so aus:

```
"xpath=/html/body/div[3]/div[2]/div[3]/div[4]/div[2]/div/p[4]/a"
```

Schnell kommt mal ein `div` hinzu – und der Test zerbricht, weil die Anzahl der `div`s auf der Seite nicht mehr mit der im Locator übereinstimmt.

Deshalb sollte man probieren, den XPath auf den kürzesten Pfad zu reduzieren:

```
"xpath=//div[@id='box']/p[4]/a"
```

Egal, ob man auf CSS-Selektoren, DOM oder XPath setzt – letztlich bleibt die Problematik dieselbe: Locator sind schwer lesbar und fragil.

Ein paar Grundregeln im Erstellen von Zusicherungen machen das Arbeiten damit leichter:

- Nutze IDs, wo immer es geht.
- Nutze Patterns für zu testende Elemente, verwende Funktionen, die XPath bereitstellt, wie `contains()` oder `text()`:

    ```
    $this->click("xpath=//a[contains(@href, 'editProfile')]");
    ```

    anstelle von

```
$this->click("xpath=id('profile')/div[2]/div/p[4]/a");
```

- Wenn ein Element keine eindeutige ID hat, fasse die Zusicherung lieber etwas weiter, um sie robuster zu machen. So ist es zum Beispiel besser, auf das Vorhandensein eines Linknamens zu prüfen:

```
$this->assertTextPresent('Profil bearbeiten')
```

anstatt mittels

```
$this->assertEquals(
  'Profil bearbeiten',
  $this->getText("xpath=id('news_staticContent')/p[4]/a"
);
```

auf die genaue Stelle zu prüfen.

- Definiere sämtliche Locator-Pfade an einer zentralen Stelle, im Kopf des Tests oder in einer separaten Datei. Kommentiere sie dort ausführlich und benutze im Code sprechende Variablen anstelle eines Locators – mit dieser simplen Vorgehensweise erhöht sich die Nachvollziehbarkeit und Wartbarkeit der Tests enorm. Ein

```
$this->click($locator['linkToEditProfile']);
```

ist im Test wesentlich intuitiver zu begreifen als:

```
$this->click("xpath=id('profile')/div[2]/div/p[4]/a");
```

 Eine gute Hilfe kann hier auch die Verwendung von UI-Element sein, das mittlerweile auch als Erweiterung in Selenium integriert ist.

Das leidige Thema Geschwindigkeit

Noch ein Wort zur Geschwindigkeit von Selenium-Tests: Wer nur die Ausführungszeiten von Unit-Tests kennt, wird wahrscheinlich über die von Selenium-Tests schockiert sein. Während eine Suite von Komponententests in der Regel im Zehntelsekunden- bis Sekundenbereich liegt, benötigt eine Suite von Selenium-Tests gerne mal eine oder sogar mehrere Minuten.

Zum einen liegt das natürlich eben daran, dass die Tests auf der Weboberfläche ausgeführt werden. Zum anderen wird, je nach Konfiguration, der Browser bei jedem einzelnen Test mit einer frischen Session gestartet und danach wieder geschlossen. Das kostet Zeit, was für kleine Projekte meistens nicht ins Gewicht fällt, aber bei einer vierstelligen Anzahl von Tests kommt man so schnell auf eine Ausführungszeit von mehreren Stunden. So werden die Selenium-Tests schnell zum Flaschenhals im Testbetrieb.

Einige Maßnahmen verschaffen Abhilfe oder wenigstens Linderung:

- Nebenläufigkeit – Wir haben das Thema schon angesprochen: Auch wenn mit PHP eine vollständige nebenläufige Testausführung noch nicht möglich ist, so gibt es trotzdem geeignete Continuous-Integration-Server, die von Haus aus Grid-Funktionalitäten mitbringen. In Verbindung mit einiger Hardware und Selenium Grid kann das den Tests Beine machen [Pahl 2009].

- Testläufe der Tageszeit anpassen – Dauert es Stunden, bis die Tests durchgelaufen sind, sind Nightly Builds die richtige Option für die Summe aller Tests. Tagsüber, wenn die Entwickler auf schnelles Feedback angewiesen sind, kann eine abgespeckte Version nur der wichtigsten Selenium-Tests laufen, zum Beispiel die automatisierte Form einer sonst manuell abzuarbeitenden Release-Checkliste.

- Unnötiges Schließen des Browsers vermeiden – Selenium bietet ein Flag, *browserSessionReuse*, das verhindert, dass der Browser nach jeder Testausführung geschlossen wird. Dadurch spart man eine Menge Zeit, da das Öffnen und Schließen gerade bei atomaren Tests oft einen Löwenanteil der Zeit ausmacht. Allerdings gibt es ein paar Stolpersteine: Da Cookies und Cache zwischen den Tests nicht gelöscht werden, kann es passieren, dass sich je nach Anwendung Seiteneffekte einschleichen. Hier ist besondere Vorsicht bei der Erstellung der Tests geboten.

- Setup und Test sauber trennen – Gerade Anfänger machen oft den Fehler, auch Aktionen, die lediglich der Testvorbereitung dienen, in den eigentlichen Test aufzunehmen. Stattdessen sollten sie dorthin, wohin sie gehören: ins Setup. Und es ist auch nicht notwendig, diese Vorbereitungen, zum Beispiel das Anlegen eines Nutzers, über den Browser stattfinden zu lassen. Stattdessen leisten hier Helferklassen im Hintergrund bessere Arbeit. Selenium bzw. der Browser sollen erst dann ins Spiel kommen, wenn es um den eigentlichen Test geht.

Rezepte für Last-Minute-Features

Den Letzten beißen die Hunde – ein Sprichwort, das jedem Tester schon mal durch den Kopf gegangen sein dürfte. Welche Strategien hat ein QA-Team, mit sich bis zur letzten Minute ändernden Features umzugehen?

- **Frontend zuerst**
  Anfangs bauten die Entwickler für ein Feature gleichzeitig mit dem Backend das Frontend, und zum Schluss bereinigte unser HTML-Team den Quellcode noch einmal. Das hatte die Auswirkung, dass wir alle bis dahin bereits geschriebenen Tests noch einmal refaktorieren mussten – da wir XPath-Ausdrücke verwendeten und damals recht wenige Elemente vordefinierte IDs hatten. Nachdem wir das Vorgehen umgestellt hatten und ein großer Teil der Views vor dem Erstellen des Features von unserem Frontend-Team gebaut wurde, hatten wir mehr Verlässlichkeit für unsere Tests.

- **Mockups und vordefinierte IDs**
  Wenn es nicht möglich ist, die Views zuerst zu bauen, dann bieten Mock-Ups eine große Hilfe. Wenn jedes Element, das im Test angesprochen werden soll, zudem eine CSS-ID hat, kann nicht mehr viel schiefgehen. Es hilft, sich bei den IDs auf ein einheitliches Benamungsschema festzulegen, sodass jedes Teammitglied bereits im Voraus weiß, wie ein Element heißen wird.

- **Agile Arbeitsweise**
  Einer der Vorteile an einer agilen Arbeitsweise gegenüber konservativen Prozessen wie Wasserfall ist die größere Transparenz. Dies gilt auch für große Features, die in übersichtliche Teilfeatures zerlegt werden. Bekam die QA zum Beispiel in Zeiten der Wasser-

fallprozesse ein riesiges Feature erst nach Wochen, so bekommt sie heute kleine Teile, deren Testumfang begrenzt ist. Im Optimalfall sitzt der Tester auch mit im agilen Team und hat den Kontakt zum Feature bereits während der Entwicklung. Je kleiner der Vorsprung der Developer auf die QA ist, desto besser.

Auch Tests sind Software

Oft wird beim Schreiben von Tests, und besonders von Frontend-Tests, eine alte Regel vergessen: Auch Testcode ist Software. Daher sollten auf Tests dieselben Regeln guter Software-Entwicklung angewandt werden, wie wir sie auch auf Produktionscode anwenden würden:

- Verwendung sprechender Test- und Variablennamen. Besonders die Testnamen sollten den Kollegen auf den ersten Blick erzählen, was der Test macht. PHPUnit unterstützt das mit der eingebauten TestDox-Funktionalität, die sehr einfach umzusetzen ist:
  - Jeder Testname beginnt mit dem Präfix `test`.
  - Der eigentliche beschreibende Name wird nun im CamelCase-Stil angefügt.

  Beispiel:

  ```
  testPageIsAccessibleWithoutLogin
  ```

  wird beim Ausführen von PHPUnit ausgegeben als:

  ```
  - Page is accessible without login
  ```

  Bei Bedarf kann auf diese Weise eine agile Testdokumentation erstellt werden. Und diese Vorgehensweise, so fanden wir heraus, bietet noch einen anderen Vorteil: Ist es schwierig, dem Test einen sprechenden Namen zu geben, der auf den Punkt bringt, was getestet wird, dann ist das in der Regel ein sogenannter *Test-Smell*, ein Zeichen, dass der Test zu komplex ist und aufgeteilt werden sollte.

- Ausführliche Kommentierung, besonders dort, wo Selektoren ins Spiel kommen und so das spätere Verständnis erschweren.
- Einhaltung von Coding Conventions – Sie machen den Testcode wesentlich lesbarer, so wie allen anderen Code auch.
- Nutzung von Vererbung – Gerade beim Testen großer Features bietet sich die gemeinsame Nutzung von Setup-Klassen an, von denen man nur noch ableiten und an die individuellen Anforderungen der einzelnen Test-Cases anpassen muss.
- Aufbau einer Bibliothek mit Testhelfern, möglichst von Beginn an. Auf diese Weise können häufig verwendete Funktionalitäten, die test- oder sogar feature-übergreifend verwendet werden, ausgelagert werden und Coderedundanzen vermeiden helfen.
- Und vor allem gilt auch hier das eherne Grundgesetz der Software-Entwicklung: KISS – Keep It Simple, Stupid! Je einfacher ein Test aufgebaut ist, desto besser ist er lesbar und wartbar.

Capture&Replay vs. Testprogrammierung

Lange Zeit haben wir unsere Tests ausschließlich programmiert – doch was ist mit den gängigen Capture&Replay-Werkzeugen, mit denen sich Tests bequem aufzeichnen lassen?

Auch die Selenium Tool Suite bietet ja mit Selenium IDE eine solche Funktionalität. Es lassen sich sogar die einmal aufgezeichneten Tests in PHP oder andere Sprachen exportieren und mit etwas Aufwand auch von einem Continuous-Integration-System ausführen. Warum coden wir also unsere Selenium-Tests? Zum einen liegt es an den Anforderungen unserer Software: Unsere Tests müssen für drei Plattformen in zwei Sprachen funktionieren. Natürlich wäre es nicht sinnvoll, für jeden Testfall sechs Tests aufzuzeichnen. Für große Projekte scheidet dieser Weg also im Allgemeinen aus.

Aber es gibt aus unserer Sicht noch einige Gründe, die auch für kleine Projekte Vorteile bieten:

- Die Tests können dank der Selenium-Erweiterung von PHPUnit analog zu den Unit-Tests auf gleiche Weise ausgeführt werden. Das hat den Vorteil, dass man nur eine Technologie und Infrastruktur verwalten und pflegen muss. Gerade in komplexen Testumgebungen wie der unseren ist das eine Erleichterung.
- Der Einarbeitungsaufwand für die Entwickler in die Selenium-Tests ist nicht groß, da sie bereits PHPUnit kennen. Dadurch wächst die Bereitschaft zur Mitarbeit. Auf einmal durch Unit-Tests erworbenem Wissen können sie aufbauen.
- Das Framework der eigenen Applikation kann für Hilfsfunktionen in den Tests genutzt werden. Dadurch nutzen wir Hunderte von Funktionen, die uns das Schreiben der Tests erleichtern. So können Tests während einer Refaktorierung schnell von einzelnen Entwicklern lokal ausgeführt werden.
- Die Testdaten können dynamisch erstellt werden. Nach der Ausführung des Tests werden sie gelöscht. Es existieren keine Abhängigkeiten zu bestehenden Daten – und nicht zu anderen Tests.
- Das Setup ist klar getrennt vom eigentlichen Test, während Selenium IDE diese Trennung nicht kennt und lange, monolithische Tests produziert.

Gleichwohl ist die kurze Erstellungszeit eines Tests mithilfe von Capture&Replay-Werkzeugen natürlich verlockend. Deshalb beschlossen wir, einen Versuch zu starten und eine kleine CLI-Applikation zu schreiben, die wir `Selenium_Transformer` tauften. Sie tut Folgendes:

- `Selenium_Transformer` legt ein Setup aus einem Pool von Standardszenarien an, die wir vorab definiert haben und die einen Großteil der einfachen Testszenarien unserer Plattform abdecken.
- Danach wird mit dem Benutzer des frisch erstellten Szenarios der Testfall per Selenium IDE auf studiVZ.net aufgezeichnet und mithilfe der IDE als PHP-Code exportiert.
- Nun wird der Testfall mit `Selenium_Transformer` für unsere Testumgebung angepasst: Die Klasse wird von unserem Test-Framework abgeleitet, im Test vorkommende Strings von studiVZ.net werden durch unsere intern verwendeten Bezeichner ersetzt (dabei gehen wir natürlich davon aus, dass die Strings während ihrer Aufzeichnung auf Richtigkeit geprüft wurden). Der von Selenium IDE hart im Code notierte Benutzer wird entfernt und durch einen dynamischen ersetzt, dessen Eigenschaften aufgrund des vorgegebenen Szenarios bekannt sind.
- Zudem nutzen wir die Möglichkeit, die Selenium IDE uns in den Optionen bietet, eine eigene JavaScript-Datei für Selenium Core einzubinden. Hiermit erweitern wir die Palette der Zusicherungen im Kontextmenü der Selenium IDE.

Was dabei herauskommt, ist ein großes Stück fortschrittlicher als ein herkömmlicher, mit Selenium IDE produzierter Test und kann genauso wie unsere selbst programmierten Tests automatisiert ausgeführt werden. Allerdings bleiben große Nachteile: Ein Testfall besteht nur aus einem monolithischen Block eines einzigen Tests. Das widerspricht sowohl allgemeinen Grundsätzen guten Testens als auch unseren eigenen Best Practices. Es ist sehr viel Disziplin nötig, kurze, übersichtliche Tests zu erstellen. Auch die von Selenium IDE erstellten Locators sind nicht immer so robust, wie sie sein könnten. Daher lohnt sich dieses Vorgehen nur, wenn Elemente getestet werden, die direkt per ID ansprechbar sind. Händische Nacharbeit macht die zuvor gewonnene Zeitersparnis zunichte und lohnt sich somit nicht.

Daher: Für sehr simple, übersichtliche Tests mit Standard-Setup-Szenarien kann sich die Erstellung eines solchen Quick-Tests lohnen. Als grundsätzliche Alternative zur Programmierung der Tests kommt der Transformer leider nicht infrage. Je komplexer Test-Setups und Anpassungen in Tests, desto lohnender ist das Coden der Tests.

Exkurs: Das Team – eine gute Mischung

Wenn wir über Testautomatisierung schreiben, vergessen wir oft, dass diese Tests von Menschen automatisiert werden. Den Wert von Menschen in unseren Entwicklungsprozessen sollten wir niemals unterschätzen. Von diesen Menschen hängt es nämlich ab, wie gut eine Software geschrieben und getestet ist. Daher ein Wort zu den Mitgliedern eines QA-Teams:

Der Traum eines jeden QA-Managers ist der Vollblut-Tester mit zehn Jahren Entwicklungshintergrund. Bis auf einige Ausnahmen bleibt das meistens ein schöner Traum. Meist besteht eine deutliche Neigung zum einen oder anderen. Wenn man diese Eigenschaften schon so selten in einem einzigen Menschen vereinen kann, so sollte aber umso mehr das Team im Querschnitt dieser Anforderung entsprechen. Unsere Erfahrung ist, dass eine gute Mischung aus Testern und Entwicklern in der QA unser Projekt gut vorangebracht hat und dies sowohl für unsere Teststrategie als auch für die Weiterentwicklung unseres Testframeworks unverzichtbar war.

Wir kennen andere QA-Abteilungen, in denen recht wenig Entwicklerpotenzial zu finden ist. Umso wichtiger ist hier die enge Zusammenarbeit mit den Entwicklern. Gerade auch im Hinblick auf die Nutzung von Selenium RC in Großprojekten ist tiefergehendes Programmier-Know-how für den Aufbau sinnvoller Teststrukturen sehr hilfreich.

Auf der anderen Seite haben klassische Tester im Gegensatz zu den meisten Entwicklern eine ganz andere Perspektive auf eine Anwendung und oftmals die berühmte Nase für deren Schwachstellen. Teams, die sich nur auf Entwickler verlassen und auf Tester verzichten, nehmen sich selbst diesen Vorteil. In automatisierten Akzeptanztests kommen die Anforderungen an beide Welten zusammen, da sie das Bindeglied zwischen dem klassischen, oft manuellen Testen und automatisierten Komponententests bilden. Eine Zusammenarbeit von klassischen Testern und QA-Entwicklern kann die Qualität von Selenium-Tests erheblich steigern.

17.6 Eine DSL muss her

Im Spätsommer 2008 zogen wir ein vorläufiges Fazit aus unseren bisherigen Erfahrungen: Wir hatten bis dahin eine große Lernkurve hinter, aber noch einen Berg von Arbeit vor uns.

Unsere Tests waren bereits um einiges lesbarer, wartbarer und stabiler als zu Beginn, doch zufrieden waren wir noch nicht. Vor allem zerbrachen wir uns auch den Kopf darüber, wie wir Redundanzen auf Code- und auf Inhaltsebene nicht nur vermeiden, sondern auch für uns nutzen konnten. Denn letztlich waren es ja immer wieder dieselben Elemente, die wir ansprachen und nutzten. Wir experimentierten auch kurz mit *Fitnesse*, einem Software-Testwerkzeug, doch damals schien es für unsere Zwecke nicht optimal zu sein.

Ohne es zunächst zu wissen, schlugen wir trotzdem den Weg hin zu einer *Domain Specific Language*, kurz *DSL*, ein.

Eine *Domain Specific Language (DSL)*, übersetzt domänenspezifische Sprache, ist eine Sprache, die für einen ganz spezifischen Anwendungsbereich entworfen wurde. Dies hat den Vorteil, dass sie ihre Domäne sehr genau abbilden bzw. beschreiben kann. Alles andere, was außerhalb des Problembereichs liegt, für den sie geschaffen wurde, wird in der DSL nicht berücksichtigt. Hierdurch wird, je nach Ausprägung der DSL, die Beschreibung von Sachverhalten selbst für Nichtprogrammierer möglich. Ein weiterer großer Vorteil ist die bessere Lesbarkeit von DSL-Code gegenüber dem universeller Programmiersprachen.

Es gibt zwei unterschiedliche Ansätze, eine DSL zu konzipieren:

- *Interne DSL* – Eine interne DSL setzt auf einer vorhandenen Sprache, zum Beispiel PHP, auf. Dadurch sinkt der Implementierungsaufwand erheblich, auf der anderen Seite bleibt die interne DSL dadurch doch meist sehr technisch in ihrer Ausformulierung und schränkt den Nutzerkreis damit auf Entwickler und andere Nutzer mit gutem technischen Verständnis ein. Beispiele für eine interne DSL sind *rake* (das *make* für *Ruby*) oder auch die Frameworks der *xUnit*-Familie.
- *Externe DSL* – Eine externe DSL ist eine von Grund auf neu entwickelte Sprache. Daher ist sie frei in der Formulierung. Dadurch kann sie flexibler an die Anforderungen der Domäne angepasst und stärker an die natürliche Sprache angelehnt werden, was ein großer Vorteil für Domänenexperten ohne technische Kenntnisse ist. Ein bekanntes Beispiel für eine externe DSL ist SQL.

Als Max anfing, die erste Version von dem zu schreiben, was später `Testing_SeleniumDSL` werden sollte, war es gar nicht seine Absicht, eine DSL zu erschaffen, sondern zunächst nur ein Framework für einige Hilfsmethoden, die gängige Vorgänge auf unserer Plattform bzw. in unseren Tests zusammenfassten. Erst im Verlauf des Projektes entstand mehr und mehr ein DSL-Framework.

17.6.1 Interne DSL

Aufgrund der oben beschriebenen Entstehungsgeschichte stellte sich die Wahl einer internen oder externen DSL für uns gar nicht erst. Doch immerhin hat die Entscheidung für eine interne DSL einige Vorteile:

- Wir können auf unsere vorhandenen Werkzeuge PHP und auf unser studiVZ-Framework aufbauen.
- Unser Testframework ist weiterhin PHPUnit. Dies ist ein solch mächtiges Werkzeug, mit dem die Entwickler Erfahrung haben, dass keine Notwendigkeit besteht, das Rad hier

neu zu erfinden. Die Zusicherungen von PHPUnit können in `Testing_SeleniumDSL` genutzt werden, eigene Zusicherungen gibt es aus diesem Grund im DSL-Framework nicht.
- Ein weiterer wichtiger Vorteil, den wir uns zunutze machen: PHPUnit kann Selenium bereits steuern. `Testing_SeleniumDSL` ist als eine Erweiterung des Selenium-Treibers von PHPUnit geschrieben und setzt komplett auf PHPUnit auf, somit mussten wir uns um die Steuerung von Selenium keinerlei Gedanken machen. Da PHPUnit objektorientiert aufgebaut ist, konnte unser DSL-Framework sehr gut in PHPUnit integriert werden.

Den Nachteil einer verminderten Lesbarkeit für Nichtentwickler nahmen wir in Kauf, da unsere Tests sowieso nur von „Techies" gelesen wurden. Die Lesbarkeit für Tester und Entwickler wurde mit dem DSL-Ansatz sehr erhöht.

17.6.2 Testing_SeleniumDSL 1.0

Als sich abzeichnete, dass die Entwicklung Richtung DSL ging, ergaben sich weitere Anforderungen: Am wichtigsten war für uns eine praktikable Migration: Da wir keine zwei Testumgebungen parallel betreiben wollten, sollten alte Tests auf jeden Fall noch ausführbar sein, während neue bereits mit `Testing_SeleniumDSL` geschrieben würden. Das stellte allerdings kein Problem dar, da die Software ja direkt auf PHPUnit aufsetzte.

Auch die ganze Konzeption des Frameworks basierte auf einem „Work in Progress"-Ansatz leichter Erweiterbarkeit. Wer den Alltag einer QA-Abteilung kennt, weiß, dass dank Tagesgeschäft etwas anderes schwer durchführbar ist. Durch den konsequent objektorientierten Ansatz konnten die vorhandenen Funktionalitäten schon genutzt werden, aber alles andere musste wie bisher mithilfe von PHPUnit geschrieben werden. Beim Refactoring oder Schreiben neuer Tests ergaben sich weitere Anwendungsfälle, die sich gut per DSL abbilden ließen.

Doch wie funktioniert unsere DSL nun genau? Da wir es ausschließlich mit dem Test von Webanwendungen zu tun haben, bot sich an, sich auf typische HTML-Elemente zu konzentrieren und sich am *DOM (Document Object Model)* zu orientieren. In Webanwendungen testet man ja gewöhnlich Elemente wie Titel, Formulare und Eingabefelder, Steuerelemente wie Buttons sowie Links, Tabellen, Bilder sowie `<div>`-Container, in denen sich Inhalte befinden. Diese Inhalte kann man über die entsprechenden HTML-Elemente und ihre Namen, IDs und Attribute beschreiben. Die DSL war analog zu DOM aufgebaut: Die Seite wurde beginnend mit dem Wurzelelement indiziert und von dort ausgehend auf Kind- und Kindeskinderelemente zugegriffen. Die Identifikation erfolgte intern über XPath – was allerdings vor dem Anwender größtenteils verborgen blieb. Die DSL stellte die jeweilige Methode zur Verfügung, zum Beispiel eine Methode `radioButton()`, die definiert, wie ein Radio-Button über den XPath identifizierbar ist. Eingebettet sind die Methoden in eine objektorientierte Beziehung zueinander. Um beim Beispiel Radio-Button zu bleiben: Ein Radio-Button hat immer ein *Form* als Elternelement. Im Code wird es über das Prinzip der *Fluent Interfaces* abgebildet.

Fluent Interface

Cal Evans liefert eine schöne Erklärung:

„...fluent interfaces is a way of chaining methods of an object together. By having a method return a reference to the object itself (`return $this;`) you chain methods together like this

`$this->methodOne()->methodTwo()->methodThree();`

This can make your code easier to read, and that is the point of using fluent interfaces, making your code easier to read." [Evans 2006]

Und Martin Fowler schlägt den Bogen zu den Domain Specific Languages:

„Probably the most important thing to notice about this style is that the intent is to do something along the lines of an internal Domain Specific Language. Indeed this is why we chose the term *fluent* to describe it, in many ways the two terms are synonyms. The API is primarily designed to be readable and to flow. The price of this fluency is more effort, both in thinking and in the API construction itself. The simple API of constructor, setter, and addition methods is much easier to write. Coming up with a nice fluent API requires a good bit of thought."[Fowler 2005]

Fluent Interfaces sorgen für eine stark erhöhte Lesbarkeit, da die Orientierung, wo auf der Seite man sich gerade bewegt, beim Lesen erhalten bleibt.

Implementierung eines Tests mithilfe von `Testing_SeleniumDSL`:

```
// Check for message box with specific error message.
$this->assertTrue(
  $this->dsl->currentPage()
           ->div(withId('errors'))
           ->contains('Invalid login!')
);
```

Implementierung eines Tests ohne eine DSL:

```
// Check for message box with specific error message.
$this->assertEquals("xpath=id('errors')/div/p[4]", 'Invalid login!');
```

Besonders wenn man eine Reihe von Zusicherungen in einem Test hat, was sich bei den Frontend-Tests meistens nicht vermeiden lässt, ist die Beschreibung der Vorgehensweise in einer DSL wesentlich aufschlussreicher.

Das gleiche Prinzip, das für die klassischen HTML-Elemente gilt, wandten wir auch auf frei definierbare Elemente an, die immer wieder in unserer Webanwendung auftauchten: So konnten wir beispielsweise in einer Methode `Dialog` beschreiben, wie ein Dialog auf allen unseren Seiten gestaltet und ansprechbar war. Damit hatten wir eines unserer wichtigsten Ziele, uns nicht ständig zu wiederholen, erreicht, was zu mehr Stabilität und einem geringeren Refactoring-Aufwand führte.

Der Knackpunkt: Kontextabhängigkeit

Um das volle Potenzial einer Beschreibungssprache auszuschöpfen, sind kontextabhängige Matcher und Constraints wichtig, wie wir sie auch im obigen Beispiel bereits verwendet haben. Schnell hatten wir ein Repertoire von Funktionen wie `exists()`, `click()`, `withName()`, `withId()` etc., mit denen wir ein Element präzisieren oder mit einer Aktion versehen konnten:

```
$page->link(withName('test'))->click();
```

In der ersten Version von `Testing_SeleniumDSL` waren diese Funktionen nicht nur für jedes Element (Checkbox, Radiobutton, Table, Button, Div etc.) verfügbar – sondern leider auch für jedes Element gesondert implementiert. Schnell war klar, dass somit unglaublich viel redundanter Code entstand. Zu allem Überfluss unterschieden sich Methoden mit identischen Namen manchmal in Kleinigkeiten, je nachdem, für welches Element sie implementiert waren. Dadurch wurde die Logik der DSL schwer nachvollziehbar, und Konfusion darüber entstand, wann man welche Methode und in welcher Reihenfolge einsetzen könne – sowohl für Entwickler beim Erweitern der DSL als auch für Tester beim Schreiben von Tests.

Wir hatten nun einige Monate mit `Testing_SeleniumDSL` 1.0 gearbeitet. Und wir merkten: Wir waren prinzipiell auf der richtigen Spur. Doch dadurch, dass es aufgrund der ursprünglich anderen Ausrichtung einige Probleme mit dem Framework gab, war es in dieser Form noch nicht das, was wir uns mittlerweile von einer DSL wünschten.

17.6.3 Testing_SeleniumDSL 2.0 – ein Entwurf

Diese Erfahrungen mit Version 1.0 halfen uns, eine genaue Vorstellung davon zu entwickeln, wie `Testing_SeleniumDSL` eigentlich aussehen soll. Es muss leistungsfähiger, besser wartbar und vor allem für Entwickler und Tester in Aufbau und Verwendung nachvollziehbar und somit leichter erlernbar sein.

Deshalb soll in `Testing_SeleniumDSL` 2.0 nicht jede Methode mit einem starren Parametergerüst ausgestattet, sondern so implementiert werden, dass sie auf jedes beliebige Objekt angewendet werden kann. Das zu prüfende Objekt wird angesprochen, mit einer jeweils passenden Methode, die einen Matcher, einen Constraint oder eine Aktion darstellt. Zuletzt baut das DSL-Framework das Ganze zusammen und führt es aus.

Zur besseren Orientierung soll auch eine neue Klassenhierarchie in Version 2.0 eingeführt werden. Eine Unterteilung nach

- Beschreibung des Elements (Checkbox, Radio-Button, Seite ...)
- Differenzierung des Zielelements (`withFileName()`, `endsWith()`, `withId()`, `withName()`)
- Aktionen (`click()`, `clickLink()`, `navigate()`, `insertText()` ...)
- Überprüfungen (Ist der Radiobutton angeklickt oder nicht?)

bietet sich an, um für einfacheres Design und bessere Testbarkeit zu sorgen.

Es gibt noch weitere Veränderungen, die für `Testing_SeleniumDSL` 2.0 umgesetzt oder geplant sind: Voraussetzung wird PHP ab Version 5.3 sein. Warum? Weil dadurch die Nutzung von Namensräumen und der Phar-Extension möglich wird. Die Nutzung von Namespaces ist uns deshalb wichtig, weil es in PHP bis einschließlich Version 5.2 nur einen globalen Namespace gibt. So müsste man, um Konflikte mit anderen Methodennamen zu vermeiden, lange Methodennamen nutzen – dies ist nicht vereinbar mit dem Ziel einer DSL, linguistisch simpel zu arbeiten, da es die Lesbarkeit schwer beeinträchtigt:

```
TestingDSL_withName(TestingDSL_endsWithFileName)
```

ist wesentlich schwieriger zu erfassen als:

```
withName(endsWithFileName)
```

Eine andere Unschönheit soll sich ebenfalls aus dem Quellcode verabschieden: der Gebrauch von `$this->`.

Wiederum ist

```
radioButton(withName(endsWith("test")))
```

wesentlich besser lesbar als:

```
radioButton($this->withName($this->endsWith("test")))
```

Während sie in Version 1.0 zum Teil als Funktionen im globalen Namensraum umgesetzt waren, um auf `$this` verzichten zu können, werden die Methoden in Version 2.0 alle objektorientiert programmiert. Hier werden Funktionen im Namensraum von SeleniumDSL verwendet.

Zu guter Letzt fand noch die Verwendung von Phar, ebenfalls fester Bestandteil von PHP 5.3, Einzug in das Konzept. Phar deshalb, weil es dem Anwender die Einbindung des SeleniumDSL erleichtert – er muss nur noch eine einzige Phar-Datei einbinden und in seine Tests kein DSL-Setup mehr implementieren: Das Phar-Archiv übernimmt das Bootstrapping und inkludiert die restlichen Dateien.

Status und Ausblick auf Version 2.0

Wie bei vielen guten Projekten liegt das Hauptproblem von `Testing_SeleniumDSL` 2.0 im Ressourcenmangel. Das Konzept haben wir hier vorgestellt, das direkt aus unseren Erfahrungen im Einsatz der Version 1.0 entstand. Auch Code wurde schon geschrieben – einsatzbereit ist das neue Framework aber noch nicht. Dazu fehlt noch ein ganzes Stück Arbeit. Eine mögliche Alternative ist es, `Testing_SeleniumDSL` schon vor der Fertigstellung in den Open-Source-Bereich zu überführen, um das Release von Version 2.0 mit vereinten Kräften beschleunigen zu können. Oder es findet sich jemand, der unsere Ideen und Erfahrungen aufgreift, um eine eigene Software zu schreiben.

Denn während die Ruby-Welt es vormacht, sind domänenspezifische Sprachen im PHP-Tester-Umfeld leider noch Mangelware. Mit Sicherheit wäre es ein Zugewinn für viele, die Selenium-Tests in größerem Umfang einsetzen. Denn mehr Stabilität und Lesbarkeit bedeuten in der Praxis, zwei Hauptprobleme des Frontend-Testens gelöst zu haben.

17.7 Fazit

Im Austausch mit Programmierern und Testern, die nicht – oder noch nicht – auf Frontend-Tests setzen, werden wir oft gefragt: Lohnt sich der ganze Aufwand, Frontend-Tests zu erstellen? Reichen nicht auch Unit-Tests, unterstützt durch manuelles Testen, um die Qualität unserer Anwendung sicherzustellen? Da wir auf den vergangenen Seiten ja ausführlich unsere Lernkurve beschrieben haben, dürfte klar sein, dass wir uns diese Frage von Zeit zu Zeit auch gestellt haben – mit wechselnden Tendenzen zu Ja oder Nein. Unsere heutige Antwort: Ja, es lohnt sich durchaus, den zusätzlichen Aufwand zu betreiben. Allerdings sollte man sich von Beginn an sehr genau die Anforderungen überlegen, die man an das zu testende System stellt.

Selenium-Tests haben nur dann ein gesundes Kosten-Nutzen-Verhältnis, wenn man zielgerichtet vorgeht. Dazu sollte man vorab die folgenden Fragen beantworten:

- Ziel: Was will ich mit meinen Tests erreichen? Will ich die Funktionalität meiner Features bzw. eine gelungene Integration oder auch Browserkompatibilität sicherstellen?
- Umfang: Welche Funktionalitäten will ich testen? Will ich nur die wichtigsten Funktionen meiner Hauptfeatures abdecken oder eine umfassende Abdeckung auch selten genutzter Funktionen?
- Zeitraum: Wie schnelllebig ist meine Application unter Test? In welchem Umfang sind Änderungen im Frontend zu erwarten?
- Herangehensweise: Muss ich die Tests programmieren, oder reicht es, sie aufzuzeichnen und gegebenenfalls anzupassen?
- Rahmenbedingungen: Wie sieht das Konzept zur Erstellung von Setups aus? Wie werden meine Testdaten generiert?
- Continuous-Integration: Habe ich eine Continuous-Integration-Strategie? Wie stelle ich sicher, dass die Tests regelmäßig durchlaufen werden?
- Ressourcen: Kann ich den Wartungsaufwand für meine angestrebte Teststrategie wirklich leisten? Habe ich genügend Zeit fürs Refactoring der Selenium-Tests eingeplant?

Hat man sich dann entschieden, Selenium-Tests zu schreiben, sollte man die zwei wichtigsten Prinzipien stets vor Augen haben:

- Die leichte Lesbarkeit und Verständlichkeit der Tests sind entscheidend für deren spätere Wartbarkeit und lange Lebensdauer.
- Die Robustheit der Tests ist das Kriterium, von dem der Erfolg der Frontend-Tests maßgeblich abhängt.

Ist das Projekt groß genug und die Zahl der Tests wird absehbar in die Tausende gehen, sollte man frühzeitig über die Integration einer DSL nachdenken. Dies kann eine interne DSL sein, deren Vorteile wir ja gezeigt haben. In anderen Fällen, besonders wenn man die Einbeziehung anderer Business-Units in Produktion und Test stärken will, kann eine externe DSL die bessere Lösung sein. In jedem Fall ist dazu anfänglich einiger Aufwand notwendig. Doch je größer das Projekt, desto lohnenswerter ist es. Dank agiler Arbeitsweisen und Einflüssen aus Sprachen wie Ruby wird auch für PHP das Thema DSL gerade im Enterprise-Umfeld in Zukunft immer stärker auf den Plan treten.

Wir haben versucht, mit unserem Kapitel einen Einblick in das spannende Thema Selenium-Tests zu geben und einige Regeln zu extrahieren, die sich in unserer Erfahrung der letzten zweieinhalb Jahre bewahrheitet haben. Wer diese Regeln beherzigt und an sein jeweiliges Umfeld anpasst, wird an Selenium-Tests seine Freude haben. In ihrer Funktion als Integrations-, Browserkompatibilitäts- und Akzeptanztests sind sie die perfekte Ergänzung zu Unit-Tests und tragen stark zur Erhöhung der Code- und Release-Qualität bei.

18 Qualitätssicherung bei Digg

von Robert Balousek, Matt Erkkila, Ian Eure,
Bill Shupp, Jeremy McCarthy und Brian O'Neill

■ 18.1 Die Ausgangssituation

18.1.1 Unsere Probleme

Die erste Version von Digg wurde 2004 gestartet. Von einem einzigen Entwickler geschrieben, erlaubte sie das Einstellen von Links, über die abgestimmt werden konnte. 2010 bietet sich ein anderes Bild: Mit über 70 Angestellten und über 1.1 Millionen Zeilen Code hat Digg jeden Monat mehrere Millionen von Seitenaufrufen und bedient damit ungefähr 39 Millionen eindeutige Besucher. Mit 16 Entwicklern, die sich auf vier Teams verteilen und von vier *QA Engineers* – einer für jedes Team – unterstützt werden, führen wir fast täglich ein Deployment von neuem Code durch. Manchmal beschränkt sich der neue Code auf ein paar Zeilen für einen Bugfix, manchmal sind es 2000–3000 Zeilen Code für ein neues Feature.

Anfang 2008 war das Entwicklerteam von Digg noch relativ klein und bestand aus acht Entwicklern, die nicht von *QA Engineers* unterstützt wurden. Wir arbeiteten nach dem Wasserfallmodell, verwendeten umfangreiche Dokumente für die Anforderungsanalyse und befanden uns stets in nur einer Phase des Prozesses. Mit diesem Modell dauerte es in der Regel drei bis vier Monate, um ein Feature-Set zu veröffentlichen. Da unser Release-Zyklus so lang und der Release-Prozess umfangreich und kompliziert war, dauerten die Releases oft länger als geplant und waren recht fehleranfällig.

Diese Probleme sind nichts Neues in der Welt der Software-Entwicklung. Jedes Team von mehr als drei oder vier Entwicklern, das versucht hat, ein Produkt egal welcher Größe zu entwickeln, kennt ähnliche Schmerzen. Die Lösungen für diese Probleme sind wohlbekannt und dokumentiert. Anstatt ein einzelnes Vorgehensmodell zu wählen, entschlossen wir uns dazu, verschiedene Elemente aus unterschiedlichen Vorgehensmodellen zu nehmen, vor allem aus den agilen Prozessen, insbesondere dem eXtreme Programming.

Alles in allem mussten wir unsere Entwicklung beschleunigen, die Zeit zwischen Releases verkürzen und die Anzahl der Fehler reduzieren. Vor diesem Hintergrund entschieden wir uns für die folgenden sechs Eckpfeiler unserer neuen Entwicklungsphilosophie:

- Kleinere Teams
- Kleinere Releases
- Code-Reviews
- Unit-Tests
- Build-Automatisierung
- Kontinuierliche Integration

18.1.2 Code-Altlasten

In der schnelllebigen Technologiebranche hat man selten die Zeit, Dinge auf Anhieb richtig zu tun. Die erste Version von Code ist fast immer schlecht, starr, *over-engineered* und nicht durchdacht. Es ist niemals einfach, eine Sanierung einer solchen Codebasis durchzuführen, um beispielsweise neue Entwurfsmuster einzuführen. Mangelnde Voraussicht verschlimmert die Situation weiter.

Dies ist die Situation, in der sich Digg befand. Eine große Codebasis mit Altlasten an prozeduralem Code, der hauptsächlich reagierend geschrieben wurde: Wenn etwas kaputtging, so wurde es schnell behoben – anstatt es richtig zu machen. Natürlich hat dies zu Code geführt, der teilweise recht riskant ist. Paradoxerweise ist der Code, der der meisten Tests bedarf, am schwersten zu testen.

Ein Großteil der Code-Altlasten von Digg bestand aus monolithischen Funktionen. So enthielt beispielsweise eine 32 Kilobyte große Datei neun Funktionen in 767 Zeilen. Das entspricht etwa 100 Zeilen pro Funktion – zu groß, als dass man klar verstehen kann, was die Funktion wie macht. In anderen Dateien bot sich ein anderes Bild, beispielsweise mit nicht weniger als 28 Funktionen in 847 Zeilen oder 16 Funktionen in 681 Zeilen.

Dies führt zu Problemen beim Schreiben von Unit-Tests, da diese vorzugsweise kleine Code-Einheiten testen sollen. Wenn man eine Funktion oder Methode mit 100 Zeilen Code und vielen Bedingungen hat, dann wird der Testcode schnell zu Spaghetti-Code.

Die von uns eingeführte Strategie sieht die Erstellung von *Black-Box*-Tests für die Code-Altlasten vor, die sicherstellen, dass für bekannte Eingaben die korrekte Ausgabe erzeugt wird. Die Tests helfen beim Einhalten der Abwärtskompatibilität und können mit minimalem Aufwand für den neuen Code wiederverwendet werden. Dies gibt uns die Freiheit, Methode für Methode, Teile der Anwendung zu refaktorieren oder neu zu schreiben, um den Code zu säubern und eine gute Testabdeckung zu erreichen.

Daneben gab es noch eine Reihe weiterer Probleme mit unserer alten Codebasis, beispielsweise die nahezu vollständige Vermeidung von objektorientierter Programmierung (OOP). In einer so starren Programmiersprache[1] wie PHP ist prozeduraler Code sehr schwer zu

---

[1] Gemeint ist damit, dass sich eine Methode zur Laufzeit nicht mehr ändern lässt. Beispielsweise benötigt man in Python keine Mock-Objekte, da die getestete Klasse zur Laufzeit einfach entsprechend angepasst werden kann.

testen: Wenn eine Funktion, die man testet, eine andere Funktion aufruft, so hat man keine Möglichkeit, die aufgerufene Funktion für Testzwecke einen festgesetzten Wert zurückgeben zu lassen. Dies ist besonders beim Testen von Datenbankcode ein erschwerender Faktor, da die entsprechenden Funktionen sehr eng an die zugrunde liegende Datenbankarchitektur gekoppelt sind und es keine Möglichkeit gibt, die Kopplung zu durchbrechen.

Es gibt einige Wege, dieses Problem zu umgehen. So bietet beispielsweise Runkit[2] die Möglichkeit, Funktionen zur Laufzeit auszutauschen. Dies kann aber zu nicht beabsichtigten – und gefährlichen – Seiteneffekten führen, weswegen man in Tests auf solche Abweichungen von der Produktivumgebung lieber verzichten sollte.

Im Gegensatz dazu ist es bei der Verwendung von objektorientierter Programmierung sehr einfach, ein anderes Objekt anstelle des Objekts, das die Datenbank repräsentiert, zu Testzwecken zu verwenden und in den Code einzuschleusen, der getestet werden soll. Dies erlaubt es, das Verhalten der Datenbank zu simulieren und die entsprechenden Tests von der Datenbank zu entkoppeln.

Es gibt keine wirklich gute Lösung für das Problem, in PHP zur Laufzeit Funktionen auszutauschen, und so blieb uns keine andere Wahl, als den existierenden Code zu ändern. Anstatt den Code zu portieren, entschlossen wir uns, vollständig neue, objektorientierte Bibliotheken zu schreiben, um unsere Architektur und Infrastruktur zu verbessern.

Das Testen von Frontend-Code ist ähnlich schwierig wie das Testen von Backend-Code. In diesem Fall bestehen allerdings Abhängigkeiten auf Request- und Server-Informationen. Die meisten PHP-Programmierer haben kein Problem damit, auf superglobale Variablen zuzugreifen. Dies ist allerdings dem Testen nicht wirklich zuträglich. Es ist extrem aufwendig, diese Variablen für jeden Test wieder und wieder vorzubereiten.

Bleibt noch das Testen des erzeugten Markups. Die meisten PHP-Programmierer geben dieses einfach mit `print` aus, ohne auch nur darüber nachzudenken. Und wiederum führt dies zu Problemen beim Testen: Der einzige Weg, solchen Code zu testen, ist die Verwendung von *Output Buffering*, um die Ausgabe abfangen und auswerten zu können. Schlimmer noch ist das Untersuchen von HTTP-Headern, beispielsweise um zu testen, dass eine Anfrage einen korrekten Redirect erzeugt oder dass die erwarteten Cache-Header gesetzt sind.

Anstatt all diese Probleme nur zu umgehen, ohne sie richtig zu lösen, nahmen wir uns ein Beispiel an Django und führten *Request*- und *Response*-Objekte ein. Der Frontend-Code akzeptiert nun ein *Request*-Objekt, das die superglobalen Variablen kapselt, und liefert ein *Response*-Objekt zurück, das sowohl die eigentliche Ausgabe als auch die nötigen HTTP-Header kapselt. Auf diese Weise können wir den Code von der Webumgebung entkoppeln, verschiedene Anfragen für Tests simulieren und das Ergebnis direkt testen.

18.1.3 Wie lösen wir unsere Probleme?

Die Größe zählt

Größer ist nicht besser, und es ist auch nicht schneller. Mehr als sechs oder sieben Entwickler, die an einem Projekt arbeiten, sind zu viele. Kleine Teams mit drei oder vier Leuten und

---

[2] *http://pecl.php.net/runkit*

demselben Ziel produzieren besseren Code mit weniger Zeilen und weniger Fehlern als ein doppelt so großes Team.

Wir sind auf dieses Problem gestoßen, als die Zahl der Entwickler bei Digg auf acht stieg. Es war schwierig, so viele Leute in einem Team zu managen, und verleitete uns dazu, zu viele neue Features für ein Release zu planen. Die Anzahl an Fehlern nahm zu, was zu längeren QA-Phasen und zu verspäteten Releases führte. Es wurde offensichtlich, dass wir so nicht weiter machen konnten.

Teamgröße

Um das Problem der Teamgröße zu lösen, teilten wir die Entwickler in vier kleinere Teams auf, von denen jedes für einen bestimmten Teil des Codes verantwortlich ist. Jedes Team besteht nun aus einem Teamleiter und drei bis fünf Entwicklern. Der Teamleiter leitet das Team, beantwortet Fragen, räumt Hürden aus dem Weg, hält das Management auf dem Laufenden und stellt sicher, dass das Team auf dem richtigen Weg ist.

Projektgröße

Wie schon erwähnt, waren auch unsere Projekte zu groß. Also verkleinerten wir sie: Was früher ein Drei-Monate-Projekt war, wird nun in vier Drei-Wochen-Projekte aufgeteilt. Ferner reduzierten wir die Anzahl neuer Codezeilen, die zwischen zwei Releases geschrieben werden, was zu einer signifikanten Reduzierung der Fehler und der für Qualitätssicherung benötigten Zeit führte. Im Ergebnis gelang es uns so, besser im Zeitplan zu bleiben und unsere Deadlines zu halten.

Code-Umfang

Erreicht eine Software eine bestimmte Größe, so wird die Arbeit an ihr schmerzhaft. Was früher mal eine einfache Aufgabe war, ist nun kompliziert. Anstatt ein einzelnes Verzeichnis mit ein paar Dutzend Dateien mit `grep` zu durchsuchen, müssen nun Tausende Dateien an mehreren unterschiedlichen Orten durchsucht werden.

Abhängigkeiten sind ebenfalls ein Problem. In einer monolithischen Codebasis sind diese meist implizit. Dies führt zu eng gekoppeltem Code, der schwer zu refaktorieren und zu testen ist. Die Tatsache, dass der Code prozedural und nicht objektorientiert geschrieben ist, macht die Sache nicht einfacher.

Diese Probleme haben wir in unterschiedlichen Ausprägungen bei Digg erlebt, am schlimmsten jedoch in Bezug auf Code. Um unsere Probleme zu lösen, unternahmen wir ein dreimonatiges Projekt, in dem wir unseren Code in mehr als 100 modulare und eigenständige Pakete aufgeteilt haben. Glücklicherweise bietet PHP mit PEAR[3] ein großartiges System, um die Abhängigkeiten zu beherrschen und die Module zu verteilen.

Vorausschauend entwickelten wir zur gleichen Zeit eine Infrastruktur, die es uns ermöglicht, neue Funktionalität in Form von sauberem, objektorientiertem Code implementieren zu können. Wir richteten auch einen internen PEAR-Server ein, der es uns erlaubt, unseren Code auf unsere Test- und Produktivsysteme zu verteilen.

---

[3] http://pear.php.net/

Obwohl es schön wäre, wenn man ein solches Unterfangen „in einem Rutsch" erledigen könnte, so ist dies mit einer so großen Codebasis wie der unseren einfach nicht praktikabel. Einen Großteil unserer Code-Altlasten haben wir refaktoriert, realistischerweise musste dies jedoch in Phasen erfolgen, die jeweils Abwärtskompatibilität sicherstellen mussten.

Unit-Tests und Du

Unit-Tests funktionieren. Ja, Sie werden bis zu 30% (wenn nicht mehr) Ihrer Zeit darauf verwenden, sie zu schreiben. Aber Sie werden sehr viel mehr Zeit sparen, wenn Sie später einmal einen Fehler finden müssen.

Als wir bei Digg die Entscheidung trafen, testgetriebene Entwicklung einzuführen, verbrachten wir ein paar Wochen damit, uns die verschiedenen Optionen für PHP anzuschauen. Unsere Entwickler hatten in der Vergangenheit einige Erfahrungen mit Unit-Tests gesammelt: Einige hatten PHPT[4] benutzt, andere – aus der Java-Welt kommende Entwickler – waren mit JUnit[5] vertraut, während wieder andere noch keinen einzigen Unit-Test geschrieben hatten.

Bei einer so großen Codebasis wie der von Digg müssen sich die Entwickler sicher sein, dass eine Änderung an einer Komponente nicht dazu führt, dass andere Komponenten, die von ihr abhängen, nicht mehr funktionieren. Auch muss sichergestellt sein, dass der Vertrag zwischen einem Modul und dem Code, der es verwendet, nicht gebrochen wird. Unit-Tests signalisieren, wenn Abwärtskompatibilität gebrochen wird, und ermöglichen es, die Ursache zu beheben oder existierenden Code, der den geänderten Code verwendet, entsprechend zu aktualisieren.

18.1.4 Ein Test-Framework wählen

Wir hatten bereits einige PHPT-Tests, aber diese waren eher funktionale Tests als echte Unit-Tests. Nach unserer Bewertung der möglichen Test-Frameworks entschieden wir uns für PHPUnit[6]. Ausschlaggebend waren die überlegenen Leistungsmerkmale sowie der formale Ansatz von PHPUnit.

Tests sind mit PHPT extrem simpel und unterstützen nichts anderes als prozeduralen Code und den Vergleich durch Code erzeugter Ausgabe mit einem erwarteten Ergebnis. Stimmt die Ausgabe des Tests nicht mit dem erwarteten Ergebnis überein, so schlägt der Test fehl. In einem solchen Fall liefert PHPT als einzige Information die Unterschiede zwischen der tatsächlichen und der erwarteten Ausgabe. Im schlimmsten Fall müssen Sie den gesamten Testcode durchgehen und nach der Ursache suchen, warum der Test fehlgeschlagen ist.

PHPUnit ist in diesem Punkt ganz anders. Schlägt ein Test fehl, so erhält der Entwickler präzise Informationen darüber, wo der Fehler aufgetreten ist, und es wird ein *Stack Trace* ausgegeben. Anstatt tatsächliche und erwartete Ausgabe krude miteinander zu vergleichen, formuliert man mit PHPUnit in einem Test ganz genau, wie sich die getestete Funktion

---

[4] http://qa.php.net/write-test.php
[5] http://junit.org/
[6] http://www.phpunit.de/

oder Methode verhalten soll: Welches Ergebnis soll für bestimmte Argumente zurückgeliefert werden? Welche Exception soll in einem Fehlerfall ausgelöst werden? Welche anderen Methoden sollen von der getesteten Funktion oder Methode aufgerufen werden?

Wir haben das Testen mit PHPT als oberflächlich empfunden, während PHPUnit uns erlaubt, auch die hintersten Winkel unseres Codes testen zu können.

18.1.5 Mit einem Experten arbeiten

Sobald wir die Entscheidung getroffen hatten, einen Consultant ins Haus zu holen, der uns bei der Einführung des Test-Frameworks helfen sollte, kontaktierten wir zwei Consulting-Firmen und einen selbstständigen Experten. Wir waren mit keiner der beiden Firmen zufrieden. Die eine hatte ausreichend Erfahrung im Bereich Unit-Tests, konnte uns aber niemanden schicken, der auch Erfahrung mit PHP hat. Die andere Firma hatte ausreichend Erfahrung im Bereich PHP, aber wir waren uns nicht sicher, ob ausreichend Erfahrung mit Unit-Tests vorhanden war. Schließlich entschieden wir uns dafür, mit Sebastian Bergmann einen selbstständigen Experten zu engagieren. Er ist der Schöpfer von PHPUnit und verfügt daher über ausreichend Erfahrung sowohl mit Unit-Tests als auch mit PHP.

Nach der Entscheidung, Sebastian zu bitten, uns bei der Einführung von PHPUnit und kontinuierlicher Integration zu unterstützen, buchten wir ihn für die nächstmögliche Woche. Einen Monat später flog er aus Deutschland ein und verbrachte eine Woche in unserem Büro in San Francisco. In dieser Woche schulte er nicht nur einen Teil unserer Entwickler, sondern half uns auch, das Gelernte direkt in die Tat umzusetzen.

Der Prozess an sich war nicht wirklich schwer, es bedurfte nur Fokus und Zeit. Am Ende der Woche hatten wir eine funktionierende Testsuite, die bereits über etliche Tests für Kernklassen unseres Frameworks verfügte.

■ 18.2 Das Team trainieren

Nachdem wir PHPUnit in unsere kontinuierliche Integration aufgenommen hatten, war es an der Zeit, dass auch der Rest der Entwickler damit begann, PHPUnit zu nutzen. Nur etwa ein Viertel unserer Entwickler verfügte über Erfahrungen mit Unit-Tests, und von diesen hatte ein Teil nur Erfahrung mit PHPT. Nicht jeder war von der Idee der Unit-Tests begeistert, und so gab es auch Überzeugungsarbeit zu leisten.

Im Oktober 2008 führten wir einen dreistündigen Workshop durch, der folgende Themen behandelte:

- Grundlegende Konzepte für das Schreiben von Unit-Tests
- Generieren von Code-Coverage-Reports
- Dependency Injection und Mock-Objekte
- Weiterführende Optionen (Data-Provider, Testen von Ausnahmen, Konfiguration der Code-Coverage)
- Workshop (Hilfe beim Schreiben von Tests)

Die Entwickler mussten während des Workshops Codebeispiele schreiben, die dabei für alle sichtbar projiziert wurden. Obwohl dies ein guter Ansatz war, die Entwickler an das Thema heranzuführen, brauchten diese noch weitere Hilfe, als sie damit begannen, Tests für ihren Code zu schreiben. Häufig war Hilfe zu folgenden Punkten notwendig:

- Mocken von Objekten und damit verbundene Refaktorierungen
- Erstellung von Code-Coverage-Reports (einige hatten vergessen, dass dies überhaupt möglich war)

Was wir als sehr hilfreich empfunden haben, ist sicherzustellen, dass die Entwickler Gebrauch von der PHPUnit-Dokumentation machen. Wir haben sie ermutigt, sich einige Stunden Zeit für das Lesen der Dokumentation zu nehmen.

Da unsere Entwicklungsumgebung komplexer ist als die meisten monolithischen Umgebungen, mussten wir dafür sorgen, dass das Schreiben und Ausführen von Tests einfach ist. Wir entwickelten daher einen Shell-Wrapper für PHPUnit, der unter anderem die Umgebung in einen Testmodus versetzt, das Speicherlimit von PHP anhebt, den `include_path` konfiguriert und schließlich PHPUnit mit den gewünschten Argumenten aufruft. Ferner schrieben wir Basisklassen für Testfall- und Testsuite-Klassen, die unter anderem das Mocken von Klassen wie `HttpMessage` erleichtern.

Während der nächsten Monate freundeten sich die meisten unserer Entwickler mit dem Schreiben von Unit-Tests an, das Mocken von Abhängigkeiten sowie das Überprüfen von Code-Coverage *vor* einem Code-Review wurde für sie zur Normalität. Ein oder zwei Mitarbeiter sind immer noch zurückhaltend, was das Schreiben von Unit-Tests betrifft, und müssen erinnert werden, dies zu tun. Einige andere schreiben zwar Unit-Tests, sind aber dagegen. Die meisten sind allerdings für Unit-Tests und werden beim Schreiben immer besser. Schlussendlich führt all dies dazu, dass sich die Qualität unseres Codes kontinuierlich verbessert.

Wir haben festgestellt, dass ein Entwickler, der seine ersten Unit-Tests schreibt, im Allgemeinen Probleme dabei hat, alle Grenzfälle zu erkennen und zu testen.

Ein Grenzfall ist ein mögliches – wenn auch abnormes oder unerwartetes – Szenario, dem der getestete Code ausgesetzt sein kann. Wenn Sie Tests schreiben, die alle möglichen Szenarien abdecken, so werden Sie nicht nur mit hoher Wahrscheinlichkeit Fehler im getesteten Code aufdecken, Sie schützen sich auch davor, dass zukünftige Refaktorierungen das Verhalten des Codes nicht unbeabsichtigt ändern.

Grenzfälle treten in vielen unterschiedlichen Ausprägungen auf. Was passiert, wenn als erstes Argument `NULL` anstelle eines Integerwertes übergeben wird? Was ist, wenn eine Datenbankabfrage keine Ergebniszeilen liefert (weil beispielsweise die Verbindung zur Datenbank unterbrochen wurde)? An solche Ereignisse, die normalerweise nicht auftreten, zu denken, erfordert Erfahrung und Übung. Aber mit der Zeit geht es den Entwicklern in Fleisch und Blut über.

Hier ist eine Beispielfunktion:

```
/**
 * Adds two integers and returns an integer
 *
 * @param  int $a the first integer
 * @param  int $b the second integer
 * @return int the result of $a and $b added together
 */
function add($a, $b)
{
    return $a + $b;
}
```

Manche erstellen für diese Funktion nur einen Test und meinen, sie seien fertig:

```
function testAddition()
{
    $a = 2;
    $b = 3;

    $this->assertEquals($a + $b, add($a, $b));
}
```

Was aber ist mit den etlichen anderen Fällen, beispielsweise der Addition von negativen Zahlen, dem Überlauf von Integerwerten oder dem Übergeben von Strings anstelle von Integerwerten?

Hier ist ein weiterer Test, den wir schreiben können:

```
function testNegativeAddition()
{
    $a = -12;
    $b = -10;
    assertEquals($a + $b, add($a , $b));

    $a = 14;
    $b = -9;
    assertEquals($a + b, add($a, $b));
}
```

Nun gibt es eine Reihe von Tests, die wir noch schreiben können, für die wir aber den existierenden Code ändern müssen, damit die neuen Tests nicht fehlschlagen. Der guten Praxis der testgetriebenen Entwicklung folgend, schreiben wir zunächst die neuen Tests und passen im Anschluss den getesteten Code an.

```php
/**
 * @expectedException Exception
 */
function testOverflow()
{
    $a = PHP_INT_MAX;
    $b = 1;
    add($a, $b);
}

/**
 * @expectedException Exception
 */
function testNegativeOverflow()
{
    $a = 0 - PHP_INT_MAX;
    $b = -1;
    add($a, $b);
}

/**
 * @expectedException Exception
 */
function testParameterOverflow()
{
    $a = PHP_INT_MAX + 100;
    $b = 1;
    add($a, $b);
}

/**
 * @expectedException Exception
 */
function testStrings()
{
    $a = 'RTFM';
    $b = 3;
    add($a, $b);
}
```

Nun haben wir einige wichtige Grenzfälle korrekt getestet, die entsprechenden Tests schlagen jedoch noch fehl. Der Code der getesteten Funktion muss wie folgt geändert werden, damit die Tests erfolgreich ausgeführt werden können:

```php
function add($a, $b)
{
    if (is_int($a) && is_int($b)) {
        $result = $a + $b;

        if (is_int($result)) {
            return $result;
        }
    }

    throw new Exception('Invalid Integer');
}
```

Alle bislang geschriebenen Tests sollten nun erfolgreich ausgeführt werden können. Wenn eines der beiden Argumente kein Integerwert ist, so löst die Funktion eine Ausnahme aus.

18.3 Testbaren Code schreiben

Sobald man sich an die Denkart und Mentalität des Testens gewöhnt hat, fällt es auch leichter, testbaren Code zu schreiben. So weit zu kommen, kann aber anstrengend sein.

Bei Digg hat sich die Art, wie wir programmieren, durch die Einführung von Unit-Tests geändert. Beispielsweise kommuniziert unser Code nun deutlicher, was passiert: Anstatt Interna eines Objektes in Form öffentlicher Attribute zugreifbar zu machen, verwenden wir nun entsprechende Zugriffsmethoden. Dies erlaubt es uns, den Zugriff auf die Daten eines Objekts zu testen und zu mocken.

18.3.1 Statische Methoden vermeiden

Code, der statische Methodenaufrufe verwendet, ist schwer zu testen. Ruft beispielsweise eine Methode doFoo() eine statische Methode derselben Klasse mit self::doBar() auf, so kann in einer Kindklasse doBar() zwar überschrieben werden, diese überschriebene Methode wird aber von doFoo() wegen *Early Static Binding* nicht aufgerufen. PHP 5.3 schafft hier zwar mit optionalem *Late Static Binding* und static:: anstelle von self:: Abhilfe, aber dennoch sollte man die Verwendung von statischen Methodenaufrufen vermeiden.

```php
class Foo
{
    public function doFoo()
    {
        $res = self::doBar();

        if ($res) {
            // Path A
        } else {
            // Path B
        }
    }
}

class FooMock extends Foo
{
    public static function doBar()
    {
    }
}
```

Das `self` in `Foo` wird *immer* auf `Foo` verweisen und niemals auf `FooMock`. Dies macht es unmöglich, beide möglichen Ausführungspfade von `doFoo()` zu testen.

Das bereits erwähnte *Late Static Binding* von PHP 5.3 hilft an dieser Stelle nicht, da auch eine Methode einer ganz anderen Klasse statisch aufgerufen werden kann.

Betrachten wir folgendes Beispiel:

```php
class Foo
{
    function doFoo()
    {
        $res = DB::query('SELECT COUNT(*) FROM ‘foo’');

        if ($res == 0) {
            // Do something
            return;
        }

        // Do something else
    }
}
```

Dieser Code ist sehr schwer zu testen, da es unmöglich ist, das Ergebnis von `DB::query()` für Testzwecke zu ändern.

Idealerweise hätte die Klasse DB einen Mechanismus, um Abhängigkeiten injizieren zu können:

```php
class DB
{
    private static $db;

    public static function accept($db)
    {
        self::$db = $db;
    }

    public static function singleton()
    {
        if (!isset(self::$db)) {
            self::$db = DB::connect();
        }

        return self::$db
    }

    public static function query($q)
    {
        return self::$db->query($q);
    }
}
```

Dies erlaubt es, das Objekt zu mocken und so den Code der Methode query() für Testzwecke durch anderen Code zu ersetzen. Auf diese Weise kann man das Ergebnis so konfigurieren, dass beide Ausführungspfade in doFoo() abgedeckt werden können.

Allerdings knüpft dies die Testbarkeit des Codes an die Testbarkeit der benutzten Bibliotheken. Eine bessere Implementierung würde vielleicht eine Methode anbieten, die das DB-Objekt selbst liefert:

```php
class Foo
{
    protected function getDB()
    {
        return DB::singleton();
    }

    public function doFoo()
    {
        $res = $this->getDB()->query('SELECT COUNT(*) FROM ‘foo‘');

        if ($res == 0) {
            // Do something
            return;
        }
        // Do something else
    }
}
```

Dies reduziert die Anzahl der in Foo benötigten Methoden, da nicht für jede Methode aus DB ein Wrapper benötigt wird.

Abschließend halten wir fest, dass statische Methoden vermieden werden sollten. Sie sollten nur für triviale und einfach zu testende Operationen verwendet werden. Wenn statische Methoden verwendet werden müssen, so sollte der Code so aufgebaut sein, dass bei Bedarf Mock-Objekte injiziert werden können.

18.3.2 Dependency Injection

Wie wir gerade gesehen haben, ist es wichtig, Code aus seiner normalen Umgebung herauszulösen, um ihn verlässlich testen zu können. Diese Umgebung enthält anderen Code, auf den man sich nicht verlassen sollte. Natürlich hegen wir die Hoffnung, dass dieser andere Code ohne Fehler und gut getestet ist. Sicher können wir uns dessen aber nicht sein. Anstatt sich also darauf zu verlassen, dass der andere Code korrekt ist, ersetzen wir ihn durch Code, der so konfiguriert werden kann, dass er die für unsere Tests notwendigen Ereignisse im zu testenden Code auslöst. Und anstatt eine externe Datenbank oder einen Dienst zu verwenden, ersetzen wir deren Rückgabe durch vorkonfigurierte Werte, um sicherzustellen, dass der von uns getestete Code korrekt funktioniert.

Sie mögen nun den Eindruck haben, dass hiermit viel Arbeit verbunden ist. Und das ist auch der Fall. Allerdings ist das Schreiben des eigentlichen Codes gar nicht so schwer, wenn erst einmal eine entsprechende Infrastruktur geschaffen wurde.

Im nächsten Abschnitt stellen wir einen möglichen Ansatz hierfür im Detail vor.

18.4 Mock-Objekte

18.4.1 Überblick

Die häufigsten Probleme, die Sie beim Testen haben werden, sind verbunden mit der Interaktion des getesteten Codes mit anderen Objekten. Sie fallen in zwei Kategorien:
- Externe Abhängigkeiten, die Sie in Ihrer Testumgebung nicht verwenden können (oder nicht verwenden wollen): Datenbanken, REST-API-Aufrufe, Caches, um nur ein paar Beispiele zu nennen.
- Undurchsichtige Interaktionen mit anderem Code: Wenn bestimmte Bedingungen erfüllt sind, ruft der getestete Code anderen Code auf.

Diese Probleme können mit Voraussicht und durch die Anwendung von Entwurfsmustern gelöst werden.

18.4.2 Datenbank

Das Auflösen der Abhängigkeit auf die Datenbank war eine der größten Herausforderungen, denen wir uns bei der Einführung von Unit-Tests stellen mussten. Dies lag an den prozeduralen Code-Altlasten, die für die Kommunikation mit der Datenbank verantwortlich waren. Tests für diesen Bereich des Codes zu schreiben ist ein fortlaufender Prozess, da der Code stetig refaktoriert und verbessert wird.

Der traditionelle Ansatz, bei dem Daten aus der Datenbank durch simulierte Daten ersetzt werden, funktioniert für einfache Fälle. Sollen aber komplexere Situationen getestet werden, so bedarf es einer ausgeklügelteren Lösung.

Unsere Lösung bestand in der Entwicklung eines neuen SQLite-Treibers für die Datenbankabstraktionsschicht. Für die Tests bauen wir eine Mock-Umgebung auf, die SQLite-Datenbanken verwendet, und injizieren Objekte mit den Datenbankinstanzen in den zu testenden Code. Dieses Setup ist recht komplex und besteht aus mindestens einem halben Dutzend Mock-Objekten in unterschiedlichen Schichten. Da der Sinn dieses Setups das Testen von Interaktionen ist, wird es nur einmal aufgebaut, und zwar vor dem ersten Test. Dieselbe Umgebung wird für die folgenden Tests der Testfallklasse wiederverwendet und nach dem letzten Test der Testfallklasse abgebaut und aufgeräumt. Nachfolgende Testfälle der Testsuite bauen jeweils eine Umgebung auf. Dafür ist die setUp()-Methode in unserer Testfallbasisklasse verantwortlich.

Es gibt einige Probleme mit diesem Ansatz. So können beispielsweise keine komplexen oder MySQL-spezifischen Anfragen ausgeführt werden. Aber für geeigneten Code stellt dieser Ansatz einen extrem effektiven Weg des Testens dar.

18.4.3 Lose gekoppelte Abhängigkeiten

Eine der effektivsten Teststrategien, die wir eingeführt haben, ist eine Adaptierung des Visitor-Entwurfsmusters [Wikipedia 2010a], die wir *Acceptor* genannt haben. Klassen mit externen Abhängigkeiten verfügen über explizite Methoden, um die aktuelle Instanz beziehen und neue Instanzen injizieren zu können.

Im Code sieht dies wie folgt aus:

```
class Tested extends Pattern_Acceptor_Common
{
    protected $acceptable = array('DB'    => 'PDB_Common',
                                  'Cache' => 'Cache_Common');

    private function doWork()
    {
        $data = $this->getCache()->get('foo');

        if ($data === false) {
            $data = $this->getDB()->getAll('SELECT * FROM 'foo'');
            $this->getCache()->set('foo', $data);
        }

        return $data;
    }
```

```
    protected function getDefaultCache()
    {
        return Cache::singleton('Memcache');
    }

    protected function getDefaultDB()
    {
        return DB::singleton();
    }
}
```

Pattern_Acceptor_Common implementiert die Schnittstelle Pattern_Acceptor. Diese definiert eine Methode accept(), die jedes Objekt akzeptiert, das eine instanceof-Prüfung für einen der in $acceptable gelisteten Typen besteht. Es gibt eine Methode __call(), die die Objekte zurückgibt, wenn getFoo() aufgerufen wird. Foo ist hierbei ein Schlüssel des Arrays $acceptable. Wurde kein Objekt akzeptiert, so wird getDefaultFoo() aufgerufen.

Auf diese Weise können Klassen die Objekte definieren, von denen sie abhängen. So ist es dann ein Leichtes, diese Objekte für Testzwecke zu ersetzen. Pattern_Acceptor_Common implementiert auch Pattern_Subject und Pattern_Observer (siehe folgendes Beispiel), sodass der Acceptor über den Aufruf informiert werden kann. Dies ist in manchen Fällen notwendig, um den internen Zustand konsistent zu halten.

```
class TestedTest extends PHPUnit_Framework_TestCase {
    private $object;
    public function setUp()
    {
        $this->object = new Tested;
        $this->object->accept(Cache::singleton('Local'));
    }
}
```

Es ist trivial, eine einfache Ausprägung dieses Ansatzes zu implementieren, die private Attribute wie $db und $cache sowie explizite Methoden wie getDB() und getCache() verwendet. Dies hilft, sich mit dem Idiom vertraut zu machen. Sobald man dies jedoch in größerem Maße einsetzen möchte, zahlt es sich aus, eine wiederverwendbare Implementierung zu schreiben. Oder Sie verwenden einfach unsere (siehe vorangehendes Beispiel).

18.4.4 Beobachter für klasseninternes Verhalten

Das Subject-Observer-Entwurfsmuster [Wikipedia 2010b] ist auch für das Testen und Debuggen hilfreich. Wir haben einfache Schnittstellen für Subject- und Observer-Klassen geschrieben, die von Klassen implementiert werden können. Daneben gibt es Implementierungen dieser Schnittstellen, die verwendet werden können, soweit es die Klassenstruktur erlaubt. Die in PHP 5.4 eingeführten *Traits* [PHP 2010] können helfen, diesen Ansatz deutlich einfacher zu implementieren.

Die Idee ist, dass ein Observer mit einem Objekt verknüpft werden kann, um über interessante Ereignisse informiert zu werden. Dies ist vor allem dann hilfreich, wenn man die Interaktion zwischen Objekten testen will.

Hier ist die Essenz der beiden Schnittstellen `Pattern_Subject` und `Pattern_Observer`:

```php
interface Pattern_Subject
{
    /**
     * Attach an observer
     *
     * @param Observer $observer The observer to attach
     *
     * @return void
     */
    public function attach(Pattern_Observer $observer);

    /**
     * Notify observers of an event
     *
     * Each attached observer will have 'observe_$what' called,
     * passing $args as the first array.
     *
     * @param string $action The event, i.e. method name
     * @param array  $args   Additional information
     *
     * @return void
     */
    protected function observe($action, array $args = array());
}

interface Pattern_Observer
{
    /**
     * Notify us that we were attached to a subject
     *
     * @param Subject $subject The subject we attached to
     *
     * @return void
     */
    public function attached(Pattern_Subject $subject);
}
```

Nehmen wir an, es geht darum, ein Objekt zu testen: Wenn ein bestimmtes Ereignis eintritt, soll eine Methode eines zweiten Objekts aufgerufen werden. Für den Test soll das zweite Objekt normal funktionieren, das Mocken seiner Methoden ist nicht praktikabel. Unterstützt die zweite Klasse Subject/Observer, so kann ein Mock-Observer erzeugt und angehängt werden. Dieses Mock-Objekt wird dann, wie bereits beschrieben, in das primäre Objekt injiziert.

Beim Mocken des Observers kann man PHPUnit anweisen, bestimmte Methodenaufrufe zu erwarten. Dies kann sehr feingranular erfolgen, und man kann unter anderem festlegen, wie oft oder mit welchen Argumenten eine Methode aufgerufen werden muss, damit der Test erfolgreich ist.

Wir benutzen dies an einigen Stellen, aber das Mocken der Datenbank ist besonders erwähnenswert. Unsere Datenbanken sind vertikal in Pools partitioniert [Digg 2008]. Jeder dieser Pools verfügt über einen *Write-Master* und mehrere *Slaves*. Wenn wir den Datenbankcode testen, erzeugen wir für das Mocking Nur-Lese-Verbindungen zur Datenbank und weisen PHPUnit an, dass die Methode `execute()` nicht aufgerufen werden darf (wir benutzen `query()` für Lese- und `execute()` für Schreibzugriffe). Auf diese Weise stellen wir sicher, dass die Anfragen in die richtige Richtung gehen.

Dies ist auch ein hervorragendes Entwurfsmuster für feingranulares Logging. Anstatt im Code Logging-Statements zu verwenden, verwenden wir Aufrufe von `$this->observe()`. Jeder dieser Aufrufe kann mehrere Aufgaben erfüllen, da mehrere Observer mit einem Subjekt verknüpft werden können. Ein Observer könnte alle Anfragen auf niedriger Ebene protokollieren, während ein anderer nur Anfragen, die bestimmte Charakteristika haben, protokolliert.

18.4.5 Memcache

Im Vergleich zu anderen Schichten war es wirklich einfach, mit unserer Caching-Schicht zu arbeiten. Wir verfügten bereits über eine objektorientierte Schnittstelle für die Memcache-Erweiterung aus PECL sowie weitere Treiber für beispielsweise APC. Auf Basis dieser Treiber setzten wir das Entwurfsmuster *Chain of Responsibility* [Wikipedia 2010c] um: Eine einzelne Anfrage kann zunächst den lokalen Cache, dann APC und erst dann Memcache abfragen und ein Ergebnis aus der am nächsten gelegenen Caching-Ebene holen. Alle Cache-Treiber bieten dieselbe Schnittstelle und sind untereinander austauschbar. Darüber hinaus setzen sie Subject/Observer (siehe Abschnitt 18.4.4) um, was tieferen Einblick in ihre Interna erlaubt.

Dank des Acceptor-Musters kann ein lokaler Cache-Treiber anstelle des Memcache-Treibers injiziert werden. Somit können wir das Verhalten des Caching-Codes gründlich testen. Da der lokale Cache-Treiber alle Daten in seiner Instanz vorhält, ist es ein Leichtes, zwecks Verifikation auf die Daten zuzugreifen.

Wir können noch einen Schritt weiter gehen und für bestimmte Tests einen gemockten Cache-Treiber verwenden beziehungsweise einen Mock-Observer anhängen, um sicherzustellen, dass für einen vorgegebenen Cache-Inhalt der korrekte Codepfad ausgeführt wird. Beispielsweise können wir ein Mock-Objekt des lokalen Treibers so konfigurieren, dass eine Ausnahme ausgelöst wird, wenn Daten gespeichert werden sollen. So können potenzielle Performanzprobleme aufgedeckt werden, da wir auf Stellen, an denen mehr als nötig getan wird, aufmerksam gemacht werden. Auch könnten wir den `Void`-Treiber verwenden, der gar kein Caching durchführt, um Anfragen ohne Beeinflussung durch den Cache zu testen.

Code, der für Caching verantwortlich ist, ist für seltsames Verhalten anfällig. Die Möglichkeit, diesen Code vollständig und feingranular kontrollieren zu können, hat sich als sehr hilfreich erwiesen.

18.4.6 Mocken einer serviceorientierten Architektur

Bis vor Kurzem war die Datenzugriffsschicht von Digg sehr eng an unsere Frontend-Anwendung gekoppelt und nutzte eine einfache Master-Slave-Konfiguration für MySQL. Sämtliche Schreibzugriffe gingen an einen einzigen Master, der die Daten auf mehrere Slaves, von denen sie von der Anwendung gelesen wurden, replizierte. Dies funktioniert gut für kleine Anwendungen beziehungsweise Anwendungen, in denen vor allem gelesen wird, wurde bei uns allerdings schnell zu einem Flaschenhals in der Architektur. Wir entschlossen uns daher, *Sharding* [Wikipedia 2010d] einzuführen und die Daten horizontal zu partitionieren [Wikipedia 2010e]. Hierbei werden die Schreibzugriffe auf mehrere Maschinen verteilt, von denen jede nur eine Teilmenge der Daten speichert.

Um die Client-Anwendungen einfach zu halten, schrieben wir eine Datenzugriffsschicht in PHP, die die Logik, welche Daten von welcher Maschine gelesen werden, abstrahiert. Damit diese Datenzugriffsschicht auch von Nicht-PHP-Anwendungen verwendet werden kann, machen wir sie in Form von Diensten verfügbar (Abbildung 18.1).

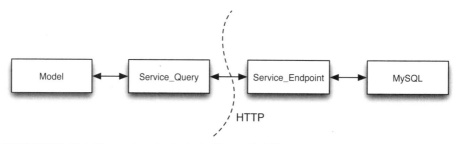

ABBILDUNG 18.1 Die serviceorientierte Architektur bei Digg

Wir wollten dieses System von Anfang vollständig mit Unit-Tests testen, sowohl die Client- als auch die Server-Seite. Daher mussten wir die HTTP-bezogenen Aspekte des Systems abstrahieren, was sich als sehr einfach erwiesen hat.

Model

Aus Erfahrung wussten wir, dass das Hartkodieren der Art, wie auf Daten zugegriffen wird, eine schlechte Idee ist. Die Migration von einem System für den Datenzugriff zu einem anderen wird so sehr schmerzhaft und zeitaufwendig. Vor diesem Hintergrund entschlossen wir uns dazu, eine *Model*-Schicht einzuführen. Deren einzige Aufgabe ist es, das SOA-System zu abstrahieren, sodass der Client noch nicht einmal wissen muss, dass er mit einem Dienst kommuniziert. Er könnte ebenso direkt mit MySQL, MemcacheDB, Tokyo Cabinet oder über HTTP mit einem anderen System kommunizieren. Ebenso ist es möglich, den Dienst, mit dem der Client kommuniziert, auszutauschen, ohne dass auch nur eine einzige Zeile Code im Client geändert werden muss.

Service_Query

Objekte der Klasse `Service_Query` agieren als Stellvertreter (englisch: *Proxy*) für das SOA-System. Ein solches Objekt nimmt einige wenige Informationen aus der *Model*-Schicht entgegen und baut daraus eine entsprechende HTTP-Anfrage an die *Services*-Schicht. Diese Anfrage wird gesendet und die entsprechende Antwort ausgewertet.

Service_Endpoint

Ein `Service_Endpoint` nimmt die Anfrage vom HTTP-Server entgegen und führt eine Operation wie das Einfügen eines Datensatzes in eine MySQL-Datenbank, das Senden einer E-Mail oder das Starten eines Hintergrundprozesses durch. Im Anschluss setzt es die Antwort zusammen und sendet sie im gewünschten Format (PHP, JSON oder XML) an den Client.

Basisklassen

Die nachfolgenden Codebeispiele wurden stark vereinfacht und gekürzt, aber die Grundidee – vor allem in Bezug auf die Testbarkeit – sollte weiterhin erkennbar sein.

Alle Anfragen an die *Services*-Schicht werden über ein Objekt der Klasse `Service_Query` gestellt. Diese bietet hierfür die Methode `run()`, die ein Objekt der Klasse `Service_Request` als Eingabe erwartet und ein Objekt der Klasse `Service_Response` als Ergebnis liefert. Das Request-Objekt enthält vor allem vier Informationen: den zu verwendenden *Endpoint*, die Version des *Endpoints*, die Argumente für den *Endpoint* sowie die zu verwendende HTTP-Methode (`GET`, `POST`, `PUT` oder `DELETE`).

Das Response-Objekt enthält die Informationen aus der *Services*-Schicht, die Liste der Ergebnisse für die Anfrage, mögliche Fehlermeldungen sowie die Gesamtanzahl der gefundenen Ergebnisse, um ein großes Ergebnis auf mehrere Seiten aufteilen zu können.

```php
class Service_Request
{
}

class Service_Response
{
}

class Service_Query
{
    public function run(Service_Request $request)
    {
        return new Service_Response;
    }
}
```

Ungeachtet dessen, mit welchem Dienst im Hintergrund kommuniziert wird, bietet jedes Model zwei Methoden `save()` und `delete()`. Diese setzen eine Anfrage zusammen und senden diese an die *Services*-Schicht, um ein Model zu ändern oder zu löschen. Für den Moment löst diese Methode nur eine Ausnahme aus. Jede Klasse muss diese Methoden implementieren, wenn sie die entsprechende Operation unterstützen will.

```php
abstract class Model
{
    public function save()
    {
        throw new Exception('Method not supported');
    }

    public function delete()
    {
        throw new Exception('Method not supported');
    }
}
```

Für die Kommunikation mit der *Services*-Schicht gibt es die Klasse `Model_Service`. Diese implementiert die abstrakten Methoden der Model-Klasse und besteht im Wesentlichen aus Wrapper-Methoden für die Klasse `Model_Service_Query`, die die eigentliche Anfrage an die *Services*-Schicht sendet.

```php
abstract class Model_Service extends Model
{
    public function save()
    {
        return true;
    }

    public function delete()
    {
        return true;
    }

    protected static function getQuery($class)
    {
        return new Model_Service_Query($class, new Service_Query);
    }
}
```

Betrachten wir nun ein konkretes Beispiel. Die Klasse `Model_User` repräsentiert einen Digg-User. Sie erbt von `Model_Service` und verfügt über einige Annotationen, über die der zu verwendende Endpunkt sowie dessen Version angegeben werden. Ferner stellt sie eine Methode `query()` zur Verfügung, die eine Methode von `Model_Service` aufruft und als Ergebnis ein Objekt von `Model_Service_Query` zurückgibt. Die statische Methode `query()` ruft eine Methode in der `Model_Service`-Klasse auf und liefert ein Objekt der Klasse `Model_Service_Query` zurück. Der Aufrufer kann dieses Objekt auch injizieren. Ohne diese Möglichkeit wären wir nicht in der Lage, das Response-Objekt für Unit-Tests zu mocken.

```php
/**
 * @service_endpoint User
 * @service_version  1
 */
class Model_User extends Model_Service
{
    public static function query($query = null)
    {
        if ($query === null) {
            return parent::getQuery(__CLASS__);
        }

        return $query;
    }
}
```

Der Grund, warum wir diese Methode in wirklich jeder Kindklasse haben müssen, liegt wiederum am *Early Static Binding* von PHP in Versionen vor PHP 5.3. Mit dem optionalen *Late Static Binding*, das in PHP 5.3 eingeführt wurde, könnte man das entsprechende Problem umgehen und bräuchte die Methode dann nicht mehr in jeder Kindklasse zu duplizieren.

Das einzige Stück Code, das Sie noch nicht gesehen haben, ist die Klasse Model_Service_Query. Lassen Sie uns diese nun im Detail betrachten, sie ist ziemlich komplex.

```php
class Model_Service_Query
{
    protected $class        = null;
    protected $serviceQuery = null;

    public function __construct($class, $serviceQuery)
    {
        $this->class        = $class;
        $this->serviceQuery = $serviceQuery;
    }

    public function get($field, $value)
    {
        //We just want the first user returned, there should be only one.
        return array_shift($this->runQuery(new Service_Request));
    }

    public function all()
    {
        return $this->runQuery(new Service_Request);
    }

    public function filter(array $params)
    {
        return $this->runQuery(new Service_Request);
    }
```

```
    protected function runQuery(Service_Request $request)
    {
        $response = $this->serviceQuery->run($request);
        //parse result from service layer, build up object to return
        return array(new $this->class, new $this->class);
    }
}
```

Der Konstruktor von `Model_Service_Query` erwartet zwei Argumente: den Klassennamen des Models, das wir aufbauen und an den Aufrufer zurückgeben, und ein `Service_Query`-Objekt, das die Anfrage an die *Services*-Schicht schickt. Dank Dependency Injection ist es möglich, das `Service_Query`-Objekt für die Unit-Tests gegen ein Mock-Objekt auszutauschen. Mit wenig Aufwand ist es möglich, `Service_Query` zu mocken und die Methode `run()` so zu konfigurieren, dass sie über einen Callback eine vorkonfigurierte Antwort liefert. Diese `getMockServiceQuery()`-Methode wird in den Unit-Tests durchgehend verwendet, um Mock-Antworten für jegliche Art von Objekt zu erzeugen.

■ 18.5 Der Qualitätssicherungsprozess bei Digg

Der agile Prozess hat die Art, wie unsere QA-Teams die Software testen, signifikant verändert. Die traditionelle Funktion der Qualitätssicherung, wie sie beispielsweise im Wasserfallmodell zu finden ist, ist nicht mehr angebracht. Die QA-Teams müssen nicht länger bis zum Ende eines Release-Zyklus auf ein Build warten. Sobald ein Teil der Entwicklungsarbeit abgeschlossen ist, ist das verantwortliche QA-Team in der Lage, den neuen Code zu testen. Unser agiler Prozess und unsere Werkzeuge erlauben es uns, früh und häufig zu testen. Wir haben signifikante Verbesserungen in Bezug auf die für ein Release benötigte Zeit, die Qualität des Produkts sowie die Effizienz des Teams festgestellt, seit wir bei Digg auf ein agiles Modell umgestellt haben. Im Folgenden beschreiben wir einige unserer Erfolge beziehungsweise Herausforderungen, denen wir uns bei Digg stellen mussten.

18.5.1 Testen

Testplanung

Als Teil des agilen Prozesses ist der QA-Verantwortliche von Anfang an in einen Sprint[7] involviert. Um seine Aufgabe erfolgreich erfüllen zu können, sammelt er Informationen von allen Projektbeteiligten, inklusive von der Produkt- und Entwicklungsabteilung. Es ist wichtig, dass er eng mit diesen Abteilungen zusammenarbeitet, um den Feature-Umfang

---

[7] Mit Sprint bezeichnet man die Umsetzung einer Iteration, er ist ein zentrales Element von Scrum, einem agilen Vorgehensmodell.

eines Sprints zu verstehen. Vom Produktteam benötigt der QA-Verantwortliche Informationen darüber, wie die neuen Features funktionieren sollen. Das Entwicklungsteam informiert ihn darüber, wie die neuen Features implementiert werden. Diese Informationen sind essenziell, um die Software akkurat und gründlich testen zu können.

Auf diesen Informationen aufbauend erstellt der Produktmanager Akzeptanztests für die neuen Features in einem Release. Diese stellen Schritt-für-Schritt-Anweisungen dar, um die Funktionalität eines Features zu testen. Jeder Akzeptanztest sollte einen Aspekt der Funktionalität verifizieren. Das QA-Team ist dafür verantwortlich, diese Tests weiter zu verfeinern und für eine vollständige Abdeckung fehlende Tests hinzuzufügen. Ausgehend von den Akzeptanztests beginnt der QA-Verantwortliche damit, Aufgaben zu definieren.

Aufgaben

Neben den Entwicklungsaufgaben gibt es in jedem Sprint auch Testaufgaben. Diese folgen ähnlichen Richtlinien wie die Entwicklungsaufgaben, inklusive der Vereinbarung von klaren Start- und Endpunkten. Obwohl jeder Sprint das Ziel hat, dass das Release vollkommen automatisch getestet werden kann, ist das nicht immer möglich. Oftmals gibt es eine Kombination von automatisierten und manuellen Testaufgaben, die als täglich aktualisierte Liste geführt werden, sodass man ihr stets die noch zu erledigenden Aufgaben entnehmen kann. Dies erlaubt es dem Sprint-Verantwortlichen, den Überblick zu behalten, wie viel Arbeit das Projekt noch benötigt. Wenn es darum geht festzulegen, was automatisiert werden soll, sollte man die Szenarien mit dem größten Nutzen identifizieren. Prioritäten hierbei sind Wiederverwendbarkeit, Wichtigkeit des Aspekts, der automatisiert werden soll, und Implementierungskosten.

Automatisierung

Die Wiederverwendbarkeit ist maßgeblich, wenn es darum geht zu entscheiden, welche Aspekte automatisiert werden sollen. Je häufiger ein automatisiertes Skript ausgeführt werden kann – sowohl im aktuellen Sprint als auch in Zukunft bei Regressionstests, desto attraktiver ist es, die Automatisierung zu implementieren. Ein Skript, das einen Benutzer am System anmeldet, ist ein Beispiel einer wiederverwendbaren Automation. Es kann wiederholt verwendet werden und als Vorbedingung für andere Automationen dienen. Ein Skript, das nicht wiederverwendet werden kann, wäre eines, das für das Testen von Funktionalität verwendet werden soll, die sich in Zukunft voraussichtlich nicht ändern wird, oder das nicht zusammen mit anderen Skripten verwendet werden kann. Diese Szenarien können jedoch für Regressionstests immer noch nützlich sein.

Ferner sollte berücksichtigt werden, wann ein bestimmtes Feature im Verlauf des Sprints automatisiert werden kann. Ein Feature, das erst gegen Ende automatisiert werden kann, profitiert wahrscheinlich weniger von der Automation als eines, das von Beginn an automatisiert werden kann. Wir haben die Erfahrung gemacht, dass es am besten ist, mit der Automatisierung gleich zu Beginn eines Sprints zu beginnen. Obwohl das QA-Team noch nicht genau wissen mag, wie das fertige Produkt aussehen wird, haben wir die Erfahrung gemacht, dass dieser Ansatz Zeit am Ende des Sprints einsparen kann. Ausgehend von den Akzeptanztests sind wir in der Lage, alle Testfälle aufzuschreiben, die für das erfolgreiche Testen eines jeden Features benötigt werden. Danach listen wir jede Prozedur auf, die für die einzelnen Testfälle benötigt wird.

Die Wichtigkeit eines Features ist ein weiterer Faktor, der berücksichtigt werden sollte, wenn man eine Entscheidung über Automatisierung fällt. Die „Schmerzen", die mit einem Fehlverhalten oder gar dem Ausfall eines Features verbunden sind, helfen dabei, die Prioritäten zu finden. Der Ausfall eines zentralen Features kann katastrophal sein, daher sind die Vorbereitungen äußerst wichtig. Beim Testen dieser Features ist es immer wichtig sicherzustellen, dass sie im aktuellen Release funktionieren. Die wichtigsten Features sollten natürlich für jedes Release getestet werden. In manchen Fällen ist es sinnvoll, die entsprechenden Tests zu Monitoring-Zwecken sogar regelmäßig im Live-Betrieb auszuführen.

Die Kosten für die Implementierung von Automation variieren signifikant für jedes Feature. Während manche trivial zu automatisieren sind, gibt es andere, bei denen dies sehr schwierig sein kann. Dies wirft die Frage auf, ob sich die Automation lohnt. Meistens jedoch liegt der Aufwand in der Mitte dieses Spektrums.

Nichtsdestotrotz ist es wichtig, solche Features im Auge zu behalten, bei denen die Automation mit enormen Kosten verbunden ist. Zwei Beispiele hierfür aus unserer Erfahrung sind die Integration von MySQL-Bibliotheken in unsere Automation sowie die Modifikation von Cookies. Obwohl diese Aspekte sehr schwierig zu automatisieren waren, so ist das Ergebnis doch sehr mächtig und nützlich für zukünftige Sprints.

Ein Beispiel für eine Funktion, bei der wir uns gegen die Automatisierung entschieden haben, betrifft die Synchronisierung von Profilbildern und die Überprüfung, dass das tatsächliche Bild korrekt synchronisiert wurde. Dies wäre sehr schwierig zu automatisieren gewesen, und wir haben entschieden, dass eine manuelle Überprüfung ausreichend ist. Die Kosten jeder Automation sollten so früh wie möglich geschätzt werden, um einen Verlust von Arbeitszeit zu vermeiden.

18.5.2 Vorteile

Frühzeitiges Testen

Sobald unsere kontinuierliche Integration (kurz: CI, von englisch: *Continuous Integration*) so weit gereift war, dass wir uns auf ihre Testergebnisse verlassen konnten, begannen wir von ihr enorm zu profitieren. Die CI-Umgebung führt nach jedem Commit in unser Subversion-Repository ein Staging[8] unseres Codes durch. Dies erlaubt es uns, Änderungen am Code sofort zu testen. Wie immer im Kontext von Qualitätssicherung, so bedarf es auch bei der kontinuierlichen Integration eines signifikanten Aufwands, um die entsprechende Umgebung so aufzubauen, dass sie dem Produktivsystem entspricht. Dies ist ein iterativer Prozess. Mit jedem Release untersuchen wir die Fehler, die wir in der CI-Umgebung nicht entdeckt haben, und passen diese so an, damit diese Art Fehler in Zukunft frühzeitig entdeckt werden kann.

Die Folgekosten eines Fehlers sind exponentiell größer, wenn er im Live-Betrieb anstatt in einer frühen Phase der Entwicklung gefunden wird. Im Live-Betrieb führt der Fehler nicht nur zu einer schlechten Erfahrung für den Benutzer, schlechter Presse und möglichen Sicherheitslücken, sondern auch zu erheblichen Mehrkosten, die durch ein Bugfix-Release entstehen. Entwickler werden während ihres aktuellen Sprints unterbrochen, und abhän-

---

[8] Deployment der Anwendung auf einem Test- oder Staging-Server

gig von der Art des Fehlers müssen unter Umständen größere Arbeiten am Code durchgeführt werden, um diesen zu beheben. Die QA-Verantwortlichen müssen das Release überprüfen, die Administratoren müssen es live stellen. Die Wahrscheinlichkeit von Regressionen, also Fehlern, die bereits behoben wurden, aber später wieder auftauchen, steigt ebenfalls.

Häufiges Testen

Mit einer CI-Umgebung können Fehler direkt gefunden und berichtet werden. Die Entwickler haben gerade erst ihren Code in die Versionskontrolle eingecheckt und können das Problem meist sofort lösen, da sie noch genau wissen, was sie in den letzten paar Minuten getan haben.

Unit-Tests und Code-Reviews haben die Qualität des Codes, den wir produktiv stellen, signifikant verbessert. Wenn der Code die CI- oder Staging-Umgebung erreicht, hat er bereits mehrere Inspektionen und Tests durchlaufen. Obwohl Unit-Tests und Code-Inspektionen viele Probleme im Code finden können, so können sie dennoch funktionale Tests, bei denen sämtliche Bestandteile des Systems interagieren müssen, nicht ersetzen.

Hier bei Digg nutzen wir Selenium RC für funktionale Tests. Das QA-Team hat eine Reihe sogenannter *Smoke Tests* in unserer Selenium-Suite definiert, die für jedes Build ausgeführt werden. Hierbei handelt es sich um rudimentäre Tests für die Kernfunktionalität der Plattform. Wir haben die Erfahrung gemacht, dass es bei dieser Art von Tests auf die Breite und nicht auf die Tiefe ankommt. Als wir mit diesem Prozess begannen, hatten wir mehrere Fälle, in denen alle Unit-Tests sowie die Code-Inspektionen erfolgreich durchgeführt worden waren, es aber trotzdem zu großen Problemen in der CI-Umgebung kam.

Im traditionellen Wasserfallmodell beginnt die Aufgabe der Automation meistens viel zu spät, als dass sie wirklich Nutzen bringen könnte. Die Automation ist exponentiell wertvoller, je früher – und damit je öfter – sie eingesetzt werden kann. Aus diesem Grund sollte sich jedes Entwicklungsteam so früh wie möglich Gedanken über Automation machen.

Wenn die Unterhaltungen zwischen den Produkt- und Entwicklungsteams abgeschlossen sind, beginnt das QA-Team damit, automatisierte Szenarien für den Sprint zu skizzieren. Die Sammlung an Szenarien, die sowohl manuelle als auch automatisierte Tests umfasst, repräsentiert unseren gesamten Testprozess für jeden Sprint. Wir benutzen Twist[9], ein Produkt von ThoughtWorks, um einfach lesbare Szenarien zu formulieren. Die Szenarien selber liegen in Wiki-Markup vor und sind von den Produkt- und Entwicklungsteam zugreifbar, damit beide Teams Einblick in den Testprozess haben.

18.5.3 Herausforderungen

Das Herzstück unseres agilen Prozesses bilden unsere CI-Umgebungen. Diese erlauben es uns, funktionale Tests so früh und so oft wie möglich durchzuführen. Fällt die kontinuierliche Integration aus, sei es durch Probleme mit der CI-Umgebung oder mit dem Code, so kann dies teuer sein, da die Entwickler- und QA-Teams Zeit mit dem Auffinden und Beheben eines Fehlers verbringen müssen. In dieser Zeit ist das Testen meistens blockiert und

---

[9] http://www.thoughtworks-studios.com/agile-test-automation

kann erst wieder aufgenommen werden, wenn die Probleme behoben sind. Anfangs sahen wir viele Probleme mit den CI-Umgebungen. Mittlerweile haben wir jedoch zum einen gute Unit-Tests, und zum anderen haben die Entwickler die entsprechende Disziplin und stellen vor einem Commit sicher, dass der Code korrekt ist.

Integrationstests sind ein Schlüsselelement in jedem Software-Release-Prozess. Diese werden in einem fortlaufenden Prozess durchgeführt, um die Komplexität zu reduzieren. Indem wir immer nur ein Release auf einmal in den *Trunk* integrieren, reduzieren wir die Anzahl an komplexen *Merge*-Operationen sowie die damit verbundenen Risiken. So können wir unsere Testaktivität auf die geänderten Code-Bereiche fokussieren. Integrationstests können zu einer Herausforderung werden, wenn der Sprint länger als geplant dauert. Es sollte daher ein Ziel sein, diese Testphase so kurz wie möglich zu halten, um einen Flaschenhals im Entwicklungsprozess zu vermeiden. Wir versuchen, immer mindestens ein Release in der Integrationstestphase des Entwicklungsprozesses zu haben.

Da die Entwicklung innerhalb von Zeitrahmen (englisch: *Timeboxing*) noch relativ neu für uns ist und wir noch immer besser darin werden, unsere Geschwindigkeit (englisch: *Velocity*) – also die Anzahl der während einer Iteration umgesetzten Features – zu bestimmen, kann es schwierig sein zu erkennen, wann ein Release bereit für die Integrationstestphase ist. Sind unsere Umgebungen für Integrationstests leer, so kündigt dies Probleme für die Zukunft an: Wahrscheinlich werden mehrere Sprints zur gleichen Zeit fertig sein. Da wir die Integrationstests in einem fortlaufenden Prozess – Release für Release – durchführen, müssen wir die betroffenen Sprints für die Integrationstests kombinieren oder wegen der Integrationstests verschieben. Keine dieser beiden Optionen ist gut. Diese Situation hätte durch ein besseres Verständnis der Endpunkte für die Sprints vermieden werden können.

■ 18.6 Fazit

Die Umstellung auf einen agilen Prozess hat zu spürbaren Vorteilen geführt. Wir haben durch kleinere Code-Änderungen Risiken gesenkt und die für ein Release benötigte Zeit verringert. Wir haben gelernt, dass die richtige Wahl an Werkzeugen entscheidend ist – sie müssen gut funktionieren und sollten für den Entwickler einfach zu verwenden sein, damit er sie akzeptiert.

Für eine so große PHP-Codebasis wie der unseren war PHPUnit die perfekte Wahl für einen testgetriebenen Entwicklungsprozess. Während wir Unit-Tests schrieben, fanden wir eine Vielzahl von Fehlern, die alle recht einfach zu beheben waren. Die Anzahl an Fehlern, die erst während oder nach der QA-Phase gefunden werden, ist dramatisch zurückgegangen.

Obwohl wir noch immer vor einigen Herausforderungen stehen, so hat sich die Möglichkeit, kleine Mengen an Code schnell entwickeln und live stellen zu können, als sehr vorteilhaft erwiesen. Hierdurch sind wir in der Lage, uns sowohl an interne als auch externe Faktoren schnell anpassen zu können, was für ein Unternehmen in einem aggressiven Markt entscheidend ist.

Schlussbetrachtungen

In diesem Buch wurden verschiedene Ansätze und Techniken zur Qualitätssicherung von Software vorgestellt. Das Testen spielt dabei eine wichtige Rolle, obwohl Tests selbst weder die Qualität der Software verbessern, noch deren Fehlerfreiheit nachweisen können. Tests können nur das Vorhandensein von Fehlern beweisen, niemals deren Abwesenheit. Die unüberschaubar große Vielfalt von möglichen Eingaben macht es selbst für eine triviale Webanwendung unmöglich zu zeigen, dass eine Anwendung für *alle* Eingaben korrekt funktioniert.

Die Entwicklung und der Betrieb von Webanwendungen sollten eigentlich Prozesse und keine Projekte sein. In einem Projekt neigt man dazu, Kosten jeweils nur für die Lebensdauer des Projektes, nicht aber für die gesamte Lebensdauer der entwickelten Software zu betrachten. Gerade wenn die Entwicklung an Dritte ausgelagert ist, bleibt die interne Qualität von Software dabei oft auf der Strecke. Das liegt auf der einen Seite daran, dass es in einem typischen Projekt keine finanziellen Spielräume dafür gibt, anfängliche Mehrkosten für interne Qualität auf längere Sicht zu amortisieren. Auf der anderen Seite mag natürlich auch eine Rolle spielen, dass der Dienstleister später mit der Wartung der Software Geld verdient, was nicht wirklich dazu motiviert, die Wartungskosten langfristig zu senken.

Der Wert von Softwarequalität, insbesondere von interner Qualität, lässt sich meist nur schwer in Zahlen darstellen und wird vom Management oder vom Kunden daher oft nicht erkannt. Erst auf längere Sicht, wenn die Wartungskosten für ein Produkt explodieren und die Software wirtschaftlich nicht mehr wartbar ist, wird deutlich, dass eine Anwendung keine ausreichende interne Qualität besitzt.

Software lebt meist viel länger als ursprünglich geplant. Gerade Webanwendungen haben eine große Änderungsfrequenz, sodass eine gute interne Softwarequalität unabdingbar ist. Iterative Entwicklung und agile Methoden helfen, qualitativ hochwertige Software zu entwickeln. Dabei scheint weniger eine Rolle zu spielen, welche der zahlreichen agilen Methoden verwendet wird, solange man iterativ und in hinreichend kleinen Schritten vorgeht.

Software-Projekte werden oft in einer mitunter grotesken Kombination agiler Vorgehensweisen, die aber dem Kunden als nicht-iterative Entwicklung nach dem klassischen Wasserfallmodell präsentiert werden muss, durchgeführt. Gerade größere Firmen, womöglich noch mit Behördenhintergrund, haben teilweise sehr strikte und restriktive Vorschriften, wie ein Software-Projekt ablaufen soll. In den meisten Fällen sind diese Vorschriften, wenn sie ursprünglich nicht ohnehin für die Hardware-Produktentwicklung erdacht waren, für die Entwicklung qualitativ hochwertiger Webanwendungen aber gänzlich ungeeignet.

Stetige Änderungen sind ein integraler Bestandteil von Software-Projekten. Sich ändernde Anforderungen machen häufige Änderungen und Erweiterungen am Code notwendig. Die Software-Architektur und die Entwicklungsprozesse sollten daher zu häufigen Änderungen ermuntern und diese möglichst einfach machen. Laufendes Refactoring von Code ist dabei unabdingbar, damit Software langfristig wartbar bleibt. Ohne automatisierte Unit-Tests ist Refactoring allerdings sehr riskant. Testautomation ist daher zwingend erforderlich, allein um Regressionen durch die häufig nötigen Änderungen am Code zu vermeiden. Lesbarkeit und Wartbarkeit des Codes sind wichtiger als die höchstmögliche Performance.

Testen Sie Software so früh wie möglich und in möglichst kleinen Einheiten. Es gibt einen direkten Zusammenhang zwischen (interner) Qualität und der Testbarkeit. Daher ist es wichtig, Tests zeitnah zum Produktionscode zu schreiben. Schwer testbarer Code ist kein guter Code, aber gut testbarer Code ist qualitativ hochwertig, da er wenige Abhängigkeiten, wenige Ausführungszweige, kurze Codeblöcke und klar abgegrenzte Verantwortlichkeiten hat.

Obwohl gewisse Tests wie die für Gebrauchstauglichkeit kaum automatisierbar sind, ist es ratsam, Tests und auch Build-Prozesse so weit wie möglich zu automatisieren. Das Projekt profitiert nicht nur durch die Wiederholbarkeit, die eine wichtige Voraussetzung für kontinuierliche Integration und Inspektion des Codes und damit eine laufende objektive Beurteilung des Projektstatus ist.

Systemtests sind gerade für komplexe Systeme nicht immer einfach zu realisieren. Nach Möglichkeit sollte man es vermeiden, anstelle von Unit-Tests verstärkt auf Systemtests zu setzen. Wenn das Schreiben von Unit-Tests zu schwierig scheint, sind meist die einzelnen Komponenten der Anwendung zu stark aneinander gekoppelt, beispielsweise durch die Verwendung von Global State. Dies macht das Testen von Software unnötig schwer, da Abhängigkeiten nur mit großem Aufwand durch Mock-Objekte ersetzt werden können. Systemtests sollten die Unit-Tests ergänzen und in die Breite anstatt in die Tiefe testen. Systemtests sind folgerichtig kein Ersatz für Unit-Tests.

Die einzelnen Architekturschichten sollten sauber voneinander getrennt sein. Eine unzureichende Trennung von Architekturschichten, etwa durch die Verzahnung von Geschäftslogik und Datenzugriff im Rahmen einer auf Active Record basierenden ORM-Lösung, führt oft dazu, dass Unit-Tests eine Komplexität erreichen, die sie eigentlich zu Systemtests macht. Freilich muss die Interaktion mit der Datenbank genau wie die Darstellung der Ausgabe irgendwann getestet werden. Man sollte allerdings auf eine saubere Trennung unterschiedlicher Belange achten und die zugrunde liegende beziehungsweise aufgesetzte Programmlogik stets isoliert testen. Die komplexen Tests sind dann Integrationstests, mit denen geprüft wird, ob die bereits einzeln getesteten Komponenten auch im Zusammenspiel wie erwartet funktionieren. Sofern die einzelnen Komponenten nur über eine klar definierte API miteinander interagieren, stößt man bei den Integrationstests nur relativ selten auf größere Probleme.

Wir raten dazu, in jedem Projekt möglichst früh, am besten von Anfang an, eine intensive Qualitätssicherung zu betreiben. Auch wenn dies den Entwicklungsprozess zunächst scheinbar verlangsamt und damit die Kosten erhöht, überwiegen mittel- bis langfristig die positiven Effekte deutlich. Die nachhaltige Reduktion der Wartungskosten kompensiert in den meisten Fällen die Kosten für die Qualitätssicherung. Dazu kommt, dass sich das Know-how, das man in Bezug auf Qualität, Prozesse und Automation aufgebaut hat, sehr gut auf zukünftige Projekte übertragen und dort erweitern lässt. Eine gute Qualität von Software, und insbesondere eine gute interne Qualität, ist eine Investition in die Zukunft.

Literatur

[Ambler 2002] *Agile Modeling: Effective Practices for Extreme Programming and the Unified Process*, Scott W. Ambler, Wiley & Sons, 2002, ISBN 0-4712-0282-7

[Balzert 2001] *Lehrbuch der Software-Technik. Bd. 1. Software-Entwicklung*, Helmut Balzert, Spektrum Akademischer Verlag, 2005, ISBN 3-8274-0480-0

[Basili 1994] *Goal Question Metric Paradigm*, Victor R. Basili, Gianluigi Caldiera and H. Dieter Rombach, In: *Encyclopedia of Software Engineering – 2 Volume Set*, 1994, John Wiley & Sons, ISBN 1-54004-8

[Beck 2001] *The Agile Manifesto*, Kent Beck et al., 2001, http://agilemanifesto.org/principles.html, zuletzt abgerufen am 19. Januar 2013

[Beck 2003] *Test-Driven Development: By Example*, Kent Beck, Addison-Wesley, 2003, ISBN 0-3211-4653-0

[Belady 1976] *A Model of Large Program Development*, Laszlo Belady and Meir Lehman, IBM Systems Journal 15(3), Pages 225–252, 1976

[Belady 1985] *Program System Dynamics or the Metadynamics of Systems in Maintenance and Growth*, Laszlo Belady and Meir Lehman, in *Program Evolution*, Academic Press, 1985

[Bergmann 2005] *Professionelle Software-Entwicklung mit PHP 5: Objektorientierung, Entwurfsmuster, Modellierung und fortgeschrittene Datenbankprogrammierung*, Sebastian Bergmann, dpunkt.verlag, 2005, ISBN 978-3-89864-229-3

[Bergmann 2007] *Isolated (and Parallel) Test Execution in PHPUnit 4*, Sebastian Bergmann, 19. Dezember 2007, *http://sebastian-bergmann.de/archives/ 730-Isolated-and-Parallel-Test-Execution-in-PHPUnit-4.html*, zuletzt abgerufen am 20. Dezember 2012

[Bergmann 2010] *Testing Your Privates*, Sebastian Bergmann, 20. Dezember 2012, *http://sebastian-bergmann.de/archives/881-Testing-Your-Privates.html*, zuletzt abgerufen am 20. Dezember 2012

[Bergmann 2011a] *Integrating PHP Projects with Jenkins*, Sebastian Bergmann, O'Reilly Media, 2011, ISBN 978-1-449-30943-5

[Bergmann 2011b] *Towards Better Code Coverage Metrics in the PHP World*, Sebastian Bergmann, 17. Juni 2011, *http://sebastian-bergmann.de/archives/ 913-Towards-Better-Code-Coverage-Metrics-in-the-PHP-World.html*, zuletzt abgerufen am 20. Dezember 2012

[Berry 2002] *The Inevitable Pain of Software Development, Including of Extreme Programming, Caused by Requirements Volatility*, Daniel M. Berry, 2002

[Bevan 1999]   *Quality in use: Meeting user needs for quality*, Nigel Bevan, Journal of Systems and Software, Volume 49, Issue 1 (December 1999), Pages 89–96, ISSN 0164-1212

[Boehm 2008]   *The ROI of Systems Engineering: Some Quantitative Results for Software-Intensive Systems*, Barry Boehm, Ricardo Valerdi and Eric Honour, Systems Engineering, Volume 11, Issue 3 (August 2008), Pages 221–234, ISSN 1098-1241

[Bruntink 2004]   *Predicting Class Testability using Object-Oriented Metrics*, Magiel Bruntink and Arie van Deursen, SCAM '04: Proceedings of the Source Code Analysis and Manipulation, Fourth IEEE International Workshop, 2004, Pages 136–145, ISBN 0-7695-2144-4

[Carr 2006]   *TDD Anti-Patterns*, James Carr, 3. November 2006, http://blog.james-carr.org/2006/11/03/tdd-anti-patterns/, zuletzt abgerufen am 20. Dezember 2012

[Cunningham 1992]   *The WyCash Portfolio Management System*, Ward Cunningham, 26. März 1992, http://c2.com/doc/oopsla92.html, zuletzt abgerufen am 20. Dezember 2012

[Digg 2008]   *Digg Database Architecture*, Tim Ellis, 12. September 2008, http://about.digg.com/blog/digg-database-architecture, zuletzt abgerufen am 20. Dezember 2012

[Dijkstra 1972]   *The humble programmer*, Edsger W. Dijkstra, Communications of the ACM, Volume 45, Issue 10 (October 1972), Pages 859–866, ISSN 0001-0782

[Duvall 2007]   *Continuous Integration – Improving Software Quality and Reducing Risks*, Paul M. Duvall, Addison-Wesley, 2007, ISBN 978-0-321-33638-5

[Evans 2006]   *Fluent Interfaces in PHP*, Cal Evans, 20. Dezember 2006, http://devzone.zend.com/777/fluent-interfaces-in-php/, zuletzt abgerufen am 20. Dezember 2012

[Feathers 2004]   *Working Effectively with Legacy Code*, Michael Feathers, Prentice Hall, 2004, ISBN 978-0-131-17705-5

[Fleischer 2007]   *Metriken im Praktischen Einsatz*, André Fleischer, Objekt Spektrum 03/2007

[Foegen 2007]   *Der Weg zur professionellen IT: Eine praktische Anleitung für das Management von Veränderungen mit CMMI, ITIL oder SPICE*, Malte Foegen, Mareike Solbach und Claudia Raak, Springer, 2007 ISBN 978-3-540-72471-1

[Fowler 2000]   *Refactoring. Wie Sie das Design vorhandener Software verbessern* Martin Fowler, Addison-Wesley, 2000, ISBN 3-8273-1630-8

[Fowler 2003]   *Patterns für Enterprise Application-Architekturen*, Martin Fowler, MITP-Verlag, 2003, ISBN 978-3-8-266-1378-4

[Fowler 2005]   *Fluent Interface*, Martin Fowler, 20. Dezember 2005, http://martinfowler.com/bliki/FluentInterface.html, zuletzt abgerufen am 20. Dezember 2012

[Fowler 2012]   *Test Pyramid*, Martin Fowler, 1. Mai 2012, http://martinfowler.com/bliki/TestPyramid.html, zuletzt abgerufen am 20. Dezember 2012

[Franz 2007]   *Handbuch zum Testen von Web-Applikationen*, Klaus Franz, Springer, 2007, ISBN 978-3-540-24539-1

[Freeman 2009]   *Growing Object-Oriented Software, Guided by Tests*, Steve Freeman and Nat Pryce, Addison-Wesley, 2009, ISBN 978-0-321-50362-6

[Gartner 2008] *Dynamic Programming Languages Will Be Critical to the Success of Many Next-Generation AD Efforts*, Gartner Inc., 2008, http://www.gartner.com/DisplayDocument?id=832417, zuletzt abgerufen am 20. Dezember 2012

[George 2003] *An initial investigation of test driven development in industry*, Boby George and Laurie Williams, Proceedings of the 2003 ACM symposium on Applied Computing, Pages: 1135–1139, ISBN 1-58113-624-2

[Goldberg 1991] *What Every Computer Scientist Should Know About Floating-Point Arithmetic*, David Goldberg, ACM Computing Surveys (CSUR), Volume 23, Issue 1 (March 1991), Pages: 5–48, ISSN 0360-0300

[Grady 1987] *Software Metrics: Establishing a company-wide program*, Robert Grady and Deborah Caswell, Englewood Cliffs, Prentice Hall, 1987, ISBN 978-0138218447

[Grochtdreis 2009] *Schöner Navigationstitel*, Jens Grochtdreis, 18. Oktober 2009, http://grochtdreis.de/weblog/2009/10/18/schoener-navigationstitel/, zuletzt abgerufen am 20. Dezember 2012

[Guo 2011] *An Empirical Validation of the Benefits of Adhering to the Law of Demeter*, Yi Guo and Michael Wuersch and Emanuel Giger and Harald C. Gall, Proceedings of the 2011 18th Working Conference on Reverse Engineering, IEEE Computer Society, 2011

[HighScalability 2009] *Performance Anti-Pattern*, 4. April 2009, http://highscalability.com/performance-anti-pattern, zuletzt abgerufen am 20. Dezember 2012

[Huggins 2007] *Extending Selenium Into the Browser and Out to the Grid*, Jason Huggins, Jen Bevan, Vortrag auf der Google Testing Automatic Conference, New York, 2007, http://www.youtube.com/watch?v=qxBatJ1N_Og, zuletzt abgerufen am 20. Dezember 2012

[Huggins 2009] http://twitter.com/hugs/status/3462632802, 22. August 2009, zuletzt abgerufen am 20. Dezember 2012

[ISO/IEC 12207] *ISO/IEC 12207:2008 Systems and software engineering – Software life cycle processes*, 2008-03-18, International Organization for Standardization, Geneva, Switzerland, 2008

[ISO/IEC 15504] *ISO/IEC 15504-5:2006 Information technology – Process Assessment – Part 5: An exemplar Process Assessment Model*, 2006-03-07, International Organization for Standardization, Geneva, Switzerland, 2006

[ISO/IEC 9126-1] *ISO/IEC 9126-1: Software Engineering – Product quality – Part 1: Quality model*, 2008-07-29, International Organization for Standardization, Geneva, Switzerland, 2008

[Janzen 2006] *Software Architecture Improvement through Test-Driven Development*, David S. Janzen, University of Kansas, Electrical Engineering and Computer Science, Lawrence, Kansas USA, 2006

[Jeffries 2010] *Quality vs Speed? I Don't Think So!*, Ron Jeffries, 29. April 2010, http://xprogramming.com/articles/quality/, zuletzt abgerufen am 20. Dezember 2012

[Kerckhoffs 1883] *La cryptographie militaire*, Journal des sciences militaires, Bd. 9, S. 5–38 (Januar 1883), S. 161–191 (Februar 1883)

[Khan 2009] *Metric Based Testability Model for Object Oriented Design (MTMOOD)*, R. A. Khan and K. Mustafa, SIGSOFT Software Engineering Notes, Volume 34, Issue 2 (March 2009), Pages 1–6, ISSN 0163-5948

[Kniberg 2008]   *Version Control for Multiple Agile Teams*, Henrik Kniberg, InfoQ, 31. März 2008, http://www.infoq.com/articles/agile-version-control, zuletzt abgerufen am 20. Dezember 2012

[Köhntopp 2012]   *Architektur heißt umbauen*, Kristian Köhntopp, 6. März 2012, http://blog.koehntopp.de/archives/3213-Architektur-heisst-umbauen.html, zuletzt abgerufen am 19. Dezember 2012

[Kunz 2008]   *PHP-Sicherheit*, Christopher Kunz und Stefan Esser, dpunkt.verlag, 2008, ISBN 978-3-89864-535-5

[Lanza 2006]   *Object-Oriented Metrics in Practice: Using Software Metrics to Characterize, Evaluate, and Improve the Design of Object-Oriented Systems*, Michele Lanza und Radu Marinescu, Springer, 2006, ISBN 978-3-540-24429-5

[Lieberherr 1989]   *Formulations and Benefits of the Law of Demeter*, K. J. Lieberherr, ACM SIGPLAN Notices, Volume 24, Issue 3 (March 1989), Pages 67–78, ISSN 0362-1340

[Lennartz 2009]   *CSS-Sprites Quellensammlung*, Sven Lennartz, 2009, http://www.drweb.de/magazin/css-sprites-quellensammlung/, zuletzt abgerufen am 20. Dezember 2012

[Liggesmeyer 2009]   *Software-Qualität: Testen, Analysieren und Verifizieren von Software*, Peter Liggesmeyer, Spektrum Akademischer Verlag, 2009, ISBN 978-3-8274-2056-5

[Maciejewski 2009]   *Performance-Optimierung: Barrierefreiheit beginnt mit Ladezeiten*, David Maciejewski und Dirk Jesse, 2009, http://www.slideshare.net/dmacx/performance-optimierung-barrierefreiheit-beginnt-mit-ladezeiten, zuletzt abgerufen am 20. Dezember 2012

[Martin 2002]   *Agile Software Development. Principles, Patterns, and Practices*, Robert C. Martin, Prentice Hall International, 2002, ISBN 978-0-135-97444-5

[Martin 2008]   *Clean Code: A Handbook of Agile Software Craftsmanship*, Robert C. Martin, Prentice Hall International, 2008, ISBN 978-0-132-35088-4

[Martin 2010]   *How to Discuss "the Fold" with a Client*, Rett Martin, 8. Januar 2010, http://www.clockwork.net/blog/2010/01/08/372/how_to_discuss_the_fold_with_a_client, zuletzt abgerufen am 20. Dezember 2012

[McCabe 1976]   *A Complexity Measure*, Thomas J. McCabe, IEEE Transactions on Software Engineering Vol. 2, No. 4, IEEE Computer Society Press, Los Alamitos, CA, USA, 1976

[Meszaros 2007]   *xUnit Test Patterns: Refactoring Test Code*, Gerard Meszaros, Addison-Wesley, 2007, ISBN 978-0-131-49505-0

[Meyer 2006]   *Unitless line-heights*, Eric S. Meyer, 8. Februar 2006, http://meyerweb.com/eric/thoughts/2006/02/08/unitless-line-heights/, zuletzt abgerufen am 20. Dezember 2012

[Neate 2006]   *CodeRank: A New Family of Software Metrics, IEEE Software Engineering Conference, 2006*, Blair Neate, Warwick Irwin, Neville Churcher, Australia, 2006

[Nejmeh 1988]   *NPATH: A Measure of Execution Path Complexity and its Applications*, Brian A. Nejmeh, Communications of the ACM, Volume 31, Issue 2 (February 1988), Pages 188–200, ISSN 0001-0782

[Nohn 2006]   *Continuous Builds with CruiseControl, Ant and PHPUnit*, Sebastian Nohn, 7. März 2006, http://nohn.net/blog/view/id/cruisecontrol_ant_and_phpunit, zuletzt abgerufen am 20. Dezember 2012

[OpenQA FAQ]   *OpenQA FAQ - Selenium File Upload with Internet Explorer* http://wiki.openqa.org/display/SEL/Selenium+Core+FAQ#SeleniumCoreFAQ-Ican%

27tseemtouseSeleniumCoretouploadafile% 3BwhenItrytotypeinthefileuploadtextfield%2Cnothinghappens%21

[Pahl 2009] *Automated acceptance tests using Selenium Grid without parallelization*, Dirk Pahl, 17. August 2009, *http://developer.studivz.net/2009/08/17/*, zuletzt abgerufen am 20. Dezember 2012

[PEAR 2009] *PEAR Manual*, PHP Group, 2009, *http://pear.php.net/manual/*, zuletzt abgerufen am 20. Dezember 2012

[PHP 2010] *Horizontal Reuse for PHP*, Stefan Marr, 2010, *http://wiki.php.net/rfc/horizontalreuse*, zuletzt abgerufen am 20. Dezember 2012

[PHPUnit] *PHPUnit Manual*, Sebastian Bergmann, 2010, *http://www.phpunit.de/manual/current/en/index.html*, zuletzt abgerufen am 20. Dezember 2012

[Potencier 2009] *What is Dependency Injection?*, Fabien Potencier, 26. März 2009, *http://fabien.potencier.org/article/11/what-is-dependency-injection*, zuletzt abgerufen am 20. Dezember 2012

[Priebsch 2008] *PHP migrieren: Konzepte und Lösungen zur Migration von PHP-Anwendungen und -Umgebungen*, Stefan Priebsch, Carl Hanser Verlag, 2008, ISBN 978-3-446-41394-8

[Ries 2011] *The Lean Startup*, Eric Ries, Crown Business, 2011, ISBN 978-0-307-88789-4

[Schneider 2007] *Abenteuer Softwarequalität – Grundlagen und Verfahren für Qualitätssicherung und Qualitätsmanagement*, Kurt Schneider, dpunkt.verlag, 2007, ISBN 978-3-89864-472-3

[Scott 2011] *Yet another software testing pyramid*, Alister Scott, 10. Juni 2011, *http://watirmelon.com/2011/06/10/yet-another-software-testing-pyramid/*, zuletzt abgerufen am 20. Dezember 2012

[Selenium Grid] *Selenium Grid*, OpenQA 2008, *http://selenium-grid.seleniumhq.org/*

[Souders 2009] *don't use @import*, Steve Souders, 9. April 2009, *http://www.stevesouders.com/blog/2009/04/09/dont-use-import/*, zuletzt abgerufen am 20. Dezember 2012

[W3Techs 2012] *Usage statistics and market share of PHP for websites*, World Wide Web Technology Surveys, 2012, *http://w3techs.com/technologies/details/pl-php/all/all*, zuletzt abgerufen am 20. Dezember 2012

[Whitgift 1991] *Methods and Tools for Software Configuration Management*, David Whitgift, John Wiley & Sons, ISBN 0-4719-2940-6

[Whittaker 2012] *How Google Tests Software*, James A. Whittaker and Jason Arbon and Jeff Carollo, Addison-Wesley, 2012, ISBN 978-0-321-80302-3

[Wikipedia 2009a] *Lint (Programmierwerkzeug)*, Wikipedia, 2009, *http://de.wikipedia.org/wiki/Lint_(Programmierwerkzeug)*, zuletzt abgerufen am 21. April 2009

[Wikipedia 2009b] *PageRank*, Wikipedia, 2009, *http://en.wikipedia.org/wiki/PageRank*, zuletzt abgerufen am 18. April 2009

[Wikipedia 2010a] *Visitor*, Wikipedia, 2010, *http://de.wikipedia.org/wiki/Visitor*, zuletzt abgerufen am 20. Dezember 2012

[Wikipedia 2010b] *Observer*, Wikipedia, 2010, *http://de.wikipedia.org/wiki/Observer_(Entwurfsmuster)*, zuletzt abgerufen am 20. Dezember 2012

[Wikipedia 2010c] *Zuständigkeitskette*, Wikipedia, 2010, http://de.wikipedia.org/wiki/Chain_of_Responsibility, zuletzt abgerufen am 20. Dezember 2012

[Wikipedia 2010d] *Shard (database architecture)*, Wikipedia, 2010, http://en.wikipedia.org/wiki/Sharding, zuletzt abgerufen am 20. Dezember 2012

[Wikipedia 2010e] *Partition (database)*, Wikipedia, 2010, http://en.wikipedia.org/wiki/Partition_(database), zuletzt abgerufen am 20. Dezember 2012

[Wikipedia 2010f] *Lock (computer science)*, Wikipedia, 2010, http://en.wikipedia.org/wiki/Lock_(computer_science), zuletzt abgerufen am 20. Dezember 2012

[Wikipedia 2010g] *Model-View-Controller*, Wikipedia, 2010, http://en.wikipedia.org/wiki/Model-view-controller, zuletzt abgerufen am 20. Dezember 2012

[Wikipedia 2010h] *OSI Model*, Wikipedia, 2010, http://en.wikipedia.org/wiki/OSI_model, zuletzt abgerufen am 20. Dezember 2012

[Wikipedia 2010i] *K-factor (marketing)*, Wikipedia, 2010, http://en.wikipedia.org/wiki/K-factor_(marketing), zuletzt abgerufen am 20. Dezember 2012

[Wikipedia 2010j] *Big Ball of Mud*, Wikipedia, 2010, http://en.wikipedia.org/wiki/Big_ball_of_mud, zuletzt abgerufen am 20. Dezember 2012

[Wikipedia 2010k] *Big Design Up Front*, Wikipedia, 2010, http://en.wikipedia.org/wiki/Big_Design_Up_Front, zuletzt abgerufen am 20. Dezember 2012

[Wikipedia 2010l] *Gebrauchstauglichkeit*, Wikipedia, 2010, http://de.wikipedia.org/wiki/Gebrauchstauglichkeit, zuletzt abgerufen am 20. Dezember 2012

[Wikipedia 2010m] *Brotkrümelnavigation*, Wikipedia, 2010, http://de.wikipedia.org/wiki/Brotkrümelnavigation, zuletzt abgerufen am 20. Dezember 2012

[Wikipedia 2010n] *Multiton Pattern*, Wikipedia, 2010, http://en.wikipedia.org/wiki/Multiton_pattern, zuletzt abgerufen am 20. Dezember 2012

[Wikipedia 2012o] *Capability Maturity Model Integration*, Wikipedia, 2012, http://de.wikipedia.org/wiki/CMMI, zuletzt abgerufen am 22. Dezember 2012

[Wirth 2009] *Nutzerbeteiligung & Kommunikation: Mitmachbarrieren im Web 2.0*, Timo Wirth, 2009, http://www.slideshare.net/aperto/mitmachbarrieren-im-web-20, zuletzt abgerufen am 20. Dezember 2012

[Yourdon 1979] *Structured Design: Fundamentals of a Discipline of Computer Program and Systems Design*, Edward Yourdon and Larry Constantine, Prentice Hall, 1979, ISBN 978-0138544713

Stichwortverzeichnis

A

Akzeptanztest 4, 23, 407, 432, 455
Allgegenwärtige Sprache 282, 285
Alternative PHP Cache (APC) 213, 449
Alternative PHP Debugger (APD) 213, 217
– apd_set_pprof_trace() 218
– pprofp 217
Apache Bench 204, 207
Apache HTTP Server 207, 212, 215
Äquivalenzklasse 18
Aufwärmphase 215
Ausführungspfad 24

B

Backup 233
Barrierefreiheit 186
Benchmark 207
Build
– automatisierter 113
– kontinuierlicher 110
– Management 109
– täglicher 110
Bytekit 13

C

Caching 449
– Cache Locking 207
– Cache Miss 205
– Cache Priming 205
– Cache Warming 205
Call Graph 213, 217
Callee 217
Caller 217
Callgrind 213
Capability Maturity Model Integration (CMMI) 7
Carica CacheGrind 219
Change Risk Anti-Patterns (CRAP) Index 10

Code Smell
– Duplizierter Code 9, 85, 111, 283
– Große Klasse 283
– Lange Methode 283
Code-Altlasten 129, 434
Code-Coverage 10, 23, 145, 286, 301, 312
– Path Coverage 23
Codeduplikat 111
Code-Review 113, 279
Coding Standard 13, 283
Collective Code Ownership → Kollektives Eigentum
CPU-Metrik 204
CPU-Zeit 204
Cross Site Request Forgery 242
Cross Site Scripting 245

D

Data Set 151
Datenbanktest 141
Datenzugriffsschicht 450
DBUnit 146
Debug Build 206
Debugger 217, 219
Debugging-Symbole 215
Dependency Injection 9, 11, 28, 305, 445, 454
Dialog 183
Domain Specific Language (DSL) 426
Domain-Driven Design → Domänengetriebenes Design
Domänengetriebenes Design 285

E

Entwurfsmuster
– Acceptor 446
– Chain of Responsibility 449
– Data Transfer Object 115
– Decorator 152, 160
– Multiton 304

– Observer 306, 447
– Proxy 450
– Repository 99
– Singleton 304
– Table Data Gateway 63
– Visitor 446
eXtreme Programming 386

F
Fehlbedienung 199
Fehlerbehandlung 235
Fehlertoleranz 199
Fixture 85
Flaschenhals 142, 203
Flood 211
Fluent Interface 315, 428
Funktion
– aufgerufene 217
– Aufrufer 217
Funktionalität 4
FURPS 3

G
GCC 215
Gebrauchstauglichkeit 4, 183
Gleitpunktzahl 324, 325
Global State 11, 91
gprof 222

H
Happy Path 18
Hardening 231
Heatmap 200
HipHop 109
HTTPerf 211
HTTPLoad 204
Hudson 280

I
Instrumentierung 212, 215
Integrationstest 458
Iteration 391

J
JavaScript 194
Jenkins 14
JMeter 211

K
KCachegrind 216, 217, 288
Keep It Simple, Stupid (KISS) 388
Klickdummy 183, 200

Kohäsion 12
Kollektives Eigentum 394
Konfiguration 108
Kontinuierliche Integration 110, 303, 340, 387, 410, 456
Kopplung 12, 235

L
Lasttest 204, 206
Lime 309
Lines of Code 113
– Comment 114
– Executable 115
– Non Comment 114
Lock 213
Logfile 200

M
MacCallGrind 219
Memcache 205, 449
meminfo 204
Migration 143
Mock-Objekt 9, 11, 29, 30, 141, 146, 290, 323, 445
Model-View-Controller (MVC) 384
MySQL 143, 450

N
Navigation 183
Nebenläufigkeit 207
Non-Mockable Total Recursive Cyclomatic Complexity 11
NPath-Komplexität 10, 24

O
OProfile 213, 222
Optimierung 203
OWASP 238

P
Pair Programming → Programmieren in Paaren
Partitionierung 385, 450
PEAR 436
Performanz 192, 203
Performanztest 203, 206
Persistenz 141
PHP_CodeBrowser 14
PHP_CodeSniffer 13, 281
phpcpd 13
PHP_Depend 13
php.ini 218

phploc 12
phpmd 13
PHPT 437
PHPUnit 12, 146, 286, 437
– Selenium-Erweiterung 410
Planning Game 390
Port
– priveligierter 212
Profiler 204, 206, 212, 217, 219, 222
Profiling 204, 212
Programmieren in Paaren 393
Propel 109
Pylot 204, 209

Q

Qualität
– externe 4, 31
– interne 4, 31
Qualitätsmanagement 5
Qualitätssicherung
– konstruktive 7

R

Reaktionsfreudigkeit 4
Rechteverwaltung 231
Redirect 352
Refaktorierung 5, 111, 283, 287, 308, 382
Regression 27
Regressionstest 179
Remote Procedure Call (RPC) 340
Representational State Transfer (REST) 340
Response Time 209
Root-Server 232
Runkit 435

S

sar 204
Scrum 281, 388, 408, 454
Secure by Design 232
Security by Obscurity 234
Seiteneffekt 29
Selenium 21, 314, 384, 405
Selenium Grid 410
Selenium IDE 410
Selenium RC 409, 457
Separation of Concerns 235, 384
Server API (SAPI) 212
Serviceorientierte Architektur (SOA) 385, 450
Sharding 385, 450
Shared Hosting 232
Shared Memory 213
Sicherheit 4, 231

Siege 211
Single Responsibility Principle 9, 29
sismo 303
SOAP 340
Software Process Improvement and Capability
  Determination (SPICE) 7
Software-Artefakt 113
Software-Metrik 10, 112
Softwarequalitätsmodell 3
Softwaretestpyramide 31
Spaghetti-Code 434
Spike Solution 390
Sprint 454
Standup-Meeting 388
Story Point 391
Stub 29, 30, 141, 290
Suhosin 233
Symfony 109
Systemaufruf 215
Systemmetrik 204, 207
Systemtest 19

T

Technische Schulden 5
Test
– automatisierter 109
– Black-Box 17, 407, 434
– Browserkompatibilitätstest 432
– Capture&Replay 410
– Edge-to-Edge 36, 40
– End-to-End 31, 405
– End-to-Test 4
– Integration 36, 432
– White-Box 17
Testautomatisierung 425
Testbarkeit 10, 29, 444, 451
Testdatenbank 166, 181
Test-First Programmierung 7
Testgetriebene Entwicklung 8, 26, 278, 388, 440
Testinventar 22, 142, 151, 166, 179, 181, 316,
  415
Testisolation 22
Testplan 20
Test-Smell 84
– Begieriger Test 86
– Duplizierter Testcode 85
– Fragiler Test 21, 89, 415, 417, 419
– Indirekter Test 94
– Konditionale Testlogik 100
– Langsamer Test 98
– Lügender Test 97
– Mock-Overkill 103

– Obskurer Test 91
– Selbstvalidierender Test 101
– Skip-Epidemie 105
– Undurchsichtiger Testname 95
– Websurfender Test 102
– Zusicherungsroulette 86
Testumgebung 205
Throughput 209
Timeboxing 458
Toleranzintervall 324
top 204
Trait 447

U

Überwachung 231
Ubiquitous Language → Allgegenwärtige Sprache
Unit-Test 24
Usability 183
User Story 390
User-Test 200

V

Valgrind 213, 222
Velocity 391, 458
Verfügbarkeit 4
Versionsmanagement 109
vfsStream 291
Virtualisierung 232

W

Wasserfallmodell 457
WebDAV 357
Webdienst 195
Webgrind 219, 288
Webservice → Webdienst
White-Box-Test 24

X

Xdebug 213, 217, 219, 286
xdebug.profiler_enable 219
xdebug.profiler_enable_trigger 219
xdebug.profiler_output_dir 219
XHProf 213, 219, 288
– xhprof_disable() 221
– xhprof_enable() 221
– xhprof_html 221
xhprof_lib 221
xhprof.output_dir 221
XML-RPC 340

Y

You Ain't Gonna Need It (YAGNI) 388
YSlow 192

Z

Zend Extension 218
Zusicherung 27
Zuverlässigkeit 4
Zyklomatische Komplexität 10, 113